U0790933

寧鄉年鑒

NINGXIANG NIAN JIAN

·2021·

宁乡市地方志编纂室◎编

方志出版社
Publishing House of Local Records

图书在版编目（CIP）数据

宁乡年鉴. 2021 / 宁乡市地方志编纂室编. —北京：方志出版社，2021. 12

ISBN 978-7-5144-5077-4

Ⅰ. ①宁…　Ⅱ. ①宁…　Ⅲ. ①宁乡-2021-年鉴 Ⅳ. ①Z526. 44

中国版本图书馆 CIP 数据核字（2021）第 275618 号

责任编辑：顾　洁
责任校对：刘玉霞
责任印制：梅中英
出 版 者：方志出版社
地　　址：北京市朝阳区潘家园东里 9 号（国家方志馆 4 层）
邮　　编：100021
网　　址：http://www.zgfzcb.cn
发　　行：方志出版社图书营销中心（010-67110500）
印　　刷：长沙市雅高彩印有限公司
开　　本：889 毫米×1194 毫米　1/16
印　　张：19. 25
字　　数：860 千字
版　　次：2021 年 12 月第 1 版
印　　次：2021 年 12 月第 1 次印刷
定　　价：180. 00 元

· 版权所有　侵权必究 ·
（如有印装质量问题，请与我社图书营销中心联系）

《宁乡年鉴（2021）》编纂委员会

主　　任　贺立权

副主任　李　磊　陈德奇　刘骥扬

编　　委　李志勇　潘志武　杨正文

欧正坤　潘顺秋　彭智勇

王春林　杨新貌　欧子强

《宁乡年鉴(2021)》编辑部

主　　编　彭智勇

副主编　姜小平　姜治国

编　　辑　高　丽　罗再良　屈　云

李　岚　杨彭鼎

宁乡市行政区划简图

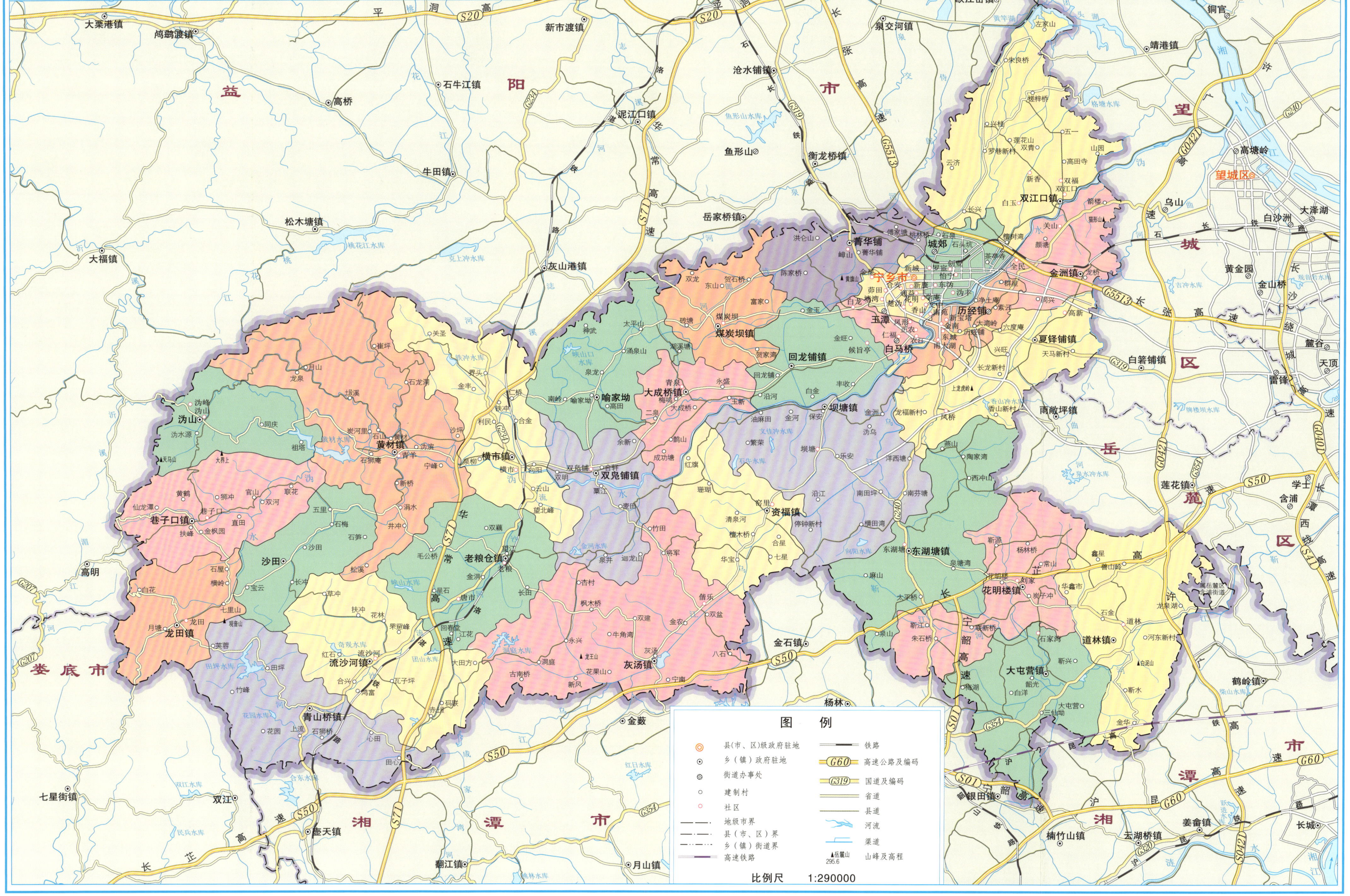

审图号 湘S（2019）182号

湖南省自然资源厅 监制 湖南省第三测绘院 编制 二〇二〇年十一月

编辑说明

一、《宁乡年鉴（2021）》坚持以马克思列宁主义、毛泽东思想、邓小平理论、“三个代表”重要思想、科学发展观、习近平新时代中国特色社会主义思想为指导，坚持辩证唯物主义和历史唯物主义的立场、观点和方法，围绕中共宁乡市委、宁乡市人民政府决策部署，全面、客观、系统地记载宁乡市自然、政治、经济、文化、社会和生态等方面概貌和发展情况。记述时限为2020年1月1日至12月31日。

二、《宁乡年鉴》是中共宁乡市委、宁乡市人民政府主办，宁乡市地方志编纂室承办的年度资料性文献，2004年首次出版，每年出版一卷，是社会各界了解宁乡的权威性工具书。

三、《宁乡年鉴（2021）》采用分类编辑法，设类目、分目、条目三个层次。全书设置特载、大事记、宁乡概览等27个类目。书中插排彩色专版，图片除注明供图单位或个人外，均由宁乡市融媒体中心提供。

四、数字用法、标点用法按照国标规定执行，计量单位用法按照1993年国家技术监督局公布的国家标准《量和单位）（GB3100~3102—93）执行。在约定俗成的情况下，仍使用其原来的计量单位，如亩、万亩、公斤等。

五、《宁乡年鉴（2021）》所载资料均由全市各部门专人撰写、领导审核、年鉴编辑部编辑加工、编委会审定。统计资料由市统计局提供，文稿中有些地域性、部门性数据，由于口径不同等原因，与统计局公布的可能不完全一致，请读者在查阅和引用时注意。

六、《宁乡年鉴（2021）》收录市直单位和乡镇（街道）负责人名单，均以2020年在职者为准，有任免的分别予以注明。名单由市直各单位和各乡镇（街道）提供，年鉴编辑部初审，市委组织部审定。

2020·宁乡荣誉

5月8日　宁乡市因“开展农村人居环境整治成效明显”获国务院督查激励

6月9日　宁乡第一家科创板公司松井股份上市

9月13日　宁乡市新型智慧城市建设获评“优秀组织奖”和“最具成长性品牌奖”

10月9日　宁乡获评国家生态文明示范县市

11月10日　宁乡入选第六届“全国文明城市”

11月13日　宁乡居2020全国工业百强县第13位

11月24日　湖南海通建设有限公司的孟德良获评全国劳动模范

11月25日　宁乡连续五次获评湖南省双拥模范城（县）

12月16日　宁乡市县域经济与县域综合发展全国排名第16位，县域经济基本竞争力全国排名第21位

12月26日　宁乡市连续第四年获评“中国全面小康十大示范县市”

2020·宁乡数字

县域总面积：2906 平方千米
年末总户数：45.0 万户
总人数：142.04 万人
人口密度：每平方千米 489 人

地区生产总值（国内生产总值）：1105.92 亿元
第一产业增加值：131.60 亿元
第二产业增加值：466.48 亿元
第三产业增加值：507.84 亿元

一般公共预算收入：88.80 亿元
地方一般公共预算收入：61.21 亿元
税收收入：75.0 亿元
公共财政预算支出：111.37 亿元
全年城乡居民人均可支配收入：40488 元
城镇居民人均可支配收入：49151 元
农村居民人均可支配收入：31568 元

农林牧渔业总产值：224.45 亿元
农业产值：123.24 亿元
林业产值：7.64 亿元
牧业产值：75.03 亿元
渔业产值：5.99 亿元
农林牧渔服务业产值：12.55 亿元
粮食种植面积：10.52 万公顷
全年粮食总产量：70.26 万吨

工业增加值：419.83 亿元
园区（三区五园）规模以上工业增加值：307.22 亿元
建筑业增加值：46.66 亿元
规模工业实现主营业务收入：1202.71 亿元
全社会建筑业增加值：46.66 亿元
房屋建筑施工面积：1038.79 万平方米
竣工面积：191.86 万平方米

社会消费品零售总额：424.40 亿元
商品房销售面积：216.29 万平方米
全年接待国内外游客：1018.65 万人次
旅游收入：75.38 亿元
年末市内公路建设通车里程：10272.15 千米
新（改）建农村公路：893 千米
客运量：634 万人
货运量：829 万吨
高新技术企业和生产高新技术产品的企业：328 家
高新技术产值：1116.79 亿元
授权专利：2308 件
国家级高新技术产业化基地：1 个
国家级农业科技园区：1 个
国家级科技企业孵化器：1 个
博士后科研工作站：4 家
院士工作站：9 家
国家级工业设计中心：2 家
国家级企业技术中心：3 家
新增高新技术企业：122 家

参加城镇职工基本养老保险人数：18.11 万人
参加城乡居民基本养老保险人数：79.93 万人
参加城镇职工基本医疗保险人数：16.12 万人
参加城乡居民基本医疗保险人数：106.20 万人
享受城市居民最低生活保障：1017 人
享受农村居民最低生活保障：18764 人

新引进产业项目：221 个
合同引资：604.97 亿元
实际到位省外境内资金：89.09 亿元
实际利用外资：21640 万美元
实际到位境外资金：4.67 亿美元
铺排产业项目：669 个

生态文明建设

市民廉政文化公园

2020 年 11 月，宁乡市被授予第四批国家生态文明建设示范市。近年来，宁乡市突出绿色发展，着力提升生态文明新实效。深入践行习近平生态文明思想，构建齐抓共管的生态环境治理格局。推进蓝天保卫战，大力实施秸秆禁烧、烟花鞭炮禁燃限放、裸露黄土植绿覆绿等举措，累计治理重金属污染耕地 1.66 万公顷，土壤和声环境质量持续改善。2020 年空气优良天数 354 天，空气优良率 96.7%，细微颗粒物（$PM_{2.5}$）年均浓度 31 微克 / 立方米；城镇生活垃圾无害化处理率 100%，饮用水源水质达标率 100%；饮用水水源地水质达标率 100%。

亮月湖公园

宁乡市城区行政板块

宁乡高新区

宁乡经开区

宁乡市民之家

宁乡市文体中心

公园里的幸福里小区

沩江

沩江夜景

横市镇乡村景色

黄材镇炭河里村

刘少奇故居花明园

南轩文化园

抗击新型冠状病毒疫情

2020年1月，宁乡市成立新型冠状病毒疫情防控工作领导小组和指挥部，启动重大突发公共卫生事件一级响应。2月1日，宁乡无新增病例，被省疫情防控指挥部列为首批低风险地区之一。2020年，宁乡召开各类会议100余次，专题研究疫情防控工作，下发调度令117个、文件116个。全市3万余名党员、20余万名志愿者参与村（社区）摸排和管控工作，累计摸排村（社区）278个、小区285个，累计摸排出北京返（到）宁乡人员145人，湖北返（到）宁人员10205人，境外返（到）宁人员334人，集中隔离医学观察人员4582人，核酸检测人员34427人（含复工复产人员）。全市6647名医务人员投入疫情防控工作，在5家医疗机构设置规范的发热门诊诊室，设隔离病床86张。派出医护人员11名支援湖北武汉，12名支援长沙。宁乡市抗疫工作成为“湖南省抗疫的样板”。

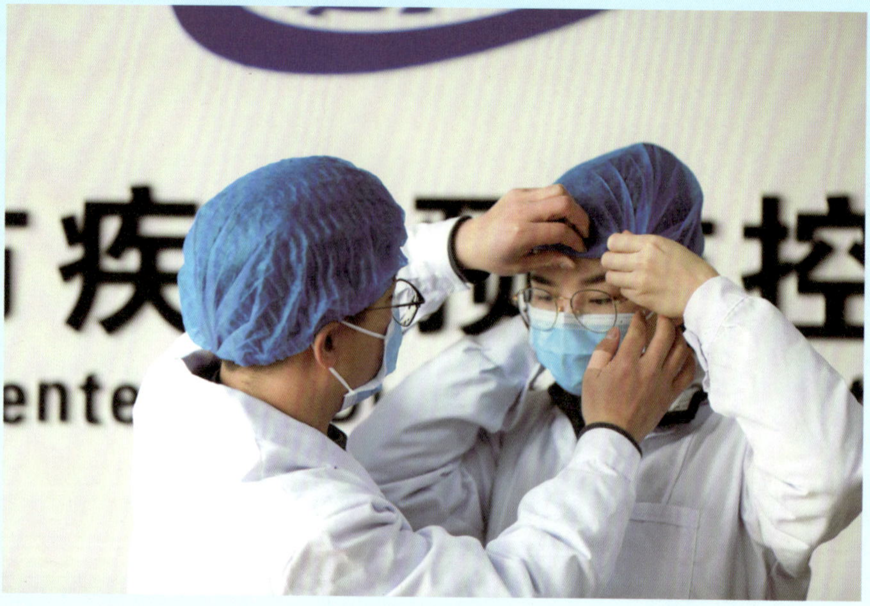

2020年2月21日，宁乡市支援湖北省武汉市医疗队出征仪式

2020 年 1 月，社区干部逐一向有“武汉旅居史”居民了解登记相关信息

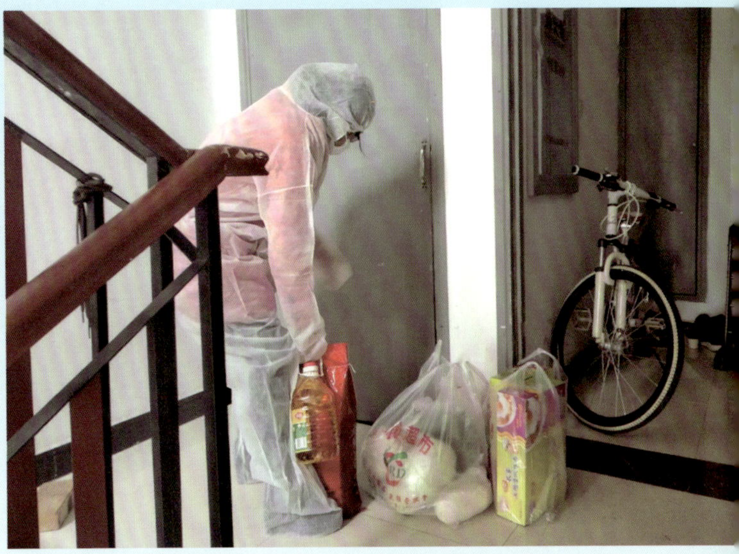
2020 年 1 月 28 日，通益社区工作人员把物资送到隔离对象家门口

2020 年 1 月 29 日起，宁乡城区多个社区实施全域消毒行动

2020 年 1 月，由党员干部、民警、医护人员组成的服务队 24 小时值守收费站，检查入境车辆

2020 年 1 月 29 日，玉潭街道两台洒水车对辖内 51 个封闭式非物业小区进行大规模消毒

2020 年 2 月，多名志愿者到各个商场、超市等公共场所开展疫情排查和宣传

2020 年 2 月，复工复产后的企业车间井然有序

2020 年 3 月，宁乡经开区防疫工作服务站工作人员到企业为工人进行体温测量，助力企业复工复产

2020 年 3 月，宁乡市中小学陆续开学，保持疫情防控常态化

2020 年 4 月 22 日，宁乡市举行支援武汉医疗队平安凯旋欢迎仪式

2020 年 3 月 28 日，宁乡市内所有景区正常开放。图为长沙方特，游客经过体温测试等程序后有序入园

建设更高水准全国文明城市

2020年11月，宁乡市入选第六届“全国文明城市”。历时九年的文明城市创建，使宁乡城乡面貌不断改观，城市品位显著提升，市民素质明显增强，城市文明程度全面提升。图为宁乡市行政版块

2020年12月5日，《宁乡市新时代文明实践城市驿站提升城市温度》在全国文明实践志愿服务项目展示交流上获推介

2020 年，鹊山村获评全国文明村镇

2020 年 3 月 28 日，500 名志愿者上沩山接茶企采春茶

2020 年 8 月，水上巡河志愿服务队在沩水中巡

2020 年 9 月 25 日，宁乡举办 2020 年“新时代宁乡好少年”先进事迹发布活动，20 名少年获表彰

2020 年，20 余万名宁乡志愿者参与疫情防控。图为疫情期间志愿者帮助分发生活物资

2020 年，宁乡建设首批 12 座新时代文明实践“城市驿站”，为一线工作者和周边市民提供便利。图为宁乡新时代文明实践“城市驿站”沿河路站

总　目

<<< 目 录

宁乡市人民代表大会常务委员会

宁乡市人民政府

中国人民政治协商会议宁乡市委员会

中共宁乡市纪律检查委员会·宁乡市监察委员会

民主党派·工商联

群众团体

法治·军事

综合监督管理

城乡建设·环境保护

园区经济

农业·农村发展

工　业

交通・邮政・通信

商贸服务业

旅游业

财税·金融

科技·教育

文化事业

卫生·健康

社会生活

乡镇·街道

人　物

附　录

宁乡市国民经济和社会发展第十四个五年规划纲要

宁乡市发展和改革局
2020 年 12 月

宁乡市国民经济和社会发展第十四个五年（2021—2025 年）规划纲要，主要阐明“十四五”时期市委战略意图，明确政府工作重点，引导市场主体行为，是全市各级政府和部门依法履行工作职责，编制和实施各类规划、计划以及制定相关政策的重要依据，是今后五年全市经济社会发展的宏伟蓝图，是全市人民共同奋斗的行动纲领。

“十三五”总体回顾

“十三五”时期，面对错综复杂的国际国内形势，宁乡保持战略定力，坚持稳中求进，真抓实干、开拓创新，有效完成了“十三五”规划确定的主要目标任务，顺利实现全面建成小康社会。

——**综合实力跃上新的台阶**。积极有效应对经济下行压力，多措并举推动经济向更大体量、更高质量阔步迈进。**经济规模持续扩大**。2020 年，实现地区生产总值 1110 亿元（预计值），年均增长 8.5%，经济总量稳居全省第 3 位；地方一般公共预算收入 61.2 亿元，年均增长 9.2%；固定资产投资年均增长 12%；规模工业增加值年均增长 10.3%；社会消费品零售总额年均增长 10.5%。县域经济基本竞争力从 39 位提升 18 位，跃居全国百强县第 21 位；连续四年被评为中国全面小康十大示范县（市）。**平台实力稳步提升**。2020 年，全市园区实现规模工业产值 1450 亿元，规模工业增加值贡献率达 84%，工业税收贡献率达 81%。宁乡经开区获批长江经济带国家级转型升级示范开发区、国家小微企业创业创新示范基地。宁乡高新区获批省级绿色园区与装备制造产业高质量发展园区。**创新能力显著增强**。至 2020 年研发经费占国内生产总值比重达 3.12%，有效高新技术企业 267 家、智能制造试点示范企业 199 家、企业技术中心 41 家，成功创建国家知识产权强县工程示范县。

——**产业动能加速提档升级**。聚焦制造业高质量发展，打出产业协同升级组合拳，一、二、三产业呈现齐头并进、活力迸发的良好态势。**工业发展势头强劲**。聚焦“5+1”新兴优势产业链，全方位推进补链、延链、强链，五年实现新引进项目 820 个，其中世界 500 强企业项目 11 个、中国 500 强企业项目 11 个，投资 50 亿元以上项目 10 个、10 亿元以上项目 70 个。宁乡获批全省首家工信部消费品工业三品战略示范城市，连续三年被评为全省“落实制造强省真抓实干发展成效明显的县（市区）”。新增规模工业企业 336 家。松井新材成功上市科创板，楚天科技荣获国家科技进步奖二等奖，邦普循环获批国家企业技术中心，星邦智能、万鑫精工获批国家“小巨人”企业，长宁炭素、楚天科技获批国家制造业“单项冠军”示范企业。2020 年，荣获中国工业百强县（市）第 14 位。**农业发展稳中有进**。成功创建国家农村一、二、三产业融合发展试点示范县、国家现代农业产业园、国家农业科技园、国家级出口食品农产品质量安全示范区和湖南省农产品标准化示范县。宁乡农业科技园获批首批国家农村产业融合发展示范园，双江口镇获批国家级农业产业强镇，沩山乡获批省级农业产业（茶叶）强镇。建成高标准农田 37.83 万亩，水稻生产综合机械化率达79.3%，产粮大县地位得到进一步巩固。**第三产业全面提升。**全面实施“14830”全域旅游规划，方特·东方神画、炭河古城等一批景点盛大开园、持续火爆，成功入选第二批国家全域旅游示范区创建名单，被评为中国最具魅力文化旅游城市。电子商务交易额年均增长20%以上，被评为中国电商示范百佳县。步步高、天虹等大型商超纷纷进驻宁乡，宁邦广场、春城万象、吾悦广场、时代天街等商贸综合体成为宁乡新地标，“一核、三心、五街、四市场”商贸体系初步形成。碧桂园、恒大、中建·亮月湖等精品楼盘盛大开盘，房产品质整体提升。

——**城乡面貌更加现代精致。**全方位强化精心规划、精致建设、精细治理，成功入选全国县城新型城镇化建设示范名单，城镇化率提高到65%。**智慧城市加快建设。**统筹推进智慧政务、智慧交通、智慧教育、智慧医疗、智慧园区等建设，智慧城市管理中心建成运营。“智慧宁乡”荣获中国政务网站领先奖、中国智慧政务民生奖，被评为中国新型智慧城市优秀惠民案例、中国新型智慧城市优秀创新案例、全球智慧城市大会提名奖。**交通出行畅快便捷。**渝长厦高铁（常益长高铁）、宁韶高速开工建设，石长铁路复线、长益高速复线、岳宁大道、金宁大道、金唐公路一期等一批重点交通项目竣工通车，长张高速宁乡出口、宁乡火车站改造一新，宁乡与长沙及周边地区的联系更加紧密，出行选择更加多元，效率大幅提升。新建、提质农村公路2655.5千米，新（改）建桥梁142座，成功创建省级“四好农村路”示范县。**人居环境全面改善。**历经全市人民9年不懈努力，宁乡被评为第六届“全国文明城市”。成功创建第四批国家生态文明建设示范市。海绵城市、地下综合管廊、城市慢行系统前期规划有序推进。建成“15分钟生活圈”25个。完成10座大中型水闸以及黄材水库、洞庭水库除险加固。新建八家湾水库水源工程，对沩江、靳江及铁冲河、平水河等120千米河道进行系统治理，80千米河道两岸防洪堤和城市防洪圈基本完成。对城南片区、八家湾、中心公园等棚户区实施拆迁安置，腾出15830亩城市发展空间。深入推进人居环境“五治”工作，完成改厕12万座，被评为“全国农村人居环境整治成效明显激励县”。**乡村振兴成效显著。**被评为“湖南省乡村振兴先进县”；成功打造一批特色小镇，玉潭跻身全国城镇综合实力五十强，沩山入选全国美丽宜居小镇，灰汤入选全国特色小镇，夏铎铺镇成功创建国家级卫生乡镇，煤炭坝门业小镇入选全省首批特色产业小镇。土地确权登记颁证全面完成。完成所有行政村“去薄脱空”任务。

——**改革开放实现新的突破。**统筹推进各层面、各领域改革，经济发展内生动力得到有效激活与释放。**发展格局更趋优化。**成功撤县设市，城市功能、空间格局和发展动力得到新的提升。33个乡镇整合为4个街道、25个乡镇。完成政府机构改革，更加精简高效。完成“三区五园”整合，构建了优化协同高效的机构职能体系。**营商环境大幅改善。**建成便捷高效的市民之家，全面完成“三集中三到位”改革，被评为国家政务服务综合标准化试点县。积极推进“三无城市”“三即”“三超两免”改革，实现全市范围内企业群众办事“零证明”，工业项目审批“零跑腿”、建设阶段“零收费”。“互联网+政务服务”融合发展工作受到国务院通报表扬；县域营商环境位列全国百强县第26位。**重点改革有力推进。**获批国家农村综合性改革试点，土地合作经营“鹊山模式”入选中国改革年度案例。深入实施“四联五到位”民情大走访，被评为中国十大社会治理创新奖。

——**攻坚战役取得重大进展。**将打赢三大攻坚战作为政治责任和重大任务，聚焦重点、精准发力，取得阶段性成果。**债务风险得到有效防控。**大力化解存量隐性债务，实现债务结构期限由短变长、成本由高变低、模式由政策性向市场化转变。“停、缓、调、撤”压减一批政府投资项目，将74家国有平台公司整合到城发集团、国资集团、经建投公司和高新投公司。严厉打击非法集资，守住金融风险的底线。**精准脱贫扎实有效。**全面落实“两不愁三保障”和“四个不脱”政策，精准实施“滴灌式”“四跟四走”产业扶贫措施，建成8个易地扶贫搬迁安置点，其中，黄材镇“千手”爱心大屋荣获国家发改委颁发的“美丽搬迁安置区”称号，易地扶贫搬迁年度考核连续五年获全省第一；完成农村危房改造8593户，成为全国典型示范。31个省定贫困村、53561名建档立卡贫困人口全面脱贫。**污染防治成效彰显。**统筹开展蓝天、碧水、净土、静音行动，提质城区污水处理厂4座，建成乡镇污水处理厂31座，全市污水处理能力提升至27万吨/天，“四溪一渠”溪底修复工程全面完成，主要河流和水库水质保持在Ⅲ类以上，中央和省级环保督察交办问题全部整改到位；非煤矿山整治有序推进，修复治理重金属污染耕地24.94万亩，种植结构调整9.81万亩。空气质量优良率稳定在90%左右，垃圾分类减量达45%，城市垃圾无害化处理率达100%，生活污水处理率达97.1%；森林覆盖率达48.8%。

——**民生福祉实现普惠升级。**把人民群众对美好生活的向往作为各级党委、政府的奋斗目标，持续保障和改善民生，使发展成果更多更好惠及全市人民。**群众收入显著提升。**五年平均民生支出占财政总支出的76%。2020年，城乡居民人均可支配收入分别达49480元、31540元，分别比2015年提升45.8%、46.9%。城镇登记失业率保持在4%以内，零就业家庭保持100%动态清零。企业退休人员养老金、城乡居民基础养老金分别实现16连调、15连调，职工“五险”扩面27.5万人。**社会事业全面进步。**深入推进教育强县建设，新改扩建学校33所，新增学位5万多个，高中阶段毛入学率达97.2%，社区教育被评为全国优秀。大力发展健康事业，新建宁乡市公共卫生服务中心、宁乡市妇幼保健院、宁乡市人民医院流沙河分院，实现每个乡镇有一所标准化乡镇卫生院，每个行政村有一家标准化村卫生室，县域紧密型医共体试点扎实推进，基本建成近城区

10 分钟、农村 30 分钟急救网络，公立医院综合改革获国务院办公厅表彰，成功创建全国计生基层群众自治示范县、全国健康促进县。成功举办纪念刘少奇同志诞辰 120 周年活动、首届全民运动会等活动，公共文化服务体系示范区创建通过国家验收，获批全国新时代文明实践中心建设试点县。城乡基本医疗保险、城乡养老保险基本实现全覆盖，妇女、儿童、老人、残疾人权益保障有力。**社会大局和谐稳定**。深入开展扫黑除恶专项斗争和“清剿恶赌毒”“一打三整”“全民禁毒”等专项行动，严厉打击各类违法犯罪活动，群众安全感稳步提升。深入实践“枫桥经验”，大力开展矛盾纠纷大排查大调解，成功化解一大批信访积案。从严落实安全发展“三项责任”，扎实推进“打非治违”，守住了生产安全底线。国家食品安全示范城市创建通过省级验收。

专栏 1：宁乡市“十三五”经济社会发展主要指标完成情况

类别	指 标	单位	2020 年预计值	“十三五”年均增长目标值（%）	“十三五”年均增长预计值（%）	指标属性
实力园区	国内生产总值	亿元	1110	8	8.5	预期性
	人均国内生产总值	元	82700	8.6	6.6	预期性
	地方一般公共预算收入	亿元	61.2	6.5	6.07	预期性
	固定资产投资	亿元	987	10	12	预期性
	社会消费品零售总额	亿元	427	13.5	10.5	预期性
	外贸进出口	亿美元	12.6	12	28.5	预期性
	存款余额	亿元	955	13	14	预期性
	贷款余额	亿元	1000	13	17	预期性
	二、三产业增加值占国内生产总值比重	%	89.6	[2.9]	[1]	预期性
	高新技术产业增加值占国内生产总值比重	%	22	—	—	预期性
	文化产业增加值占国内生产总值比重	%	4.5	—	—	预期性
	规模工业增加值	%	4.8	8	10.3	预期性
	园区规模工业增加值占规模工业增加值比重	%	90	[13.7]	[13.7]	预期性
	研发经费占国内生产总值比重	%	3.12	—	—	预期性
	专利授权量增长	%	18.5	[4.8]	[5]	预期性
	科技进步对经济增长的贡献率	%	65	—	—	预期性
新型城镇	全县总人口	万人	143	1.6	0.3	预期性
	城镇化率	%	65	[9]	[9]	预期性
	县城建成区面积	平方千米	70.88	—	—	预期性
	县城人口	万人	48	—	—	预期性
	人均公园绿地面积	平方米	13.61	4.6	11.2	预期性
	绿化覆盖率	%	43.8	[3]	[6.8]	预期性
	人均居住面积	平方米	61	1.04	1.04	预期性
美丽乡村	万元国内生产总值能耗	吨标煤	达省市要求	达省市要求	达省市要求	约束性
	工业固体废物综合利用率	%	达省市要求	达省市要求	达省市要求	约束性
	城市生活污水处理率	%	97.1	[2]	[9.1]	约束性

续表

类别	指 标	单位	2020 年预计值	“十三五”年均增长目标值（%）	“十三五”年均增长预计值（%）	指标属性
美丽乡村	城市生活垃圾无害化处理率	%	100	—	—	约束性
	森林覆盖率	%	48.8	—		约束性
	空气质量优良率	%	95	—	—	约束性
	地表水质达标率	%	100	—	—	约束性
	农村自来水普及率	%	89.7	[36]	[40.7]	预期性
民生保障	城镇登记失业率	%	3.1	—	—	约束性
	城乡基本医疗保险覆盖率	%	98	[1]	[1]	约束性
	社会安全指数	%	98.8	—	—	约束性
	城镇居民人均可支配收入	元	49480	8	7.8	预期性
	农村居民人均可支配收入	元	31540	9	8.0	预期性
	居民文教娱乐服务消费支出占消费总支出比重	%	18.8	[3.7]	[2.5]	预期性
	高中阶段毛入学率	%	97.2	[2]	[2.1]	预期性
	平均受教育年限	年	12	3.5	3.5	预期性
	每千人拥有床位数	张	6.09	1.8	3.9	预期性
	5 岁以下儿童死亡率	‰	5.5	—	—	约束性
	人均拥有公共文化体育设施面积	平方米	3.82	4.8	4.8	预期性

注：1. [ ] 表示五年累计数。2. 国内生产总值、财政总收入、固定资产投资、规模工业增加值、城乡居民人均可支配收入等指标的统计口径和基数均有调整。

“十四五”发展构想

今后五年经济社会发展的目标愿景是：

——工业强市实现新跨越。经济持续健康发展，经济结构更加优化，创新能力显著提升，产业基础高级化、产业链现代化水平明显提高。园区承载能力不断增强，先进制造业加快发展，企业创新潜能、产业内生动力进一步激发，加快形成集聚度高、带动性强、链条完善、市场广阔的“3+N”产业集群，加速形成产业网络化、智能化、数字化的发展格局。“国家重要先进制造业高地示范区”和“具有核心竞争力的科技创新高地转化区”建设迈出重要步伐。

——市域发展迸发新活力。乡村振兴战略加快推进，乡村潜力深入挖掘、活力全面焕发，形成产业发达、文化繁荣、环境优美、人才集聚的新型乡村。房地产市场平稳健康发展。“放管服”改革更加深入，营商环境更加优化，商贸业态更加繁荣，市场主体更加充满活力，公平竞争制度更加健全。公共服务等改革加快推进，社会管理运营质效全面提升，形成更加和谐、更加高效的社会体系。“内陆地区改革开放高地先行区”建设迈出重要步伐。

——城市形象展现新魅力。“一江两岸”、金洲新城、高铁新城等片区建设更加完善，东进融城的发展主轴进一步形成，城市运营水平全面提高，城市颜值、气质、内涵、格调、品位显著提升。文化旅游品牌更响，文旅融合进一步提效，红色教育与乡村旅游、研学旅游、康养旅游、生态旅游融合发展格局基本形成。城乡格局进一步优化、基础设施进一步提质、人居环境进一步改善，生产生活方式更加绿色，形成更加美好、更加便捷、更加宜居的城乡环境。成为“国家全域旅游示范区”。

——幸福宁乡迈上新台阶。更高水准文明城市建设持续推进，社会主义核心价值观深入人心，居民思想道德素质、科学文化素质、身心健康素质明显提高。城乡教育、医疗基础设施更加完善，软硬件水平进一步提升。公共文化服务基础设施建设全面加强，居民文化生活更加健康、丰富、多彩。脱贫攻坚成果巩固拓展，城乡就业规模不断扩大，居民收入进一步增长。民主法治更加深入，公平正义更加彰显，行政效率和公信力显著提升，社会治理特别是基层治理水平明显提高。政府债务风险防控更加有力，防灾抗灾救灾能力显著增强，应急处理能力明显提升，社会安全保障更加稳固。民主政治建设、党员干部队伍建设、党风廉政建设和反腐败斗争取得新进展新成效。

专栏2：宁乡市“十四五”经济社会发展主要目标

序号	主要目标指标	单位	2020年	2025年	属性
经济发展					
1	地区生产总值	总值（亿元）	1110	1500	预期性
		年均增长（%）	7.0		
2	全员劳动生产率	元/人	126500	170000	预期性
3	制造业增加值占国内生产总值比例	（%）	38	40	预期性
4	产业投资占固定资产投资比重	（%）	60	60	预期性
5	最终消费对国内生产总值的贡献	（%）	39.5	45	预期性
6	社会消费品零售总额	亿元	427	年均增长7%	预期性
7	外贸进出口总额	（亿美元）	12.6	25.3	预期性
8	税收占国内生产总值比重	（%）	4.3	4.3	预期性
9	常住人口城镇化率	（%）	65	68	预期性
创新驱动					
10	高新技术产业增加值占国内生产总值比重	（%）	22	28	预期性
11	研发经费投入占国内生产总值比例	（%）	3.12	3.5	预期性
12	有效高新技术企业数	个	267	450	预期性
13	每万人口有效发明专利拥有量	件	9.2	22	预期性
民生福祉					
14	城乡居民人均可支配收入	元	40650	57000	预期性
		年均增长（%）	8.4	7.0	
15	城镇调查失业率	（%）	5.5	5	预期性
16	劳动年龄人口平均受教育年限	年	10.6	11.2	约束性
17	每千人口拥有执业（助理）医师数	人	2.36	2.6	约束性
18	基本养老保险参保率	（%）	全覆盖	全覆盖	预期性
19	每千人口拥有三岁以下婴幼儿托位数	个	1.8	3	预期性
20	人均预期寿命	岁	77	77.5	预期性
绿色转型					
21	单位国内生产总值能源消耗降幅	（%）	达省市要求	达省市要求	约束性
22	单位国内生产总值二氧化碳排放降幅	（%）	达省市要求	达省市要求	约束性
23	空气质量优良天数比例	（%）	90	≥90	约束性
24	地表水达到或优于Ⅲ类水体比例	（%）	100	100	约束性
25	森林覆盖率	（%）	达省市要求	达省市要求	约束性
安全保障					
26	粮食综合生产能力	万吨	72	72	约束性
27	亿元国内生产总值生产安全事故死亡率	（%）	0.01	0.01	约束性

注：2020年数据均为预计数。

在实现上述目标的基础上，再经过十年努力，到2035年，宁乡综合实力将大幅提升，经济总量和城乡居民人均收入将迈上新的台阶，创新对经济社会发展的驱动作用将更加突显；基本建成工业强市、“国家重要先进制造业高地示范区”“具有核心竞争力的科技创新高地转化区”“内陆地区改革开放高地先行区”，基本实现新型工业化、信息化、城镇化、农业现代化，乡村振兴取得战略性成效，建成现代化经济体系，对外开放更加深入；基本实现治理体系和治理能力现代化，人民平等参与、平等发展权利得到充分保障，基本建成法治宁乡、法治政府、法治社会；建成文化强市、教育强市、人才强市、体育强市、健康宁乡，群众素质和社会文明程度达到新高度，文化软实力显著增强；广泛形成绿色生产生活方式，生态环境更加优美，生态宜居城市品牌效应全面彰显；中等收入群体显著扩大，基本公共服务实现均等化，民生福祉更加增进，城乡区域发展更加均衡；社会治理更加高效，平安宁乡建设达到更高水平；人民生活更加美好，人的全面发展、全市人民共同富裕取得更为显著的实质性进展。

打造国家重要先进制造业高地的示范区

高举“兴工强市”大旗，大力推进“制造业立市”战略，以宁乡经开区、宁乡高新区为主阵地，以“工业四基”为压舱石，以产业基础高级化和产业链现代化为主抓手，全面提升工业核心竞争力，成为长沙打造国家智能制造中心的重要组团、湖南打造国家重要先进制造业高地的示范区。到2025年，全市工业总产值达到3000亿元，力争3500亿元；规模以上工业增加值达到550亿元，力争700亿元；实现工业税收65亿元以上；规模工业企业数达到800家以上；园区规模工业产值占规模工业总产值比重达90%以上。

壮大产业园区综合实力。对标国家级园区第一方阵，进一步明确空间布局、产业定位和发展重点，优化体制机制和硬件设施，完善政策体系和措施保障，推动园区转型提质、争先进位。一是优化工业园区发展空间。二是推动宁乡经开区进军国家级经开区前五十强。三是力争宁乡高新区进入国家级序列。四是推动乡镇工业园转型发展。

专栏3：五大平台打造工程

绿色食品城。北至农创路、东至宁乡大道、西至春城路、南至湘台路，核心规划区用地面积3.5平方千米。到2022年，完成绿色食品城食品加工园厂房及配套建设工程，含标准厂房、定制厂房、电商及展销用房、冷链物流用房等。到2025年，完成食品主题公园、食品展示中心建设。

智能家电产业小镇。西至宁乡大道，北至长常高速，东、南至沩水，总体规划区12平方千米，建设智能制造区、功能配套服务区、生态涵养区三大功能片区。重点建设蓝月谷双创孵化中心、智能家电产业园、智能制造产业园和智能家电配件产业园“一心三园”。

金玉产业园。依托湖南建工集团六建产业园、杭加新材、翰坤实业等龙头企业，全力引进一批设计、生产、施工等领域骨干企业，开发应用品质优良、节能环保、可持续发展的新型建筑材料，培育和壮大以绿色建材为主的装配式建筑产业。

动力谷。位于蓝月谷路以北，规划面积约11平方千米，分三期进行开发，一期开发面积3.6平方千米。依托中伟新能源等动力电池龙头企业，项目将建设热电厂和30万平方米标准厂房，引入动力电池上下游产业链企业，打造中部最大动力电池产业集中区。

美妆谷。北至石长铁路、西至玉屏山路、东至沿河北路、南至学府路，规划总用地面积5200亩，打造以美妆、妇孕婴童产业为主，集技术研发、项目孵化、原料采购、产品生产于一体的产业平台，集健康产品研发、检测认证、展示销售、现代健康服务、生活服务于一体的智能制造园区。

专栏4：高新区“十四五”时期重点工程

招大引强工程。围绕主特产业，重点瞄准世界500强、中国500强、民营企业500强及行业龙头推进“招大、引强、选优”。“十四五”期间，力争引进10个以上投资超50亿元的重大制造业项目，其中世界500强项目5个。

科技成果转化工程。依托“一园一中心”，强化与岳麓山大科城的协同创新，加速高校院所科技成果在园区转移转化，5年内推动3条优势产业链的国际化资源对接，挖掘和培育30项高价值专利，完成100件科技成果转移转化。

优化营商环境工程。建设“不打烊”政府，完善24小时自助服务区，加快建设“24小时全天候办理”的“15分钟政务服务圈”，完善“互联网+政务服务”一体化平台功能，一次办、网上办比例达到100%。

打造三大千亿级产业集群。依托产业基础展开全产业链统筹布局，推进补链、延链、强链、融链，推动企业抱团成链、集群集聚发展，加快构建首尾相连、上下相依、集约集聚的产业生态循环体系，重点打造三大千亿级产业集群。一是打造先进装备制造（含智能家电家居）产业集群。二是打造新材料（含先进储能材料）产业集群。三是打造食品及农产品加工产业集群。

专栏5：千亿级产业集群培育工程

先进装备制造（含智能家电家居）产业集群。依托三一重起、星邦重工、飞翼股份等龙头企业，发展润达智能等核心零部件配套企业，壮大矿山机械及其他细分行业；进一步做大做强夏铎铺工程机械产业（湘江新区机械配套产业园）；推动三一中大重吨位起重机制造、云轮科技、万鑫精工谐波减速机等标志性项目建设。以格力电器为龙头，以蓝月谷智能家电智造小镇为开发重点，大力引进家电配套企业，丰富冰洗、空调、小家电等家电产业门类，大力发展提升自动售货机、煤炭坝智能安防产业园，推动构建产业集聚。

新材料（含先进储能材料）产业集群。以吉唯信、微纳坤宸等企业为基础，开发新型复合材料，提升产品制造的科技含量，做强金属粉末材料。依托松井新材料、邦弗特、族兴、中岩建材等企业优势，提升品质、创新品种、做强品牌，增加产业链附加值，做强精细化工新材料。依托比亚迪、邦普循环、杉杉新能源、中伟新能源等企业，进一步构建和完善涵盖正极、负极、隔膜、电解液四大电池关键材料，电芯制造及PACK、电池终端应用、电池回收的循环产业体系。巩固和发挥正极材料优势，全力发展壮大电芯制造，高度重视电池的梯次利用和回收，积极谋划固态电池、无钴电池、氢燃料电池等新型电池发展。发展气态、液态、氢能等新型储能电池产业。依托长沙新能源材料工业技术研究院和湖南先进储能材料产业链知识产权服务平台，打造集储能材料研发、科技成果转化、项目孵化、产业化于一体的专业服务平台。

食品及农产品加工产业集群。依托加加集团、华润怡宝、小洋人乳业等食品企业发展为基础，做大做强现代食品及农产品加工产业，实现食品企业横向聚集，将经开区（国家级农科园）打造成“全国最具影响力的绿色食品示范园区”。发力特色种养殖、食品工业旅游、食品综合服务平台等，围绕新兴饮料、乳制品、休闲食品、调味品等农产品食品精深加工细分行业，不断壮大各细分产业集群，培育本地优质品牌，打造规模持续壮大、产业链不断完善的食品产业链闭合圈。

加快新旧动能接续转换。坚持“增量崛起”与“存量变革”并举，推动宁乡产业在升级与迭代中保持中高速增长、迈向中高端水平。一是培育壮大新兴产业。二是改造升级传统产业。三是推进企业产能与效益倍增。

专栏6：新兴产业培育工程

医疗器械及大健康产业。以生物医药、医疗器械为重点突破方向，聚焦高端医疗器械、检验检测、互联网医疗等重点领域，以楚天科技、华耀百奥、华翔增量、赛诺生物等生物医药和高端医疗器械企业为基础，突出前沿性、原创性技术创新，在创新药物、高端医疗器械等领域取得突破，打造省内医疗器械产业高地。

美妆及孕婴童产业。以湖南欧标为依托，重点引进护肤品、洗护品、彩妆品等成品生产及包材生产企业，专注如面膜、精油等化妆品的加工生产、原料研制、配方开发、产品策划，建设全国智能化化妆品生产示范基地。打造高端、时尚、耐用、消费者信得过的全国知名区域示范孕婴童生产基地。力争2025年实现销售收入200亿元。

绿色建筑产业。以中建科技、中财化建、联塑建材、鼎盛钢构等企业为依托，以湖南建工产业园为建设重点，引进建筑、装饰、装修材料，水暖卫浴、整体橱柜、家居用品等一线品牌企业入驻宁乡经开区金玉工业集中区，打造绿色建材产业示范区。重点建设一个中心和培育一个基地，即绿色建材研发中心和建筑工业化基地；形成全产业链产业集群，即家居建材到建筑装修产业集群、住宅工业化研发设计到集成建设产业集群、土木工程施工到建设维护产业集群。

培育其他新兴产业。发展以万鑫精工等企业为引领的谐波减速机、机器人产业；发展以创瑾科技、盛晨科技等企业为引领的光电产业；培育移动互联网和大数据领域的芯片设计、软件开发、技术服务等基础服务业；建设半导体封装材料、智能终端产品的千级、百级无尘车间，配套研发中心、测试中心、实验室，引进行业内最先进的生产设备以及进口检测仪器，打造半导体生产基地。建设宁乡智能网联汽车创新分中心，促进智能网联汽车产业的发展。

推进数字经济加快发展。大力推动数字经济和实体经济深度融合，让数字经济赋能实体经济，积极培育数字产业增长点。一是加快推进产业数字化。二是大力发展数字产业化。三是加快数字经济基础设施建设。

提升产业链供应链现代化水平。锻造产业链供应链长板，补齐产业链供应链短板，推动产业高端化、智能化、绿色化、融合化，深入开展质量提升计划，打造宁乡优势产业链和产品品牌。一是推进产业高端化、智能化、绿色化、融合化。二是推动制造业与服务业融合发展。三是保障产业链供应链稳定。四是打造“宁乡制造”企业梯队。五是锻造“宁乡制造”质量品牌。

打造具有核心竞争力的科技创新高地转化区

坚持创新在现代化建设全局中的核心地位，以宁乡经开区、宁乡高新区为主体，积极对接岳麓山大学科技城等创新资源，推进创新主体培育、创新成果转化、创新人才集聚、创新平台提升、创新生态优化，建立以企业为主体、市场为导向、产学研深度融合的技术创新体系，大力创建创新型县（市、区），成为湖南打造具有核心竞争力的科技创新高地转化区。

创建创新型县（市、区）。紧扣“科技支撑产业发展”主题，强化科技对产业高质量发展的支撑作用，实现科技与县域经济社会高质量发展的有效对接，力争成功创建国家级创新型县（市、区）。到2025年，市域创新综合实力位居全省先进行列，成为创新型县（市、区）典范，全社会研究与试验发展经费占地区生产总值比重达3.5%，高新技术产业增加值占地区生产总值比重达28%。一是打造县域创新驱动引领区。二是打造工业创新发展先行区。三是打造农业科技创新样板区。

专栏7：产业创新优化升级工程

加强产业自主创新能力建设。在智能家电制造、储能材料制造、新材料制造、装备制造等领域掌握一批核心关键技术，进入全球价值链的中高端。全力支持圣得西、忘不了、洁美鞋业、陆戈鞋业、特步等传统产业型企业提升智能制造水平，打造一批集智能化设备、数字化生产、目视化管理于一体的智能工厂。

提升新兴产业链创新水平。围绕医疗器械及大健康产业、美妆及孕婴童、绿色建筑产业及其他新兴产业，以智能化、高端化为发展方向，进一步明确发展目标、重点园区、重点企业、重点产品，构筑创新链、人才链、政策链、资金链和供应链“五链统筹”体系。

大力促进园区创新升级。实施园区创新升级行动计划，重点将宁乡经开区、宁乡高新区、农业科技园区建设成为基础设施集约、生产精细高效的“创新型园区”。

推进创新主体倍增。强化企业的创新主体地位，大力引进和培育研发机构等专业创新主体，推动产学研深度融合。到2025年，力争高新技术企业数达450家。

专栏8：创新创业主体培育专项

鼓励企业参与重大科技专项。依托国家级研发平台，实施基础科研和重点研发计划，鼓励企业参与、承担国家和省、长沙市重大科技专项，开展尖端技术攻关，掌握一批具有自主知识产权的关键核心技术。

推进企业联合技术攻坚。依托比亚迪、杉杉能源、邦普循环科技、中科星城石墨等领军企业，开展电池领域前沿行业技术开发。依托三一重起、星邦智能等龙头企业，发展万鑫精工、星沙机床、楚天华兴等核心零部件配套企业，在工程机械领域攻坚突破一批核心部件的技术壁垒，解决一批“卡脖子”技术难题。

推进企业技术改造升级。以加加食品、格力电器、松井新材料等智能制造企业为龙头示范带动，以企业装备升级为切入点，鼓励支持全市消费品工业企业深度融合自动化、信息技术和智能制造技术升级改造。

推进创新成果转化。打通院校科研力量与市场需求的转化链条，推进校地、校企合作创新、协同发展，加速把科技资源转化为现实生产力。到2025年，科技对经济的贡献率达65%。

推进创新平台建设。抓好科技创新平台梯次培育，提升科技创新平台数量和综合能力。到2025年，力争建立5家以上科技公共创新服务平台，获批组建3个国家级创新平台、12—15个省级创新平台、30—50家长沙市级创新平台。

推进创新人才集聚。实施“人才强市”战略，强化需求导向，创新引才、育才、用才、留才机制，利用宁乡交通区位、现代产业、承载能力、生活成本、职教资源等方面的综合优势，打造创新人才富集地。

专栏9：高端人才引进计划专项

宁乡市：贯彻落实省市人才政策，研究出台宁乡人才新政，完善人才发展政策体系、制度体系和服务体系，“十四五”期间，力争培育与引进A类人才5人，B类人才10人，C类人才30人，D类人才55人。

宁乡经开区：实施“人才强区”战略，组织开展高校引才系列活动，发挥海梦岛双创基地等平台作用，培养引进高端人才，“十四五”期间，引进产业领军人才（团队）30个以上，海归高端人才300名以上。

宁乡高新区：围绕优势主导产业和新兴产业加强高端人才引进，高标准、高质量规划建设云起小镇，打造服务高端人才的未来新生活体验中心和自然保护生态中心。

推进创新生态优化。加强对创新创业的支持和保护，减少对创新创业活动的不必要干预，为创新发展营造相对开放、自由的环境，为创新创业活动保驾护航。

打造内陆地区改革开放高地的先行区

坚持改革不停顿、开放不止步，更好利用国际国内两个市场、两种资源，坚持和完善社会主义基本经济制度，在新的征程上推动改革开放实现新突破，成为湖南打造内陆地区改革开放高地的先行区。

构建畅达互联大交通。建设对外骨干大通道，畅通城市交通微循环，构建公路、铁路、城际轨道、机场等相互衔接的高效综合交通网络，实现宁乡主城区融入“长沙半小时交通圈”、每个乡镇“15分钟上高速”，推进宁乡人流、物流快进快出、大进大出。完善全域交通主廊道。三条横向廊道：北部渝长厦交通廊道、中部城镇交通廊道、南部长沙至湘中交通廊道。两条纵向廊道：西部益娄衡交通廊道、东部宁韶交通廊道。畅通城市交通微循环。完善骨干枢纽站场布局。

专栏10：城市交通畅达工程重点项目

“一江两岸”联通项目。G319汽车桥、沙河桥、南门桥除险加固及连接线新建，新建群英垅大桥、金全路及跨沙河桥等。提质拉通花明南路、一环南路等断头路、瓶颈路，完善城市干线路网。

片区干线公路项目。华强大道、沩东新城片区方特南路、中央商务片区金田路（滨江大道—曾家河路）、沩东新城片区长郡路（东城大道—岳宁大道）、金桥路（宁乡市城区滨江路至宁乡市与望城界公路）、华强大道二期提质改造（G319—金沙路）提质改造工程、金林东路（金洲南路—欧洲南路）、金林西路（历泉路—美洲路）、仁福大道（金龙路—白马桥街道学府路）等。

分离过境交通项目。G319宁乡绕城线傅家湾至贺家湾公路（玉菁公路）、G319宁乡绕城线（金宁大道玉菁段+龙江大道）、G319宁乡绕城线（G240宁韶公路至S539宁横公路）等。

东进融城交通项目。G319城区段市政化、金桥大道延伸线、普瑞大道西延线、枫林西路西延、欧洲北路延伸线、大运量轨道交通长宁快线、小运量有轨公共交通长宁线支线等。

专栏11：“十四五”时期重大交通工程

轨道部分：(1) **高速铁路：**积极推进渝长厦高铁建设。(2) **普通铁路：**结合远期京广铁路货运外移线，通过石长铁路连接霞凝港和进入沪昆、京广货运主廊道，融入长江经济带和海上丝绸之路，争取增设高新区站。(3) **城际铁路：**加快推进大运量长宁快线（宁乡高铁站—东方红路口），谋划大屯营机场—黄花机场轨道快线（远期）。(4) **旅游轨道：**规划宁乡—韶山旅游轨道线。

公路部分：(1) **高速公路：**加快宁韶高速建设，新建长沙至吉首（凤凰）高速，服务推进南北横线高速建设；(2) **干线公路：**实施网络优化工程、快速融城工程、旅游服务工程、城乡统筹工程、有效衔接工程5大工程：一是网络优化工程，推进金唐公路三期、G319绕城（城市外环线）、G319（益阳）复线宁乡段、G240（长益复线金洲北互通至夏铎铺欧洲路）改线提质、G234横市集镇段改建工程等5个项目建设。二是快速融城工程，推进S321宁乡段格岭至莲花山公路工程、S324望城区格塘至宁乡市白马桥公路（一期）工程、G319（枫林西路西延线）提质改造、S326道林至长沙暮云段拓宽改造工程、G354道林—南谷互通公路工程、普瑞路西延线（霞凝港航运枢纽连接线至宁乡大河西农贸市场）、腾飞路西延线、金桥路东延线等8条融城干线建设。三是旅游服务工程，推进灰汤互通—迴龙山—煤炭坝、花南线（X011—X086新江桥至南岳庙）旅游干线公路、S327灰汤至老粮仓公路、澎家湾至沩山公路二期、S324喻家坳至黄材公路5条旅游干线建设。四是城乡统筹工程，以提质改造为主，推进S328宁乡青山桥至白花坳公路、S326宁乡沙田至雷鸣洞公路、S223回龙铺至煤炭坝公路、S328青山桥至石桥铺连接线等4个项目建设。五是有效衔接工程，加强与高铁站、高新区等节点的有效衔接，规划宁乡高铁枢纽站连接线、金洲大道—G319公路、华强大道—G240（将军庙—高坪桥）公路、滨江路—G240（联盟村至唐家祠堂）公路等5个项目。(3) **农村公路：**以“优化存量、提升服务、打通末端、完善网络”为重点，完善农村公路网络，提升农村公路技术水平，支撑全域旅游发展和乡村振兴战略实施。推进旅游公路、通景公路提质改造和“农村公路+产业”融合发展的资源产业路建设。(4) **养护管理：**结合路况指标、养护年份等因素，实施大中修项目、改造三级及以下危桥、实施安保工程、实施灾害防治等项目规划。

站场部分：(1) **客运站场：**建设渝长厦高铁宁乡站综合交通枢纽；规划城南客运总站（实施白马桥汽车站外迁，构建城乡—城市公交换乘枢纽），续建华强客运站，新建金洲、白马桥公交首末站；规划建设一处县级汽车运输服务中心，提供客货运综合运输服务。(2) **货运站场规划：**新建经开区易丰物流园和高新区云起物流园；积极发展冷链物流。(3) **三级物流体系：**加快实现“城市有仓储分拣、乡镇有配送站场、村村有服务网点”，规划建设宁乡快递集中处理中心，新改建19个乡镇运输服务站，各行政村均设置快递服务点。

筑牢开放发展大平台。推进开放资源整合，创新和提升，构筑以园区城区为主体的开放经济大平台，支撑宁乡开放型经济发展全面提速提质。一是发挥宁乡经开区和宁乡高新区开放主力军作用。二是推动金洲新城和高铁新城成为开放排头兵。三是打造湖南湘江新区高质量发展重要支撑。四是对接联动中国（湖南）自由贸易区发展。五是构建多元化开放交流平台。

专栏12：园区开放创新合作工程

全力发展外向型经济。积极拓展外资引进，支持国际龙头企业对园区成长型企业进行投资、并购。推进现代流通体系建设，引进具有对外业务、一站式报关能力的重点平台、物流企业、跨境电商4家以上，提升园区企业对接全球资源的能力。支持工程机械企业大型成套设备、先进储能企业高端电池及关键材料等高新技术产品出口，在“一带一路”建设中发挥更大力量。鼓励企业以进口、境外并购等方式引进先进技术，促进消化吸收再创新。鼓励企业参与国际标准化专业委员会、国家标准化专业技术委员会及工作组的工作，提升行业话语权。

拓展区域创新合作广度和深度。发挥位于湖南湘江新区核心区域的优势，深化与周边区域经济和科技一体化发展，强化与国内科技产业发达地区的产业合作和创新合作，推动开放协同发展。以湖南省工程机械配套产业园布局宁乡高新区为契机，联动周边园区，打造集中连片、协同互补、联合发展的创新共同体。探索异地孵化、飞地经济、伙伴园区等多种合作机制，加强与粤港澳大湾区、京津冀、长三角等区域的多领域创新合作。选择北京、上海、广州、深圳等重点城市建设专业化、特色化的飞地孵化器，实现“在园区外创新孵化、在园区内加速转化”的新型创新创业孵化模式，推动创新创业能力加速发展。

全面链接全球创新资源。联动湖南省国际技术转移中心等机构，支持宁乡高新区规划建设中日产业园区，通过共建海外创新中心、海外创业基地和国际合作园区等方式，密切与创新先进地区的合作与联系，推动新技术、新成果、新项目落户。依托龙头企业，鼓励建立海外研发中心，布局跨国研发网络，开展海外并购，打造集技术研发、引才引智、创业孵化等功能于一体的海外创新载体，集聚国际先进技术、顶尖人才等高端创新资源，深度融入国际产业链、供应链、价值链。

融入区域协调大战略。主动融入国家重大区域协调发展战略，积极参与区域合作交流，深化双向开放，加快建设内陆县域开放高地。“十四五”期间，实现开放型经济主要指标增速快于全国平均水平。

推动高水平对外开放。坚持实施更大范围、更宽领域、更深层次对外开放，开拓合作共赢新局面。“十四五”时期，实现外贸进出口总额年均增长15%以上。

大力拓展投资空间。优化投资结构，保持投资合理增长，发挥投资对优化供给结构的关键作用。

专栏13：“十四五”期间重大项目投资计划

“十四五”期间，全市铺排重大项目434个，总投资4116.798亿元，“十四五”期间计划投资3198.6517亿元。其中，工业投资项目61个，“十四五”计划投资530.01亿元；服务业投资项目49个，“十四五”计划投资204.1775亿元；农业项目34个，“十四五”计划投资283.3855亿元。基础设施投资项目159个，“十四五”计划投资1686.82亿元；社会民生类项目102个，“十四五”计划投资438.293亿元。

创造要素市场化配置的宁乡经验。把推进要素市场化配置作为深化改革的关键内容，作为乡村振兴、产业升级和现代化经济体系建设的重要支撑，充分发挥市场在资源配置中的决定性作用，引导各类要素协同向先进生产力集聚，培育经济增长新动力，推动经济高质量发展。

专栏14：“亩均效益”改革行动

开展“亩均效益”综合分析。开展产业集聚区、经济开发区、高新园区、企业、特色小镇“亩产效益”综合分析，逐步建立企业、行业、园区等三类体检档案。

落实“亩均效益”倾斜政策。对“亩均效益”领先的园区、产业和企业，在创新要素分配、要素指标分配方面给予倾斜；对“亩均效益”较差的园区，实施整合优化和对标提升，合理转移和淘汰不适合留在当地发展的低端产业、低效企业。

实施“亩均效益”领跑行动。分行业实施“亩均效益”领跑行动，发布行业“领跑者”企业名单，树立鲜明导向，引导企业向效益好、贡献大、占地少、能耗低的方向发展。

实施“低闲出清”计划。落实长沙市、宁乡市关于低效闲置企业处置的部署和要求，实行“低闲出清”计划，分类分企精准施策，有重点、有步骤、分片区推动低效闲置企业清理。

打造便利化法治化国际化营商环境。营商环境的优劣，直接影响市场主体的兴衰、生产要素的聚散、发展动力的强弱。“十四五”时期，立足于市级标杆、省内领先、全国一流定位，积极营造更加便利化、法治化、国际化的营商环境，持续激发市场活力和社会创造力，使宁乡成为创新创业“首选区域”和“最佳目的地”。“十四五”期间，年均新增市场主体20%以上。

专栏15：效能提速重点改革行动

持续推进简政放权。重点围绕“一件事一次办”改革、“三即”承诺制（领照即开业、交房即交证、交地即开工）要求，推进企业群众办理“一件事”的相关审批事项全链条下放。加大市本级对省级以上园区的放权力度，推进有条件的园区开展相对集中行政许可权和行政处罚权改革试点。

持续推进“证照分离”改革。以“照后减证”和简化审批为重点，努力实现“证照分离”改革全覆盖，对所有涉企经营许可事项实行分类改革，着力破解“准入不准营”难题。在宁乡经开区开展“证照分离”改革全覆盖试点。

深化商事登记制度改革。继续有效压减企业开办流程、时间及费用，加快电子营业执照、电子印章推广应用，简化现场登记环节，推进“一业一证”和“一业一照”改革。推行企业开办全程网办，加快实现申领营业执照、刻制印章、申领发票、社保登记等全流程网上申请和办理，现场“一窗、一次”领取企业开办全部材料。争取新开办企业所有手续1个工作日内完成。

深化项目审批制度改革。继续开展工程建设项目审批制度全流程、全覆盖改革。进一步压减办理建筑许可时间，全面实施联合审图、联合验收等，推进规划用地“多审合一、多证合一”改革，实行建设项目“多评合一、多验合一”改革，抓好市政公共服务和中介服务等领域配套改革落地。

深化“减证便民”改革。加强电子证照、证明信息数据互通共享，全面推广证明事项告知承诺制。全面推行公证事项证明材料清单制度。建立村（社区）工作事项准入制度。推进基层群众性自治组织出具证明“大瘦身”，解决群众反映强烈的“万能居委会”“社区万能章”等问题。

全面落地“三集中三到位”改革。原则上依申请的政务服务事项全部进驻政务服务大厅，实现工程建设项目、市场准入、“一件事一次办”综合窗前窗后室顺畅运行，完成公安、公积金、社会保障、不动产登记专业综合窗设置。

全面推进“互联网+政务”建设。逐步形成全市统一的电子政务“一张网”，推动企业和群众办事线上“一网通办”，线下“只进一扇门”，争取“一次都不跑”，现场办理“最多跑一次”。

构筑紧凑高效的发展空间格局

着眼于宁乡新动能的形成和未来优势的接续，坚持“全域联动、东进融城、一江两岸、组团支撑”原则，进一步拓展宁乡发展新空间，着力做强战略增长新极，形成带动高质量发展的新引擎。

形成“全域联动”的总体格局。把宁乡发展嵌入湖南省、长沙市发展大局，形成“东进西提南拓北联”的总体空间格局，促进全域均衡、协调、高质量发展。

突出“东进融城”的战略格局。持续实施“东进融城”战略，把“东进融城”作为打造省会副中心城市的第一重点，加快承载省会城市先进制造、文旅休闲、科教服务、创新转化、交通物流等现代功能。依托交通轴线、发展基础、产业现状和地域实际，构建多线梯度融城格局。

构建“一轴一带三组团”的紧凑型城市格局。以沩水为纵轴，以金桥大道（规划）廊道为横带，形成涵盖“一江两岸”的“十”字形城市空间骨架，优化城市组团式功能布局，推进城市紧凑发展、精明增长，提升城市发展的效益和品质。坚持“以产兴城、依城促产”，以金洲新城组团、宁乡经开区工业组团、老城区城市发展组团三组团为主体，打造宁乡未来新旧动能转换的主要空间载体，形成产城融合发展新格局。

专栏16：金洲新城建设工程

围绕推动宁乡东进融城、拓展省会长沙战略空间、探索产城山水共融发展新模式，高质量开发建设金洲新城，促进长沙“西翼”升级发展。到2025年，金洲新城功能布局基本形成，规模形态基本呈现，经济实力和人口规模实现翻番。

空间布局：北部文化聚落、南部休闲绿谷、中部科创制造中心。

主导功能：智能制造、人居示范。

特色功能：新科创、新休闲、新文创、新消费。

发展模式：大力培育新兴产业，补充教育服务等功能，充分发掘地域文化特质，保护和利用好自然山水，形成绿色生态宜居与城市发展协调新模式。

主要产业：依托区域内产业、科教资源，建设初创加速中心、特色产业创新基地及专业人才培养基地，打造长沙河西科创走廊；依托特色文化要素，打造基于地域文化的源创之地，引进和培育填补空白型的新型文化创意产业，形成长沙湖湘文化创意产业新地标；引领旅游消费升级，构建长沙都市休闲小环，建设长沙短途特色休闲度假目的地，打造长株潭旅游消费新胜地。

专栏17：主城区“四大片区”建设与更新计划

沩水湾片区：目标定位为沩水湾产业服务小镇，环抱金洲湖湿地的沩水湾北岸经开区产业综合服务示范区。

中央商务片区：目标定位为老城商业商务中心，承载宁乡历史记忆的老城复兴示范区，化龙和东沩两溪串联的休闲游憩区、沩水西岸的商业核心区。

白马桥片区：目标定位为山水映城的魅力生活区，集商贸、居住、休闲于一体的生态宜居城区。

高铁新城：目标定位为城市客厅、公园城市、未来新城。

优化“多层统筹”的城镇格局。加快推进以人为核心的新型城镇化，构建以主城区为引领，中心镇和重点镇为第二层级，其他乡镇为第三层级的城镇体系，形成“一极核四中心八重点多支撑”的新型城镇格局。

建设现代化高品质的美好城市

实施“城市提质”战略，加快完善现代化基础设施，提升高品质城市功能，打造宜居宜业、精致大气、底蕴厚重的美好城市，成为县域城市现代化建设的典范。

建设富有都市气质的现代城市。围绕提升城市承载功能，统筹处理好城市局部与系统、地上与地下的关系，形成适度超前、相互衔接、满足未来需求的城市功能体系，让市民拥有更加美好舒适的城市生活。

专栏18：城市公厕、教育、养老、托育等设施配建标准

公共厕所：主城区按300米的服务半径设置公共厕所。在商业区、火车站、汽车客运站、旅游景点、城市广场、开放式公园（公共绿地）、游乐场等人流高密度场所，加强公共厕所建设力度。每个公共厕所至少设一个无障碍厕间。

教育设施：1200户及以上住宅小区按标准配建幼儿园、1250户及以上住宅小区按标准配建小学、2500户及以上住宅小区按标准配建初中。

养老设施：新建城区和新建住宅区应当根据规划要求和建设标准，居家养老服务站按新建住宅小区每百户30平方米建筑面积配建，且每处原则上不少于500平方米；已建住宅小区按每百户20平方米的标准配套建设养老服务设施，且每处原则上不少于200平方米。允许规模较小的相邻新建住宅小区，集中配建居家养老服务设施，共享共用。

托育设施：1200户及以上住宅小区配建托儿所，8个班以上的托儿所生均用地面积和建筑面积均不少于7平方米/生。

专栏19：“精美宁乡”建设行动

精美建筑。统筹管控城市天际线，结合周边的山水环境特征、规模尺度、文化底蕴，构建高低错落、层次丰富、进退有序的城市天际线景观。以高层建筑为主的且计容建筑面积20万平方米以上的地块应进行建筑高度分区设计，分组团形成建筑高度的梯级变化。新建居住建筑高度应严格按照《城市居住区规划设计标准》（GB 50180—2018）以及住房和城乡建设部、国家发展改革委《关于进一步加强城市与建筑风貌管理的通知》（建科〔2020〕38号）等相关规范和标准执行。注重建筑特色塑造，塑造形神兼备、空间协调融合、风格简约鲜明的特色建筑，保持城市个性。

精美街道。制定街道全要素设计导则，实现街道市政设施、景观环境、沿街建筑、历史风貌等全要素的有机整合，并贯穿于建设工程的招标投标、方案设计、可研、初步设计、图审及施工全过程。按绣花功夫要求进行精细化设计施工，在金洲大道、一环路、人民路、花明路、宁乡大道、创业大道等沿线，打造一批全要素品质化建设的示范街道。打造街角微空间、增设公共服务设施，进行人行道清障、桥下空间整治、广告招牌规范，推动“多杆合一”“多箱合一”。

精美社区。提升老旧小区公共基础设施、公共服务设施、空间环境及智慧化建设的品质。进行供水设施改造和既有多层住宅加装电梯，“十四五”期间加装电梯500台。完善适老适幼设施，做好老旧小区无障碍设施，增加荫下公共活动场所、小型运动场地和健身设施。清理无效绿化与废弃空间，充分利用小区内公共区域空间创造多样的活动空间，提升小区活力。推动小区智能门禁、智能快递柜、智能车棚、智能充电桩、立体停车库等设施配套。完善社区健身、社区观留、社区医疗、物流快递、便民小超等生活服务设施配套，加强智慧社区微基建，实施一批“街区微改造”项目。建设老人友好型、儿童友好型社区环境，通过口袋公园、亲子游乐场、健身运动等公共开放空间，营造全时段全天候宜居的社区空间。

精美环境。重点加快城市亮化建设，以“一江两岸”、行政中心板块、中央商务片区、方特片区、金洲大道沿线、宁乡大道沿线、四大景区等为重点区域，实施城市路灯系统升级、城市楼宇亮化、绿地夜景亮化、街巷增灯等工程，打造标志性夜景，为城市增光添彩。开展重点道路、重要节点绿化提质，打造显山、露水、见林、透气的城市景观。推进污水处理提质增效，全力构建“水清、岸绿、河畅、景美、人和”的美丽河流。加强工地扬尘治理，积极推进绿色施工，每年创建2个建筑施工安全生产标准化示范观摩工地。

建设高效融合共享的智慧城市。以数据开放共融共享、为民服务全程全时、城市治理高效有序为主要目标，推进新一代信息技术与城市现代化深度融合、迭代演进。“十四五”时期，打造全国县域智慧城市建设标杆，形成可推广可复制的新型智慧城市建设“宁乡模式”，为宁乡人民创造更美好的生活。

专栏20：智慧城市“三个率先”行动计划

率先成为全国县域智慧城市建设新标杆。在“一平台、一中心、多应用”总体建设框架指导下，重点面向政务、民生和城市管理三大领域，强化跨部门、跨领域的业务协同联动，丰富智慧应用场景，努力跻身全国新型智慧城市100个试点县，打造全国县域智慧城市建设新标杆。

率先打造“掌上一次办”服务品牌。发力掌上移动端智慧应用，将掌上移动端作为信息化智慧应用重要突破口与切入点，丰富完善“智慧宁乡”APP功能作用，形成“掌上一次办”服务品牌体系，打造民生服务新体系。

率先推出全省信息化建设系列“首创”。加快构建政府数据治理体系，推出全省首个政务资源开放清单，建立全省首个县级市数据标准，推动政府资源规范化管理。在政务领域、民生领域、城市治理等方面大胆创新，并通过制度形成、标准制定、服务应用等多个“首创”，将宁乡打造成全省信息化建设一流高地。

建设更加和谐安稳的安全城市。完善综合监测预警机制，加强人防物防技防应急体系建设，扩大安全风险监测预警系统覆盖面，强化对水灾、旱灾、地震、地质灾害、森林火灾和气象灾害等的监测预警。构建政府主导、多元联动、协同配合、有序参与的防灾减灾新格局，增强自然灾害风险防治能力。

专栏21：沩水流域蓄洪区体系建设工程

“上蓄”：主要为水库蓄水，共有大型水库1座（黄材水库），田坪水库、洞庭水库、大坝塘水库（拟建）等中型水库3座，小（1）型水库33座，小（2）型水库129座。

“中滞”：拟在沩水沿线圈定9处滞洪区，占地面积26099.33亩，蓄水量为6103.73万立方米。配套新建9处进水闸和9处出水闸。合理组织滞洪区内人员、财产转移。

“下泄”：宁乡市城市防洪共分为四个保护圈，防洪堤长度共计60.3千米。其中，城西保护圈堤防长度19.2千米；新民垸保护圈堤防长度9.6千米；城东保护圈堤防长度9.5千米；群英垸保护圈堤防长度22.0千米。

专栏22：安全城市建设重点工程

应急管理能力提升工程。开展以“六有”（有班子、有机制、有预案、有队伍、有物资、有培训演练）为主要内容的乡镇（街道）应急管理能力标准化建设，以“三有”（有场地设施、有装备物资、有工作制度）为主要内容的行政村（社区）应急服务站建设。“十四五”期间，实现全市所有园区和乡镇（街道）应急管理机构、人员、经费、装备“四落实”，队伍结构、素质、能力、作风“四提升”，工作职责、任务、机制、手段“四匹配”，促进基层应急管理工作科学化、规范化制度化和常态化。

应急指挥平台建设工程。依托湖南省应急管理信息化建设，综合运用5G、大数据、物联网、人工智能等前沿技术，建设立体化全息感知网络、天地一体化应急通信网络、协同联动的智能应用体系、安全可靠的运行保障体系、完整统一的标准规范体系，实现全市应急救援资源和能力的有机整合，建设具备统一指挥、专常兼备、反应灵敏、上下联动、平战结合的应急管理体系。

行业自律机制推广工程。将烟花爆竹行业自律的经验推广应用到其他行业领域，通过会员内部交叉检查、视频监控等方式，促使行业实现从“要我安全”向“我要安全”的积极转变。

建设彰显楚沩风韵的园林城市。坚持以人为本、以小组团绿化为主，构建社区绿化、公园绿地、道路绿化、河道绿化交融渗透的城市绿化格局，努力把宁乡建设成为山青、水秀、岸绿、城美、人和的具有湖湘特色的国家园林城市，努力为人民群众创造更加丰富、更高品质的绿色生态福利。到2025年，城市山体、水系、绿地、林地等生态空间占城市规划区面积的比例不低于60%，城市建成区绿化覆盖率达35%以上。

建设崇文尚德向善的人文城市。进一步提高城市文明程度，着力增强城市人文特色，提高城市文化软实力。

建设区域性现代服务业新高地

坚持把现代服务业作为调优产业结构、构建现代产业体系的战略重点，实施现代服务业发展行动，加快繁荣服务业态，提升服务品质，打造区域性现代服务业新高地。到2025年，力争实现服务业增加值占国内生产总值比重达到38%。

打造国家全域旅游示范区。加快旅游供给侧改革，优化旅游产业布局，提升旅游业态品质，推动景区提档、服务提升、效益提高，培育旅游产业新元素新价值，打造国家全域旅游示范区、全国知名旅游目的地。到2025年，全市旅游总收入达到480亿元，年接待游客2000万人次。

专栏23：沩山—炭河旅游区“十四五”主要项目

主要业态项目：1. 丰富夜游产品，炭河千古情开放夜晚演出；2. 完善夜健产品，建设夜跑跑道及健身、广场舞、太极拳等场所；3. 推动夜间休闲文化，沩山建设斋食馆，建设夜间休闲文化街，推广沩山擂茶、毛尖、手艺品等宁乡特产食品展销，完善夜间购物体验；4. 开发夜赏产品，引进大型灯光秀项目，建设游步道并完善亮化；5. 丰富夜间娱乐项目，利用数字王国项目开展电竞娱乐等活动，增加篝火晚会、儿童游乐园、帐篷露营等产品。

主要配套项目：1. 引进1～2家文化主题酒店和10～20家高端民宿，突出禅意、青铜文化，把沩山—炭河旅游区打造为民宿集群样板，提质沩山度假山庄；2. 修建一大一小游步道，“一大”即沿青羊湖游步道，将炭河和沩山有机串联；“一小”即沩山森林康养游步道，为避暑增加健身步道；3. 把密印景区广场和游客中心打造成为主客共享的文化休闲服务中心，提质沩山亮化工程；4. 修建崔坪—月山—沩山旅游环线公路，引入共享汽车；5. 完善景区标识标牌、增设游客服务中心、公共厕所、生态停车场等；6. 完善特色餐饮、旅游购物等要素配套，推介特色旅游商品（沩山素食、沩山毛尖、沩山豆腐、沩山腊肉、沩山红薯粉、五里堆香干、沙田包子、流沙河花猪、沩山擂茶、黄材辣椒、黄材干鱼、巷子口黄桃、旅游文创产品等）。

专栏24：灰汤温泉旅游区“十四五”主要项目

主要业态项目：1. 增加水上游乐等沉浸式文旅项目；2. 举办灰汤音乐节、龙舟赛、自行车、定向越野、跑步等赛事节会；3. 做好“温泉+康养”系列产品的研发和推广，引进医养结合的康养项目，打造温泉康养小镇；4. 引进体育场馆和赛事，打造体育小镇；5. 布局特色农业，建设乌江特色餐饮、酒吧一条街；6. 建设灰汤剧场，创排有灰汤特色的演艺节目。

主要配套项目：1. 游客中心、灰汤大道、中医院、运动森林公园、温泉公园、公共厕所、东鹜山游步道、山地自行车赛道、环紫龙湖自行车道等建设；2. 紫龙湖亮化工程、植被修复工程、清浚工程；3. 集镇和景区环境整治工程；4. 规划灰汤—黄材、灰汤—韶山景区快速干道，对灰汤—宁乡公路进行快速化改造；5. 建设主客共享的公共文体活动中心；6. 增建停车场，完善停车系统，引入共享汽车；7. 推介特色旅游商品（灰汤贡鸭、灰汤鱼、荷叶烧鸡、杨柳湾千张皮、黄金水晶皮蛋、资福带皮牛肉、稻鸭共生养生米、文创旅游产品等）。

专栏25：少奇故里旅游区“十四五”主要项目

主要业态项目：1. 建设高水准红色教育培训基地，讲好一堂《论共产党员的修养》党课，探索培训模式市场化运作；2. 建设十村联建·原乡大院、花明楼潇湘名人小镇、花明楼红色文旅小镇，开发红色研学体验、青少年军事综合实践研学基地、特色休闲农业、红色花海、金盆岭风电场等一批项目；3. 建设革命体验项目，重温红军长征等场景。

主要配套项目：1. 建设主客共享的公共文体活动中心；2. 建设东南片区游客集散中心（含停车场）；3. 红色小镇氛围营造。

专栏26：香山方特旅游区“十四五”主要项目

主要业态项目：1. 推动方特二期、三期建设；2. 宁乡经开区、宁乡高新区应鼓励有潜质的企业积极发展工业旅游；3. 提质稻花香里、石仑关等乡村旅游项目。

主要配套项目：1. 高标准建设宁乡市全域旅游集散中心；2. 旅游区配套酒店。

专栏27：旅游交通体系和旅游集散体系建设工程

"2+3+N"的旅游集散服务体系：2个一级旅游集散中心，即长沙方特东方神画、高铁新城；3个二级旅游集散中心，即炭河古城、灰汤、花明楼；N个旅游服务点，即八个A级景区、高速服务区、乡村旅游示范点。

"1+7+N"的内部交通串联体系：

1条内部快速环线：益娄衡高速+长韶娄高速+长张高速+长吉高速；

7条干线：玉煤公路—煤灰公路、宁横公路、宁韶公路、宁灰公路、G319、S206、S311；

N条支线、连接线：东湖塘至灰汤旅游公路、花南线（X011—X086新江桥至南岳庙旅游干线公路）、宁乡高铁枢纽站连接线、普瑞大道西延线、金桥大道至望城谷苑路、宁乡沩东路至望城雪松路等。

专栏28："旅游+"融合发展工程

旅游+农业。以农村田园景观、农业生产活动和特色农产品为依托，开发农业游、牧业游、林果游、花卉游、渔业游等不同主题休闲活动，大力发展以农家乐、民俗村、休闲农园、农庄等为代表的多元化休闲农业。

旅游+工业。以宁乡工业"两区三园"为主要载体，积极推进特色工业旅游示范区、特色文化商品生产基地建设，通过产品研发、生产、展销体验三个环节延伸产业链。

旅游+康养。依托灰汤温泉资源以及沩山、香山等宜人生态环境，大力开发康养旅游产业，形成以温泉康养、避暑康养、栖居康养、运动疗养、美食疗养等为主导的康养旅游产品，构建宁乡康养旅游产业大品牌。

旅游+研学。大力开发"重走毛泽东游学之路""青铜文化发掘探源之旅""灵佑禅师入沩山开宗弘法之路"等模式，积极申报中国研学旅游目的地和研学旅游示范基地。

旅游+文化。深入挖掘宁乡红色文化、青铜文化、民俗文化、耕读文化、理学文化，培育以文化主题体验、民俗文化演艺、文化研学教育、文化创意休闲等多元文化产业，打造文旅结合的多元旅游产品。

旅游+体育。打造一批具有影响力的体育旅游项目和体育旅游示范基地，推出一批体育旅游精品赛事和精品路线，助推宁乡市体育旅游产业发展。

旅游+传媒。通过广电媒体联合营销，实现旅游项目推介、旅游信息发布、旅游活动组织、旅游资源对接。

让生产性服务业赋能实体经济。推动先进制造业和现代服务业相融相长、融合共生，推动生产性服务业向专业化和价值链高端延伸，打造一批生产性服务业示范集聚区和公共服务平台，促进形成实体经济、科技创新、现代金融、人力资源协同发展的产业体系。到2025年，生产性服务业占第三产业的比重达到45%以上。

专栏29：现代物流发展"四大工程"

多式联运和国际物流体系建设工程。提升广铁集团长沙货运中心宁乡货场等平台功能，实现宁乡集装箱班列常态化运营，推动宁乡商品借助铁海联运通道快速抵达世界各地。完善宁乡与长沙霞凝港、长沙铁路货运场站、长沙临空经济示范区等重大物流枢纽的快速连接通道。建设3个以上公铁联运、陆水联运、陆空联运的重大示范项目。

城乡商贸物流和快递配送一体化工程。优化商贸综合体建设布局。支持以行政村、居民小区为单元，建设面向末端用户的配送服务体系。引导快递企业发展分销配送、供应链服务和一体化物流。支持国内外快递巨头企业来宁乡发展。到2025年，建设600个装有快件投递智能箱的行政村、居民小区智慧配送服务点。

制造业物流和供应链管理工程。支持制造企业主辅分离，实行物流业务外包。推动物流企业深入开展制造业供应链管理，建设与制造企业紧密结合的仓储配送设施。加快发展第三方物流。到2025年，主要制造企业基本实现物流外包，培育面向制造业开展物流服务的年物流收入过10亿元的供应链管理企业2个。

农产品物流升级工程。建设一批农产品冷链物流、粮食物流重点工程，选择有较好基础的电子商务企业打造宁乡市农产品电子商务平台。加快将大河西农产品物流中心打造成为湖南省国际农产品物流货源集散中心。到2025年，全市果蔬、肉类等农产品冷链流通率分别达25%、40%、50%，冷藏运输率分别提高到38%、60%、65%左右，流通环节产品腐损率降到13%、5%、7%以下。

让生活性服务业点靓城市生活。坚持"服务业让城市更美好"理念，突出培育多彩多元的生活性服务业，推动生活性服务业向高品质和多样化升级，促进宁乡城市品质提升，更好满足宁乡人民的美好生活需求。

专栏30：消费扩容升级工程

推动汽车、家电等传统大宗消费。积极落实国家支持汽车消费的政策，出台促进新能源汽车消费、开展汽车以旧换新等措施，进一步稳定和扩大汽车消费。依托格力电器、蓝月谷智能家电智造小镇等平台优势，打造辐射全省的高端智能家电消费集聚地。

培育新兴消费热点。支持线下经营实体加快新理念、新技术、新设计改造提升，向场景化、体验式、互动性、综合性消费场所转型。打造一批集创意设计、科技研发、采购交易、时尚消费、品牌发布等功能于一体、线上线下相结合的专业消费市场。鼓励引进知名品牌进入宁乡开设首店、首发新品，带动扩大消费。

推动农村消费提质扩容。鼓励支持消费新业态新模式向农村拓展市场，畅通城乡双向联动销售渠道。推动电商企业、农产品批发市场等各类市场营销主体与农村对接，多渠道拓宽农产品营销渠道。优化整合存量设施资源，健全农村现代流通网络体系，支持建设特色知名商贸小镇。

释放夜间消费潜力。鼓励通过设立“夜间经济服务中心”，探索保障夜间经济发展长效机制。推进休闲美食、夜间购物等夜间消费，引导餐饮店、便利店等延长营业时间，开设深夜营业专区，鼓励开设24小时便利店，着力打造富有特色的美食夜市、“深夜食堂”等夜间消费场景，完善夜间交通、安全、环境等配套设施。鼓励支持网红品牌持续做大，力推网红经济发展。到2025年，新建或提质升级3个以上各类夜间消费示范区，培育1—2个消费品牌或特色消费场景网红打卡点，打造1个以上促进夜间经济消费品牌活动。

开展促进消费活动。积极开展多层次、多样化促进消费活动，进一步扩大商品博览会、购物消费节、食品餐饮博览会、国际车展等宁乡特色促消费活动。每年举办1—2次区域性促消费节会活动。鼓励引导各行业协会、大型市场等各类经营主体拓宽节假日消费空间。支持商贸流通企业、餐饮企业、行业协会等在境内外主办、承办或参加大型展会节会活动。支持培育本地湘菜企业走出去，支持本地知名餐饮企业进入市场潜力较大的地区新开门店、开展湘菜烹饪表演、宣传和展览等。

大力打造全国乡村振兴示范区

优先发展农业农村，全面实施乡村振兴战略。按照“产业兴旺、生态宜居、乡风文明、治理有效、生活富裕”的总要求，以改革创新为引领，以农村产业融合发展为重点，增强农业农村发展新动能，加快推进乡村治理体系和治理能力现代化，把宁乡建设成为现代农业发展新高地、美丽乡村经济集聚地，打造全国乡村振兴示范区。

实施乡村建设行动。把实施乡村振兴战略作为新时代“三农”工作总抓手，坚持农民主体地位，坚持乡村全面振兴，坚持城乡融合发展，坚持人与自然和谐共生，让农业成为有奔头的产业，让农民成为有吸引力的职业，让农村成为安居乐业的美丽家园。

专栏31：36个行政村公共基础设施提升工程

5年共计划实施36个行政村，计划每个乡镇完成5个以上村民集居点建设。

2020年计划：沙田乡五里村、青山桥镇田心村、流沙河镇草冲村、巷子口镇官山村、老粮仓镇毛公桥村、横市镇铁冲村、黄材镇石山村、沙田乡长冲村

2021年计划：流沙河镇红石村、坝塘镇沩乌村、喻家坳乡太平山村、龙田镇百花村、沩山乡祖塔村、双江口镇朱良桥村、花明楼镇靳江村

2022年计划：灰汤镇竹田村、资福镇七星村、巷子口镇仙龙潭村、青山桥镇石狮桥村、花明楼镇朱石桥村、双凫铺镇栗江村、双江口镇罗宦新村

2023年计划：实施东湖塘镇太平村、老粮仓镇回春堂村、大成桥镇成功塘村、煤炭坝镇东山村、坝塘镇南芬塘村、回龙铺镇回龙铺村、双江口镇兴桂村

2024年计划：黄材镇石狮庵村、金洲镇箭楼村、菁华铺乡洪仑山村、道林镇石金村、夏铎铺镇长龙新村、灰汤镇古南桥村、大屯营镇三仙坳村

推进乡村产业振兴。乡村振兴，产业兴旺是重点。围绕打造省会城市重要的“米袋子”“菜篮子”“果盘子”“奶瓶子”生产示范基地和都市“后花园”目标，坚持走精细农业、都市农业、观光农业、高效农业发展路径，深化农业供给侧结构性改革，加快推进农村一、二、三产业融合发展，强化乡村振兴的核心支撑。

专栏32：“一环两带多点支撑”现代农业空间布局

一环：将“菁华铺—煤炭坝—回龙铺—大成桥—夏铎铺—金洲—双江口”打造成乡村振兴示范新环线，着力城乡互补、以城带乡，加快补齐基础设施短板，推进现代农业多元聚集发展，先行先试推动城乡全面融合，打造乡村振兴样板区、示范区。

两带：以沩江（含楚江和乌江流域）和靳江两岸为纽带，着力培育一批现代都市农业、休闲观光产业、美丽乡村旅游点，促进一、二、三产业融合发展，打造独具宁乡特色和湖湘底蕴的田园综合体、现代休闲农业和乡村旅游观光带。

多点支撑：以宁乡花猪、沩山毛尖、粮食、烟叶、栀子、油茶、奶牛、蓝莓、小水果、有机蔬菜等十大产业集聚区建设为重点，着力打造示范区，大力巩固核心区，积极扩张辐射区，培育"一镇一特、一特一片"特色农业集聚发展，打造多点开花的"宁"字号区域公用品牌和农产品品牌。

专栏33：十大农业特色优势产业集聚区建设工程

序号	产业名称	主要乡镇	辐射区域
1	粮食	双江口、回龙铺、夏铎铺、金洲、老粮仓、花明楼等乡镇	全市粮食主产乡镇
2	花猪	双江口、流沙河、老粮仓等乡镇	大成桥、喻家坳、道林等乡镇
3	烟叶	横市、喻家坳、大屯营等乡镇	大成桥、双凫铺、道林、流沙河、老粮仓、坝塘、资福等乡镇
4	茶叶	沩山、大屯营、花明楼等乡镇	灰汤、金洲、历经铺、东湖塘等乡镇
5	栀子	喻家坳	煤炭坝、大成桥采煤沉陷区乡镇
6	小水果	巷子口、沩山、大屯营等乡镇	夏铎铺、双江口、金洲、菁华铺等乡镇
7	奶牛	双江口、煤炭坝	
8	油茶	资福、喻家坳	横市、双凫铺、坝塘、灰汤等乡镇
9	蔬菜	黄材、横市、金洲等乡镇	夏铎铺、历经铺、大成桥、双凫铺、花明楼、坝塘、煤炭坝等乡镇
10	蓝莓	坝塘、回龙铺	双凫铺、资福等乡镇

专栏34：品牌强农行动

特色农产品品牌培育。结合特色农产品优势区建设，打造沩山毛尖、宁乡花猪、灰汤贡鸭、沙田包子、黄材辣椒等特色品牌。到2025年，力争形成2个以上全国知名农产品品牌。

农业企业品牌培育。支持同行业、同产品的企业兼并重组，组建大型企业集团，做大做强农业产业化龙头企业。重点打造一批产值过10亿元、50亿元、100亿元的核心农业企业品牌，到2025年，力争培育5个经营收入超10亿元的农业企业品牌。

农业区域公用品牌培育。配套出台相应的培育措施，大力推进区域公用品牌创建，每年重点扶持打造1–2个区域公用品牌。力争到2025年新增2个地理农产品标志。

推进乡村人才振兴。乡村振兴，人才振兴是根本性支撑。把解决农村"空心化"问题放在首要位置，实施乡村人才振兴行动计划，让愿意建设家乡的人留得安心，让愿意回报乡村的人更有信心，激励各类人才在乡村广阔天地大展才华、大显身手。

专栏35：乡村人才振兴行动

农村实用人才培育工程。大规模开展农村实用人才带头人培训。健全职业教育培训网络，以提高科技素质、职业技能和经营能力为核心，以增强针对性和有效性为关键，大力培育农村实用人才。到2025年，培育各类农村实用人才3万名以上。

新型职业农民培育工程。建立健全职业农民遴选、培养、认定、服务机制，构建多元主体参与的培育体系。到2025年，培育2000名具备现代农业生产经营能力、通过职业资格认证的新型职业农民。

农村专业人才队伍建设工程。坚持引进与培育相结合，统筹农村各类专业人才队伍建设，打造一支人员稳定、业务精良、熟悉农情、扎根一线的农村专业人才队伍。到2025年，培育各类农村专业人才2万名以上。

"三农"干部队伍建设工程。加强干部配备和调整工作，确保涉农各级党委和政府主要领导干部懂"三农"工作、会抓"三农"工作、带头抓"三农"工作，分管领导、乡镇干部真正成为"三农"工作行家里手。注重选拔优秀中青年干部充实乡镇。着力选好配强村"两委"班子，加大在优秀青年农民中发展党员力度。到2025年，乡镇领导干部、村"两委"主要负责人全部轮训两遍。

推进乡村组织振兴。加快建立健全党委领导、政府负责、社会协同、乡贤示范、公众参与、法治保障的现代乡村治理体制，确保乡村社会充满活力、安全稳定、和谐有序。

建设绿色低碳的美丽宁乡

实施可持续发展战略，坚持把绿色作为高质量发展的普遍形态，践行绿水青山就是金山银山的理念，贯彻山水林田湖草是生命共同体的思想，统筹生产、生活、生态三大空间，加快推进生态环境治理和保护，在生态文明建设上展现新作为、取得新进步。

保护秀美自然山川。实施可持续发展战略，树立尊重自然、永续发展的理念，构建蓝绿交织、清新明亮、水城共融的城乡生态格局，促进经济社会发展全面绿色转型。

专栏36：森林生态体系布局

“一核”即中心城区生态建设。保留城区现有自然山体、绿地及湿地资源，通过造绿、补绿和丰富增绿等方式形成自然优美、具有浓厚文化特色的城市森林景观。重点建设中心城区的综合性公园、湿地公园、沩水带状公园、街心公园、绿色社区、绿色街道，开展建（构）筑物立体绿化。

“两带”即沩水流域的绿色产业带和沿沩山、黄材、老粮仓、灰汤至香山森林公园的生态屏障带。**沩水流域的绿色产业带：**有效保护沩水自然岸线植被群落，营建河流沿线绿色水道屏障；根据沿线不同景观特色确定适宜的绿化类型，见缝插绿、植树补绿和庭院美化，形成路、林、田、居相依的森林田园风景线；建设茶叶、林下经济、国家储备林、花卉苗木等产业基地，推动发展生态休闲观光产业。**沿沩山、黄材、老粮仓、灰汤至香山森林公园的生态屏障带：**对沩山、迴龙山、四方山、香山沿线山体进行封山育林及森林提质建设，开展地带性植被群落恢复、低质低效林改造、生物多样性保育等项目，形成区域的重要绿色屏障。

“四区”即红色片区、蓝色片区、绿色片区和金黄色片区。**红色片区：**以花明楼镇为重点，涵盖道林镇、大屯营镇和东湖塘镇。以该片区的红色旅游资源、道林古镇、靳江省级湿地公园等人文和重要生态资源为主，提高乡镇绿化覆盖率和景观品质；将红色资源与森林乡村建设相结合，提升村庄绿化、美化水平。**蓝色片区：**以灰汤镇为重点，涵盖资福镇、坝塘镇以及贯穿该片区的乌江水系。对乌江两岸的水系绿化提质改造，开展乡村湿地生态修复建设，提升旅游景区的绿化水准。**绿色片区：**以沩山乡、黄材镇为重点，涵盖巷子口镇、龙田镇、沙田乡、横市镇。严格保护好现有的森林植被和自然山体，适当进行林相提质改造，发展青羊湖森林康养旅游，建设沩山万亩茶叶基地和巷子口黄桃及林下经济等林业产业基地。**金黄色片区：**以老粮仓为重点，涵盖青山桥镇、流沙河镇、双凫铺镇、大成桥镇、回龙铺镇、喻家坳乡、煤炭坝镇、菁华铺、双江口镇。该片区为S209省道沿线，以水稻种植为主，对乡村道路、田园林带、河流两岸及沟渠进行绿化提质，建设绿色生态廊道，发展绿色生态村庄。

“多点”即全市范围内的乡镇所在地、森林公园、湿地公园、风景名胜区、郊野公园等绿化建设节点。进行绿化提质改造，开展生态文化宣传和多样性保护工作。

营造清新城乡环境。落实生态环境保护责任制，坚决打好蓝天、碧水、净土保卫战，让宁乡的天更蓝、水更清、地更净，生态环境质量持续向好。

专栏37：生态治理工程

大气环境污染整治工程。落实长株潭城市群大气环境联防联控工程，实施城区清洁能源改烧项目、施工工地扬尘污染控制工程、大气污染联防联控等项目建设。

水环境污染整治工程。实施沩乌楚新河道治理工程。推进城市、工业、农业水污染防治，实现工业企业废水全面达标排放。加快推进城镇污水集中处理及配套管网建设和城镇污水处理厂提标改造工程，完成一批重点污水处理提标扩容项目。实施工业节能行动计划、绿色建筑行动计划和绿色交通行动计划。

土壤环境污染整治工程。实施土壤环境监测监管工程，提升土壤环境监测能力。

固体废物污染整治工程。建设宁乡市生活垃圾焚烧发电厂、医疗废物处置中心等项目。

生态环境保护和修护工程。实施自然保护区、森林公园、生态公益林等建设和保护，推进矿山生态修复、海绵城市、沩江“十里画廊”、绿色生态公园等项目建设。

农村“厕所革命”。农村新建住房和实施改厕的全部采用卫生厕所。农村集镇、村部、学校、集贸市场、卫生院、乡村旅游景点等都要新建和改造无害化公厕。到2025年，全市100%的农户用上卫生厕所，无害化厕所普及率达到60%以上。

践行绿色生产生活方式。提倡绿色产业、生态人居、低碳生活，建设人与自然和谐共生的现代化。

建设以人为本的幸福宁乡

坚持以人民为中心，着力办好群众各项“急难愁盼”问题，推动各项社会事业增添新动力、开创新局面，让宁乡人民生活更加可期、更有奔头。

促进更加充分的就业。就业是最大的民生。落实就业优先政策，实施更加积极的就业政策，提供优质普惠的公共就业服务，实现居民更充分更高质量就业。“十四五”期间，全市城镇新增就业5万人，新增农村劳动力转移就业2万人，城镇调查失业率控制在5%以内。

夯实多层次社会保障。按照兜底线、织密网、建机制的要求，全面建成覆盖全民、城乡统筹、权责清晰、保障适度、可持续的多层次社会保障体系，坚决兜住兜牢民生底线。

发展高质量现代教育。把发展教育事业作为推动各项事业发展的重要先手棋，全面构建现代化教育制度体系，扩大优质教育供给，促进教育优质均衡发展，努力办好人民满意的教育，擦亮宁乡教育强市品牌。到2025年，实现各级各类教育普及目标，教育主要发展指标达到教育现代化水平，人民群众对教育的满意度显著提高。

专栏38：教育现代化综合提升工程

基础教育建设工程。科学规划，推进公办幼儿园建设工程、农村集镇寄宿制学校和小规模学校提质工程、薄改与能力提升工程（含特殊教育学校建设）、义务教育学位扩容工程、“高中阶段教育普及攻坚计划”学校建设工程（含职业中专学校建设）、教师公租房（周转房）建设工程、智慧教育、安防工程和学校改水改厕工程。

推进教育现代化争创工程。对标县域义务教育优质均衡发展督导评估标准，进一步夯实办学基础，争创全国义务教育优质均衡发展县（市）；完善学前教育公共服务体系，发展公办幼儿园，争创国家学前教育普及普惠县（市）；系统构建全民终身学习体系，积极争创全民终身学习教育国家、省市品牌。

职业教育升级工程。力争市职业中专学校办成中高职一体化，服务职业院校建设发展。

特殊教育提升工程。推进全民教育，扩大特殊教育资源，大力发展残疾儿童学前康复教育，提高适龄残疾儿童义务教育入学率，全面提高残疾儿童少年学前教育、义务教育普及水平，加强以职业教育为主的残疾人高中阶段教育。积极探索特殊教育“医教结合”。

深入实施健康宁乡建设。加强市民健康制度设计，提升公共卫生和基本医疗服务水平，构建多层次、广覆盖、便捷化的综合健康服务体系，争创全国卫生城市、全国健康城市，使广大市民成为健康宁乡人。

专栏39：骨干医疗卫生机构建设工程

二级综合医院。改扩建宁乡市第六人民医院（流沙河），新设病床400张；改扩建宁乡市第五人民医院（黄材），新设病床200张；改扩建宁乡市第四人民医院，新设病床200张；改扩建宁乡市第三人民医院，新设病床300张。

三级中医医院。做大做强宁乡市中医医院；新建宁乡市第七人民医院（灰汤），新设病床300张。

专栏40：全民健身事业促进工程

文体中心综合馆。一层建设1个标准游泳池；二层设1个大型室内羽毛球馆、1个室内篮球副馆和相关配套功能用房，真正让文体中心成为文体综合体，成为市民第一活动中心。

全民健身户外活动基地。城市公园要植入体育元素，增加体育设施，实现体育惠民。规划建设文体综合服务中心，把更多的公共空间还给市民。

灰汤温泉康养体育小镇、沩山森林康养小镇建设。依托灰汤温泉和沩山环境等资源优势，推动体旅深度融合，引进一批重大体育项目和体育赛事，建设体育小镇。

香山郊野公园。打造集露营、登山、徒步等多种户外运动于一体的香山郊野公园。

城市绿道。以沩水堤岸为主轴，在南太湖、童牧谷、香山冲、楼台山规划建设一条20千米的城市绿道。

宁乡经开区企业职工活动中心。位于金洲大道以北，谐园路以东，船形山路以西，三环路以南，建设企业职工活动中心。

加强赛事运营。大力推广武术、龙舟、太极、健身舞、篮球等传统体育项目。发展健身跑、健步走、自行车、气排球、广场舞等群众喜闻乐见的项目。鼓励结合自然、人文资源发展特色体育产业，加强体育合作交流，引进大型品牌赛事。

推进体教结合。打造学生健身操（舞）大赛、亲子迷你马拉松赛等特色品牌项目。鼓励体育企业和社会组织主动参与推广青少年体育活动。继续推进一中举重基地、四中柔道基地、十三中游泳基地、玉潭中学摔跤基地人才培育，推进学校体育艺术特色项目布局调整。深化国家高水平体育后备人才基地、市级精英基地、传统特色学校建设，夯实后备人才培养基础。

满足居民公共文化需求。推动文化事业繁荣发展，全面提升文化软实力。加强文化保护，建设优质共享的公共服务设施，打造文化精品，繁荣文化市场，丰富居民文化生活，加快构建设施网络化、供给多元化、机制长效化、城乡一体化、服务普惠化的现代公共文化服务体系。

专栏41：文化惠民工程

加强基础文化设施建设。重点打造“五馆一厅”，成为集文化、体育、科教、艺术等功能于一体的大型现代化社会公共基础设施，树立宁乡文化新地标。利用城市驿站、公园闲置配套用房建设城市书房4个，新建职工书屋30家，建设各类书吧100个，加强阅读推广，建设“书香社会”。推进数字文化馆建设，建设云平台，建设总馆1个，分馆14个，实现全民艺术普及云服务。推进融媒体中心建设，新建新闻采编中央厨房和演播大厅。推进“村村响”广播云平台建设市级平台1个，乡镇平台29个，村级终端6000个，推进广电事业改革，大力发展5G技术的推广应用。提质5个乡镇综合文化站和60个村（社区）综合文化服务中心，实现现代公共文化体育服务全覆盖。

加强文化服务专业队伍建设。五年计划培训乡镇综合文化站长、文化辅导员、文艺团队负责人、社会体育指导员2000人次。培育文化市场主体3000家，建成宁乡市文创园，组建宁乡演艺（文创）集团。

加强文化阵地免费开放。市级图书馆、文化馆、博物馆、体育馆免费开放每周不少于56小时，乡镇（街道）综合文化服务中心每周开放时间不少于40小时。

加强群众文化活动的组织。坚持“四个一百工程”，每年完成送戏下乡100场，文艺培训100场，读书活动100场、流动图书服务和展览100场。乡镇（街道）每年举办文艺演出、经典诵读、书画摄影比赛、讲座等各类文体活动不少于5场。村（社区）每年举办各类文体活动不少于3场。

繁荣文化市场。每年举行宁乡市级文化活动不少于50场次，培育文化品牌不少于10个，每年创作有影响的作品不少于10个，争取出更多的精品力作，实现国家艺术基金奖和“五个一”工程奖的突破。

健全养老育幼服务体系。适应人口老龄化和全面两孩趋势，加快建设养老服务体系，发展普惠托育服务，打造全龄友好的新宁乡。

专栏42：养老服务提升工程

养老服务体系建设。建成一家300张床位以上的社会福利中心，各街道建成一所日间照料中心，各乡镇建成一所敬老院，居家养老服务设施覆盖100%的城市社区，农村幸福院覆盖60%以上的农村社区；每千名老人拥有养老床位35张以上，养老床位总数达到1万张。

智慧养老信息平台建设。加快建成智慧养老信息平台，在手机端提供养老机构床位预约、上门服务、紧急救助等线上线下服务。帮助老年人适应数字化发展，依托村（社区）工作者、志愿者、养老机构工作人员等，帮助老年人学会使用智能手机及信息平台，克服智能技术困难，确保老年人能用智能设备办理业务。

构建共建共治共享的社会治理格局

完善共建共治共享的社会治理制度，实现政府治理同社会调节、居民自治良性互动，建设人人有责、人人尽责、人人享有的社会治理共同体，增强社会治理总体效能，使每个社会细胞都健康活跃，将和谐稳定创建在基层。

深入推进依法治市。大力推进法治政府、法治社会和法治宁乡一体化建设，推进法治政府示范创建工作，为宁乡经济高质量发展和社会大局稳定提供法治保障。

建设更高水平的平安宁乡。统筹发展和安全，加强各类社会安全风险评估和防控，完善公共安全应急预案体系，加强重点领域和重点环节安全治理，切实维护人民群众生命财产安全。到2025年，群众对平安建设的满意度超过96%。

加强和创新基层社会治理。坚持和完善共建共享共治社会治理制度，不断完善党委领导、政府负责、民主协商、社会协同、公众参与、法治保障、科技支撑的社会治理体系。

专栏43：基层社会治理网格划分标准

宁乡市按照“四级架构、方便管理、界定清晰、不留盲区”的原则，因地制宜划分实体网格。

街道划分四级网格：第一级网格为街道；第二级网格为社区（村）；第三级网格为居民小组、小区、市场等；第四级网格为自然居民小组，居民小组内的党政机关、企事业单位院落，无物业居民集中居（商）住区，小区内楼栋，市场内连线成片的门店（按街巷或楼栋划分）等。

乡镇划分三级或四级网格：第一级网格为乡镇；第二级网格为村（社区）；第三级网格为村民小组，居民小组，党政机关，企事业单位，小区，安置区等；第四级网格为规模较大的村民小组内的自然组，小区及安置区内的楼栋等。目前全市共划分一级网格（乡镇级）29个，二级网格（村级）278个，三级网格3709个，四级网格4792个。

坚持党管武装，加强国防动员与后备力量建设。深入贯彻习近平强军思想，坚持党对人民军队的绝对领导，着眼“能打仗、打胜仗”的根本要求，立足支援保障打仗任务和市域非战争军事行动需要，突出工作重点，深化改革创新，推动我市国防动员与后备力量建设再上新台阶。

推进社会主义民主政治建设。坚持和完善人民代表大会制度，加强人大对“一府一委两院”的监督，更好发挥人大代表作用。坚持和完善中国共产党领导的多党合作和政治协商制度，推进协商民主，提高建言资政和凝聚共识水平。认真贯彻落实《中国共产党统一战线工作条例》，全面贯彻党的民族政策，促进各民族共同团结奋斗、共同繁荣发展。全面贯彻党的宗教工作基本方针，积极引导宗教与社会主义社会相适应。健全基层群众自治制度，增强群众自我管理、自我服务、自我教育、自我监督实效。发挥工会、共青团、妇联等人民团体作用，把各自联系的群众紧紧凝聚在党的周围。完善大统战工作格局，促进政党关系、民族关系、宗教关系、阶层关系、海内外同胞关系和谐，巩固和发展大团结大联合局面。全面贯彻党的侨务政策，凝聚侨心、服务大局。

切实保障规划实施

坚持在党的坚强领导下，更好地履行政府职责，凝聚各界力量，加强项目支撑，健全实施机制，抓好统筹协调，确保《纲要》各项目标任务圆满实现。

加强党的领导。充分发挥全市各级党委在经济社会发展工作中的领导作用，凝聚全市人民的智慧和力量，为实现规划蓝图提供强有力的政治保障。

抓好配套支撑。集中力量实施一批事关全局和长远发展的重点建设工程，充分发挥重大项目对经济社会发展的带动作用，强化要素保障和政策配套，支撑“十四五”发展目标和任务顺利完成。

推动规划落实。进一步建立健全规划实施保障机制，推进规划实施的规范化、制度化，确保规划各项目标任务落到实处。

宁乡市全国文明城市创建工作纪实

2020 年 11 月 30 日

2012 年以来，宁乡市围绕创建全国文明城市这一目标，以培育和践行社会主义核心价值观为主线，扎实开展精神文明创建活动，城乡面貌不断改观，城市品位显著提升，市民素质明显增强，城市文明程度全面提升。2014 年、2017 年分别获得全国文明城市（县级）提名，2020 年成功被评为全国文明城市（县级），测评成绩全省第一，并作为全国 18 名优秀代表之一在北京登台领奖。

回顾创建历程，历经诸多波折，我们深感成绩来之不易。2012 年启动创建全国文明县城，2014 年获得全国县级文明城市提名城市，2017 年再次获得提名，直至 2020 年成功摘取桂冠，宁乡人民为之付出了九年的艰辛努力。特别是近几年，我们承受过压力，经历过坎坷，遭遇过挫折，克服了城市快速扩张、城市管理难度加大等各种矛盾交织的困难。2017 年，我市在遭遇历史罕见的洪涝灾害一个多月后首站迎检，仅以 0.6 分的微弱分差，与第五届全国文明城市失之交臂，但全市上下始终服气不服输、失牌不失志。2020 年以来，克服疫情影响，我们早谋划、早部署、早行动，列出责任清单、问题清单、负面清单全面抓落实，以壮士断腕的决心、刮骨疗毒的勇气、滴水穿石的韧劲、穿针绣花的功夫，力摘“全国文明城市”这块“金字招牌”。九年一剑，筚路蓝缕，今朝圆梦，得益于我们一张蓝图绘到底，砥砺初心干当头。

——我们始终坚持将创建全国文明城市作为推动城市高质量发展的重要抓手，融入大局、始终如一，久久为功。

一是着眼全局谋划部署。把创建全国文明城市作为贯彻落实习近平新时代中国特色社会主义思想、践行社会主义核心价值观、优化城市发展环境、提升居民幸福指数、增强县域综合实力的重要抓手，制定《宁乡市创建全国文明城市三年行动计划（2018—2020 年）》，明确责任，逐年推进。坚持与三大攻坚战、“五治”、基层党建、融媒体传播相结合，做到统筹盘活资源、打通一体运行。通过文明城市创建，我市经济质量不断提升，2019 年，宁乡市地区生产总值同比增长 9.1%，地方一般公共预算收入增长 13.8%，城乡居民人均可支配收入增长 9.4%，2020 年前三季度经济运行稳中向好。

二是书记挂帅一抓到底。建立并运行市委书记、乡镇（街道）党（工）委书记、市直部门党委（党组）书记、行业（企业）党（工）委书记、村（社区）党总支书记挂帅的文明创建工作体系，始终坚持“书记抓创建、创建抓书记”。市级层面每年召开文明委全会 2 次以上，全面铺开文明委成员单位承诺制与述职制，对各级各部门履行职责情况进行年度考核。2020 年“国检”前夕，新任市委书记于新凡召集各级书记吹响了进军“全国文明城市”的冲锋号，同时构建“10+4”（10 个工作组、4 张清单）的创建责任体系，市委主要领导一月一调度，其他市领导分组常态调度，各级书记及时推进，工作链条运行通畅。

三是叩问初心创建惠民。深入践行“以人民为中心”的发展思想，坚持“让城市更美好，让群众得实惠”的宗旨，创建中侧重为群众做好事、办实事、解难事，得到了广大人民群众的大力支持。2013 年实施创建“百件惠民实事”工程；2014 年围绕“四小”（小巷、小区、小院、小店）办好“平整路面、疏通下水、亮化绿化、保洁环境”四件实事；2015 年改造棚户区和城中村，全域进行农村环境综合整治，梯次推进实力园区、新型城镇、美丽乡村建设；2016 年大幅改观生态环境，树立“绿水青山就是金山银山”的鲜明导向；2017 年统筹推进城市管理进乡村，加快提升城乡管理水平，同时在洪灾过后第一时间铺排 49 个老旧小区改造工程；2018 年着力提升市民文明素养，狠抓移风易俗，创评“新风庭院”；2019 年，统筹推进城市一圈两场三道、重大交通工程建设、电力 630 攻坚等工作；2020 年聚焦民本民生和城乡建管，铺排 36 项重点任务清单，逐一加以解决。

——我们始终坚持城乡统筹，夯实创建根基，促进环境卫生、基础设施、“人”的文明全面跃升。

一是城乡同步评比。着眼全市开展示范评比，遴选“新风庭院”65 个，“新风广场”70 个，“新风厅堂”650 户，“文明停车示范街”10+20+25+N 分批次创建。定期开展“最美奋斗者”“道德模范”“文明市民标兵”“岗位学雷锋标兵”“新时代好少年”“诚信之星”“最美志愿者”等群众性精神文明创建系列评选活动。同时，把 2020 年定为“全面达标年”，紧跟测评体系新调整，城乡综合管理联合指挥体系全力运行，实行城乡统筹“网格化”管理机制，采取专项考核、暗访测评、媒体曝光、群众投诉、逐月讲评等管理方式，切实抓好创建氛围、环境卫生、集镇秩序、设施治缺、“人”的文明等突出问题。

二是城乡同步建设。除城区基础设施建设，聚焦乡村文明程度提升，2019 年全市统筹各级财政农村基础设施投入 9.9 亿元，涵盖农村公路建设及养护、农村学校建设、农田水利建设、地质灾害防治、农村人居环境改善（改水改厕）、高标准农田建议等方面，近城乡镇基础设施提升显著。

三是城乡同步宣传。围绕学习贯彻习近平新时代中国特色社会主义思想及社会主义核心价值观等内容，统筹全国文明城市创建、光盘行动、公筷公勺、防控疫情、关心关爱未成年人、扫黑除恶、禁毒宣传等公益广告内容，在城区及农村核心区域、重点路段、主要公共场所设置主题景观、户外宣传牌、电子显示屏、广告灯箱等 400 余个，在公交设置车载电视 600 余块、车体广告 350 余个，其他公益广告 500 余个，让公益广告融入城市景观、融入生活场景。每年编印《宁乡市民文明手册》，免费向党政机关、企事业单位、乡镇（街道）、村（社区）、窗口行业发放 25 万册。

——我们始终坚持对照标准找差距，按照问题抓整改，常态长效、紧盯目标、动态销号。

一是细化责任分解。出台《宁乡市全国文明城市创建工作方案》（宁文明委〔2020〕1 号），细化任务清单，做到目标可考核、过程可追溯、责任可追究。制定《宁乡市全国文明城市创建实地督查标准》，实行创建标准化，建立健全标准体系，将行业标准和测评标准有机结合起来，形成符合宁乡实际的创建标准，高质量落实各项创建任务。如，五小门店、餐饮业、农贸市场、出租车、背街小巷等应该达到的标准，都采取定性与定量相结合，建立行业标准体系，狠抓对标、达标、验标，确保创建有据可依。

二是强化问题导向。瞄准创建中存在的突出问题，把“补短板 强弱项”作为重中之重，以问题清单倒排工作落实，实行台账制、交办制、销号制。突出把文明行为集中整治、老旧小区集中整治、背街小巷集中整治、校园周边环境集中整治、窗口服务单位集中整治等重点任务，迅速整改、补齐短板，彻底整治城区市容市貌“老大难”问题、“人”的文明行为问题。在 2017 年对 49 个老旧小区开展提质改造的基础上，今年继续推进 24 个老旧小区改造提质，重点解决基础设施老化、配套功能不全、消防安全隐患严重、管理涣散缺失等问题，全面提升老旧小区品质。

三是突出动态管理。充分使用文明单位动态管理系统，加强对文明单位创建工作的日常监督检查和考核评估，着力解决文明单位“创建滑坡”现象。坚持对创建责任单位实行日督查、日小结、日汇报、日交办、周汇总、月调度、年考核，共编印文明创建工作简报、通报 420 期，专项督查行动 242 次，逐一对账销号。

——我们始终坚持扭住理想信念“总开关”，大力开展社会主义核心价值观宣传教育，不断增强理想信念。

一是普及核心价值。组建“楚沩红色故事”“最美扶贫人”“五老”金牌讲师团、青年讲师团、“巾帼建功”讲师团等各类宣讲团 1000 余个，在基层开展巡回宣讲。近两年来，各类宣讲已达 350 多场。依托广大城乡地区村、社区综合文化服务中心等场地，近三年来开展各类社会主义核心价值观宣传教育活动 372 余次，参与人数达 20 万余人次。

二是倡树乡风文明。开展“好家风 好家训”征集活动，共话家风家训，全市共有 1000 余家庭参与，征集家风故事 255 篇，生动呈现家庭文明风貌。同时，邀请省、市家庭教育协会讲师团成员定期开展农村家庭教育讲座，走进学校、村（社区）。持续开展“五好文明家庭”评选活动，创新发起“寻找最美家庭，共建文明乡风”活动，自启动第一届全市“文明家庭”评选活动以来，2016 年评选出 10 户“十佳最美家庭”、90 户“最美家庭”；2017 年评出 10 户“十佳文明家庭”，90 户“文明家庭”。2018 年 4 户被评为长沙市级“文明家庭”。2019 年 8 户被评为长沙市级“文明家庭”。开展“一封家书”活动。2019 年在全省率先启动“一封家书”新时代文明实践主题活动。活动开展以来，共收到来自各行各业的家书 10000 多封。编印《非常时刻，我在宁乡问候您——宁乡市一封家书优秀作品合集》，并表彰了 200 余封优秀家书，有效传播家庭文明，弘扬家庭文化。

三是推进文明实践。作为全国第二批、湖南省第一批建设新时代文明实践中心试点单位，在建设试点工作中做出了有益探索，形成了一套可复制易实行的好经验。出台《2020 年宁乡市建设新时代文明实践中心试点工作要点》，把新时代文明实践所（站）试点建设工作纳入市领导联系乡镇重要内容，纳入年度绩效考核及意识形态述职评议。出台《宁乡市新时代文明实践中心“心”“星”相印星级评价考核体系》，确保新时代文明实践试点工作有章可循、有制可依。紧紧围绕“全民志愿 红动宁乡”志愿服务品牌，制定《2020 宁乡市新时代文明实践中心“全民志愿·红动宁乡”志愿服务活动计划安排表》，广泛开展各项志愿服务活动。2020 年组织开展“全民志愿 红动宁乡”学雷锋、“援茶企 采春茶”“徒步母亲河 志愿我先行”生态文明徒步行、“户帮户亲帮亲 互助脱贫奔小康”微心愿认领等形式多样、内容多元、效果多彩的主题志愿服务活动 400 余场次，参与志愿者超过 15 万余人次。

（中共宁乡市委宣传部）

宁乡市脱贫攻坚工作纪实

（2020年11月19日）

宁乡市有建档立卡贫困户数为20087户53561人。自2014年脱贫攻坚战全面打响以来，宁乡市深入贯彻习近平总书记关于推进脱贫攻坚的重要讲话和指示批示精神，严格落实党中央、国务院和省委、省政府关于脱贫攻坚的决策部署，始终把脱贫攻坚作为头等大事和第一民生工程来抓，坚持精准施策、聚力攻坚，一仗接着一仗打，一年接着一年干，扎实打好精准脱贫攻坚战。截至目前，宁乡市建档立卡贫困人口全部达到脱贫标准，31个贫困村全部退出，其中易地扶贫搬迁连续四年考核获全省第一。

一、坚持以政治任务为使命，着力筑牢责任体系

宁乡市委、市人民政府高度重视脱贫攻坚工作，始终从政治高度谋扶贫抓扶贫，把脱贫攻坚作为重大政治任务和第一民生工程来抓紧抓实。**一是强化组织领导。**按照“五级书记抓精准扶贫”的要求，在市级层面成立了市精准扶贫工作领导小组，由市委书记任组长，市长任第一副组长，市委副书记专职抓扶贫工作，相关市领导担任专项扶贫工作组组长。落实“责任三包一”（联乡市领导包乡镇街道、市直部门单位包村、结对帮扶干部包户责任制度）、调度“四个一”（书记市长一月一调度；联乡市领导十天一调度；乡镇街道、专项牵头单位每周一调度、脱贫攻坚指挥部一日一调度），构建了市乡村三级书记直接抓、部门行业齐心扶、后盾单位尽力帮、党员干部结对包的帮扶格局，形成了上下贯通、整体联动的攻坚合力。**二是强化结对帮扶。**充分发挥公职人员关键作用，深入实施公职人员与贫困户“一对一”结对帮扶，全面落实了“走访五到位十必看”工作要求，即“拉好一次家常、宣讲一次政策、核算一次收入、实现一个微心愿、搞好一次卫生”，动态查看“两不愁三保障”、饮水安全、满意度等10个细化指标完成情况。开发“精准扶贫信息采集平台”微信小程序，专门用于记录走访情况，结对帮扶责任人年内均已走访7次以上，有效解决帮扶对象生产生活问题。**三是强化对口帮扶。**统筹打好市内脱贫攻坚和省内扶贫协作“两个战场”，切实抓好新化县、龙山县咱果乡的对口帮扶工作。2017年至2020年，宁乡市累计投入两地财政援助资金8150万元，派出帮扶工作队，开展工作队帮扶、技术人才挂职帮扶、产业协作和劳务协作等帮扶，以真情实意、真金白银、真抓实干，有效助推新化县和龙山县咱果乡成功脱贫摘帽。

二、坚持以政策执行为基石，着力提升帮扶成效

打赢脱贫攻坚战，政策落实是关键。宁乡市在认真抓好上级各项政策落实、聚焦抓实“一高于两不愁三保障”的同时，创新开展专项扶贫和社会扶贫，确保脱贫攻坚取得实效。**一是狠抓各项政策落实。危房改造提质增速，**坚持一户一策、因户施策，“十三五”期间共改造农村危房8593户，2020年以来共解决678户危房户住房保障问题，实现“四类重点对象”危房动态清零；易地扶贫搬迁贫困户666户。**基本医疗全面覆盖，**建档立卡贫困人口医保参保率100%，实现家庭医生签约服务全覆盖；定点医疗机构实现“一站式”结算全覆盖，全面落实“先诊疗后付费”政策，医疗综合报销比例达90.6%，医疗综合保障报销1.74亿元。**教育扶贫扎实推进，**扎实开展“三帮一”劝返复学辍学失学活动，全市义务教育阶段适龄儿童100%入学。**饮水安全巩固提升，**饮水安全问题持续动态清零，制定季节性缺水应急预案，累计委托第三方专业机构开展检测1400多批次，对全市所有贫困村每半年检测10批次、贫困人口100人以上的村每半年检测5批次，确保农村饮水安全。**扶贫监测常态长效，**对294户边缘易致贫户、564户脱贫不稳定户，建立监测帮扶台账，因人因户施策，持续动态监测帮扶，坚决防止返贫和因疫因灾致贫情况。**二是创新开展专项帮扶。**以《湖南省农村扶贫开发条例》为纲领，制定社会扶贫、易地搬迁、教育扶贫、兜底保障、医疗保障、就业扶贫、危房改造、道路交通、饮水安全、产业扶贫、医疗救助、电商扶贫、旅游扶贫、信息文化科技、金融扶贫、农网改造16个专项扶贫配套政策，建立多层次、全方位、各领域的政策体系。专项扶贫牵头单位党组书记、局长对扶贫工作每周调度一次，研究工作举措，解决实际问题，使各项重点工作按照上级部署阶段推进、层层落实。**三是创新社会扶贫模式。开展深度扶贫帮扶，**聚焦全市建档立卡贫困户中生活困难、家徒四壁、走投无路、陷入绝境的重病重残家庭，以及因灾或突发意外事故的贫困家庭，统筹推进“百企联百村”“千企联千户”“泛海助学”“助学圆梦行动”“千手爱心基金”等一系列帮贫扶困活动，截至目前，共有925家企业对口帮扶贫困户1044人，累计投入帮扶资金及物资价值655万元。**开展贫困户“微心愿”征集实现活动，**由结对帮扶责任人向贫困户征集日常生产、生活、学习、精神等方面需求，建立贫

困户“微心愿”数据库，发动志愿者通过“智慧宁乡”APP认领，帮助20170户贫困户实现“微心愿”，群众获得感和满意度有效提升。

三、坚持以问题解决为导向，着力补齐短板弱项

精准发力抓重点、补短板、强弱项，不断加大工作力度，全面夯实脱贫攻坚工作基础，确保贫困群众如期高质量脱贫。**一是从全抓好问题排查。**今年以来，宁乡市重点开展了3轮脱贫质量“回头看”和1轮脱贫攻坚市级普查，逐村逐户实地排查，共计入户4.5万户，有效巩固提升全市脱贫攻坚成果。**二是从实抓好问题整改。**创新实施线上追踪、线下督查方式，开发了精准扶贫问题预警监测系统，将发现问题第一时间向相关乡镇和专项扶贫牵头单位交办，明确单位一把手为整改第一责任人，建立起市、乡、村三级问题整改台账，逐户核实整改到位。其他未涉及问题的乡镇（街道）根据问题线索举一反三，强化自查，提升工作质量。脱贫攻坚指挥部常态化督查组对各整改责任单位工作进度、整改效果全程跟踪，会同市纪委监委、市委督查室进村入户对整改情况进行暗访抽查。**三是从严整治扶贫领域作风问题。**成立19个专项检查组，部署开展就业扶贫、住房安全保障、饮水安全、农村基础设施、基本医疗共5项集中治理，对教育扶贫、易地扶贫搬迁、社会兜底保障、产业扶贫等集中治理工作开展“回头看”；对有扶贫任务的村（社区）开展村级巡察，将脱贫攻坚作为巡察监督的重点；组织开展2016至2020年扶贫项目资金专项督查，确保每一笔扶贫资金都用在扶贫项目上。

四、坚持以群众受益为落脚点，着力激发内生动力

面对疫情不利影响，宁乡市坚持扶贫与扶志相结合，务实举措，科学应对，充分动员参与发展产业、技能培训和外出就业，有效提振脱贫信心，不断激发贫困人口内生动力。**一是突出示范引领。**每年组织评选100名工作作风扎实、工作成效突出的“最美扶贫人”；定期评选表彰一批脱贫致富典型，开展系列宣讲宣传活动，营造党群齐心、合力攻坚的浓厚氛围。**二是突出产业扶贫。**统筹推进产业扶贫与新型村级集体经济共同发展，2020年以来实施产业扶贫项目178个（其中，省级重点产业项目5个，往年省级重点产业项目8个、四跟四走产业项目101个、贫困村产业项目37个、自主发展产业项目27个），带动贫困户15479户、44073人增收。落实十年禁渔行动，对“禁食退养、禁捕退捕”涉及的6户贫困户均落实了补贴，实现了再就业、发展产业、公益性岗位等转产转业。**三是突出就业扶贫。**为有效克服新冠肺炎疫情影响，出台《宁乡市保贫困人口就业实施方案》，针对有就业意愿但外出就业困难的贫困劳动力，开发整合乡镇、村农村保洁、公路养护、山林防护等公益性岗位，以购买劳动力的方式托底安置建档立卡贫困人口就业，有效解决返乡回流人员、应届毕业生务工问题。2020年以来，共计帮助贫困劳动力就业20382人，设置公益性岗位就业1491人，建设扶贫车间107家、吸纳贫困劳动力683人；见习基地24家、提供毕业生见习岗位500个。**四是突出消费扶贫。**积极开展消费扶贫月活动，策划举办消费扶贫集市、黄桃节、旅游节等节会。构建宁乡消费扶贫“三专一平台”（专柜、专馆、专区、第四方平台），促进传统商超产销对接，在31个贫困村创建电商服务站，加大电商平台、社交媒体、视频直播等线上农产品销售，开拓贫困地区农产品网销渠道。动员结对帮扶干部、后盾单位助销贫困户农产品，与贫困群众共克时艰，完成消费扶贫1.57亿元。**五是突出搬迁后续扶贫。**针对易地扶贫搬迁贫困户，逐户制定三年帮扶和脱贫规划，加强技能培训，就近设立就业扶贫车间，引导新型经营主体带动创业就业，有效确保了搬迁贫困户持续增收。

五、坚持以强化党建为引领，着力提升工作保障

充分发挥基层党组织的战斗堡垒作用，以党建引领促脱贫攻坚。**一是加强村级组织建设。**选优配强贫困村“两委”班子，选派扶贫第一书记215名，派驻驻村工作队268支，其中贫困村驻村工作队3人，非贫困村驻村工作队2人。细化考核办法和细则，及时组织第一书记和驻村队员召开座谈会，听取意见、掌握情况、发现问题、督促整改。**二是配强基层骨干队伍。**强化扶贫干部考核结果运用，以省委组织部识别脱贫一线干部为契机，配合市委组织部干部科推荐脱贫攻坚一线优秀干部25人，其中第一书记11人、村书记6人、村主任2人、扶贫专干3人、驻村工作队员3人；推荐事业编制扶贫干部专项记功奖励16人。**三是创新开展屋场夜话。**创新基层治理模式，利用夜间休闲时间，在全市278个村（社区）组织建档立卡贫困户和驻村、结对帮扶干部召开“屋场夜话”会，邀请党员、村民代表、优秀乡贤参加，聆听“最美扶贫人”“最美脱贫人”故事，组织开展“屋场夜话”活动902次，解决自来水入户、道路修护、水塘修缮等问题1224个，打通宣传、教育、服务、凝聚群众“最后一公里”。

大事记

1月

1日　宁乡市第一届人民代表大会第四次会议第一次全体会议在宁乡会议中心举行。大会应到代表369名，实到代表346名，符合法定人数。大会由市人大常委会主任喻亚军主持，宁乡市委副书记、市长付旭明作《政府工作报告》。

2日　中国人民政治协商会议宁乡市第一届委员会第四次会议完成各项议程后闭幕。

3日　湖南省长宁炭素股份有限公司被评为（2020年—2022年）国家制造业单项冠军示范企业，系湖南唯一一家连续两届上榜工信部公示的制造业单项冠军示范企业。

10日　第二届宁乡花猪美食节在九龙仓时代奥特莱斯开幕。

15日　宁乡市召开2019年度绩效考核述职测评大会。长沙市考核组组长、长沙市委组织部副部长、长沙市公务员局局长王瑜珲参加测评大会并讲话，宁乡经开区党工委书记、市委书记周辉代表宁乡市委、市人大、市政府和市政协四套班子作2019年度工作述职，付旭明主持会议；考核组副组长、长沙市委基层办常务副主任王妍，宁乡市领导张毅、彭娟、刘强、刘俊武、钟利仁、李佑明、蒋君参加会议。

17日　第三届“年味宁乡”喜乐会举办。

是日　国家林业和草原局公布全国第一批共3947个国家森林乡村。宁乡市坝塘镇保安村、东湖塘镇陶家湾村、金洲镇关山社区、大成桥镇鹊山村、夏铎铺镇天马新村、菁华铺乡陈家桥村、沩山乡沩山社区、黄材镇石狮庵村8个村（社区）入选。

18日　省政府第五次全会在长沙召开。会议公布2019年度真抓实干成效明显地区予以表扬激励的名单及激励措施。其中，宁乡共有5项工作获省政府表扬：被评为“一件事一次办”和商事制度改革成效明显的县市区；被评为落实制造强省建设等政策措施成效明显的市、县市区；被评为开展农村人居环境整治措施得力、成效明显的县市区；宁乡高新区“双创”示范基地被评为推动“双创”政策落地、扶持“双创”支撑平台、构建“双创”发展生态等方面成效明显的省级区域“双创”示范基地；被评为推进质量强省工作成效明显的县市区。

20日　2020宁乡市春节联欢会在宁乡大剧院上演。

23日　宁乡市新型冠状病毒感染的肺炎疫情防控工作领导小组成立。

是日　国家林业和草原局发布第二批国家森林乡村名单，宁乡市沙田乡沙田村、灰汤镇花果山村、坝塘镇洋西塘村、道林镇华鑫市村、横市镇云山村5个村被评定为国家森林乡村。

24日　宁乡市启动重大突发公共卫生事件一级响应。

27日　长沙市委副书记朱健到宁乡市对新型冠状病毒感染的肺炎疫情防控工作进行督导。

2月

5日　宁乡市首批选派3名医务人员于跃武、王建文、王意军赴长沙公共卫生救治中心，支援长沙市新型冠状病毒感染的肺炎的医疗救治工作。

5日至6日　2019年国际质量创新大赛（QIA）年度会议在以色列特拉维夫市召开，会议对2019年度国际质量创新大赛获奖项目进行表彰，格力《高精度磁悬浮系统的研究与应用》获奖，是中国家电行业首家获此奖项的企业。

10日　抗击新冠肺炎公益歌曲音乐短片《最美逆行者》在市融媒体中心各大平台首发。

12日　经市人民医院医护人员20天的诊治和护理，宁乡首例确诊的新冠肺炎患者王某走出隔离病区，治愈出院。

19日　湖南省文化和旅游厅、湖南省发展和改革委员会公布第一批湖南省乡村旅游重点村名单，宁乡市黄材镇黄材村入选。

21日　宁乡11名医护人员组成医疗队出发驰援武汉。

3月

10日　宁乡市“大干一百天实现双过半”大竞赛活动誓师大会召开。宁乡市投入6000余万元奖补先进制造业。

18日　“大干一百天实现双过半”2020年宁乡市招商引资项目集中签约暨开工仪式在宁乡高新区三一中起项目现场举行。25个项目集中签约，涵盖装备制造、新材料、孕婴童等产业链及总部经济、乡村振兴、文旅商贸等产业，总投资122.57亿元；20个项目集中开工，总投资125.68亿元。长沙市委常委、市委政法委书记钟钢发出项目开工动员令，长沙市副市长谭勇讲话。

19日　省应急管理厅党组副书记、副厅长罗德龙到宁乡市调研复工复产、应急管理等工作。

23日　长沙市污染源普查领导小组办公室副主任朱明岗一行8人对宁乡市第二次全国污染源普查及档案管理工作进行验收，同意宁乡以优秀成绩通过验收。

25日　长沙市政协开展2020年首个“主席走访接待日”活动，长沙市政协主席文树勋到宁乡市深入相关企业调研复工复产工作，看望慰问政协委员，广泛征求意见建议，为企业发展鼓劲加油。宁乡市领导周辉、刘永红、郑旗参加调研。

4月

3日　宁乡市在刘少奇铜像广场举行“缅怀革命先辈、学习光辉榜样”清明缅怀活动。

4日上午10时，宁乡市所有单位下半旗志哀，防空警报鸣响，全市汽车鸣笛，市民驻足肃立，默哀三分钟，深切悼念抗击新冠肺炎疫情斗争牺牲烈士和逝世同胞。

12日　宁乡市“初心圆梦”班开班。10名从事先进制造业的优秀企业家资助50名来自各乡镇的优秀贫困学生就读紫金中学初一年级“初心圆梦”班。

15日　宁乡境内首座500千伏变电站启动建设，预计2021年6月竣工投产。

16日　宁乡市新时代文明实践中心、沩江流域沿线乡镇（街道）新时代文明实践所（站）、环保志愿协会志愿者及百姓河长共1000余人集结沩江两岸，参与“徒步母亲河、志愿我先行”生态文明徒步行活动。

27日　宁乡举办“青春建功双过半、四城同创我添彩”纪念五四运动101周年主题活动。

是日　宁乡市在沩江举行2020年民兵抗洪抢险演练，90名民兵骨干对操舟机使用、水上编队行进等应急课目进行抗洪抢险实战演练。

28日　长沙市重大产业项目集中开工活动宁乡片区楚天科技百亿产能暨四期工程开工仪式在宁乡举行。长沙市委副书记、代市长、湖南湘江新区党工委书记郑建新宣布项目开工；湖南省工业和信息化厅党组书记、厅长曹慧泉，长沙市委常委、市委政法委书记钟钢，长沙市副市长邱继兴，长沙市人民政府党组成员、秘书长张能峰见证开工；唐岳、周辉致辞，付旭明主持仪式。

30日　宁乡市首届文创博览会在九龙仓时代奥特莱斯举行，50余家当地文创企业参展。

5月

8日　国务院办公厅印发《关于对2019年落实有关重大政策措施真抓实干成效明显地方予以督查激励的通报》，宁乡市入选“开展农村人居环境整治成效明显的地方”，为湖南省此项工作唯一上榜县市。

12日　长沙市援鄂医疗队队员首批疗休养活动在灰汤镇紫龙湾温泉度假区开展，34名援鄂医务工作者及其家属参与活动。

15日　湖南省政府办公厅印发《关于对我省受到国务院2019年真抓实干督查激励单位予以表扬的通报》，通报表扬宁乡市农村人居环境整治工作。

25日　省人大常委会委员、省人大监察和司法委员会主任委员李小平率调研组到宁乡市开展《湖南省警务辅助人员条例》立法调研工作。省公安厅党委委员、政治部主任刘新良，长沙市公安局党委委员、政治部主任陈定佳参加调研。

27日　中国·宁乡（喻家坳）首届栀子花文化旅游节在喻家坳乡旭达栀子花基地启动。省农业厅总农艺师唐建初、长沙市政协副主席文丽霞出席活动，并为栀子花摄影大赛、书法大赛、美术大赛以及栀子小镇原创IP形象设计大赛获奖者颁奖。

28日　省应急管理厅党组书记周赛保到宁乡调研督导烟花爆竹行业、工业园区及汛期安全防范有关工作。长沙市副市长邱继兴参加调研。

30日　市公安局交警大队联合市邮政公司、宁乡市摩托车商会，启动电动车、电动自行车上牌仪式，现场发放宁乡第一块电动车车牌。

6月

3日　国家发改委发布《关于加快开展县城城镇化补短板强弱项工作的通知》，宁乡市入选新型城镇化建设示范名单。

9日　宁乡经开区湖南松井新材料股份有限公司上市，是宁乡市本土第四家上市公司。松井股份（股票简称）登陆A股市场科创板，是中国“科创板UV涂料第一股”。

11日至12日　省政协副主席贺安杰率调研组到宁

乡市，对中共中央、全国政协和省政协关于县级政协工作有关会议、文件精神的贯彻落实情况，县级政协协商在基层民主协商中的地位和作用以及如何推动县级政协更好地发挥协商机构作用等进行调研。

13 日　“心宁之乡 美好时光”湖南人游湖南——走进宁乡健康自驾游活动在市文体中心启动，来自省内14 个市州的百余辆自驾车在此集结，开启两天一晚的宁乡健康自驾之旅。省文化和旅游厅副厅长郭固权参加活动。

15 日　由中宣部主办的“走向我们的小康生活”大型主题采访活动走进宁乡，人民日报社、新华社、中央广播电视总台、中国日报社、科技日报社、湖南日报社、湖南广播电视台等 20 余家中央、省市级媒体记者到宁乡市人民医院，就公立医院改革进展及成效进行集中采访，对宁乡市就医环境和服务给予好评。

17 日　宁乡经开区管委会、宁乡市教育局与长沙市明德中学合作办学签约仪式在宁乡经开区举行。

22 日　2020 年宁乡市二季度重大招商项目集中推介暨签约仪式举行。总投资额 177.04 亿元的 40 个优质项目集中签约。

7 月

1 日　人民北路新建路段通车，实现主城区南北贯通。该路段南起玉潭中路，北至一环路，全长 1.13 千米，红线宽 30 米，双向 4 车道，是宁乡市首条设计有综合管廊的市政道路。

是日　宁乡市委、宁乡经开区党工委举行庆祝建党 99 周年活动，全体在家市委常委会会议组成人员、宁乡经开区党工委成员、市委组织部部务会成员、乡镇（街道）党（工）委书记、57 个“五星村”（社区）党组织书记参加活动。

是日　省委常委、长沙市委书记胡衡华以省人大代表身份参加所在的省人大代表长沙市第三代表小组活动，到宁乡市就重大产业项目和基础设施建设情况进行考察调研。省人大常委会联工委主任张云英，省直机关工委常务副书记龚风祥，长沙市人大常委会主任谢卫东，长沙市委常委、市委秘书长廖建华参加调研。

9 日　新华社、《湖南日报》、红网等多家中央省市主流媒体记者到宁乡市沩山乡集中采访关爱留守儿童工作。

14 日　市直机关工委启动 2020 年机关党员轮训，本次轮训计划分五批对 1400 名党员集中开展教育。

19 日　宁乡市被评为全省社会治理创新试点区县（市），为长沙唯一。

23 日　长沙凯瑞重工机械有限公司在宁乡经开区冶金装备物流园发布国内首台无轨高温物流领域的无人驾驶铁水运输平台车。

28 日　市人大常委会主任喻亚军带队到新化县开展“携手奔小康”扶贫协作工作。

29 日　全国爱国卫生运动委员会下发《全国爱卫会关于命名 2017—2019 周期国家卫生乡镇（县城）的决定》，宁乡市夏铎铺镇被评为“国家卫生乡镇（县城）”，同时宁乡市灰汤镇、沩山乡通过 2019 年国家卫生乡镇（县城）复审。

8 月

3 日　贵州省黔东南苗族侗族自治州委书记桑维亮率该州党政代表团到宁乡市考察，就深化两地合作、携手互利共赢等开展交流。

4 日　省自然资源厅党组书记、厅长、省自然资源总督察周海兵到宁乡市调研地灾防治工作。长沙市自然资源和规划局党组副书记、局长冯意刚参加调研。8 月 5 日，长沙市“一府两院”向市人大代表宁乡市联组通报 2020 年上半年工作。会议由喻亚军主持，长沙市副市长彭楠代表长沙市政府通报上半年政府工作。

4 日至 6 日　湖南省第 41 届质量管理小组成果交流会在张家界市召开。宁乡市长沙格力暖通制冷设备有限公司猎鹰 QC 小组发布项目降低 B 型管接头焊接不良率，被评为质量管理小组一等奖及省级最佳发布小组；格力暖通质控部整机检测班被评为质量信得过班组一等奖；格力暖通出奇 QC 小组发布项目消除手操器镶嵌螺母缺失售后异常下线，被评为质量管理小组二等奖。

6 日　省工信厅公布 2019 年度湖南省智能制造示范企业、示范车间名单，宁乡市加加食品集团股份有限公司、湖南中谷科技股份有限公司、楚天智能机器人（长沙）有限公司业入选湖南省智能制造示范企业；邦弗特新材料股份有限公司基于工业云平台的绿色涂料入选智能制造示范车间。

12 日　广东省阳江市委书记、市人大常委会主任焦兰生率队到宁乡市大成桥镇鹊山村考察生态效益型特色农业工作。阳江市委副书记、市委政法委书记黎泽林，市委常委、市委组织部部长陈然，市委常委、市委秘书长、市委统战部部长张磊，副市长丁锡丰，市政协副主席、阳春市委书记陈平；长沙市副市长李蔚，宁乡市委副书记、市长付旭明参加考察。

14 日　宁乡花猪养殖示范场建设项目建设全部完成，召开移交会。宁乡花猪养殖示范场项目于 2019 年 8 月启动，投资总金额 1.2 亿元，占地面积 30.47 公顷，建筑总面积 5 万平方米，规划年产出花猪量为 5 万头。

18 日　湖南有脱贫攻坚任务的乡镇（街道）党政正职第一期健康疗养活动在宁乡市灰汤镇、张家界市武陵源区举行。省委常委、省委组织部部长王少峰出席宁乡市灰汤镇举行的启动仪式并讲话。省人大常委会副主任、省总工会主席周农主持启动仪式，长沙市委常委、市委组织部部长张宏益参加。此次疗养活动分 5 期举行，共组织全省 1786 个有扶贫任务的乡镇（街道）、农（林）场的 3572 名党政正职参加。

20 日　中电工业互联网有限公司与宁乡经开区签

约，中电互联 AI 视觉智能终端产业园项目落户宁乡经开区。

25 日　湖南省药品监督管理局局长李赤群一行到宁乡经开区就园区美妆产业发展进行实地调研。

28 日至 29 日　2020 中国医院竞争力大会在广州举行，会议推出全国首批 15 家“白求恩模范医院”以及 22 名“白求恩式好医生”。宁乡市人民医院获“白求恩模范医院”称号；该院党委书记、院长，主任医师刘亮获“白求恩式好医生”称号。

9 月

1 日　宁乡市、宁乡经开区召开负责干部会议，张宏益出席会议并宣布省委决定：于新凡任宁乡经济技术开发区党工委书记、宁乡市委书记、湖南湘江新区管委会副主任（兼）。

2 日　广东省阳江市政协副主席、阳春市委书记陈平率阳春市、海陵岛试验区考察团到宁乡市考察乡村振兴、农村党建工作。

4 日　柬埔寨湖南总商会常务副会长黎新华率考察团到宁乡市考察，了解宁乡市投资环境以及经济发展情况。

9 日　2020 年阿里巴巴达摩院青橙奖评选结果揭晓，10 位青年科学家获奖，宁乡道林镇的清华大学自动化系助理教授、博士生导师黄高名列其中。

10 日至 12 日　中国医师协会第十次全国新生儿科医师大会在南京召开，宁乡市妇幼保健院新生儿科病房谢小飞被评为第一届“优秀基层新生儿科医师”奖。

11 日　新化县委副书记周海强、县人大常委会主任姜世星、副县长邹谊翔率相关部门单位负责人到宁乡市对接“携手奔小康”扶贫协作工作。宁乡市委副书记沈光、市人大常委会副主任张莹、副市长文平参加。

13 日　2020 世界数字经济大会暨第十届中国智慧城市与智能经济博览会在宁波市举行，宁乡市新型智慧城市建设被评为“优秀组织奖”和“最具成长性品牌奖”。

14 日　中央精神文明建设指导委员会办公室发布《第六届全国文明城市参评城市（区）名单》，宁乡市入围。

16 日　宁乡市“三超两免”（“三超两免”指建设宁乡市网上中介超市、网上金融超市、网上地产品超市，实现政务事项办理本市政府部门核发的材料原则上一律免于提交、能够提供电子证照的原则上一律免于提交实体证照）改革工作发布会举行，于新凡宣布“三超两免”改革正式启动。

22 日　宁乡市开展“市长企业家接待日”活动，付旭明和企业家“面对面”交流、“点对点”解决困难和问题。

是日　市委第三巡察组巡察市林业局党组工作动员会召开，标志着一届市委第十轮巡察全部完成进驻。本轮巡察共安排 4 个巡察组，对市财政局等 7 个市直单位，以及 4 个卫生系统直属医疗卫生单位开展常规巡察。

23 日　经中央编办、自然资源部批准，由原武警黄金第十一支队组建的中国地质调查局长沙自然资源综合调查中心挂牌成立。

28 日　宁乡市召开“欢度国庆喜迎中秋”2020 年各界人士国庆中秋座谈会。市领导于新凡、付旭明、沈光、喻亚军、刘永红出席会议，与各界人士齐聚一堂，共庆佳节，共谋发展。

30 日　宁乡市烈士公祭仪式在烈士陵园纪念碑前广场举行。于新凡、张毅、付旭明、沈光、喻亚军、刘永红等市领导出席公祭仪式。烈属代表、老战士代表、四个街道的干部职工代表、小学生代表等参加公祭仪式，共同缅怀革命先烈、传承红色基因。

10 月

1 日至 8 日　宁乡市国庆中秋“双节”假日各大景区共计接待游客 66 万人次，实现旅游综合收入 5.28 亿元，红色旅游、乡村休闲度假游等受游客青睐。

9 日　生态环境部对第四批国家生态文明建设示范市县名单进行公告，宁乡市被评为“国家生态文明建设示范市”。

12 日　由国家发展改革委社会发展司与文化和旅游部资源开发司组织开展的全国红色旅游发展典型案例征集活动揭晓 60 个案例入选名单，宁乡刘少奇纪念馆红色旅游发展典型案例入选。

15 日　长沙市重大项目集中竣工活动宁乡片区集中竣工活动举行，宁乡市 24 个项目集中竣工，总投资 142 亿元。

是日　宁乡市对口帮扶新化县消费扶贫签约仪式在湖南省消费扶贫示范中心新化县生活馆举行，省扶贫基金会开发指导处二级调研员王斌，宁乡市委副书记沈光，新化县委副书记周海强，宁乡市副市长文平出席签约仪式。

是日　省残联举行 2020 年度湖南省残疾人“阳光致富示范户（带头人）”评选表彰颁奖活动，宁乡市凤建农业发展有限公司负责人胡建国、菁健水稻种植专业合作社负责人贺建华被评为 2020 年度湖南省残疾人“阳光致富示范户（带头人）”。

16 日　工信部公布第五批绿色制造名单，长沙格力暖通制冷设备有限公司上榜“国家绿色供应链管理企业”名单。

是日　省教育厅党组书记、厅长、省委教育工委书记蒋昌忠一行调研宁乡市新时代文明实践中心试点建设以及教育教学等工作，并召开座谈会。

17 日至 19 日　第 393 次中国科协青年科学家论坛在宁乡市举行，100 余名来自全国各地的专家围绕“畜牧业转型发展与乡村振兴”主题进行深入探讨。农业农村部畜牧兽医局饲料饲草处处长黄庆生，中国工程院院士、中国科学院亚热带农业生态研究所首席研究员、湖南农业大学畜牧学学科带头人印遇龙，全国畜牧总站新产品评审处处长杜伟，中国农学会副秘书长莫广刚，宁乡市人民政府副市长、湖南师范大学教授杨焕胜出席。

19 日　在四川国际旅游交易博览中心举行的 2020 中国特色旅游商品展和中国特色旅游商品大赛中，龙田扎肉、祖塔剁椒、道林酸枣糕、坝塘外婆菜等系列美食产品代表宁乡市参赛，并被评为银奖。

20 日　长沙经开区党工委书记、长沙县委书记、长沙高铁新城党工委书记沈裕谋率党政代表团到宁乡市楚天科技股份有限公司等地，对产业发展等工作进行考察学习。

是日　省委组织部下发通知，明确第一批 14 家全省党员教育培训示范基地名单，宁乡市委党校入选。

21 日　中国小康网发布“2020・中国社会保障百佳县市”榜单，宁乡市位列第 17 位。

22 日　由市卫健局、市计划生育协会和玉潭街道联合举办的 2020 年家庭健康主题推进宣传活动在市文体中心举行。北京联慈健康扶贫基金会秘书长赵小茹参加活动。

是日　陶行知教育基金会联合长沙市委统战部、长沙市知联会，在宁乡市陶家湾村举行“科技兴教、扶智助学”公益捐赠活动，由陶行知教育基金会向长沙市捐赠价值 900 万元的教育信息化软硬件设备，此次捐赠共惠及宁乡市 115 所学校，捐赠设备价值近 400 万元。

23 日　宁乡市举行庆祝湖南省第二十五届环卫工人节表彰大会，对一批环卫战线先进集体和先进个人进行表彰。

是日　宁乡市举行市“四大家”实职副处（县）级以上离退休老同志 2020 年重阳节活动。市领导于新凡、付旭明、沈光、王湘云、李佑明、蒋君参加活动。

是日　湖南省文物局在 2020 湖南（金秋）文物博览会开幕式上发布湖南保护利用创新百佳案例推介活动入选名单，宁乡市炭河里四羊方尊出土点保护展示作为优秀文博资源拓展与文旅融合案例入选百佳优秀案例中 40 个重点推介项目。

是日　宁乡市在会议中心举行“新时代、新乡贤、新作为”宁乡市社会贤达工作大会，市政协主席刘永红作社会贤达工作主题报告；沈光宣读“宁乡第二届十佳社会贤达”“优秀社会贤达”“社会贤达工作先进单位”名单；于新凡为邓果明、刘义军、罗美元等 10 名十佳社会贤达颁奖；与会市领导为 29 名优秀社会贤达颁奖。

是日　宁乡经开区明德蓝月谷学校项目建设正式开工。长沙市明德教育集团总校长、明德中学校长刘林祥出席活动。

26 日　宁乡举行学习贯彻习近平总书记考察湖南重要讲话精神省委宣讲团报告会暨宁乡市委、宁乡经开区党工委理论学习中心组（扩大）2020 年第 6 次集体学习。省委宣讲团成员、省委组织部副部长蔡建和作宣讲报告。

26 日至 30 日　宁乡举行第十一届廉政文化周活动，开展“听党课、强使命（召开党风廉政建设推进大会）”“问初心、砺作风（开展主题党日活动）”“播廉声、扬正气（开设清风广播栏目）”“敲警钟、拂心尘（召开全市性的警示教育大会，编写印发警示教育读本《镜鉴（叁）》）”“赏经典、品廉韵（组织开展经典廉洁诗词赏析）”五大活动。

27 日至 29 日　第 8 届中国（长沙・宁乡）电池新能源产业国际高峰论坛暨 2020 湖南（长沙）电池产业博览会在宁乡高新区举行。省委常委、省国资委党委书记姚来英，中国科学院院士、中国科技大学教授钱逸泰，加拿大国家工程院院士、加拿大皇家科学院院士、上海大学可持续能源研究院院长张久俊，工业和信息化部节能与综合利用司副司长尤勇，省工信厅党组书记、厅长曹慧泉，省商务厅副厅长周越，长沙市市委常委、常务副市长夏建平出席开幕式。

28 日　宁乡市党外干部培训班和女干部素质能力提升班开班。

是日　2020 年度中南五省（区）地震应急协作联动工作会在灰汤镇湖南省干部职工培训中心召开，湖北、湖南、广东、广西壮族自治区、海南中南五省（区）的相关代表参加会议。

11 月

3 日　国家卫健委紧密型县域医共体专家组成员王湘生一行调研宁乡市医改工作。省、长沙市卫健委有关负责人，宁乡市副市长陈德奇参加调研。

是日　省第一生态环境保护督察组组长罗海艳带队到宁乡市，对中央、省环保督察反馈交办的部分环境问题整改情况进行现场调研督导，督察组对宁乡市前段整改工作成效给予充分肯定。

是日　国家发改委办公厅印发《关于全国“十三五”时期易地扶贫搬迁典型案例的通报》的通知，通报一批全国“十三五”时期易地扶贫搬迁典型案例。其中，宁乡市黄材镇“千手”爱心大屋、沙田乡廖起初入选。

5 日　2020 年宁乡市农家书屋管理员培训会召开。市委常委、宣传部部长彭娟，各乡镇（街道）宣传委员、村（社区）农家书屋管理员等 300 余人参加。

是日　由宁乡市文化馆选送、市花鼓戏剧团创编的花鼓小戏《存款风波》入选文化和旅游部“百年百项”小型作品创作计划（100 部）重点扶持作品。

10 日　中国文明网发布《中央文明办公室公布第六届全国文明城市入选城市名单和复查确认保留荣誉称号的前五届全国文明城市名单》，全国 133 个城市入选第六届全国文明城市，宁乡市入选第六届全国文明城市。

11 日　宁乡市人民法院驻宁乡经开区巡回法庭、宁乡市人民法院驻宁乡经开区诉讼服务暨诉源治理工作站挂牌成立，省高级人民法院副院长杨翔，宁乡经开区党工委书记、市委书记于新凡共同为宁乡经开区巡回法庭揭牌。长沙市中级人民法院党组书记、院长肖新平，省高级人民法院民事审判第二庭庭长尹小立，宁乡市领导张毅、刘俊武、蒋君、刘辉、吴欣参加活动。

12日　《中国县域旅游竞争力报告2020》发布“2020中国县域旅游综合竞争力百强县市”名单，宁乡市入选。

13日　全省“小三级”工会规范化建设现场经验交流会在宁乡市召开，会议以宁乡“小三级”工会为现场，总结交流近年来全省工会基层组织建设的先进经验做法，进一步落实“基层改革创新年”的部署要求。

是日　中国信息通信研究院主办的中国县域工业经济发展论坛发布《中国县域工业竞争力地图》，揭晓2020年“中国工业百强县（市）”榜单，宁乡市以第14名的成绩上榜。

是日　工业和信息化部中小企业局公示第二批专精特新“小巨人”企业名单，万鑫精工（湖南）有限公司入选第二批专精特新“小巨人”企业，是宁乡市第二家入选的国家专精特新“小巨人”企业。

17日　赛迪顾问县域经济研究中心发布的营商环境百强县（2020）报告，宁乡市上榜县域营商环境百强，位列第26位。

18日　由市文联、市美协主办的“圆梦2020——宁乡市脱贫攻坚奔小康主题美术作品展”在玉潭书画院举行，展出60幅以脱贫攻坚为主题的美术作品。

是日　中国广播电视社会组织联合会县级融媒体中心委员会会长陈少东带队到宁乡市融媒体中心，调研湖南省县级融媒体中心建设及运营情况，常德市鼎城区、桃江县、攸县等区县融媒体中心相关负责人参加调研。

20日　全国精神文明建设表彰大会在北京举行。党和国家领导人接见参加大会的全国文明城市、文明村镇、文明单位、文明家庭、文明校园以及未成年人思想道德建设工作先进代表。宁乡市作为受表彰城市，被颁发“全国文明城市”牌匾。

24日　2020年全国劳动模范和先进工作者表彰大会在北京人民大会堂举行，湖南海通建设有限公司的孟德良被评为全国劳动模范。

25日　湖南省第十届“双拥”模范城（县）命名暨“双拥”模范单位和个人表彰大会在长沙召开，宁乡市被授予湖南省第十届双拥模范城（县），这是宁乡市连续五届被评为湖南省“双拥”模范城（县）。

25日至27日　2020年中国脑卒中大会暨脑卒中防治工程总结会召开，宁乡市人民医院卒中中心被国家卫健委脑防委授予“高级卒中中心建设单位”，是此次湖南省县域医院中唯一一家通过认证的单位。

26日　水利部副部长田学斌率队到宁乡市调研黄材灌区续建配套与节水改造、灌区现代化改造前期等工作情况。省水利厅副厅长杨诗君、省水利厅农村水利水电处处长朱健荣、省水利厅水利工程管理局局长贺振华，长沙市副市长李蔚一同调研。

28日　宁乡市举行2020年“十行状元、百优工匠”暨“匠心宁乡”职工职业技能竞赛。

30日　宁乡市举行“筑梦三载与宁同行”2020年重大产业项目集中签约暨蓝月谷智能家电产业小镇招商推介会，48个项目落地宁乡，总投资额177亿元。

是日　“2018—2019绿色中国年度人物”、第四批国家生态文明建设示范市县、“绿水青山就是金山银山”实践创新基地表彰授牌活动在北京举办，生态环境部授予宁乡市第四批国家生态文明建设示范市称号，宁乡市接受表彰并领取奖牌。

12月

1日　宁乡市“互联网+政务服务”推出惠民新举措，企业开办不仅实现“一件事一次办”，还能全流程网上办理。

是日　中国少年先锋队宁乡市第一次代表大会在会议中心召开。会议审议通过大会工作报告，选举产生中国少年先锋队宁乡市第一届工作委员会，陈德奇当选市第一届少工委主任。大会表彰2020年宁乡市“十佳少先队大队”“十佳少先队中队”“十佳少先队队员”“十佳少先队辅导员”“十佳基层少工委主任”。

是日　《小康》杂志社发布“2020中国乡村振兴百佳示范县市”榜单。宁乡市以总得分92.06的成绩排名全国第六，为长沙地区唯一入榜对象。

2日　长沙市乡村治理工作现场观摩推进会在宁乡市大成桥镇召开，观摩组一行现场参观大成桥镇新时代文明实践所、清泉社区儒安组功德银行、鹊山村迎客湾屋场，详细了解宁乡市乡村治理工作开展情况。

3日　1000辆共享电动车投放宁乡经开区使用，这是宁乡市首次向社会投放共享电动车。

8日　省政协文教卫体和文史委员会组织部分委员，在宁乡市黄材镇、沩山乡开展“弘扬农耕文化、助力乡村振兴”专题调研，并参加基层民主协商对话会。省政协主席李微微、副主席戴道晋出席。长沙市政协主席文树勋，长沙市委常委、市委宣传部部长陈刚，长沙市政协副主席文丽霞，宁乡市领导于新凡、刘永红、彭娟、蒋君以及省、长沙市相关部门负责人参加。

15日　中国共产党宁乡市第一届委员会第七次全体（扩大）会议举行。全会听取于新凡作的工作报告，审议通过《中共宁乡市委关于制定宁乡市国民经济和社会发展第十四个五年规划和二〇三五年远景目标的建议》。付旭明就建议（审议稿）向全会作说明。

16日　全国县域经济专业研究咨询机构和社会智库——中郡研究所发布《第二十届县域经济与县域发展监测评价报告》，宁乡市县域经济与县域综合发展居第16位，比2019年前进2位；县域经济基本竞争力排名第21位，比2019年前进4名。

17日　新化县委书记朱前明一行到宁乡对接“携手奔小康”扶贫协作工作。

26日　2020第十五届中国全面小康论坛颁奖盛典举行，宁乡市连续第四年被评为“中国全面小康十大示范县市”。

26日至28日　宁乡市第一届人民代表大会第五次会议在会议中心举行。市委副书记、市长付旭明代表市人民政府作《政府工作报告》，市人大常委会党组书记、主任喻亚军主持会议。

29日　长沙市委副书记、市长、湖南湘江新区党工委书记郑建新率观摩团到宁乡市，观摩比亚迪动力电池宁乡生产基地、中国电子消费扶贫专柜研发制造基地项目，实地查看项目进展情况。宁乡市领导于新凡、张毅、付旭明、王湘云、郑旗、蒋君、苏继桃参加活动。

31日　市融媒体中心推出“一江两岸”大型融媒直播节目《有一种幸福叫我家住在宁乡市》，通过现场直播的形式呈现，从生态建设、商贸发展、地产项目、交通网络四个方面展现沩江两岸发展景象。

宁乡概览

自然地理

【区域位置】 宁乡市位于湖南东北部、长沙西部，地处湘江下游西侧和湘东偏北的洞庭湖南缘地区，地理上介于北纬27°55′—28°29′，东经111°53′—112°46′，东邻望城，南接湘潭、湘乡，西与涟源、安化交界，北与益阳、桃江毗连，东西跨度88千米，南北纵长69千米。2020年，宁乡市总面积2906平方千米。

【地质地貌】 宁乡市地处雪峰山余脉向东北滨湖平原过渡地带，境内地貌有山地、丘冈、平原。地表轮廓大体是北、西、南缘山地环绕，东南丘陵起伏，北部冈地平缓，东北低平开阔，整个地势由西向东呈阶梯状逐级倾斜。西部有瓦子寨、扶王山、尖峰顶等13座海拔800米以上的山峰，其中瓦子寨海拔1070.8米，为境内最高点。东北部海拔多在100米以下。其中双江口镇团头湖海拔28.7米，为境内最低点。

【自然资源】 宁乡域内地层齐全，地质构造和岩浆岩发育，矿物资源比较丰富。已探明的矿产有40余种，开发利用的有煤、铁、锰、铀、金刚石、海泡石、花岗岩等20余种。2020年，宁乡有国家一级保护植物5种，国家二级保护植物15种，国家二级保护动物23种，森林覆盖率48.79%，林地保有量12.87万公顷。宁乡市水资源总量为17.08亿立方米。主要流域断面水质达Ⅲ类标准，国家、省、市考核断面达标率100%，饮用水水源保护区水质达标率100%，空气质量优良率96.7%。

【水文气候】 宁乡境内气候属亚热带大陆性季风湿润区，四季分明，雨量充沛，日照适中。境内有沩水、乌江、楚江、靳江4条主要河流，其中沩水、靳江为湘江一级支流，楚江、乌江是沩水一级支流，黄材水库为全国三大土坝水利工程之一。年内最高气温37.3℃（8月4日），最低气温-2.6℃（12月31日），年降水量1628.8毫米。

人口·民族

【人口分布及变动】 2020年年末，宁乡市户籍人口总户数45.0万户，总人数142.04万人，人口密度为每平方千米489人。户籍人口中，人口性别比为102.1（以女性为100），人口出生率8.54‰，死亡率13.19‰（2020年公安户口整顿，对2020年以前的年度死亡人口予以销户），自然增长率为4.65‰。

【民族】 宁乡市是少数民族散居市，少数民族人口以外地婚嫁到宁乡为主。2020年，全市共有苗族、土家族、侗族、壮族、白族、回族、瑶族、哈萨克族、维吾尔族、藏族、黎族、傣族、水族、哈尼族、畲族、朝鲜族、拉祜族、仡佬族、仫佬族、怒族、赫哲族、傈僳族、毛南族、锡伯族、京族等38个少数民族居民共11974人。

建置·区划

【建置沿革】 夏、商、周三代宁乡为荆楚地，春秋战国时属楚国黔中郡，秦属长沙郡。汉为益阳县地。汉献帝建安十三年（208年）孙权、刘备于赤壁之战破曹操后属刘，建安二十四年（219年）关羽败死后属孙权。吴会稽王太平二年（257年）始设县，称新阳，设治于长桥（今横市），属衡阳郡。西晋武帝太康元年（280年）改称新康县，治所迁于冷水铺（今冷水铺与万寿山之间）。隋文帝开皇九年（589年）并入益阳县，改属长沙郡。唐高祖武德四年（621年）再从益阳析出置新康县，武德七年又省入益阳。宋太宗太平兴国二年（977

年）析益阳、长沙、湘乡部分地置宁乡县，治所迁今玉潭街道，属潭州长沙郡。元初属湖广行中书省湖南道宣慰司潭州路，元文宗天历二年（1329 年）改属湖广行中书省湖南道宣慰司天临路。明隶湖广布政使司长沙府。清隶湖南省长沙府。1914 年属湘江道，1922 年直属湖南省，1938 年属湖南省第一行政督察区，1940 年改属湖南省第五行政督察区。中华人民共和国成立后，宁乡归属益阳专区，1952 年属湘潭专区，1962 年复归益阳专区，1983 年划归长沙市辖。2017 年 4 月 10 日，民政部发布（民函〔2017〕73 号）批复：经国务院批准，同意撤销宁乡县，设立县级宁乡市，以原宁乡县的行政区域为宁乡市的行政区域，宁乡市人民政府驻玉潭街道金洲大道 5 段 398 号。宁乡市由湖南省直辖，长沙市代管。2017 年 12 月 3 日，宁乡市成立大会举行，宁乡市委、市政府、市人大、市政协、市纪委正式揭牌，标志着千年古邑宁乡正式迈入新纪元。

【行政区划】 1983 年，宁乡县辖 12 个区，3 个镇、74 个公社，909 个大队、7 个委，12873 个生产队，38 个居民组。

1990 年，划分 12 区 1 区级镇，下辖 72 个乡 4 个乡级镇，914 个行政村和 16 个居民委员会，12420 个村民小组和 98 个居民小组。

1995 年，撤区并乡建镇，撤销 12 个区公所，实行县直管乡镇，将原 77 个乡镇并为 17 个镇、15 个乡。

2002 年，宁乡辖 18 个镇、17 个乡。

2005 年，祖塔乡与沩山乡合并设立沩山乡，崔坪乡与黄材镇合并设立黄材镇，调整后，宁乡县辖 18 个镇、15 个乡。

2007 年，湖南省民政厅（湘民行发〔2007〕10 号）批复同意：将宁乡县全民乡更名为金洲乡。同年，撤销大成桥乡设立大成桥镇，撤销青山桥乡设立青山桥镇。

2009 年，金洲乡撤乡设镇。调整后，宁乡县辖 21 个镇、12 个乡。

2013 年，省民政厅（湘民行发〔2013〕14 号）批复同意：撤销大屯营乡，设立大屯营镇。省民政厅（湘民行发〔2013〕18 号）批复同意：撤销玉潭镇、城郊乡、白马桥乡、历经铺乡，分别设立玉潭、城郊、白马桥、历经铺 4 个街道。

2014 年，省民政厅（湘民行发〔2014〕2 号）批复同意撤销资福乡，设立资福镇。

2015 年 11 月 19 日，省民政厅（湘民行发〔2015〕40 号）批复同意：同意宁乡县乡镇区划调整方案；同意将枫木桥乡、偕乐桥镇和灰汤镇成建制合并设立灰汤镇，将坝塘镇和南田坪乡成建制合并设立坝塘镇，将双江口镇和朱良桥乡成建制合并设立双江口镇。

2020 年，宁乡市辖菁华铺、喻家坳、沩山、沙田 4 个乡，道林、大屯营、花明楼、东湖塘、夏铎铺、金洲、双江口、煤炭坝、回龙铺、坝塘、资福、灰汤、双凫铺、大成桥、老粮仓、流沙河、青山桥、横市、黄材、巷子口、龙田 21 个镇，白马桥、历经铺、城郊、玉潭 4 个街道。共 209 个村，69 个社区。

经济社会发展

【概况】 2020 年，宁乡市实现地区生产总值 1105.92 亿元，比 2019 年增长 2.7%。其中，第一产业增加值 131.60 亿元，增长 4.1%；第二产业增加值 466.48 亿元，增长 3.8%；第三产业增加值 507.84 亿元，增长 1.1%。三次产业结构由 2019 年的 10.4∶42.6∶47.0 调整为 11.9∶42.2∶45.9，工业增加值占全市生产总值的比重为 38.0%。全年完成一般公共预算收入 88.80 亿元，比 2019 年增长 0.9%。其中地方一般公共预算收入 61.21 亿元，增长 1.0%；税收收入 75.0 亿元，增长 1.0%。公共财政预算支出 111.37 亿元，增长 5.9%。全年城乡居民人均可支配收入 40488 元，比 2019 年增长 6.1%。城镇居民人均可支配收入 49151 元，增长 4.8%；农村居民人均可支配收入 31568 元，增长 7.6%。第二十届县域经济基本竞争力居全国百强第 21 位，中部第 3 位；县域经济与县域综合发展排名居第 16 位。

【农业】 2020 年，宁乡市实现农林牧渔业总产值 224.45 亿元，比 2019 年增长 4.3%。其中农业产值 123.24 亿元，增长 6.6%；林业产值 7.64 亿元，增长 8.7%；牧业产值 75.03 亿元，下降 2.9%；渔业产值 5.99 亿元，增长 14.9%；农林牧渔服务业产值 12.55 亿元，增长 7.6%。

全年粮食种植面积 10.52 万公顷，比 2019 年增长 1.6%，其中稻谷播种面积 9.91 万公顷，增长 3.0%；蔬菜种植面积 4.57 万公顷，增长 3.7%；烟叶种植面积 2473.33 公顷，增长 0.8%。

全年粮食总产量 70.26 万吨，比 2019 年增长 0.3%；烟叶 0.52 万吨，增长 0.7%；蔬菜 161.76 万吨，增长 3.5%；出栏肉猪 96.66 万头，下降 14.3%；出笼家禽 2237.78 万羽，下降 27.3%。宁乡花猪被评为中国中部知名农产品品牌、首批湖南省“一县一特”农产品优秀品牌，花猪全产业链产值 35 亿元。

年末农机总动力 184.86 万千瓦，比 2019 年增长 1.7%。水稻耕、种、收综合机械化水平 80.9%，比 2019 年提高 1.1%。被评为全国第五批率先基本实现主要农作物生产全程机械化示范县。

完成沩水流域综合治理、城市防洪圈建设、大中型水库除险加固、农村饮水安全巩固提升等重点项目 18 个，整修加固山塘 232 口、新建（扩容）骨干山塘 11 口、除险加固小型水闸 27 座、清理整改 26 座小水电站、清淤疏浚大中型灌区干渠 100 千米、建成小农水示范片区 1 处。农村自来水普及人数 91.24 万人，农村自来水普及率 87%。新（改）建农村公路 893.13 千米，危桥改造 25 座。农村改水改厕 16489 座，建设乡镇公厕 44 座。

建成高标准农田5600公顷。新增国家级农业产业化龙头企业1家、“一县一特”生产基地5家、新型职业农民650人、种粮大户200户、农民合作社145家、家庭农场66家，全市农产品加工业总产值突破500亿元。启动夏铎铺全域土地综合整治试点建设。有序推进农村宅基地和集体建设用地确权登记。整治农村乱占耕地建房行为，全面规范村民建房审批管理。新型村级集体经济组织全覆盖，完成村级集体资产清产核资23.04亿元，全市涉农村（社区）集体经济年收入均超过10万元，50万元以上的15个。乡村振兴示范走廊建设基本完成。新增改厕16489座，农村中小学改厕动态清零。深化农村垃圾治理，全年垃圾减量45%。创建长沙市“美丽屋场”37个，打造美丽河流12条、小微水体示范片16处。加固危桥25座，建成农村公路安防工程200千米。

【工业和建筑业】 2020年，宁乡市工业增加值419.83亿元，同比增长2.5%。其中规模工业增加值增长1.1%。其中规模工业增加值348.09亿元，增长1.1%。2020年，全市园区（三区五园）规模以上工业增加值307.22亿元，占全部规模工业的88.5%。食品加工、储能材料、智能终端、装备制造、新材料、孕婴童及时尚鞋服六大主导产业增加值287.70亿元，占全部规模工业比重82.9%。全市规模工业实现主营业务收入1202.71亿元，下降14.4%；利润总额91.59亿元，下降28.1%；利税总额125.31亿元，下降26.3%。被评为2020中国工业百强县第14名。

全社会建筑业增加值46.66亿元，比2019年增长22.2%。52家具有资质等级的总承包和专业承包建筑业企业实现总产值145.76亿元，增长30.6%；房屋建筑施工面积1038.79万平方米，下降9.2%；竣工面积191.86万平方米，下降1.9%。

【第三产业】 2020年，宁乡市社会消费品零售总额424.40亿元，比2019年下降3.8%。限额以上单位实物商品网上零售额3.96亿元，比2019年增长15.2%。全年批发和零售业增加值123.12亿元，比2019年下降2.9%；交通运输、仓储和邮政业增加值29.98亿元，增长2.1%；住宿和餐饮业增加值39.42亿元，下降5.1%；金融业增加值24.01亿元，增长8.5%；房地产业增加值69.20亿元，下降4.0%；其他营利性服务业增加值132.63亿元，增长5.3%；其他非营利性服务业增加值82.48亿元，增长4.2%。全年房地产开发投资比2019年增长14.1%；商品房销售面积216.29万平方米，下降8.3%。

【基础设施建设】 2020年，宁乡入选全国县城新型城镇化建设示范县。完成第三次国土调查和空间总体规划大纲编制，启动高铁新城、金洲新城和“一江两岸”等片区规划和镇村规划编制。长益高速复线竣工通车。启动香山片区城市有机更新和楼台山公园建设，改造老旧小区24个、完成棚改1260户、新建公租房2110套，筹集租赁房源6213套，建成城市生活圈配套项目20个、“城市驿站”12座。城区餐厨垃圾收运处置全覆盖。创建文明停车示范街30条，改造老旧公厕8座、易涝点6处；整治违规户外广告3892处，拆除违建8.4万平方米，维修人行道2.3万平方米，栽植花卉苗木186万株。更新纯电动公交车51台。

【固定资产投资】 2020年，宁乡市全社会固定资产投资比2019年增长4.0%。其中，工业投资增长0.8%，占全部投资比重为50.6%；工业技改投资增长38.4%，占全部投资比重为37.9%。

【交通和邮电】 2020年，宁乡市市内公路建设通车里程10272.15千米，其中国道161.65千米，省道403.57千米。境内铁路里程84千米；境内通车高速里程171.93千米。实现通村通组公路全覆盖。2020年新（改）建农村公路893千米，提质改造干线公路129千米，通村主要道路硬化率100%，所有建制村均实现通客运班车。全年客运量634万人，客运周转量3.8亿人·千米，旅客周转量比2019年下降2%；货运量829万吨，货运周转量4.5亿吨·千米，货物周转量增长2.0%。年末有出租汽车数469台，公交车数503台，其中新能源公交车438台。全年完成邮政行业业务总量2.69亿元，比2019年增长35.9%。全年完成电信业务总量1.87亿元，比2019年增长6.3%。电话用户总数120.16万户，其中移动电话用户113.86万户。固定互联网宽带接入用户34.90万户，增长8.8%。

【金融】 2020年，宁乡市金融机构本外币各项存款余额917.91亿元，比年初增加86.47亿元，同比增长10.4%；其中人民币各项存款余额917.77亿元，增加86.49亿元。全部金融机构本外币各项贷款余额1003.42亿元，比年初增加169.15亿元，同比增长20.3%；其中人民币各项贷款余额1003.40亿元，增加169.16亿元。

【科学技术】 2020年，宁乡市有高新技术企业和生产高新技术产品的企业328家，实现高新技术产值1116.79亿元，比2019年下降2.6%；实现增加值265.03亿元，下降2.7%。全年授权专利2308件，增长46.9%，其中发明专利授权226件，增长47.7%；有效发明1280件。成功申报国家、省市各级科技项目537项，转化科技成果400项。全市有国家级高新技术产业化基地1个、国家级农业科技园区1个、国家级科技企业孵化器1个、博士后科研工作站4家、院士工作站9家、国家级工业设计中心2家、国家级企业技术中心3家，省级重点实验室3个、省级科技企业孵化器4个、省级企业技术中心28家、省级工程技术研究中心16家、省市众创空间4个。新增高新技术企业122家、智能工厂（车间）79家。通过国家知识产权强县工程示范县和湖南省知识产权强县复核验收。万鑫精工被评为国家“小巨人”企业。松井股份科创板上市。

【教育】 2020年，宁乡市有普通中小学291所，中职学校9所，特教学校1所。在校中小学生147744人，其中高中学生41789人（含中职学生16199人），初中学生38916人，小学学生83044人，特教学生639人。全市中小学教职工10500人，其中专任教师10009人。全市共有幼儿园318所，在园幼儿41400人，教职工4190人，其中专任教师1756人。2019年适龄儿童入学率100%，九年义务教育完成率100%，小学升学率100%。高考一本上线1865人，上线率24.7%；二本上线4002人，上线率53.1%。中考合格率96.3%，比2019年提高0.1%。

【文化、卫生和体育】 2020年，宁乡市有广播电台1座，电视发射台和转播台1座，广播、电视综合人口覆盖率均99.5%，有线电视用户9.55万户（在册用户）。公共图书馆1座，藏书量27万册；24小时自助图书馆3个。全年开展送戏下乡活动71次、图书流动服务100余场、公益电影放映3625场次。组织“木偶戏”“龙田扎肉”“皮影戏”等非遗项目参加2020“年味宁乡”喜乐会，举办宁乡市首届曳步舞公益展示活动，选送歌伴舞《勇往直前》、组唱《盛世盛颜》在全市全域旅游推介会上演出。创作《平安天下》《勇往直前》《老朋友》《宁乡等你》等作品20余个。年末共有30余家群众文艺团队。

2020年，宁乡市有医院、卫生院52个，市直医卫单位4个，乡镇卫生院29个，街道卫生服务中心4个，民营医院15个。全市医疗机构床位总数8325张，其中市直医疗单位4834张，乡镇卫生院3491张。在编在岗卫生工作人员3777人，所有工作人员6493人，执业医师及助理医师3375人，注册护士3221人。全年孕产妇住院分娩率100%，死亡率0，5岁以下儿童死亡率3.57‰。2020年新（改）建乡镇卫生院5家，市人民医院健康管理中心投入使用。医疗机构全面开设发热门诊（诊室），设置定点救治医院和后备应急医院各1家、隔离病床112张，防疫物资四级储备体系基本健全。

2020年，宁乡市有体育场馆2座，400米田径场2个，乡镇门球场10个，拥有25个体育协会；新建92处全民健身工程点、1个智慧健身驿站。举办宁乡市首届全民运动会、舞龙舞狮大赛、广场舞大赛、干部职工篮球赛、气排球大赛等大型赛事；承办NBL全国男子篮球联赛宁乡赛区赛事。体育彩票销售额5000万元。

【社会保障】 2020年年末，宁乡市参加城镇职工基本养老保险人数18.11万人，参加城乡居民基本养老保险人数79.93万人；参加城镇职工基本医疗保险人数16.12万人，参加城乡居民基本医疗保险人数106.20万人；参加失业保险人数7.74万人，领取失业保险金人数0.28万人；参加工伤保险人数11.33万人；参加生育保险人数11.11万人。

2020年年末，宁乡市有1017人享受城市居民最低生活保障，18764人享受农村居民最低生活保障，10429人享受农村特困人员救助供养，全年临时救助5172人次。完成29项省市重点民生实事，建成示范性综合文化服务中心20家，新建停车位7652个，新增被征地农民社保9119人，适龄妇女“两癌”免费检查2.6万人次。实现社会保障全覆盖。城乡低保、特困人员基本生活保障标准分别为650元/月、845元/月，发放高龄津贴5100万元，城乡医保参保率95%，城乡居民养老保险参保率100%。建成市社会福利中心，新增养老床位498张。新增城镇就业1.06万人，城镇登记失业率4%，零就业家庭实现动态清零。被评为中国社会保障百佳县。

【社会治理】 2020年，开展道路交通等13个行业领域顽瘴痼疾整治，强化“打非治违”，全年未发生较大及以上安全生产责任事故。推进扫黑除恶专项斗争，破获涉黑涉恶组织团伙19个，破获案件521起，查扣涉案资金3618万元。强制戒毒执行率、病残涉毒人员收治率均100%，污水涉毒成分监测结果连续两年位于长沙各区县最低。着力构建“大信访”机制，推进“领导接访下访推动矛盾化解”攻坚年活动，矛盾纠纷调解成功率98%，被评为全省社会治理创新试点县、全省综治工作先进县。强化食品安全治理，食品安全评价性抽检合格率99.27%。

【对外经济和旅游】 2020年，宁乡市新引进产业项目221个，合同引资604.97亿元；其中工业项目118个，合同引资393.15亿元。实际到位省外境内资金89.09亿元，增长24.8%；实际利用外资21640万美元，增长14.8%；实际到位境外资金4.67亿美元，增长12.9%。铺排产业项目669个，累计完成投资403亿元，新开工格力冰洗、三一中起、欧标化妆品等项目58个，新投产比亚迪动力电池、中电互联等项目54个。举办第8届电池“达沃斯”论坛。

全年接待国内外游客1018.65万人次，实现旅游收入75.38亿元。新建游客咨询服务中心7处、旅游厕所等配套设施51处，启动智慧旅游系统建设。推出“乐游宁乡”经典线路5条，举办“相约四季·生日免票游宁乡”“最美逆行者最暖宁乡情”和茶旅文化节、漂流文化节、民谣音乐节等主题活动。四羊方尊出土点遗址被评为省文物保护百佳项目。宁乡被评为中国旅游百强县、中国最佳全域旅游休闲目的地。

中国共产党宁乡市委员会

综　述

2020年，宁乡市委面对持续加大的经济下行压力、突如其来的新冠肺炎疫情冲击，以习近平新时代中国特色社会主义思想为指导，深入贯彻中共十九大和十九届二中、三中、四中、五中全会精神，深入落实习近平总书记对湖南工作系列重要讲话指示精神，全面落实党中央决策部署和省委、长沙市委工作要求，砥砺前行、开拓创新，奋发有为推动生产生活秩序逐步好转、经济运行持续稳步恢复、主要经济指标增速由负转正，被评为全国文明城市、国家生态文明建设示范市、全国营商环境百强县第26位，连续四年被评为中国全面小康十大示范县市。

统筹推进疫情防控和经济社会发展。抓好疫情防控，创造性采取“调度令”方式，全面构建起研判、调度、交办、落实、反馈“五位一体”的疫情防控工作闭环体系。对摸排出的重点地区返（到）宁乡人员严格实行“六包一”管理和“十个一”“三免费”服务，快速切断疫情传播链，被列为全省首批疫情低风险区县。全市仅2例输入性确诊病例，且自2月1日后再无新增确诊病例，得到时任省委书记杜家毫批示“宁乡经验可以推广”。快速有效抓实复工复产。发布《关于全力支持和组织推动企业复工复产的八条措施》等惠企政策，选派485名优秀干部驻企帮扶，累计减免税收、社保、水电气等各项资金超过10亿元。紧急调度物资，赠送企业口罩47.6万个、中药汤剂16.2万份，免费核酸检测3.1万人次。帮助企业用工，通过“春风行动”等公共就业服务活动达成就业意向1.2万余人。全力纾企解困，兑现工业企业奖补资金6032万元，惠及企业413家。抓细常态化疫情防控。坚持联防联控、群防群控，落实“两防三不两化”举措，加强对学校、医院、大型商场、养老机构、农贸市场、车站、冷链食品企业等重点场所的疫情防控，提升新冠肺炎等重点传染病检测监测能力，做好防护物资和药品储备，一以贯之抓好常态化疫情防控，为全市广大人民群众创造安全的生产生活环境。

积极稳妥推动经济运行。深化供给侧结构性改革，以“大干一百天实现双过半”和“奋战下半年、夺取双胜利”竞赛活动为抓手，以战时状态、战时思维抓项目建设、工业经济、消费回补和改革发展，发挥园区在经济社会发展中的主阵地、主力军作用，强化企业创新主体地位，打造更具支撑力的优势产业链，厚植工业经济发展新动能。2020年，园区规工增加值增长贡献率86%，松井新材成为宁乡首家科创板上市企业。楚天科技、加加食品被评为国家智能制造应用新模式，万鑫精工被评为国家小巨人企业，顺利通过全国知识产权强县工程示范县、湖南省首批知识产权建设强县复核验收。全市新认定高新技术企业123家，新增市场主体1.9万户，总量突破12万户。出台《宁乡市促进旅游商贸业发展若干政策》，在省内率先开放旅游景区景点，全年实现旅游综合收入75.38亿元，被评为中国最佳全域旅游休闲目的地。推动现代服务业加快发展，组织开展促消费系列活动，推动夜间经济和线上经济发展，鼓励全市广大干部职工带头消费，加速激活商贸消费市场。守住粮食安全底线，大力推进高标准农田建设和水利基础设施建设，不断升级农产品加工业，培育壮大新型农业经营主体，加快推动百亿花猪产业发展，顺利通过“全国主要农作物生产全程机械化示范县”评审。2020年，粮食总产量70.26万吨，比2019年增长0.3%。针对园区发展、乡村振兴等重点难点问题，推动“亩均论英雄”、全域土地综合整治等35项改革落地见效，发展动力和改革活力持续增强。不断优化财税结构和财税质量，全年地方一般公共预算收入61.21亿元，增长1.0%；税收收入75.0亿元，增长1.0%。

项目建设。2020年，宁乡推动预备项目早落地、前期项目早开工、在建项目早投产，推进制造业标志性项目取得新成效。全年新引进产业项目221个，合同引资604.97亿元。铺排产业项目669个，累计完成投资403亿元，新投产比亚迪动力电池、中电互联等项目54个。智能家电配件产业园、楚天科技四期、康师傅、比亚迪动力电池、邦弗特等产业项目竣工投产，湖南建工六建产业园、联塑二期、三一中起、云轮科技等项目加速建设，长益高速扩容工程竣工通车，渝长厦高铁、宁韶高速、市妇幼保健院等民生和基础设施建设项目加快推进。三一中起、比亚迪动力电池、格力冰洗和楚天科技四期入选长沙市先进制造业标志性项目。实施“效能提速、实体经济降成本、企业家权益保护、政策落地”等四大专项行动，345项“一件事一次办”事项全部落地，“1+2+N”24小时全天候办理的“15分钟政务服务圈”基本建成，新型智慧城市项目被评为2019—2020中国新型智慧城市建设百强区县第8名，“三无城市”创建、“三超两免”改革、“商圈商户服务点”建设等经验在全省推广。

三大攻坚战。重点推进高息和非标债务降息置换，严禁违规融资，全面降低债务利息成本。多措并举盘活“三资”，积极争取专项债券，统筹推进国有平台公司市场化转型，确保债务风险稳定可控。2020年7月，省财政厅下文明确宁乡市债务风险等级下调至二类风险地区。2020年，解决农村四类重点对象住房安全保障问题678户，实现义务教育阶段适龄儿童100%入学，持续动态清零农村饮水安全问题，实施产业扶贫项目178个，完成消费扶贫金额1.6亿元，实现贫困劳动力就业1.6万余人，顺利迎接省检考核，全市建档立卡贫困户20087户、53561人全部实现脱贫。完成省政府“2020年夏季攻势”污染防治整治任务，省级环保督察“回头看”信访转办件数量为四区县（市）最少。严格落实“六控十严禁”要求，全市空气优良率为99.1%，同比上升11.8%。加强饮用水水源保护，推进农村生活污水治理和水生态建设，启动城乡排水一体化PPP项目，城区、园区及乡镇污水处理厂达标运行率100%，沩水、靳江考核断面水质均稳定达到地表水Ⅲ类标准。推进重金属污染耕地修复治理，全市土壤环境质量逐步改善。

全面建成小康社会。优化生产生活环境，持续完善农村公路建设及安防设施。农村自来水普及人数90.6万人，普及率超86%。集中连片打造一批农村“五治”示范“美丽屋场”、人居环境整治示范带和现代农业产业示范项目，完成农村改厕16489座，创建长沙市级“美丽屋场”20个，农村更加美丽。加大民生改善力度。聚焦义务教育、基本医疗和社会保障，持续加大民生投入，认真办好各项民生实事。2020年，新（扩）建城区和农村集镇学校13所，新增普惠性民办幼儿园9所，全部化解大班额，“党建+德育”融合创新案例获湖南省十大优秀案例。深入推进健康宁乡建设，完善医疗卫生服务体系，“一站式”结算报销比例达91.1%，解决群众“就医难、就医贵”的问题。“构建全域立体急救网、抢护生命健康‘黄金期’”医改案例作为全省5个可复制可推广典型案例入选“湖南基层改革探索100例”。加大城市困难群体帮扶力度，构建多层次社会保障体系，推进民生保障精准化精细化。不断满足人民群众对美好生活的向往，900余项服务事项接入“智慧宁乡”APP，308项政务服务事项全部下沉至乡镇（街道），159项公共服务事项下延至村（社区），基层公共服务“一门式”实现全覆盖。组织市直单位、乡镇（街道）和企业开展应急救援演练，不断提高群众应急意识和应对灾害能力。

全力做好社会治理和安全生产工作，着力提高平安宁乡建设水平，不断提升人民群众安全感。落实“一把手”抓信访工作机制，开展“领导接访下访推动矛盾化解”攻坚年活动，全力化解信访积案，解决群众身边的矛盾纠纷问题。2020年，长沙市交办的“四重攻坚”信访案件化解率90%；市领导接待来访群众116批、343人次，批示72件，全部办结到位。推进全省社会治理创新试点，统筹推动智能感知、智慧调解、智慧城市三大治理模块建设，开发全省首家县级社会矛盾纠纷多元化解（ODR）平台“宁慧调”，在线受理工单、调解矛盾纠纷和申请司法确认，共计调解各类矛盾纠纷7624件，调解成功率98%。坚持自治、德治法治相结合，充分发挥社会贤达作用，召开屋场夜话7700余场，全面激活乡村治理内生动力。持续推进智慧安防、智慧网格建设，成立7大片区依法治理调度中心，着力解决群众“急难愁盼”问题。坚持全面依法治市，深入开展法治政府建设示范创建，营造遵法、学法、守法、用法的社会氛围。部署开展惩治“盗抢骗”（含电信诈骗）、非法集资（含网络传销）、道路交通安全等7个专项行动。推进扫黑除恶专项斗争，累计破获黑社会性质组织1个、恶势力犯罪集团5个、恶势力犯罪团伙13个。开展“安全生产主体责任年”活动，未发生较大及以上生产安全事故。食品安全形势持续向好。

思想文化建设。2020年，宁乡加强意识形态工作，坚持把学习宣传贯彻习近平新时代中国特色社会主义思想和习近平总书记对湖南工作系列重要讲话指示精神作为首要任务。大力培育和践行社会主义核心价值观，严格落实意识形态工作责任制，强化阵地管理，抓好意识形态风险防控网格化管理，确保意识形态领域整体安全。深化红色文化建设。围绕发扬革命传统传承红色基因，成立何叔衡故居管理处，打造沙田红色文化中心，开设“宁乡四髯”陈列馆。探索文旅融合发展新路径，建立十大片区党员教育培训基地，促进红色教育与乡村振兴、研学基地、生态康养等融合发展，推动红色文化向红色产业转变。提升城市建管水平。坚持“一江两岸、东进融城”的城市发展主轴，践行城市精细化管理理念，进一步提升城市建管水平。完善汽车站、火车站和污水管网等基础设施建设，实现城区新建建筑管道直饮水全覆盖。统筹推进老旧小区改造、棚户区改造、城区老旧公厕改造、农贸市场提质和园林绿化建设等各项工作，打造文明停车示范街30条，建成“城市驿站”12座，获批国家县城新型城镇化建设示范市。深入开展“三大不文明行为”整治，抓好36项创建全国文明城市重点工作任务清单落实，组织20万名志愿者开展400多场主题志愿服务活动。

社会主义民主政治建设。2020年，市委常委会听取市人大常委会、市政府、市政协、市人民法院和市人民检察院党组工作汇报，全力支持和保证同级国家机关和其他组织依法依章程履行职能。市人大常委会坚持依法行使职权，围绕市委重大部署决策，开展优化营商环境专题询问，推进乡镇民生实事项目人大代表票决制全覆盖，在产业链建设、房地产遗留问题处理、沩江流域治理等工作中积极作为。市政府坚持稳中求进，积极化解政府债务，守牢风险防范底线，坚持依法治市，提升治理效能，确保经济平稳健康发展。市政协全力服务大局，聚焦经济民生积极开展议政协商，打造"基层民主协商对话会 4.0 版"，组织开展第二届社会贤达评选，助力基层社会治理。

坚持党管武装，支持市人武部全力抓好国防后备力量建设，为全市经济社会发展保驾护航。积极开展新时代统战工作，支持市委统战部多措并举团结凝聚党外力量，强化民族、宗教、侨务等工作，深入推进"同心创建"，充分发挥统一战线的重要法宝作用。深入学习贯彻中央全面依法治国工作会议精神，支持市人民法院依法独立公正行使职权，统筹推进诉源治理，着力优化法治化营商环境，近五年收结案数首次迎来下降拐点。支持市人民检察院围绕长效常治目标深化扫黑除恶专项斗争，全面加强法律监督，扎实服务好三大攻坚战，为市域经济社会发展提供司法保障。支持工会、共青团、妇联、科协、残联等群团组织充分发挥桥梁纽带作用，不断增强政治性、先进性、群众性。

加强新时代党的建设。全面坚持和完善党的领导，坚决贯彻落实党中央决策部署，始终保持政治定力和正确前进方向，增强"四个意识"、坚定"四个自信"、做到"两个维护"。市委发挥领学促学作用，先后组织召开全市领导干部会议、市委一届六次全会进行集中传达学习。各级各部门分别开展宣讲工作，掀起传达学习贯彻落实的澎湃热潮。全年召开常委会会议 30 次，组织市委理论学习中心组集中学习 8 次，不断强化党的创新理论武装，推动全市各项工作全面落实。高质量推进基层党的建设。坚持党的一切工作到支部的鲜明导向，成立 116 个小区党支部，1.1 万余名在职党员进社区报到，积极参与文明创建、小区治理等活动，形成"一核三元"小区治理模式。全面铺开村级换届工作，选优配强村级党组织班子。制定出台《宁乡市科级干部初始提名推荐规则》，严格规范干部提名制度，形成能者上、优者奖、庸者下、劣者汰的用人新格局。抓实理想信念教育，办好年轻干部理想信念培训班和全市党员全覆盖轮训，培养忠诚干净担当的高素质专业化干部队伍。持续优化政治生态。制定《市委落实全面从严治党主体责任清单》，深化整治形式主义、官僚主义，纵深推进全面从严治党。2020 年，共开展 3 轮巡察，市管党组织巡察覆盖率 90%，乡镇（街道）和村级党组织实现巡察全覆盖。出台《关于严禁领导干部及亲属违规经商办企业、参与政府投资项目建设和采购等行为的有关要求》《宁乡市作风建设"八个严禁"》等规定，举办第十一届廉政文化周，召开党风廉政建设推进会，深化重点领域专项整治，一体推进不敢腐、不能腐、不想腐，进一步净化政治生态。（陶　剑）

重要会议

【市委一届六次全体会议】 宁乡市委一届六次全体会议于 2020 年 11 月 16 日召开，全体市委委员、市委候补委员，以及市纪委委员、市监委委员参加会议。

会议传达学习党的十九届五中全会精神和习近平总书记考察湖南重要讲话指示精神；学习《中国共产党章程》；审议通过《关于做好贯彻落实习近平总书记视察湖南重要讲话指示精神工作的通知》（以下简称《通知》）。

会议指出，在决胜全面建成小康社会、开启全面建设社会主义现代化国家新征程的关键阶段，在"十三五"即将收官、"十四五"即将开局的重要时刻，中共十九届五中全会精神和习近平总书记考察湖南重要讲话指示精神，是今后 5 年乃至更长时期宁乡经济社会发展的行动指南，为宁乡高质量发展指明了前进方向、提供了根本遵循，具有全局性、历史性意义。

会议强调，要提高政治站位全面学懂弄通做实，认真学习全会确定的战略举措，深刻领悟习近平总书记赋予湖南的新定位新目标新使命新要求，牢牢把握国内国际双循环发展新格局的重大机遇，按照"三个高地""四新""五项重点任务"总体要求，奋力谱写新时代坚持和发展中国特色社会主义的宁乡新篇章。要精心绘制好"十四五"发展蓝图，把以人民为中心的发展理念贯穿"十四五"规划编制始终，广泛汲取企业、群众、基层的实践经验，寻求破解发展难题的务实之道，不断提高规划的前瞻性、科学性、有效性、实践性。要认真抓好市委《通知》的有效实施，把《通知》明确的各项任务作为履职尽责的重点，逐条逐项研究落实举措，实行台账管理，细化任务、强化责任，扎扎实实地把自己的事情办好、把各自的任务完成好。要统筹做好脱贫攻坚、年终考核、民生保障、维护社会和谐稳定等当前各项工作。要切实强化责任担当，实现能力大提升，坚持用人更精准，推进作风再转变，全面营造风清气正的政治生态。

【市委一届七次全体（扩大）会议】 市委一届七次全体（扩大）会议于 2020 年 12 月 15 日召开，全体市委委员、市委候补委员。列席会议的有：不是市委委员、市委候补委员的市（区）领导，部办委排名第一的副职，市人大常委会、市政协各委室主要负责同志，市纪委委员、市监委委员和市委巡察办（组）主要负责同志，有关市直单位主要负责同志，乡镇（街道）党（工）委书记、乡镇长（办事处主任），党代表中的部分基层一线代表、部分民营企业家代表参加会议。于新凡受市委常委会委托向全会报告工作并发表讲话。

全会肯定 2020 年市委团结带领全市干部群众攻坚克难、砥砺前行，战疫情、促发展所取得的重大阶段性成果。一致认为，面对持续加大的经济下行压力、突如其来的新冠肺炎疫情冲击，全市上下以习近平新时代中国特色社会主义思想为指导，深入贯彻中共十九大和十九届二中、三中、四中、五中全会精神，深入落实习近平总书记对湖南工作系列重要讲话指示精神，全面落实党中央决策部署和省委、长沙市委工作要求，扎实做好“六稳”工作，全面落实“六保”任务，砥砺前行、开拓创新、奋发有为，推动生产生活秩序逐步好转、经济运行持续稳步恢复，被评为全国文明城市、国家生态文明建设示范市、全国营商环境百强县，连续四年被评为中国全面小康十大示范县市，为“十三五”圆满收官交上了一份优异答卷。

全会指出，要准确把握宁乡发展阶段性特征，抢抓重大战略机遇，奋力开启全面建设现代化新宁乡的新征程；要大力实施“三高四新”战略，深入践行“三个坚持”要求，全面推进现代化新宁乡建设的十二大重点行动；要全面加强党的建设，弘扬真抓实干精神，广泛凝聚推动现代化新宁乡建设的强大合力；要做好岁末年初各项重点工作，深入学习贯彻十九届五中全会精神、习近平总书记考察湖南重要讲话指示精神、省委十一届十二次全会精神，推动贯彻落实工作走深走实；对照全年和“十三五”各项目标任务加强梳理调度，确保各项工作任务圆满收官；有力有序推进“市镇村”三级换届，严格程序和标准，严肃工作纪律；科学谋划“十四五”规划和明年工作，组织开好人大、政协“两会”；慎终如始做好常态化疫情防控，防松懈、防反弹、防输入；统筹做好安全生产、信访、民生实事等工作，确保社会大局持续和谐稳定。

2020年12月15日，中国共产党宁乡市第一届委员会第七次全体（扩大）会议召开

【2020年市委常委会会议综述】 2020年共召开市委常委会会议32次。

关于经济工作。会议传达学习了中央经济工作会议、省委经济工作会议、长沙市委经济工作会议精神。会议强调，要切实把思想和行动统一到习近平总书记关于经济工作的决策部署上来，扎扎实实办好宁乡自己的事，牢牢掌握经济工作主动权。要把中央精神与宁乡实际紧密结合起来，深入实施“三高四新”战略，坚持兴工强市的发展定位，坚持“一江两岸、东进融城”的发展主轴，坚持以人民为中心的发展思想，深耕农业现代化，持续改善生态环境质量，巩固拓展脱贫攻坚成果，统筹发展与安全两件大事。

关于脱贫攻坚工作。会议传达学习杜家毫在县委书记抓党建促决战决胜脱贫攻坚培训班上的讲话精神、全省扶贫开发成效考核发现问题整改工作电视电话会议精神。会议强调，脱贫攻坚越到最后越吃劲，越需要加强党的领导。全市各级各单位要进一步强化目标导向、问题导向、结果导向，抓紧整改和解决贫困户收入、“两不愁三保障”、政策落实等方面存在的问题，强化易地扶贫搬迁后续扶持和返贫致贫监测帮扶，以“屋场夜话”为抓手，全方位全覆盖宣传好、解读好各项扶贫政策，确保扶贫工作公平公正、阳光透明，切实提高人民群众的满意度。要把脱贫攻坚成效作为考验党性修养、体现为民初心、检验能力作风的重要标尺，坚决防止“松劲懈怠”“急躁抢跑”“坐等过关”“只督不战”“层层加码”等现象，以更加严实的作风冲刺脱贫攻坚收官战。

关于疫情防控工作，会议传达学习了中央和省委、长沙市委近期关于新冠肺炎疫情防控工作相关精神。会议强调，全市各级各单位要切实统一思想和行动，保持定力，强化执行力，统筹抓好疫情防控和经济社会发展各项工作，在夺取“双胜利”、建成更高水平的全面小康社会上交出一份优异答卷。

关于基层党建工作。会议传达学习了长沙市2019年区县（市）和市直行业系统党（工）委书记抓基层党建暨落实意识形态工作责任制述职评议会议精神。会议强调，要深入贯彻新时代党的建设总要求和党的组织路线，全面落实意识形态工作责任制，发展壮大新型村级集体经济，巩固省委意识形态专项巡视整改成果，规范党委（党组）理论学习中心组学习，抓好宗教商业化问题整改，强化对乡镇（街道）和市直部门单位压力传导，加强社科理论阵地和网络自媒体管理，切实抓好研判防控，进一步推动基层党建和意识形态工作不断走深走实。

关于依法治市工作。会议传达学习了习近平总书记关于国家安全和政治安全系列重要论述精神，以及中央全面依法治国委员会第三次会议精神、湖南省委全面依法治省委员会第三次会议精神和长沙市“扫黄打非”工作会议精神。会议强调，要深学细悟习近平总书记关于总体国家安全观的重要论述，进一步提高政治站位，切实增强维护国家安全的自觉性，推动总体国家安全观落实落细落地见效。要坚持党对国家安全工作的领导，坚决贯彻党中央对国家安全工作的决策部署，确保国家安全体系上下贯通、政令畅通，确保党的领导贯穿到国家安全工作全过程各方面。要敢于担当、敢于斗争，继续深入开展扫黑除恶专项斗争，坚决惩治各类违法犯罪活动，加强社会治安防控体系建设，严防个人极端事件和公共安全事件发生。

关于统战工作。会议传达学习了中央和省委、长沙市委关于统战工作及民宗工作有关精神。会议强调，全市统一战线要深入学习贯彻习近平新时代中国特色社会主义思想和中央十九届四中全会精神，认真贯彻落实全国、全省和长沙市统战部长会议要求，紧扣凝聚人心这个根本，突出思想政治引领这条主线，在建立机制、彰显实效、培养品牌、扩大影响上下实功求实效，推动统战工作高质量发展，为加快建设更加富饶美丽幸福的现代化宁乡、全面建成小康社会提供广泛力量支持。

关于扫黑除恶工作。会议传达学习习近平总书记关于扫黑除恶工作的重要论述和全省扫黑除恶专项斗争工作推进会有关精神。会议强调，要提高思想认识，聚焦三年为期目标和2020年作为决胜之年的任务要求，因时制宜谋划好疫情防控背景下扫黑除恶制胜之策，迅速掀起强大攻势，展开扫黑除恶大决战。要发扬斗争精神，对标对表全国扫黑除恶专项斗争的总体部署，按照“清到底、清干净”的要求，深入开展以“线索清仓、逃犯清零、案件清结、伞网清除、黑财清底、行业清源”为内容的“六清”行动，再掀扫黑除恶强大攻势。要建立长效机制，进一步增强抓好扫黑除恶专项斗争的责任感和紧迫感，把专项治理和系统治理、综合治理、依法治理、源头治理结合起来，着力破解黑恶势力屡打不绝的难题。

关于纪检监察工作。会议传达学习省委常委、省纪委书记、省监委主任傅奎在全省纪检监察系统领导干部培训班上的讲话精神。会议指出，傅奎的讲话明确了全省纪检监察工作的新要求，充分体现了推进全面从严治党向纵深发展的坚定决心。全市纪检监察系统要认真贯彻落实傅奎的讲话精神，自觉把纪检监察工作放在全市发展大局中思考，聚焦中心工作强化监督检查，不断深化重点领域专项整治，一体推进不敢腐、不能腐、不想腐，把“严”的主基调长期坚持下去，不断巩固发展反腐败斗争压倒性胜利，为宁乡高质量发展营造风清气正的政治生态。

关于文艺工作。会议传达学习习近平总书记关于文艺工作的重要论述。会议强调，要把思想和行动统一到习近平总书记重要讲话精神上来，充分认识文艺工作的光荣使命和重要作用，切实加强和改进党对文艺工作的领导，确保文艺工作始终沿着正确的方向前进。要建立健全文艺创作生产引导机制，充分发挥政策的引导作用和激励效应，努力营造有利于优秀作品和优秀人才脱颖而出的良好环境。要强化团结引导服务机制，增强服务管理能力，引导广大文化文艺工作者做意识形态工作的引领者、城市文化品牌的建设者、群众精神生活的创造者，努力使文联工作和文艺发展更加充满活力、坚强有力。

（姜治国）

表 1　　2020 年宁乡市委发文目录一览表

文　号	文件标题
宁发〔2020〕1 号	中共宁乡市委关于印发《中共宁乡市委常委会 2020 年工作要点》的通知
宁发〔2020〕2 号	中共宁乡市委关于转发《宁乡市人大常委会 2020 年工作要点》的通知
宁发〔2020〕3 号	中共宁乡市委关于转发《政协宁乡市第一届委员会 2020 年工作要点》的通知
宁发〔2020〕4 号	中共宁乡市委宁乡市人民政府印发《关于深化“亩均论英雄”改革的指导意见》的通知
宁发〔2020〕5 号	中共宁乡市委关于印发《党员干部“四联五到位”民情大走访工作方案》的通知

市委办公室

【政研工作】 2020 年，宁乡市委办政研室承担市委主要领导讲话材料起草、全市综合性汇报、重大课题调研、对外典型推介、录音整理、会议记录及纪要、对外宣传、市委财经办等工作任务。

围绕市委主要领导的会议活动和工作安排，完成文明创建迎国检誓师大会、干部教育培训班开学典礼、党风廉政建设推进会、市委一届六次全会、市委一届七次全会、市委关于制定国民经济和社会发展第十四个五年规划和 2035 年远景目标的建议等重要文稿材料撰写。全年共撰写讲话、报告、汇报等各类材料 400 余篇，转录和整理录音 130 余万字，实现会议材料提前 2 天送审、会议纪要 7 天送签，较好地履行参谋助手、以文辅政的职能职责。

紧扣市委、市政府决策部署与中心工作安排，组织农村“空心房”整治、乡村治理、线上经济、软件业、工业企业行政审批和行政处罚、房地产业等 11 次专题调研，呈递呈阅件 11 期；完成《奋力谱写宁乡高质量发展新篇章》《当好推动制造业高质量发展主力军》《抢抓机遇在竞赛中彰显宁乡担当作为》《宁乡：强化“战时”担当，竞赛你追我赶》等署名文章、理论文章，以及聚焦县第十二次党代会精神担当作为和持续发力“大干一百天实现双过半”等系列评论文章，先后在《湖南日报》《长沙晚报》《长沙通讯》《今日宁乡》等主流媒体上刊发。

每月召开例会，传达学习中央、省委、长沙市委和市委重要会议和重要讲话精神，不断提升干部的政治判断力、领悟力和执行力。坚持实施“六步”人才培养计划，组织举办业务提升培训 7 期，丰富干部业务知识，提高干部队伍业务能力。

【深化改革和小康推进】 深化改革工作方面，2020年聚焦全面建设现代化宁乡和推动高质量发展，推动10项重点攻坚任务和25项统筹实施改革事项，在决胜全面小康、新型智慧城市建设、营商环境优化、基层治理模式创新等方面取得重点突破，为宁乡经济社会发展提供强劲动力。一批先进改革经验成效获得高度肯定和广泛推介，如：农村人居环境综合治理经验获国务院通报表扬，夏铎铺镇、大成桥镇全域土地综合整治试点项目获自然资源部批复，政务服务及“一件事一次办”改革在全省经验推介，“党建+德育”融合创新案例获湖南省十大优秀案例。

全面建成小康社会方面。2017年宁乡市全面小康实现程度为94.1%，超出90%的达标要求，提前3年实现全面小康；2018年小康工作获全省先进单位称号，被评为经济强县和“十快县”奖励，小康提升幅度在全省一类县中排名第一；2019年获全省先进单位称号，小康提升幅度在全省一类县中排名第三，全面小康实现程度为97.5%，与浏阳市并列第10名。2017—2020年连续四年被评为“中国全面小康十大示范县市”。

【接待工作】 2020年，宁乡市共接待来宾110批次。其中，党中央、国家各部委接待6次；省级领导、省直各部门接待33批次；市级领导、市直各部门接待36批次；外地考察团队9批次；客商接待5次；其他接待21批次。宁乡市接待服务中心科学安排接待用餐。按用餐人数采购、点餐、配餐。推行“N-1”点餐模式，根据用餐人数在原有公务接待配菜菜品数量上减少一个菜品。采用小盘制，推出“小份菜、半份菜”，避免“舌尖上的浪费”。根据接待对象的口味习惯和饮食禁忌，为客人提供个性化、亲情化的菜谱，让客人感受到家的温暖和宁乡人民的热情。对席卡、用餐名单、菜谱等物品进行改版创新设计，把富有宁乡特色的图片印制在接待用品上，发挥公务接待的宣传推介、窗口展示作用。推荐宁乡沙田包子参加由湖南省委办公厅接待服务中心主办的湖南米粉大擂台活动，被评为“风味米粉”称号。

【信息工作】 2020年，宁乡市信息工作突出重点，积极向上推介宁乡特色实践。共向省委、长沙市委办公厅报送贯彻落实类和正面经验类信息312篇，采用195篇。其中，《宁乡市四举措全面推进招商引资工作》《宁乡市“三个聚焦”全力以赴抓稳投资扩消费》《宁乡市积极推进“三即”改革，打造宁乡开放新高地》等正面经验信息被省委办公厅《要情汇报》单篇采用；《宁乡市以严管居家隔离人员防疫情扩散，已连续10天实现确诊病例“0”新增》被省委办公厅、省委新冠疫情防控工作领导小组秘书组《疫情防控专报》采用，获时任省委书记批示：宁乡经验可以推广。及时、准确、全面反映全市各部门、单位的工作动态、疫情防控动态及基层呼声期盼，为市委谋划全局工作提供信息支撑作用。共计编报本级信息刊物《宁乡要情》85期。完善重大突发事件报告制度和处置机制，疫情期间迅速建立“1+29+N”多方协调联动机制，全面提高信息服务的广度和速度；起草《关于易君自杀紧急信息迟报漏报事件的通报》，并以两办名义下发；针对节假日、暴雨预警等特殊时段，通过QQ、钉钉下发提醒通知，在全市形成牢守紧急信息报送红线和底线的氛围。共处理紧急信息312条，未发生迟报、漏报、瞒报、谎报导致的追责。2020年度信息科被评为长沙市党委信息工作优秀单位。

【督查工作】 2020年，宁乡市委督查室围绕市委中心工作开展重点督查106次，有效地抓好市委决策部署的贯彻落实。梳理登记市委主要领导批示件104件，向相关责任单位交办52件，办结47件，办结率90.4%。办理红网《问政湖南》长沙市委书记、宁乡市委书记信箱留言344件，办结率98.29%。

促市委决策落地。对征地拆迁、脱贫攻坚、项目建设等市委市政府重要部署狠抓落实，共印发各类通报68期。督查发现的问题不整改不罢手，脱贫攻坚中发现的326户、18类问题均得到整改。既查问题也注重典型表彰，对政令畅通工作实行季通报制度。把解决民生问题放在首位，共办理网络留言344件，办结率98.29%，“回头看”核实留言办理情况6次，对金湖嘉园等19个重点问题进行现场督办。

对督查发现的问题坚持对事实负责，建立台账交办责任单位。对36家贯彻落实市委决策部署不力、25家落实通知事项不力、16家网络问政工作不力的单位进行约谈通报4次。全年督促解决重点项目解决问题等62个，征拆问题105个，脱贫攻坚问题132个。

构建大督查工作格局，牵头对市委中心工作组织实施4次“大督查”，发动15个部门单位26名业务骨干共同参与，促进督查成果共建共享。精简督查检查考核事项。2020年市级层面保留督查检查考核事项20项，相比2019年（33项）精简39%。创新融合督查调研。把督查与调研结合起来，开展“新基建”、先进制造业和“百年百项”项目3次督查调研。

【外事工作】 2020年，宁乡市坚持党对外事工作的集中统一领导。把握对外工作正确方向，严格落实中央、省、市关于规范因公出国（境）管理的最新精神，2019—2020年，做到因公出国（境）经费零支出。服从服务抗疫大局，助力涉外企业做好防控和复产。落实防控措施，成立宁乡市疫情防控外事专班，做好境外到宁人员信息动态掌握、核酸检测、隔离等防控工作，做好曼谷—长沙、内罗毕—长沙多次航班到宁防控接待外事工作，“外防输入”工作有序开展。帮助企业降低疫情影响。外事专班重点服务涉外企业、外籍人员，积极向韩蒙特雷培训学校等企业外籍人员提供服务，到碧桂园学校等涉外重点区域实地查看指导，服务涉外企业复工复产，依法依规及时稳妥处置涉外贸易案件。做好外籍人士和海外宁乡同胞沟通服务。向涉外单位发放《疫情健康提示》等中英文资料，向海外宁乡同胞致信息问候关切，发送《致海外同胞的一封信》等。加强抗疫国际合作，指导和协助马克菲尔、吉唯信等外企向意大利、日本等地捐赠防疫物资，推动企业对外交流。围绕产业合作深化交流。2020年，宁乡市市长付旭明与国际友城韩国居昌郡具仁谋郡守多次互致信函和视频通话，就开展电梯、农业、教育培训等方面的合作进行友好交流。韩国多家主流媒体对此进行了积极宣传报道。服务企业涉外需求。在外籍教师聘请、外籍专家邀请函审批等方面常态化服务企业，协调长沙市外办、外专局等部门，为企业涉外需求提供便利支持。调研瀚晟家具、恩农农业等涉外企业，支持奖补资金申报，协调解决实际问题。

【市直机关工委】 2020年，市直机关工委管理的单位共62家，其中设立党组的共有47个，基层党组织322个（机关党委18个、党总支7个、党支部297个），党员6582人（含离退休1802人）。

市直机关工委强化政治机关意识。2020年11月出台《关于加强市直单位机关党组织政治理论学习的通知》，从制度层面规范市直机关党组织政治理论学习。2020年6月，对62家单位进行党建工作实地督导，重点查是否把学习习近平总书记重要讲话指示批示精神作为第一议题，将学习贯彻习近平新时代中国特色社会主义思想贯穿谋划思路、制定政策、推动工作的全过程。2020年举办5期培训班，对1400名机关党员进行集中轮训，计划利用5年时间，实现对市直机关党员干部教育培训的全覆盖。课程设置以政治学习为根本，重点安排习近平的知青岁月、习近平谈治国理政、民法典政策解读、法治政府建设等内容，突出政治政策、紧跟时代形势、助推工作实践。编印《习近平关于党的政治建设论述摘编》《机关党的建设工作论述选编》等学习资料，结合市委印发的《落实全面从严治党主体责任清单》，对62家市直单位的专题学习落实情况进行督导，并纳入机关党建日常监督内容。将意识形态工作纳入机关党组织书记述职评议。

提升组织力，厘清市直机关工委与单位党组（党委）关系，压实党组（党委）抓机关党建的主体责任。对18家二级单位党组织全部归口主管部门机关党委管理，推动100人以上机关单位全部成立机关党委。把“三会一课”制度的落实情况作为党建工作督导重要内容，杜绝机关党建工作沙滩流水不到头现象。推进党支部“五化”建设活动。2020年19个机关支部创建为全市“五化”示范化支部。2020年研究审定党员发展党员26人，审批预备党员转正17名，转接组织关系132人次。共调整机关党组织书记28人。加大困难党员帮扶慰问力度。慰问困难党员130人，发放慰问金13.8万元。

以机关党建为引领，服务改革发展大局。开展党员进社区（小区）报到志愿活动。疫情防控期间，动员市直单位2000余名在职党员到所居小区（社区）参与疫情防控志愿服务活动。督促市直单位4445名在职党员干部进小区参与全国文明城市创建工作，并将在职党员进社区小区报到纳入年底党建工作述职评议考核内容。积极探索“城市党建+小区治理”试点工作。首批选取10家市直单位根据职能职责和业务优势对10个小区进行党建工作联点帮扶，发挥党支部在小区治理中的领导作用，整合社会各种资源力量开展民主协商对话，按照“四个一部分”筹措资金，即小区党员带头与业主自愿筹措一部分资金、申请动用一部分物业维修金、建议联点帮扶单位支持一部分资金、街道根据实际解决一部分资金，成功推动解决连城郡、嘉诚花园、水晶郦城等小区系列历史遗留问题，并在东城郦都小区创新开展“司法调解室进小区”试点工作，对夯实城市基层党建基础，创新社会治理、维护社会稳定积累经验。

【对台工作】 2020年，宁乡市委台办学习习总书记在《告台湾同胞书》发表40周年纪念会上的重要讲话精神，坚定不移执行中央对台方针政策和决策部署。编制《习总书记关于对台工作重要论述及惠台措施汇编》读本，发放至全市各级各部门。组织台企召开落实惠台措施和长沙60条座谈会。指导2家涉台教育基地开展书法、征文比赛等涉台教育活动。2020年，省委台办、长沙市委台办官网，湘台炫微信公众号等平台采用宁乡市报送信息21篇次。助力台企防控和复产。及时指导支持台企防疫，为需返宁台商台胞提供隔离、核酸检测、交通等服务。帮助康师傅顶益于1月29日率先复产，其他重点台企3月1日前陆续复产。3月底，主动为大润发、多利旺餐饮等提供惠企政策信息，多次上门服务，妥善解决台商法人开通和包商户等问题。针对疫情后台企用工难问题，协调园区极短时间内为顶益公司补充用工200人。营造亲清政商关系。深入调研台企，协调解决康师傅顶益、大润发等台企停车难、冬季限电无法营业等问题。推动落实税费、社保减免等的惠企政策，疫情期间，宁乡市台企共享受各类减免补贴约670万元。春节期间举办台商台胞新春联谊活动，协调支持台商台胞代表参政议政。赴沪、苏拜会考察台资企业，推动宁台交流合作，台湾进联电子项目落户宁乡经开区。疫情期间，联系宁乡旅台同乡会总干事向宁乡市医院捐赠口罩，康师傅顶益向宁乡和长沙市防指捐赠物资等。妥善处理台胞、陆配等反映的邻里纠纷、建房、台生入学等5个问题，妥善解决夏铎铺镇困难台属彭某的社保问题。（钟胜蓝）

【史志档案】 2020年，宁乡市档案馆内设科室办公室、党史部、方志部、查阅利用部、技术保护部5个部室。落实国家、省、市关于档案、党史、地方志的方针政策和决策部署，开展档案征集接收、开发利用、咨询服务，党史研究、编写、宣教，《宁乡年鉴》编纂、地方志宣教等工作。

2020年，市档案馆开展第13个国际档案日系列宣传活动。6月9日，在宁乡市区主要七大路口（喇叭口、文体中心、翡翠湖、人人乐、行政中心、市民之家等）及各市直单位、乡镇（街道）的电子显示屏上，轮流播放国际档案日的宣传话语，通过手机短信向2万余名公职人员发送档案宣传语。指导大成桥镇鹊山村档案工作服务农村基层社会治理试点村工作推进；先后5次组织人员参加国有企业退休人员人事档案培训，指导业务5次；配合参加全市档案工作和保密工作督查，抽查40余家单位；协助宁乡市档案局督促各单位做好新冠疫情档案收集保存工作，指导卫健局做好新冠疫情档案收集、整理、入库工作。全年共接收档案进馆3000余盒（卷），接收邓兴“宁乡巨变”照片集160余张，曾、杨、刘等姓氏家谱各一套；共接待查档人数约1.4万人次。

2020年，市档案馆获得全省党史工作先进单位称号。参与文史电视节目《沩水春秋》《跟着诗歌去旅行》制作。举办“欧阳钦同志诞辰120周年生平思想研讨会”，邀请黑龙江、大连、陕西等省、市党史专家来宁乡参会。开展红色文化资源普查，逐一对各乡镇（街道）进行走访调研，征集文物120多件。组织文史专家利用半年多的时间，深入29个乡镇（街道）调研红色文化资源点，并制成《宁乡红色文化资源分布图》。

2020年6—12月，宁乡市档案馆（中共宁乡市委党史研究室）组织专家对全市所有乡镇（街道）的红色文化资源进行全面调查。调查组行程3万多千米，出动党史调研员2200人次，实地踏勘29个乡镇（街道、186个村（社区）、1200多户、5000多人，对163个具有代表性的红色资源点进行实地走访，定位、拍照，拍摄照片近1500张，收集党史资料120余份，对红色文化资源进行整理、记载和挖掘，随行记载笔记25万余字，新发现1917年毛主席游学宁乡线路点、1961年刘少奇回乡调查点等具有重大党史价值的资源，为研究宁乡党史提供极为珍贵的第一手资料。

2020年8月27日，“欧阳钦同志诞辰120周年生平思想研讨会”在宁乡举行

2020年4月，改版升级的《宁乡年鉴（2020）》正式出版发行，得到社会各界一致好评。10月，《湖南乡镇简志·长沙卷》出版发行。持续做好《宁乡年鉴（2021）》及《长沙年鉴（2021）》《湖南年鉴（2021）》宁乡部分的组稿工作。《宁乡经济技术开发区图志》《宁乡高新技术开发区图志》《大沩山志》分别通过终审评审。向《长沙年鉴》申报2019年度事件1件、年度人物2名。组织专家做出30余幅宁乡历史地图，对宁乡建县以来行政区划进行深入研究。

2020年8月27日，由湖南省中共党史学会、中共长沙市委党史联络组、中共长沙市委党史研究室主办，中共宁乡市委党史研究室承办的“欧阳钦同志120周年诞辰生平思想研讨会”在宁乡举行。湖南省委党史研究院院长胡振荣，湖南省党史联络组常务副组长、湖南省中共党史学会会长、省人大常委会原副主任杨泰波，宁乡市委常委、市委办主任蒋君等省市领导，欧阳钦家属及黑龙江、大连、陕西等省、市党史专家参会。欧阳钦是忠诚的无产阶级革命家、坚定的共产主义战士，于1900年出生于湖南省宁乡市大屯营镇，1924年加入中国共产党。1954年至1965年，任黑龙江省委第一书记，全力支持“北大荒”开发和大庆石油会战。1956年当选中央委员。1960年，兼任东北局第二书记。1978年3月，当选第五届全国政协副主席。1978年5月15日因病逝世，葬于北京八宝山革命公墓。研讨会上，欧阳晓光代表家属发言。杨泰波在讲话中概括欧阳钦在新民主主义革命、社会主义革命和社会主义建设各个历史时期作出的重大贡献，赞扬他忠诚的革命精神、高尚的道德品质、卓越的事业成就。此次研讨会，旨在贯彻落实习近平新时代中国特色社会主义思想，传承红色基因，践行初心使命，深入学习研究老一辈无产阶级革命家生平业绩、思想理论、精神风范，传承和弘扬老一辈革命家的光荣传统和崇高精神，并激励后继者，在新的起点上把老一辈革命家开创的伟大事业不断推向前进。（杨彭鼎）

组织工作

【概况】2020年，中共宁乡市委组织部（以下简称市委组织部）践行新时代党的组织路线，做好抓基层打基础、选干部配班子、建队伍聚人才的工作，为建设工业强市、幸福宁乡提供组织保证。组织部部机关内设办公室、研究室（政策法规室）、干部科（加挂干部队伍建设规划办公室）、公务员科、干部监督科（加挂举报中心）、干部信息科、老干部综合科、绩效考核管理办公室、基层党建科（加挂市委“两新”工委办公室）、组织科（加挂市党代表联络工作办公室）10 个科室，部内下辖人才服务中心、党员教育中心、老干部服务中心 3 个下属二级事业单位。

“一片一品”项目十大党员教育培训基地示意图

【基层党建】 2020 年，市委组织部强化党建引领作用，基层党建工作质量有效提升。完成全市 278 个村（社区）的换届选举，换届后村级班子结构、综合素质整体提升，村“两委”班子成员平均年龄由换届前的 44.1 岁下降为 40.6 岁，大专以上学历比换届前增加 431 人，新进村“两委”班子成员 711 人，268 名书记、主任实现“一肩挑”，占比 96.4%，换届选举过程风清气正。实现基层公共服务“一门式”全覆盖，将 308 项政务服务事项全部下沉至乡镇（街道），159 项公共服务事项下延至村（社区），其中 44 项高频事项实现在村级公共服务中心直接办理，对 13 个不达标的村（社区）活动场所按“一村一策”进行新建或提质改造。承接中组部党员分类管理试点工作，重点对流动党员管理进行改革探索，建立流动党员“一人一档”，打造流动党员“红色驿站”，实行流动党员积分管理，开展“线上线下”教育培训，建立激励关怀机制，搭建流动党员作用发挥平台，推动流动党员服务家乡发展，主要做法获得中组部组织一局调研组肯定。分十大片区“一片一品”开展党员教育培训，形成花明楼片区“党建+红色文化”、大成桥片区“党建+村级集体经济发展”、沩山片区“党建+旅游产业”、玉潭片区“党建+小区治理”等 10 个教学特色品牌，分片区举办各类党员培训班次 125 期，集中培训党员近 3 万人次，相关做法在全省党员教育工作会议上作典型推介。

2020 年 4 月 25 日，农村党员教育培训沩山片区基地举办农民“田间课堂”，湖南省茶叶领域著名教授王坤波（左 1）在茶叶基地（月形山）讲解茶叶栽培、修剪、采摘等技术

表 2　2020 年宁乡市党的基层组织、党员基本情况统计表

单位：个、人

党的基层组织	个数	党支部分类	个数	党员	人数
总数	2707	机关	281	总数	68998
其中：党委	69	事业单位	398	2020 年发展	704
总支	382	企业	230	死亡	937
支部	2256	其他	1347		

【干部工作】 2020年，市委组织部规范干部人事工作制度，制定《宁乡市科级领导干部初始提名推荐规则》《宁乡市机关事业单位人员管理议事规则》《宁乡市市管干部到龄退休办理工作办法》等制度，规范干部提名、流动调配、到龄退休等工作，确保干部人事工作公信力和精准度。围绕高素质专业化干部队伍建设，在选用干部上突出政治标准、注重工作实绩、关心基层一线，树立激励与约束并重、严管与厚爱结合的鲜明导向。开发干部大数据系统，研发设计“1+N”信息平台，提高选人用人科学性、精准度、高效化，实现组织工作传统优势与现代信息技术的融合。全年提拔重用81名干部，其中“85后”共28名，“90后”15名，完成两轮110名公务员职级晋升工作；通过市外选调、公务员考录、选调生分配等途径，全年新引进94名公务员。实施干部专业能力提升计划，根据全面建成小康社会、打赢“三大攻坚战”、兴工强市等工作需要，开展各类主体班次18个，开展“90后”干部和乡镇（街道）一般公务员的全员轮训，“一线淬炼+理论学习”的年轻干部培养模式获得中组部《党建研究（内参）》《中国组织人事报》推介。选派14名优秀年轻干部到全市六大产业链14家重点企业担任驻企服务代表，为企业协调解决各类重点问题217件，协调争取各类资金1.43亿元，实现干部成长、企业获益的双赢。出台《宁乡市突出政治标准加强政治考察实施办法（试行）》，按照先行试点、分批推进的方式，率先长沙分5个批次对市管的一级领导班子和领导干部开展政治建设考察，考察结果直接运用到年度考核、干部选拔任用与监督管理中，做法得到《中国组织人事报》《长沙组工通讯》专题推介。

【人才工作】 2020年，市委组织部落实《湖南省芙蓉人才行动计划》和“长沙人才政策22条”要求，围绕兴工强市和乡村振兴两大战略，为建设工业强市、幸福宁乡凝聚人才力量。设立1000万元人才工作专项资金，用于落实长沙人才政策、支持人才引进、服务人才项目。推荐76人次（73名）认定长沙高层次人才，标朗住工柔性引进莫利纳、索维奇两位诺贝尔奖人才，入选省级“五个一百”重大人才工程；6人入选国家“万人计划”，15人被评为长沙科技创新领军人才；2人被评为“全国技术能手”，4人被评为长沙“十行状元”、41人被评为“百优工匠”。新出台《宁乡市制造业“高端产业人才倍增计划”实施办法》，对新引进的高层次人才叠加奖补20万元，并给予购房、就学优待。开展“相约宁乡”工业企业专才招聘、“百企千岗进高校”系列引才活动，举办“千名高校学子宁乡行”活动，开展各类招聘100余场次。召开宁乡市英才大会，为宁乡工业企业与省内外27所高校搭建联系桥梁。强化党建引领乡村人才振兴，推动乡村产业人才政策全面落实，培训新型职业农民，支持创办新型农业经营主体，创新推进“田间课堂”，对农村党员、致富带头人开展现代农业技术、直播带货等教学活动。

【服务中心工作】 2020年，市委组织部在疫情防控期间，抽调224名市直机关干部下沉至街道社区支持一线防疫，抽调485名市直和园区干部担任驻企防疫联络员，解决企业疫情防控和复工复产难题；出台《关心关爱疫情防控一线基层党员干部和医务工作者的六条措施》等4个文件，紧急划拨320万元专项党费用于慰问疫情防控斗争第一线的医务工作者和基层党员干部。在兴工强市战略中贡献力量，由部务会成员带队深入114家制造业重点企业调研走访，掌握企业人才需求，解决企业具体困难；出台《关于加强先进制造业企业党建工作的实施意见》，选派12名退出现职领导干部担任19家企业党建指导员，指导企业以党建促生产。在文明创建中，向全市党员发出文明城市创建迎检倡议，动员近9000余名在职党员参与社区志愿活动，抽调800余名干部到125个责任点进行值班值守，派出5个督查组就人员到岗、履职到位情况实时督查。在脱贫攻坚和乡村振兴中，派出驻村工作队199支、430人，调整不胜任、不称职的驻村第一书记22名，约谈9家单位负责人，脱贫攻坚省检宁乡群众满意度获满分；配合省委组织部脱贫攻坚干部考察，推荐脱贫攻坚一线优秀干部25人。在争先进位中发挥指挥棒作用，围绕“大攻坚”“保目标”“稳民生”“促发展”“强党建”以及“奋战下半年、勇夺双胜利”等市委中心工作，持续优化本级绩效考核管理。

【老干部工作】 2020年，市委组织部服务管理好老干部工作。创建湖南省示范离退休干部党支部1个、长沙市“美在金秋”老党员之家3个和示范“五化”离退休干部党支部7个，承办长沙市离退休干部党建工作推进会；开展市老干部大学建校20周年系列活动，老年教育网络课堂建设数量位居长沙九区县（市）第一；在文明创建中开展“五老”宣讲375场次和“五老红”志愿服务3.1万人次。

【组织队伍建设】 2020年，市委组织部加强部机关党风廉政建设，开展“学业务、比作风、赛实绩”大竞赛、“向组织说心里话”等活动，部机关各科室年初设定特色亮点工作并项目化推进，分党建、干部、人才三条线开展业务技能大比武，每月2次常态化举行“组工讲坛”学习交流活动，以讲促学、以学促干。利用部机关办公阵地设计新时代党的组织路线学习长廊，布置干部书屋、职工之家，举办首届全市“组工杯”气排球赛等，打造一支担当作为的组工干部队伍。 （张莹灿）

宣传工作

【概况】 2020年，宁乡市委宣传部单位内设办公室、理教科、意识形态科、文化科、文明科、未成科、外宣科7个科室，下设新闻中心、文产中心2个二级事业单位。2020年，市委宣传部执行中央和省、市、宁乡市委有关意识形态方面的方针政策，制订全市宣传文化工作的总体规划并组织实施；组织“学习型城市”创建工作，牵头组织全市各级党组织理论教育、学习、宣传、研究工作；组织实施全市党报党刊和理论书籍的发行征订工作；指导、部署、协调、督促、检查群众性精神文明创建活动的开展，做好文明创建工作；组织指导、协调全县志愿服务工作；引导新闻舆论导向；规划和指导全市文化事业与文化产业的发展，推进文化强县工作，紧扣主题主线，坚持守正创新，勇于攻坚克难，推动各方面工作取得新成效。2020 年 11 月，宁乡被评为第六届全国文明城市，大成桥镇鹊山村被评为第六届全国文明村镇。

表 3　　2020 年宣传文化工作成果一览表

获奖单位（平台、节目）	获奖时间	奖项名称（创新和特色工作名称）	授奖单位
宁乡市文明办	2020. 11	第六届全国文明城市	中央精神文明建设指导委员会
宁乡市大成桥镇鹊山村	2020. 11	第六届全国文明村镇	中央精神文明建设指导委员会
宁乡市新时代文明实践中心办公室	2020. 9. 25	《湖南宁乡打造新时代文明实践城市驿站》获中宣部《每日要情》第 1915 期推介	中共中央宣传部
宁乡市新时代文明实践中心办公室	2020. 11. 8	《湖南宁乡市打造新时代文明实践城市驿站》获《时事报告》2020 年第 11 期推介	中共中央宣传部
宁乡市新时代文明实践中心	2020. 12. 5	《宁乡市新时代文明实践城市驿站提升城市温度》在全国文明实践志愿服务项目展示交流上获推介	中共中央宣传部
抗疫京歌《勇往直前》	2020. 3	入选学习强国湖南学习平台	中共中央宣传部
宁乡花鼓戏剧团	2020. 10. 30	《存款风波》纳入“百年百项”小型作品创作计划	文化和旅游部办公厅
宁乡市文化市场综合执法局	2020. 12	2019 年度查处重大侵权盗版案件有功单位和有功个人	国家版权局
宁乡市文化旅游广电体育局	2020. 12	全国文物行政处罚十佳案卷	国家文物局
宁乡市	2020. 10	获“2020 旅游百强县”	北京智库
“智慧宁乡”APP	2020. 10	中国 2020 智慧城市 APP 融合创新奖	第二届中国智慧城市建设论坛
宁乡市融媒体中心	2020. 9	中国城市融媒创新发展最具创新影响力区域融媒体中心 TOP10	中国广播电视创新发展联盟 中国融媒创新发展年会 中国广播电视艺术协会 中广联盟信息技术研究院
“宁视界”微信公众号	2020. 10	全国城市融媒创新发展最佳微信公众号	中国广播电视创新发展联盟 中国融媒创新发展年会 中国广播电视艺术协会 中广联盟信息技术研究院
“宁视界”客户端	2020. 10	中国城市融媒创新发展最佳客户端 TOP5	中国广播电视创新发展联盟 中国融媒创新发展年会 中国广播电视艺术协会 中广联盟信息技术研究院
宁乡市新时代文明实践中心办公室	2020. 7. 1	《宁乡市借力文明实践活动推动互助脱贫》获《湖南精神文明建设》2020 年第 16 期推介	湖南省文明办
宁乡市新时代文明实践中心办公室	2020. 10. 19	《宁乡市：“功德积分”凝聚文明实践强大合力》获《湖南精神文明建设》（《建设新时代文明实践中心特刊》第 13 期）推介	湖南省文明办

续表3

获奖单位 （平台、节目）	获奖时间	奖项名称 （创新和特色工作名称）	授奖单位
宁乡花鼓戏剧团	2020. 3. 26	《万众一心抗疫情》获戏剧曲艺类全省第二名和人气作品第八名	湖南省文化和旅游厅
宁乡市文化馆	2020. 11. 23	在“决胜小康之声”——第六届“潇湘好歌”征集活动中，《宁乡剁辣椒红》被评为银奖	湖南省文联 湖南省音乐家协会
《宁乡剁辣椒红》	2020. 11	2020湖南省第六届“潇湘好歌”征集评选活动银奖	湖南省文联 湖南省音乐家协会
宁乡市文化馆	2020. 9	“文旅乡村好韵味　网红带你逛潇湘”湖南省首届乡村文旅网红大赛优秀组织单位	湖南省文化馆
宁乡市委网信办	2020. 1	2019年度湖南省网新系统优秀创新案例二等奖	湖南省委网信办
宁乡新媒体协会	2020. 1	2019年度湖南省网新系统优秀创新案例三等奖	湖南省委网信办
宁乡市委网信办	2020. 9	2020湖南省网络安全公益短视频大赛一等奖	湖南省委网信办
炭河里遗址管理处	2020. 10	四羊方尊出土点遗址项目成功入选“湖南省保护利用创新百佳案例”	湖南省文物局

【意识形态】 2020年，市委宣传部创新推出“宁来讲”宣讲品牌，“屋场夜话”全面铺开，组织“就认这个理”理论微宣讲视频大赛，4人获长沙市优秀宣讲员称号。《习近平谈治国理政》第三卷学习宣传和发行工作位列长沙市第一，组稿“宁声”系列理论文章30余篇，获省市宣传部门肯定。参与中宣部“百城千县万村”主题调研，4篇调研报告被长沙市通报表彰，受表彰调研数居长沙市第一。落实意识形态工作报告、分析研判、检查考核制度。在省内率先出台意识形态约谈问责办法，开展意识形态风险防控工作，本级摸排并化解风险隐患18条，处理敏感舆情55起，下发4份风险提示函，全年未发生意识形态责任事故。组建市委巡察意识形态工作人才库，扎实提升队伍素质，2020年实现一届市委意识形态巡察全覆盖。

【舆论导向】 2020年，市委宣传部抗疫期间舆论引导工作有力有序，工作经验获省委宣传部专稿推介。协同市委网信办，聚集网上清风正气，制作出品《网络安全在日常》动漫短视频，获省网络安全公益微视频评选活动一等奖。走好网上群众路线，回应网络诉求719件，获省委网信办、红网11次点名表扬。

2020年1月17日，在宁乡市会议中心前坪举办了第三届“年味宁乡”喜乐会

【区域文化打造】 2020年，市委宣传部推动设立“市长文艺奖”，组织召开第一次文代会，汇聚文艺英才。举办“年味宁乡”喜乐会、“春节联欢会”等文艺活动，掀起群文热潮。举办首届“文创博览会”，促进文产消费。打造1个文创街区，培育1个文创空间，抓好文创基地提档升级。举办文产项目招商推介会，新增落户文创企业35家。强化新闻出版和版权工作，组织红色电影党课活动，院

线票房长沙市第一。组织“新时代宁乡好少年”先进事迹发布活动，举办“童绘文明宁乡”作品展，抓实未成年人思想道德建设。

【精神文明建设】2020年，市委宣传部推动36项专项整治，解决一批群众反映强烈的“老大难”问题，迎接全国文明城市创建国检，成功被评为“第六届全国文明城市”总分全省第一。大成桥镇鹊山村被评为“第六届全国文明村镇”。推进“文明实践云”平台运行，注册志愿者达20余万人。组织开展“全民志愿红动宁乡”“助力复工复产全民抗疫”“一封家书”等志愿活动400余场次。面向文明实践志愿者发放“志愿者卡”，探索嘉许回馈机制。建设“城市驿站”，在全国文明实践志愿服务项目展示交流上，《宁乡市新时代文明实践城市驿站提升城市温度》获推介，《时事报告》2020年第11期以《湖南宁乡市打造新时代文明实践城市驿站》为题推介。《宁乡市：“功德积分”凝聚文明实践强大合力》获省文明委简报《湖南精神文明建设》（《建设新时代文明实践中心特刊》第13期）推介。

【城市形象提升】2020年，完成融媒体中心建设，10月中旬顺利搬迁。升级“智慧宁乡”APP，融合新闻资讯、政务服务、商务资源，做优做强新媒体阵地。对外推送正面报道1万余条。其中，中央纸媒上稿71条，《人民日报》21条，《新华每日电讯》3条，《光明日报》7条，《经济日报》11条；中央电视台新闻联播2条；湖南日报485条；新华社客户端和新华网21条；湖南新闻联播136条。

2020年11月20日，于新凡（左3）代表宁乡参加全国精神文明建设表彰大会，领取全国文明城市奖牌

2020年3月4日，宁乡市新时代文明实践中心“全民志愿　红动宁乡”志愿服务活动启动仪式举行

【宁乡入选第六届“全国文明城市”】2020年11月10日，中国文明网发布《中央文明办公室公布第六届全国文明城市入选城市名单和复查确认保留荣誉称号的前五届全国文明城市名单》，全国133个城市入选第六届全国文明城市，全国151个往届全国文明城市复查确认保留称号，宁乡市成功入选第六届全国文明城市。11月20日，全国精神文明建设表彰大会在北京举行。中共中央总书记、国家主席、中央军委主席习近平会见参加大会的新一届全国文明城市、文明村镇、文明单位、文明家庭、文明校园以及未成年人思想道德建设工作先进代表。于新凡代表宁乡参加表彰大会，领取全国文明城市奖牌。

2012年，宁乡启动全国文明县城创建。2014年、2017年分别获得全国文明城市（县级）提名，2018年起实施《宁乡市创建全国文明城市三年行动计划（2018—2020年）》，明确责任，逐年推进。2020年被评为全国文明城市（县级），测评成绩全省第一，并作为全国18名优秀代表之一在北京登台领奖。

文明城市创建中，宁乡坚持“让城市更美好，让群众得实惠”的宗旨，为群众做好事、办实事、解难事，得到人民群众的大力支持。2013年实施创建“百件惠民实事”工程；2014年围绕“四小”（小巷、小区、小院、小店）办好“平整路面、疏通下水、亮化绿化、保洁环境”四件实事；2015年改造棚户区和城中村，全域进行农村环境综合整治，梯次推进实力园区、新型城镇、美丽乡村建设；2016年大幅改观生态环境，树立“绿水青山就是金山银山”的鲜明导向；2017年统筹推进城市管理进乡村，加快提升城乡管理水平，铺排49个老旧小区改造工程；2018年着力提升市民文明素养，狠抓移风易俗，创评“新风庭院”；2019年，统筹推进城市一圈两场三道、重大交通工程建设等工作；2020年聚焦民本民生和城乡建管，铺排36项重点任务清单，逐一加以解决。

宁乡是全国第二批、湖南省第一批建设新时代文明实践中心试点单位，2020年组织开展“全民志愿 红动宁乡”学雷锋、“援茶企 采春茶”“徒步母亲河 志愿我先行”生态文明徒步行、“户帮户亲帮亲 互助脱贫奔小康”微心愿认领等形式多样、内容多元、效果多彩的主题志愿服务活动400余场次，参与志愿者15万余人次。历时9年的文明城市创建，使宁乡城乡面貌不断改观，城市品位显著提升，市民素质明显增强，城市文明程度全面提升。（谭 玮）

统战工作

【概况】 中共宁乡市委统战部（以下简称市委统战部）为中共宁乡市委主管统一战线工作的正科级职能部门，对外加挂市民族宗教事务局、市人民政府侨务办公室牌子。市新的社会阶层人士服务中心为市委统战部下属二级事业单位（非财务独立单位）。市委统战部内设办公室、研究室（加挂宣传科）、党派干部科、民族宗教工作科、港澳台海外工作科（加挂侨务工作科）、非公有制经济工作科6个科室。

2020年，市委统战部坚持党对统战工作的集中统一领导，牢固树立党管统战工作的责任意识，将统战工作（民族宗教工作）纳入全市述职评议。推进“不忘初心、牢记使命”主题教育常态化、制度化，开展各领域党外代表人士综合评价工作，加强统战队伍政治建设。教育引导统一战线成员听党话、跟党走，举办民族宗教、民营经济、民主党派、党外干部、党外知识分子、新阶层人士等培训班，选派优秀统战人士代表赴省、市参加主题培训，邀请专家学者到宁乡开展专题授课，组织开展宁乡市党外代表人士共识教育暨暑期谈心谈话，提升统战成员政治素养和履职水平。市委常委与27名党外代表人士开展联谊交友。以建立健全统战工作体制机制为抓手，完善统战工作领导小组机制，建立健全联席会议、请示报告、情况通报、督促检查等各项制度，推进领导小组日常工作科学化和系统化。建立民主党派、党外知识分子、党外代表人士、无党派人士数据库，建立民营经济代表人士数据库和人才库。强化制度建设，出台统战（民宗）工作要点、统战（民宗）工作责任清单、加强民营经济统战工作、做好民间信仰工作、加强基层统战工作、加强基层侨联工作等文件。

出台《关于新时代加强基层侨联建设的实施方案》，组织对全市港澳台侨资源进行摸底调查，巩固基层基础。宁乡市炭河里遗址公园获批“湖南省华侨文化交流基地”。创新搭建工作平台，在宁乡经开区试点打造归侨侨眷和海外侨胞及留学人员可信赖的温暖之家、团结之家、奋斗之家，“海梦岛”双创基地被长沙市政府侨务办、长沙市侨联授予2020年度“侨胞之家”。

【民主党派】 2020年，市委统战部坚持中国共产党对民主党派的领导，增进民主党派对中国共产党和中国特色社会主义的政治认同。举办长沙市民主党派代表人士助力巷子口镇乡村振兴活动，巷子口镇同心村庄挂牌首个“长沙市各民主党派履职实践基地”。支持民主促进会宁乡市工委及5个支部、农工民主党宁乡市工委及3个支部换届工作。开展民主党派2020年度统一战线理论调研活动，配合民进湖南省委在宁乡开展留守儿童工作调研、九三学社湖南省委实地调研道林古镇和荸荠产业基地、致公党湖南省委实地调研巷子口镇库区移民工作等。建立市委组织部、统战部联席会议制度，完善党外干部选拔任用、挂职交流、年度履职报告机制和培训机制。2020年，新提拔党外正科职干部1名、副科职干部3名。全市共有党外领导干部副处职5人、正科职9人、副科职41人。增补20名宁乡市政协委员。

【党外代表人士】 2020年，市委统战部建立党外知识分子定期学习制度，开展“不忘合作初心，继续携手前进”主题教育，发挥宁乡红色教育资源丰富的优势，到刘少奇纪念馆、何叔衡故居、谢觉哉故居参观学习，追寻革命前辈的初心与使命。以“弘扬爱国奋斗精神，建功立业新时代”活动为契机，组织开展调查研究、建言献策、服务社会等为主题的“一季一活动”。健全党外人大代表、政协委员、党外干部谈心谈话和走访联系制度。举办党外代表人士“统战理论调研课题”评选活动，为市委、市政府提供决策参考。引导党外代表人士发挥自身优势，投身疫情防控、文明创建、精准扶贫、乡村振兴等各项事业中。

【社会扶贫】 2020年，市委统战部开展“有方案、有活动、有特色、有成效、有印记”社会扶贫工作。动员非公经济企业及人士、社会组织、公益协会、统战团体等各方力量，开展“千企联千户”“户帮户亲帮亲、互助脱贫奔小康”“泛海助学”等一系列活动。制订完善《宁乡市社会扶贫专项工作实施方案》，实施“统战+扶贫”模式，深入推进“千企联千户”深度扶贫活动，完善1001户深度贫困户与帮扶企业（或爱心组织、爱心人士）的对接机制，投入爱心帮扶资金近300万元。

【民族宗教】 2020年，宁乡市佛教协会换届选举暨一届一次代表大会召开。开展宗教活动场所“五进五好”（党的十九大精神、国旗国歌、社会主义核心价值观、政策法规、中华优秀传统文化进宗教活动场所，宗教教职人员努力做到政治品格好、守法遵规好、文明友善好、传承文化好、服务社会好）和“四型”（文化型、学习型、道德型、生态型）场所创建活动，创建3处“五星”宗教活动场所。强化管理，健全三级网络、抓实两级责任，提高宗教工作法治化水平。加强党的民族政策宣传，开展民族团结进步创建活动，打造一批“民族团结进步同心创建示范基地”。对全市少数民族人群开展慰问帮扶和排忧解难，协调教育、民政、城管、公安等职能部门为流动少数民族人群服务，帮助他们解决好子女上学、医疗卫生、户口登记、经营场所、房屋租赁和法律援助等方面的困难。市民族宗教事务局被评为长沙市民族团结进步创建活动示范单位。

【同心创建】 2020年，市委统战部推动建立“助力—自助—互助—自治”同心美丽乡村新模式，实现“巷子花开”同心项目落地生效。依托“同心平台”“同心公益”“同心筑梦”三个系列，累计开展公益服务活动240余场，涉及老年人服务、儿童服务、抢险救灾、党建服务等七大领域，累计服务1.4万人次。同心直播累计为宁乡30余个企业进行产品线上推广，并帮助企业培养电商人才。成立“巷子花开”农业发展有限公司，为巷子口镇果农拓宽水果销售渠道，推动水果产业发展，为巷子口镇果农销售黄桃达10余万千克。道林镇摇钱冲兰花基地项目、宁乡大剧院文创艺术空间创建长沙市级同心项目，东湖塘镇陶家湾村、“巷子花开”同心项目、煤炭坝镇贺家湾村、道林荸荠特色种植示范基地被评为长沙市级同心创建示范点。双江口镇山园村被评为“省级同心美丽乡村”，巷子花开项目被评为“省级同心项目”。

【信息工作】 2020年，市委统战部准确、及时、全面报送统一战线各领域工作动态和成就，推动信息工作规范化、科学化建设。被评为2020年度中国统一战线宣传先进单位，《湖南长沙市创新“十部制”服务模式探索县级非公经济服务中心建设》《湖南长沙市探索实施网络主播培养“红工程”》2篇信息被中央统战部《每日汇报》采用，7条信息被湖南省委统战部、湖南省委办公厅采用。

【非公经济统战工作】 2020年，市委统战部开展全市民营经济人士摸底，健全民营经济代表人士数据库和人才库。开展“迎老乡、回故乡、建家乡”活动，抓好产业链招商、商会招商、行业招商。实施“统战+专家+产业”合作模式，整合党外知识分子重要资源，组建4个与宁乡优势产业链发展紧密联系的专家指导委员会，聘任135位专家教授成为宁乡市人民政府聘任的专家委员会成员，在国内27所高校院所之间架起桥梁，政产学研合作取得丰硕成果。建立民营企业家代表列席党委经济工作会议制度，全市大型经济工作会议确保一定数量的民营企业家代表列席。抓好非公经济领域维权联席会议制度的落实，完善民营企业诉求反映和权益维护机制。协同市委组织部选派14名优秀年轻干部（其中3名党外干部）以全脱产方式入驻14家企业，“点对点”为企业解决问题。

【新的社会阶层工作】 2020年，市委统战部举办新的社会阶层代表人士综合能力提升研修班。出台《宁乡市新的社会阶层人士服务团工作规程》《宁乡市打造新的社会阶层人士统战工作实践创新基地的指导意见》等制度。加强律师统战工作，成立宁乡市新的社会阶层人士律师服务分团。“巷子花开”项目被评为全省新的社会阶层人士统战工作实践创新基地。

【宁乡市第一次归侨侨眷代表大会】 2020年12月23日，宁乡市召开第一次归侨侨眷代表大会。长沙市侨联主席陈慧，宁乡市领导沈光、钟利仁、李佑明、张莹、贺立权、彭曦明出席会议。历任宁乡市侨联主席，园区、乡镇、街道、市直单位分管统战工作人员，归侨侨眷代表共计210人参加会议。大会听取审议宁乡市侨联委员会工作报告；审议通过《宁乡市第一次归侨侨眷代表大会选举办法（草案）》，选举产生宁乡市侨联第一届委员会委员，周常青当选为市侨联第一届委员会主席。会上，钟利仁为宁乡市侨联海外顾问颁发聘书。当天下午，新当选的侨联委员、与会归国留学人员在宁乡经开区海梦岛侨胞之家举行“凝侨心聚侨智”主题交流沙龙。

【抗击新冠肺炎疫情】 2020年，市委统战部汇聚统战资源全力支持疫情防控。全市各民主党派、新的社会阶层、港澳台同胞、海外侨胞、民营经济等统一战线各界人士累计捐资1622万元，捐赠口罩等防护和生活物资价值近600万元。全市各宗教活动场所（含民间信仰场所）采取“两个暂停一延迟”措施，指导属地乡镇（街道）做好联防联控工作。开展“民企大走访·同心促发展”暖企活动，组建11个工作组对全市不同行业、产业、规模、经营状况的270家企业和商协会进行走访，协助企业复工复产。 （黄子洋）

网信工作

【概况】 2019年3月11日，中共宁乡市委网络安全和信息化委员会办公室成立（以下简称市委网信办），加挂宁乡市互联网信息办公室。内设综合科、网络管理与执法科、网络宣传科3个科室，下设全额拨款事业单位网络舆情中心。

2020年，市委网信办做好网络舆情应急处置、网络执法、新媒体协会建设、网上群众工作、舆情信息报送工作，助力宁乡高质量发展。

【主题主线宣传】 2020年，市委网信办在主流网媒推送新媒体作品5000余条，总点击量突破7亿次。推出《自豪感爆棚！宁乡捧回第六届全国文明城市桂冠》等网文刷屏网络。策划制作20余部点击量100万余次的短视频，累计点击量2000余万。立体生动宣传城市形象。制作《人民记忆：百年百城之宁乡奔小康》短视频，入选中央网信办庆祝建党100周年网上宣传推介活动；策划推介夏铎铺石仑关、道林古镇、黄材西周源等网红打卡点；推出文明创建、抗击新冠肺炎疫情等系列短视频，网上关注度高。社会热点宣传。以网友关心的话题为突破口，策划微博话题“北宋古墓发现过仙桥”和“湖南宁乡发现千年古墓群”，阅读量破5亿人次，冲上微博热搜总榜第一；“这里是宁乡”官方抖音号推出《城市因文明而美丽，人民因城市而自豪，文明宁乡，共建共享！》，点击量达140.3万人次。组织新媒体协会

“一月一主题”活动，引导会员平台发布正能量文章11000余条，依托协会建立的网络文明志愿服务分队、新媒体普法联盟，开展为贫困户直播带货、网络公益招聘等活动10余次，凝聚网上网下正能量。

【网络综合治理】 2020年，市委网信办开展网络空间专项治理行动。建立具备执法资质的执法队伍，开设宁乡市互联网违法和不良信息举报平台。开展网络空间扫黑除恶、“清网”等专项整治行动，开展全市网络安全线上直播培训，建立网络安全技术人才储备库。提升干部队伍实战能力。开展网信干部队伍业务培训。

【《网络安全在日常》动漫短视频被评为湖南省一等奖】 2020年9月，在湖南省委网信办举办的“网络安全微视频网络评选活动”中，由宁乡市委网信办策划制作的《网络安全在日常》动漫短视频被评为唯一一等奖。该短视频以生动的形式讲解宣传网络风险应对、防范意识，提升民众网络安全风险识别、防范意识和能力，切实保护网络安全。

【宁乡市网络文明志愿服务分队工作】 2020年，宁乡市网络文明志愿服务分队发挥新媒体传播优势，抓基础、抓重点、抓亮点，唱响时代主旋律，讲好宁乡故事。围绕“脱贫攻坚”“疫情防控”“优化营商环境”等宁乡市中心工作，推送各类新媒体作品1000余条，总点击量突破5000万。其中，《自豪感爆棚！宁乡捧回第六届全国文明城市桂冠》《2021，向着工业强市、幸福宁乡奋力奔跑!》等深度文章被主流媒体争相报道。组织志愿者外出观摩学习6次，学习、借鉴优秀经验。开展“创新创业幸福宁乡”“短视频拍摄、剪辑”等主题培训。专题学习《网络信息内容生态治理规定》。分队接受多批外省、本省市领导视察。发布全城志愿者招募令，线上招募宁乡网络文明志愿者代言人，全年新增200余名网络文明志愿者，制作114张志愿者代言人海报，志愿精神深入人心。坚持一月一主题培训活动，开展“网络直播带货”“学雷锋志愿者说”“网络安全我守护”等主题志愿活动12次，不断增添队伍活力。

2020年1月16日，宁乡市网络文明志愿服务分队志愿者以《做“四有”中国好网民，筑网络天空“宁乡蓝”》为题向群众宣讲网络文明

【国家网络安全宣传周宁乡“六个一”系列活动】 2020年9月14—20日，2020年国家网络安全宣传周活动中，宁乡开展“六个一”系列活动主题活动，即一次网络安全直播培训、组织一次网络安全大检查、举办一场网络安全知识线上答题、发布一系列网络安全知识动漫视频、发放一条网络安全知识短信和开辟一个网络安全宣传专栏，全方位、多角度提升全市网络安全防护意识和防护能力。

机构编制

【概况】 2020年，中共宁乡市委机构编制委员会办公室（以下简称市委编办）为中共宁乡市委机构编制委员会的办事机构，是市委工作机关。单位内设科室5个。下设宁乡市机构编制电子政务中心。2020年，市委编办推进机构编制工作，着力管好调优全市机构编制资源，为推动建设现代化宁乡提供体制机制保障。

【重点领域改革】 2020年，市委编办完成乡镇（街道）机构改革任务，出台“两清单一目录”，在制定印发29个乡镇（街道）“三定”规定基础上，进一步调整优化所属事业单位机构编制，推进乡镇（街道）综合执法改革，统一组建综合行政执法队，实行“一支队伍管执法”。推进派驻机构属地化管理，统一明确派驻机构纳入乡镇统一指挥协调的工作机制，赋予乡镇对派驻机构负责人的人事考核权和征得同意权。市场监管、交通运输、农业、文化市场、城市管理5个领域执法职责整合、执法队伍组建、编制划转和人员转隶工作全部到位，平稳过渡。完成宁乡市森林公安局管理体制和相关机构编制调整工作。加大职能单一、职能弱化、职能相近等“小弱散”机构撤并整合力度，合理配置职能，优化机构设置，2020年整合撤并市农村人居环境整治服务中心、市商务执法大队等7家事业单位。

【机构编制资源保障】 2020年，市委编办落实乡镇行政编制配备标准，优先核准乡镇用编计划，保障基层工作力量，全年核准乡镇行政编制使用计划98名。争取执法人员编制力量下沉基层，统筹核定市场监管等五个领域综合行政执法队伍编制470名。优化调整金玉工业园、沩东新城管委会、香山公园管理处、金洲湖湿地公园管理处管理运行机制，盘活编制22名、人力资源33人，精减编外聘用人员25人。统筹盘活用好沉淀和低效配置的编制资源，注重内部挖潜激活，试行系统内部选调、“带编选调”全额人员等措施办法，核准农业农村局系统内部选调23名全额事业人员。服务高质量发展，坚持把有限编制资源向经济社会发展、教育卫健等部门和乡镇基层倾斜，统筹核定编制使用计划742名。截至2020年12月底，全市机关事业单位人员编制总量22297名，实有22865名，实现《三年控编减编工作方案》预期目标。

【机构编制规范管理】 市委编办在2016年议事协调机构清理基础上，对2020年12月31日前市委、市政府设立的议事协调机构进行全面清理，议事协调机构总数从302个减少到87个，精减比例超70%。2020年召开3次编外聘用人员联席会议，对宁乡市机关事业单位编外聘用人员开展集中核查，出台《关于进一步严肃机关事业单位编外聘用人员管理的通知》，建立科学规范、有序有效的编外聘用人员管理机制。2020年5—9月，与市委组织部、市财政局、市人社局联合开展机构改革“回头看”专项核查，对61个部门单位下发整改落实交办函，交办5个方面、122项问题，对交办问题按照部门职责分工实行销号跟踪管理。

【事业单位登记管理】 2020年，市委编办依照《事业单位登记管理暂行条例》有关规定，组织全市402家事业单位采取全流程“不见面”方式报送2019年度的年度报告，报告率100%，年度报告书通过宁乡政务网对外公示，接受社会监督。全年办理机关群团、事业单位设立登记36家，变更登记185家，注销登记25家，证书补领6家，发布事业单位登记公告33期。以机构平台数据为基础，建立网上名称工作台账，对中文域名进行动态管理，域名变更49家，注销153家，按时完成注册域名的续费工作；规范网站挂标信息，注销不再单独运行的网站标识。向“信用宁乡”平台报送机关群团和事业单位的基础数据517条，并根据信息调整情况在平台进行更新，利用信用平台开展信用核查，做好信用建设相关工作。 （谭杨琴）

党校教育

【概况】 2020年，中共宁乡市委党校坚持“党校姓党、实事求是、质量立校、改革创新、从严治校”原则，服务市域发展大局，扎实开展各项工作，全面推进党校事业高质量发展，较好地完成各项目标任务。10月，省委组织部明确宁乡市委党校为湖南省第一批省级党员教育培训示范基地，是全省6家获批的县级党校之一。

【干部培训】 2020年，市委党校发挥培训干部主渠道、主阵地作用，坚持课程设置贴近理论前沿、贴近市域经济、贴近学员需求，采用“传授式+案例分析式”“课堂讲授+现场教学”“理论学习+互动研讨”等多种培训方式结合，创新丰富教学模式，全力提升培训效果。先后举办乡镇（街道）、村（社区）党组织书记抓党建促决战决胜脱贫攻坚培训班、年轻干部理想信念宗旨教育培训班（第4期、第5期）、新提拔领导干部培训班、党员教育师资培训班、法治政府建设专题培训班、女干部素质能力提升培训班、党外科级干部培训班、2020年两新党组织书记集中培训班、企业工作党建指导员培训班、城管局新入职队员岗前培训班、卫生健康系统意识形态及新闻宣传工作培训班等各类培训班次32期，培训学员3800余人，其中党员教育师资班是全省首家县级党校师资培训班，共63位党员教育师资骨干参加培训，培训效果好，3名教师入选长沙市党员教育本土“名师名课”。围绕习近平新时代中国特色社会主义思想、全国“两会”精神、中共十九届五中全会精神等内容，开发宣讲专题30余个，深入全市各机关、企事业单位和村社区共宣讲140余场次，受众达1.1万余人次。11月24日，《湖南日报》对宁乡党校的办班经验、教学方法和管理制度等方面进行专题推介。

【党校人才培养】 2020年，市委党校坚持“选、育、用”相结合的人才培养模式，通过公开选调招聘引入4位青年教师充实到教师队伍，进一步推动教师队伍年轻化、专业化。有计划地安排教师赴红旗渠、焦裕禄、方志敏等干部学院考察学习，到浙江进行乡村振兴考察，开拓视野。组建“名师工作室”“青年先锋队”“全员读书班”三支队伍，明确工作目标和工作部署，确保“月月有活动、活动有主题”。定期开展教学比武、读书知识竞赛、学习分享会等活动，形成全体干部职工齐参与、同成长、共学习的浓厚学术氛围。实施“青年教师导师制”，制定《“名师工作室”青年教师导师制管理办法》，实行“老带新”，切实提升执教能力和科研水平。

【科研咨政】 2020年，党校提升科研咨政水平，强化为民导向、问题导向和需求导向，突出时代性、实际性、地方性，努力让基层党校科研接地气、见实效，以科研促进教学、提升影响，努力服务宁乡市域经济社会发展。聚焦时政热点。围绕习近平新时代中国特色社会主义思想、中共十九大和十九届五中全会精神、乡村振兴、基层治理、智慧城市建设、理论宣讲等主题，在国家级、省级以上刊物上公开发表16篇科研论文。其中《坚持和完善党的领导，以“中国之制”成就“中国之治”》被湖南省人民政府《研究与决策》刊载，《引入市场主体 发展乡村旅游》被湖南省委党校《科研通讯》刊载；《乡村振兴战略背景下实现乡村产业振兴的路径研究》《党支部领办合作社的实践探索——以宁乡市喻家坳乡湖溪塘村为例》在湖南省党校系统理论研讨会中分别获二、三等奖。在长沙市党校系统理论研讨会上，宁乡党校理论征文共获奖6篇，并获长沙市党校（行政学院）系统科研工作先进单位。聚焦中心工作。围绕市委、市政府中心工作，精心遴选重点课题，明确咨政研究方向，形成一批领导关注、反映社会热点的咨政文章。搭建教研咨一体化平台，利用学员优势，组建科研团队，深入基层调研，开展重大市情专题研究。撰写完成呈阅件16期，承接市委、市政府重大课题《乡村振兴战略规划（2021—2025年）》，完成第10稿。聚焦基层实际。校委班子成员带队，成立学校科研小组，深入乡镇和部门单位走访蹲点调研，引导教研人员关注地方亮点和特色，总结提炼基层实践经验，提升课题质量。年内多次组织到沩山、老粮仓、流沙河等乡镇和村（社区）、园区、企业进行实地调研，掌握翔实的一手素材。成功立项《区域公用品牌背景下宁乡茶叶产业品牌化发展研究——以国家地理标志产品沩山茶业产业发展为例》《新时代基层政府治理现代化探析——以宁乡为例》《乡村治理现代化视域下乡镇干部素质培育研究》3个省级课题，完成《宁乡市工业新兴及优势产业链发展研究》《以智能家电为核心建设宁乡智能家居产业链研究》《乡村振兴战略中农村产业融合问题研究——基于湖南省宁乡市花猪产业发展的实践》3个省级课题结项。

【党校被评为湖南省第一批省级党员教育培训示范基地】 2020年10月，湖南省委组织部下发《关于明确第一批全省党员教育培训示范基地的通知》，包括中共宁乡市委党校在内的14家单位入选。2020年，市委党校推进互动教学、访谈教学、情景教学等教学模式创新，先后打造出《弘扬爱国主义 传承红色基因》《坚定必胜信心 笃定奋力前行——2020年全国"两会"精神学习体会》《开启全面建设社会主义现代化国家新征程——学习贯彻党的十九届五中全会精神》《奋力谱写新时代中国特色社会主义湖南新篇章——传达学习习近平在湖南考察时的重要讲话和重要会议精神》《司法为民的先驱 公正司法的典范——谢觉哉的法制思想》《弘扬新时代伟大抗疫精神》《一腔热血铸忠魂——何叔衡的绝对忠诚精神》等多堂精品课程，其中在长沙市"名师名课"竞赛中《一腔热血铸忠魂——何叔衡的绝对忠诚精神》获长沙市名牌课程；在长沙市党校系统教学比武中《学习和运用马克思主义实践观——关于〈费尔巴哈的提纲〉导读》《让红色基因代代相传》两堂课获得长沙市级奖励。通过挖掘整合宁乡独特的红色资源，构建"红色文化基地+党性精品课程"教育教学模式，开发"宁乡红色人物系列微党课"，打造何叔衡故居、谢觉哉故居、云山书院、石仑关等多个红色文化现场教学点，推出"追寻共产党人的初心和使命""1917青年毛泽东红色游学旅"等红色教育体验线路。10月26日，《湖南日报》对宁乡市委党校加强红色教育进行专题报道。

（方　以）

信　访

【概况】 宁乡市信访局内设四科室一中心，分别是办公室、接访科、交办督办科、办信科，信访信息中心。2020年，市信访局贯彻落实中央、省、市关于信访工作的一系列决策部署，把做好信访工作与统筹推进疫情防控和本部门业务工作同安排同部署，积极防范化解风险隐患。宁乡市被评为"2020年度长沙市信访工作目标管理考核优秀单位"等称号。陈国平、李逢钦、李星宇、秦军被评为2020年度长沙市信访工作优秀个人。

【群众来访】 2020年，全市到信访接待场所来访总量861人次，同比下降36.8%。其中，本级接待群众来访168人次，同比减少31.7%；到长沙市上访276人次，同比增加1.1%；赴省上访399人次，同比减少48%。

【市领导接访】 2020年，市信访局落实长沙市委关于在全市开展"领导接访下访 推动矛盾化解"攻坚年活动的工作要求，按照"公示、接访、包案领办、推动落实"4个环节全面推进市领导公开接访，乡镇（街道）、部门单位对标落实。截至12月31日，市领导共接待来访群众161批、482人次，批示101件，全部办结到位。

【网上信访】 2020年，市信访局推动信访代理与网上信访深度融合，畅通信访渠道，创新"互联网+信访"新模式，实现"代理搭台、群众动手、数据跑腿"。全年组织开展2次网上信访业务培训，全市收到网信件1835件，网信占比率达72%，同比提高9.5%。

【信访积案化解】 2020年，全市开展"信访积案化解"专项行动，按照"三到位一处理"原则，分类分批化解信访积案。长沙市交办的18件信访突出问题，其中要求化解到位的10件案件成功化解9件，化解率90%。县本级摸排交办的42件信访积案，21件得到化解。

【信访制度改革】 2020年，宁乡市信访局以"消存量、遏增量、防变量"为工作导向，持续深化信访制度改革，建立集中归口受理机制、层级办理工作机制、挂牌督办工作机制，全面提升全市信访工作水平。

（李星宇）

宁乡市人民代表大会常务委员会

综　述

【概况】 2020年，宁乡市人民代表大会常务委员会组织召开人民代表大会2次，人大常委会会议9次、主任会议15次，听取和审议“一府一委两院”专项工作报告21个，开展专题询问1次，出台评议办法1个，全面落实议题34项，依法任免国家机关工作人员72人。

全年，开展优化营商环境专题询问，对《中华人民共和国体育法》《中华人民共和国公路法》《中华人民共和国劳动争议仲裁法》三部法律开展执法检查，对国民经济和社会发展第十四个五年规划纲要、法治政府建设、养老服务工作、村（社区）卫生室规范化建设、青少年参与基层社会治理、“基本解决执行难”、环境状况和环境目标完成情况等工作开展专项调研，出台员额法官和员额检察官履职评议办法，对2019年以来未反馈结果的11份审议意见书进行集中督办。抽取8个政府投资重大建设项目的资金使用情况开展专项检查。乡镇人大“三化”建设、民生实事项目代表票决制工作、人大工作市乡联动成为经验与特色，在全省乡镇人大工作和建设推进会上作典型发言；省人大《研究与思考》以《全力打造新时代乡镇人大工作和建设的“宁乡样本”》向全省推介宁乡经验，呈报全国人大常委会办公厅；宁乡成为全国和全省人大培训中心现场教学基地、省人大调研基地。

【常委会自身建设】 2020年，宁乡市人大常委会推进自身建设，以习近平总书记关于坚持和完善人民代表大会制度的重要思想、关于统筹疫情防控和经济社会发展、关于考察湖南的重要讲话精神等为主要内容，组织专题学习18次，集中听取讲座5次，进行交流研讨2次，开展闭卷考试1次。开展理论研讨，在国家、湖南省、长沙市级刊物上发表文章18篇，印发《宁乡人大》3期，人大常委会公报5期，《新时代地方人大构建闭环监督模式的实践与思考》被评为省人大理论研究一等奖。贯彻从严治党要求，切实落实反对形式主义官僚主义各项措施，执行宁乡市作风建设要求，紧贴基层和群众开展调查研究、解决矛盾和问题。全年受理来信来访及上级批转信访件78件，接待来访群众208人次，维护群众合法利益。

重要会议

【宁乡市第一届人民代表大会第四次会议】 2019年12月31日至2020年1月2日，宁乡市第一届人民代表大会第四次会议在玉潭街道召开，会议听取和审议宁乡市人民政府工作报告；审查和批准宁乡市人民政府关于宁乡市2019年国民经济及社会发展计划执行情况及2020年国民经济和社会发展计划草案的报告（书面）；批准宁乡市2020年国民经济和社会发展计划；审查和批准宁乡市人民政府关于宁乡市2019年财政预算执行情况及2020年财政预算草案的报告（书面）；批准宁乡市2020年财政预算；听取和审议宁乡市人大常委会工作报告；听取和审议宁乡市人民法院工作报告；听取和审议宁乡市人民检察院工作报告；审议市人民政府《关于促进学前教育健康发展的议案》办理进展情况报告（书面）；补选宁乡市第一届人民代表大会常务委员会委员；通过宁乡市第一届人民代表大会教育科学文化卫生委员会、环境与资源保护委员会主任委员名单。会议号召，全市上下要更加紧密地团结在以习近平总书记为核心的党中央周围，在中共宁乡市委的坚强领导下，团结全市人民，不忘初心、牢记使命，为全面建成小康社会、实现高质量发展、谱写建设更加富饶美丽幸福的现代化宁乡新篇章而不懈努力。

【宁乡市第一届人民代表大会第五次会议】 2020年12月25—28日，宁乡市第一届人民代表大会第五次会议在玉潭街道召开，会议听取和审议宁乡市人民政府工作报告；审查和批准宁乡市国民经济和社会发展第十四个五年规划纲要（书面）；审查和批准宁乡市人民政府关于宁乡市2020年国民经济和社会发展计划执行情况及

2021年国民经济和社会发展计划草案的报告（书面）；批准宁乡市2021年国民经济和社会发展计划；审查和批准宁乡市人民政府关于宁乡市2020年财政预算执行情况及2021年财政预算草案的报告（书面）；批准宁乡市2021年财政预算；听取和审议宁乡市人大常委会工作报告；听取和审议宁乡市人民法院工作报告；听取和审议宁乡市人民检察院工作报告；审议宁乡市人民政府关于促进学前教育健康发展的议案办理情况报告（书面）；补选宁乡市第一届人民代表大会常务委员会委员；通过宁乡市第一届人民代表大会财政经济委员会主任委员，教育科学文化卫生委员会主任委员、副主任委员，社会建设委员会主任委员名单。

2020年12月26日，宁乡市第一届人民代表大会第五次会议第一次全体会议在会议中心举行

【宁乡市第一届人民代表大会常务委员会会议】 2020年，市人大常委会共召开会议9次。

2020年2月27日，宁乡市第一届人大常委会第二十一次会议召开。会议听取和审议市人民政府关于2019年环境状况和环境保护目标完成情况的报告；听取和审议《宁乡市人大常委会关于员额制法官、检察官履职评议的办法（暂行）》；听取和审议《宁乡市人民代表大会常委会关于修改〈宁乡市人民代表大会常务委员会人事任免办法〉的决定（草案）》；通过相关人事任免。

2020年4月26日，宁乡市第一届人大常委会第二十二次会议召开。会议听取和审议宁乡市人民政府关于全市国有资产管理情况的报告；听取和审议市人民政府关于《中华人民共和国公路法》贯彻实施情况的报告；通过相关人事任免；审议宁乡市人民法院《关于市人大常委会对市人民法院工作审议意见落实情况的报告》。

2020年6月29日，宁乡市第一届人大常委会第二十三次会议召开。会议听取和审议2019年宁乡市财政预算（草案）的报告；审查和批准2019年宁乡市财政决算（草案）；听取和审议2019年宁乡市同级预算执行审计情况的报告；听取和审议市人民政府关于法治政府建设工作情况的报告；听取和审议市人民政府关于养老服务工作情况的报告；听取和审议市人民政府关于《中华人民共和国体育法》贯彻实施情况的报告；通过相关人事任免；审议市人民政府关于办理规划法贯彻落实情况报告审议意见的报告。

2020年7月16日，宁乡市第一届人大常委会第二十四次会议召开。会议听取和审议市人民政府关于优化营商环境工作情况的报告并开展优化营商环境专题询问。

2020年8月31日，宁乡市第一届人大常委会第二十五次会议召开。会议听取市“一府两院”上半年工作情况的报告；听取和审议市人民政府关于落实市人大常委会2019—2020年审议意见以及《中华人民共和国食品安全法》贯彻实施专题询问问题整改落实情况的报告；听取和审议市人民法院“基本解决执行难”工作开展情况的报告；审议2020年上半年宁乡市国民经济发展计划执行情况的报告（书面）；审议2020年上半年宁乡市财政预算执行情况的报告（书面）；通过相关人事任免。

2020年10月28日，宁乡市第一届人大常委会第二十六次会议召开。会议听取和审议2020年1月至9月市财政预算执行情况及2020年财政预案调整方案（草案）的报告；通过2020年财政预算调整方案（草案）；听取和审议市人民政府关于2020年部分重大建设项目预算资金和专项资金使用情况的报告；听取和审议市人民政府关于代表建议办理工作情况的报告；听取和审议市人民政府关于城区物业管理情况的报告；听取和审议市人民政府关于《中华人民共和国劳动争议调解仲裁法》贯彻实施情况的报告；听取和审议市一届人大五次会议大会筹备方案（草案）；听取和审议《宁乡市人大常委会主任会议关于提请审议决定钟峰等同志辞去宁乡市第一届人民代表大会代表职务请求的议案》。

2020年12月4日，宁乡市第一届人大常委会第二十七次会议召开。会议听取和审议《市一届人大五次会议人大常委会工作报告（草案）》；听取和审议市人民政府关于促进学前教育健康发展议案办理情况的报告；听取和审议人事任免相关议案；听取和审议代表辞职补选相关议案；听取和审议优秀代表和优秀代表建议推荐名单。

2020年12月18日，宁乡市第一届人大常委会第二十八次会议召开。会议决定将宁乡市第一届人民代表大会第五次会议的召开时间由2020年12月28—31日调整为2020年12月25—28日，会议地点及建议议程不变；听取和审议《宁乡市人大常委会主任会议关于提请审议决定接受周辉辞去长沙市第十五届人民代表大会代表职务的议案》。

2020年12月22日，宁乡市第一

届人大常委会第二十九次会议召开。会议听取和审议市人民政府关于宁乡市国民经济和社会发展第十四个五年规划纲要（草案）的报告；听取和审议市人民政府关于2020年宁乡市国民经济和社会发展计划执行及2021年国民经济和社会发展计划（草案）的报告；听取和审议2019年宁乡市统计预算执行审计查出问题整改落实情况的报告；听取代表资格审查委员会关于郭石军等代表资格的审查报告；对市人民政府工作部门主要负责人进行述职测评；听取和审议《宁乡市人民政府关于提请市树、市花的议案》；听取和审议《市一届人大五次会议人大常委会工作报告（草案）》及《宁乡市人大常委会2021年工作要点（草案）》（书面）。

依法履职

【监督工作】 2020年，宁乡市人大常委会依法依规作出批准2020年财政预算调整方案、2019年财政决算的决议。围绕国民经济和社会发展第十四个五年规划纲要开展调研，听取和审议计划执行、财政预算执行、财政预算执行同级审计、国有资产管理的报告，跟踪督办同级审计查出的5类46个问题，开展满意度测评，问题整改率95.6%。开展优化营商环境专题询问，推动政府优化职能，释放更多改革和制度红利。抽取8个政府投资重大建设项目，就资金使用情况开展专项检查。积极推进预算联网监督，与财政实现基本信息定期推送、预算执行信息实时传输。一定三年的学前教育健康发展议案全面办结。开展全市养老服务的专题调研，推动养老服务与经济社会均衡发展。开展村（社区）卫生室规范化建设的专题调研，推动改善医疗措施，提高基层医疗机构服务能力。开展青少年参与基层社会治理的专题调研，引导青少年在垃圾分类、产业发展、应急救援等领域发挥作用。审议年度环境状况和环境目标完成情况报告，紧盯环境突出问题，督促加强整改，为群众提供良好生产生活环境。听取法治政府建设情况的报告，监督政府不断提高依法办事能力。注重发挥“法律巡视”利剑作用，在体育法执法检查中针对4类、12个具体问题提出5条建议；在公路法执法检查中发放问卷2160份，民心民意得到良好体现；在劳动争议仲裁法中提出加大宣传、注重协调联动、强化机制保障的建议。对2019年以来未反馈结果的11份审议意见书进行集中督办。连续三年就“基本解决执行难”开展调研，推动市人民法院在机制建设、执行质效、队伍建设等方面取得良好实效。出台员额法官和员额检察官履职评议办法，深化人大监督机制。做好规范性文件清理工作，完成规范性文件备案审查8件。

【人事任免】 2020年，宁乡市人大常委会依法任免72名国家机关工作人员，接受16名代表辞去代表职务、3名人大常委会委员辞去委员职务，补选代表15名。对政府工作部门主要负责人进行述职测评，首次对12名员额法官和员额检察官进行履职评议。

【优化营商环境专题询问】 2020年7月16日，市人大常委会召开第二十四次会议，听取和审议市人民政府关于优化营商环境工作情况的报告，并组织进行专题询问。从2020年5月至6月，市人大常委会成立五个专项检查小组，分别由市人大常委会副主任带队，赴2个园区、4个街道和38个部门单位，采取听取汇报、召开座谈、征求意见、实地察看、问卷调查等方式进行调研。此次调研深入一线企业50余个，实地调研走访400余人，召开座谈会30余次，汇总建议110条，最终形成专题调研报告5份和综合调研报告1份。整个专题询问历时3个小时，10位市人大常委会委员分别围绕招工难与就业难的矛盾、水电气服务及价格不够规范、中介机构管理不科学等问题进行现场问询，12位园区及相关政府组成部门负责人现场一一作答。

【员额法官和员额检察官履职评议办法】 2020年，宁乡市加强市人大常委会司法监督工作，规范审判机关和检察机关司法行为，促进公正司法。2020年2月，出台《宁乡市人民代表大会常务委员会关于对市人民法院员额法官和市人民检察院员额检察官开展履职评议的办法（试行）》。10月，市人大常委会组成评议调研组深入法院和检察院开展走访调研、案卷评查、满意度测评等，全面了解两官的履职情况。12月28日，在市一届人大常委会第二十九次会议上，对8名员额法官和4名员额检察官开展述职测评。

【政府投资重大建设项目资金使用情况专项检查】 自2020年9月至10月中旬，市人大常委会组成8个专项

2020年7月16日，市人大常委会召开第二十四次会议，开展优化营商环境专题询问

检查组对从2019年1月至2020年8月政府性投资项目及财政预算安排资金（含上级资金）实施的重大建设项目和重大专项资金项目库中抽取八个项目作为检查对象，对项目实施管理和资金使用情况进行全过程检查。市人大常委会副主任带队，深入城发集团、卫健局、交运局、农业农村局、住建局、水利局、红十字会、玉潭街道等项目单位，通过座谈了解、查看现场、查阅资料、核算账务等形式详细了解资金使用情况，各检查组形成专项检查报告。针对项目存在的招标及合同签订不规范、项目签送不及时、未按计划就执行、未验收先投入使用等问题提出建议和意见。

【乡镇人大“三化”建设】 2020年，宁乡市乡镇街道人大工作抓好“阵地标准化，工作制度化，活动经常化”，不断规范乡镇街道人大活动室、村社区联络站阵地建设，启动代表信息公示平台建设，落实乡镇年内召开两次人大会议，推进民生实事项目人大代表票决制工作，25个乡镇票决项目80个，完成45个，一批群众最关心、最迫切需要解决的问题得到集中体现。回龙铺镇、灰汤镇升级打造“三化”建设样本点，大成桥镇打造全国全省人大现场教学点，喻家坳乡、煤炭坝镇打造代表票决示范点，“三化”建设成为宁乡人大工作的亮点与品牌。

【服务中心大局】 2020年，宁乡市人大常委会发出倡议，正、副主任带头示范，机关干部职工志愿服务；积极参与“大干一百天实现双过半”“奋战下半年、勇夺双胜利”竞赛活动，派驻人员定点联系企业，对代表所属企业和重点项目开展帮扶，加快复工复产，持之以恒抓好机关常态化疫情防控。聚焦中心工作，在产业链建设、房地产遗留问题处理、沩江流域综合治理、碧水攻坚战中勇挑重担；在精准脱贫，创建全国文明城市、国家生态文明建设示范市、国家全域旅游示范区、国家园林城市以及信访中履职尽责。聚焦热点问题，围绕物业管理、乡村产业振兴、花猪产业发展、侨务和民族工作开展调查研究，为市委科学决策贡献人大智慧。

代表工作

【代表工作】 截至2020年12月，宁乡市有五级人大代表2207人，其中全国人大代表1人、省人大代表5人、长沙市人大代表70人、本级人大代表368人、乡镇人大代表1763人。组织代表参加长沙市及宁乡市“一府两院”半年度工作通报会，指导乡镇（街道）分级分类开展代表培训，继续落实代表履职动态登记。年内服务国、省、长沙市代表开展活动10次，邀请和组织124名代表列席人大常委会会议、参与视察调研、专项评议、专题询问等工作，先后组织78名市本级代表和182名乡镇代表向选民述职，评选市级优秀代表30名、优秀代表建议10条。出台代表活动经费管理使用办法，将代表每人每年活动经费提高至2400元，进一步优化代表管理。汇聚代表抗疫力量，各级代表响应人大常委会号召，带领群众宣传防控知识、落实防控指令；开展“三讲三做当表率”活动，自发驰援前线、坚守岗位冲锋一线。汇聚代表脱贫力量，积极参与结对帮扶、慈善救助等公益活动，全市五级代表通过产业帮扶、教育扶贫等，结对共建家庭近2000户，帮扶资金近400万元。汇聚代表解困力量，1573名代表参加屋场夜话活动，接待和走访群众5.6万人次，收集建议意见2056条，解决群众问题和纠纷1587个，代表主体作用不断发挥。

【议案建议办理】 2020年，宁乡市人大常委会坚持召开联席会集中交办、重点建议人大常委会领导督办、听取“一府两院”办理情况报告的制度，健全网上交办、督办、答复机制，实现代表建议全流程信息化管理。市一届人大四次会议后，共督办代表建议138件，办结率100%、满意率100%，解决或基本解决率为72.46%，同比提高3.6%。主任会议成员重点督办12件建议，其中加强职业教育、打造栀子小镇等建议得到全面重视和推动。一定三年的学前教育健康发展议案全面办结，全市投入2.25亿元新、改、扩建公办幼儿园36所，新增普惠性民办幼儿园35所，年均培训幼师2000余人次，32项目标任务全面完成。（张　丹）

表4　2020年度优秀宁乡市人大代表（30名）一览表
（按姓氏笔画排序）

序号	姓　名	单位及职务
1	王海峰	湖南省家美门业有限责任公司董事长
2	邓　英	宁乡市人民医院党委委员、副院长
3	邓志坚	道林镇善山岭村党总支书记
4	卢婵婵	宁乡实验二小大队辅导员
5	刘义军	湖南洁美鞋业有限公司董事长
6	刘国强	长沙市建工集团工程处处长
7	刘俐华	回龙铺镇党委委员、人大主席

续表4

序号	姓　名	单位及职务
8	李　娟	宁乡市园林绿化维护中心职工、富豪山庄业主委员会主任
9	李建军	城郊派出所所长
10	吴永山	巷子口镇官山村党总支书记
11	沈红连	大屯营镇梅湖村党总支书记
12	宋志宏	玉潭街道茆田社区党总支副书记
13	张　征	金洲镇党委委员、人大主席
14	张春生	横市镇向阳村村民
15	陈　玲	花明楼中心卫生院内一科主任
16	周　志	长沙桑铼特农业机械设备有限公司董事长
17	周雄湘	长沙湘瑞重工有限公司董事长
18	周群玲	宁乡市环保志愿者协会副会长
19	胡志辉	青山桥镇党委委员、人大主席
20	钟海波	东湖塘镇麻山村党总支书记
21	姜仕强	黄材镇井冲村党总支书记
22	陶文英	湖南归真生物科技股份有限公司董事长
23	黄振宏	夏铎铺镇凤桥社区党总支书记
24	龚桂洋	龙田镇龙田社区党总支书记
25	银余良	喻家坳乡喻家坳村党总支书记
26	喻小菲	老粮仓镇望江村村民
27	喻彩飞	长沙俏农女农业技术有限公司董事长
28	廖丽娟	白马桥街道龙江小学校长
29	潘继斌	湖南华程建设工程有限公司董事长
30	戴福军	流沙河供电所党支部书记

表5　**2020年宁乡市优秀代表建议一览表**

序号	代表建议号	建议内容	建议人
1	8	全面加强职业教育助推宁乡制造业高质量发展的建议	刘　陵 刘　敏 洪敏强 朱爱英
2	15	关于改善坝塘镇南田坪中心实验小学门口交通拥堵的建议	戴金连
3	26	关于将喻家坳乡打造成国家级栀子小镇的建议	王　军 银余良
4	29	关于进一步规范餐厨垃圾收集的建议	林　毅 贺霞辉
5	46	关于建设宁乡市龙田镇瓦子寨公园旅游公路的建议	杨玲玲 龚桂洋

续表5

序号	代表建议号	建议内容	建议人
6	63	关于加强乡村治理的建议	贺湘锋 周雄湘 杨世军
7	67	关于请求加速城中村拆迁的建议	张红斌 钟　峰 文再明
8	75	关于加强青少年心理健康教育的建议	黎　宇 罗建宇
9	89	关于推进我市儿童青少年近视防控智能化体系建设，提速智慧宁乡发展的建议	李拥华 邓　英 朱爱英 刘　敏
10	136	关于请求市委、市政府牵头打造沙田红色旅游小镇的建议	谈江波

宁乡市人民政府

综　述

2020年，面对严峻复杂的宏观经济形势和突如其来的新冠肺炎疫情，宁乡市政府高举习近平新时代中国特色社会主义思想伟大旗帜，全面贯彻中共十九大和十九届二中、三中、四中、五中全会精神，坚持稳中求进工作总基调和高质量发展总要求，紧盯全面建成小康社会目标任务，科学统筹疫情防控和经济社会发展，努力完成市一届人大四次会议确定的各项任务，确保决战决胜脱贫攻坚、全面建成小康社会和“十三五”规划圆满收官，全市经济发展企稳回升态势不断巩固，主要经济指标实现正增长。全年实现地区生产总值1105.92亿元，比2019年增长2.7%。一般公共预算收入比2019年增长0.9%。全年城乡居民人均可支配收入40488元，比2019年增长6.1%。第二十届县域经济基本竞争力居全国百强第21位，中部第3位；县域经济与县域综合发展排名居第16位。成功被评为全国文明城市、国家生态文明建设示范市。

强化指挥调度，科学应对疫情挑战。坚持把人民群众生命安全和身体健康摆在首位，严格落实中央和省市决策部署，突出科学防控、依法防控、群防群控疫情防控经验被省委向全省推介，宁乡成为全省首批疫情低风险地区。统筹抓好疫情防控和经济社会发展，出台支持复工复产“宁八条”、商贸旅游“十四条”，全面落实减税降费、减租降息、驻企帮扶等举措，力促重点企业率先复工复产。在疫情防控中，全市医护人员同心协力，11名优秀医务工作者支援湖北抗疫前线。广大党员干部奋勇争先、倾情奉献，全市人民风雨同舟。注：复工复产“宁八条”：即2020年2月6日，宁乡市人民政府发布《关于全力支持和组织推动企业复工复产的八条措施的通知》，具体包括疫情防控支持、交通物流支持、水电气费支持、房租减免支持、招工稳岗支持、税收“减免缓”支持、社保“减免缓”支持、金融信贷支持八大主要措施，并逐条逐项明确具体责任单位，这些措施自2020年2月7日起执行，至2020年6月30日止。商贸旅游“十四条”：即2020年2月28日，宁乡市人民政府发布《促进旅游商贸业发展若干政策》，从实施“引客入宁”奖励、支持旅游企业发展等七大方面，细分14条政策举措，支持疫情期间全市文旅企业加速复苏，提振消费市场。

决战决胜全面小康。实现城乡安全饮水全覆盖。提质改造乡镇自来水厂2个、村级饮水工程15处，城乡饮水安全保障率达100%，新增农村通自来水3.41万人，农村自来水普及率达89.7%。实现基层公共服务全覆盖。新建村部11个、村级标准化卫生室25个。打造基层公共服务“一门式”示范点12个，新增下放46项公共政务服务事项到村（社区）。实现社会保障全覆盖。城乡低保、特困人员基本生活保障标准分别提升至650元/月、845元/月，发放高龄津贴5100万元，城乡医保参保率95%，城乡居民养老保险参保率100%。建成市社会福利中心，新增养老床位498张。新增城镇就业1.06万人，城镇登记失业率控制在4%以内，零就业家庭实现动态清零。被评为中国社会保障百佳县。实现农村危房改造全覆盖。实行一户一档、因户施策，“四类重点对象”危房实现动态清零，住房安全保障率100%。实现通村通组公路全覆盖。新（改）建农村公路893千米，提质改造干线公路129千米，通村主要道路硬化率100%，所有建制村均实现通客运班车。实现义务教育全覆盖。全力控辍保学，适龄儿童入学率100%，全面消除义务教育阶段大班额。

三大攻坚战实施情况。债务风险防范取得成果，厘清债务责任，盘活存量资源，优化债务结构，推进非标产品置换和降息，加快国有平台公司市场化转型，没有发生债务逾期现象，守住债务风险防范工作底线。2020年上半年，宁乡市债务风险等级下调至二类。严厉惩治非法金融活动，巩固省级金融安全区成果。污染防治攻坚取得有效进展。空气质量明显改善，全年空气优良率95%。实施城乡排水一体化工程，新（改）建乡镇污水处理厂8座、管网30千米；沩水、靳江等主要河流出境断面水质稳定在Ⅲ类以上，饮用水水源地水质达标率100%。完成大坝塘石煤矿、胜溪电解锰厂污染土地修复；治理重金属污染耕地2826.67公顷、巩固调整种植结构6540公顷。脱贫攻坚重点推进两业扶贫、消费扶贫，实施产业扶贫项目174个，新增扶贫车间42家，实现贫困劳动力就业2万人，消费扶贫额突破1.6亿元，顺利通过脱贫攻坚省检考核，全市建档立卡贫困户20087户、53561人全部实现脱贫。对口帮扶的新化县和龙山县咱果乡均实现脱贫摘帽。

实施制造业立市。全年新引进产业项目202个，投资10亿元以上项目10个；铺排产业项目669个，累计完成投资403亿元，新开工格力冰洗、三一中起、欧标化妆品等项目58个，新投产比亚迪动力电池、中电互联等项目54个，金时科技、云轮科技等72个项目加速建设。举办第8届电池“达沃斯”论坛。被评为2020中国工业百强县第14名。全年为市场主体减税降费8.5亿元，新增贷款贴息5529.7万元，疫情期间水电气“欠费不断供”活动惠及市场主体1700多户。全年新增规模工业企业38家、税收过千万元企业7家。新增高新技术企业122家、智能工厂（车间）79家。通过国家知识产权强县工程示范县和湖南省知识产权强县复核验收。新增有效发明专利177件，技术合同交易额增长52.4%。万鑫精工被评为国家“小巨人”企业。松井股份登陆科创板上市。

“三农”发展。落实粮食主产区责任，全年生产粮食72.5万吨。出栏生猪95万头。宁乡花猪被评为中国中部知名农产品品牌、首批湖南省“一县一特”农产品优秀品牌，花猪全产业链产值达35亿元。建成高标准农田5600公顷。除险加固黄材水库、洞庭水库和小型水闸27座，整修山塘152口、疏浚灌溉干渠141千米。科学组织防汛抗旱，成功防范17轮强降雨。动植物疫病防控扎实有效，禁捕退捕工作有序推进。农机综合作业水平提升至80.8%，被评为全国率先基本实现主要农作物生产全程机械化示范县。生产优质烟叶9万担，产量实现恢复性增长。蔬菜、水果、茶叶、栀子、蓝莓、辣椒等特色产业快速发展。新增国家级农业产业化龙头企业1家、“一县一特”生产基地5家、新型职业农民650人、种粮大户200户、农民合作社145家、家庭农场66家，全市农产品加工业总产值突破500亿元。被评为中国乡村振兴百佳示范县第六名。启动夏铎铺全域土地综合整治试点建设。有序推进农村宅基地和集体建设用地确权登记。整治农村乱占耕地建房行为，全面规范村民建房审批管理。新型村级集体经济组织实现全覆盖，完成村级集体资产清产核资23.04亿元，全市涉农村（社区）集体经济年收入均超过10万元，50万元以上的达15个。乡村振兴示范走廊建设基本完成。新增改厕16489座，农村中小学改厕动态清零。深化农村垃圾治理，全年垃圾减量45%。创建长沙市“美丽屋场”37个，打造美丽河流12条、小微水体示范片16处。加固危桥25座，建成农村公路安防工程200千米。鹊山村被评为全国文明村。

培育新型消费。全域旅游加快复苏。新建游客咨询服务中心7处、旅游厕所等配套设施51处，启动智慧旅游系统建设。方特·东方神画、炭河古城等重点文旅项目在全省行业内率先恢复营业。推出“乐游宁乡”经典线路5条，举办“相约四季·生日免票游宁乡”“最美逆行者最暖宁乡情”和茶旅文化节、漂流文化节、民谣音乐节等主题活动，全年接待游客980万人次，实现旅游综合收入65.4亿元。春踏花径、夏嬉山水、秋收硕果、冬品丰年的“心宁之乡·美好时光”旅游品牌绽放新魅力。四羊方尊出土点遗址被评为省文物保护百佳项目。宁乡被评为中国旅游百强县、中国最佳全域旅游休闲目的地。现代商贸焕发新机。推行“交房即交证”试点，稳定房地产市场预期，新建商品房销售160万平方米。出台系列暖企政策，减免国有物业租金2339万元，发放消费券1100万元。组织开展市长代言、直播带货等活动，举办“春天有约·商惠宁乡”“盛夏金秋·夜遇心宁”等消费节会，人人乐、奥特莱斯等商贸综合体被评为长沙市最美夜购示范区。全年实现电子商务交易额26.2亿元、外贸进出口总额12.6亿美元。

提升城市品质。深入践行创建为民、创建惠民、创建靠民理念，扎实开展基础设施提质、不文明行为整治和文明劝导志愿服务等系列活动，深入推进新时代文明实践中心建设试点，2020年成功创建全国文明城市。完成第三次国土调查和空间总体规划大纲编制，“三区三线”划定取得阶段性成果，启动高铁新城、金洲新城和“一江两岸”等片区规划和镇村规划编制，城市规划的管控力进一步增强。长益高速复线竣工通车，宁韶高速、渝长厦高铁加快推进。启动香山片区城市有机更新和楼台山公园建设，改造老旧小区24个、完成棚改1260户、新建公租房2110套，筹集租赁房源6213套，建成城市生活圈配套项目20个、“城市驿站”12座。入选全国县城新型城镇化建设示范县。国家园林城市创建有序推进。实现城区餐厨垃圾收运处置全覆盖。创建文明停车示范街30条，改造老旧公厕8座、易涝点6处；整治违规户外广告3892处，拆除违建8.4万平方米，维修人行道2.3万平方米，栽植花卉苗木186万株。更新纯电动公交车51台。城市节水经验获全省推介。

民生保障。全面完成29项省市重点民生实事，建成示范性综合文化服务中心20家，新建停车位7652个，新增被征地农民社保9119人，适龄妇女“两癌”免费检查2.6万人次。新（改）建学校13所，新增学位20670个。新（改）建乡镇卫生院5家，市人民医院健康管理中心投入使用。医疗机构全面开设发热门诊（诊室），设置定点救治医院和后备应急医院各1家、隔离病床112张，防疫物资四级储备体系基本健全。完成市文联换届选举，设立“市长文艺奖”。孟德良被评为全国劳动模范。第七次人口普查全面开展。全省“双拥模范城”创建实现五连冠。聚焦道路交通等13个行业领域顽瘴痼疾整治，强化“打非治违”，全年未发生较大及以上安全生产责任事故。纵深推进扫黑除恶专项斗争，累计打掉涉黑涉恶组织团伙19个，破获案件521起，查扣涉案资金3618万元。

深入推进新时代禁毒人民战争，强制戒毒执行率、病残涉毒人员收治率均达100%，污水涉毒成分监测结果连续两年位于长沙各区县最低。着力构建“大信访”机制，扎实推进“领导接访下访推动矛盾化解”攻坚年活动，矛盾纠纷调解成功率达98%，被评为全省社会治理创新试点县、全省综治工作先进县。强化食品安全治理，食品安全评价性抽检合格率达99.27%，确保人民群众“舌尖上的安全”。

政府公信力执行力提升。坚持依法行政，切实履行法定职责，全面推行市领导领办民生建议和重点提案机制，高质量办理市人大1号议案，高效办理各级人大代表建议、批评、意见157件，政协委员提案126件，办理答复率100%，形成办理建议提案与推动各领域工作全面发展、相互促进的生动局面。坚持科学、民主、依法决策，全面落实行政负责人出庭应诉机制，全年依法审查文件537份，审查备案政府性合同1180份，办结行政复议42件，市政府本级无行政败诉案件。抓实营商环境“四大专项”和“三超两免”改革，强化“新官不理旧账”专项治理，派出干部驻点企业帮扶，开展市长企业家接待日活动，为21家重点企业化解难题38个。深化“放管服”改革，推进“一件事一次办”，政务服务改革经验获全省推介。宁乡被评为营商环境全国百强县第26位。智慧城市云平台归集数据1.3亿条，打造便民应用场景26个，被评为中国新型智慧城市建设百强县。强化要素保障，全年征拆房屋2620户、腾地784.27公顷，建设用地795.4公顷；违规用林用地如期完成整治；新建供水管网40千米、燃气管道34.5千米、电力项目11个；举办人才招聘30场次、引进人才3614人。全年新增市场主体1.9万户。反对形式主义和官僚主义，政府系统精减全市性大会30%、督查检查考核事项50%。通过基层民主协商对话、“12345”市长热线和电视问政等方式，充分听取民意、切实化解民忧，及时办理群众来电来访来信94223件，回访满意率98.7%。落实党风廉政建设和意识形态工作“一岗双责”。加大审计监督力度，市本级完成审计项目23个。严格落实《政府投资项目管理办法》，规范政府投资项目管理。坚持厉行节约反对浪费，压减一般性支出10%以上。

重要会议

【市政府常务会议研究事项】 2020年，宁乡市人民政府共召开常务会议12次。

1月19日，研究审议《宁乡市畜禽养殖禁养区划定和管理办法》《关于进一步加强森林资源保护管理的意见》《宁乡市农村村民住房建设管理办法》《宁乡市全域土地综合整治工作方案》《宁乡市生态文明建设规划（2018—2022年）》《宁乡市生态文明建设示范市实施方案（2018—2022）》《宁乡市国家生态文明建设示范市创建工作方案》《宁乡市第二次全国污染普查数据简要情况》《宁乡市先进制造业企业认定办法》《2019年第一批先进制造业企业拟认定名单》以及古街大厦的遗留问题。

2月13日，听取宁乡市疫情防控工作汇报，传达学习2020年中央一号文件，听了企业复工复产工作汇报，审议《宁乡市创建国家园林城市工作方案》《宁乡市创建国家全域旅游示范区工作方案》《宁乡市工程建设项目审批制度改革工作实施方案》，听取拟批资质预拌混凝土站场前期建设情况，听取了宁乡市农产品质检机构建设和“双认证”工作，审议《关于加强瓶装液化石油气安全管理的通知》。会议审议并原则通过了这些事项。

3月20日，听取省政府真抓实干督查激励工作、二维码标准地址建设相关工作、新冠肺炎疫情防控工作等情况汇报。审议并原则通过《宁乡市政府法律顾问服务质量考评办法（试行）》《宁乡市政府合同法务质量评价指标体系（试行）》；听取行政复议应诉工作情况。审议并原则通过《宁乡市市政基础设施管理办法》《宁乡市农村宅基地及集体建设用地房地一体权籍调查和确权登记发证工作方案》《宁乡市捕捞渔民禁捕退出实施方案》，听取推进政务公开标准化规范化建设工作和信访工作等情况汇报。

4月24日，学习《中华人民共和国土地管理法》《国家耕地保护督查反馈问题和往年土地例行督查“挂账”问题整改工作方案》，从严格保护耕地和节约集约用地的意识等多角度进行了深入的研究学习。审议并原则通过《宁乡市2020年度地质灾害防治方案》《宁乡市突发性地质灾害应急预案》。听取道路交通问题顽瘴痼疾集中整治工作进展情况汇报。听取宁乡市禁毒工作进展情况汇报，研究审议《宁乡市城区道路名称标准化处理方案》《宁乡市残疾儿童康护救助实施办法》《关于全面推进物业管理工作的实施意见》《宁乡市物业专项维修资金应急使用管理办法（试行）》《宁乡市2020年高标准农田建设实施方案》等多个事项。

5月22日，学习习近平总书记关于统计工作重要指示批示精神、《中共湖南省委办公厅湖南省人民政府办公厅关于健全落实防范和惩治统计造假弄虚作假责任制的通知》，听取迎接国家统计督察准备工作情况汇报。学习安全生产领导履职要求。听取宁乡市新冠肺炎疫情常态化防控工作汇报。听取三大攻坚战工作进展情况汇报。审议《宁乡市砂石土矿开采专项规划（2019—2025）》；听取大坝塘水库建设前期工作情况汇报；审议《关于进一步规范财政管理严肃财经纪律的通知》；审议《宁乡市贯彻落实湖南省人民政府应对新冠肺炎疫情影响进一步做好稳就业工作十六条措施责任分解表》。

6月12日，审议并原则通过《宁乡市突发环境事件应急预案》《宁乡市重污染天气应急预案》《宁乡市生产安全事故灾难应急预案》《宁乡市低温雨雪冰冻灾害应急预案》《宁乡市自然灾害救助应急预案》《宁乡市重大动物疫情应急预案》《宁乡市旅游突发事件应急预案》。听取2020年省、长沙市重点民生实事工作和“一圈两场三道”项目建设情况汇报。审议并原则通过《关于加快宁乡市管道直饮水建设的实施意见》《宁乡市投资建设项目审批中介超市建设运营工作实施方案》，听取2020年争创省政府真抓实干督查激励工作情况汇报等多项工作。

8月28日，传达学习中办通报〔2020〕第14期，集中学习《中华人民共和国民法典》《保障中小企业款项支付条例》。传达学习习近平总书记在经济社会领域专家座谈会上的重要讲话、听取“十四五”规划编制进展情况汇报。会议听取全市违建别墅问题清查整治、自然资源例行督察反馈问题整改、农村乱占耕地建房问题整治和“月清三地”工作情况汇报；听取舒翰休闲山庄有限公司露营基地问题处理情况汇报。会议听取全市新冠肺炎疫情防控工作情况汇报。会议通过《宁乡市2020年农村改厕工作实施方案》《宁乡市特种设备安全事故应急预案》《宁乡市食品安全事故应急预案》《关于推动宁乡市公共法律服务体系发展的实施方案》《宁乡市推进“三超两免”改革工作实施方案》《宁乡市通信保障应急预案》等。

9月25日，传达学习习近平总书记在湖南考察调研时的系列重要讲话指示精神，省委副书记、省长许达哲在市州长视频会上的讲话精神以及长沙市委十三届十次全会精神等，并研究贯彻落实意见。听取国务院大督查迎检准备工作，化债工作、非标产品整改工作情况，违规用林用地整改进展情况，污染防治攻坚战进展情况及省级环保督察准备工作，安全生产十个专项工作、烟花鞭炮企业转型升级工作情况，2020年城镇老旧小区改造及基础设施配套项目工程量变更情况，宁乡市镇（乡）、村国土空间规划编制工作情况等汇报，研究灰汤相里（C区）项目土地退让工作等。审议并原则通过《宁乡市2020—2021年度秋冬水利建设实施方案》《宁乡市节水型社会达标建设实施方案》《宁乡市供气事故应急预案》《城发集团内设架构和岗位设置实施方案》《城发集团员工薪酬管理办法》等。

10月27日，安排部署全市“十三五”规划实施、脱贫攻坚、疫情防控等工作。会议传达学习中共中央政治局常务委员会关于听取“十三五”规划实施总结评估汇报的会议精神，听取宁乡市“十三五”规划主要指标完成情况汇报。传达学习长沙市精准扶贫工作领导小组（扩大）会议精神，听取宁乡市脱贫攻坚工作进展情况汇报。听取新冠肺炎疫情防控工作情况汇报。传达学习《长沙市重大决策事项风险评估办法（试行）》，研究贯彻落实意见；听取三季度长沙市考核指标完成情况汇报；审议2020年1—9月财政预算执行情况及2020年财政预算调整方案；听取福宁房地产开发公司宁（1）国用〔2011〕第140号土地遗留问题处理情况汇报；审议《宁乡市抗旱应急预案（2020修订·送审稿）》；听取政府投资项目建设历史遗留问题处理工作情况（第八批）；审议《宁乡市中小学教育教学质量振兴行动计划（送审稿）》。

12月11日，传达学习习近平总书记关于安全生产的重要论述和国家、省、长沙市近期安全生产工作会议精神，听取和研究宁乡市安全生产工作。审议并原则通过《宁乡市智慧教育行动计划（2020—2023年）（送审稿）》《宁乡市加快推进智慧教育工作实施方案（送审稿）》。传达学习《湖南省人民政府办公厅关于切实保护耕地坚决制止耕地“非农化”行为的通知》，听取宁乡市违规用林用地整改情况的汇报；审议并原则同意《宁乡市党政领导干部食品安全工作责任清单（送审稿）》《宁乡市推进“极简审批”深化“一件事一次办”改革工作实施方案（送审稿）》《宁乡市整治突出毒品问题三年（2020—2022年）行动方案（送审稿）》《关于进一步加强政府投资建设项目管理的通知（送审稿）》等工作；听取长沙市对宁乡市绩效考核短板指标完成情况汇报和《政府工作报告》起草情况汇报。

12月17日，听取省政府真抓实干督查激励争创工作情况汇报。审议并原则通过《政府工作报告（送审稿）》。审议并原则同意《关于宁乡市2020年国民经济和社会发展计划执行情况及2021年国民经济和社会发展计划（草案）的报告（送审稿）》《宁乡市国民经济和社会发展第十四个五年规划纲要（送审稿）》《宁乡市严格烟花爆竹安全生产条件促进转型升级实施方案（送审稿）》《宁乡市化工行业安全发展规划（送审稿）》。

表6　2020年宁乡市政府、市政府办文件目录表（部分）一览表

文号	标　题
宁政发〔2020〕7号	关于印发宁乡市政府投资建设项目管理办法的通知
宁政发〔2020〕8号	关于全面推进物业管理工作的实施意见
宁政办发〔2020〕3号	关于印发宁乡市畜禽养殖禁养区划定和管理办法的通知
宁政办发〔2020〕5号	关于印发宁乡市促进旅游商贸业发展若干政策的通知
宁政办发〔2020〕7号	关于印发宁乡市农村村民住房建设管理办法的通知
宁政办发〔2020〕9号	关于印发宁乡市物业专项维修资金应急使用管理办法（试行）的通知
宁政办发〔2020〕12号	关于印发宁乡市防汛应急预案的通知

市政府办公室

【概况】 2020年，市政府办围绕全市中心工作，履行办公室参谋助手、综合协调、督查督办、服务保障四大职能，围绕中心、服务大局，积极担当、务实作为，圆满完成年初确定的、组织安排的、领导交办的各项工作任务。

综合协调有力有效。办公室把落实市委、市政府各项决策部署作为第一要务来抓，确保全市政令畅通。强化重点工作协调推进，主动参与推动实体经济、招商引资、人居环境、拆迁腾地、项目建设、脱贫攻坚、文明创建、信访、安全生产等重点工作，疫情防控、政府债务化解和国有平台公司市场化转型、全国文明城市创建、抓“六保”促“六稳”、大竞赛活动、国务院和省政府真抓实干督查激励、“一圈两场三道”等重点民生实事、市人大常委会审议意见办理等具体事务上，确保工作方向明、措施实、效果好。强化重要任务推动落实，做好市政府常务会、市长办公会议定的重要事项、重大文件、重点工作落实落地。加强纵向联络和横向沟通，注重与长沙市政府办、其他区县(市)、四大家办公室加强沟通衔接，确保市人大、政协“两会”胜利召开。

内部管理不断提升。规范公文运转程序，统一实施“一端进入，分类处理”；加快公文办理运转，基本实现一般事项当日办结、重大事项一次办结、紧急事项特事特办。围绕《政府工作报告》所列任务、政府常务会和市长办公会议定事项及领导批示件制定督查计划，开展重点督查，确保各项中心工作落到实处，有力化解了一批重、难、险、特工作任务。全年共撰写调研报告20余个，发表《探索“三超两免”改革 优化市域营商环境》等多篇文章。全年采纳及上报省市有效信息超额完成市对县考核任务，被评为长沙市政务信息先进单位。严格落实24小时领导带班、专人值班制度，尤其是疫情防控、全国两会、节假日、汛期等特殊时期，坚守岗位、严守纪律，确保各类突发事件得到快速高效处置。政府办共收发各类通知文件1840余件，接听电话1.2万余个，转发领导批示58份，报送值班信息470余条。联点帮扶煤炭坝镇贺家湾村的46户贫困户全部实现精准脱贫。参与对口帮扶新化县和龙山县咱果乡扶贫工作。贯彻“为基层服务、为机关服务、为领导服务”的宗旨，完成重大接待任务80多批次。加强对机关后勤事务中心、招商引资服务中心、发展研究中心等单位的指导。坚持厉行节约反对浪费。

自身建设。不断提升党组班子的理论水平、思维层次和工作能力。全年组织召开办公室党组民主生活会1次、党组会9次、支部会10次、党员大会4次，班子成员到所联系支部讲党课11堂。履行党风廉政建设责任制，完善“三会一课”、民主生活会、组织生活会、民主评议党员、谈心谈话、集体学习等制度，开展主题党日和党支部活动，带头采用和包支付按月交纳党费。组织“问初心·砺作风”故事分享会，落实党员进社区要求。

【政府经济研究】 2020年，市政府研究室围绕市政府重大决策部署，立足中心工作，扎实做好经济研究、报告起草、综合调研、信息收集等工作。综合调研。落实中央大政方针政策，省委、省政府和市委、市政府决策部署，紧紧围绕市政府中心工作和重点、难点、热点问题，组织开展调查研究，先后开展疫情防控、营商环境、沩山茶业产业、大信访体系等20余次专题调研，形成一批调研成果。文稿起草。坚持站在全局高度、领导者角度来思考问题，贯彻“短、实、新”要求，按照“极端负责、严谨细致”标准，突出以文辅政，不断提高文稿的高度、广度、深度。全年共起草、撰写、把关各类讲话稿、主持词、致辞、典型经验材料、工作汇报、工作总结250多篇、150万字以上。在《农民日报》、《湖南日报》、长沙《决策咨询》、市委《崛起》等刊物中起草发表署名文章13篇。及时提炼总结疫情防控、一件事一次办、质量强市等经验材料15篇。把关今日宁乡、宁乡电视台、宁视界关于主要领导的新闻稿件300多篇，提出修改意见200多条。经济分析。突出数据意识，强化分析研判，编印《主要经济指标运行情况》《相关数据汇总情况》，对市域经济运行情况一月一分析、一季一总结、一年一谋划，撰写运行情况报告11篇，季度总结4篇，为市政府掌握情况、科学决策提供有效的决策参考。信息报送。加强和改进政务信息报送，重视政务信息标准化建设，推介宁乡先进做法，全年上报省市有效信息141条，其中被长沙市采用35条，省办、国办采用14条，超额完成市对县考核任务，位居长沙市前列，被评为长沙市政务信息先进单位。

【政务督查】 2020年，市政府督查室围绕市委、市政府中心工作，推动决策部署的落地、落实。市政府督查室在督查内容上以政府工作报告、政府常务会议、市长办公会议、领导批示件为中心，开展月督查、季回顾，全年共开展专项督查12次，即时并持续跟进市委、市政府中心工作落实。在督查重点上以国务院、省政府真抓实干督查激励为中心，统筹推进争创工作。2019年宁乡市农村人居环境综合整治工作获国务院真抓实干督查激励表彰（2020年公示），“一件事一次办”改革、制造强市、棚户区改造、食品安全、六大强农行动、粮食安全等工作受省政府真抓实干督查激励表彰。

市政府督查室在督查形式上坚持全面督查与重点督查并重，常规工作开展“面”上督查，重点、热点、难点工作开展“点”上专题督查；坚持结果督查与过程督查并重，常规性工作侧重于阶段性结果督查，持续跟进的重点工作侧重于过程督促，实现政府工作全过程督促、全结果掌握。2020年，围绕市委、市政府部署的阶段性重点工作开展跟踪式督查20余次，推动“一圈两场三道”建设、重点民生实事、文明城市创建、粮食安全等重点事项落实。

提升督查效能，在原有“三化”(“一单四制”目标化、任务明确可量化、挂图作战节点化）的工作方法基础上，进一步健全督查工作机制。制定出台《宁乡市人民政府办公室关于实施督查事项积分管理的通知》。将市政府督查事项明确为一、二、三级事项，并赋予不同分值，对责任单位的落实情况予以加减分，注重过程监督与结果监督并重，推动政府工作高效落实。组建政府系统督查工作联络员队伍。对政府系统督查联络员工作职责及要求予以明确，强化联络员工作管理结果的运用。

2020年，宁乡市政府系统共承办各级建议提案共计283件，其中，长沙市建议25件，长沙市提案4件，宁乡市建议132件，宁乡市提案122件，全部按时办复。其中，宁乡市132件代表建议得到解决或基本解决的95件，占比71.97%，同比2019年提高2.25个百分点；宁乡市122件提案得到解决或基本解决的90件，占比73.77%，同比2019年提高5.13%。宁乡市人民政府被评为长沙市建议提案办理工作先进单位。

行政审批服务

【概况】 市行政审批服务局是2019年新组建的政府工作部门，承担原市政务服务中心的职责，市机构编制委员会办公室的行政审批制度改革工作职责，以及市直其他有关单位的政务服务职责。内设机构有5个，分别为办公室（党建财务办）、效能监督科、窗口管理科、审批服务管理科、政务公开和服务科；下辖二级机构1个，为行政审批服务代办中心（企业服务中心）。

2020年，市行政审批服务局以“一件事一次办”改革为总抓手，带动“放管服”改革、营商环境优化、行政效能提速以及政务公开标准化规范化等一系列工作的升级。“一件事一次办”“三集中三到位”“政务公开标准化规范化”等改革经验分别在湖南省、长沙市改革经验交流会上推介，出生、入学、身后“一件事”全省复制推广，重庆、云南、山东、陕西等多地到宁乡考察学习。2020年推进“一件事一次办”改革、政府职能转变和深化“放管服”改革成效明显，宁乡连续三年被评为省政府真抓实干成效明显的县（市区）。2020年，全市共受理办理政务服务事项261.29万件，其中市民之家政务服务大厅现场接待办事群众177.74万人次，现场受理办理事项145.36万件，全程网办115.93万件，窗口办件满意度99.98%。

“放管服”改革。推进标准化梳理，组织全市各部门梳理填报发布实施清单7672条，对照长沙市动态调整办法适时调整。推进简政放权，承接上级下放权限71项，将131项审批权限赋权园区，实现企业办事不出园区。赋予乡镇（街道）经济社会管理权限308项，下放下延村（社区）服务事项159项，实现“服务窗口前移、数据网端推送、办件现场领证”，市民办事“大事不出镇、小事不出村”。加强省行政效能电子监管系统的应用管理，及时监测办件、答复咨询件，截至2020年年底，宁乡无红黄牌件。优化升级政务服务24小时自助服务区，增设政务服务大厅自助服务区，让群众办事更方便快捷。在政务服务大厅推行延时服务、微笑服务、主动服务和志愿者服务，让群众即来即办、即办即走，办事体验的幸福感不断上升。

巩固“三无城市”改革成果。创建无证明城市，精简“一件事一次办”材料。取消证明材料255项，对保留的44项通过无证明城市系统开具，2020年系统共计受理并办结证明2.77万份，实现材料的共享复用。推进“无收费园区”，降低“一件事一次办”成本。通过“调整两项收费、代缴两项收费、购买多项服务”三种方式，切实降低园区工业项目前期投入成本，实现建设阶段“零收费”。2020年累计为企业减免报建报监费用1933万余元。实行打印、复印、印章、照相、邮政快递等免费服务，每年为广大办事群众节约费用约500万元。推动“无跑腿审批”，实现“一件事一次办”快办。依托“智慧宁乡”APP和微信公众号，上线“一件事一次办”手机端，推出510项“不见面审批”事项，开发掌上园区平台，实现企业办事“零跑腿”，群众办事“零距离”。2020年，园区企业服务中心累计办理“零跑腿”审批业务5300余件，帮代办事项690余件（次）。

推进“三即”承诺制改革。围绕企业群众最关注、与营商环境最密切的“三证”（营业执照、不动产权证、施工许可证），出台《宁乡市推行“三即”承诺制的十二条意见》。推进领照即开业。设立“领照即开业”综合窗口，将涉及市场主体开业的事项梳理成“一件事”，实施照后承诺即开业，优化市场主体开办服务，2020年，16953户市场主体实现“领照即开业”。推进交房即交证。修改完善商品房买卖合同，明确交房时间即交证时间，强化竣工验收备案作为交房条件，1518户商品房业主实现“交房即交证”。是推进交地即开工。园区提前服务，明确帮代办员专人对接和相关手续的全程代办，推行承诺制审批和容缺审批，强化“见章盖章”，提速工业项目审批，5个项目实现“交地即开工”。“三即”承诺制有效激发市场主体活力，加快投资项目落地。

优化窗口服务，加强对市民之家政务大厅的管理，优化升级20项窗口管理制度，健全完善大厅奖惩机制，严优并举促窗口作风转变，使管理更加规范化、标准化。坚持“大厅管理大家管”的理念，用制度管理、数据说话，下发《工作交办通知》6期，印发政务服务工作简报12期，窗口管理做到有人就有工作标准、有事就有质量标准、有物就有管理标准。做到一日一巡查、一周一通报、一月一讲评、一季一考核，扎实落实“好差评”评价制度，促窗口服务水平提升。2020年累计收到各类锦旗、表扬信22次。

提升热线水平，“12345”政务热线充分发挥协调服务职能，用务实的作风、过硬的担当赢得群众的支持和肯定。2020年共收到各类诉求120057件，同比增加27.9%。2020年到宁乡市本级、长沙市级、省级信访批次同比分别下降64.2%、20.7%、59.3%。群众满意度由2019年同期的97.5%提升到98.71%，提高1.21%。全年收到各类表扬电话、信件等200余例。2020年，市行政审批服务局42个巡察整改问题全部销号，持续推动政治生态从根本上好转。

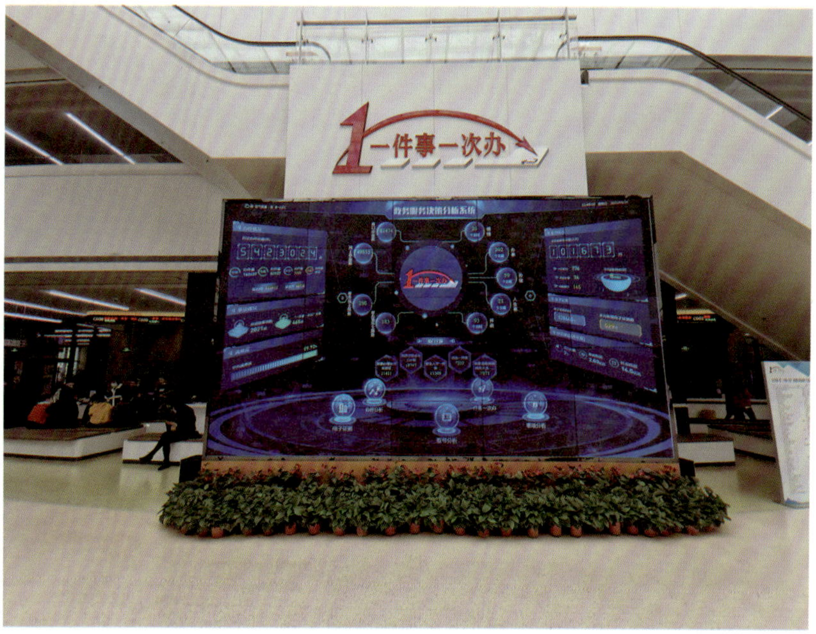

市民之家政务大厅仪表盘

2020年7月1日，湖南省委常委、长沙市委书记胡衡华（右二）考察宁乡市民之家

【“一件事一次办”改革工作】 2020年，宁乡推进“一件事一次办”改革工作，在省定296项事项的基础上，累计梳理公布“一件事一次办”事项398项，2020年共办件253.92万件。推进“一件事一次办”跨域通办，在政务服务大厅一楼C区设立“跨域通办”窗口，办理206项“一件事一次办”跨域通办事项。按照“1+N”的模式，设置“一件事一次办”综合窗口和项目建设、市场准入等8类专窗，实现“一窗受理、集成服务”。助力复工复产。4月30日，围绕疫情防控期间中央和省、市出台的惠企利民政策，宁乡梳理改造政策兑现一件事67项，其中省级27项，长沙市级29项，宁乡市本级11项，涵盖税费优惠、就业用工、融资贷款、财政奖补多个方面，充分发挥“一件事一次办”的制度优势，解决复工复产政策兑现企业多头跑、多次跑、难兑现的问题。2020年共兑现事项2872项，惠及企业2827家，缓缴各类费用7949.8万元，减免各类费用761.38万元，财政奖补17592.37万元。围绕个人和企业生命周期，创新推出入学、身后、企业开办“一件事一次办”，并在全省复制推广。2020年，出生“一件事”办件5032件，入学“一件事”11435名新生完成入学报名，身后“一件事”办件2063件，企业开办“一件事”全面实现“全程网办”套餐式服务，所有资料及证照“一次提交、邮寄到家”。1月18日，省政府第五次全会在长沙召开。会议公布《湖南省人民政府办公厅关于对2019年度真抓实干成效明显地区予以表扬激励的通报》，宁乡被评为2019年真抓实干成效明显县市区之一。4月15日，全省政务管理服务工作电视电话会议在长沙召开，宁乡市副市长贺立权在会上作典型发言，宁乡市“一件事一次办”改革经验在全省推介。2020年5月12日，长沙市深化“一件事一次办”改革工作推进会召开，宁乡市改革经验在长沙市推介。

【基层公共服务“一门式”全覆盖业务培训会】 2020年5月28日，宁乡市基层公共服务“一门式”全覆盖业务培训会在行政中心一会议室召开，全市29个乡镇（街道）政务中心主任及业务骨干、278个村（社区）公共服务中心综合窗口业务办理人员共计300余人参加。会议就“放管服”改革及政务服务改革的相关政策进行解读，业务骨干就一站式政务服务系统操作使用进行培训。宁乡市梳理下放村（社区）“就近办”事项46项，梳理村（社区）“一门式”高频事项44项。2020年，乡镇（街道）、村（社区）累计办件115189件，同比增长274.7%，其中乡镇（街道）办件37724件，村（社区）办件77465件。利用大数据筛选比对功能，在“一件事一次办”的基础上，推出高龄津贴、老年人优待证办理、城乡居民养老保险待遇3个“一件事”主动办、智慧办。2020年，老年优待证就近办证（含主动送证上门2830本）11702本，城乡居民养老保险主动发放3903人次，高龄津贴发放5034人次。宁乡市“构建群众工作新格局，全面提升乡镇政府服务能力”的改革经验在全国推介。

【胡衡华考察宁乡市民之家】 2020年7月1日，湖南省委常委、长沙市委书记胡衡华考察宁乡市民之家，现场听取“一件事一次办”改革情况，了解各窗口办事流程，对宁乡改革经验表示肯定。

【新生入学“一件事”上线】 2020年7月9日，新生入学“一件事”上线运行。为切实解决入学报名难题，市行政审批服务局联合市教育局、市数据资源中心创新推出新生入学“一件事一次办”改革，实现新生入学报名全程不见面审批，提升报名便利度。家长们无须携带资料前往就读学校现场报名提交资料，通过智慧宁乡微信公众号提交申请，系统自动派件、数据在线核验，几分钟即完成新生入学报名。2020年，11435名新生通过入学“一件事”完成入学报名。

【优化营商环境推进会暨“一件事一次办”改革动员会议】 2020年8月3日，宁乡市优化营商环境推进会暨“一件事一次办”改革动员会议（视频会议）召开，省发改委党组成员、省优化办主任陈永实，省政务管理服务局副局长刘琦，长沙市发改委党委委员、副主任易鹰，长沙市行政审批服务局党组成员、副局长陈波，宁乡市领导张毅、付旭明、王湘云出席会议，29个乡镇（街道）的相关负责人在分会场参加视频会议。会前，陈永实一行考察了市民之家，察看24小时“不打烊”自助政务服务、企业开办、办税专区，详细了解商事登记、办税申报、工程建设项目审批等事项办理流程和时长，并现场体验操作自助政务服务一体机。

【接待其他省市考察】 2020年8月26日，云南省政务服务管理局到宁乡考察“一件事一次办”改革工作，现场交流改革经验，省政务管理服务局副局长鲁明陪同考察。9月4日，重庆市政府办公厅考察宁乡市民之家，现场交流“放管服”改革和“一件事一次办”改革工作经验，省政务管理服务局副局长鲁明陪同考察。

【宁乡市启动“三超两免”改革】 2020年9月16日，宁乡市“三超两免”改革工作发布会在市民之家三楼大会议室举行。宁乡经开区党工委书记、市委书记于新凡出席会议。“三超”即建设宁乡市网上中介超市（长沙市网上中介超市宁乡分平台）、宁乡市网上金融超市、宁乡市网上地产品超市；“两免”即实现政务事项办理过程中，宁乡市政府部门核发的材料原则上一律免于提交、能够提供电子证照的原则上一律免于提交实体证照（简称“三超两免”）。2020年网上中介超市共入驻行政审批、政府投资项目中介服务事项99项，中介机构605家，发布采购公告173个，履约结束总金额226.42万元，居长沙市各区县市之首；网上金融超市成功落地37笔、21762万元（含应急周转资金），其中个人13笔、416万元。网上地产品超市入驻企业734家、产品总数6801个，成交总数4159单。“两个免于提交”公布第一批以居民身份证、营业执照、不动产权证为主的595个证照材料，涉及20个单位、403个事项，实现身份证免提交，群众办事扫码亮证。“三超两免”改革经验在全省推介，被评选为长沙市2020年优化营商典型案例并在省优化办第25期《典型引路》重点推介。

【基层政务公开标准化规范化改革经验在全省推介】 2020年11月20日，全省基层政务公开标准化规范化业务培训推进会在长沙召开，宁乡市行政审批服务局党组副书记、局长刘宇雄在会上代表宁乡作经验交流，宁乡市基层政务公开标准化规范化工作经验在全省推介。2020年，宁乡推进基层政务公开标准化规范化工作，组织完成26个试点领域目录编制，依托市政府门户网站设立基层政务公开专栏，上传相关政府信息3889条，实现信息统一打包、集中直达。编制并发布市本级政府信息公开年报，启动运行政务公开专区，动态更新公开指南，有效保障群众的知情权和参与权。2020年，主动公开政府信息23431条，依法依规受办理市本级依申请公开案件68件。

【“继往开来聚合力、砥砺奋进勇争先”主题活动】 2020年12月5日，市行政审批服务局在市民之家开展“继往开来聚合力、砥砺奋进勇争先”主题活动，入驻市民之家政务服务大厅工作人员、乡镇（街道）政务服务中心主任等200余人参加。上午开展政务服务礼仪培训并特邀请省政务管理服务局政务公开和服务处处长柳江进行现场授课，学习“一件事一次办”地方标准，讲解相关业务知识；下午举行市民之家第二届趣味运动会。 （洪　巧）

数据资源服务

【概况】 2019年4月30日，原宁乡市电子政务管理办公室变更为宁乡市数据资源中心。2020年，宁乡市数据资源中心设办公室、规划发展科、数据资源科、网络运维科、应用推广科5个职能科室。2020年，宁乡市数据资源中心立足政府网站集群、电子政务网络的建设、运维数据资源开发利用、为经济发展提供信息服务，大数据、政务信息、电子政务的实施，全市政府投资信息化项目、政务数据、共性应用、公共数据平台的建设、运维、保障，全市数据资源应用工作成果丰硕。2020年1月18日，省政府第五次全会公布2019年度真抓实干成效明显地区予以表扬激励的名单及激励措施，宁乡市“一件事一次办”改革成效明显，被省政府点名表扬。9月10日至13日，2020世界数字经济大会暨第十届中国智慧城市与智能经济博览会在宁波市举行，宁乡市新型智慧城市建设被评为“最具成长性品牌奖”。10月，湖南省优化经济发展环境联席会议办公室将宁乡“三超两免”改革作为优化营商环境的好经验、好做法向全省推介。10月15日，第二届中国（西安）智慧城市建设论坛上，宁乡被评为“2020年智慧城市APP融合创新奖”。11月，宁乡市在2019—2020中国新型智慧城市建设与发展综合影响力评估中被评为百强区县第8名。11月，宁乡市人民政府被评为第三届（2020）营商环境政务环境创新奖，“智慧宁乡”APP被评为2020中国营商环境特色评选50强，并作为特色亮点案例在2020智慧中国年会主会场上做经验分享。12月18日，第十一届中国物联网产业与智慧城市发展年会上，宁乡市数据资源中心受邀出席，并被评为“2020中国智慧城市示范城市”奖。宁乡市被评为湖南省2020年度真抓实干成效明显地区，推进“一件事一次办”改革、政府职能转变和深化“放管服”改革成效明显的市。

宁乡智慧城市运营中心智慧调度平台

【新型智慧城市建设】 2020年，宁乡新型智慧城市建设以“优政、兴业、惠民”为目标，以“一盘棋来抓、一本账来投、一张网来建”为原则，重点推进智慧城市云平台、城市运营中心、智慧政务、智慧交通、平安城市、智慧城管（综合网格化）、协同制造（智慧园区）、智慧旅游、智慧医疗、智慧教育等项目建设。截至2020年年底，通过新型智慧城市建设，智慧城市云平台有效整合全市各行业各类业务系统52套，有效归集结构化数据680余万条、非结构化数据3万余条，为宁乡市“互联网+政务服务”“三无城市”“掌上园区”等重点项目建设提供重要数据支撑；完成指挥（情报）作战平台、立体防控云防高点、微卡口系统、治安卡口系统、人脸卡口系统、电子围栏系统、多维信息感知门系统等内容建设，有效提高市域社会治安综合管理能力；完成宁乡大道、金洲大道等城区主干道绿波带建设及全市240台绿色公交车载实施视频监控系统、公交扫码支付系统建设，有效缓解市民出行难、支付难问题。政务云平台承载政务服务、“12345”信息平台、智慧纪检、政府门户网站（人大政协议案提案系统）、新时代文明实践云、水利防洪预警、国土地质灾害预警、城管油烟在线监测、住建智慧工地、卫健公共卫生、人社局企业养老、电子公文系统、视频会议等各类信息化应用200余个。智慧园区项目完成行政审批服务系统延伸至园区，实现企业办事不出园；开发智慧园区展示平台、产业及产业链支撑系统，为园区产业及产业链建设和园区综合信息展示提供数据支撑；通过“掌上园区”建设，从企业商事登记、企业投资项目审批、涉企政策信息发布、企业支持政策兑现4个方面实现企业“一端受理”“全程网办”“先批后核”“一次办成”。

宁乡新型智慧城市建设成效及经验得到社会各界和市民的高度肯定，编制完成《新型智慧城市课题研究报告》，先后被评为2020智慧城市APP融合创新奖，2020世界数字经济大会暨第十届中国智慧城市与智能经济博览会最具成长性品牌奖、优秀组织奖。

【网站服务水平提升】 截至2020年12月31日，市政府对外公开政务信息22951条，乡镇、市直各单位对外公开政务信息7704条。2020年网上办事大厅累计收件1344685件，累计办结1344486件，办件满意率99.9%。

【网络管理】 2020年，宁乡市电子政务外网接入总数为412家，有效覆盖2个园区、65家市直部门、26家科局二级机构、29个乡镇（街道），14家乡镇市监所，278个村（社区），形成“市乡村”三级电子政务网络体系，为全市政务服务、公共服务提供高效的基础保障。

【“智慧宁乡”APP升级改版】 2020年，完成“智慧宁乡”APP升级改版工作。整合资讯服务、政务服务、生活服务三大服务内容，优化用户体验，以“我要问、我要办、我要看、我要评、我要购”引导用户轻松访问，提高宣传和办事服务的准确性、及时性、有效性和权威性，实现市民只需一个APP即可“一号走遍宁乡、一屏智享生活”。

【互联网+政务服务】 2020年，市数据资源中心按照“前台围绕群众转、后台围着前台转”的建设思路，建设线上线下融合办理的政务服务平台，通过“受审分离”模式，100%纳入全市政务服务审批事项。开通“智能导办”“证明开具”“人脸识别”“双向邮寄”“电子签章”“网上缴费”“证照复用”等网上服务能力，实现老年人证、残疾人两项补贴、中小微企业划型认定等590项事项全程不见面网上办理，有效避免群众办事“政务大厅来回跑、证明材料反复交”的问题。其中“证明开具”能力上线后，年内受理并办结的电子证明达20889份，提高群众办事的便捷度。推进政务服务平台四级全覆盖，2020年宁乡市平台完成与长沙市“互联网+政务服务”一体化平台对接工作。

【“一件事一次办”平台开发】 2020年，宁乡市数据资源中心开发宁乡市政务服务平台“一件事一次办”智能导办功能，对已梳理公布的审批要素生成智能情形菜单，对梳理的办事流程、办事材料、办理时限等基本要素智能生成办事指南。实现老年人补贴、生育服务登记等352个事项“一表申请、一次受理”。推动公共服务向移动自助终端拓展，升级“智慧宁乡”APP底座能力，以宁乡市政务公开事项标准目录为指引，在宁乡市政府门户网站和“智慧宁乡”APP中建设宁乡市政务公开标准化专栏。

【社会服务】 2020年，宁乡市数据资源中心依托“智慧宁乡”APP和微信公众号开发智慧党建，智慧乡村，智慧教育微信报名、缴费，智慧交通绿波带、公交电子站牌、公交扫码支付，智慧政府电子公文、视频会议、无纸化办公、和包食堂，智慧政务不见面审批、三无城市、一件事一次办、三超两免、电子发票、掌上园区，智慧生活物业费、话费、有线电视费、水费、宽带费、物业维修基金网上查缴，智慧旅游景点实况、实时路况、语音播报等100余项便民利企应用，提升人民群众参与感、获得感和幸福感。

【《宁乡市政务信息资源目录》】 2020年，宁乡市数据资源中心编制《宁乡市政务信息资源目录》，包含1152项政务服务事项、1054条政务信息资源和16571个信息项，为大数据共享交换平台提供目录索引，这是湖南省第一套政务资源目录。

【数据共享交换体系构建】 2020年，宁乡市在全省率先搭建以人口、法人、自然资源和空间地理、电子证照、社会信用等公共基础数据库和各类主题数据库为基础的县级大数据交换平台，推动卫健、民政、公安等部门系统数据的对接共享，涵盖户籍、征信、房产等领域基础数据1.3亿条，100万条以上数据实时交互，推动部门数据共享、业务协同，支撑各类应用运行。

【大数据助力疫情防控】 2020年，宁乡市数据资源中心为更好地服务市民、协助做好疫情防控，2月8日在线上开发返（到）宁人员信息统计小程序，为疫情防控的研判和决策提供数据支撑；线下在政务服务大厅、宁乡市人民医院等处落地应用海康威视手持测温热像仪测体温，协助实现无接触感应、高效率通行、高温智能预警；在线上发挥技术优势，为行政审批服务的不见面审批提供数据支撑。

【“智慧宁乡”APP功能升级】 2020年，“智慧宁乡”APP功能升级，可实现代开的增值税电子普通发票、企业社保服务、无纸化会议服务、新生入学微信报名等功能。宁乡企业和市民在“智慧宁乡”APP填报相关资料并缴纳税款后，就能取得由税务机关代开的增值税电子普通发票，在手机生成电子版并下载打印，不需要再跑税务窗口。代开票由线下的排队等候转化为线上的“零等待”。7月，宁乡首次实现城区新生入学微信报名，家长通过“智慧宁乡”微信公众号进入公办小学新生入学系统，拍照上传报名资料，无须到学校排队申请。9月，宁乡市推行“三超两免”改革。“三超”即汇聚于“智慧宁乡”APP的网上中介超市、网上金融超市、网上地产品超市；“两免”即实现政务事项办理过程中，本市政府部门核发的材料原则上一律免于提交、能够提供电子证照的原则上一律免于提交实体证照。11月，宁乡市社保参保人可在手机端“智慧宁乡”APP实时查询个人账户、缴费明细等，同时还提供城乡居民养老保险个人账户及缴费查询情况等查询，凭证打印可下载个人参保证明、缴费明细、权益单等凭证单据。11月，“智慧宁乡”APP扫码上线无纸化会议服务，与会人员可通过APP签到并下载电子版会议资料，“一键分享”功能快速传达相关会议精神，落实工作要求。

【智慧食堂推广】 2020年4月1日，宁乡市7所机关食堂的60个窗口推广“和包食堂”，职工只需刷脸或者手机刷“和包食堂”，即可支付餐费，推出当日约1700人使用“和包食堂”就餐，而宁乡市也成为全省首批实现在机关食堂应用和包支付的县（市）之一。

【“1+2”脱贫攻坚预警监测系统】 2020年4月15日，宁乡市“1+2”脱贫攻坚预警监测系统运行，这一扶贫信息实时交互平台的上线，助推脱贫攻坚管理手段、管理模式、管理理念的持续优化和创新，提升脱贫质量“回头看”的智能化、标准化。

【投资项目管理系统运行】 2020年5月，宁乡市投资项目管理系统正式运行，684个政府投资项目和社会投资项目的基本信息、实施进度、问题填报、领导批示、整改反馈、项目预警等信息一览无余，实现对项目从立项、开工、施工、竣工全生命周期的监控、调度。

【身后“一件事一次办”】 2020年8月，宁乡市在全省率先开通身后“一件事一次办”联办系统，城区范围内先行试用，家属只需在手机上提交材料，就可办理亲人去世之后的开具死亡证明、办理遗体火化、注销户口、办理城乡居民个人账户一次性待遇申领（含丧葬补助金）等系列事项。

【“金融超市”上线】 2020年9月，宁乡金融超市“全线上运营”金融服务，全市21家银行的金融产品在“智慧宁乡”APP和市政府门户网站集中展示，通过大数据技术和人工智能算法，线上大数据融资产品为中小微企业提供及时的资金支持。

【企业开办“一件事一次办”】 2020年12月，宁乡市企业开办实现“一件事一次办”，除涉及前置审批或企业名称核准与企业设立登记不在同一机关等特殊情形外的常态化企业开办事项，宁乡市全面实现工商登记、公章刻制、银行开户、发票领取“全程网办”套餐式服务，且所有资料及证照“一次提交、邮寄到家”。

（姜润辉）

机关后勤服务

【概况】 宁乡市机关后勤服务中心（以下简称市后勤中心）内设办公室、财务部、工程部、物业部、设备部、后勤部、保卫部7个部室，下辖1个二级事业单位：宁乡市公务用车服务中心，1个全民所有制企业：宁乡政清接待中心。2020年，市后勤中心精心打造温馨舒适办公环境，全面优化服务、保障职能，各项工作任务高效完成，2020年被评为宁乡市“创建全国文明城市工作先进单位”；市行政中心一办物业服务项目被评为“湖南省五星级物业服务项目”；机关食堂创建“长沙市重大活动接待A级单位”“长沙市食品安全管理示范食堂”；会务部被评为“2020年度长沙市青年文明号”。

【资产安全管理】 2020年，市后勤中心根据办公用房使用政策，科学制定全市党政机关办公用房指导方案。对各市直部门单位、乡镇开展办公用房指导3次，针对发现问题，严格对账销号，确保办公用房管理规范化、制度化。完成8家单位的办公用房调整，收回办公用房2处，无违规使用办公用房现象。严格按照国有资产管理有关规定及预算申报采购国有资产，不断规范资产台账登记和处置程序，全年共完成54.95万元固定资产处置核销及9.53万元资产调拨。

【平台公务出行】 2020年，市后勤中心按规定管理和使用公务用车，全年累计派车11299趟次，租车549次。制订《宁乡市党政机关公务用车参改单位用车指标分配方案（草案）》，完成74台车辆ETC账户更名及车辆定点维修招投标工作，召开安全教育例会8次，无一例违规事件发生。为全市防汛抗旱、蓝天保卫战、中央环保督察、“两会”维稳、文明创建等重点工作提供公务用车保障。

【公共机构节能】 2020年，市后勤中心按照节能工作要求，完成一办西院路灯、政清接待中心低氮锅炉和传菜梯、东二栋空调冷却塔项目改造及行政中心空调换季维修工作。指导市法院、市市监局、市总工会等15家单位创建湖南省第一批节约型机关。出台《2020年度宁乡市公共机构生活垃圾分类工作方案》及《宁乡市落实〈长沙市生活垃圾分类管理条例〉宣传贯彻工作实施方案》。全市公共机构生活垃圾分类电子台账统一，更新标志标识，开展3次调研，协助宁乡五中创建长沙市公共机构生活垃圾分类示范单位；启用垃圾小屋，绿色发展理念深入人心。

【后勤服务保障】 2020年，市后勤中心有序管理庭院。每天4个办公区及市人武部、老年大学等庭院进行公共绿地除草除杂、绿化修剪维护、病虫害防治、苗木补植、日常保洁、车辆管理及秩序维护等工作。维修改造水电设备设施、办公用房、道路、下水道160余处，庭院绿化24处，清理化粪池和下水道30余处。优质完成市人武部变压器更新、农机技术推广站院内提质改造、市交运局行政执法大队案件处理中心及食堂维修改造等项目建设。坚持秉承“高效节俭办会、优质服务办会”理念，全年服务大小各类会议3820次，其中重大会议1736次。为近5000名干部职工提供优质、绿色、健康的餐饮服务，完成重大公务接待150余次，组织食品和生产安全检查12次，内部质量抽检24次。广泛开展“公筷公勺”行动，“和包食堂”运行良好。常态化做好疫情防控，严格落实测体温、查验健康码等措施，及时对各办公区内所有场所和设备设施进行清洁和消毒。及时处理群访、个防事件，切实保障良好办公秩序，全年协助接访个访319人次，处访集访82起2057人次。注重安全生产，开展行政办公区域安全生产检查18次，安全生产隐患自查12次，排除隐患58处。所辖各办公区安全运行，未发生一起安全责任事故和治安案件。（曾思宇）

中国人民政治协商会议宁乡市委员会

综　述

【概况】 2020 年，政协宁乡市委员设主席 1 名，副主席 5 名（其中兼职副主席 2 名）；设政协委员 368 名（实有 362 名），设政协常委 66 名（实有 55 名）；设界别 21 个，分别为：民进、农工、无党派、工商联、工会、共青团、妇联、港澳台侨、少数民族、宗教、新闻、医卫、教育、科技、科协、文艺、社科、农业、经济等界别。政协机关设一办六委，分别为：办公室、委员学习联络委员会、提案委员会、经济科技和外事委员会、农业农村和人口资源环境委员会、文教卫体和文史委员会、社会法制和民族宗教委员会，办公室下设委员服务中心、政工科、财务科。全市 29 个乡镇（街道）均设立乡镇（街道）政协工作联络处，配备乡镇（街道）政协联络工作负责人和专职政协专干各 1 名。

2020 年，市政协团结带领全体政协委员、社会贤达、政协工作者和各界人士，紧紧围绕市委工作部署，充分发挥人民政协作为协商民主重要渠道和专门协商机构作用，在推动宁乡高质量发展中贡献政协智慧、彰显政协担当。

【理论学习】 2020 年，共召开党组理论学习中心组学习 12 次。挂牌成立 4 个委员活动基地，分专委会举行 6 期委员培训班。组织政协常委和政协工作者前往红旗渠干部学院集中学习，通过“红旗渠精神”洗礼，进一步凝聚思想共识，坚定务实为民、甘于奉献的决心。

【自身建设】 2020 年，市政协实现党的组织对党员委员的全覆盖、党的工作对政协工作的全覆盖。健全政协党组工作制度，推动党建工作与业务工作同谋划、同安排、同部署。强化思想政治引领，全面落实意识形态专项学习任务，认真组织党组中心组理论学习。不断丰富机关支部“主题党日”活动，组织党员干部前往十八洞村等地开展党性教育。机关接洽各地政协到宁乡调研考察，接洽各地政协到宁乡调研考察 30 余次，外出学习考察 20 余次，参加长沙市政协“同心杯”篮球比赛。邀请各民主党派、社会各界人士参加新春茶话会、中秋座谈会，广纳各方意见建议，凝聚各界力量。

重要会议

【政协宁乡市第一届委员会第五次会议】 中国人民政治协商会议宁乡市第一届委员会第五次会议于 2020 年 12 月 24—27 日在玉潭街道举行。

会议期间，审议通过政协主席刘永红代表政协宁乡市第一届委员会常务委员会所作的工作报告，听取并批

2020 年 12 月 24—27 日，中国人民政治协商会议宁乡市第一届委员会第五次会议第一次全体会议举行

准政协副主席李纯代表政协宁乡市第一届委员会常务委员会所作的关于提案工作情况的报告。与会委员列席宁乡市第一届人民代表大会第五次会议，听取并讨论《政府工作报告》、“十四五”规划及其他报告。全体委员围绕全市改革发展中的重点热点难点问题进行深入认真讨论、积极协商建言。

【政协宁乡市第一届委员会常务委员会会议】 2020年，市政协共召开常委会会议4次，分别为：

6月23日，市政协一届第十一次常委（扩大）会议在市民之家三楼会议室召开，会议由市政协副主席彭曦明主持。会议传达学习全国“两会”精神；通报市政协2020年协商监督工作计划；协商相关人事工作，对下阶段工作进行安排部署。

8月7日，市政协一届第十二次常委（扩大）会议在市民之家三楼会议室召开，会议由彭曦明主持。会议领学《习近平谈治国理政》第三卷；听取王湘云关于上半年全市经济社会发展情况的通报；政协常委在会上就宁乡市经济社会发展提出意见和建议。

11月25日，市政协一届第十三次常委（扩大）会议在市民之家三楼会议室召开，会议由彭曦明主持。会议学习传达中共十九届五中全会精神和市委一届六次全会精神；通报委员大会发言课题；听取宁乡市政协一届五次会议筹备工作情况汇报。

12月17日，市政协一届第十四次常委会会议，在市民之家三楼会议室召开，会议由彭曦明主持。会议协商审议市政协常委会工作报告；市政协提案工作报告；提案办理先进单位、先进个人和优秀提案建议名单；市政协一届五次会议议程、日程、会议执行主席名单、分组讨论联组名单，会议还协商相关人事工作。

履行职能

【政协协商】 2020年，市政协召开全体会议1次，常委会会议4次，主席会议12次。全会期间，邀请市委、市政府领导参与委员联组讨论，当面听取委员意见。6月，召开“进一步加大本地产品推广力度，努力营造亲商环境”专题协商议题会议，并在原有的会议协商模式中，增加一个政协“搭台”来“带货”的特殊环节——在市民之家开辟忘不了服饰、东方时装、格力暖通、创瑾科技、洁美鞋业、优氏乳业、优卓乳业7家宁乡本地企业产品展览场地，集中时间向广大市民推荐部分优质本地企业产品。与会市领导参观了解本地企业参展情况后参会，会上，企业代表、消费者代表、政协委员代表等踊跃发言，市发改局、工信局、市监局、教育局等部门负责人作表态发言，积极为宁乡当地产品推广建言献策。

【基层民主协商对话会】 2020年，宁乡市作为全国5个县（市）代表之一，工作情况被纳入2020年全国政协“加强和改进县级政协工作”三级协同调研课题。全年各乡镇（街道）共计开展基层民主协商对话会93场。12月8日，省政协主席李微微出席“弘扬农耕文化 助力乡村振兴”——2021年沩山茶叶产业发展基层民主协商对话会，给予高度评价。黄材镇党委书记罗健代表宁乡参与全国政协社会治理创新协商座谈会，宁乡经验被《人民政协报》评为“群众有序参与社会治理的重要方式”。在城区四街道探索民主协商对话进小区，市政协以城郊街道嘉诚花园小区为试点，探索民主协商对话进小区，通过政协“搭台”、群众“发声”、部门“发力”，小区对话会成员各抒己见，最后达成共识。白马桥街道华港小区对话会成员围绕屋面漏水等问题与各相关部门单位进行充分协商，成为宁乡市“基层民主协商4.0版”的生动实践。

【宁乡基层民主协商对话会首次进小区】 2020年9月27日，在湖南省宁乡市城郊街道，一场以22名嘉诚花园小区民主协商对话会成员为主体的民主协商对话会举行，这是宁乡市政协首次指导召开小区基层民主协商对话会。会上，22名小区民主协商对话会成员针对小区相关问题畅所欲言、各抒己见，宁乡市直部门单位有关负责人和街道负责人现场进行仔细答复，最终通过投票表决，对“外墙砖脱落、部分墙面渗水、开裂的问题”3项议题的解决方式达成协商共识。会后，协商对话会成员将带头落实有关共识内容，对有关议题解决跟踪落实情况进行监督。

【提案办理】 全年征集提案141件，立案134件，均已办理答复完毕。其中经济建设类38件，立案36件；政治建设类16件，立案15件；文化建设类6件，立案6件；社会建设类76件，立案72件；生态文明建设类5件，立案5件。从办复情况和反馈意见来看，委员见面率、提案答复率达到100%，委员满意和基本满意率达100%，解决率73.77%，同比增长近10%。有《加速体系建设，助推国有

2020年9月27日，城郊街道嘉诚花园基层民主协商对话会

平台市场化转型》等17件重点提案得到市委、市政府领导高度重视，并多次召开专题会议研究，提案成果得到有效落实。对“培育壮大农业龙头企业，助力乡村产业振兴”26号提案的办理情况进行双向评议，完整展现“提案提得怎样、部门办得如何”的真实情况。“十四五”规划意见征求期间，委员积极建言资政，为宁乡未来五年经济社会发展出谋划策，切实彰显委员担当。

政协作为

【服务中心工作】 2020年，市政协全力服务乡村振兴、1121项目等中心工作，联系10个重点项目和16个企业。组织召开花猪示范场等乡村振兴产业项目建设推进会议34次，推动国有资本“上山下乡”，为推进现代农业产业发展、打造长江经济带乡村振兴宁乡样板开好局、起好步。

通过组织“实现‘双过半’、夺取‘双胜利’调研走访同心活动”，围绕市委、市政府重点工作，经济社会发展有关方面开展视察调研40余次。市委主要领导参加“进一步加大宁乡本地产品推广力度”课题协商，并通过现场展示和搭建线上平台的模式，让更多消费者认识和熟悉宁乡产品。“机关干部进厂挂职帮扶”协商成果得到采纳，市委组织部及时跟进，选派14名年轻干部驻企帮扶，成效显著。深入开展“双百”活动，112名委员重点帮扶121名贫困学生。

【政协积极抗疫】 新冠肺炎疫情防控期间，市政协主席会议成员第一时间深入一线，加强督查指导，7名机关干部派驻企业联点帮扶，7人下沉社区参与抗疫，169名政协委员坚守防控前线。组织捐赠活动4次，募集物资800余万元，是全省政协系统捐赠物资最多的县级政协。广大政协委员、社会贤达以自编快板、自制视频、开展志愿服务等方式宣传防疫知识，累计出动宣传车200余台次，组织志愿者675人次，志愿服务14300余小时，7名委员的抗疫事迹被人民网刊发，机关干部冯国强的“抗疫日记”被《中国政协报》报道。

【社会贤达工作】 2020年，市政协经过推荐、考察、联审、公示等流程，增补社会贤达人数至523人。10月23日，宁乡市召开社会贤达工作大会，评选出“宁乡第二届十佳社会贤达”“优秀社会贤达”“社会贤达工作先进单位”等一系列先进典型。市政协组织全体社会贤达进行专题培训。省政协副秘书长一行14人专程来宁开展为期一周的新乡贤工作调研，对宁乡工作给予充分肯定。

【“书香汇”活动】 2020年，以经典诵读、参观调研、文艺展示、知识竞猜等方式，邀请政协委员和学习爱好者分享习近平新时代中国特色社会主义思想和中华民族优秀传统文化，重点开展“书香汇·经典诵读之夜”，“书香汇·春日耕读”，喻家坳栀子小镇“书香汇·栀香四溢”和双凫铺镇“书香汇·烟火最诗意”等“书香汇”活动，把“学习”从室内带到室外，解锁“学习+扶贫”等新技能。探索“学习+线上直播”，网上直播观看量突破100万人次，《人民政协报》、“新湖南”、《长沙晚报》等主流媒体作重点报道。

【“沩水春秋”栏目】 2020年，为进一步用好宁乡市历史文化资源，市政协与市融媒体中心联合制作《沩水春秋》历史人文纪录片，通过“学习强国”、微信公众号、抖音等多个平台持续推送，全年播放24期，观看量两千余万人次，获省政协文史博览杂志社评定的“最具史料价值”奖。

【宁乡市首个政协委员活动基地授牌】 2020年6月11日，宁乡市政协举行“宁乡市政协委员活动基地”授牌仪式，长沙花明楼红色文化教育学院成为首个授牌的委员活动基地。宁乡市政协党组副书记、副主席彭曦明，市政协副主席、市工商联主席曾含玲出席。授牌仪式结束后，宁乡市政协在长沙花明楼红色文化教育学院举行经济科技和外事委员会专委会委员培训，这是宁乡市政协自一届四次全会积极探索开展“六二二”工作（全体政协委员按界别编入6个专委会；成立2个小组，专委会委员小组和党小组；建立2个制度，政协党组成员联系党员委员制度和党员委员联系党外委员制度），实现党的组织对党员委员的全覆盖，党的工作对政协工作的全覆盖的重要抓手。

（蒋　婧）

2020年6月11日，宁乡市首个“宁乡市政协委员活动基地”——长沙花明楼红色文化教育学院授牌

中共宁乡市纪律检查委员会·宁乡市监察委员会

综　述

2020 年，宁乡市纪检监察机关坚持稳中求进总基调，立足市域中心大局，科学应变、主动作为，统筹推进疫情防控与自身业务，各项工作有效推进，为全市经济社会高质量发展提供有力保证。市纪委监委机关设置内设机构 14 个，依次为：办公室、组织部、宣传部、党风政风监督室、信访室、案件监督管理室、第一纪检监察室、第二纪检监察室、第三纪检监察室、第四纪检监察室、第五纪检监察室、第六纪检监察室、案件审理室、纪检监察干部监督室。

市纪委监委共设 13 个派驻纪检监察组，分别为市纪委监委驻市委办纪检监察组、市纪委监委驻市政府办纪检监察组、市纪委监委驻市委组织部纪检监察组、市纪委监委驻市委政法委纪检监察组、市纪委监委驻市公安局纪检监察组、市纪委监委驻市教育局纪检监察组、市纪委监委驻市卫健局纪检监察组、市纪委监委驻市住建局纪检监察组、市纪委监委驻市财政局纪检监察组、市纪委监委驻市交运局纪检监察组、市纪委监委驻市农业农村局纪检监察组、市纪委监委驻市自然资源局纪检监察组、市纪委监委驻市市监局纪检监察组。

中共宁乡市委巡察办设在市纪委，下设 2 个科室，分别为综合科、业务科。

强化政治统领。市委深入学习贯彻《党委（党组）落实全面从严治党主体责任规定》精神，成立党建领导工作小组，制定责任清单，完善管党治党机制制度。市委常委会会议先后 14 次就全面从严治党相关工作进行研究，对重点案件及时进行审议，出台《关于严禁领导干部及亲属违规经商办企业、参与政府投资项目建设和采购等行为的有关要求》等系列规定。市纪委监委落实市委要求，加强监督检查，定期分析研判，建立健全委机关重大事项请示报告制度与工作清单，1 至 11 月，向长沙市纪委和市委书面请示报告重大事项 45 次，切实推动各项决策部署落地落实。压实政治责任。市委书记于新凡带头给全市领导干部和基层“三长”作全面从严治党专题授课，对工程建设单位、群众意见突出单位开展针对性提醒谈话。着力推进巡察全覆盖，配合做好长沙市委对市公安局和青山桥镇的提级交叉巡察，分 3 轮对 29 个市直单位和教育卫生系统 9 个直属事业单位以及 219 个村级党组织开展常规巡察，对工程建设项目招投标领域开展专项巡察，共反馈问题 4239 个，移送问题线索 84 条，市管党组织巡察全覆盖率达到 90%，全市街镇和村级党组织实现巡察全覆盖。严把选人用人政治关廉洁关，市纪委对 78 批、5616 人次作出回复，对 44 人次出具不同意见。强化责任提醒和责任追究，2020 年问责单位 3 个，处理处分 155 人。

服务中心，强化政治监督保障执行。在疫情中展示担当，坚持闻令而动、令出纪随，从大年初三起，抽调市纪委监委、市委组织部等 6 家单位 103 名干部组成 28 个督查小组下沉到全市 100 余个单位开展一线督查，成立综合、快查快处、机动 3 个小组加强综合协调和执纪问责，紧盯上级部署和调度令要求制定动态督查清单，着力构建重点防控时期“一日一督查、一日一督办、一日一通报”的工作机制，根据形势变化开展常态化疫情防控督查。至 2020 年年底，累计办理涉疫信访件 84 件，督促整改问题 95 个，处理党员干部 54 人，撰写督查专报 19 期，提出工作建议 47 条。围绕支持企业复工复产政策落实、脱贫攻坚、工程项目管理等市委中心工作情况进行专题调研，安排党风政风监督员和社会实践大学生对全市重点企业、基层站所及涉企干部作风情况开展问卷调查，落实省纪委《关于规范政商交往推动构建亲清新型政商关系的意见》，委班子成员带队多次下沉企业一线开展宣讲调研监督，并及时形成专题材料向市委报告。按照市委批示，统筹相关主体单位进行问题整改与建议落实。2020 年，共开展问卷调查 757 人次，专题宣讲 62 次，收集并推动问题解决 98 个，为实现疫情防控和经济社会发展统筹推进提供有力保障。

构建规范有序的检举控告工作格局。贯彻落实《纪检监察机关处理检举控告工作规则》（以下简称《规则》），紧扣“控总量、去存量、遏增量、提质量”的目标要求，通过示范带头、全员发动、浓厚氛围、组织宣讲、送规上门、健全机制六项措施，落实领导包案、定期约谈等制度，探索开展“一站式”接访、组织召开重点信访问题联席会议、对业务外信访问题进行集中交办和跟踪管理等方式，既全面规范流程，又站稳人民立场，一体推进业务内外问题解决。共发放《规则》3000多册，召开阳光答复会10次，发布为党员干部澄清正名的典型通报3例，对信访人欧某利用网络辱骂诋毁党员干部的案件进行依法惩治，旗帜鲜明担当作为。全市信访总量和越级访量同比分别下降12.2%和23.0%，有效化解一批“多年、多层、多头”疑难信访难题。聚焦群众“急难愁盼”开展专项治理。通过一个节点一个节点紧盯看牢，组织开展制止餐饮浪费宣传教育和监督检查，持续推进违反中央八项规定精神突出问题治理，深入查找形式主义官僚主义问题，共查处违反作风建设案件29起，处理处分58人，督促全市党员干部对照《宁乡作风建设“八个严禁”》经常警醒。紧盯扶贫领域“啃下最后的硬骨头”，部署开展产业扶贫、社会兜底保障、易地扶贫搬迁、农村基础设施、基本医疗、教育扶贫、林业涉农补贴等专项检查“回头看”及就业扶贫、住房和饮水安全保障、农村基础设施以及基本医疗等专题治理，坚持“一村一纪检干部”深入全市31个省定贫困村开展蹲点督查和“回头看”，发现并推动问题解决261个。全市共查处群众身边腐败和作风问题136人，追缴和退还群众资金125万余元。部署开展洞庭清波专项行动和人防工程腐败问题专项治理，督促整改污染防治疑难问题12个，对人防工程领域80个存在问题的项目进行分类处置，92个问题全部整改销号，追缴人防易地建设费1368万元。持续推进工程建设项目招投标突出问题专项整治，切实斩断伸向企业的黑手。继续保持力度，加强综合治理，严肃查办涉黑涉恶背后的“保护伞”1人、“关系网”1人。

紧盯重点领域关键岗位，市纪委监委向市委反腐败协调小组成员单位请求协助支持调查37人次，共收到各成员移送问题线索251件。1至11月，全市共处置问题线索1246件，立案314件，结案225件，其中科级以上干部17人，立案数在长沙市九区县（市）中排名第一；党纪政务处分221人次，留置8人（另有3人批准未执行），移送司法6人，收缴违纪违法资金2848.86万元；更加精准有效运用“四种形态”（经常开展批评和自我批评、约谈函询，让“红红脸、出出汗”成为常态；党纪轻处分、组织调整成为违纪处理的大多数；党纪重处分、重大职务调整的成为少数；严重违纪涉嫌违法立案审查的成为极少数），共处置1292人次，第一至第四种形态分别占比82%、14.1%、1.5%、2.4%，对市公安局原党委副书记、副局长肖某强涉嫌严重违纪违法问题进行审查调查，配合省、长沙市纪委办理彭某、梁某、叶某等重大案件。做好以案促改文章。剖析通报典型案例8期、14例，召开领导班子成员纪律处分宣布会5次、其他党员干部处分通报会20余次，1200多名领导班子成员和中层骨干接受现场警示教育。针对典型案件暴露出来的问题，分析普遍性特点和规律性成因，发出纪检监察建议8份，推动从制度层面防范廉政风险。以“廉声扬正气、清风拂楚沩”为主题举办第十一届“廉政文化周”活动，分行业分系统警示教育活动120余场，全市2200多个党支部8万多名党员干部在故事分享中问初心砺作风，连续5天278个村（社区）5000多组“村村响”准时播放清风广播，加强宣传推介，2020年，中央、省、长沙市各级媒体累计报道宁乡全面从严治党工作240多篇次，较好达到“内强氛围，外树影响”的效果。

完成向省级园区派出监察工委、向乡镇（街道）派出监察办公室工作，根据时势要求调整优化县乡纪检监察机关一体化建设，编制派驻监督业务工作手册，进一步理顺巡视巡察整改日常工作机制，“四个监督”全覆盖体系更加到位有效。加强队伍管理，以厚植机关担当文化、法治文化、廉洁文化、奉献文化、精益文化、和谐文化“六个文化”为核心，举办纪检监察系统2020年实战业务培训班，探索开展干部工作纪实评价，分类分批召开干部座谈会，加强干部交流重用，通过制作个性生日贺卡等方式，让纪检干部学会在压力中激发动力。以出台加强干部队伍监督管理十项措施为抓手，召开全市纪检监察系统警示教育会，落实常态廉洁家访，建立健全内部管理系列制度，严肃查处纪检监察干部问题线索，立案审查3人，处理处分8人，其中党内警告2人，调整岗位1人，诫勉谈话2人，提醒谈话2人，批评教育1人，并责令两个单位党组织作出书面检查，切实做到把队伍建强、让干部过硬。

全面从严治党

【中共宁乡市第一届纪委第三次全会】 2020年3月5日，中共宁乡市第一届纪委第三次全会召开，会议在市会议中心一会议室设主会场，在各乡镇（街道）设视频分会场。会议传达贯彻中央及省、长沙市各级纪委全会精神，总结2019年纪律检查工作，安排2020年任务。市委书记周辉在大会上讲话，市纪委书记刘强作工作报告。2020年，全市纪检监察工作将以习近平新时代中国特色社会主义思想为指导，深入贯彻中共十九大和十九届二中、三中、四中全会精神，树牢“四个意识”、坚定“四个自信”、践行“两个维护”，坚持稳中求进工作总基调，按照中央、省、长沙市纪委全会部署和市委要求，以党的政治建设为统领，协助党委全面从严治党，深化突出问题整治，做严做实日常监督，健全完善监督体系，一体推进不敢腐、不能腐、不想腐，巩固发展反腐败斗争压倒性胜利，营造良好政治生态，打造忠诚干净担当的纪检监察铁军，为加快建设更加富饶美丽幸福的现代化宁乡提供有力纪律保证。下午，市纪委委员、巡察机构、纪检监察组织负责人、委机关部室负责人进行分组讨论，并召开闭幕会审议通过工作报告。

【第十一届"廉政文化周"】2020年10月26—30日，宁乡举行第十一届廉政文化周活动，开展"听党课、强使命（召开党风廉政建设推进大会）""问初心、砺作风（开展主题党日活动）""播廉声、扬正气（开设清风广播栏目）""敲警钟、拂心尘（召开全市性的警示教育大会，编写印发警示教育读本《镜鉴（叁）》）""赏经典、品廉韵（组织开展经典廉洁诗词赏析）"五个子活动，活动对象覆盖到每个党支部、每名党员。活动坚持"一届一主题，届届有新意"的原则，以更加生动、多样的形式，从警示内容正面教育引导广大党员干部守初心、担使命。

2020年10月26—30日，宁乡市举办第十一届廉政文化周·党风廉政建设推进会

【作风建设"八个严禁"出台】2020年10月26日，宁乡召开党风廉政建设推进会，通报全市作风建设问题，并出台作风建设"八个严禁"：严禁违规收送名贵特产及各种有价证券、支付凭证、消费卡、电子红包、现金等礼品礼金；严禁违规公务接待，违规接受管理和服务对象宴请，不得大吃大喝、奢靡浪费；严禁利用职权和职务影响违规插手干预政府投资项目建设和政府采购；严禁与管理和服务对象发生借贷往来；严禁违规为亲属和特定关系人经商办企业提供便利；严禁在服务企业和群众时索拿卡要、冷硬横推、效率低下；严禁违规操办婚丧喜庆事宜，不得采取分批次、小规模、多地操办、异地操办等方式借机敛财；严禁在履职行权中不担当、不作为、慢作为、乱作为、假作为。促进全市政治生态持续净化、全面向好。

（戴　姣）

巡　察

【概况】2020年，宁乡市委巡察机构认真贯彻上级关于巡视巡察工作系列会议精神，推动巡察工作高质量发展，市管党组织和村级党组织实现巡察全覆盖。村级巡察、巡察整改等工作做法在《人民日报》、中纪委网站"三湘风纪""廉洁长沙"等新闻媒体推介，巡察工作影响不断增强，形成市委重视、部门配合、群众支持的良好工作格局。中共宁乡市委巡察办设在市纪委，下设2个科室，分别为综合科、业务科。

【巡察全覆盖】2020年共部署四轮巡察。4月开展的一届市委第八轮巡察，对9个市直单位和219个村级党组织开展巡察工作，并系统巡察市教育局及教育系统5个直属事业单位；7月开展的一届市委第九轮巡察，对13个市直单位开展政治监督，并专项巡察了政府投资项目招投标领域；于9月开展的一届市委第十轮巡察，对7个市直单位及市卫生健康局及卫生系统4个直属医疗卫生单位开展政治巡察；12月启动的一届市委第十一轮巡察，对8个市直单位及长沙市生态环境局宁乡分局开展常规巡察，至此宁乡市实现一届市委任期内巡察全覆盖。截至2020年年底，一届市委任期内巡察共发现各类问题4239个，线索84条。

【第八轮村级巡察】2020年，第八轮村级巡察采取市委统筹、片区联动、乡镇参与、整体推进的交叉巡察模式，完成村级巡察全覆盖。本轮巡察将脱贫攻坚、村（社区）书记主任"一肩挑"、信访工作作为监督重点，共发现扶贫领域问题1251个，全部移交整改；对全市278个村（社区）书记主任"一肩挑"后备人选考察、画像，提出"一肩挑"否定意见86人次；接收群众来电来信来访614件次，推动解决各类问题276个，全面起底信访积案64件；共下达立行立改通知书320份，交办涉及脱贫攻坚、村书记（主任）"一肩挑"等问题1607个，整改到位1430个，发现群众身边的不正之风和腐败问题420个，移交问题线索53条，为群众和村集体挽回损失260余万元。

【巡察整改】2020年，市委巡察将巡察整改情况纳入年度考核，压实被巡察党组织整改主体责任和党组织书记"第一责任人"责任。由市委巡察办联络协调，市纪委监委、市委组织部、市委宣传部严格对账销号，打造整改责任链条闭环。组织巡察整改情况督查、通报、约谈，提升巡察权威和公信力。年内召开巡察情况通报会1次，对17个单位共33个整改不到位问题给予通报；反馈问题4239个，集中整改期内问题整改到位率96%；强化巡察建议制度，落实市委书记专题会议精神向有关部门发出巡察督办函、巡察建议函5份，市教育局等5个单位全部高质量完成督办整改任务。

【巡察监督机制】2020年，协调市

纪委深入落实《关于建立健全市委巡察机构与市纪委监委有关部门协作配合机制的意见》精神，市纪委监委对巡察移送线索优先办理，第七轮巡察移送29条线索办结26条。市纪委监委相关纪检监察室参与巡察中期走访，将扶贫领域腐败和作风问题专项治理与巡察结合，对巡察发现的脱贫攻坚方面的问题快查快办，优先处置巡察移送的问题线索2条。由市委组织部统筹抽调巡察工作人员，选派优秀中青年干部到巡察岗位锻炼，2020年共抽调300余人次参与巡察。推进审计、宣传、信访等部门联系对接，实现信息共享、成果共享。对标省市，明晰选人用人和意识形态责任制专项检查的要求，探索将食品安全纳入巡察专项检查，进一步健全对专项检查组的统筹管理机制。落实长沙市委巡察工作上下联动的要求，选派16人参与十三届长沙市委第十二轮巡察，协调联系长沙市委交叉巡察组巡察宁乡市公安局、青山桥镇有关工作，支持配合长沙市人民检察院对宁乡市人民检察院开展巡察工作。

2020年12月15日，召开一届宁乡市委第十一轮巡察工作动员部署会

【巡察队伍建设】 2020年，市委巡察结合宁乡市基层巡察工作实际，出台《宁乡市常规巡察工作手册》《宁乡市村级巡察工作手册》等规范性制度文件。选优配强巡察干部，加大示范传导、“以干代训”力度，提高巡察干部队伍专业化水平。发挥巡察岗位作为发现、培养、锻炼干部的重要平台作用，巡察机构3名领导干部提拔重用。强化办组融合和内部约束机制，实行优秀团队评比、优秀巡察报告评比等激励制度，内部管理不断加强。（胡 婷）

民主党派·工商联

中国民主促进会长沙市委员会宁乡市工委

【概况】 2020年，中国民主促进会长沙市委员会宁乡市工委（以下简称民进宁乡市工委）有会员86名，其中学历在硕士研究生及以上的2人，会员中有省政协委员1名，长沙、宁乡人大代表及政协委员19人。

【民进宁乡市工委换届选举】 2020年，民进宁乡市工委深入各支部开展调查，全面掌握组织现状、换届前夕会员的思想动态。采取走访、集中座谈、个别访谈等形式，对支部、工委成员任期履职情况、账目管理进行全面准确地调查研究。11月6日，民进宁乡市工委召开工委、基层支部换届政治交接座谈会。民进湖南省委副主委、长沙市政协副主席、民进长沙市委会主委李平，民进长沙市委会专职副主委李素娥，中共宁乡市委常委、市委统战部部长钟利仁，中共宁乡市委统战部常务副部长肖玉华参加座谈会，民进宁乡市工委在任、原任班子成员和基层支部在任、原任主委参加座谈。会上，民进长沙市委会组织处处长陈明宣读《民进长沙市委会关于任命各工委新一届班子成员的通知》：张超明当选民进宁乡市工委主委，朱爱英、张帅、杨柏松当选民进宁乡市工委副主委，戴毅、彭湘艳、彭泽华、刘敏、文小红当选民进宁乡市工委委员。

【参政议政】 2020年，民进宁乡市工委发挥参政议政作用。疫情期间，委员何鑫建议政府相关部门免费发放消毒水用于电梯、扶手等小区内被普遍接触的地方进行消毒，小区物业加强管理，日常打扫同时应使用过氧乙酸消毒液进行消毒，建议被省政协云采纳。杨柏松撰写的《宁乡民进会员献爱心 助力打赢疫情阻击战》被省委统战部三湘统战网采纳，《“退伍军人联盟车贴”张贴问题亟待整治》被评为省政协优秀社情民意，《关于给所有抗疫一线医护人员颁发纪念章的建议》被长沙市委统战部采纳。刘建良撰写社情民意21条，微建议——农村用电“有电无力”刊载省政协“力量湖南”，《疫情影响下民办幼儿园的发展困境亟待解决》被长沙市委统战部采纳，《掌声从抗疫声中响起》刊载长沙民进杂志。谢文波2020年撰写社情民意20条，《基层期盼疫情期间适当减免特困家庭生活电气水费用》被长沙市统战部采纳。邓涵撰写的《养鱼塘秋老倌的坛子菜》被民进中央网站刊发。2020年全体会员报送各类信息80余篇。廖丽娟被评为优秀人大代表；朱爱英、刘敏的《关于推进我市儿童青少年近视防控智能体系建设，提速智慧宁乡发展的建议》和《全面加强职业教育助推宁乡高质量发展》被评为优秀代表建议；朱爱英、刘敏《关于做好农村留守儿童家庭教育问题的几点建议》，朱爱英《关于推进我市交通安全社会化管理、减少交通安全隐患的建议》重点督办；杨柏松执笔的《建设全国教育培训基地，提升宁乡对外开放形象》、张帅联名的《破解企业用工难题，夯实产业生态人才基础》、何鑫联名的《充分发挥本土文化力量，建设更高水准全国文明城市》提案在2020年政协宁乡市一届五次大会上发言。

【调研课题】 2020年，民进湖南省委、民进长沙市委对2020年的议政调研、政治协商、民主监督工作实行招标申报制。刘建良《农村留守儿童需求及问题解决策略研究》、李述初《关于优质湘猪保种问题研究》申报省级课题成功，并经评审予以结项。11月，委员刘建良参加宁乡市医保局特殊门诊定点药店评审民主监督活动。

【社会服务】 2020年，民进宁乡市工委投身抗击新冠疫情的斗争。戴毅组织学校教师开展“停课不停教”活动，组织师生编写、说唱《抗疫谣》被红网、宁视界等媒体报道；廖丽娟为龙江小学学生家长及民进会员授课20余堂。吴朝辉通过各种途径购买500个口罩，捐赠给宁乡双凫铺镇泉井村。宁乡一中、十三中支部全体会员参与学校组织的教师“停课不停教”活动，天天录课、布置作业、检查作业。其他会员积极参与志愿服务。2月，会员捐款13400元用于疫情防控。开展社会服务。会员廖丽娟推动“幸福宁乡 智慧父母大讲堂”走进白马桥街道龙江小学、白马桥中心小学，开课12堂，参与家长3000余人。“青春期女生教育进校园”走进滨江中学、白马桥中学，受益学生1400余人。刘建良携手壹基金2020年在双凫铺镇的双凫小学、双凫铺中心小学、双桂小学、麦田九年制义务教育学校、双凫铺镇天润幼儿园，开展平安小课堂和儿童素养提升公益活动，受益学生3000余人。周卫华在城郊街道10个村（社区）和小区开展普法知识讲座60次，内容涵盖老年人赡养、非法集资、权益保护、法律援助，妇女婚姻、家庭财产等。

【双岗建功】 2020年，民进宁乡市工委戴毅参与编写《中小学诵读库》丛书，美智地理课堂教学的实践与研究，获宁乡市嘉奖，负责中学被评为宁乡市2019—2020年度义务教育阶段素质教育质量特等奖；廖丽娟负责小学在创长沙市标准化学校验收中被评为“优秀”；刘建良负责幼儿园被评为《宁乡市素质教育先进园》；熊浪被评为长沙市优秀教师，宁乡市卓越教师；戴瑞春被评为宁乡市信息技术教学能手；瞿小莉被评为教育教学管理先进个人，《创新教研 助力农村中学英语教学改革》获省一等奖；文小红入选长沙市第三批高中音乐优秀骨干教师，被评为“宁乡市新时代党和人民满意的好教师”，入选《中小学音乐课程的教学策略研究》国家级课题组成员；王培玉《关于有效教学环节构建高效课堂的几点思考》获长沙市一等奖，被评为“宁乡市新时代党和人民满意的好老师”，获宁乡市嘉奖；胡文被评为宁乡市“优秀班主任”“课堂教学优秀个人”；邱金华被评为“优秀辅导老师”“优秀科任教师”“课堂教学优秀个人”，《论证法在历史高考选择题解题中的运用》《引导学生质疑，激活学生历史创新思维》获湖南省论文评选二等奖；成静带领团队获得2020年湖南省中职教师职业能力竞赛一等奖，代表湖南参加国家竞赛获国家级二等奖；肖勇被评为2020年宁乡市“党和人民满意的好老师”、长沙市教师职业能力竞赛获三等奖，主持省级课题《优化教育教学评价体系，促进商贸旅游专业可持续发展》；汤应如获湖南省教师职业能力竞赛技能二等奖、长沙市学生技能竞赛指导教师奖；青国泉获长沙市学生技能竞赛指导教师奖。综合支部周卫华获宁乡市文明创建“优秀志愿者”。

（杨柏松）

中国农工民主党宁乡基层工作委员会

【概况】 2020年，农工党宁乡基层工作委员会共有党员76名，下设人民医院总支、中医院总支和综合总支3个总支部委员会。农工党宁乡基层工委坚持中国共产党领导的多党合作和政治协商制度，立足自身特点、发挥界别优势，积极开展社会服务和参政议政工作，切实履行参政党职能。2020年，在中国农工民主党湖南省委召开的中国农工民主党成立九十周年纪念大会上，农工党宁乡基层工作委员会被农工党湖南省委授予“先进基层组织”称号。成员杨曙光、黎清华、杨晓明、杨成被评为新冠肺炎疫情防控先进个人；谢文军、黄梁、曾含玲、杨晓明被评为农工党湖南省委优秀党员；刘陵被评为农工党湖南省委优秀党务工作者。

【队伍建设】 2020年，农工党宁乡基层工委党员涵盖医药卫生、科技环保、经济媒体等界别，其中市人大副县级干部1人，市政协副主席1人，长沙市人大代表1人、长沙市政协委员1人，市人大常委3人，市政协常委3人，其他代表、委员7人；副教授以上职称10余人，其中教授7人，党员基本上都是各部门单位领导或者业务骨干，具有较高的业务综合能力。

1月10日，农工党宁乡基层工委在“农工党员之家”召开2019年工作表彰暨2020年工作动员大会。为创新农工党基层工作委员会工作思路，丰富“农工党员之家”活动内涵，开展“不忘合作初心，继续携手前进”主题教育活动，经农工党宁乡基层工委研究决定，成立“农工民主党宁乡市基层工作委员会培训学校”“农工民主党宁乡市基层工作委员会O2O社会服务中心”和“农工民主党宁乡市基层工作委员会参政议政研究工作室”，以进一步推进“社会服务、参政议政、民主监督”等中心工作落实落地。农工党长沙市委主委龚振湘、专职副主委周锦民，秘书长易介兵，长沙科技局副局长陶红以及宁乡市委统战部主要领导参加会议。

8月2日，为庆祝中国农工民主党成立90周年，丰富党员的文体生活，农工党宁乡基层工委举办乒乓球比赛运动会，增进党员之间的沟通和交流，增强党派的凝聚力和战斗力。赛后在农工党员之家开展交流座谈会，就如何加强支部组织建设、开展社会服务进行讨论。

10月17日，农工党宁乡基层工委在农工党员之家会见农工党湖南农业大学基层委员会委员团队一行，双方就加强民主党派自身建设、参政议政活动、社会服务工作、宁乡现代农业及乡村振兴发展等进行了交流，近年来，农工党宁乡市基层委员会利用“农工党员之家”，开展丰富多彩的培训课程、知识讲座和研讨论坛等活动，提升农工党基层组织的凝聚力及活力，也为基层组织党员提供交流平台，活跃党内气氛。双方通过座谈，交流和分享利用“农工党员之家”开展有益活动的做法和经验。会后陪同参观考察何叔衡故居、谢觉哉故居。

【参政议政】 2020年，农工党宁乡基层工作委员会发挥党派界别优势，在乡村振兴、医药卫生和生态环保等方面，加大调研力度，围绕健康宁乡和美丽宁乡建设，撰写调研报告、社情民意，为市委、市政府建言献策，推动市域经济发展。其中，贺小平撰写的《关于推进文联换届发展宁乡文艺事业的意见建议》《关于将喻家坳乡打造成“栀子小镇”的意见建议》《关于评选我市“市树”“市花”的建议》等提案，全部得到落实，并产生很好的社会效应；刘陵撰写的

《关于全面实施县、乡、村医技人才振兴计划，助推“健康宁乡”建设的建议》、李拥华撰写的《关于推动儿童青少年及时防控智能化建设的建议》以及黎清华撰写的《加快我市互联网医院建设，提升健康宁乡服务能力的建议》得到市委、市政府的高度重视，为助推健康宁乡的建设献力献策；陶文英撰写的《关于做好土地文章，实施乡村振兴的建议》、王应军撰写的《中医药文化建设与中医药产业发展的建议》被列为重点督办提案，为乡村振兴、中医药发展做出应有的贡献。

【社会服务】 2020 年，农工党宁乡基层工委进园区企业帮扶：新冠肺炎疫情暴发后，为推动园区民营企业复工复产，农工党宁乡基层工委组织党员参与市委统战部、工商联成立的“民企大走访、同心促发展”工作调研组，对全市园区不同行业、产业、规模、经营状况的 270 家企业进行多种形式的走访帮扶，其中实地走访企业 136 家，座谈会听取意见 20 件，问卷调查企业 114 个，针对疫情防控下企业发展面临的突出困难，送防疫物资、送惠企政策、送暖心服务，帮扶企业攻坚克难。送光明健康帮扶：2020 年，农工党宁乡基层工委联合长沙康明眼科医院，开展“健康扶贫送光明”药品捐赠及义诊活动。来自人民医院和中医院的农工党员专家赴煤炭坝敬老院，青山桥镇芙蓉村、花园村、朱良桥卫生院等乡镇，针对中老年日常保健、常见病、多发病的预防以及常用药物服用等方面进行耐心指导，对居民养成良好饮食习惯、规律生活作息提出合理化建议。其中义诊受益群众 20000 余人，免费发放价值 5 万余元的药品，白内障康复手术 400 余例。

宁乡市工商业联合会

【概况】 2020 年，宁乡市工商业联合会（以下简称市工商联）为建工业强市发挥积极作用。2020 年，市工商联被评为“创新中国”工商联（商会）工作最佳案例奖、湖南省“五好”县级工商联和长沙市优化营商环境工作先进单位。

【商会建设】 2020 年，市工商抓好乡镇（街道）商会规范化建设，推进宁乡市全面提升基层商会组织服务经济社会发展的水平，邀请长沙市工商联副主席张明刚以《学习贯彻〈意见〉精神抓实抓好商会组织建设》为题，为全市 100 余名商（协）会会长、秘书长就如何做好新时代商会工作进行授课。资福镇商会、白马桥街道商会、历经铺街道商会参与宁乡市政协关于基层商会持续稳定发展调研活动。异地商会为宁乡招商引资提供信息 20 条。商会作为政府的臂膀在搭建政商桥梁，促进政策落地，规范市场秩序等方面起到积极作用。2020 年有菁华铺乡、黄材镇、青山桥镇、沙田乡、沩山乡、喻家坳乡 6 家乡镇（街道）商会注册登记。2020 年宁乡市女企业家协会秘书长欧艳红、历经铺街道商会秘书长许自强、资福镇商会秘书长张明秋、宁乡市烟花爆竹行业协会秘书长黄永清、宁乡市城郊街道商会秘书长唐跃辉被评为长沙市“优秀秘书长”；宁乡市女企业家协会会长卢中华，宁乡市旅游协会会长刘跃华、老粮仓镇商会会长谢建新、宁乡豪德商贸协会会长赵五祥、宁乡市黄金珠宝商会张文革被评为长沙市“优秀会长”；宁乡市浙江商会被评为长沙市“四好”商会；横市镇商会会长甘喜军、宁乡豪德商贸协会会长赵五祥被评为长沙“最美商（协）会会长”。2020 年横市镇商会被评为全国“四好商会”。

【会员服务】 2020 年，市工商联积极为会员做好服务。组织开展各类培训，组织全市商（协）会会长召开民营经济统战工作培训；组织 96 名非公经济人士分两批次赴湘西十八洞村开展红色教育培训暨脱贫攻坚学习活动；组织 60 余家会员企业在忘不了企业园开展“传承好家风，助力新发展”分享会。疫情期间为助力企业防疫防控和复工复产工作，采用微信线上直播方式开展“战疫情、防火患”防疫复工复产安全知识培训；组织全市 100 家企业参加湖南师范大学区域社会与经济发展研究中心主任朱翔讲授经济形势分析课；举办《企业家刑事法律风险与防控》为主题的第四期法律知识讲座，组织全市 200 余名企业代表参加；向省、市新闻媒体宣传报道企业、商会先进典型事迹 74 篇，其中“让社会扶贫实现私人定制——湖南宁乡市利用大数据系统开展深度扶贫”被农民日报采用。每星期对 2 家会员单位进行宣传介绍，全年度共宣传介绍 67 期；实施会员小组活动深入践行“五个找到、五个互为”理念，即找到信息、找到资源、找到智慧、找到感情、找到归属，实现互为市场、互为宣传、互惠互利、互为资源、互为平台，将会员分成 20 个小组，围绕“我能为大家提供什么帮助，我需要得到大家及组织什么帮助”的宗旨，组织开展 20 余次企业互动活动，全市 40 家本地企业、异地宁乡商会企业，进行资源整合对接，对接合作金额超过 500 万元。

【商务快线】 2020 年，商务快线为亿元企业俱乐部成员、年纳税额 100 万以上企业家、市工商联副主席、副会长、商会会长免费提供往返宁乡与黄花机场、高铁站商务出行的交通 24 小时一对一专线服务。确定 2020 年纳税额 100 万元以上企业商务快线乘车人员名单，扩大服务企业的覆盖面，新增商务快线使用单位 63 家，商务快线和快速值机为 193 家提供出车值机服务 1513 次。

【亿元企业俱乐部】 2020 年，市工商联为亿元企业家代表发放绿卡 71 张，“绿卡”持有人在宁乡辖区内享受商务快线、快速值机、子女入学、就医就诊、文化观光、法律服务、政务服务等方面的优质服务。扩大服务范围，将在原有 18 家服务单位的基础上，将经开区、高新区等单位纳入亿元企业俱乐部服务成员单位，并指定单位的分管领导为对接人，为企业提供就医、就学、政务受理等“一对一”的服务。

【优化营商环境】 2020 年，市工商联建立商事诉调机制，与市人民法院建立诉调对接领导小组，指派素质过硬、经验丰富的律师为特邀调解员，成立宁乡市商事调解中心，与人民法院共同化解民营企业矛盾纠纷，商调解决装饰合同纠纷32起，涉案资金1265万元；加强同立法、司法、执法机关和相关部门在法律服务工作中的协调，举行“检察护航民企发展”检察开放日活动，组织20余家民营企业代表通过现场以案释法、“零距离”见证检察办案全过程，引导企业运用法律手段和法治思维解决问题，为明仕烟花、贵庭住宅等企业解决诉讼问题；构建地产品网上超市，“地产品超市”是由智慧宁乡网站端口进入，由网上地方产品超市和企业供需信息平台构成。“地产品超市”为解决本地产品推广销售信息不对称的问题，通过网上平台展示孕婴童、时尚鞋服、智能家电家居等消费品及特色农产品和商贸旅游产品实现网上销售；供需平台实现政府采购和企业与企业之间采购的无缝对接，真正打通内循环。9月17日，“地产品超市”商城上线运行，全年实现订单3933单，销售金额581万元。

2020年8月，宁乡市工商联“地产品超市”工作推进会现场

【“千企联千户”深度扶贫工作】
2020年，市工商联开展“千企联千户”深度扶贫工作，联系经开区、高新区、市住保中心、市商务局等16个成员单位和29个乡镇发动833家企业认领1001户深度贫困户，共计投入帮扶资金及物资655万余元。其中千壶客酒业、双洲防腐、恒楚建设等40家企业积极参与“面对面”爱心消费扶贫活动，消费购买贫困户农副产品16万余元。

【新型冠状病毒肺炎疫情防控工作】
2020年，市工商联成立疫情防控工作领导小组，加强对全市商协会和会员企业新型冠状病毒肺炎疫情防控工作的指导，开展“民企大走访、同心促发展”暖企活动，梳理中央、省、长沙市和宁乡本级相关政策编写《疫情防控政策汇编》2000册发放至企业。就全市200余家中小微企业复工复产情况开展摸底调查，对企业复工复产的标准进行精细指导，赠送口罩3.4万个，酒精、预防性中药等价值10余万元的物资；第一时间向全市民营企业家、直属商会协会和异地商会发出《关于打赢疫情防控阻击战的倡议书》，号召广大民营企业、商（协）会积极履行社会责任，动员93家民营企业、20家商（协）会共捐赠现金1614.35万元，物资382.81万元，口罩39万个。2020年宁乡市黄金珠宝商会、长沙宁商公益促进会被评为长沙市工商联评选为抗击新冠肺炎先进商会组织。工商联会员单位湖南小洋人科技发展有限公司、湖南邦普循环科技有限公司、长沙江城农产品股份有限公司、湖南中科星城石墨有限公司、湖南松井新材料股份有限公司、邦弗特新材料股份有限公司、长沙海斌酒业贸易有限责任公司被长沙市工商联评为抗击新冠肺炎先进民营企业。（潘利华）

群众团体

宁乡市总工会

【概况】 宁乡市总工会辖高新区工会联合会、29个乡镇（街道）工会联合会和8大系统工会联合会（其中市直属机关工会联合会含65个市直科局单位工会），基本实现园区工会和乡镇（街道）工会规模企业工会组织全覆盖。2020年，宁乡工会推进“基层组织规范示范、服务阵地落地落实、帮扶服务贴心暖心、智慧工会提速提质”等重点工作，以“建强基层、精准帮扶、建功立业、依法维权”为主线，竭诚服务职工群众，不断提升职工群众的获得感、幸福感。

【湖南省“小三级”工会规范化建设现场经验交流会】 2020年11月13日，湖南省“小三级”［乡镇（街道）、村（社区）、企业（楼宇商圈）］工会规范化建设现场经验交流会在宁乡召开，会议以宁乡“小三级”工会为现场，总结交流近年来全省工会基层组织建设的先进经验做法，进一步落实“基层改革创新年”的部署要求。

省人大常委会副主任、省总工会主席周农出席会议并讲话，省总工会党组书记、副主席徐文龙主持会议，省纪委省监委驻省总工会机关纪检监察组组长、省总工会党组成员钟心，省总工会副主席刘鸿翔，长沙市人大常委会副主任、市总工会主席芮英姿，宁乡经开区党工委书记、市委书记于新凡，市人大常委会副主任、总工会主席周泽祥，以及省总工会、各市州总工会、部分县（市、区）总工会、百佳乡镇（街道）、开发区（工业园区）工会相关负责人参加会议。

会议宣读《湖南省总工会关于命名百佳乡镇（街道）、开发区（工业园区）工会的决定》，下发《湖南省总工会关于加强“小三级”工会规范化建设的意见》，明确“小三级”工会建设标准。宁乡市煤炭坝镇、灰汤镇工会联合会以及长沙市芙蓉区荷花园街道工会联合会等81家单位被命名为百佳乡镇（街道）工会，长沙雨花经济开发区工会联合会等20家单位被命名为百佳开发区（工业园区）工会。长沙市总工会等7家工会组织的负责人分别在会上发言，从不同层级、不同角度介绍经验。

与会人员观看宁乡市“小三级”工会规范化建设成果展示短片，深入宁乡市花明楼镇与灰汤镇，现场观摩花明楼村、花明楼镇、汤泉社区、灰汤商圈、灰汤镇工会联合会的“小三级”工会建设经验。

【孟德良被评为“全国劳动模范”】 2020年11月，湖南海通建设有限公司泥工班班长孟德良被中共中央、国务院授予“全国劳动模范”称号。11月24日，全国劳动模范和先进工作者表彰大会在北京人民大会堂举行，孟德良与1689名全国劳动模范

2020年12月23日，“中国梦·劳动美”宁乡市2020年“最美劳动者”劳模工匠表彰大会在楚天科技大剧院召开

和 804 名全国先进工作者一起接受表彰。

【宁乡市 2020 年“最美劳动者”劳模工匠表彰大会】 2020 年 12 月 23 日，由宁乡市委、市人民政府主办，市总工会承办的“中国梦·劳动美”宁乡市 2020 年“最美劳动者”劳模工匠表彰大会在楚天科技大剧院召开。宁乡经开区党工委书记、市委书记于新凡在大会上致辞，并为受表彰者颁奖，长沙市总工会党组书记、副主席周宏兆，宁乡市委副书记、市长付旭明，宁乡市人大常委会主任喻亚军，宁乡市政协主席刘永红，宁乡市领导郑旗、蒋君、周泽祥、刘骥扬、陈德奇、王子进出席会议。

大会播放宁乡工会工作宣传片，表彰奖励 2020 年全国劳动模范孟德良，湖南省先进工作者姜小鹏，湖南省劳动模范黄立平、陶文英、周科明、黄利华，2019 年宁乡市“十行状元、百优工匠”技能竞赛周芳等 9 名“十行状元”、林伟波等 62 名“百优工匠”，楚天科技智能视觉检测总装集成部灯检班组等 2019 年“产业项目建设年”职工劳动竞赛企业类、项目类 20 个先进职工班组。

【工会抗击疫情影响】 2020 年，市总工会支持疫情防控。筹集慰问资金 40 余万元，采购大量慰问物资，对一线医务人员、一线抗疫职工、加班加点生产抗疫物资的企业职工开展系列慰问活动，支持疫情防控。助力复工复产。筹集 50 余万元资金，采购口罩、医用酒精、84 消毒液、额温计发放至园区企业、乡镇（街道），覆盖 78 家企业，惠及 1.5 万余名职工，助力企业复工复产。推动复商复市。配套资金 346.53 万元，为生产防疫物资企业员工、抗疫一线企事业单位、经费困难小微企业、村（社区）等基层工会会员、建档立卡贫困职工共 11551 人发放新冠肺炎疫情防控特别慰问消费券。落实省总、长沙市总精神，全市工会系统发放和包消费券单位 200 余家，发放金额 2100 余万元，覆盖干部职工 2 万余人，动员各级工会组织开展春、秋游活动，推动复商复市。

【“小三级”工会组织建设】 2020 年，市总工会开展“小三级”工会组织建设。全年新建工会组织 210 余家，吸引农民工入会 17000 余人。接待怀化市、株洲市等 11 批次工会组织到宁乡参观学习。

打造一批示范点。4 月 2 日，宁乡市总工会组织部分乡镇（街道）、村（社区）、商圈（行业）工会组织负责人前往望城区湾田商贸物流园工会联合会、夏铎铺镇工会联合会参观学习，并召开宁乡市工会组织示范点创建工作部署会。全年在全市乡镇（街道）、部门单位、企业（行业）工会分别创建一批示范点，以点带面推动全市工会组织规范化建设，指导楚天科技、市人民检察院工会委员会被评为全国、全省模范职工之家，煤炭坝镇、灰汤镇工会联合会被评为湖南省“百佳乡镇（街道）工会”，市委组织部、玉潭街道实验小学、菁华铺乡中心小学、大成桥镇初级中学 4 家工会委员会被评为长沙市 2020 年模范职工之家。工会干部培训。9 月 18 日，市总工会组织全市有“小三级”工会组织示范点创建任务的宁乡高新区管委会、10 个乡镇（街道）、5 个村（社区）、5 个商圈（行业协会）及 8 家企业的工会组织负责人及道林、灰汤、花明楼 3 个乡镇的主要领导共计 60 余人，先后到楚天科技唐岳劳模创新工作室及花明楼镇、灰汤镇“小三级”工会组织建设示范点进行现场观摩学习。并进行工会业务知识培训，召开“小三级”工会组织示范点创建推进座谈会。12 月 16—18 日，灰汤举办宁乡市 2020 年工会系统干部培训班，全市各级各行业各系统 150 余名工会干部参加，培训内容包括“学习党的十九届五中全会精神”“工会组织建设”“财务培训”“互联网+工会”等，通报 2020 年工会经费审查情况，并对全市 2021 年工会工作进行安排。6 月 18 日，省总工会基层工作部部长胡创率全省工会组织和基层工作培训班 120 余名学员，到灰汤镇工会联合会、汤泉社区工会联合会、灰汤镇商圈联合工会参观考察“小三级”工会组织建设。9 月 9 日，长沙市总工会党组书记、副主席周宏兆率队到宁乡调研“小三级”工会组织建设情况。

【职工劳动竞赛】 2020 年，市总工会组织宁乡市“奋战下半年 勇夺双胜利”重点建设项目劳动竞赛，评选出 15 个优秀职工班组。组织召开宁乡市 2019 年垃圾分类百日劳动竞赛表彰大会，会议通报《宁乡市 2019 年垃圾分类百日劳动竞赛活动先进单位和个人的表彰决定》，20 个街道、社区、机关事业单位，12 个物业小区和 40 名先进个人获得表彰，其中胡泽文、戴恩波、李可立、李加强四人获得长沙市 2019 年垃圾分类百日劳动竞赛先进个人，同时被评为“长沙市五一劳动奖章”。

【“十行状元、百优工匠”技能竞赛】 2020 年 10 月，选拔 64 名选手代表宁乡参加长沙市“十行状元、百优工匠”技能竞赛，湖南兆宏建设有限公司曾龙辉被评为钢筋工行业“十行状元”称号，15 人（含 1 个两人团队）分别被评为钳工、焊工、工业机器人设计、数控加工、钢筋工 5 个行业的“百优工匠”。宁乡市团体成绩位居 9 个区县（市）第一名，全市第三名。11 月 28 日，宁乡市举行 2020 年“十行状元、百优工匠”暨“匠心宁乡”职工职业技能竞赛，80 余家企业的 324 名选手到现场参与“焊工、电工、钳工、汽车发动机维修、景点讲解、客房服务、办公应用技能”7 个行业的角逐。楚天科技股份有限公司的黄斌、青岛啤酒（长沙）有限公司的王剑雄、青铜王国教育研学基地的梁琦敏、海立方酒店的李解、湖南宁乡中狮汽车服务有限公司的卢磊峰、楚天科技股份有限公司的邓达贵、宁乡市兰亭文印室的张彩华分获上述 7 个工种一等奖。

【工会帮扶服务】 2020 年，全年组织 305 家单位 35157 名职工参加医疗互助，合计上缴互助金 175.8 万元。全年共有 2603 人次参与医疗互助报销，合计报销金额 107.3 万元；组织 16001 名女职工参加女职工特殊疾病保障，20 名职工申请每人 1 万元的补助，有效缓解重大疾病职工医药费负担。

春节前夕市总工会筹集60余万元开展“送温暖”工作，共为600余名困难职工、交警、环卫工人等送去慰问金和慰问物资。开展送清凉、送温暖、送助学、送就业等活动，惠及职工群众1万余人。配合人社部门开展网上“春风行动”，免费服务人数5120人，成功介绍农村劳动就业1000余人。

全年在煤炭坝镇、流沙河镇及宁乡高新区开设叉车工、电工、焊工等专业共8个“一户一产业工人”培养工程技能培训班，为400名职工提供免费的技能培训，并帮助他们获得职业资格证书。

12月5日，举办2020年青年职工联谊活动，市教育系统、卫计系统及楚天科技股份有限公司共80余名青年职工参加，15对嘉宾现场牵手成功。

2020年11月28日，宁乡市2020年“十行状元、百优工匠”暨“匠心宁乡”职工职业技能竞赛在职业中专学校举行，图为钳工职业技能竞赛现场

【“中国梦·劳动美”劳模大讲坛】 12月17日，“中国梦·劳动美”2020年宁乡市劳模大讲坛活动在灰汤举行，全国劳动模范、湖南省总工会兼职副主席、湖南省沙坪建设有限公司钢筋工董志平，2020年湖南省先进工作者、宁乡市市场监督管理局党组书记、局长姜小鹏主讲，他们从自身经历出发，分别为大家分享“小岗位也有大舞台”“爱岗敬业 争创一流”的个人先进事迹。

【劳模工作】 2020年，市总工会落实劳模待遇，组织灰汤镇汤泉社区周范等12名劳模分四批次参加长沙市开展的劳模疗休养活动，组织宁乡市四级劳模疗休养活动。4月30日，组织看望4位劳模工匠代表，为他们送去节日问候。春节、五一劳动节前，分别给全市各级劳动模范发送节日祝福短信，并发放节日慰问金近10万元。创建楚天科技唐岳劳模创新工作室、灰汤镇汤泉社区周范劳模工作室，进一步发挥劳模、工匠的示范引领及“传帮带”作用。12月，组织23名赴武汉、长沙抗疫医护人员及家属参加“关爱工会会员·致敬抗疫英雄”的疗休养活动。

【职工文体活动】 2020年7月1—3日，市总工会与市委组织部联合举办宁乡市第一届“组工杯”气排球赛，全市工业园区、乡镇街道和市直机关单位近300名运动员，组成18支球队参赛。组织万步有约拓展赛。健走竞赛历时21天，78家单位、204支队伍、2841人参与，其中2463人的个人健走总积分达满分，101支分队健走积分满分，22家单位参赛者健走万步律达100%，全市健走万步达标率96.15%。工间操健身活动。10月起，在全市机关、企事业单位开展工间操健身活动，参加单位130余家。

（朱顺平）

共青团宁乡市委员会

【概况】 2020年，宁乡市18周岁至35周岁青年人约36万人，“智慧团建”系统录入共青团员数3万人。按照群团机构改革工作要求，全市有各级团青组织1036个，其中团市委本级机关内设办公室、宣传和网络工作科两个科室，有专职团干部5人，聘用专职青少年事务工作者3人，团市委委员33人；基层团委80个，团工委5个，团总支55个，团支部687个，其中学校领域团支部439个，共有专（兼）职团干部1456人。

【青少年思想政治引领】 2020年，共青团宁乡市委组织开展“从小学先锋、长大做先锋”主题团队日、“青春心向党·建功新时代”集中入团、“穿越宁乡”红色研学等主题活动，连续11期组织西部乡镇近百名留守儿童、贫困学子参与实地体验、交流学习等拓展活动，弘扬爱国主义精神，传递阳光快乐理念，并在《中国青年报》上作为典型进行报道；以少先队名师工作室、名团干工作室、宁乡青年讲师团等为平台，开展红色主题宣讲，举办“传承红色基因”主题中队会竞赛，全市掀起学习和传承红色文化的热潮；发挥青少年优秀典型示范引领作用，大成桥镇鹊山村创业青年邓港华被评为全国优秀共青团员，朱紫等学生进入省优秀少先队员评选序列，宁乡实验小学谢波等教师被评为长沙市十佳少先队辅导员；六一儿童节期间走进西部山区，宣讲学习总书记“六一”寄语精神，为贫困儿童送去保温杯、智能写字板等节日礼物，捐赠图书数千册，邀请青年讲师、疾控专家作红色宣讲和防疫宣传。

【服务中心工作】 2020年，共青团宁乡市委组织开展青年人才“助梦计划”，举办优秀青年企业家分享交流会，组建项目建设等重点领域50支青年突击队，助力全市疫情防控和复工复产，并被评为长沙市青年突击队建功竞赛活动优秀组织单位；打造长沙市级“青年文明号”5家，推树长沙市级青年岗位能手12人，助推宁乡高质量发展；广泛引导基层团组织积极申报创建省市各级“青年之家”，建成各级“青年之家”36家，2020年双凫铺镇综合文化服务中心等3家单位创建长沙市级“青年之家”，沙河市场商圈等3家单位创建宁乡市级“青年之家”，将“青年之家”融入15分钟生活圈；5月29日，组织近百名企事业单位青年开展“栀为遇见你”联谊交友活动。持续希望工程助学项目，对全市186名建档立卡深度贫困户子女就学帮扶全覆盖，一张爱心蓝图绘到底的工作经验被《中国青年报》专题报道，2020年“圆梦行动”助学项目援助学生近200人、发放助学金45万元。每年“3·12”植树节、“6·5”世界环境日等主题活动期间，带领广大青少年全面开展植树造绿行动，开展“保护母亲河——沩江行”“小手拉大手·垃圾分类齐参与”等活动。组织青年志愿者、返乡大学生到社区小区报到，协助测量体温、维护秩序、宣传防控知识等工作；募集10吨蔬菜水果等物资捐赠给抗疫一线单位；为市卫健、教育系统等单位募集捐赠口罩2.1万只、酒精1500瓶，慰问赴长赴鄂及困难医护人员物资3万元，疫情期间定期为赴湖北支援医护人员家属配送新鲜食材水果。

【文明创建】 2020年，共青团宁乡市委组织6000余人次青年志愿者参与春运“暖冬行动”、“援茶企、采春茶”、交通文明劝导等志愿服务活动；响应市委、市政府全国文明城市创建等战略部署，线上发布“有YOUNG学样”文明创建·青春添彩答题宣传活动，累计58.87万人次参与其中，线下组织“五一”期间青年志愿服务和每月“三大不文明”行为劝导专项行动。派驻单位4名干部职工全面参与全国文明城市创建街道迎检工作，广泛发动团员青年全城发放文明宣传折页，号召学生通过“小手拉大手”浓厚文明新风，助力宁乡成功申创全国文明城市。

【团青队伍建设】 2020年，共青团宁乡市委推进巡察整改，着力从严治团，多次组织全市近100名团干部进行意识形态教育及专业能力培训。以青少年参与基层社会治理工作调研为途径，组织市人大代表、人大建设委成员及基层团干前往陈家桥村、楚沩之家志愿服务中心、万鑫精工等地参观学习，探索开展“共青团与人大代表、政协委员面对面”主题活动；依托“智慧团建”平台全面推进“互联网+”管理模式，指导楚天科技团委等30家企业建立非公团组织。构建党团队一体化工作机制，加强对少先队工作的领导，于12月召开宁乡市第一次少代会，完成少工委换届，并表彰一批少先队十佳集体和个人。召开四次专题会议研究制订村级团组织换届方案、换届规则、班子成员及书记候选人条件等，向长沙团市委和基层单位征求意见，并提出换届方案，推进村级团组织换届工作。

（谭曼刘莎）

宁乡市妇女联合会

【概况】 2020年，全市有29个乡镇（街道）妇联，63个市直科局和驻宁单位妇委会，278个村（社区）妇联。宁乡市妇女联合会围绕抗疫防疫、宁乡高质量发展、文明城市创建、妇儿权益维护、组织建设五项重点工作，服务中心大局，服务妇女儿童，推进妇女儿童事业迈上新台阶。2020年，宁乡市妇女联合会被评为湖南省一星级“网上妇女之家”，宁乡市全国文明城市创建先进单位。

【“最美守护人”评选活动】 2020年，宁乡市妇联组织和引导各界妇女积极投身抗击新冠疫情工作，开展以“守护我家园，发挥‘她’力量”为主题的“最美守护人”评选活动。活动面向疫情防控一线，聚焦高危岗位，各行各业共推选出57名“最美守护人”，展示直面疫情，堪当重任，贡献突出的优秀女性典型。3月8日，组织举办宁乡市“最美守护人，发挥‘她’力量”三八妇女节微座谈网络直播活动，全市各级妇联组织广大妇女收看直播，隔屏纪念妇女节，网络直播点击量为3.18万次。直播现场最美基层守护人代表康淑军、最美家庭守护人代表陈志碧、最美志愿者代表卢中华、最美乡村医生代表彭润芝4名优秀女性，讲述一个个抗疫故事，展现出宁乡女性在抗击疫情一线的风采，传递战胜疫情的坚定信心。长沙市妇联党组书记、主席文方等领导通过录播的形式发表讲话。通过“宁乡妇联”微信公众平台，宣传战疫部署安排，对宁乡广大妇女、家庭发出一系列倡议，推出疫情防控宣传稿件50余篇，单篇最高点击量3.22万人次。

【“温暖女性 安心战疫”行动】 2020年，宁乡市妇联联合宁乡市慈善会开展“温暖女性 安心战疫”活动，募集23万余元，用于购买卫生用品，运送至湘鄂一线女医护人员。宁乡市女企协从海外采购医用口罩3万只、1万包消毒粉支援国内，缓解宁乡抗疫最初阶段的医疗物资紧缺。《中国妇女报》《湖南日报》以《雅加达回长沙，她的行李是7大包口罩》为题进行宣传报道。爱心企业通过捐赠大米、蔬菜，为医院以及抗疫物资生产企业助力。市妇联对宁乡外援湖北、长沙的医务家庭进行摸底，密切了解近况，送去油、粮等生活物资，给予战疫医务家庭爱的陪伴等，当好医务家庭“娘家人”。

【脱贫行动】 2020年，宁乡市妇联发动各级妇联执委开展“姐妹守望邻里相助”妇联执委帮困行活动，全市4905名妇联执委结对帮扶贫困对象2149人，助力精准脱贫。与市卫健局紧密配合，做好农村和城镇低保适龄妇女25909人的“两癌”免费检查，完成全年任务的112.68%。发放全国“两癌”救助金82万元，省“两癌”救助金10万元，共救助妇女92人。举办“送健康 奔小康”社会扶贫专项活动，为“两癌”患者开展中医知识讲座等。

【巾帼双创行动】 2020年，宁乡市妇联推荐湖南省忘不了服饰有限公司创建长沙市“巾帼双创示范基地”。

联合人社部门开展“春风送岗位”活动，组织招聘活动8次，免费服务人数9021人次，成功介绍女性就业605人；开展女农民工培训和女性职业技能培训59期，毕业学员2746人次。参加省第二届手工创业创新大赛，钟雪萍手工旗袍盘扣生态美凤凰、喻银波状元故里状元香两个项目被评为一等奖，傅中平宁乡四小碟“非遗”项目获二等奖和第二届省级创新创业直播冠军。开展“巾帼文明岗”创建活动，煤炭坝社区、宁乡东湖塘镇征帆农机服务专业合作社获省级巾帼文明岗。

【乡村振兴巾帼行动】 2020年，宁乡市妇联推荐湖南归真生物科技股份有限公司、长沙煤城农业开发有限公司、宁乡市黄材镇银丰林木种植专业合作社成功创建长沙市“巾帼现代农业科技示范基地”。宁乡四小碟、宁乡味道、宁乡味道土特产、楚沩香宁乡花猪等商铺进驻芒果云平台，参加“出手吧姐姐 直播带货”等电商助农脱贫直播。通过线上互动答题、线下宣传以及“美家美妇 共建美丽”活动，引领妇女和家庭广泛参与城乡环境卫生整洁行动，建设美丽乡村，菁华铺陈家桥村妇女积极参与美丽乡村建设。

【家庭文明建设】 2020年，宁乡市妇联落实家庭文明建设“三个注重”：家庭建设不松懈，家庭教育不停步，家风弘扬出新招。常态化开展“文明家庭”“平安家庭”“两型家庭”评选活动，选树典型，通过以点带面，引领社会主义文明好风尚；创新开展“美家美妇之星”“抗疫最美家庭”评选活动。开展线上线下“幸福宁乡 父母大讲堂”26场次，参学家长7000余人次。创新开展第25个世界读书日阅读活动与“文明燃梦想 书香溢宁乡”大型图书漂流活动，参加活动学生及家长6000余人次。通过购买社会服务，在8个示范性“妇女儿童之家”实施“爱与文明住我家”公益服务项目，组织亲子活动28场，参与群众2000余人次。组建100余人亲子志愿服务队，在市车管所和小区开展“文明好家风 志愿齐参与”文明劝导，对不文明 行为和小区垃圾分类进行劝导。廉政文化周通过“村村响”，传播何江、姜均铁、姜素莲等家庭的良好家风故事。

【巾帼志愿服务】 2020年，宁乡市妇联以湖南省妇联参与新时代文明实践中心试点县为契机，通过“宁乡妇联”微信公众号、“妇联执委一呼百应工作群”发起志愿服务，全市约2万余名巾帼志愿者深入社区楼栋、村组、企业等一线，全面参与各项志愿服务。在“疫情防控”志愿服务中，上门入户、加强巡防，织牢织密社区（村）疫情防控工作，倡议开展爱国卫生运动58次。在“复产复工”志愿服务中，参与沩山“采春茶 援茶企”采茶活动、“企业疫情防控”“助力企业招工”等志愿活动。在“学雷锋志愿活动”中，组织开展帮贫困户搞卫生、慰问资助当地贫困妇儿、助力消费扶贫等活动62次。在“温暖港湾”志愿服务中，在百灵鸟、龙江小学、新康小学建立留守儿童知心屋，对留守儿童进行心理疏导。开展“我是你的大朋友——留守儿童结对陪伴成长计划”，采取2名志愿者对1名留守儿童的方式，对65名留守儿童进行长期性结对帮扶。在“宁乡创建全国文明城市”志愿服务中，开展文明劝导、清理“牛皮癣”、交通知识宣传讲座、入户宣传等活动267场次。在宁乡市新时代文明实践活动中，宁乡市妇联的宁乡巾帼志愿服务队争当主力。5月26日，湖南省妇联党组书记、主席姜欣调研宁乡妇联，参与新时代文明实践工作并给予高度评价。

【维权信访】 2020年，宁乡市妇联继续完善三级婚调平台建设，全年接待来信来访142人次，摸排出150余例婚姻家庭矛盾，处理率100%。为14名特困信访妇女提供临时救助，为8名受暴者提供法律援助，签发人身保护令2份、告诫书16份。推动成功处理坝塘廖某某、东湖塘王某某等老大难个案。

【普法宣传】 2020年，宁乡市妇联在全市妇联系统开展《遇到家暴怎么办》《遇到离婚怎么办》乡镇巡讲20次，反家暴、禁毒等宣传进学校、进小区95场次，发放宣传手册5万余册。

【“宁姐姐”防性侵项目】 2020年，宁乡市妇联实施湖南省“巾帼暖人心”维权创新项目——“宁姐姐”防性侵项目，探索女童防性侵的工作方法。联合市委政法委、市公安局、市人民检察、市教育局、市司法局、市卫健局8个部门印发《关于印发“宁姐姐”一站式女童关爱中心项目实施方案〉的通知》，在宁乡市公安局刑侦大队一楼建设“宁姐姐”一站式女童关爱中心。组建合适成年人（心理疏导师）团队。2020年，一站式陪同询问未成年人48名，开展15次心理疏导。开展儿童防性侵害宣传教育。联合教育部门，向全市的未成年人家长发出公开信，对全市的200名班主任老师进行培训。宁乡市妇联制作宁乡首部儿童预防性侵公益微电影《宝贝，当心!》，在学习强国湖南频道、宁视界、深度宁乡、宁乡妇联等新媒体上线，点击量10万余次。

【星级网上妇女之家建设】 2020年，宁乡市妇联做好“宁乡妇联”微信公众号，全年共发布推文142期203篇，发起线上倡议、评比、直播、报名、答题等活动12次，原创文章88篇，平均每篇点击量近1500次，2020年度评选为湖南省一星级“网上妇女之家”。

【妇联组织建设】 2020年，宁乡市妇联组织宁乡经开区、高新区、玉潭街道管辖下的企业、社会组织、新媒体行业积极新建妇联组织，2020年，新建妇联组织52个，其中妇工委3个，妇委会47个，妇女小组2个。创新示范妇女儿童之家创建模式，由心悦坊婚姻家庭咨询中心和宁乡市润馨家庭综合服务中心两家女性社会组织，通过购买社会服务，将“爱和文明住我家”公益服务项目注入坝塘镇保安村、菁华铺乡陈家桥村、历经铺街道东城社区、城郊街道石泉社区、黄材镇涓水村、煤炭坝镇煤炭坝社区、玉潭街道新山社区、玉潭街道新康社区 8 个妇女儿童之家，推动村（社区）妇女儿童之家活动多元化，创建 3 个长沙市级示范妇女儿童之家，5 宁乡市级示范妇女儿童之家。
（喻胜华）

宁乡市科学技术协会

【概况】 2020 年，宁乡市科学技术协会（以下简称市科协）以实施公民科学素质工程为抓手，以提高科普能力和服务水平为目标，努力构建社会化大科普格局，打造回龙铺科普小镇；促进科技的普及，开展青少年科技教育活动；为科技工作者服务，推进院企共建。

【回龙铺科普小镇】 2020 年，市科协集聚回龙铺镇的特色产业，以普及实用技术、服务产业提升、完善科普公共服务为切入点，以“产业+ 科普+ 旅游”三融合的发展模式，在产业链中融入科普元素，丰富旅游内涵，打造回龙镇天鹅科普小镇。年内，回龙铺镇建成 2 个现代农业科普示范基地，葵花屋场建成一个科普广场，包括科普长廊、科普书屋、农特产品展销台等。改造小微水体 1 处，广场周边新栽植春杜鹃、紫薇、红桎木、金森女贞、金叶女贞、茶花、法国冬青等苗木；流转土地 6.13 公顷，全部种植向日葵；绘制文化墙 300 延长米，安装健身器材 10 余件，人居环境得到改善升级。

【院企共建】 2020 年，市科协为企业做好院士专家工作站的相关项目对接、跟踪协调和管理等服务，落实微纳坤宸等院士专家工作站的奖补资金。根据企业的需求，1 月 14 日，邀请中南大学、长沙理工大学的专家、教授深入金玉工业园，与台乔机械、大禹神工、铭凯纸业、宁华建材等企业就企业转型升级、技术攻关等方面内容进行深入的沟通交流。支持在科研一线潜心研究的科技人才，2020 年择优向长沙市推荐优秀青年科技人才候选人 3 名，推动创新型人才健康成长。

回龙铺葵花屋场

【群众性科普项目】 2020 年，市科协下发 60 万元实施本级“科普惠农兴村计划”“科普示范村（社区）项目”，奖补 11 个科普示范组织、8 个科普带头人、16 个科普示范村（社区）。向上争取 45 万元，扶持宁乡市农业企业，助推现代农业创新发展、集约化发展。

组织举办宁乡市第 37 届青少年科技创新大赛、宁乡市第四届青少年科技创新市长奖、第 15 届青少年“奇思妙想”纸质承重竞赛、首届青少年创客节。组织各中小学生积极参加全国第 14 届全国发明展览会、第 14 届宋庆龄少年儿童发明奖评奖活动、湖南省第 41 届青少年科技创新大赛、长沙市第 37 届青少年科技创新大赛、CRH 杂交水稻杯机器人创客大赛、流行歌曲“科普解密”主题征文比赛，组织各中小学校积极参与长沙市科技特色学校创评活动。2020 年，宁乡市发明作品送参“全国第 14 届全国发明展览会”获两金七银四铜，学生易飞宇被评为“全国发明之星”。

【科技志愿服务】 2020 年，市科协开展一系列新时代文明实践科技志愿服务活动，先后组织开展“进企业门、解企业困、帮企业忙、促企业进”技术对接、“疫情难挡春意暖，预防中药茶敬志愿”慰问一线医护人员、“温暖复工，红马甲在行动”指导企业科学复古复产、“四城同创为人民，雷锋志愿我先行”环境保护、“社会力量助扶贫，科普健康在基层”医疗服务、“提升群众文化素养，全面志愿红动乡村”科普知识宣传、“生命安全与健康”应急科普知识宣讲等志愿服务，实践服务力较强，供需合理。 （黄　瑛）

宁乡市文学艺术界联合会

【概况】 宁乡市文学艺术界联合会（以下简称市文联）成立于 1998 年 9 月，实行团体会员制，截至 2020 年年底，市文联下有 10 个协会：音乐家协会、诗联协会、诗散文协会、摄影家协会、作家协会、美术家协会、书法家协会、民间艺术家协会、舞蹈家协会、戏剧家协会，会员 4000 余人，其中国家级会员 23 人。

【宁乡市文联办公场所搬迁】 2020 年 3 月 16 日，宁乡市文联搬迁至玉潭街道办事处六楼。新的办公场所设有机关办公室、会议室、阅读室以及文学、美术、书法等 10 个创作室，功能齐全，改善机关办公条件，为宁乡文艺爱好者提供理想的创作、交流场所。

【宁乡市文学艺术界联合会第一次代表大会】 2020年5月23日，宁乡市文学艺术界联合会第一次代表大会在宁乡市会议中心召开，长沙市文联党组书记、副主席王俏出席大会，本次大会有正式代表184人，特邀代表20人参加。文联主席提名人选胡宇做工作报告，全面回顾宁乡市文联近年来的工作成绩，明确今后五年的工作方向和主要措施。此次大会选举产生35名宁乡市文学艺术界联合会第一届委员会委员。第一届委员会委员选举产生宁乡市第一届文联委员会主席、副主席、秘书长。胡宇当选宁乡市文学艺术界联合会第一届委员会主席，刘正奇、李砺、肖水平、张奇、胡令强、贺小平、蒋华当选宁乡市文学艺术界联合会第一届委员会副主席，杨勇杰当选市文联第一届委员会秘书长。

2020年5月23日，宁乡市文学艺术界联合会第一次代表大会现场

【全国首个“市长文艺奖”发布】 2020年7月30日，宁乡市人民政府发布《宁乡市“市长文艺奖”评奖办法》和《宁乡市“市长文艺奖”管理章程》。这是全国首个以“市长”名义命名的政府性文艺奖项。为进一步激发宁乡文艺工作者的创作动力，引导支持宁乡文艺工作者把握创作方向，关注重大现实题材，努力推出文艺精品，宁乡市政府经过调研讨论，推出“市长文艺奖”。宁乡市“市长文艺奖”共设置重大文艺成果奖、特色文艺成果奖、优秀文艺成果奖、出版成果奖、优秀作品奖五个大类的奖项，评选内容按文艺类别分为小说、散文、诗歌、评论、报告文学、戏剧（含戏曲、话剧、广播剧、电视专题片）、诗联辞赋、电影、电视剧、音乐、舞蹈、美术、书法、摄影、民间工艺等。

【《宁乡市文联深化改革方案》发布】 2020年12月18日，中共宁乡市委办公室印发《宁乡市文联深化改革方案》。方案遵循中央、湖南省、长沙市关于文联深化改革的要求；结合宁乡实际，体现宁乡市委对文艺工作的指导思想和工作要求；围绕“团结引导、联络协调、服务管理、自律维权”的职能，从工作机制、工作方向、工作重点、工作保障等方面进行明确。

【文艺活动】 2020年1月5日，市美术家协会在菁华铺乡陈家桥村进行送春联下乡活动。1月17日，长沙市书协、宁乡市书协共同组织的“迎春送福”写春联活动在宁乡市经开区创业大楼图书馆内进行。1月17日，“我的祖国，我的家乡”宁乡诗词大赛落幕，此次比赛有300余名诗词爱好者参加，收到参赛作品700余首。1月19日，市诗散文协会在宁乡经开区举行“初心依旧，不负韶华”专题采风活动。1月20日，市舞蹈家协会、刘畅舞蹈学校负责宁乡市春节联欢晚会开场节目《盛世欢歌》。2月，市美协组织会员10余人开展“抗疫情”美术创作活动。2月5日，市音乐家协会先后创作《天下平安》《勇往直前》《势无可挡》等十余首抗疫歌曲作品。2月，市摄影家协会启动“战疫宁乡”的创作活动。2月，市摄影家协会举办“发现宁乡”摄影图片征集活动，协会以楚沩印象公众号和网站为平台，推出宁乡最新的风光人文作品。3月27日，由宁乡市文史专家姜福成创作的大型花鼓戏《湘江晓色》剧本研讨会在市文联机关会议室召开。5月20日，市政协副主席、市文联主席提名人选胡宇一行到花明楼镇靳源村村民董建成家，开展文艺志愿服务活动。5月27日，中国诗歌田野调查小组周瑟瑟、叶德庆、李不嫁等一行到宁乡兰花谷，与宁乡本土诗人们开展对话会。5月27日，宁乡市书协主席团参加“湘栀相爱，浪漫喻家坳”中国宁乡（喻家坳）首届栀子花文化旅游节启动仪式。5月29日，宁乡市诗联协会在灰汤东鹜山、高山寺等采风开展“爱我宁乡，写我宁乡”系列采风活动。6月2日，胡宇带领市文联、市诗联协会部分成员到喻家坳乡开展采风活动。7月11日，宁乡市摄影家协会在黄材镇新桥村，慰问贫困户，送去《全家福》照片。7月15日，市文联组织召开《齐已诗选》研讨会，来自不同领域的10余位专家参加讨论。4月至7月，宁乡市舞蹈家协会在全市23个乡镇（街道）开展基层舞蹈公益大课堂，共计服务群众1500人次。8月3日，《沩水春秋》创作交流会在市文联召开。8月22日，宁乡市文联、宁乡市作协一行30余人到灰汤桑佳农业公司采风，助力乡村振兴。8月23日，宁乡市书法家协会第一次代表大会召开，李砺当选为宁乡市书法家协会主席，喻伟、谢建明、朱灵、周新湘、钟建良、王海文、喻珍、王慧宇当选宁乡市书法家协会副主席，戴再军、陈伟光当选宁乡市书法家协会主席团成员。9月6日，市文联、市作家协会组织前往靳江流域相关景点采风。9月13日，由市文联主办，市文化馆、市戏剧家协会、市花鼓剧团协办的以“戏曲源流与‘宁乡戏’”为主题的宁乡文艺沙龙第一期活动在宁乡市大剧院文创艺术中心举办。9月22日，“玉山书院”杯全球华人诗词大赛揭晓。10月12—15日，宁乡·石门书法交流活动在常德石门县进行。10月18日，宁乡市摄影家协会换届选举会员大会召开，肖水平当选为宁乡市摄影家协会主席，邓兴、杨铁军、刘德明、袁浪波、郑婷当选宁乡市摄影家协会副主席，蔡石姣当选为秘书长，朱志强当选为监事长，蔡宁辉、刘立当选为监事。10月26日，乌鲁木齐市水磨沟区文联秘书长钟继光、兵团六师文联主席赵宇宁、兵团九师文联主席瞿桂新，兵团九师财务局处长夏桢翔一行到宁乡市文联交流。10月30日，宁乡市音乐家协会萨克斯分会、湖南省萨克斯学会宁乡学会成立大会在宁乡市召开。11月18日，宁乡市美术家协会第一次会员代表大会召开，张奇当选宁乡市美术家协会主席，石建兵、李少宁、杨文善、杨灿波、程建军、廖志频当选宁乡市美术家协会副主席，夏轶红为秘书长。11月18日，长沙市书协、宁乡市书协、宁乡市青年书协文艺志愿者走进宁乡市老粮仓镇毛公桥中学，开展书法进校园公益活动。11月18—24日，“圆梦2020——宁乡市脱贫攻坚奔小康主题美术作品展”在玉潭书画院举办。11月29日，由市文联主办，市作家协会、市文化馆协办的“文学的味道”——宁乡文艺沙龙第二期活动在市文化馆多功能厅举办。12月2日，市摄协在宁乡城投会议室举办主题为“历久弥新的艺术”的公益公开课。12月3日，宁乡市书协开展“书法进校园”活动，走进灰汤镇中心小学。12月18日，宁乡市诗联协会部分诗人到城北中学梅花校区，开展“诗词进校园”活动。12月19日，由湖南省诗歌学会、宁乡市政协、宁乡市委宣传部指导，宁乡市文联举办，小洋人公司独家赞助支持的“美好·宁乡2021新年诗会”在宁乡通程大酒店举行，来自全国各地的著名诗人和本土诗歌爱好者、企业界人士共300余人参加现场活动，10.2万人通过直播观看和参与本次诗会活动。

【文艺成果】 2020年，宁乡文艺成果丰硕。散文：肖辉跃作品《飞跃高原》9月被评为第九届湖南省优秀科普作品（省科技厅、省委宣传部、卫健委、科协联合颁奖）；杨罗先作品《文艺战疫日记》5月在湖南省文旅厅“艺抗疫情·云游湖南”主题作品创作和征集活动中获“优秀个人”。

现代诗歌：杨孟军作品《在蜡像馆》9月在湖南省作协教师作家分会和湖南教育报刊集团举办的首届湖湘教师文学征文大赛获二等奖。

音乐：胡令强作品《勇往直前》5月获湖南省文旅厅“艺抗疫情云游湖南”主题活动音乐类优秀作品奖。胡令强作品《宁乡剁辣椒红》11月获湖南省音乐家协会第六届“潇湘好歌”银奖。

戏剧：喻亮清作品《万众一心抗疫情》5月获湖南省文旅厅“艺抗疫情云游湖南”主题活动戏曲曲艺类优秀作品奖。喻亮清作品《存款风波》11月纳入文旅部“庆祝中国共产党成立100周年舞台艺术精品创作工作”重点扶持作品。

美术：石建兵作品《笙之交响》9月作品入选中国美协及中国少数民族美术促进会联合举办的第十届“民族百花奖”中国各民族美术作品展被评为中国少数民族美术促进会金奖；张而弛作品《金秋的日记》10月作品入选中国美协主办的第二届“乡风墨韵”全国中国画作品展；夏轶红作品《三月芳菲》12月获湖南省文旅厅举办的湖南省第五届文化（群艺）馆（站）业务技能竞赛三等奖；陈伟光作品《鸟语花香》12月湖南省文旅厅举办的湖南省第五届文化（群艺）馆（站）业务技能竞赛三等奖。

摄影：邓兴作品《镜头里的宁乡巨变》2020年9月被评为山西省委宣传部举办的平遥国际摄影大展凤凰卫视优秀摄影画册奖；刘立作品《皮影人生》12月湖南省文旅厅举办的湖南省第五届文化（群艺）馆（站）业务技能竞赛展览艺术类二等奖；蔡石姣作品《沩山新貌》9月被评为湖南省扶贫办、湖南日报社主办的湖南决胜脱贫攻坚影像大赛优秀奖；蔡石姣作品《贫困户喜圆新房梦》9月被评为湖南省扶贫办、湖南日报社主办的湖南决胜脱贫攻坚影像大赛优秀奖。

【《宁乡百企赋》出版】 2020年12月，宁乡市文联主编的《宁乡百企赋》出版，全书分经开区卷和高新区卷，约40万字。入选的近百家企业，或是行业龙头翘楚，或是深具潜力新秀，一定程度上代表宁乡工业发展的高度，通过讲述企业和企业家的故事，着重回顾企业成长路径、挖掘成功密码，提炼企业精神，弘扬企业文化，展示宁乡营商环境，凸显宁乡制造业立市的浓厚氛围。 （陈　霞）

宁乡市残疾人联合会

【概况】 2020年，宁乡市残疾人联合会（以下简称市残联）内设办公室、康复部、教就部、组联部和1个二级机构残疾人劳动就业服务所。市人民政府残疾人工作委员会成员单位由市农办、市财政局等27个单位组成；市肢残人协会、盲人协会、聋人协会、智残人及亲友会、精残人及亲友会五个残疾人专门协会有委员20名；全市有29个乡镇（街道）残联和280个村（社区）残协。2020年，宁乡市各级残联把残疾人对美好生活的向往作为奋斗目标，积极作为，全市建档立卡贫困残疾人顺利实现脱贫，残疾人社会保障体系逐渐完善，残疾人文化事业稳步推进，社会扶残助残氛围不断浓厚。

【残联组织建设】 2020年，市残联组织选聘镇、村残疾人专职委员307人，修订完善残疾人专职委员管理办法，分类实施残疾人五个专门协会绩效考核，专职委员工作和专门协会工作更加活跃。加强机关队伍管理，健全机关工作人员目标管理考核细则等各项管理制度16项，定期开展廉政谈话和集体活动，激发干部职工干事创业激情。

【残疾人脱贫攻坚】 2020年，全市残联系统推进残疾人脱贫攻坚，社会保障应补尽补。编制4万余册“宁乡市残疾人帮扶救助项目明白卡”发放到残疾人手中。健全与人社、民政、医保、教育等部门沟通协调机制，实现数据及时共享，确保医保、养保代缴完成率100%、适龄残疾儿童接受义务教育达到95%以上。全年发放“一户多残”家庭生活补助2338户、4847人、贫困残疾人家庭无障碍设施改造550户、危房改造156户，实现贫困重度残疾人家庭无障碍改造和危房改造“清零”目标。开展第30次“全国助残日”活动，举办“助残脱贫，决胜小康”主题活动。利用“连千村帮万户”“千企连千户”“一月一走访”等扶贫机制，发动爱心企业、爱心人士积极销购残疾人产品，带动销售金额10万余元。2020年，打造1家湖南省残疾人就业扶贫示范基地、2家县级就业扶贫基地。

【民生实事】 2020年，完成省民生实事工程0—14岁残疾儿童抢救性康复348人（3293个月），完成目标任务182%，累计完成700名0—17岁残疾儿童康复训练。完成长沙市级民生实事工程贫困残疾人家庭子女助学1761人，完成目标任务293.5%。实施精准康复服务行动，免费装配假肢和矫形器82例、发放辅助器具1100件、白内障手术280例，全市有康复需求的残疾人康复服务率和辅具适配率均达95%以上。全市3家寄宿制托养服务机构全部争创4A，寄宿制托养180人、居家托养120人，作为长沙市示范托养机构接待南昌残联、张家界残联参观学习。开展“互联网+政务服务”一体化工作，编制14项公共服务事项实施清单，公布实施要素，开展网络预审。开展残疾人基本服务状况和需求专项调查，为全市3.4万名建立服务档案。联合市卫健局组织市人民医院、市精神病医院深入29个乡镇（街道）为建档立卡、重度残疾的贫困残疾人上门办证，办证1100余人，一站式办证受到群众好评。

【残疾人就业创业】 2020年，征缴残疾人就业保障金2212.54万元。按照“扶持一批、稳定一批、发展一批、培训一批”的工作思路，全年扶持大小企业、合作社等103家，资金164万余元；补助残疾人法人贷款贴息9家、个体工商户养老保险补贴51家；依托扶贫基地、就业基地等规模企业、合作社，以水果种植、鹌鹑养殖等项目为载体，免费发放生产资料和技术培训，带动290名残疾人增收、新增就业35人以上。贺建华、胡建国被评为“2020年度湖南省最美阳光致富带头人”。通过专业培训机构、农村合作社等平台，采用“线上+线下”培训模式，新增培训人员355人，提升残疾学员工作能力。

【平安残联建设】 2020年，推进平安残联建设，接待来信来访600件（人）次，受理市民热线35件，其中按期回复35件，回复率100%，满意办结率100%；办理交办件函16件，接待答复满意率98%以上，全年没有发生一起残疾人非正常上访事件。做好残疾人信访接待和法律救助工作，提升残疾人自强自律和知法守法意识。举办各类残疾人技能技术培训4期，每期培训班均穿插一期法律知识培训，提升残疾人法治意识。发挥各级残疾人法律救助机构作用，妥善解决残疾人诉求，维护残疾人队伍的权益。加大安全生产管理，每月开展排查整顿。

【防疫抗疫】 2020年，市残联落实各项防疫抗疫措施，帮助各类为残服务机构进行物资筹措、杀菌消毒，全市无一例残疾人确诊病例、疑似病例。疫情期间，救助慰问贫困残疾人1980余人，发放慰问金175万元；开展“无接触”托养服务、残疾儿童“线上康复”等服务，确保服务不断档。稳步推进复工复产，向209家残疾人企业发放疫情稳岗补贴41.8万元。

【宣传文体】 2020年，市残联组织12名残疾人运动员参加培训，为2021年全国残疾人运动会争金夺银储备人才。2020年，黎瑞平被评为长沙市优秀残疾人工作者，欣云博爱托养服务中心被评为长沙市爱心集体，曾元被评为长沙市爱心个人，李桂林被评为长沙市自强模范。

【宁乡市2人被评为湖南省残疾人“阳光致富示范户（带头人）”】 10月，由省残联、省扶贫办联合组织开展的2020年度残疾人“阳光致富示范户（带头人）”评选活动落幕，97人被评为2020年度湖南省残疾人“阳光致富示范户（带头人）”，宁乡市凤建农业发展有限公司负责人胡建国、菁健水稻种植专业合作社负责人贺建华上榜。宁乡市把产业扶贫作为贫困人口实现稳定增收脱贫的长久之计和根本之策。通过优化产业扶贫项目铺排和利益联结机制，调动各方积极性，特别是对建档立卡贫困残疾群众进行金融扶贫、产业扶贫、技术扶贫、就业扶贫，残疾人两项补贴基本实现全覆盖，支持残疾人参与社会生活，共享经济社会发展成果，努力营造全社会都来关心残疾人事业的良好氛围，为打赢残疾人脱贫攻坚战营造氛围、集聚合力、传播正能量。残疾群众家庭基本生产生活条件明显改善，残疾群众收入水平明显提高，涌现出如胡建国、贺建华等一批残疾人阳光致富先进典型。

宁乡市红十字会

【概况】 宁乡市红十字会属参公管理全额拨款事业单位，2020年，宁乡市红十字会贯彻落实习近平总书记关于群团工作重要论述和红十字事业重要指示批示及到湘考察时重要讲话精神，健全体制机制、增强能力实力、聚力主责主业、提升服务质效，努力建设更具凝聚力、影响力和公信力的红十字组织。

【抗击疫情】 2020年，宁乡市红十字会响应宁乡市新型冠状病毒感染的肺炎疫情防控领导小组相关部署，在第一时间向社会发布公告，多方面联系，接收捐款136笔，共计522.55万元；接收捐赠物资57批次

（无境外捐赠物资），价值305.12万元。募捐口罩67.83万个、防护服1291件、医用手套等急需医用物资，为宁乡防控疫情作出努力，其中6万个口罩发放给学校，30万个口罩作为宁乡防疫储备物资，其他发放到卫健部门。

2020年12月13日，宁乡市红十字会生命安全健康体验馆内，志愿者正在为青少年讲解正确灭火方法

【脱贫攻坚】 2020年，宁乡市红十字会向上争救助项目、向社会争募捐，筹措430万元，助力社会扶贫。在“千企联千户”活动中，发动4家企业对口帮扶5户深度贫困户，送去7800元慰问金。5月组织志愿者到横市镇望北峰村，看望慰问12户精准扶贫户，为他们送去米、面、油、电饭锅等生活用品，帮助他们实现“微心愿”。接收张家界大峡谷旅游开发有限公司捐赠202万元，定向用于乡村振兴和困难群众救助。

【生命安全健康体验馆】 2020年，市红十字会在玉潭镇楚沩社区活动中心投入资金60余万元，打造面积200余平方米，有专用设施、专业指导，集培训、讲解、体验为一体，包括红十字知识、地震、交通、消防、居家安全、应急救护、禁毒七大模块的湖南省首家县级市生命安全健康体验馆。体验馆突出自然灾害避险、居家安全知识普及、火灾逃生体验教学，通过VR视频体验系统、烟雾模拟系统、交通多媒体系统等多种情景模拟，供市民就近学习应急救护、卫生健康和消防安全等知识。开通线上报名通道，需要体验学习的市民通过线上预约的方式进行报名。同时严格控制入场人数，分批次分项目进行体验，每个项目至少配备一名具备红十字救护师资格的志愿者进行现场讲解和指导操作，确保参加者通过体验和学习，加强自我防范和保护生命健康的自救互救意识，提高广大群众特别是青少年群体的安全健康知识水平和应急避险能力。宁乡市红十字会将充分发挥体验馆作为救护培训基地的阵地作用，为宁乡市生命安全健康事业发展做出更大的贡献。

【红十字救护站】 2020年，宁乡市红十字在花明楼景区新建宁乡市第一个红十字救护站，于12月完工并投入使用。该救护站设有接待区、救护处置区、母婴室，可满足紧急救护与简单医疗的要求。将开展院前紧急救护、伤病员转运、便民服务等工作，为人民群众的生命与健康提供保障。

【博爱家园】 2020年，宁乡市红十字向省红十字会争取博爱家园项目资金45万元，打造玉潭街道楚沩社区和青山桥镇竹峰村两个博爱家园阵地。年初开展“博爱送万家”活动，筹集8.96万元，3.63万元物资（棉被、米、油）对381户困难家庭进行慰问。

【人道救助】 2020年，宁乡市红十字为8户困难家庭申请湖南省红十字会人道救助，每户救助5000元不等。为85户困难家庭申请长沙市红十字会友阿公益基金救助，每户救助1000元。

【救助白血病儿童】 2020年，宁乡市红十字为白血病儿童争取3万元（不进行造血干细胞移植的）或5万元（进行造血干细胞移植的）的救助。2020年为6名0—14周岁白血病患儿申请“中国红十字会小天使基金白血病儿童”的救助款，自2006年开展该项工作以来救助患儿累计达40余名。

【“三救三献”工作】 2020年，宁乡在中国人体器官捐献登记管理系统上的登记人数1042人，占总登记数的61%，实现遗体器官捐献6例。造血干细胞捐献：采样登记入库200余人份，2020年高分采集6例。组织26期救护员培训班，1313名学员取得初级救护员证，人数是2019年的4倍。普及救护培训两万余人次，特别是针对中小学生开展专门的交通安全、防溺水培训。依靠社会力量，引导宁乡蓝天应急救援服务中心、楚沩之家等社会组织购置装备、训练队员，提升救援队伍战斗力。在红十字志愿服务指导中心的大力配合下，开展社区陪伴，为贫困户实现微心愿、慰问抗战老兵、红十字青少年等各类志愿活动，扩大红十字影响力，弘扬社会正能量。（杨文娟）

法治·军事

政法委与综治

【概况】 中共宁乡市委政法委员会及下设的宁乡市网格化综合服务中心，担负着把握全市政法工作政治方向、协调各方职能、统筹政法工作、建设政法队伍、维护社会稳定、推进平安建设、反邪教、反暴恐等职能任务。2020年，宁乡市被评为湖南省平安建设（综治工作）先进县市区、长沙市平安建设（综治工作）红旗区县（市）、长沙市维护稳定工作红旗区县（市）和长沙市反邪教工作红旗区县（市）；煤炭坝镇、龙田镇被评为长沙市平安建设（综治工作）红旗乡镇（街道），沩山乡、大成桥镇、历经铺街道、白马桥街道、老粮仓镇、青山桥镇、夏铎铺镇、巷子口镇、道林镇、金洲镇被评为长沙市平安建设（综治工作）优秀乡镇（街道），煤炭坝镇被评为长沙市平安乡镇（街道），大成桥镇成功塘村、煤炭坝镇贺家湾村被评为长沙市平安社区（村），9人被评为长沙市综治工作优秀个人，6人被评为长沙市维护稳定工作优秀个人，6人被评为长沙市反邪教工作优秀个人。宁乡市评出平安建设（综治工作）红旗乡镇（街道）2个、优秀乡镇（街道）10个、优秀单位30个，评出平安乡镇（街道）13个、平安单位27个、平安村（社区）92个，99人被评为宁乡市平安建设（综治工作）优秀个人，10人被评为见义勇为先进个人。评出维稳工作先进单位13个，先进个人64名。评出宁乡市政法系统专业型人才带头人10人、精英21人、能手31人，评查优秀案件15件。宁乡市委政法委内设办公室、政工室、执法监督科、综治督导科、维稳指导科、反邪教协调科5个科室。

【扫黑除恶专项斗争】 2020年，为期三年的扫黑除恶专项斗争圆满收官。全市紧扣为期三年的总目标，重拳出击，黑恶势力违法犯罪特别是农村涉黑涉恶问题得到根本遏制，涉黑涉恶治安乱点得到全面整治，重点行业领域管理得到明显加强，基层组织建设的环境明显优化，涉黑涉恶违法犯罪防范打击长效机制更加健全。累计打掉涉黑犯罪集团1个、涉恶犯罪集团5个、恶势力13个，抓获142人、刑拘91人、移送112人、起诉104人、一审判决98人。整顿软弱涣散村（社区）党组织11个，排查整顿责令辞职村干部4人、倒查追责党员干部27人。相继出台《打击"三贷三霸"长效工作机制（试行）》《强化民间借贷协同治理的实施意见（试行）》《关于建立疑似职业放贷人名录的实施意见》等19项长效机制，把专项治理和系统治理、综合治理、依法治理、源头治理结合起来，为推进扫黑除恶斗争常态化奠定基础。

【维护社会稳定】 2020年，市委政法委完成稳定风险防控、维稳处突等各项工作任务，没有发生影响恶劣的大规模群体性事件和个人极端事件，确保宁乡市社会大局持续稳定。2020年年初，面对疫情防控严峻形势，及时出台《关于做好新型冠状病毒感染的肺炎疫情防控期间社会稳定工作的九条意见》，为全市疫情防控工作有序开展和社会大局稳定提供有力保障。

【平安建设】 2020年，紧盯创建"省平安区县（市）"工作目标，相继下发《2020年平安宁乡建设工作方案》《宁乡市公众安全感满意度调查考评办法》等系列文件，压实各级工作责任。依托平安建设集中宣传月，召开屋场会7105场。推进"互联网+群防群治"，6.7万余人通过"星城园丁"参与治安巡逻30万千米，解决群众求助问题400余起。推进"一村一辅警"工作，全市236名驻村辅警协助破获刑事案件444起，协助调处治安纠纷14万余次，协查各类险情隐患6433起，协助抓获逃犯17人。围绕群众反映最强烈的身边事，在全市部署开展打击"盗抢骗"（含电信诈骗），打击地下"六合彩"，棋牌经营场所、非法集资（含网络传销）、道路交通安全、禁毒和"食药环"领域突出问题专项整治7个专项行动。

【社会治理创新】 2020年4月，宁乡市被确定为"全省社会治理创新试点市”，全市社会治理体系和治理能力现代化快速发展。推进智慧调解，开发宁乡市社会矛盾纠纷多元化解（ODR）平台“宁慧调”，全市354个调解组织、1665名调解员完成信息录入，线上受理工单3729件，调解成功3556件，司法确认30件。完善公共法律服务平台体系建设，健全县、乡、村三级人民调解组织体系和“三调联动”机制，发挥民声受理服务中心“小信访”职能，初步构建宁乡市社会矛盾纠纷多元化解机制。推动民主协商进基层，发挥全市历届社会贤达的带动作用，建立积极健康文明乡风和良好家风。加快培育优质群团组织，动员更多群众参与基层社会治理，鼓励见义勇为，倡导社会正气，形成共建共治共享社会治理制度。宁乡市大成桥镇被评为全国乡村治理示范镇。

【政法队伍建设】 2020年，市政法委全面贯彻落实《中国共产党政法工作条例》，完善政法系统思想政治工作联系会议、请示报告、督促检查和监督问责等制度。加强政法队伍建设，开展政治轮训、政治督查和案件评查。9月，在湖南大学举办宁乡市优秀基层政法干警党性教育专题培训班。11月，在全市抽选6个基层法庭、派出所开展政法系统政治督察。先后抽取评查案件26件，核查督办案件7件，召开案件协调会11次。

（卢　川）

公　安

【概况】 宁乡市总面积2906平方千米，辖4个街道办事处、21个镇、4个乡、209个村、69个社区、79个警务区、449957户、常住人口1420353人。

宁乡市公安局（以下简称市公安局）机关驻地为玉潭街道二环西路110号，设科室6个：指挥中心、政治工作办公室、后勤保障科、大数据中心、为民服务中心、警卫科；设直属大队13个：国内安全保卫大队、刑事侦查大队、治安管理大队、交通警察大队、巡逻警察大队、禁毒大队、经济犯罪侦查大队、人口与出入境管理大队、网络安全保卫大队、单位内部安全保卫大队、食药环犯罪侦查大队、警务督察大队、法制大队；设监管场所2个：看守所、拘留所；设行政派出所30个：玉潭所、道林所、大屯营所、花明楼所、东湖塘所、历经铺所、夏铎铺所、金洲所、梅家田所、双江口所、菁华铺所、煤炭坝所、喻家坳所、双凫铺所、大成桥所、回龙铺所、白马桥所、坝塘所、资福所、灰汤所、老粮仓所、流沙河所、青山桥所、龙田所、巷子口所、沙田所、黄材所、横市所、沩山所、炭子冲所。

2020年，宁乡市局刑事科学技术室被评为全国示范刑事科学技术室。市公安局被评为2018—2019年全省公安警务保障工作成绩突出集体；2019年度全省县市区公安局执法质量考评优秀集体。法制大队被评为2018—2019年度全省公安法制工作成绩突出集体；刑侦大队被评为2019年度刑事技术工作成绩突出单位；治安大队被评为全省公安打击整治枪爆违法犯罪专项行动成绩突出集体。二十八项工作长沙市先进：创建全国文明城市工作先进单位；全市公安机关新时代县域警务工作先进单位；全市公安机关县域警务调研三等奖；全市“警务中台”建设应用竞赛活动成绩突出分县市局；2020年度全市公安机关扫黑除恶专项斗争成绩突出单位；2020年度全市公安机关命案积案攻坚先进单位；2020年度全市公安机关“法治公安建设”成绩突出单位；全市公安机关“昆仑2020”专项行动成绩突出单位；2020年度全警实战大练兵“标兵集体”；2020年二季度队伍建设“红旗单位”；2020年度全市公安机关打击非法捕捞专项整治行动成绩突出单位；宁乡市局交警大队被评为创建全国文明城市工作先进单位；大成桥派出所被评为新时代县域警务工作成绩突出单位；城郊派出所党支部被评为先进派出所党支部；城郊派出所被评为全市“警务中台”建设应用竞赛活动成绩突出派出所；玉潭派出所被评为全市派出所基础工作成绩突出单位；网安大队被评为“净网2019”成绩突出单位；法制大队被评为集体三等功；全市公安执法绩效考核优秀单位；全市公安机关“十佳先锋警队”；全市公安执法规范化突出单位；刑侦大队被评为集体嘉奖；巡警大队被评为长沙公安“2020·星城之剑”特巡警警务技能大比武团体第三名；治安大队被评为2019年度全市公安治安管理工作先进集体；交警大队治超中队被评为长沙市公安局雷锋式警队；经侦大队侦办的广西康华养生馆有限公司宁乡分公司涉嫌非法吸收公众存款案被评为2019年度长沙市防范和处置非法集资优秀刑事案例三等奖；食药环大队侦办的李某良等人涉嫌生产、销售假冒注册商标的名优白酒案被评为2019年度全市公安机关食药环侦部门“十大精品案例”；道林派出所侦办的陈某国、张某武等人敲诈勒索案被评为2019年度全市公安机关优化营商环境“十大精品案例”。

【全省公安机关县域警务网技支撑点建设现场推进会在宁乡召开】 2020年12月30日，全省公安机关县域警务网技支撑点建设现场推进会在市公安局召开。省公安厅党委副书记、副厅长杨琪君出席会议并讲话。省公安厅网技总队总队长雷卫军，全省各市州分管局领导、网技支队负责人，43个区县相关负责人、网安大队长，长铁、怀铁、衡铁公安处相关负责人共170余人参加会议。与会人员分五批参观宁乡市公安局网技支撑点、大警务情报指挥中心。宁乡市公安局网技支撑点是全省首批“网技支撑点”，一期投入500余万元，打造全省县级公安机关最高配置。并推进“平安乡村”视频建设，建成“市、乡、村、农户”四级平台，覆盖宁乡市，提升前端感知和市域社会治理能力，会议总结全省公安机关县域警务网技支撑点建设工作情况和经验，研究部署深化推进下阶段支撑点建设。杨琪君要求要在情报预警、打击犯罪、公共服务、网络安全、人才培养五个方面做出实效。

【刘新良到宁乡调研辅警立法相关工作】2020年5月25日，省公安厅党委委员、政治部主任刘新良，长沙市公安局党委委员、政治部主任陈定佳等一行到宁乡调研辅警立法相关工作，并视察宁乡新时代县域警务工作开展情况。刘新良一行到市公安局新时代县域警务专班办公室，观看宁乡县域警务开展情况的汇报短片，肯定宁乡推进县域警务工作的举措，并要求宁乡市局要继续以政治建警为引领、风险防控为主线、以公安工作现代化为保障，构建具有宁乡特色的现代化县域警务体系。

【治警建警】2020年，市公安局坚持政治建警，推行“周一下午专题学”，凝聚全警认识，筑牢忠诚警魂。采取问卷调查、开门评警等方式，收集意见3456条，梳理局党委班子责任清单6大类、50条、二级单位责任清单859条；局党委班子成员、二级机构负责人，全部实行“问题清单—工作清单—责任清单”，环环相扣、闭环管理，以“开良方、下猛药”的方式确保问题清仓见底、整改及时到位，立行立改问题512个。以“真学真考真运用”为导向，采取集中培训、随岗培训、送训上门等方式，开展各类培训28场次、1970人次参训，内容涵盖刑侦、治安、法制、交通、禁毒等业务工作和警务实战技能。发挥机关纪委监督责任，开展明察暗访120余次。实行政治建设考核“三色预警”，定期开展警示教育。高悬执纪利剑，督察暗访276次，发现整改问题103个，从严处理民辅警29人，形成“处理一个、警醒一片”的震慑效应。

【从优待警】2020年，市公安局高度重视民警执法维权，不断增强民警职业荣誉感、警队归属感。选人用人向一线倾斜，全力打造用事业凝聚人心、用人心开创事业的政治生态。解决97名选调民警的身份问题；提拔交流35人，晋升四级以上高级警长33人。启动“五小工程”建设，耗资600余万元为全局29个派出所建设健身房、阅览室、影音室、心理解压室、荣誉室。完善机关警察之家及阅览室建设，为民警提供良好的健身及阅览场所。

【国内安全保卫】2020年，市公安局主动防范和处置各类风险隐患，共收集上报各类情报信息377条，核查对象288人次，就地稳控重点对象145名，完成全国两会等25个节点安保和“9·10”等55场警保卫任务。及时查处12起涉网政治性案件，网络安全管理能力有效提升，网络安全管理经验两次在长沙市局会议上做典型发言。开展依法治访，全年报请批准逮捕、判决4人，治安拘留8人，教育训诫35人，实现全年“零非访”。成功侦办“5·30”专案，捣毁窝点6个，打击处理7人，获省厅通报表扬。

【刑事侦查】2020年，市公安局共立刑事案件2535起，共抓获各类违法犯罪嫌疑人3964人，刑事拘留1055人、行政处罚2909人，侦破部省督案件6起，10起现行命案全数告破，抓获网上逃犯131人，抓获一名逃亡32年之久的命案逃犯，刑事破案工作呈现“四个上升”的发展态势（即现行破案率33.3%，同比上升4.5%；八类恶性案件破案率100%，同比上升25.8%；传统现行侵财案件破案率29.6%，同比上升5.5%；现行电信网络诈骗案件破案率17.3%，同比上升14.3%）。共勘验录入刑事案件现场信息1983起，采集收集血样9.45万份，采集入库违法犯罪人员DNA信息3500余条。全力打防网络通信诈骗犯罪，止付冻结资金8000余万元，返还被骗资金600余万元。

【扫黑除恶】2020年，市公安局共立涉黑涉恶类案件163起，破案146起，打掉涉恶犯罪集团3个、涉恶犯罪团伙2个，刑拘191人，报请批准逮捕137人，移送起诉237人，缴获枪支1支，被长沙市局评为扫黑除恶先进单位。

【治安管理】2020年，市公安局侦办黄赌案件265起，抓获涉黄涉赌人员951人，采取刑事强制措施109人，行政处罚858人，破获省督案件2起，被长沙市局评为“黄赌整治先进单位”。查处涉枪涉爆案件11起，收缴枪支22支、管制刀具20把、各类子弹2213发。抓获非法捕捞人员21人，打处成绩长沙第一，获长沙市局通报表扬。

【禁毒严打】2020年，市公安局全年共破获涉毒刑事案件121起，刑拘涉毒人员160，移送起诉138人，查处吸毒人员436人，强戒275人，社区戒毒70人，社区康复95人，铲除罂粟种植地4处。污水涉毒成分监测连续两年处于长沙最低。

【经济犯罪侦查】2020年，市公安局全年共立经济案件12起，破案8起，刑事拘留25人，取保候审、监视居住共30人，移送起诉54人，扣押、冻结违法所得3000余万元。

【巡逻防控】2020年，市公安局巡警大队成立2个中队，按1分钟到城区重点部位、3分钟到城区发案部位、5分钟到城区其他部位的要求，启动“城市快警”“万人巡逻、点亮星城”防控管理体系建设，采取摩托车巡逻、巡逻车巡逻、步巡相结合，投入警力5200余人次，协助抓获嫌疑人75人，有效控制辖区发案率，（抢劫、抢夺、盗窃）违法犯罪大幅下降，得到广大群众认可。

【交通管理】2020年，市公安局在农村派出所成立25个交警中队，协同辖区党委政府全力开展道路交通安全工作，长沙市县域警务道路交通管理“交所合一”现场推进会在宁乡市公安局召开。开展“大排查、大整治、大宣传”行动，共查处涉及顽瘴痼疾的交通违法2.95万起；协同排查整改涉路隐患814处，取缔马路市场46处，整改在建市政道路工程安全隐患问题84处；排查变型拖拉机908台、摩托车电动车2.29万台，电动车上牌12025台；新增交通信号灯10处、电子警察31处、视频监控球机93台、标线2万余平方米、标志标牌500余套；排查治理乡、村级公路隐患点8062处，隐患里程1223千米，临水临崖道路安防建设工作在全省推介。

【人口与出入境管理】 2020年，市公安局推进第七次全国人口普查，共补采二代身份证指纹471481人，提前完成长沙市局2020年度目标任务。开展“一标三实”信息采集和户口清理工作，新登实有人口89285人、实有房屋33485条、实有单位1196家、流动人口11217人、出租房屋7622户，登记临时到宁乡的境外人员296人次，采集Y库血样10万份，受到长沙市局通报表扬。

【食品药品和环境犯罪侦察】 2020年，市公安局全年立刑事案件36起，破案33起，采取刑事强制措施73人，移送起诉67人。捣毁“四黑”窝点57个，收缴假酒110余件、假槟榔5吨、假烟50余箱。

【单位内部安全保卫】 2020年，市公安局全年检查、走访企业2000余家（次），下达限期整改通知书200余份，整改安全隐患120余处。疫情期间，严格督促各重点单位加强安防措施，确保防疫安全。保障“三考”工作顺利完成，开展“护校安园”工作，协调政府投入推动校园安防建设，建立护学岗520处，进一步强化校园安全。

【基层项目及基础设施建设】 2020年，市公安局投资3.2亿余元的监管中心建设竣工收尾。新建花明楼所，有序推进青山桥所建设，启动大成桥、道林、金洲、喻家坳4个派出所建设。投入620余万元，完成23个派出所“五小工程”建设，有效改善基层民辅警的工作、生活环境。

【警务改革】 2020年，市公安局以做实县域警务为切入点，按照“做强大脑、做实基层、做好保障”的工作思路，推进警务改革。依托“警务中台”，在长沙地区率先整合110指挥中心、基础防控中心、指挥作战中心、情报中心、图侦、网技等部门力量，打造“指令归集、统一指挥、信息共享、科学有效”的扁平化现代警务指挥体系，实现“当日警情当日毕”，全力支撑打防管控，在维稳安保、侦办案件、创建文明城市等重大任务方面起到“参谋部”的作用，得到各级领导的充分肯定，长沙市局在宁乡市公安局召开现场会予以推介。

【部督“2020—418”毒品目标案】 2020年11月14日，长沙市公安局禁毒支队接到省厅禁毒总队转来福建省长汀县公安局流转线索，称有一伙福建长汀籍人与湖南宁乡籍居民频繁联系，到处购买化工原料及设备，准备在宁乡非法生产制毒物品麻黄素。接到该线索后，长沙市局领导高度重视，成立“11·15”专案组，由禁毒支队、宁乡市局禁毒大队抽调专人开展专案侦查。

经侦查，该起制造制毒物品案系福建长汀籍男子涂某某幕后组织并出资，然后由福建长汀籍男子钟某某联系刘某购买制造制毒物品设备及化工原料，后联系宁乡籍男子刘某某等人准备在宁乡市双江口镇檀树湾村制造麻黄素。该案经上报公安部后，被确定为部督“2020—418”毒品目标案，与福建省长汀县公安局一起侦办。

2020年11月29日凌晨，11·15专案组在上级禁毒部门的指导下，湖南长沙、福建长汀警方同步开展集中收网。福建长汀警方在长汀县抓获涂某某、钟某某等3名犯罪嫌疑人，湖南长沙警方在宁乡市抓获刘某某、陈某某、陈某某等16名犯罪嫌疑人，现场扣押疑似苯丙酮液体2224千克，疑似苯丙胺晶体200千克，制毒工具反应釜10台、冷凝机5台、发动机1台，涉毒资金5万元，另扣押制毒原材料500余桶，一举摧毁以涂某某、刘某某为首的跨省非法生产制毒物品的犯罪团伙。

【部督“8·18”生产、销售伪劣产品案】 2019年12月8日，长沙市烟草专卖局联合长沙市公安局在长沙县黄花镇环通物流园内韵达物流快递查获一宗假烟案件，现场查获假烟南京（炫赫门）19.28万支，标值16万余元。2019年12月19日，长沙市公安局食品药品环境犯罪侦查支队予以立案侦查。

经侦查，办案人员发现该案系团伙作案，该案假烟货源系犯罪嫌疑人梁某某等人从越南通过公海走私入境，然后分销给广东汕尾地区的犯罪嫌疑人杨某某、陈某某、陈某甲、陈某乙等人，再由犯罪嫌疑人杨景色等人将购进的假烟销售给负责在长沙分销的犯罪嫌疑人林某某、陈某某、陈某甲、陈某乙等人，然后由分销团伙人员将假烟分销至长沙市辖区各烟酒门店。2020年8月18日，长沙市公安局抽调专门警力成立“8·18案”专案组，并于2020年9月1日指定由宁乡市公安局办理，由市县两级公安、烟草成立联合专案组展开侦查。

宁乡市公安局联合长沙市烟草专卖局、宁乡市烟草专卖局，于2020年11月5日至7日组织第一轮集中收网行动，现场抓获犯罪嫌疑人25人，在长沙市捣毁假烟仓库6个，现场查扣假烟600余万支，标值400余万元。经查证，该案涉案假烟案值达3000余万元，截至2020年年底，该案累计抓获犯罪嫌疑人29人，刑拘23人，另有40余名涉案犯罪嫌疑人在逃，专案组将加大追逃力度，将在逃人员缉拿归案。

【省督“1·8”网络赌博案】 2020年1月，宁乡市公安局抓获一批当地“六合彩”买码人员，通过审讯深挖，发现该案涉案金额巨大。宁乡市公安局成立“1·8”专案组进行专案攻坚。

经侦查证实，自2018年以来，犯罪嫌疑人罗某某、盛某某等人利用“台湾六合彩”，由盛某为经营的益阳市某网络公司负责开设服务器，设置投注平台，构建“台湾六合彩”赌博投注网站非法牟利。同时，罗某某发展下线彭某、彭某某、李某某等人在长沙、益阳、郴州等地接受六合彩投注及赔付工作，截至案发，该团伙接受下线人员投注金额8000余万元。

2020年6月22日，在省厅治安总队、长沙市局、益阳市局、郴州市局支持下，宁乡市局组织治安、刑侦、巡警及派出所共出动警力120余人，组成3个抓捕行动小组，分别到长沙、郴州、益阳三地同时展开集中收网行动，共抓获违法人员35人，现场收缴赌资200余万元，扣押作案用电脑20余台，网站服务器一台、冻结涉案资金600余万元。该案共刑事拘留19人，取保候审1人，监视居住1人，行政拘留6人。

【省督聂某某、任某等人开设赌场案】 2020年9月，宁乡市公安局治安大队掌握到有人在宁乡城区多家门店内投放“打渔机”等赌博机具进行赌博。市公安局抽调警力成立专案组全力侦办此案。

经侦查证实，自2020年4月以来，犯罪嫌疑人聂某某、任某、郭某某、高某某等人在宁乡市城郊街道、历经铺街道、玉潭街道等商行、超市内摆放“打鱼机”进行赌博，经后台数据查询营业额1800余万元，经司法审计非法获利900余万元。

2020年10月17日，专案组共出动警力80余人，分为10个抓捕行动组收网。该案共破获电游赌博窝点10处，抓获违法犯罪人员15人，刑事拘留14人，行政处罚1人，收缴游戏赌博机10台。 （钟文彬）

检　察

【概况】 2020年，宁乡市人民检察院（以下简称市检察院）内设机构改革后，内设政治部、办公室、第一检察部、第二检察部、第三检察部、第四检察部、第五检察部、第六检察部七部一室。2020年，市检察院落实市第一届人大四次会议精神，践行“惟公惟精、至情至理”院训，履行宪法、法律赋予的法律监督职责，全年办理各类案件2811件，同比上升18.31%，先后获得全国检察宣传先进单位、全国检察机关案件管理业务能手、湖南省检察机关扫黑除恶专项斗争先进集体、省模范职工之家、省巾帼文明岗、长沙市先进基层检察院等荣誉。

【刑事检察】 2020年，市检察院助力平安宁乡建设，依法批捕679人、起诉1107人，其中批捕故意杀人、抢劫等严重暴力犯罪58人、起诉48人，批捕电信诈骗犯罪19人、起诉20人。严惩“公害”，对戴某酒驾冲撞村民恶行，变更定性为以危险方法危害公共安全罪提起公诉；针对校车交通肇事悲剧发出检察建议，推进机动车文明礼让，整治人行道安全隐患。秉持客观公正立场，不捕159人、不诉142人，促成刑事和解53件。11月27日，文某某正当防卫不起诉案（刘某某因长期旷工被公司开除，迁怒于文某某，于2019年3月20日凌晨邀集欧某某持刀威胁文某某。威胁过程中，欧某某持刀攻击文某某时被其反夺，反击过程中造成刘某某死亡、欧某某轻伤。在随案移送的案件材料中无案发时双方发生争执的现场监控视频情况下，宁乡市人民检察院承办检察官通过自行补充侦查和实地调查，结合现场勘验笔录和文某某、欧某某的伤情鉴定以及死者刘某山的尸检报告等证据材料，依法准确认定刘某某、欧某某二人共同实施的不法侵害已严重危及文某某的人身安全，文某某面对刘某某、欧某某共同实施的暴力侵害进行反击属于正当防卫，即使造成暴力程度较轻的刘某某重伤或死亡，也不属于防卫过当，依法不负刑事责任。遂于2020年4月3日对文某某作出不起诉决定）入选最高检发布的正当防卫不捕不诉典型案例。依法履行指控证明犯罪主导责任，适用认罪认罚从宽制度审结1057人，占刑事案件总量的83.69%，确定刑量刑建议提出率65.3%，法院采纳率98.4%，一审服判率91.07%，有效提升司法效率。加强刑事诉讼监督，督促立、撤案41件，书面纠正侦查、审判活动违法情形16件次，纠正漏捕、漏诉20人，提出抗诉1件，法院改判1件。强化刑事执行监督，监督社矫对象364人，发出纠正违法通知书6份、检察建议1件，建议收监执行3人，在全省率先开展重大案件侦查终结前讯问合法性核查，共核查12人。

【民事行政检察】 2020年，市检察院办理民事、行政检察案件190件，对生效民事裁判提请抗诉和提出再审检察建议11件。对郭某某“套路贷”恶势力犯罪集团案中的虚假诉讼线索立案6件，发出再审检察建议2份，市人民法院裁定再审；提请长沙市人民检察院抗诉4件，均获支持。落实农民工工资保障政策，办理支持起诉案件24件，帮助追回16.9万元。加强检法携手，对执行中的不规范或执行难问题，提出检察建议76件，均获采纳。在深圳某公司与湖南某公司合同纠纷执行监督中发出检察建议，建议法院在查封财产时进一步落实查封财产清单制度，确保当事人违反查封规定时，责任清晰、证据充分。对部分行政复议或行政诉讼未解决纠纷的行政案件，办理实质性化解行政争议案件5件。

【公益诉讼检察】 2020年，市检察院做好公益诉讼检察，立案124件，同比增长65.3%。争取省、市检察机关支持，运用磋商机制办好最高检督办的食品企业环境污染公益诉讼案，推动宁乡经开区投入2200万元改造雨污管网，督促生态环境部门加强排污企业监管。保护国有财产，通过办案督促收回国土出让金7.15亿元，督促缴纳人防易地建设费22.6万元。办理何叔衡故居红色资源保护案。推动生态环境保护，落实长江流域“十年禁渔令”，提起刑事附带民事公益诉讼8件，法院全部支持；办理首例支持公益组织提起公益诉讼案——支持“绿色潇湘”起诉彭某非法捕捞水产品损害公益案，开展渔业生态环境修复暨鱼苗增殖放流活动。

【未成年人保护】 2020年，市检察院零容忍侵害未成年人犯罪，从快批捕82人、从严起诉71人。对犯罪情节轻微的未成年人，依法不捕18人、不诉3人，附条件不起诉14人。8月12日，宁乡市人民检察院根据《最高人民检察院关于加强新时代未成年人检察工作的意见》精神，联合宁乡市监委、市委政法委、法院、公安局、教育局、司法局，在长沙市检察机关率先出台《在未成年人教育培训和看护行业建立入职查询和从业禁止制度的意见》，从明确禁入行业主体范围、建立适用对象负面清单、细分职能部门监督责任三个方面，为预防利用职务便利侵害未成年人违法犯罪提供有力制度保障，受到来院调研的最高检咨询委员会委员肯定。依托该院“守未者”未检工作室，与市妇联等单位共同成立“宁姐姐”一站式女童关爱中心。举办“同舟共济、检护明天”检察开放日活动，检察官担任法治副校长，共为1.1万余人次中小学生量身打造普法课。

【疫情防控】 2020年，市检察院批捕危害疫情防控犯罪6人、起诉7人。叶某破坏防疫秩序、酒驾持刀冲击派出所，以寻衅滋事罪快捕快诉，入选全省检察机关涉疫防控典型案例。落实全国人大常委会关于全面禁止非法野生动物交易的决定，办理涉案价值2600万元的特大野生动物制品交易案，对陈某等17人提起公诉，5名主犯获刑十年以上。打击林某等借“疫”诈骗犯罪5件，不让“口罩骗局”扰乱市场、民心。1名院领导和3名中层正职驻企帮扶，宁检志愿者奔赴社区、扶贫村、监管场所一线联防联控，捐款捐物。

【扫黑除恶】 2020年，市检察院开展扫黑除恶专项斗争。对省人民检察院、省公安厅督办的“8·30”“11·7”等5件重大黑恶案件，由正、副检察长包案领办。起诉43人，追诉漏犯1人、漏罪4笔，黑恶案件全部清结，“行霸”周氏兄弟、“11·7”特大涉黑涉恶“套路贷”团伙被依法惩处。加强深挖彻查，移送“保护伞”线索9条，引导查扣涉案“黑财”3588万元、房产26套、车辆12台，斩断黑恶犯罪利益链条。推进长效常治，针对“美容贷”“霸阻工”乱象，制发检察建议9件并监督落实，牵头出台《加强行政执法与刑事司法协助 促进建设工程领域依法健康发展的若干意见》，健全长效机制，堵塞监管漏洞。

【三大攻坚战】 2020年，市检察院化解重大金融风险，起诉非法集资、传销等涉众型经济犯罪35人，办理“沃联沃”“存爱珠宝”特大网络传销案，引导追赃挽损上亿元。助力脱贫攻坚，向因案致贫的刑事被害人发放司法救助金12.5万元；为因血友病致残的贫困户联系市人民医院实施手术，共同解决诊疗费20余万元；为大成桥村筹资40万元硬化公路3.5千米，修缮、重建房屋19户。推进污染防治，起诉破坏生态环境资源犯罪72人，同比增长3倍。批捕破坏营商环境犯罪23人，起诉19人。坚持“少捕慎诉”，依法不批捕涉罪民企人员35人、不起诉64人，对7件因项目建设非法占用林地但情节轻微的企业负责人，作出不起诉决定并督促复绿。在宁乡经开区警示教育大会上作青年干部职务犯罪预防讲座。

【涉检信访工作】 2020年，市检察院抓好涉检信访工作。落实“群众来信来访件件有回复”，7日内程序回复率、3个月内办理过程或结果答复率均达100%。院领导带头接访24次，办理来信7件。10月22日，宁乡市人民检察院检察长主持黄某某申请立案监督信访案（2008年7月，资福镇村民黄某某的父亲因琐事与时任所在村村支部副书记的胡某某发生矛盾。随后，双方为此多次发生冲突致矛盾加深。黄某某多次上访，但未得到妥善处理。2020年6月9日，黄某某到宁乡市人民检察院申请立案监督）公开听证，经过释案说法，申诉人黄某某当场签署息诉罢访承诺书，双方握手言和。在最高检组织的文明接待室评比中，以优异成绩通过省人民检察院验收。对违法信访问题坚决依法打击，批捕3人、起诉2人。

【公开听证】 2020年，市检察院全面推进公开听证。重点针对18件民生案件，邀请人大代表、政协委员、人民监督员参与听证。在办理危险驾驶、交通肇事案件公开听证中，创新引导拟被不起诉人主动申请参加文明劝导公益服务，实现“办理一案教育一批”的效果。办理征地补偿分配纠纷申请监督案，把听证会开到镇政府，通过释法说理让40余名群众代表解法结化心结。“宁乡市：以提高检察机关司法公信力为核心 全面推行检察公开听证改革”案例成为全省检察机关唯一、宁乡市唯一入选“全省基层改革探索100例”的案例。

【检察队伍建设】 2020年，市检察院成立院机关党委、机关纪委，换届改选党支部。坚持重大事项记录定期报告，严守办案纪律底线。完成内设机构改革，设置六大业务部门、两大综合部门。刑事检察“案—件比”降至1：1.48，同比下降22.8%。抓实案件质量考评指标体系，案件质量考评居长沙市第一。常态化开展优秀案件、优秀文书、优秀文稿“三优”评选，5起案件被评为国家、省、市级优秀案件或典型案例，1人被评为全国检察机关案件管理业务能手，2人入选湖南省检察机关民事行政检察人才储备库，2人被评为全省检察机关扫黑除恶专项斗争先进个人，13篇调研文章获奖，66个集体（个人）被记功或受嘉奖。坚持文化育检，获省政法系统书画诗词摄影作品大赛中诗词类特等奖，蝉联长沙检察机关最爱读书检察院称号。加强检校合作，与湖南师范大学共建新型实习基地，打造优秀法学专业研究生到院实习和联合开展检察理论研究新平台。

【接受监督】 2020年，市检察院依法接受人大监督，4名院领导和部门负责人带头接受市人大常委会首次检察官履职评议，提请市人大常委会任免检察人员职务7人次，办理3件人大代表建议，走访5次。自觉接受民主监督，邀请市政协、工商联领导参加“服务‘六稳’‘六保’检察护航民企发展”检察开放日活动。主动接受社会监督，261名社会人士走进检察院、走近检察官，发布重要案件信息35条，公开法律文书981份，推送检察动态267条，294篇稿件被各级媒体采用。

【“8·30”周氏兄弟等23人涉黑专案】 该案系省检察院、省公安厅联合挂牌督办案件。自2013年起，岳麓区洋湖街道刑释人员周氏兄弟先后拉拢近20名宗族亲属、闲散人员，以暴力、威胁等手段在当地强揽项目建设土方工程，有组织地多次实施聚众斗殴、强迫交易、敲诈勒索、开设赌场等违法犯罪活动，逐渐形成以该二人为首的涉黑组织。宁乡市人民检察院在办案中引导查扣涉案“黑财”近3000万元、房产26套、车辆11台。2020年9月7日，周氏兄弟因犯组织、领导黑社会性质组织罪、聚众斗殴罪、强迫交易罪等12项罪名，分别被判处有期徒刑二十一年和十七年，剥夺政治权利五年，并处没收个人全部财产；其余21名成员分别被判处有期徒刑十二年至十一个月不等刑罚并处罚金。

【“11·7”特大涉黑涉恶“套路贷”专案】 该案系省检察院、省公安厅联合挂牌督办案件，由长沙市人民检察院统一部署，宁乡市人民检察院和其他区、县检察院分别参与办理。2018年3月至2019年6月间，唐某增、陈某等人以湖南三桶金财物管理有限公司为幌子，从事“套路贷”违法犯罪活动，引诱急需用钱的年轻女性借款，并制定虚高债务条款、制造虚假给付利息、收取高额砍头息和暴力催收。2020年4月3日，宁乡市人民检察院对唐某某、陈某等9人提起公诉并依法认定为恶势力犯罪集团。经审判，唐某某、陈某等9人被判处有期徒刑十二年六个月至一年三个月不等刑罚。（李　冬）

法　院

【概况】 2020年，宁乡市人民法院设有立案庭、刑庭、民一庭、民二庭、综合审判庭、执行局、政治部（机关党委）、综合办公室、审判管理办公室（研究室）、司法警察大队共10个庭、局、队、室，下设金洲、花明楼、双凫铺、流沙河、黄材、灰汤6个人民法庭，新增经开区巡回法庭。法官及工作人员275人，在编人员中硕士研究生38人，大学本科93人，大专及以下学历9人。

2020年，宁乡市人民法院履行宪法和法律赋予的职责，共受理各类案件21508件，同比下降20.37%，这是近三年收案数首次迎来下降拐

宁乡市检察院检察听证现场　摄制者：杨婷

点，诉源治理成效初显，审执结各类案件20802件，员额法官人均结案281件，审判执行综合质效居全省一类法院前列。该院被湖南省高级人民法院评为“全省法院2020年度司法案例工作先进单位”，并被推荐参评全国“青少年维权岗”，12人次受到省级以上表彰奖励。

【审判执行】 2020年，宁乡市人民法院审结刑事案件712件、1025人，判处五年以上有期徒刑56人，其中传销、“电诈”、“两卡”等犯罪案件12件、32人，“黄赌毒”等犯罪案件86件、138人，贪污贿赂犯罪案件8件、8人，持续打击无理缠访、闹访等寻衅滋事犯罪案件3件、3人。严惩诈骗中央储备粮库的23名被告人，2人获刑十年以上。对自愿认罪认罚的820名被告人依法从宽处理。审结民商事案件9296件，其中婚姻、继承等家事纠纷1534件，发出人身安全保护令13份，商品房买卖、物业服务等民生纠纷2522件，劳动争议、追索劳动报酬等案件530件。审结未成年人权益保护案件204件，审理的周某诉张某等人健康权纠纷案入选最高人民法院依法严惩侵害未成年权益典型案例，该院被湖南省高级人民法院推荐参评全国“青少年维权岗”。执结各类执行案件9054件，执行到位12.01亿余元，查询冻结存款8718万元，扣押车辆38辆，司法网拍2064件，变现资产7.7亿元，拘留罚款120人次，移送拒执犯罪9件10人，追究刑责2人。开展民生专项执行25次，执行到位金额5000余万元，召开执行兑现大会兑现农民工工资920余万元。公布被执行人信息11021次，纳入失信名单和限制高消费6663人次，审查任职资格5916人次，督促804人自动履行，移除失信名单、解除惩戒措施2536人次。

【疫情防控】 2020年，宁乡市人民法院力行“云上司法”，疫情期间网上立案323件，网上开庭126件，妥善审理旺金租赁纠纷系列案，明确涉疫租赁纠纷法律适用规则。依法从重从快审结全省首例涉疫寻衅滋事案，被省高院评为涉疫情防控犯罪十大典型案例。出台《关于充分发挥审判职能应对疫情的实施意见》，发布5起保障疫情防控、助力复工复产典型案例。

【扫黑除恶】 2020年，宁乡市人民法院纵深推进扫黑除恶专项斗争，审结涉黑涉恶案件5件、39人，判处五年以上有期徒刑16人。院长带头领办、依法审结挂牌督办的“8·30”重大涉黑案，被省高院评为优秀案例。严惩实施“美容贷”犯罪行为的唐小增恶势力犯罪集团，判处首犯有期徒刑十二年六个月。依法打击实

施“校园贷”犯罪行为的胡泳恶势力团伙，净化校园生态。聚焦“打财断血”，落实“六清行动”，涉黑涉恶案件清零，财产刑执行到位率87.85%。

【优化营商环境】 2020年，宁乡市人民法院新设经开区巡回法庭，实现“一园区一法庭”布局。建立破产案件府院联动机制，落实破产费用保障基金，审理破产案件15件。审结涉企纠纷3671件，成功调处中宏公司与聚德公司合同纠纷案，促成2000余万元新合作。妥善处理康程护理系列执行案，帮扶星邦重工解决拟上市过程中遇到的执行难题。持续开展跨省异地工程机械专项执行12次，执行到位4000余万元。

【服务三大攻坚战】 2020年，宁乡市人民法院严惩集资诈骗等涉众型经济犯罪案件7件、19人，判处涉案金额上亿元的“沃联沃、存爱珠宝”特大传销案主犯有期徒刑七年，高效审结涉金融纠纷案件2492件，开展“金融执行百日攻坚”，追回不良贷款2.2亿元。惩处涉环境资源犯罪23件、54人，审结环境公益诉讼13件14人，广泛适用增殖放流等修复方式，严惩涉案金额高达2600余万元特大非法收购、出售珍贵、濒危野生动物制品犯罪，5人获刑十年以上。对接扶贫司法需求，妥善审理涉贫人员就业、土地承包等案件20件，为涉贫人员追回“血汗钱”20余万元。

【司法为民】 2020年，宁乡市人民法院深入推广“移动微法院”“道交一体化”“阳光执行”APP等平台，推广网上、跨域立案服务，完成网上立案792件、跨域立案78件。深化“繁简分流”改革，速调快审各类纠纷6472件，平均审限仅21.22天。坚持“一把手”抓信访工作机制，化解信访案件69件，依法缓减免诉讼费22万余元，发放司法救助金31万元。坚持有序放权与有效监督相统一，加强对“四类案件”监管；完善专业法官会议、审判委员会以及类案强制检索制度，统一裁判尺度；坚持有错必究，启动再审案件4件；院庭长带头领办大案要案难案，结案7375件，占比38.03%，该经验做法被最高法《人民法院司法改革案例选篇（七）》和省委《改革简报》刊载并推介。一审服判息诉率92.71%，发改率仅1.23%，连续三年位居长沙法院第一。公正审理“小偷逃逸跳河溺亡案”，依法判定追赶的被告无责，宣示法不强求正义者的过重注意义务，符合《中华人民共和国民法典》的最新精神，被最高人民法院院长周强点名肯定。开展送法进园区、进校园等普法活动40余次，2起案例被评为全国法院年度优秀案例，2起案例入选长沙市2020年度十大优秀司法执法案例。

【社会治理】 2020年，宁乡市人民法院推动形成“源头防范为先、社会调解靠前、法院诉讼断后”的治理新模式。全年调解案件6129件，其中诉前调解4863件，调解成功3612件，调解成功率58.94%。一审民商事案件收案量同比下降10.77%，万人成诉率74.36‱，同比下降15.05%，诉源治理成效显著。“一根水管引发的邻里纠纷”入选最高法与CCTV-12台联合推出的湖南人民法院“一站解纠纷”直播活动，在近三千万网友见证下成功调解，得到公众认可与点赞。健全“职业放贷人名录”管理，在市委政法委统筹下联合出台《强化民间借贷协同治理的实施意见》，合力防范打击“高利贷”“套路贷”等行为，驳回起诉案件6件，判决合同无效案件4件，拘留罚款7人次，移送犯罪线索16条，追究刑事责任2人，得到中央扫黑除恶督导组和省高院的推介。开展反虚假诉讼专项行动，建立健全“立案预防、审判核查、执行反馈”审查机制，甄别、清查案件218件，拘留罚款5人次，追究刑责3人。融入党委政府治理大格局，共同推进七大片区建设，发挥基层人民法庭作用，下沉力量到村社区，推动形成解纷合力。聚焦“校园贷”滋生、校外辅导培训机构管理不规范等突出问题，发出司法建议10份。贯彻落实市人大常委会《关于进一步监督支持基本解决执行难工作的决议》，推进执行网格化建设，健全完善“党委领导、政法委协调、人大监督、政府支持、法院主办、部门联动、社会参与”的综合治理执行难工作大格局。

【法院队伍建设】 2020年，宁乡市人民法院落实《中国共产党政法工作条例》，组织开展“两个坚持”专题教育、“以案释德、以案释纪、以案释法”警示教育和落实“三个规定”专项整治活动，严格执纪问责，谈话提醒108人次，通报批评10人，行政记大过1人。认真接受市人大常委会对员额法官履职评议，邀请代表、委员视察工作、观摩庭审、见证执行等155人次，认真办理人大交办信访件7件，聘请15名人大代表、政协委员、社会贤达作为党风廉政形象监督员。依法接受检察监督，办理检察建议20件。网上公布裁判文书及公开信息20801份，庭审直播5535场，组织开放日活动10余次，人民陪审员参审案件2712件，普通程序陪审率100%。（肖春晖）

司法行政

【概况】 2020年，市司法局履行司法行政职能职责，统筹推进法治政府、法治社会一体化建设。2020年，宁乡入围湖南省法治政府建设示范市，司法所建设和法律援助工作在全省会议上作经验交流发言，法治政府建设和法治宣传工作在长沙市作典型发言。市人民政府连续3年零败诉，1个案例入选司法部案例库，2个案例被评为长沙市十佳典型案例，1个普法短视频获全省二等奖，1人被评为全国优秀人民调解员。《湖南日报》以“法治宁乡”迈步创新之路为题专栏介绍宁乡市法治政府建设情况，《长沙晚报》《人民调解》杂志等媒体推介宁乡司法行政工作。

2020年，中共宁乡市委全面依法治市委员会办公室设在宁乡市司法局，下设秘书科，承担委员会具体工作；市司法局机关设办公室、政工人事科、社区矫正管理科、行政复议应诉科、行政执法监督科、文件合同管理科、普法与依法治理科、基层工作指导科、法律服务管理科（市人民陪审员选任管理办公室）、法律援助管理科十个内设科室，下辖29个司法所。

【依法治市】 2020年，宁乡市深入推进全面依法治市工作。加强党对依法治市工作的领导，市委常委会两次研究依法治市工作，于4月底召开市委全面依法治市委员会第二次会议；9月研究公共法律服务体系建设工作，并对文件合同审核提出更高要求。严格履行法治报告工作，市人大常委会专题审议宁乡市2019年法治政府建设报告。按照省市法治督察的重点工作安排，2020年重点开展法治政府建设的督查。通过督查和创建省级法治政府建设示范市，将推进法治政府建设进入全新阶段。根据省委全面依法治省委员会、宁乡市委全面依法治市委员会通知规定，依法治市委员会组织对全市党政主要负责人履行推进法治建设第一责任人职责规定情况督察，对全市的党政主要负责人开展以书面督察为主、实地抽查为辅的工作督察，此次督查要求各单位开展全面自查形成自查报告、各单位党政主要负责人以个人名义上报履行推进法治建设第一责任人职责情况述职报告，共收到单位自查报告48份，领导述职报告71份。开展食品安全、野生动物保护等重点领域执法司法督察。举行市委理论学习中心组集中学法，主题为民法典，政府常务会议会前学法制度继续坚持，2020年集中学法3次，包括统计法、土地管理法、民法典和保障中小企业款项支付条例。领导干部法治培训纳入市委党校培训内容，完成全市法治专题培训班，机关工作人员学法考法参考率100%，合格率100%。

【法治政府建设】 2020年，宁乡入围湖南省法治政府建设示范市。市委、市政府将法治建设纳入地区发展总体规划和年度工作计划；2020年市委常委会、书记办公会四次研究法治工作，市政府常务会议、市长办公会三次讨论法治政府建设工作，研究解决具体问题5个，制定出台文件4

2020年7月8日，宁乡市法治政府建设工作会议暨专题培训班开班仪式

件；全市组织法治政府建设专题培训班1次，市长、常务副市长作专题授课；市政府、市委依法治市办召开法治政府示范创建推进会议2次；8月7日，宁乡市召开法治政府建设示范创建工作推进会，市司法局牵头负责法治政府示范创建，10月宁乡市在长沙市法治政府示范创建会上作典型发言。政府常务会议、市长办公会议议题中涉及法律事务的，全部由市司法局进行会前合法性审查，2020年对政府常务会、市长办公会105个议题进行合法性审查，不存在未经合法性审查或经合法性审查不合法仍提交决策机关审议的情况。政府文件管理更加规范，审查市本级一般性文件510件，重点审核《宁乡市政府投资建设项目管理办法》《宁乡市农村村民住房建设管理办法》等8份规范性文件，并全部按照程序报送长沙市政府备案。报备率、及时率、规范率100%，无违法设置行政许可、行政强制、行政处罚等条款，无违法损减公民、法人和其他组织合法权益、增加义务的内容。政府合同审查备案更加严谨，制定出台《宁乡市政府合同法务质量评价指标体系（试行）》，从制度上规范政府合同订立程序及合同条款内容，各部门单位合同订立程序更加规范、条款内容更加严谨。2020年市司法局审查备案政府合同960份，形成合法性审查意见2000余条，参与处理各类遗留问题11次。

【法治化营商环境优化】 2020年，宁乡行政执法更趋规范，全省首创市场轻微违法违规行为免罚清单，公布两批共94项，涉及市监、税务、交运、文旅广体、城管、消防6个领域。加强行政执法监督，每个季度组织一次行政执法案卷评查，建立司法行政部门集中案卷评查与各行政执法机关日常检查监督相结合的行政执法检查监督工作机制，按季度组织4次案卷评查，共评查案卷126件，评出不合格案卷6件。各行政执法机关建立相应的案卷评查机制，市文化旅游广电局、市生态环境局、市城管局、市统计局、市税务局等具有执法权的市直单位进行系统内部案卷自评自查33次，评查案卷23000余件。行政执法公示方面，针对前期“双公示”率偏低的具体实际，安排专人紧盯落实，2020年有5万余份行政许可决定、8000余份处罚决定在市政府网站及时公示。严控各类涉企检查，落实“双随机一公开”制度，规范涉企监管执法方式及频次。两法衔接深入推进。市委政法委牵头出台《宁乡市关于加强行政执法与刑事司法衔接工作的意见》，市检察院联合市监局、森林公安局出台《宁乡市打击经营野生动物及其制品行政执法与刑事司法衔接的工作意见》，市市监局联合市公安局出台食品安全领域行刑衔接相关文件。严格执行重大行政执法决定法制审核制度，各单位均制定并公开重大行政执法目录清单，严格遵照执行；落实行政执法过程全记录制度，全市配备各类执法记录设备1443台套。

【行政复议应诉】 2020年，市司法局支持人民法院依法受理和审理行政案件，严格履行行政机关负责人出庭应诉，办理行政复议案件42件，办理市人民政府为被告的各类诉讼案件43件，市人民政府无败诉讼复议案件，市本级实现连续三年无败诉讼复议。成立行政调解室，牵头调解社会影响较大、行政争议较为复杂的案件，对政府信息公开、工伤行政确认等类型的案件，通过思想疏导引导双方达成协议达到化解行政争议的目的，市政府审理的行政复议案件中，申请人主动撤回行政复议申请的占86.7%。规范行政机关负责人出庭应诉工作，并明确规定行政机关正职负责人必须出庭应诉的6种情形。起草《宁乡市行政应诉工作管理办法》，编制2020年度市人民政府负责人出庭应诉工作排班表，2020年市政府负责人出庭应诉达10次，对于涉及重大公共利益的案件、社会高度关注的案件、可能引发群体性事件的案件、检察机关提起的行政公益诉讼案件等，被诉行政机关负责人出庭率达100%。复议应诉工作机制不断完善，推进《关于加强和改进行政应诉工作的实施意见》《宁乡市行政机关负责人出庭应诉工作办法》《宁乡市行政应诉工作管理办法》落地实施。

【基层依法治理】 2020年，市司法局落实坚持发展“枫桥经验”实现矛盾不上交三年行动，推进三调联动，人民调解组织实现市乡村三级全覆盖，行业专业调解组织15个，开展调解员等级评定，命名个人调解室5个，人民调解与法院、检察、公安，交警、信访等领域纠纷化解全面对接联动。全省率先开发社会矛盾纠纷多元化解（ODR）平台，在线非诉服务平台“宁慧调”与法院对接，实现网上司法确认“一键到位”，共受理线上工单4166件，调解成功3847件，线上司法确认35件，疫情期间成功化解涉疫情矛盾纠纷215件。加强商圈法律服务，商圈调解室成功调解商贸纠纷1473件，为当事人挽回经济损失2785余万元。2020年人民调解各载体单位共受理矛盾纠纷9100件，调解成功8963件，调解成功率98.5%，稳控化解群体信访事件70余件，化解各类重特大矛盾纠纷700余件，没有发生纠纷引发的民转型案件，全市矛盾纠纷发生量、刑事发案数和信访总量连续3年下降。11月13日，全省司法所工作会议在郴州召开，市司法局作为全省司法所工作先进典型在会议上发言，省司法厅党组书记、厅长范运田对宁乡市委、市政府高度重视司法行政工作、支持司法所建设发展给予肯定。

【防范安全底线】 2020年，市司法局做好社区矫正疫情防控工作，疫情期间严格落实疫情报告制度，实现社区矫正对象和刑释解矫人员零感染；全市2020年接收社区矫正对象人306人，解除矫正392人，在册社区矫正对象人359人，撤销缓刑2人，累计对暂予监外执行罪犯收监执行1人，累计警告31人，累计治安处罚0人，累计再犯罪1人，重新犯罪率0%，无重大恶性案件发生。安置帮教工作衔接人员793人，监狱、看守所刑满释放401人，解除社区矫正人员229人，全年帮教在册总人数3462人，帮教率为100%。2020年宁乡被列入湖南省“智慧矫正”建设的试点县市，率先在长沙3个试点县市完成招投标，12月21日“智慧矫正”建设项目经省社区矫正管理局综合评价合格。

【普法宣传】 2020年，市司法局开展全市法治宣传教育工作。强化领导干部学法考法，落实各级党组中心组集体学法制度和市政府常务会会前学法制度，行政机关及其工作人员的依法行政意识和能力稳步提升。利用农村法治宣传月、清明节、中元节等重要时间节点，通过屋场夜话、村村响广播、四级微信塔群等形式，各乡镇（街道）、村社区广泛开展反电诈、防非法集资、文明祭祀、秸秆禁烧等法治宣传活动，开展各类活动1500场次，受众120万人次。开展法治讲座5000余堂，通过多种形式宣传《中华人民共和国民法典》300余次；开展首届“谁执法谁普法”述法履职评议活动，印发普法书籍13万册、普法资料120万余份。制订宪法宣传活动方案，把宪法宣传列入法治宣教工作重点，与青少年学法、国家工作人员考法等工作相结合，开展一系列宪法宣传活动。12月4日，在全市各个人流集中区域开展大型群众宣传活动，30余个部门、数千余名群众参加，此次活动共出动干部职工70余人次，出动宣传车辆10余台次，发放各类宣传资料6500余份。推进“互联网+法治宣传”，宁乡新媒体普法联盟累计推送普法内容1.3万余篇，新推出普法短视频25部，累计阅读量3900余万人次，“谁执法谁普法”和媒体公益普法制度有效落实。全年组织开展大型普法活动15场次，深入开展宪法宣传实践活动，创新推行“互联网+法治宣传”模式。推进青少年普法体系的完善，学校法治副校长实现全覆盖，征集优秀法治课件和案例汇编成册、录制成音视频。开展青少年法治教育PPT课件征集活动，对法治副校长上课情况进行督查督促，所有副校长均到学校上法治教育课1堂以上，2020年法治副校长、法治辅导员进学校、进教室宣讲法律200堂次，服务学生5万余人次；谢觉哉故居创建省级法治教育基地。

【公共法律服务】 2020年，市公共法律服务中心完成提质改造，新改建乡镇法律服务工作站5个，至年底建成公共法律服务站29个，公共法律服务点278个，建成公共法律服务志愿点1659个。全市公共法律服务体系共办理咨询527件、法律援助932件、公证2393件，通过公共法律服务引导律师参与化解群体性信访事件，红星美凯龙群体信访案进入诉讼程序；5月28日，宁乡司法局在湖南省“互联网+公共法律服务”大会上作典型发言，相关工作经验在全省专题会议上推广。制定下发《关于转发长沙市推行法律顾问制度和公职律师公司律师制度实施办法的通知》。围绕全市六大产业链组建律师公益法律服务团，5家律师事务所共34名律师采取法律咨询、审查合同、法律体检、代理仲裁诉讼等多种方式服务企业，助力企业复工复产，全年共解答法律咨询6850人次，审查合同3258件，代理仲裁诉讼案件1739件。

【入选司法部案例库优秀案例——残疾人戴某某撤销婚姻登记提供法律援助案】 2006年3月，戴某某认识了一名自称“刘云盈”的外地女子。短暂交往后，戴某某给“刘云盈”8000元彩礼，双方于2006年4月18日至某镇政府办理结婚登记。双方共同生活不足10日后，女方不辞而别。2019年1月，戴某某与一女青年相恋后计划结婚，但因戴某某曾经结婚未解除婚姻关系而无法登记。因自身年龄偏大且身患残疾，戴某某到宁乡市法律援助中心申请法律援助，希望能帮助解除前段婚姻关系。法援中心工作人员审查戴某某的材料后指派宁乡市正兴法律服务所法律工作者代理此案。2019年5月9日，承办人代戴某某至法院办理立案登记。庭审中承办人提出该案中“刘云盈”凭虚假的身份证明进行结婚登记，且在未解除原婚姻登记的情况下进行结婚登记。婚姻登记机关疏于审查义务，为“刘云盈”作出结婚登记的具体行政行为依据不足，办理结婚登记的行为违反法定程序，依法应予撤销。2019年7月，宁乡市人民法院根据原告提供的事实与理由，采纳承办人的代理意见，判决撤销被告颁发的结婚登记。对此判决，原、被告双方均无异议。2020年，残疾人戴某某撤销婚姻登记提供法律援助案入选司法部案例库优秀案例。

【长沙市十佳典型案例——付某某诉某某银行公共场所管理人责任纠纷案】 2019年7月，原告付某某到宁乡市某某银行办理业务后到银行的卫生间上厕所，后发现卫生间门打不开，银行工作人员告知原告自行想办法出来，原告付某某从卫生间的后窗爬出去，摔倒在窗户外面的水泥地上，致左跟骨粉碎性骨折。原告付某某治疗其伤花费医疗费用1.3万余元。经鉴定中心鉴定构成十级伤残；误工期为8个月，护理期为3个月，营养期为3个月，后期医疗费用约8000元，或按实际发生费用计算。法院审理认为：被告银行保安未采取积极有效措施解决，而是要原告自己想办法，造成原告从厕所窗户跳下时摔伤，未尽到安全保障义务，应当承担侵权责任。厕所门打不开，并不一定导致原告摔伤事故发生，原告可以进一步沟通要求被告采取措施或采取其他安全有效的办法，而原告忽视安全，直接从窗户跳下，是事故发生的重要原因。根据案件实际情况及双方当事人的过错程度，确定被告承担20%的责任，原告承担80%的责任。2020年，付某某诉某某银行公共场所管理人责任纠纷案入选长沙市十佳典型案例。

（刘运昌）

人民武装

【概况】 2020年，宁乡市人民武装部（以下简称市人武部）按照“抓班子带队伍、抓主业谋发展、抓秩序促正规、抓基层打基础、抓安全保稳定”的工作思路，推动年度工作和全面建设持续发展，被警备区表彰为“民兵调整改革工作先进单位”和“军事训练先进单位”。

【党管武装工作】 2020年，宁乡市人武部落实党管武装各项制度，形成军地携手、上下联动的良好局面。人武部坚持定期向市委、市政府汇报工作，重大事项第一时间汇报，市委常委会先后4次专题学习习近平总书记国防和军队建设重要论述、省市关于武装工作指示要求，研究贯彻落实措施。1月，召开市委常委议军会议和市长办公会，研究通过民兵训练基地建设、机关营院基础设施维修改造、专武干部任职管理等9个事项。为推动民兵调整改革迎国检任务落实，市委书记于新凡就专武干部管理、基干民兵党建等工作专门作批示，确保基本制度落实不扣分。

【实战化战备训练】 2020年，宁乡市人武部组织基干民兵分队、专武干部、预定新兵和民兵骨干“四会教练员”训练。7—9月，组织26所中学、高校18600余名新生进行军训。基干民兵参加比武竞赛，获得省军区比武无线电报务专业课目第四名、省军区教练员集训第三名、警备区比武“三战”课目第一名。

【国防动员】 2020年，市人武部落实民兵调整改革“编、建、管、训、教、用、保、评”各项规定制度，抓好问题整改情况自查自纠。联合市政府下发民兵整组工作指示，军地先后4次召开任务部署会、集中讲评会、问题整改推进会，组织6次实力会审、2次全员电话抽问、1次检查考评，对照通报问题多次会审自查自纠，制订倒计时整改计划和措施，按时高质组织完成基干民兵整组。11月，接受军委国防动员部检查考评，保持“零扣分”目标。总结征兵考评零扣分经验，联合市委宣传部出台

2020年5月，宁乡市基干民兵接受集中点验

《2020年宁乡市征兵社会宣传方案》，充分挖掘大学生征集潜力，组织大学毕业生、大学生，在辖区内营造踊跃应征的良好氛围，完成上级下达兵役征集任务，确保兵员征集质量稳步提升。

【基础设施规范化建设】 2020年，市人武部提质改造办公楼、会议室、食堂、军事职业教育场所、值班室，完成征兵办、国动委办公室、训练场所等建设。整合资源建设民兵训练基地，于6月底完成主体建设，推动完成配套建设并投入使用。军地联合扎实抓好基层武装部星级达标建设，按照要求全部达到“三星”级以上，金洲、花明楼、龙田达到“五星”标准验收，9个乡镇达到“四星”标准。

【参加地方经济社会建设】 2020年，宁乡市人武部主动参建参治，担当重任，先后组织出动民兵预备役人员，多次完成安保联防、抗旱救灾、脱贫攻坚等任务。部党委按照“疫情就是命令，防控就是责任”的总体要求，专题研究疫情防控形势，向全市专武干部和民兵发布《关于坚决打赢疫情防控的公开信》，出动民兵参与联防联控，展示宁乡民兵的良好形象。做好拥军优属及退役军人工作，春节和“八一”期间协调企业、公益组织捐助资金、物品，慰问困难老兵，组织老兵“话优良传统、讲参战故事”专场座谈。为1名一等功、50余名二、三等功现役军人家庭上门送喜报、送奖金、送关怀。（李　铁）

人民防空

【概况】 2020年，宁乡市人民防空工作依据人民防空相关法律、法规的组织实施和监督检查，制定全市人民防空建设规划；防空地下室建设和城区地下空间开发利用兼顾人民防空防护要求的管理和监督检查；拟订全市防空袭预案及相关保障方案，指导全市群众防空组织的组建和训练；人民防空通信警报安装维护管理和信息化建设工作；人民防空工程建设管理维护、人民防空知识和法律法规宣传教育工作；承担人民防空经费和人民防空国有资产管理，完成人防工程审批，核准人防易地建设费的收取工作。完成人防行业整治暨人防系统腐败问题专项整治工作，销号问题92个。落实安全生产责任制，定期开展人防工程安全巡查和维护管理。推进人防宣传教育，举办庆祝新中国人民防空创立70周年、“5·12”防灾减灾日、“11·1”防空警报试鸣日等宣传活动。

【庆祝新中国人民防空成立70周年暨2020年宁乡市人民防空疏散演练活动】 2020年10月23日，由市人防办主办、紫金中学承办、市人民医院协办的庆祝新中国人民防空成立70周年暨2020年宁乡市人民防空疏散演练活动在紫金中学举行。上午10时，校内音频广播系统拉响防控警报，发出紧急疏散命令，各班按照指定路线向出口撤离。3分38秒后，全校师生迅速有序逃生到安全地点。10时10分，警报解除，市人防办为师生发放人防知识宣传手册1900多份，紫金中学学生代表进行人防知识演讲。市人民医院医护人员通过一人讲述、一人演示的方式，生动形象地为在场人员展示如何进行人工呼吸、心肺复苏等紧急救护措施。此次活动的举行，使全体师生了解和掌握人民防空基本知识和技能，熟悉紧急疏散的具体要求，提高对突发事件的自救互救和应变能力，为营造和谐、平安校园奠定基础。

【2020年人防防护防化专业队伍培训】 2020年12月9日，市人防办组织在宁乡经开区湖南德鑫人防工程有限公司开展2020年人防防护防化专业队伍培训。此次培训的主要内容包括信息化空袭武器装备及防护的主要战术技术措施，核、生物、化学武器的杀伤破坏因素和防护方法以及队列、自救互救等科目，训练大家对核、生、化污染区域及建筑物、机械设备的洗消；指导和组织群众对原子、化学、生物武器和传播性疾病进行防护；指挥所的防化保障；人防设备设施遭突袭后的检修检测等。邀请长沙市人防办指通处处长唐春晖进行理论授课，重点围绕人防专业队的相关法律法规等内容，对人防专业队伍相关专业知识进行讲解，培训现场气氛活跃，参训人员积极参与，学习互动效果良好。通过培训，参训队员进一步熟悉人防专业人员职责，提升快速反应能力、战斗力以及应急救援能力，有效提高宁乡市人防专业队伍的整体水平。（高　丽）

综合监督管理

发展和改革

【概况】2020年，宁乡市发展和改革局（以下简称市发改局）内设办公室、财务资产管理科、政工人事科、营商环境优化科、产业发展科、社会事业科、环境资源科、行政审批服务科、投资管理科、项目管理科、公共资源交易管理科、价格收费管理和监测科（价格监测中心）、粮食行业管理与物资储备科、粮食监督检查科、粮油调控与安全科、党建科16个科室，有营商环境优化协调事务中心、经济信息中心、价格认证中心3个下属股级机构。2020年，市发改局全力克服新冠肺炎疫情带来的影响及经济下行压力加大等困难，改革创新、务实作为，全力推进“产业项目建设年”“营商环境优化年”。

【重大战略谋划】2020年，市发改局高水平推进市域规划谋划。全面调度推进“十三五”规划实施，完成“十三五”规划总结。统筹推进“十四五”规划编制，完成“十四五”规划纲要、80余项专项规划及区域规划编制，开展30余项课题研究，梳理汇总400余项重大项目。掌握市域情况，科学谋划工作计划，强化工作推进督促，完成每年度及半年度国民经济和社会发展计划报告。高效率推进经济形势分析。准确把握宏观环境，全面掌握市域发展态势，深入分析当前经济形势，围绕市域发展的热点、难点、痛点，提出下阶段工作建议，形成高质量经济形势分析，供领导决策参考。高质量推进重大课题研究。围绕一江两岸、东进融城、乡村振兴、区域发展、产业培育等重点、热点问题，深入开展课题研究，形成《关于新冠疫情对宁乡经济影响及稳增长对策建议的报告》《宁乡市“新基建”发展初步思考》《当前经济发展问题及对策分析》《宁乡高铁新城综合开发项目初步实施方案》《宁乡东进融城初步思考》等课题研究成果，为市域发展献计献策。

【政府投资管理和重大项目建设】2020年，受新冠肺炎疫情影响，全市产业项目投资增速有所下降，较2019年增长4%。市发改局加强政府投资管理。修订《宁乡市政府投资建设项目管理实施办法》，制定《宁乡市关于进一步加强政府投资管理的通知》，强化政府投资项目管理。聚焦重点领域锻长板、实短板，科学编制2021年政府投资计划，形成2021年预算内政府投资项目及国有平台公司经营性投资项目计划，铺排项目270个，年度预估投资98.1亿元。

促推重大项目建设。全市共有245个省市重大（重点工程）、市领导联点及长沙标志性建设项目，强化帮扶指导，加快促推建设，实现前期项目早动工、在建项目早竣工、竣工项目早投产。根据长沙市对宁乡考核要求，制定完善市本级对各载体单位考核细则，有序、有力推进项目建设，确保考核争先进位。围绕“三比三看”“大干一百天实现双过半”和“奋战下半年 勇夺双胜利”大竞赛活动，对240个纳入市对县绩效考核范围的市重大项目、3个省重点工程、5个市领导联点项目和9个省重大产业项目，140余个涉及中央资金项目和800余个纳入固定资产投资统计库项目以及300余个在建政府投资项目全面开展调度，实施项目集中调度14次，现场踏勘项目200余个。

强化专项债券争取。2020年，争取省发改委和省财政厅专项债券需求额度62.7亿元，发行到位14.55亿元；国家新增投资申报储备项目80个，争取特别国债资金额度1.7亿元；“稳投资补短板强动能”国开行专项融资金策划融资需求项目32个、总投资432.5亿元。

【产业经济发展】2020年，市发改局统筹全市争取上级各类资金55亿元，其中发改直接争资近6亿元，包括采煤沉陷区综合治理专项1.74亿元、保障房专项1.4亿元、老旧小区改造专项9500万元、技改资金3374万元、先进储能材料产业链专项3000余万元、高标准农田建设4400万元、公共技术服务平台1500万元、烂泥湖涝区1858万元等。品牌创建喜获丰收。推荐东方时装申报2020年度国家级企业技术中心；成功指导万鑫精工、中伟新能源认定为省级企业技术中心；推荐航天天麓、宁华建材等6家企业认定为市级企业技术中心。推进涉企政策落地行动，强化政策宣传解读，加强政企联系沟通，多次组织向上争资业务培训，统筹在市直有关部门和园区设立政策落地服务专员，负责涉企政策咨询、解读、协调、兑现等有关工作。2020年，发改局直接为企业争资近亿元。项目调度统筹有力。统筹调度7个省五个100重大产业项目，超额完成年度投资计划目标，在长沙市五个优秀项目指标中，宁乡申报格力、中伟2个项目被评优。完成各项考核目标任务，排名全省第一。

【营商环境优化】 2020年，市发改局出台《宁乡市“营商环境优化年”工作推进方案》、优化营商环境22条、营商环境优化年推进工作方案30条，实施月调度、季督查、年考核，定期召开营商环境问题交办会，推进限时办结。“市长企业家接待日”实现政企面对面“你问我答、你呼我应”，有效解决涉及要素保障、本地采购等问题38个。“1（市民之家）+2（宁乡经开区、宁乡高新区）+N（城市便民驿站）”24小时“不打烊”政府自助服务网络全面建立，290项政务服务实现全天候自助办理，打通政务服务“最后一千米”。宁乡作为全省优化营商环境工作培训会现场观摩点并作典型发言，“三无城市”“三超两免”“商圈商户服务点”建设等经验在全省推介推广；中央电视台《新闻联播》、省优化办等重点推介宁乡营商环境优化工作。

实施效能提速行动。推进“一件事一次办”“四级九统”改革，实现依申请类政务服务事项网上办比例100%，一次办比例98%，赋权乡镇（街道）经济社会管理事项308项、村（社区）“就近办”事项159项。加速推进“三无城市”“三即”“三超两免”改革，开具并沉淀证明2.3万余份，为企业减少成本8000余万元，园区帮代办实施“零跑腿”审批4637件，37386户市场主体实现“领照即开业”、1000余户实现“交房即交证”、两个园区11个项目实现“交地即开工”，中介超市入驻中介机构430余家，金融超市成交贷款4463万元。“十大商圈”（大河西商圈、豪德市场商圈、炭河里商圈、少奇故里商圈、沙河市场商圈、奥特莱斯商圈、煤炭坝沙子坡商圈、春城万象广场商圈、灰汤镇商圈、步行街商圈）服务点解决各类问题4500余个，调解矛盾纠纷2800余起，挽回经济损失8000余万元，为流动商贩办理健康证1800余张，开展银商交流会帮助150余户商户融资贷款6亿元；发展“互联网+”销售，建立“宁爱商城”线上销售平台、组织直播带货等，十大商圈直播销售达7000万元，年货节实现销售1.27亿元、端午促销实现交易1.5亿元、“6·18”促销活动实现消费9000万元，同比分别增长12.1%、7%、10%。

实施降本增效行动。出台《宁乡市促进先进制造企业降本增效若干措施（试行）》，进一步扩大“无收费”范围，提供环评、能评、安评等购买服务，实施企业用水、用电、用气等补贴政策，有效降低企业成本。

实施政策落地行动。梳理汇总政策文件形成《宁乡市涉企政策汇编》，开设涉企政策发布平台，发布政策88条、通知65条；建立政策兑现和合同兑现清单，严格兑现本级涉企政策，支出装备补贴、现代服务业、商贸发展、旅游等专项资金2亿元，应对疫情影响，推进长沙市“稳经济26条”和宁乡市“八条”政策兑现，累计租金减免5061万元，社保减缓15867万元，税收减缓59283万元，兑现各级奖补资金39921.6万元，补贴水电气费用1894万元；搭建“信用宁乡”平台，在电信网诈骗、交通运输等19个重点领域开展失信问题专项治理。

实施企业家权益保护行动，出台《企业家权益保护专项行动工作方案》等系列支持政策，实施领导干部联民营企业制度，设立涉民信访综合窗口及民企投诉处理中心，加强对企业的帮扶；成立宁乡市商事调解中心，引导涉民营企业矛盾纠纷通过非诉渠道实现诉前化解；联合住房保障服务中心、物业协会等召开物业纠纷诉源治理座谈会；探索建立金融纠纷诉调对接机制，保障金融行业健康运行。

【环境资源】 2020年，市发改局牵头组织实施1000户老旧小区餐厨油烟升级改造治理，并顺利完成验收。牵头组织散煤整治行动，强化政策宣传、劝导教育，全市禁燃区散煤使用全部清零销号。推进全国生态文明示范市创建工作；制定出台《宁乡市能源减量替代方案》；配合市蓝天办开展“散煤秸秆禁燃”“水源环境”等专项行动督查；牵头组织重点用能单位节能监察执法和新建项目的节能初审，组织策划“绿水青山、节能增效”节能宣传周主题活动、禁塑宣传等，开展进社区、机关、学校等涉及垃圾分类、蓝天保卫等两型主题宣讲12场。

【行政审批服务】 2020年，全市共审批固定资产投资项目865个，估算总投资859.3亿元。其中政府投资（含国有资金）项目331个，估算投资174.3亿元；企业投资项目534个，估算投资685亿元。

全程实现“多规合一”平台在线审批，真正实现“不见面”审批。牵头出台《宁乡市工程建设项目告知承诺制实施办法》，最大限度优化审批流程，企业营业执照、法人身份证等全部平台查询，实现申报材料瘦身。粮食收购许可、政务公开申请等实行双向邮寄办理。开辟绿色通道，全力服务项目资金申报。对企业投资项目在线审批审核不通过的，在平台中写明原因及需要补正资料，并逐一电话告知、解释，得到业主高度肯定。发改窗口连续4个季度被评为红旗窗口，多次被评为政务服务之星称号。

【公共资源交易管理】 2020年，市发改局实施招投标事项252个，招标总金额22.44亿元，其中公开招标事项95个，招标金额18.52亿元；邀请招标事项157个，招标金额3.92亿元，招标金额同比增长139.23%。所有招标事项均依法依规依程序审批，从5月开始，所有公开招标事项均依法到长沙市公共资源交易中心现场监督，全年无一例违规审批招投标事项。围绕12件招投标举报、投诉和上级交办案件线索，到沈阳北票、耒阳澧县等地调查核实，严格依据招投标法和招投标实施条例依法依规核查，举报投诉办结率100%，较好回应举报投诉人诉求。制定加招投标方案审查的详细办法，严格政府投资项目招标方案审查审批程序，对招标控制价在1000万和至3000万元的项目，制定分层级审定规定，以此防止招投标违规提高投标门槛、设定特定参数、制定不合理评分办法等手段为特定投标人“量身定做”招标方案，进一步维护招投标公平竞争的良好环境。

全年推进“放管服”改革，5月，对《小额政府投资建设项目招投标若干管理规定》文件进行清理，限额以下的政府投资建设项目采用“三重一大”和邀请招标的方式确定施工单位。

【社会事业发展】 2020年，市发改局服务疫情防控，缓解疫情对市场主体的影响，促推企业复工复产，28家企业进行国家及省疫情防控重点保障企业名单，申报授信贷款额度9.95亿元，落地贷款资金4.11亿元；39家企业进行省疫情防控重点保障物资生产企业和运输企业名单；41家企业进入长沙市金融支持企业名单；12家企业进行中国银行专项信贷支持计划；22家企业获保供复产优惠贷款1400万元。

强化政策争取，协助实现债券融资105.67亿元；储备县城新型城镇化补短板强弱项专项债项目24个；楚天科技、格力暖通、东方时空入选湖南省第一批产业融合型企业建设培育名单。

制定《宁乡市推进县乡村三级物流体系建设三年行动计划（2021—2023年）》；完成春耕化肥供应及价格情况、全市境外投资情况、外贸进出口发展情况、村（社区）卫生室规范化建设情况、台企及“一法一办法”执行情况等调研。

实施社会诚信缺失突出问题专项治理；归集“信用宁乡”平台数据13.9万条，完成市场主体行政处罚修复559家次；开展市级“诚信之星”评选、“百行诚信面对面”直播等活动，小洋人乳业、楚天科技被评为诚信之星先进单位，高新区被评为诚信示范园区。

推荐刘少奇纪念馆红色旅游发展典型案例入选全国红色旅游发展典型案例、推荐湘都农业和刘跃华为湖南省返乡创业试点工作典型企业及个人、推荐巷子口脱贫攻坚《巷子花开，圆了老百姓脱贫致富梦》申报社会领域公共服务助力脱贫攻坚典型案例。

【现代服务业】 2020年，宁乡实现服务业增加值510亿元，增长1%。其中，规模以上其他营利性服务业实现营业收入16.20亿元，同比增长11.56%；非营利性服务业（劳动工资报酬）同比增长17%；批零住餐实现批零住餐销售额300.86亿元，同比下降4.7%（其中批发业183.36亿元，同比下降9.7%，零售业106.49亿元，增长3.4%，住宿业5.59亿元，增长9.2%，餐饮业8.42亿元，增长12.9%）；房地产完成新增销售面积216.78万平方米，同比下降8.12%。全年新增“四上”企业111家，其中服务业企业76家。服务业增加值占全市国内生产总值比重预计超过45%，占比稳步提升。

坚持“周调度”制度，抓好服务业企业复工复产，除1家企业因其他自身原因未复工外，104家规模以上其他服务业企业如期复工，复工率99.04%。制定宁乡市“大干一百天实现双过半”和“奋战下半年 夺取双胜利”竞赛活动服务业发展目标任务和考核办法，并定期考核乡镇（街道）、园区和平台公司，以考促发展。定期调度和上报省“双百工程”、市“三百工程”项目、服务业集聚区发展情况，及时更新和补充项目库，优化项目服务和监管。

文化旅游方面，宁乡被评为2020年中国旅游百强县、中国最佳全域旅游休闲目的地，谢觉哉故居被评为省爱国主义教育基地，罗家冲遗址入选“十三五”湖南省十大考古新发现。智慧旅游建设全面启动，合作签约阿里飞猪。举办生日免票游宁乡、援鄂医务工作者游宁乡、“温泉民谣音乐节”“方特国潮节”“千古情辣椒节”等系列旅游节会活动。商务商贸方面，落实《宁乡市支持现代服务业发展若干政策措施》，出台《宁乡市促进旅游商贸业发展若干政策》，兑现奖励资金1270余万元，减免国有物业租金3000余万元、发放消费券1000万元。举办“春天有约 商惠宁乡”“爱尚夏季”“盛夏金秋 夜遇心宁”等系列促销活动，吸引人流400余万人次，实现销售总额20亿元。打造网红直播、扶贫专场等网间经济亮点，实现电子商务交易额26.2亿元。新兴业态方面，推荐楚天科技、星邦智能等5家企业参加长沙市总部企业认定，促推总部经济；以大河西农产品物流中心、金易商贸物流等为载体，引导培育易丰物流等龙头企业规模化发展，加快构建现代物流体系。高新兴等新型软件信息业态稳步发展，“互联网+社会服务”稳步推进。协助沩东新城长沙市级服务业称号复核。牵头组织对全市17个楼宇调研，推荐大科园综合楼参加长沙市楼宇经济评定，宁邦大厦、大科园综合等楼宇集聚效应明显。

【粮食监督检查】 2020年，市发改局推进世界粮食日、粮食科技周、粮油食品安全、粮食政策法规等宣传，发放宣传资料2000余份，组织粮食增收进农户、优质粮油进家庭、食品安全进企业活动，全面增强全社会爱粮节粮、食品安全意识，提升群众对法律政策的知晓率。

推进收储和销售出库政策执行情况大排查，共排查企业50家。推进25个清查、排查发现的问题“回头看”，督促问题整改落实。对54家持粮食收购许可证企业逐一核查。

按照“有仓必到、有粮必查，有账必核、查必彻底”的原则，检查政策性粮食承储点36处、库存粮食6.87万吨。对38家粮食经营企业开展统计制度执行情况检查。采集166个中晚稻样本送国家、省市检测；扦样检测入库新粮1000余批次，真实掌握当前粮食质量情况；深入开展粮食收购专项督查，对收购粮食质量标准、“转圈粮”、“先检后收、分仓储存”落实情况等全面检查。开展政策性粮食出库专项监管，未发现超标粮食流入口粮市场行为。提高风险预判能力，按照“双随机一公开”要求，随机抽取企业进行事中事后监管，并对抽查依据、主体、事项、结果向社会公开。

【粮食产业发展】 2020年，市发改局组织企业申报长沙市粮食建设专项资金，加加食品等8家企业获批市级粮食专项扶持资金155万元。开展省、市级肉食储备项目资金申报，流沙河牧业等5家企业获批省、市肉食储备企业，获批省、市专项扶持资金147万元。

全市种植早稻3.69万公顷、中稻2.45万公顷、晚稻3.93万公顷，粮食总产量72.5万吨。优质稻种植面积8.03万公顷，优质稻率80.1%，产量61.2万吨；高档优质稻种植面积2.07万公顷，高档优质稻率20.6%，优质稻品率提升率5%。

推进“中国好粮油”行动计划，推荐花明粮油公司“花明”澳泰丝苗米入选“湖南好粮油”产品名单及“洞庭香米”区域公用品牌名单。组织粮油加工企业参加中国第三届粮食交易大会、第二十二届中国中部（湖南）农业博览会，“花明”私家稻生态香米作为湖南名优特新粮油产品之一在粮食交易大会进行专场推荐。

【粮油调控与安全】 2020年，市发改局落实粮食安全省长责任制，收购早籼稻5.8万吨、中晚稻12.8万吨，完成各级储备粮收购任务，全年未出现一例“卖粮难”、“打白条”、媒体负面新闻等情况。承储县级储备粮规模10000吨，2020年完成轮换1797吨。组织春夏季和秋冬季储粮安全专项检查两次，发现并整改储粮安全、安全生产问题11个，确保各级储备粮数量真实、质量良好、储存安全、管理规范。下发《关于全力支持和组织推动企业复工复产的八条措施的通知》要求，支持和组织推动全市粮油企业复工复产，确保全市粮油食品产业快速恢复，促推行业健康发展。按照国家和省、市粮食应急管理要求，建立健全粮食应急管理体系，完善年度粮食统计、价格监测等工作，落实省级应急加工网点1家、主食加工企业1家、市级应急储备网点2家、市级应急加工网点5家，实现县级应急加工、供应网点29个乡镇（街道）全覆盖。

履行安全生产行业监管责任，持续推动企业落实主体责任，推进专项整治三年行动，加强检查督导，全年开展专项检查、专项整治行动10次，发现并整改安全隐患58处，确保粮食、能源领域生产安全。

处理企业改制遗留问题3件，均按程序办结。全力维稳中央、省市两会特护期，稳控责任到岗到人，派专人到北京、岳阳、长沙等地值班值守。

4月30日，启动事业单位公务用车制度改革，按照主管部门口径统计全市参改部门97家，2020年完成改革并发放车补53家。

【物资储备工作】 2020年，救灾物资储备情况：救生衣130件、救生圈496个、棉被3382床、帐篷87顶、折叠床448张。存放市民政局宁乡市救灾物资储备库内。储备物资符合国家质量标准，数量准确。

肉食储备情况：省、市级肉食储备企业5家，其中：湖南省流沙河花猪生态牧业股份有限公司、宁乡大龙畜牧科技有限公司、宁乡威宁农牧有限公司为储备活体生猪企业，湖南现代资源农业科技有限公司、湖南金霞速冻食品有限公司为储备冻猪肉企业。合同储备量冻肉为600吨、活体为13500头。生猪存栏量（含冻猪肉）总体平稳，质量安全。

【价格监测】 2020年，市发改局强化市场价格应急监测，深入各大商超药店、批发市场、农贸市场等开展价格巡查，实施一日一采集、一日一分析，及时、准确向上级报送各类报表5200余份、监测数据102658条、价格日信息（分析）63篇，周巡视报告46篇，生猪、猪肉周价格监测情况47篇，月价格形势分析11篇，房地产、粮食、生猪、农资等市场价格情况专项调研报告8篇。强化市场物资供应督查，拓宽供应渠道、推进复工复产、稳定市场价格、维护市场秩序，粮油物资总体价格平稳。围绕春节、“五一”、国庆等重大节日旅游消费、交通运输、商贸餐饮、粮油蛋菜等民生物资价格，开展市场价格巡查，及时报告价格异常波动及市场苗头性、倾向性问题，维护市价稳定、供应充足。突出低温雨雪冰冻天气、汛期市场价格监测，重点加强粮食、植物油、肉禽蛋类等生活必需品和与群众生活密切相关的重要商品和服务价格的价格监测，及时汇总分析、加强预测预警，确保物价稳定、供应平稳。

【价格收费管理】 2020年，市发改局科学制定价格，维护物价稳定。全年完成价格核准11项、备案27项，涉及教育收费、自来水安装、燃气降费、住宅小区前期物业费、市政建设行政事业性收费等多个领域，对照巡察和审计整改意见，进一步规范履行成本监审和听证程序，增加政府定价行为的公正性和透明性。受理和答复市长信箱、市民服务热线和来电咨询、求助112次，向市监部门和行业主管部门移交违规收费线索8条，参加座谈会、恳谈会17次，规范收费主体行为，耐心向群众宣传解读各项价费政策。积极向上争资，完成农调任务。为市域范围内15家蔬菜种植合作社争取市级价格调控补助资金167万元，帮扶本地种植户生产经营，维护全市蔬菜价格稳定；完成农产品成本调查走访21次，认真翔实上报数据，为上级决策提供可靠依据。

【价格认证】 2020年，市发改局严格依据《价格认定规定》《价格认定档案管理办法》等法规，坚持对标的物进行现场勘验，坚持按程序办事，严把认定受理关、实物（现场）勘验关、市场调查取证关、价格认定测算关、价格认定审批关、认定档案管理关，依法、公正、科学开展价格认证，认真实施展涉税、重点工程、历史遗留问题、疫情防控、价格争议、国有资产管理、“黑、假、骗”、突发事故等涉及重大事项及群众利益一价格认定，全年共办理各类价格认定案件514件，认定金额83669万元；其中涉税财物价格认定88件，认定金额78921万元；涉案财物价格认定243件，认定金额2955万元；

资产和价格认定183件，认定金额1793万元。全年无不受理和拖延投诉，复核率在1%以下，且复核维持率100%。宁乡市价格认证中心被评为湖南省“2019—2020年度先进价格认定机构”称号。（陈　敏）

自然资源

【概况】宁乡市自然资源局于2019年3月20日挂牌成立，由原市国土资源局和市城乡规划服务办公室合并组建。2020年，内设科室15个：办公室、人事科、财务科、内审科、政策法规科、行政审批服务科、国土空间用途管制科、自然资源权益科、开发利用和耕地保护科、征地拆迁管理科、自然资源权籍管理科、地理信息管理科、生态修复和矿产管理科、国土空间规划科、规划管理科；下设1个直属分局；11个二级单位和29个乡（镇、街道）自然资源所。负责全市国土资源管理、承担全市城乡规划管理工作、地质灾害应急处置、不动产统一登记及测绘行业管理等。

【国土空间规划编制】2020年，宁乡市完成《空间规划实施评估》《资源环境承载能力和国土空间开发适宜性评价》《国土空间规划纲要》初步方案，初步划定城镇开发边界和生态保护红线。全面启动市域25个乡（镇）国土空间总体规划、245个实用型村庄规划编制工作，完成巷子口、灰汤2个镇国土空间规划和63个实用型村庄规划初步方案。

【用地保障】2020年，宁乡市自然资源局优质高效完成用地报批工作，共获批建设用地922.53公顷，经验做法于10月30日在长沙市征地补偿安置及用地报批培训会上推介。完成东沩溪公租房、高铁新城一期等32个集体土地征拆项目，共拆除房屋1615栋2153户，动迁人口7988人，拆迁面积46.4公顷，腾地680.87公顷。招拍挂供应土地724.36公顷，成交价款133.20亿元；出让土地728.67公顷，出让总价款120.4亿元，实现财政入库113.98亿元。

【不动产登记】2020年，宁乡市自然资源局新建“首次与转移合并登记”流程，实现“24小时不打烊”“不见面受理”，办证时间从原来的5+5天压缩为3天，“交房即交证”工作落到实处。联合税务、住保等部门，对二手房交易流程和要件进行大幅改革，整合房屋交易与税收征缴事项，设立综合受理窗口，实现“一窗受理、一站办结”。新建商品房预告、预告抵押等业务“不见面审批”，完善自助查询系统，完成电子证照系统的建设，群众足不出户即可通过网站、微信公众号等进行业务的核验与查询。全年办理业务61260宗，均在5个工作日内办结，法院查（解）封、企业间存量非住宅转移登记等即来即办，抵押、国有土地首次登记由3个工作日压缩至2个工作日，并试行1个工作日内办结。处置遗留问题20余宗。全市31.63万宗农村宅基地和集体建设用地权籍调查录入率100%，办理不动产登记证和土地使用证29.71万宗，完成率95.1%。

【增减挂钩】2020年，宁乡市拆除“空心房”1974户。2018年至2020年年底共拆除“空心房”12789户，腾退原建设用地466.67公顷，完成长沙市政府对宁乡下达的三年（2018—2020）6000户任务的213%。经省厅11个批次验收确认增减挂钩指标714.67公顷，居长沙地区之首，总经济价值约11亿元，为有效缓解用地指标紧张局面和市域经济发展提供支撑保障。

【国土空间生态修复】2020年，宁乡市完成砂石土矿专项规划编制，关闭注销非煤矿山39家。编制《宁乡市绿色矿山建设三年行动工作方案》，督促10家企业完成绿色矿山建设方案编制和评审，4家矿山完成建设并入选省级以上名录，其中湘宁矿业是长沙市唯一入选国家级名录的矿山。完成长江经济带矿山乱采滥挖生态环境问题整改工作、湘江流域和洞庭湖生态保护修复工程试点、道林镇星鑫村生态修复工程。按照“土地潜力大、经济基础好、产业优势足、群众基础牢、用地需求旺，可持续能总结、可复制能推广”的基本思路，申报夏铎铺镇、大成桥镇2个省级全域土地综合整治试点项目和历经铺街道1个试点储备项目，出台相关方案，明确运行模式，组建工作专班，编制规划方案，争取融资支持，整合项目资金，启动搬迁安置前期工作，走在全省前列，经验做法于9月28日在全省自然资源系统培训会上推介，先后接待10余批次其他市州自然资源单位学习交流。

【耕地保护】2020年，宁乡市签订市、乡镇（街道）、村（社区）三级

长沙首家入选全国绿色矿山的矿山企业——湘宁矿业

耕地保护和基本农田保护目标责任状，压实耕地保护责任。通过印发折页、张贴海报、悬挂横幅、微信工作群和朋友圈广泛转发、村村通广播持续播报等手段，在全市形成保护耕地声势。开展年度耕地保护责任目标自查、粮食安全责任制考核自查和耕地后备资源调查工作，编制市永久基本农田补划方案，完成武汉督察局和省厅耕地保护和耕地“非粮化”“非农化”督查整改工作。验收确认新增耕地指标 89.73 公顷，有效落实占补平衡。完成国省两批 7.36 万个农村乱占耕地建房问题图斑摸排。

地质灾害预警系统室外设施

【地灾防治】 2020 年，宁乡市建立地灾防治群测群防体系，启动地质灾害 1∶1 万详查省厅试点工作，新建西部地灾防治指挥中心，加装北斗监测站 26 处，核销在册地质灾害隐患点 10 处。科学应对全年 18 轮强降雨，落实隐患点三级防灾责任人和监测员 800 余人，参与会商会 23 次，发送预警信息 1800 余条 6 万余人次；协助各乡镇临时搬迁避险群众 1 万余人次；实现 2018 年至 2020 年年底地灾“零伤亡”。

【自然资源执法监察】 2020 年，宁乡市自然资源局成立局长任组长的月清“三地”（撤批土地、闲置土地、违法用地）工作领导小组，每月召开例会对“三地”工作进行专题研究。建立由市长主抓、副市长分线包案，市自然资源局 1 名局领导和 1 名科室负责人对应跟踪督办的工作网格，在销存量、控增量、强规范上下功夫。全年存量批而未供土地处置到位率 54.72%，闲置土地处置到位率 59%。2018 年、2019 年存量卫片整改到位率 96.84%，2020 年新增违法图斑整改到位率 65.38%，均达到上级处置要求。落实政投项目必须要有自然资源局局长签字才能挂网的规定，没办用地手续的项目一律不准招投标，从源头进行管控，2020 年违法用地个数和面积较 2019 年同比下降 26.76%、65.51%。建立以乡镇（街道）自然资源所为基础的土地违法行为快速反应机制，着力把违法消除在萌芽状态。全年共出动日常巡查 6985 人次，开展联合执法行动 116 次，查扣非法采矿挖机 89 台、运输车辆 65 台、铲车 19 台，拆除违法砂场 24 处，拆除违章建筑 1.71 万平方米，立案查处 119 宗，其中违法占地 106 宗、违法采矿 13 宗，收缴罚款金额 359 万余元。

【建议提案办理和信访工作】 2020 年，宁乡市自然资源局办理长沙市、宁乡市人大政协建议提案 25 件，按时办复率、答复规范率、走访率和满意率均为 100%。按照“有理诉求积极化解，无理诉求主动解释，违法诉求坚决打击”的原则，受理信访问题 413 件，办结率 100%，满意率 95%。

【调研考察】 2020 年 7 月 21 日，应急管理部地震地质司副司长胡杰到宁乡市督导地质灾害防治工作。8 月 4 日，省自然资源厅党组书记、厅长、省自然资源总督察周海兵到宁乡市专题调研地质灾害防治工作。11 月 9 日，国家自然资源督察武汉局副局长石一连到宁乡市实地核查违建别墅清理问题清查整治工作。 （廖　鹏）

能源事务

【概况】 宁乡市能源事务中心系公益一类事业单位，内设办公室、项目服务部、节能促进部，办公地址位于宁乡市金洲大道宁乡市政府大楼主楼 4 楼。负责该地区能源规划、节能宣传、能源秩序、能源安全、引进新能源及可再生能源项目，能耗总量及节能项目申报和初级评审、组织全市新能源实用知识培训等职能，完成上级发改委及宁乡市委、市政府、发展和改革局交办的其他工作。2020 年，投资 4.6 亿元，总容量 50 兆瓦的龙田古山峰风电项目成功并网发电。

【节能专项资金】 2020 年，宁乡市 58 个村（社区）、企业获得长沙市节能专项资金支持，全年累计争资 497 万元。全年新建节能路灯 5000 余盏。

【光伏扶贫】 2020 年，25 个村级光伏电站共计发电 136.08 万度，并网后累计发电 457.08 万度。平均发电能力达到 96.8%，超国家 70%、全省 80% 的目标要求。

【技术推广】 2020 年，新增充电桩 122 个，全市充电桩保有量增加至 2180 个，车桩比例为 1∶2.6，为新能源汽车的推广及宁乡市交通方式转型升级奠定基础。

【节能降耗】 2020 年，提前一年超额完成长沙市下达宁乡市的“十三五”能耗累计下降 17% 的规划目标，下降幅度处于长沙前列，全年能耗下降 1.3%，保持持续下降态势。

【节能宣传】 2020年6月29日至7月5日是全国第30个节能宣传周，市能源事务中心联合宁乡经开区、市发改局、市机关后勤服务中心、市市监局、市商务局共同组织以“绿水青山 节能增效”为主题的大型节能宣传周活动，通过节能产品展示、感受风力发电的魅力、节能小专家进校园等活动及“云”媒体等宣传方式，加大宣传力度，广泛普及生态文明、绿色发展、节能降耗理念和知识，加快推动形成绿色生产生活方式。（肖晓萱）

2020年7月2日，节能宣传周活动走进双江口完全小学

市场监督管理

【概况】 宁乡市市场监督管理局（以下简称市市监局）机关内设科室20个：办公室、政策法规科、信用监督管理科、产品质量安全监督管理科、食品安全协调科、食品生产安全监督管理科、食品流通安全监督管理科、餐饮服务安全监督管理科、特种设备安全监察科、标准计量监督管理科、药品医疗器械监督管理科、知识产权监督管理科、网络交易监督管理科、市场规范管理科、价格监督检查和反不正当竞争科、行政审批服务科、计划财务科、政工人事科、机关党委（工会）、机关纪委；二级事业单位5个：市场监督执法大队、市场和质量监督检验检测中心、信息中心、投诉举报中心、个体私营经济发展指导中心；派出机构（市监所）16个。

2020年，全市市场监管系统统筹疫情防控和市场监管，各项工作取得新成效。获省政府真抓实干督查激励、全省食品安全工作考核排名第一，被评为全省特种设备安全监管工作先进单位、宁乡市文明创建工作先进单位。

【抗击疫情】 2020年，市市监局督促全市10个农贸市场、469家药店正月初三营业，组织约谈连锁药店、农贸市场、大型超市、网络平台等单位负责人7次，发放《价格政策提醒告诫书》1300余份。落实节假日24小时值班值守，强化统筹调度，调解处理投诉举报548起。重点领域严防严控。建立完善野生动物监管台账，签订承诺书1120份，办结2起野生动物交易案件被评为国家市场监督总局“联合双打行动”典型案例。督促劝导餐饮门店取消聚餐酒席6162桌，取消婚庆、寿宴等农村集体聚餐3139起，简办丧事活动670起。汇总上报零售药店出售退热、咳嗽药品信息6200人次。督促农贸市场落实“日清洗、日消毒、日巡查”制度。复工复产靠前服务。指导242家复工复产企业单位食堂落实疫情防控要求；检查特种设备使用企业628家次、特种设备4944台（套），排查特种设备安全隐患309个。指导晨光、安迪尔等12家口罩厂快速通过应急审批。常态化防控全面落实。免费发放农贸市场、餐饮单位一次性口罩4000个、消毒液480千克。全面摸清进口冷链食品监管底数，完成核酸检测2171批次，冷链食品质量抽检30个批次。强化进口冷链食品“四个要件”监管，控增量、减库存，确保冷链食品安全，阻断物传人链条。

【营商环境优化】 2020年，市市监局将企业发展纳入对乡镇（街道）和高新区年度绩效考核，提请政府常务会议研究“保市场主体”工作3次，形成齐抓共管合力。全年新设市场主体19318户，其中企业5878户，总量超过12万户。准入环境更加便捷。率先在全省实现企业开办“一网办”，企业开办常态化资料不超过5件，设立登记时间压缩至4小时。全市新设企业享受“免费打印、免费复印、免费印章”政策，赠送印章8200套，为企业开办节省成本210万元。落地“一件事一次办”事项121项，累计办理31867件，其中联办事项1572件。推广食品经营许可告知承诺制，1869家食品经营单位签订承诺书后即开业经营。后续监管持续发力。企业年报公示11510家，年报率88%。异常名录管理企业1837家、个体户20527户，严重违法企业768家。公示行政处罚案件信息524条。全面推行“双随机、一公开”监管机制，抽查市场主体2606户，抽查结果公示率100%。质量提升成效明显。邀请专家到高新区举行“品牌培育与质量体系管理”专题培训。培育星邦重工获长沙市市长质量奖、格力暖通获提名奖。邀请省级专家对中锂新材等5家企业开展质量诊断，发现问题62条，一企一策予以提升解决。以建材、汽油柴油、消防产品、烟花爆竹等为重点，监督抽检工业产品207批次，合格率97%。引导企业自我声明公开标准434项。培育获批省级准化试点示范项目3个。宁乡口味菜地方标准获省局批准发布。降低成本释放红利。对重点企业推行优先检定、压缩时限等举措，免费检定生产过程中必需的计量器具3143台件。部署推进涉企收费、5G基站电价、非居民用气价格、交通客运市场价格、驾校违规收费等专项检查，督促转供电单位清退电费32余万元，落实非居民用气价格优惠政策，为企业减负 213 万余元。

【知识产权】 2020 年，市市监局出台《宁乡市知识产权奖补实施办法》，市财政每年安排专项资金，对 12 个知识产权项目实施奖补。全年兑现资金 327.6 万元，惠及企业 288 家，带动知识产权体量增长。发明专利申请 804 件，授权 224 件，分别增长 45.39% 和 46.41%，有效发明专利 1251 件。PCT 申请 4 件，总量达 47 件；马德里商标 4 件，总量达 45 件；每万户市场主体商标拥有量 950 件。顺利通过国家知识产权强县工程示范县和湖南省知识产权强县复核验收。邀请省知识产权局局长段志雄为市委理论学习中心组授课，并深入相关企业调研指导，增强党政领导干部知识产权意识。推进知识产权“大宣传”“大培训”，开展“进机关、进乡村、进社区、进学校、进企业、进市场”系列宣贯活动，浓厚“尊重知识、崇尚创新”的社会氛围。在高新区设立湖南省知识产权综合服务宁乡分中心，为企业和社会公众提供商标注册和专利申请、审查、授权、缴费等一站式服务，加速高校科技成果就近转化。共服务企业 200 余家，促成高校专利技术转让 8 起，知识产权质押贷款 16 笔 2.98 亿元，为 2019 年的 3 倍。办理专利标识案件 77 件，专利行政处罚案件 2 件，商标侵权案件 22 件，捣毁假口味王槟榔黑窝点 3 个。推进协同维权，在 2 家律师事务所设立知识产权维权服务站，为企业开展知识产权快速维权服务。4 月 24 日，“湖南省知识产权（宁乡）综合服务中心”启动仪式在宁乡市高新区举行。9 月 14 日，宁乡市顺利通过“湖南省知识产权建设强县”复核验收。12 月 3 日，宁乡市顺利通过“国家知识产权强县工程示范县”复核验收。

2020 年 4 月 20—26 日，中国知识产权宣传周活动现场

【食品安全监管】 2020 年，市市监局强化食品安全监管。落实党政同责，市委常委会、政府常务会、食安委全会研究食品安全工作。市委将食品安全纳入巡察内容，印发《关于深化改革加强食品安全工作的实施方案》《宁乡市党政领导干部食品安全工作责任清单》，市政府常务会议审议通过《宁乡市食品安全事故应急预案》。于新凡、付旭明等市领导带队深入开展调研督导。立权副市长多次召开会议，调度推进全市食品安全工作。市食安办将食品安全工作纳入对乡镇（街道）和成员单位绩效考核，组织食品安全行政约谈会 7 次，约谈生产经营户 622 户、乡镇（街道）4 个、学校 5 所。抓严抓实湖南省、长沙市对县（市）绩效考核，一以贯之推进创城宣传、隐患排查、监管执法工作。乡镇（街道）党政主要领导带队开展食品安全检查调研 85 次、分管领导开展检查 154 次，组织召开食品安全工作会议 60 余场次。各乡镇（街道）开展屋场夜话宣传食品安全 1700 余场次。推进“年关守护”“护苗”“护老”和 12 大攻坚行动，重拳打击食品安全违法犯罪行为。关停取缔无证“小餐饮”26 家、“小作坊”18 家，立案 620 件，结案 566 件，移送公安部门查办刑事案件 6 起、刑事拘留 5 人。申报指导农村集体聚餐 14552 起。完成食品监督抽检 5360 批次，快速检测 40000 批次，食品安全评价性抽检合格率达 99.27%。开展“两会”“三考”等大型活动食品安全保障 32 次。打造亮点特色，提质改造“小餐饮”100 家。督促餐饮外卖行业投送食安封签 30 万份，建成外卖标准化配送站 5 个。健全完善市、乡、村、组四级防控网络，筑牢野生蘑菇中毒风险防控防线，承办全省预防野生蘑菇中毒风险防控工作视频会议并作典型经验交流。“开展体检式预警检查，加强食品安全风险防控”项目入选 2020 年全省食品安全工作深化改革典型创新举措。

【特设安全监管】 2020 年，市市监局与市安委办联合下发《关于特种设备安全监管职责划分的实施意见》，推动乡镇（街道）属地责任上肩。召开特种设备安全警示教育会议、行政约谈会 5 次。开展特种设备安全知识“七进”（进企业、进机关、进学校、进社区、进农村、进家庭、进公共场所）宣传活动 34 次，发放宣传资料 3 万余份。持续推行特种设备定期检验预警机制，对 3637 家单位发送短信 12000 条，督促及时申报检验特种设备 5320 台。推进“三年行动”等 8 个专项整治，出动监管执法人员 2545 人次，检查特种设备使用单位 1405 家，检查特种设备 9184 台套。排查特种设备安全隐患 637 处，整改到位 600 处，责令停止使用特种设备 140 台套，查封特种设备 37 台，立案 26 起，设定处罚 75 万元。市鼎致电梯应急救援中心开展救援 75 起，救援 116 人次。

【“药械化”监管】 2020 年，市市监局组织举办新《中华人民共和国药品管理法》宣贯培训。现场验收药械经营企业73家。抽检药品、化妆品35批次，查办药械案件26起。上报药品不良反应674例，医疗器械不良反应156例，化妆品不良反应79例。

【市场秩序整顿】 2020年，市市监局加大反不正当竞争执法力度，对7起虚假宣传行为立案调查，设定处罚200余万元；对4家客运公司不执行政府指导价、串通提高车票价格的违法行为立案查处，罚没42万元。开展电取暖器、热水器、烟花爆竹、电线电缆、车辆配件等专项整治，查办产品质量案件24件。落实“长江禁渔”要求，检查市场主体3250家，拆除广告牌80块、整改菜单185份、屏蔽下架“野生鱼”“洞庭鱼”等禁用字眼的网络商品32批次，立案查处14起。创建外卖标准化配送站5个，查办网络交易案件17起。召开全市打传打非工作调度会，印发《2020年打击传销工作要点》。对碧桂园凤凰酒店等13家大型会议营销场所安装视频监控，核查处置涉传举报3起。向河南永城公安部门移送“全球物联”网络传销案件，6人被判处刑罚。开展联合执法行动，向市打非办报送重点监控企业618家，处置移交问题42起。以房地产市场乱象专项治理为重点推进“行业清源”，对长沙御融等8家房产公司虚假宣传行为严查重处。牵头开展农贸市场综合整治，新建活禽集中宰杀区域3个，完善电子显示屏11块、价格公示牌1200块，配备公平秤11台。牵头加强外卖骑手管理，督促骑手车辆上牌175台并落实“一车一人一码”，整改闯红灯、逆行、不戴头盔等问题1060个。补办从业人员健康证1500余份，证照2600余户，完善监管公示信息牌2200余户次，餐饮单位推行“公筷公勺”3200余家。推行局领导信访接待日制度，设立信访接待室，受理投诉举报3751件，办结3566件，为消费者挽回经济损失568万元，回访反馈满意率98%。举行消费维权新闻通报会、消费体验等活动，发布消费警示6期。

2020年1月23日，市委副书记、市长付旭明督查疫情期间食品安全

【市监系统基层基础建设】 2020年，市市监局举办“市监大讲堂”6期；开展新春集训、新进人员业务培训，参加省市局和市委、市政府组织的培训26人次。坚持依法行政，出台食品药品、野生动物执法行刑衔接意见，召开重大案件讨论会17次，审议大要案件211件；完善案件核审制度，提高核审工作质量，核审案件626起，举行听证19起；进一步加强执法监督，落实执法责任制度，行政复议答复6起，行政诉讼应诉4起。高标准夯实基层基础。检验检测中心顺利通过农产品质检机构“双认证”，新增食用农产品检验检测能力81项，通过无创血压计和数字压力计标准装置考核。完成双江口所、花明楼所办公楼维修改造，进一步改善基层所办公生活环境。制定和完善办文办会、应急值守、档案管理、公务接待、舆情处置、考勤管理等制度22个，坚持以制度管人管事。切实做好文秘服务、机要通信、机关后勤、宣传推介、信息化管理等工作，刊发新闻报道553条，市局微信公众号点击量30余万人次。完成机房网络安全升级改造，档案整理7300余盒，提供信息查询服务3500余人次，比对登记信息5000余户次。

（李　鹏）

应急管理

【概况】 2020年，宁乡市应急管理局（以下简称市应急局）设九个科室，办公室、应急管理救援科、政策法规科、综合减灾救灾科、防汛抗旱和火灾防治管理科、工矿商贸行业安全监督管理科、危险化学品安全监督管理科、安全生产综合协调科、行政审批服务科，办公室承担政治工作办公室日常工作，下辖一个副科级事业单位宁乡市应急事务中心，对乡镇（街道）应急管理机构进行委托执法和业务指导。市突发事件应急委员会、市安全生产委员会、市减灾委员会、市抗震救灾指挥部办公室设在市应急局，承担日常工作。2020年，全市共组织召开5次政府常务会议、2次市长办公会、5次安委会例会，研究部署安全生产工作，安全生产形势持续稳定向好。宁乡市应急管理局被评为全省县市区防震减灾工作综合考核先进单位，陈勇被评为全省县市区防震减灾工作综合考核先进个人。

【应急救援队伍建设】 2020年，市应急局构建政府主导、多方参与、社会共治的应急救援力量体系，初步形成以国家队为支撑、企业队为基础、社会力量为补充的专兼结合、优势互补、功能综合的应急救援队伍体系。

长沙阳光应急救援中心应急救援工作从单一的矿山救援向综合型救援发展。蓝天救援队救援水平不断提升，一支307人组成的护林员队伍成地方专业救援力量，更多社会团体如越野一族等组织加入社会应急救援队伍中。开展应急救援演练，通过加大应急救援演练在监管考核中的权重和执法力度，倒逼企业进行应急救援预案编制并开展应急救援演练。对未进行应急预案编制和开展应急救援演练的单位，进行立案处罚。2020年，全市各行业、各企业共开展各类应急演练1000余场次。

【暗访暗拍】 2020年，市应急局开展四次暗访暗拍，共发现问题隐患5284条，非法生产经营点24个。暗访片在季度安委会例会上播放，同时对上季度暗访的整改情况进行验收，构建起“发现—反馈—整改—验收”的隐患排查整改闭环系统，起到推动隐患排查整改落实和普及安全生产专业知识的双重效果。推动各乡镇（街道）、监管部门和企业在安全生产上下工夫。暗访片也是各执法人员开展监管执法和企业做好安全生产工作的教材。

【安全生产监管执法】 2020年，市应急局开展“强执法防事故”，坚持对非法违法行为“零容忍”，加强执法工作力度，对安全监管执法情况每月一统计、每月一排名，每月一通报。坚持“不以霹雳手段，怎显菩萨心肠”的执法导向，把准应急部门为执法部门的定位，全面推进强执法行动，持续开展“打非治违”，以严管重罚倒逼企业主体责任落实。强化隐患治理，2020年报送安全生产重大事故隐患838个，建立安全生产重大事故隐患台账838个，整改并完成销号838个，整改率100%。推进安全生产专项整治三年行动，组织开展隐患排查治理，全年排查问题隐患7845条，整改隐患7049条，立案274起，处罚249.7万元，遏制非法生产经营的行为。

【宣教培训】 2020年，市应急局组织企业主要负责人、关键岗位操作人员开展各类培训186余场次，企业内部组织培训一线从业人员24000人次，5月开展的压实企业主体责任主题培训活动中，宁乡工矿商贸、烟花爆竹、危险化学品等行业领域的培训实现全覆盖。在开展生产安全宣传的同时突出非生产类安全宣传。制作12个安全知识微视频，内容包括：燃气知识、消防安全知识、防溺水知识、防洪水知识、森林防火知识、防低温雨雪冰冻天气知识、防地质灾害知识、防冰雹大风极端天气知识、文明交通知识、危险化学品知识、有限空间知识、急救知识等方面。每个视频大概3分钟，采取动漫加视频方式，形式新颖、知识丰富，很好的普及安全常识。同时将这12个方面的知识做成音频发放至各乡镇（街道），利用村村响、宣传车、小喇叭进行滚动播放。 （赵文娟）

统　计

【概况】 2020年，宁乡市统计局内设办公室、工业统计科、服务业统计科、法规科4个科室，下设统计普查中心、经济调查队2个二级机构。

【指标监测】 2020年，宁乡市统计局提高统计数据质量，加大统计预警监测，确保主要经济指标平稳向好。全年地区生产总值同比增长2.7%；服务业增加值同比增长1.1%；规模工业增加值同比增长1.1%，固定资产投资同比增长4.0%；社会消费品零售总额下降3.8%；城乡居民人均可支配收入40488元，同比增长6.1%，其中城镇居民人均可支配收入49151元，同比增长4.8%；农村居民人均可支配收入31568元，同比增长7.6%。

【统计服务】 2020年，市统计局做好统计服务，加强协调汇报，宁乡市百强排名大幅进位。在2020年12月16日发布的第二十届全国县域经济基本竞争力、县域经济与县域综合发展全国百强榜单中，宁乡县域经济与县域综合发展位居第16位，较2019年前进2位；县域经济基本竞争力位居第21位，前进4位。保障重点工作，负责文明创建国家、省级文明指数测评的联络、协调、接待和入户调查工作，及时做好汇报对接和相关部门的业务指导，为成功创建全国文明城市提供统计保障；负责政法综治省级民调的业务协调和向上对接，承担全市政法综治民意调查，为政法部门及时掌握社情民意提供可靠依据，政法综治工作被评为省级先进县。加大对重大问题、重点工作分析研究，一批统计分析成果有效转化为市委、市政府决策部署参考依据；参与国家生态文明建设示范市、国家全域旅游示范区、国家园林城市创建，做好相关指标数据的收集、汇总和分析，为创建工作提供更加广泛、深入、翔实的佐证材料；部署全面建成小康社会统计监测，为连续四年被评为全面小康十大示范县市奠定基础。

【人口普查】 2020年，宁乡开展第七次全国人口普查，市统计局履行普查牵头部门和业务主体的职责，应对普查方式变革，有序推进普查各阶段工作。最广泛的宣传发动，以宁视界、今日宁乡、宁乡电视台为主途径，用好村村响广播、屋场夜话、电子显示屏、小区宣传栏等载体，制作宣传视频、音频资料和宣传海报；宣传月宣传以城区为主阵地，与融媒体中心和专业广告公司合作，通过红绿灯立柱、繁华商圈电子显示屏、小区人口电子显示屏、出租车车顶LED等户外媒介播送宣传标语，利用“9·20”统计开放日走进七人普宣传月启动仪式等一系列活动，做到家喻户晓。市政府印发文件通知，成立由市委常委、常务副市长为组长，24个部门为成员的领导机构和工作机构，对全市人口普查工作安排部署，明确各单位职责，落实普查工作责任。乡镇、街道以及村、社区均成立普查办公室和普查工作组。公安、卫健、医保、人社、住建、民政、教育等部门通力协作，及时提供部门行政记录，利用部门资源开展普查宣传，形成强大的普查工作合力，保证普查各阶段工作有序进行。全市共划分普查区278个，普查小区5407个，标绘建筑物298194个，选聘“两员”

3208人。市人普办按照高标准、重实效、严把关的要求，先后制定《宁乡市第七次全国人口普查工作进度安排》《宁乡市第七次全国人口普查领导小组办公室工作规则》《宁乡市第七次全国人口普查领导小组成员单位职责分工和工作方式》等人普相关制度，规范工作流程；将工作重心下移到普查一线，采取"以点带面、以面带全"形式，由优秀乡街普查骨干亲身示范，带动全体普查人员业务能力提升；明确"科室联乡街、干部联小区"，建立问题解答机制，针对基层工作难点重点，利用微信、QQ及时快速解决问题；制定日调度日通报制度、督导制度、交叉检查制度，发扬连续作战精神，保障摸底、登记、比对复查工作协调高效推进。全市地图标绘、摸底清查、长表登记、行业编码等工作进度均居长沙前列。

【统计队伍建设】 2020年，市统计局选派干部参加国家、省和长沙市组织的各类培训；通过专业培训机构举办基层统计干部综合素质提升培训班；采取"以会代训""上门讲授"等方式，对全市联网直报企业统计员进行50余次专题培训，培训人数2500余人次。（杨　文）

审　计

【概况】 2020年，宁乡市审计局（以下简称市审计局）完成审计项目23个，查出违规问题金额9.80亿元，发现非金额计量问题281个，提出审计建议90条，向有关部门和单位移送问题线索5起，向市委、市政府主要领导报送审计专报（要情）10篇。1个审计项目被湖南省审计厅评为"优秀审计项目二等奖"。

【市委审计委员会第二次会议】 2020年6月18日，宁乡经开区党工委书记、市委书记、市委审计委员会主任周辉主持召开市委审计委员会第二次会议，传达学习习近平总书记关于审计工作的重要指示精神，李克强总理在听取审计署工作汇报时的重要讲话精神，省委书记、省委审计委员会主任杜家毫和省长许达哲关于审计工作的指示精神，长沙市委书记、长沙市委审计委员会主任胡衡华和长沙市市长郑建新在长沙市委审计委员会第三次会议上的讲话精神以及全国全省审计工作会议精神。会议听取市委审计委员会办公室关于审计工作情况的汇报，审议通过《2020审计年度项目计划》《关于2019年度市级预算执行和其他财政收支的审计结果报告》《关于建立宁乡市经济责任审计工作联席会议制度的通知》等文件，并就有关问题进行研究。

【预算执行审计】 2020年1—6月，市审计局对市财政局具体组织的市本级2019年预算执行情况，市民政局、市统计局、市信访局3家部门单位2019年预算执行情况，市殡仪馆2018年至2019年财务收支情况，工伤保险基金2018年至2019年收支情况，宁乡市新冠肺炎疫情防控资金和捐赠款物收支情况，公共卫生服务中心一期建设项目和沩东中学建设项目一标段工程造价进行现场审计，运用大数据审计方法对89家一级预算单位的部门预算经费安排情况、"五险"及职业年金缴纳情况等6个事项进行审计分析，实现一级预算单位审计全覆盖。审计共揭示部分上级资金拨付不及时、结余结转指标较大、部分单位重复追加人员经费等问题46个。2020年6月29日，市一届人大常委会第二十三次会议审议通过《关于2019年度市本级预算执行和其他财政收支的审计工作报告》。

【民生审计】 2020年，市审计局对扶贫资金、"一卡通"惠农补贴资金、住房公积金、就业补助资金、工伤保险基金、防空地下室易地建设费、疫情防控资金和捐赠款物开展专项审计，对市人民医院和市殡仪馆进行审计，揭示各类资金少缴少征、未按规定标准及范围支出等问题。

【经济责任审计】 2020年7—12月，市审计局对市交通运输管理局局长杨瑞祥、市金融服务中心主任卢志平、龙田镇党委书记熊佑新3名市管领导干部开展任期经济责任审计，揭示部分重大政策落实不到位、"三重一大"决策程序不规范等问题63个。

【政府投资审计】 2020年，市审计局对学校、卫生机构、水利设施等4个政府投资项目开展审计，结算造价1.93亿元；开展市财政投资评审中心评审项目质量和工程建设项目招投标突出问题2个专项审计调查项目，揭示建设单位决策、建设程序执行、工程造价、财评预结算评审等方面问题

2020年11月，市委审计办、市审计局联合市委督查室、市政府督查室在后勤服务中心开展审计整改督查

66个，提出审计建议18条，在市财评中心评审的基础上审减85.38万元。

【资源环保审计】 2020年下半年，市审计局在对龙田镇党委书记熊佑新开展任期经济责任审计的同时，同步开展自然资源资产离任审计，揭示乡镇在各类自然资源管理中的薄弱环节，促进生态文明建设。

【国有企业审计】 2020年下半年，市审计局围绕促进国资国企做大做强，对市国资投资控股集团2019年度资产负债损益情况进行审计，揭示长期股权投资效益低、融资管理欠规范等问题。

【审计整改】 2020年，市审计局通过建账销号、联合督查等形式加大对审计整改的检查督促力度。《关于2019年度市本级预算执行和其他财政收支的审计工作报告》列示审计查出的问题46个，截至2020年12月末，有44个问题整改或基本整改，占比95.6%，整改到位率同比提高8.8%。有关部门和单位通过上缴国库、单位收缴、核减工程造价等方式整改问题金额10.70亿元（含以前年度问题整改金额），促进资金拨付到位9592.00万元，制定和完善制度19项。2020年12月22日，市一届人大常委会第二十九次会议审议通过《关于2019年市本级预算执行和其他财政收支情况审计查出问题整改情况的报告》。

【内部审计】 2020年上半年，市审计局联合宁乡市内部审计师协会组成2个调研组开展内部审计工作调研，掌握全市内部审计工作开展情况。10月，开展为期2天的内审业务培训，全市机关事业单位、园区和国有企业内审机构共335人参加。指导内审机构开展内部审计项目、参加上级评先评优，3个机构、3名个人和5个项目在省市获奖。12月，组织队伍参加长沙市内部审计知识抢答赛，获得一等奖。（杨　宇）

人力资源和社会保障

【概况】 宁乡市人力资源和社会保障局（以下简称“市人社局”）是负责全市人事人才、就业创业、劳动关系管理调整以及社保经办管理服务等工作的政府组成部门，内设10个职能科室：办公室（信访科）、党建人事科、财务审计科（社保基金监督科）、法规科、行政审批服务科、就业促进科、事业单位人事管理科、人才开发科、工资福利科、社会保障科，下设9个二级机构（其中5个副科级事业单位）：就业服务中心、人力资源公共服务中心、劳动保障监察大队、社会保险服务中心、工伤保险中心、失业保险中心、劳动人事争议仲裁院、社会保险基金征缴中心、社会保障卡事务中心。外派2个驻区机构：经开区分局、高新区分局。2020年，宁乡市位列“2020中国社会保障百佳县市”第17位；宁乡人社新闻宣传工作获人社部办公厅通报表扬；宁乡市人社局被评为湖南省脱贫攻坚先进集体；被评为长沙市文明标兵单位；获长沙市人社系统窗口单位业务技能练兵比武活动团体三等奖；市就业服务中心因脱贫攻坚表现突出获长沙市集体记功；社保服务中心被评为长沙市2020年城乡居保工作先进单位。

【就业创业】 2020年，宁乡市新增城镇就业10595人，失业人员再就业5649人，就业困难人员再就业2791人，农村劳动力转移就业7200人，城镇登记失业率控制在2.96%，就业见习基地达到24家，共吸纳386名高校毕业生就业见习。举办“创响新时代、共圆中国梦”主题创业大赛；组织“百企千岗进高校”春、秋两季校园招聘，协同68家企业深入30余所省内外高校举办现场招聘，引才3614人。实施“报名即面试，面试即培训，培训即上岗”技工速成法，将职业技能培训与就业、用工有机结合，举办焊工技能培训3期，155名学员实现即培即上岗。在长沙市内率先出台《宁乡市关于援企稳岗支持和推动企业复工复产具体措施》及其配套细则，综合实施“减免缓返补”政策。组织就业扶贫技能培训班，开展“就业帮扶、决胜脱贫”就业扶贫招聘会，帮助贫困户就业。

【社会保险】 2020年，市人社局承办湖南省城乡居民养老保险全覆盖集中宣传月启动仪式，推动城乡居民养老保险全覆盖，14564名符合条件且有参保意愿城乡居民全部完成参保，

2020年6月，“就业帮扶、决胜脱贫”就业扶贫招聘会现场

参保总人数达79.92万人，政策覆盖率100%。持续实施全民参保登记计划，全市新增参保单位1035家，参保人员10200人。企业退休人员基本养老金实现“16连调”，发放养老金12.51亿元；城乡居民基础养老金实现“16连调”，发放养老保险待遇5.75亿元；发放失业保险待遇2052万元，企业稳岗补贴2305万元。认定工伤1180例，开展劳动能力鉴定902例，发放工伤保险待遇7184万元。完成失地农民新增参保10999人。累计完成企业五险、机关事业单位职业年金等基金征缴18.52亿元。

【人事人才】 2020年，开展各类招聘活动10批次，牵头或协助组织招聘选调各类人员726人。做好全市43名抗美援朝老战士纪念章发放的呈报和发放工作、抗击新冠肺炎疫情先进个人和集体的申报工作以及事业单位扶贫先进个人和集体的申报工作；完成全市乡村教师20年荣誉的审核工作。机关企事业退休审批（含被征地农民）6108人，工资审批兑现24495万人次，档案查阅利用1万余人次，新接收人事档案（含流动人员）4200本；完成专业技术人员初级职称认定（评审）734人，中高级职称认定（评审）734人。

【劳动关系】 2020年，新开工项目开设农民工工资专用账户覆盖率、农民工工资保证金交存率均达到100%，新办农民工工资保证金202户。妥善处理拖欠农民工工资案件，化解欠薪矛盾纠纷。接待劳动保障监察投诉举报2951人次，处理案件694件，为劳动者追回拖欠工资6283万元。处理劳动争议1297件，其中立案746件，调解处理843件；全局共办理“12345”市民热线工单1013件，工单申诉148件；办理市长信箱21件；各类信访件32件。

（杨春辉　梁小莹）

城乡建设·环境保护

住房和城乡建设

【概况】 2020年，宁乡市住房和城乡建设局（以下简称市住建局）抓好工程质量安全管理，提升供水排水基础建设，促进建筑业和房地产业健康稳定发展，全市城乡建设品质显著提升。单位内设科室19个。其中：住建局机关内设科室12个，分别为办公室、政工人事科、财务审计科、行政审批服务科、法规科（综治维稳办）、建设管理科、总工室（建筑节能和建筑墙材管理办公室）、村镇建设科、供排水科、房地产监督管理科、住房保障和物业管理科、人民防空管理科。住房保障服务中心内设科室为7个，分别为办公室、财务部、安居工程保障部、物业服务部、公房服务部、保障房服务部、综合部。下设独立核算二级单位1个，为宁乡市住房保障服务中心；另有委托住保中心托管的4个二级单位：宁乡市玉潭房屋管理所、宁乡玉潭物业管理所、宁乡市住房保障管理服务中心、宁乡市物业管理服务中心；下设非独立核算二级单位13个，分别为城建档案馆、执法大队、工程造价事务站、建筑材料试验检测中心、建设工程招投标事务中心、建筑市场服务站、建设工程质量安全监督站、城区排水事务中心、乡村宜居建设服务中心、白蚁防治所、房地产经营服务中心、房地产市场信息中心、房屋征收和补偿事务中心。年内，市住建局被评为长沙市工程建设项目审批制度改革工作先进集体、绩效考核一类单位，城镇老旧小区改造、棚户区改造、农村危房改造和城乡环境基础设施建设工作获湖南省政府真抓实干激励奖，建筑管理、智慧住建工作获湖南省住房和城乡建设厅通报表扬。

【行业管理】 2020年，市住建局有序推进城市建设安全生产三年专项行动计划，开展质量安全、文明创建、食品安全、“蓝天保卫战”等多领域多维度监督检查和专项整治，消除安全隐患1800余处、认定不良行为12份，立案66起，处罚178.53万元。深化“互联网+”行业管理，启动城建档案信息化建设，立足“智慧建设”云监管平台推进农民工实名制管理平台建设，41个项目、18016名工人纳入管理，实名制覆盖率100%。编制《宁乡市“十四五”住房与城市建设发展规划》《宁乡市住宅小区管道直饮水工程设计示例》《宁乡市农村村民住房建设设计示范图集》，大力推广BIM（建筑信息模型）技术、装配式建筑、绿色建筑、海绵城市、节能环保等新理念、新技术、新工艺，城市单体建筑品质提升，新建建筑设计阶段节能强制性标准实施率100%，施工阶段建筑节能强制性标准实施率100%。

【房地产市场】 2020年，市住建局坚持“房住不炒”总基调，通过项目帮扶责任制、系列专题报道、审批绿色通道、惠企减负政策等措施，促进项目复工复产，提振市场信心，稳定房产价格，全市房地产新开工规模172.16万平方米，同比下降12.03%，实现投入90.73亿元，同比增长1.94%，完成建设量209.30万平方米，同比下降9.30%；新建商品房市场累计批准预售171.91万平方米，同比下降14.58%；新建商品房累计销售14053套、166.42万平方米，同比下降22.01%，均价5920元/平方米，同比上涨0.10%；房地产入库税收25.52亿元，同比下降2.15%，其中，房地产业税收17.65亿元，同比下降12.26%，建筑业税收7.87亿元，同比增长31.92%。

表 7　　2020 年新建商品房交易情况统计表

项目名称		2019 年	2020 年	2020 年比 2019 年（±%）
批准预售情况	预售栋数（栋）	180	132	-26.67%
	预售套数（套）	18134	15275	-15.77%
	其中：住宅	14755	12889	-12.65%
	其中：非住宅	3379	2386	-29.39%
	预售面积（万平方米）	201.26	171.91	-14.58%
	其中：住宅	183.96	159.27	-13.42%
	其中：非住宅	17.30	12.64	-26.94%
销售情况	网签套数（套）	16962	14053	-17.15%
	其中：住宅	14828	11887	-19.83%
	其中：非住宅	2134	2166	1.50%
	网签面积（万平方米）	213.40	166.42	-22.01%
	其中：住宅	185.92	146.81	-21.04%
	其中：非住宅	27.47	19.61	-28.61%
	网签金额（亿元）	126.19	98.52	-21.93%
	其中：住宅	106.57	83.81	-21.36%
	其中：非住宅	19.63	14.71	-25.06%
	网签均价（元/平方米）	5914	5920	0.10%
	其中：住宅	5732	5709	-0.40%
	其中：非住宅	7144	7498	4.96%

【建筑业发展】 2020 年，全市工商注册建筑业企业 290 家，新增企业 61 家，实现企业资质升级 33 项。其中，施工企业 131 家，含总承包企业 97 家（一级 14 家、二级 20 家、三级 63 家）、专业承包企业 34 家（一级 4 家、二级 6 家，三级 24 家）；劳务企业 129 家；预拌砂浆企业 2 家；预拌混凝土企业 21 家；造价、咨询等中介机构 7 家。建筑业四上企业共 52 家，新增 9 家，实现总产值约 149.46 亿元，同比增长 6.53%。完成市建筑企业协会换届选举，宁乡建筑工人包揽长沙市“十行状元 百优工匠”钢筋工竞赛冠亚季军及其他 6 个名次，孟德良被评为全国劳模，周科明被评为全省劳模，全市建筑业发展迈上高质量发展的新台阶。

【供水排水】 2020 年，全市日供水能力达 28 万吨，销售水量 5461 万吨，综合水质合格率 99.66%，完成供水基础设施投资 5000 余万元，新改建供水管网 26 千米，户表改造 2654 户，统建统管小区二次供水 150 余处，城市节水经验在全省作典型发言。管道直饮水推进走在全省前列，在全省范围内率先由政府下文支持直饮水推广和建设，编制湖南省第一本直饮水图集，实现新建小区直饮水全覆盖，完成 70 个老旧小区、学校、公共场所直饮水改造，致力打造全省首个城区直饮水基本全覆盖示范城市。启动投资 21 亿元的城乡排水一体化 PPP 项目建设，25 个建制镇乡镇污水厂全覆盖、全运行。完成“四溪一渠” 185 个排口整治和溪底平整，推进城区管网提质增效、污水整体减量，实现全流域截污纳管、生态补水，城乡污水治理开启系统化治理运营新模式。建立完善市政排水设施常态化巡查机制，清淤疏浚管道 2 万米，清掏雨水篦子 1.2 万个，整治设施病害 110 处；坚持一点一策、精准施策，完成玉潭广场、东沩广场等 6 处易涝点改造，有效应对城市内涝、雨雪冰冻等应急处险任务，保障城市安全有序运行。

【村镇建设】 2020 年，市住建局落实农村 678 户 4 类重点对象住房安全保障，累计完成 53285 户农村 4 类重点对象住房安全性鉴定、20191 户建档立卡贫困户住房安全信息核验，实现农村存量危房阶段性清零。加快乡村环境基础设施建设，完成 8 处乡镇非正规垃圾堆放点整治，建成 5 座垃圾中转站、11 座农村公共厕所。

【宁乡市工程项目审批制度改革】 2020 年，宁乡市工程建设项目改革持续深化。翡翠年华、美的院子住宅 765 户、商铺 23 户实现“交房即交证”。2020年9月，工程消防验收和备案抽查管理系统上线运行。通过“一网申报、在线受理，在线审批、随机抽查，全程留痕、实时监管”，建立消防验收、备案和抽查数据库，统一标准、统一管理，建设工程消防验收、备案和抽查实现全过程周期管理。2020年11月，宁乡市联合验收线上受理、限时办结制度正式落地。建筑工程具备验收条件后，可通过系统申请联合验收，窗口统一受理，各部门按“线上办理、信息共享、并联验收、加强指导、限时办结、统一确认”的方式进行联合限时验收，同步操作长沙市“多规合一”项目审批管理系统，办理时限缩短至8个工作日。（张 暾）

2020年9月24日，美的院子“交房即交证”颁发仪式现场

城市管理

【概况】 2020年，宁乡市城市管理和综合执法局（以下简称宁乡市城管局）着力改善人居环境、优化市容秩序、提升城市品质，获得宁乡市民群众的认可。2020年内设机关科室9个：办公室（信访室）、政工人事科、财务科、政策法规科、城市管理监督指挥科、行政审批服务科、固体废弃物监督管理科、广告管理科、综合执法协调科；下设城管中队29个。下属二级单位有：宁乡市市容环境卫生维护中心、宁乡市园林绿化维护中心。

【环境卫生】 2020年，宁乡市城管局全面推进环卫深度保洁，垃圾做到日产日清，日均清运垃圾892.9吨。全年共投入资金1274.6万元，先后购置1辆压缩车、5辆垃圾转运车、2100个分类垃圾收集箱，完成20个乡镇压缩式设备配套，配套7座分类式垃圾收集站。

【园林绿化】 2020年，宁乡市继续推进国家园林城市创建工作，完成新康社区公园、兆山社区公园、车站路道路绿化等10个绿化项目建设，制定《宁乡市绿线管理办法》等七个规范性文件，27个单位被评为湖南省园林式单位（小区），依照程序评选香榧、栀子花为宁乡市市树、市花。12月，宁乡市被评为“湖南省园林城市”。组织实施增花添彩，完成玉煤大道、东沩广场等交叉路口影响交通视线的绿化带改造，城区主次干道绿化带及各公园绿地共计栽植各类乔木1410株、小灌木31.7万余株、草皮7万平方米、麦冬68吨、花卉累计143万余盆，撒播花草种子13万余平方米。

【市政维护】 2020年，宁乡市城管局投入约4200万元，各类机械设备8600台班，劳务36760人次，精细管养市政设施。严格落实市政道桥精细化管理措施，对城区市政道路、桥梁，特别是城区主次干道开展地毯式日常维护，完成人行道维修34200平方米；树围石、路缘石4200米；平石3900米；花坛石、花坛面板2000平方米，沥青混凝土23000余平方米。

【市场管理】 2020年，宁乡市城管局实行分区管理，推行评比制度，巩固长沙市“文明集市”成果，提质步行街商圈配套设施建设，发挥商圈服务效能，为商户营造良好经营环境。完善步行街、杉木桥农贸市场基础设施，缓解步行街停车压力，营造良好市场环境。加强日常巡查，规范各类摊点摆放，维护市场正常交易秩序。

【文明创建】 2020年，宁乡市城管局对照全国文明城市测评标准体系，全员参与、全面发动。完成城区3批30条文明停车示范街创建工作，发放文明停车温馨提示单60余万份，劝导违停车辆5200余台次；按“能划则划，应划尽划”的原则，先后投入约1000万元，施划停车位5000余个；投入150余万元，完成振兴南路等6座城市驿站建设任务；完成以9条背街小巷为重点的110余条背街小巷整治工作。市城管局获宁乡市文明城市创建先进单位，城管局系统24人获宁乡市文明城市创建先进个人。

【户外广告管理】 2020年，宁乡市城管局加强对门店招牌的规范化制作，加大对擅自设置户外广告违法行为的行政处罚力度，受理招牌备案1300余块，规范设置招牌1044块，处罚不符合《长沙市城市容貌规定》的招牌24块，拆除超高超大破损存在安全隐患的招牌10块，拆除楼顶发光字、橱窗广告等1400余处。

【渣土管理】 2020年，宁乡市城管局规范渣土处置审批流程、严把作业标准。强化工地净洗车设施建设，有效控制车辆带泥、渣土运输污染路面等违章行为发生。24小时不间断巡查，加强施工工地及渣土车运输沿线管理，科学合理规范渣土运输时间、运输线路；城区渣土运输车辆全部安装车载管理终端并纳入智慧渣土管理服务平台管理。

【控建拆违】 2020年，宁乡市城管局以严控新增为主要任务，同步推进遗留违法建设处置，确保在“零新增”的基础上实现“减少存量”，市城规划区内共拆违721户，拆除违法建设约9万平方米。

【餐厨垃圾】 2020年，宁乡市实现城区餐厨垃圾收运处置全覆盖，收运餐饮单位1755家，无害化处置19400余吨，宁乡市城管局开展夜间执法行动100余次，暂押餐厨垃圾车辆25台，行政处罚立案48起，销毁用于非法收运的餐厨垃圾桶200余个。

【燃气管理】 2020年，宁乡市城管局对全市269家液化气经营网点逐一进行现场核查，核发经营许可证。开展联合执法行动25次，取缔双江口、花明楼、道林、大屯营等20处无证经营非法灌装液化气的黑网点，现场查扣液化气钢瓶1526个，收缴充气枪20支，气泵3台，对单位和个人进行立案查处30件。

【蓝天保卫战】 2020年，宁乡市城管局实行日报送、周调度、月讲评工作机制，持续推进蓝天保卫战工作，共立案查处3055起，行政处罚244.47万元。铁腕整治餐饮油烟，完成市城规划区内1271家（至年底正常营业1027家）餐饮单位油烟净化设备安装、完成第三批1000户老旧小区居民家庭餐厨油烟改造任务和110家大型餐饮单位安装油烟在线监测系统任务；完成宁邦广场绿色餐饮示范街创建。

【民声受理】 2020年，宁乡市城管局妥善解决民声反映的各类诉求问题，成立晚班组及“12345”投诉处理办公室，每晚80名机动力量处理市民夜间投诉，做到城市管理工作24小时不停歇、节假日不断档，共计受理12345等各类信访投诉4200余件，处理率100%，满意率97%。

（朱颖珍）

沩东新城

【概况】 2020年，沩东新城管委会各项工作平稳有序开展，创建全国文明城市工作被评为先进单位。4月，完成管委会原下属平台公司整合；12月，完成与香山国家森林公园管理处、金洲湖国家湿地公园管理处三家单位机构整合，所有人员转岗安置顺利完成。沩东新城区位优势更加彰显，基础配套更加完善。

【长沙·方特东方神画复工复产】 2020年，沩东新城管委会签字批复同意方特在3月18日全国率先开园。全年接待游客150万人次，实现营收1.3亿元，纳税2000万元。

【香山教育城项目建设】 2020年，沩东新城管委会完成香山大学城50.46公顷国有建设用地审批，完成3.15公顷用地行政划拨，完成长沙幼儿师范一期建设用地规划许可审批，完成长沙幼儿师范、中南艺校34.4公顷林业用地审批，协调和处理申报手续中重大瓶颈性问题3起，确保中南艺校顺利开学；加快卫生职院教职工宿舍、长沙幼儿师范项目建设；完成长沙幼儿师范高等专科学校43.33公顷用地手续办理，预计2021年下半投入使用。完成沩东公司5800万元土地款到账。香山大学城的建设，给沩东新城发展带来人气，为宁乡城市发展注入新动能。

【提升景区品质】 2020年，香山国家森林公园总规、金洲湖国家湿地公园规划调整方案获国家林业和草原局批复，两家公园规划调整共释放建设用地417公顷，为全市“一江两岸、东进融城”发展战略提供充足的发展空间。对景区进行提质改造，开展违建别墅清理，完成龙凤国际露营基地拆除复绿，青少年拓展基地、龙凤漂流等项目实现去商业化的功能转换，组建森林防火应急处突队伍，实现人防、物防、技防有效结合；逐月对金洲湖公园内项目、动植物、病虫害、水质进行监测。12月，金洲湖国家湿地公园被评为全省“2020年度湿地公园管理优秀单位”。

【三大攻坚战】 2020年，沩东新城管委会筹措资金，提前清退238户1.33亿元信托资金，化解储户矛盾、维护金融环境；全力推进香山公园拓展训练基地、龙凤漂流项目的环保督察整改工作，拆除6047平方米违章建筑，复绿补绿5698平方米，签订去商业化功能转换协议，12月底完成长沙市“绿盾”环保问题销号验收；指导罘罳峰村制定扶贫产业发展规划，进一步帮助完善基础设施和发展特色产业。以“龙头企业+能人+贫困户”模式，推动建立小松树农牧产业基地，开展优质稻、蔬菜种植、禽畜养殖等。

（彭泽良）

投资促进服务

【概况】 宁乡市投资促进服务中心（以下简称市投资促进服务中心）是根据2019年3月《宁乡市机构改革实施方案》，由市项目工程建设办公室、市重点工程建设办公室组建的市政府直属正科级公益类事业单位，负责全市政府投资项目、社会投资项目建设的数据统计、形势分析，提供指导、协调、调度等服务；负责国家、省、长沙市在宁重点工程项目的协调服务工作，协助相关行政主管部门落实项目规划、选址、征地拆迁、补偿安置、环境维护等工作。市投资促进服务中心为全额拨款事业单位，核定编制14名。内设办公室、财务科、项目管理科、项目服务科、重点工程服务科5个科室。

2020年，市投资促进服务中心全力协调服务项目，全市产业项目建设、省市重点工程建设推进较快、投入较实、后劲较足。根据年初《政府工作报告》部署，全年新续建投资过千万元项目200个、竣工投产项目150个以上，完成产业投资400亿元以上。2020年，全市调度项目669个，总投资2680.27亿元，2020年计划投资767.79亿元，其中实现新续建投资过千万元项目390个，新竣工

236 个，完成投资 415.17 亿元，超额完成目标任务 3.79%。

【“三抓两促”帮扶工作】 2020 年，由 37 名市领导和 54 个市直机关组成的 37 个工作组，联点帮扶 74 个重大项目和 117 家重点工业企业，全年共开展帮扶活动 1572 天次，共收集排查存在的问题 422 个（其中项目问题 311 个），协调解决 375 个（其中项目问题 271 个），有力推动重大项目建设和重点工业企业发展。

【“一表五单”管理机制】 2020 年，市投资促进服务中心推出项目汇总表、续建项目清单、新建项目清单、预开工项目清单、预备项目清单、项目问题清单“一表五单”管理新机制，精准调度每一个项目。开发宁乡项目管理系统手机客户端，可随时上传项目状态、查看项目进度、交办项目问题。年内通过“一表五单”调度项目审批提速、用地报批、要素保障等问题 218 个，有力推动比亚迪、三一中起、格力冰洗等一批重大项目的顺利推进。2020 年，受新冠肺炎疫情影响，制造业产能下滑，扩产扩能意愿下降，新引进项目开工计划一再推迟。通过“一表五单”管理和坚持“一周一调度”机制，2 月底，续建项目全部复工。全年实现新建项目提前开工 118 个，新建重大项目开工率超过 95%，预备重大项目转化开工 6 个，预备项目转化率超过 20%。

【项目竣工投产】 2020 年，市投资促进服务中心对所有重大项目以开工、竣工时间为节点，倒排工期、挂图作战，全力冲刺当年开工、当年竣工、当年投产“三个当年”目标。全年竣工项目 236 个，其中比亚迪动力电池一期、三一中起试投产，蓝月谷智能制造产业园 A 区提前 2 个月竣工，智能家电产业园提前 3 个月竣工，格力冰洗基地、楚天科技四期等 4 个长沙市制造业标志性项目加紧建设。

【省市重点工程建设】 2020 年，市投资促进服务中心承载和服务的国家、省市级以上重点工程项目主要有长益高速扩容工程、宁韶高速、常益长高铁 3 个项目的建设，以及呼南高铁、长宁城际轻轨、宁安高速等项目的前期协调服务工作，全年累计完成投资 27 亿元，超额完成目标任务 25 亿元的 8%。其中长益高速公路扩容工程宁乡段项目宁乡段总投资 17 亿元，全长 15.38 千米，途径双江口、金洲 2 个乡镇，设金洲、朱良桥 2 个互通和双江口服务区。2020 年 8 月 31 日竣工通车。

2020 年 8 月 31 日，长益高速公路扩容工程宁乡段竣工通车

【常益长高铁宁乡段】 常益长高铁总投资 30 亿元，途经宁乡市经开区、高新区两大园区以及玉潭、菁华铺、城郊、金洲四个乡镇（街道），宁乡段总长 22.42 千米，设宁乡西站。2020 年项目完成征地 93.33 公顷，拆迁房屋 225 栋，完成投入 10.5 亿元，安岭隧道顺利贯通。

【宁韶高速宁乡段】 宁韶高速公路全长 42.659 千米，总投资 43 亿元，其中宁乡段长 34.2 千米，连接线长 7.9 千米，设计双向四车道，时速 100 千米，路基宽度 26 米。该项目宁乡段途经菁华铺、白马桥、回龙铺、坝塘、东湖塘 5 个乡镇（街道），设菁华铺、回龙铺、坝塘、东湖塘 4 个互通和南田坪服务区。2020 年项目完成征地 200 公顷，拆迁红线内房屋 297 栋，完成投入 8.9 亿元（征拆款除外）。

（李宏伟）

征地服务

【概况】 宁乡市征地服务中心位于宁乡市玉潭街道花明南路 160 号。自 2019 年 7 月起，宁乡市全面运行国有土地上房屋征收与集体土地征收“一体化”工作机制，市征地服务中心、市自然资源局所属市征地拆迁事务所、市住建局所属市城市房屋征收和补偿事务中心，集中办公，统一管理，统一调度，由市征地服务中心对归集人员进行统一绩效考核，并将所有党员的组织关系转入市征地服务中心机关支部。市征地服务中心负责协助行政主管部门拟订征地方案；协助行政主管部门拟订征地公告；提出征地补偿安置方案建议；统筹协调征收、征地拆迁补偿安置等事务性工作；协调处理征收、征地拆迁补偿安置争议；完成市委、市政府交办的其他任务。

2020 年，市征地服务中心紧扣“大干一百天实现双过半”和“奋战下半年，勇夺双胜利”大竞赛活动要求，坚持依法征拆、阳光征拆、和谐征拆，较好地完成全市征拆补安工作。

【征收拆迁】 2020 年，市征地服务中心以征拆“一体化”工作机制为抓手，统筹调度 100 名抽调干部力量，全年组织项目征地补偿安置社会稳定风险评估 329 个，坚持两级审核、三榜公示，严格部门联合认定，在市自然资源局、市住建局等部门、各平台载体和乡镇（街道）的支持配合下，依法依规推进阳光征拆，确保渝长厦高铁、宁韶高速等国家重大项目高效推进，三一中起、建工集团、邦普六期等工业项目快速落地，棚户区改造任务完成。2020年，全市启动征拆项目39个，征拆2650户，腾地826.53公顷。其中：集体土地拆迁项目30个，拆迁2257户，腾地801公顷；国有土地房屋征收项目9个，征收393户，腾地25.53公顷。

【征地安置】 2020年，市征地服务中心全年共发布征地公告121个，征地669.79公顷。落实省人社厅政策，组织6批次参保联审会，完成2020年7月7日前的所有被征地农民的参保登记，全年收缴社保资金12.808亿元，新纳入被征地农民社保9119人。

【遗留项目处置】 2020年，市征地服务中心开展遗留问题大清理行动，全年共完成爱琴湾片区、纸厂片区、金唐公路等19个项目102户遗留问题清零。其中，爱琴湾13.33公顷土地得到释放，首批8.13公顷以382万元/亩的均价成交。 （吴明兴）

住房保障

【概况】 2020年，宁乡市住房保障服务中心（以下简称市住保中心）主要职能为承担全市住房保障、物业管理、棚户区改造、老旧小区改造、全市保障性住房的实物配租和配购配建、住房保障对象的资格审定、住房租赁补贴核定与发放等工作以及维修维护、租赁管理、租金收缴、纠纷调处等工作，是隶属宁乡市住房和城乡建设局正科级公益一类事业单位。中心内设办公室、财务部、综合部、党群服务部、安居工程保障部、物业服务部、公房服务部、保障房服务部。

2020年，市住保中心获湖南省政府督查激励先进单位（棚户区改造），长沙市城市人居环境系统棚户区改造工作突出单位，长沙市城市人居环境系统城镇老旧小区改造工作突出单位，长沙地区物业维修资金管理先进单位，宁乡市创建全国文明城市工作先进单位；获长沙市主管部门工作先进个人6人次（长沙市优秀物业管理先进个人），获全市主管部门工作先进个人2人次（创建全国文明城市工作先进个人），获宁乡市委、市政府嘉奖17人次、获三等功2人次。

【安居保障】 2020年，市住保中心通过争资金、促项目、强服务，8月，提前4个月完成2020年度棚户区改造任务8个、1260套；宁乡棚改体量大、签得快、腾地快、拆安互补，“1户不清零等于零”模式得到省厅认可，主要做法得到省厅认可并在省住建厅官网上公示，中国建设报、湖南日报、湖南卫视进行6次专题报道，成功创建2020年省政府督查激励棚改先进单位。“党建引领、整体打捆、片区推进”模式得到“湖南住建、长沙晚报”专题推介，年内24个老旧小区改造项目大部分完工，达到预期目标。加大公租房项目统筹、狠促进度，2110套公租房全部按期开工，年内完成192套。启动住房租赁房源项目筹集，完成4批次租赁奖补房源项目评审，共计申报项目39个、6138套，完成率104%，其中高新区东北片区一期和二期、旺宁新村三期一批、楚天科技等三个项目投入运营。加大向上争资力度，年内争取中央、省、市补助资金3.05亿元。

【保障房后续管理】 2020年，市住保中心保障房后续管理逐步健全。做好违规对象整治。首次在全市开展大规模保障房违规对象集中清理整顿行动，年内成功腾退、整改152套，规范公众资源的公平公正管理。加快保障房小区提质改造。完成保障房燃气改造、纯净水入户及车位改造等多个民生工程项目；和美华庭、和谐家园2个小区成功申报市级园林小区；争取保障房适老化改造指标的近100户；加快推进保障性住房信息系统建设；启动保障房智能人脸识别和断电系统建设。加大租金收缴力度。年内累计收缴租金470余万元，完成保障房门面底价评估工作，解决和德家园门面租金陈欠及续租问题。做好租赁补贴审批和发放工作。年内新增发放租赁补贴对象215户。

【物业管理】 2020年，市住保中心以“党建+六零”（治安零发案，建设零违章，居民零上访，环境零污染，安全零事故，服务零投诉）小区建设为目标，全市物业管理水平提质改观。出台《关于全面推进全市物业管理水平的实施意见》和《宁乡市物业专项维修资金应急使用管理办法（试行）》，健全物管机制，畅通维修资金使用渠道；年初，组织100名干部职工联点小区，发动5000余名物业人打赢新冠疫情防控攻坚战；开展消防设施设备排查，组织多部门进行消防安全专项整治，排查、整改问题534个；完善物业企业综合测评；加大物业小区垃圾分类工作的宣传、指导和监督工作，业主参与程度、精准投放率逐步增高，做到户分干湿、物业二次分拣、分类清运及专业运输到位；指导成立业委会5家；审批物业用房288宗；年度内归集维修资金1.67亿元（累计归集达17.2亿元），依程序动用408万元；处理物业纠纷投诉，累计处理12345热线1520宗，满意率95%以上；抓实物业小区、北门市场、紫金广场等文明创建工作，指导、督促问题整改，确保全国文明城市国检“零扣分”。

（谢　兰）

住房公积金

【概况】 2020年，长沙住房公积金管理中心宁乡市管理部（以下简称管理部）在长沙住房公积金管理中心授权下，负责宁乡市行政区域内住房公积金的归集和使用计划；记载职工住房公积金的缴存、提取、贷款等情况，按有关规定和审批权限审核住房公积金的提取和转移；负责住房公积金的催建和催缴；办理住房公积金的对账和查询，提供住房公积金政策咨询。

【业务运行情况】 缴存：2020年，

新开户单位102家，实缴单位885家；新开户职工9465人，实缴职工60082人；缴存额7.55亿元，同比增长8.79%。2020年年末，缴存总额47.94亿元；缴存余额23.64亿元。

提取：2020年，提取额4.59亿元，同比增长6%；占当年缴存额的60.55%。2020年年末，提取总额25.14亿元。

贷款：2020年，支持职工购建房9.21万平方米，累计购建房161.67万平方米；发放个人住房贷款732笔，同比下降19.91%，发放个人住房贷款2.94亿元，同比下降25%。2020年年末，累计发放个人住房贷款14705笔41.86亿元，贷款余额26.47亿元。

支持宁乡市廉租房建设资金：2020年，发放廉租建设补充资金6500万元，其中宁乡市3500万元，宁乡高新区3000万元。从2012年到2020年末，累计发放22350万元。

2020年6月17日，宁乡市管理部开展住房公积金贷款新政培训

【公积金制度落实】 2020年，管理部严格落实长沙住房公积金管理中心5月28日出台的《长沙住房公积金个人住房贷款管理办法》，创新二手房贷款流程，从只允许过户后申请贷款的单一模式，到既允许过户后申请贷款又允许前置审批后再过户的二选一模式，为职工申请办理二手房业务提供便利。落实住房公积金阶段性支持政策，2月，长沙住房公积金管理中心发布应对新冠肺炎疫情提供阶段政策支持的通知，明确受新冠肺炎疫情影响的企业可按规定申请缓缴住房公积金，缓缴期间职工贷款和提取权益不受影响；参加疫情防控工作人员、因感染新冠肺炎住院治疗或隔离人员、因疫情防控需隔离观察人员以及其他受疫情影响的人员，可申请缓还贷款。住房公积金阶段性政策实施后，2020年上半年为39家企业办理缓缴住房公积金业务，为企业缓解1700万元资金压力。

【公积金政策宣传】 2020年，管理部提升住房公积金政策知晓率、入户率。为加快住房公积金贷款政策的应用与推广，6月17日在宁乡市市民之家会议室开展住房公积金贷款新政培训，从住房公积金个人贷款基本条件、贷款新政、组合贷款和申请贷款注意事项四个方面详细解读《长沙住房公积金个人住房贷款管理办法》；6月21日与长沙银行宁乡支行、玉潭街道新康社区在花语王朝小区携手开展“文明传承，一粽传情”端午特色活动，在活动现场通过开展政策宣讲、提供政策咨询和发放宣传资料等方式普及公积金知识；10月21日到交通银行长沙宁乡支行，针对公积金业务在基层金融机构的具体操作、进园区下企业开展公积金业务宣传以及如何提升公积金业务办理效率等群众关心的问题进行现场答疑。

【综合服务】 2020年，管理部在市民之家窗口集中管理的基础上不断完善服务体系，优化职能。对管理部职能进一步职能优化，原由受托单位处理的相关事项，全部由管理部正式职或合同工办理，并取消其权限，业务办理更加顺畅，严格控制资金风险。对窗口工作人员岗位设置与职责、服务形象、服务行为、服务语言、服务措施等方面进行规范，建立行政审批项目流程清单，严格落实服务承诺、首问责任、一次性告知、限时办结等制度。对合作单位人员进行双重管理，在完成管理部交办的工作同时，及时做好公积金缴存和个贷资料的转递，使审批、放款工作都能及时完成，并对业务完成好，工作态度认真的给予业务倾斜，通报到单位。网厅单位版新增在线申请疫情缓交功能及疫情缓交解除功能，避免面对面接触；同时通过“12329”“12345”等服务热线解答群众疑问、解决群众问题。

【公积金业务优化改革】 2020年，管理部根据《宁乡市营商环境优化工程2020年行动方案》，推行容缺受理和承诺审批制度，配合其他部门推动企业开办与社保登记、公积金开办、银行开户等流程联办，提升企业开办便利度，持续深化公积金业务“最多跑一次”改革。开放线上业务办理，主动与群众使用频率高的渠道（微信、支付宝）对接开发线上服务，配合长沙住房公积金管理中心推进“一网通办”，缴存单位和职工可通过网上业务大厅、微信公众号、支付宝“市民中心”、“我的长沙”APP等渠道查询和办理公积金业务。2020年，个人住房公积金缴存贷款等信息查询、出具贷款职工住房公积金缴存使用证明、正常退休提取住房公积金等三项功能实现全程网办。管理部根据长沙住房公积金管理中心相关规定编制“一件事一次办”贷款业务办理事项梳理表和流程图，与宁乡市不动产中心合作，将办理贷款抵押后由开发商或客户领取抵押权证改为由内部工作人员领取，减少客户跑腿次数，实现贷款业务“只进一扇门，最多跑一次”。

【推广综合服务平台】 2020年，管理部为缴存职工提供网上业务大厅、官方微信、“12329”服务热线等8种服务渠道。截至2020年年底，长沙住房公积金微信公众号关注量77.42万人，长沙住房公积金网上业务大厅个人版注册人数24万，长沙住房公积金网上业务大厅单位版签约数超2万家。

城发投资控股集团

【概况】 2020年，宁乡市城发投资控股集团有限公司（以下简称市城发集团）内设党群综合中心、财务管理中心、纪检监察中心、资产管理中心、项目管理中心、投资发展中心、社会事务中心、法务风控中心八个中心，宁乡市城市建设投资集团有限公司、宁乡市文化旅游投资有限公司、宁乡市城镇开发建设投资有限公司、宁乡市水务建设投资开发有限公司、宁乡市产业发展投资有限公司五个子公司，主要开展控股范围内城市基础设施项目的投资建设、文化旅游投资开发、水利建设投资开发、房地产开发经营、城市资源运营、矿产开发、股权投资等。

【项目建设】 2020年，市城发集团科学做好疫情防控和复工复产，2月中旬逐步启动项目建设。根据2020年政投项目铺排计划，突破重点、难点、瓶颈问题，公司共有各类政府性投资项目63个，年内新竣工新康中学、春城北路提质改造等17个项目，完成固定资产投资100.8亿元，向上争资3.18亿元，完成土地报批取卷27宗，面积204.04公顷，盘活三资45.36亿元。

【产业发展】 2020年，市城发集团围绕做实做强文化旅游、产业投资、城市经营、涉水产业四大业务板块，一大批经营性项目加速落地。炭河古城、沩山避暑、灰汤温泉等文旅项目成为湖南全域旅游的新亮点，全年接待游客超120万人次；完成砂石资源归集并实现2.42亿元营收；人民北路加油站建成运营；煤炭坝门业特色小镇孵化中心（标准化厂房）项目完成前期手续办理；门业销售、物业管理、渣土消纳等项目落地；智慧停车、路灯节能、矿产开发等项目顺利推进。市城发集团市场化运营项目及转型发展初见成效。

【改革转型】 2020年，按照整合转型需求，市城发集团启动整合后人员和机构重组工作，调整内设机构、子公司和三级子公司，明确新的组织架构，实行三级管理体制。草拟《内设架构和岗位设置实施方案》和《员工薪酬管理办法》，明确员工薪酬。

【融资化债】 针对体量巨大、债务压力沉重的现实，市城发集团多措并举、全力增加营收，至2020年年底，市城发集团总资产717.63亿元，实现收入30.15亿元；同时公司加大与银信部门对接力度，踏准节奏，准点推进债券发行，全年融资到位166.51亿元，还本付息137.53亿元，化解政府隐性债务14.2亿元，偿还非标债务19.12亿元，上缴税费3.15亿元，各项资金运转正常。

【征地拆迁】 2020年，市城发集团加大政策宣传和把关力度，建立健全联动协调机制，依法依规推进征拆工作。全年先后完成高铁新城、环卫公寓、仁福大道等24个项目531户的房屋拆迁，完成征地126.4公顷，稳妥化解遗留问题40户，支付资金17.19亿元，其中征拆资金12.4亿元、工作经费0.52亿元、零星补偿0.35亿元、缴纳社保金3.92亿元。保障一批出让项目、基础设施及公益性项目的用地需求，特别是爱琴湾片区17户历史遗留问题全面清零，腾地10公顷，实现土地收入7.1亿元。

【综治维稳】 2020年，市城发集团解决群众诉求（包括“12345”市民服务热线、网络留言、信访等）1000余件，做到件件有着落，事事有回音。召开茆田、合安、新城社区等社区社保信访问题协调会26次，解决一批历史遗留信访问题和信访积案。全年发现并制止偷盗砂苗头30余例，移交相关部门10余例，将非法盗采、破坏生态环境的违法行为消灭在萌芽状态。协助公司城管分局查扣乱倒渣土垃圾车辆40余辆次，有力打击违规运输、乱倾倒建筑垃圾渣土行为，有效维护城市环境及道路整洁。

【站前路通车】 2020年1月1日，宁乡市站前路全线通车。该项目作为宁乡市西北部的城市主干道，是金宁公路的重要组成部分。项目总投资约5

2020年1月1日，站前路全线通车

亿元，全段西起G319，东至宁乡大道，道路全长为6370.6米，路幅宽度为40米，设计时速达到80千米。站前路通车，有效解决煤炭坝镇、回龙铺镇、菁华铺乡群众进城与出城问题，缓解城区一环路和二环路的交通压力，打通宁乡西北城区和市区的交通往来，进一步完善区域交通路网，服务宁乡发展。

【滨江大道通车】 2020年5月20日，宁乡滨江大道通车。该项目位于玉潭街道南苑社区、历经铺街道新宝塔村境内，南起南门桥，北至金洲大桥路段，全长约5610米，路幅宽度26米，双向四车道。该路作为临沩水河建设的景观性城市次干道，它的修建对沟通老城区和新城区的南北向道路，提升金洲片区周边路网运输能力，完善金洲片区的基础设施建设以及提高金洲片区的投资吸引力有促进作用，同时对促进金洲片区经济发展以及改善当地民生起到积极的作用。

（张晓凤）

国有资产经营

【概况】 宁乡市国资投资控股集团有限公司（以下简称市国资集团）前身是宁乡市国有资产经营有限公司，是经宁乡市人民政府批准，于2002年6月注册成立的国有独资公司，注册资本10亿元，公司代表政府组织国有资本运营，并行使国有资产经营主体职能。2018年经市委、市政府批准成立宁乡市国资投资控股集团有限公司，注册资本20亿元。2020年，市国资集团以“新国资、新理念、新目标、新举措”为统领，积极参加宁乡市“大干一百天实现双过半”和“奋战下半年，勇夺双胜利”竞赛活动，分别以94.46分、102.93分两次获全市竞赛活动平台公司组第一，年度绩效考核获平台公司组第一。2020年10月10日，公司办公地址由第二行政中心5号栋搬迁至滨江南路18号。

【市场化改革】 2020年，市国资集团结合人员机构编制和发展需要的实际，科学合理设置集团公司本部以及子公司的内设架构和工作岗位。根据《中华人民共和国公司法》《中华人民共和国劳动合同法》等法律法规的有关规定，建立科学有效的公司员工激励和约束机制，出台《宁乡市国资投资控股集团有限公司员工薪酬管理办法》。制定一整套与国有企业相适用的管理制度，分为党建纪检类、机关管理类、业务管理类等三大类共28项制度，涵盖公司各个管理层面和各项业务工作。按照集团本级、一级子公司、参控股公司三个层级进行企业管理，压缩层级，精简人员，实现扁平化管理，同步实行市场化薪酬。人员精简后，市国资集团有在职人员175人，其中编内人员40人，聘用人员72人，劳务派遣人员63人。内设六部一室，分别为党建综合部、纪检监察室、财务融资部、资产招商部、规划项目部、法务审计部、社会事务部。下设五家子公司，分别为宁乡市交通建设投资有限公司、宁乡市沩东新城建设开发有限公司、宁乡市房地产经营有限公司、宁乡市现代农业投资开发有限公司、宁乡市和诚和信担保有限责任公司。

【经济运行】 2020年，市国资集团完成财政税收2.5亿元，融资到位资金88.24亿元，经营收入23.3亿元，向上争资3.07亿元；完成规上其他营利性服务业营业收入1.58亿元，盘活“三资”21.71亿元，招商引资投资过亿元项目20个，引进三类500强企业投资项目2个；完成计划内重大项目新建开工数6个，计划外新增重大社会投资项目29个，入库投资188亿元，固定资产投资83.18亿元。完成储备土地267公顷，储备土地价值200余亿元，通过一系列措施做大做强公司资产，全力打赢防范化解债务风险攻坚战。

10月，市国资集团退出“监管类平台”，加速推进置换高利息债务工作，探索拓宽融资渠道，主推乡村振兴产业项目，以联农带农为导向，以生猪产业链项目及全域土地整治项目为依托，对接农发行，以超低利率融资12.9亿元，打开乡村振兴产业新局面。加快公司信用升级，沩东新城公司获批AA评级，为解决增信措施提供依据，获批债券资金35亿元。

【招商引资】 2020年，市国资集团完成正大集团100万头生猪产业链项目、曾家河文旅片区一期合作开发项目、时代阳光产业园绿叶水果冷链物流配送基地项目、58科创大玺门商业项目等招商引资。其中正大集团管理运营的100万头生猪产业链项目建设，总投资36亿元，包含100万头生猪养殖项目、333.33公顷以上种植项目、100万头生猪屠宰场项目以及食品加工、冷链物流项目等，该产业链项目建成满产后预计年产值约60亿元，税收2亿元，带动3000人就业。

【民本民生项目】 2020年，市国资集团铺排重点项目44个，总投资175亿元，完成东城学校改扩建、职业中专产教融合培训实训大楼、宁乡四中电教楼、金亭路、银河路、滨江大道一标、融媒体中心、龙泉美墅等学校道路及其他项目建设，推进金唐公路二期、长郡路、东城大道等道路项目建设。投入征拆资金17亿元，完成征拆签约800余户，腾地267公顷。通过对龙溪片区棚改项目，东沩溪棚改项目，沩东片区—华强大道两厢、曾家河文旅片区开发项目，龙溪公租房项目，玉潭街道化龙溪、东沩溪片区内涝地块及公司城区控规范围内D级危房和历经铺街道D级危房的征拆，为项目引进提供用地要素保障，实现城市土地集约高效利用，解决当地群众民生安居问题，助推项目蓝图变实景。全年答复信访件40起，接收处理“12345”市民投诉340件，完成率100%。

【文明创建】 2020年，市国资集团对玉潭街道老城区香山片区进行城市有机更新。针对老城区停车难、停车乱问题，通过有效管理和利用闲置土地，增加多个车位，满足人民群众对停车位的需求。在土地桥菜市场、东区市场、沩东中学、香山巷24号和34号、铜钱巷54号、山塘巷、朝阳新巷、滨江南路18号等地址建立生态停车场，提供停车位600余个。公司被评为宁乡市创建全国文明城市工作先进单位。

【宁乡花猪养殖示范场建设项目】2020年8月14日，宁乡花猪养殖示范场建设项目正式移交，标志着该项目建设全部建成。该项目总投资约2亿元，占地面积30.47公顷，建筑总面积约5万平方米，为1500头种猪、6000头保育、9500头育肥一体化生产结构，规划年产花猪3万头，是宁乡花猪产业化、规范化发展的示范基地。该项目致力于延长花猪产业链条，实现一、二、三产业融合，联农兴农。公司抽调14名干部职工组成青年突击队常驻项目现场，被共青团长沙市委员会、长沙市发改委联合授予“优秀青年突击队”称号。

【龙泉美墅二期三批19—22栋洋房项目】2020年10月23日，龙泉美墅二期三批19—22#栋洋房全部封顶。项目建筑面积2.07万平方米，其中住宅1.17万平方米、商业4778.83平方米，地下停车场4171.1平方米，建成82套五层墅质电梯洋房、45个商铺、74个车位、12个杂屋，销售总额约1.1亿元。该项目是宁乡市平台公司市场化转型后第一个率先试水的房地产绩效考核项目，项目秉承国企匠心、打造精品工程理念，为宁乡人民提供高端居住体验。

【银河路市政道路通车】2020年10月7日，宁乡市历经铺街道银河路（宁韶路—金盾路）市政道路正式通车。项目起点位于宁乡市宁绍公路，终点于宁乡市金盾路，道路全长328.25米。设计行车速度30千米/小时，一般路段路基宽度18米，采用城市次干道标准建设。该项目拉通东方红郡与东城安置区两小区居民的进出，为东城小学和长郡中学师生减轻出行压力，是历经铺街道的重要交通枢纽。

【滨江公园配套用房改扩建工程】2020年10月11日，滨江公园配套用房改扩建而成的宁乡市融媒体中心投入使用。项目总建筑面积12466.26平方米，地处沩江东岸，项目建成后将引进先进的声学工艺设备。其中演播楼的建筑面积1900平方米，建筑物总高22.3米，将与沩江东岸景观带形成亮丽的风景线，推进宁乡市融媒体广播事业的发展。

2020年8月14日，宁乡花猪养殖示范场建设项目移交

【金亭路项目通车】2020年10月21日，宁乡市历经铺街道金亭路市政道路通车。该道路位于历经铺街道，东接宁韶公路，西至滨江大道，全长408.68米，宽18米，为双向四车道，采用城市支线道路标准建设。通车后将进一步优化东城片区沙河组团路网，方便居民出行，极大程度上减轻宁韶路等城市主干道的行车压力。

【滨江公园及群英垸综合治理项目】2020年12月28日，宁乡市滨江公园及群英垸综合治理项目—滨江大道一标工程全面竣工通车。该项目位于历经铺街道，西起于沙河市场东门，东接滨江大道，全长781.26米，为双向六车道，采用城市次干道标准建设。通车后将便于沙河市场商贸运输，快速进行岳宁大道城市快速道路，加速宁乡市的融城速度。

（胡　敏）

国有资产管理

【概况】宁乡市国有资产事务中心（以下简称市国资中心）前身是宁乡市国有资产管理局，2019年8月根据机构改革工作要求，宁乡市国有资产管理局更名为宁乡市国有资产事务中心，是隶属宁乡市财政局管理的正科级事业单位，中心全额拨款人员编制18名，由市人民政府授权代表市人民政府履行出资人职责，下设办公室、国有企业管理室、产权交易室，代管财政局资产管理科。2020年，市国资中心围绕加强国有资产监管、平台公司市场化转型等工作任务，为实现国有资产保值增值总体目标，认真履行职责，努力提高国有资产运营水平。

【国有资产管理】2020年，市国资中心在全市范围开展行政事业单位、国有平台公司资产清查，并在各单位自查申报的基础上，公开招标聘请三家会计师事务所对各单位资产进行核查，全面摸清资产家底，建立健全账卡，将确认的资产录入行政事业单位国有资产管理系统，完善基础数据库，实现资产动态管理。制定《宁乡市行政事业单位资产管理办法（试行）》以及相关配套管理制度。在资产配置环节，制定《宁乡市行政事业单位通用资产配置标准》和《宁乡市行政事业单位国有资产配置管理规定》，对资产配置价格和数量实施双重控制，解决因资产配置无标准而导致的资产过度配置问题。在资产使用环节，明确单位管理责任和定期报告制度，出台《宁乡市国有资产出租出借管理暂行办法》，对资产的出租出借行为进行规范，提高资产使用收益。在资产处置环节，在规范资产处置程序的基础上，执行资产处置现场鉴定、公告公示、公开竞价拍卖、处置收入依法缴入国库等相关规定，提高资产处置公开透明度。加快推进国有闲置资产盘活。将全市行政事业单位闲置资产（含已租赁资产）按照“是否归集、是否抵押、是否租借、是否有权证”建好相关台账，进行分类管理。对已出租、出借的资产进一步核查、规范，不合规不合法的租借行为，重新走程序、办手续、进行完善；没有进行公开拍租的，一律重新进行拍租；底价出租或“零价”出租的，全部重新公开拍租；未上缴租金的，全部进行追缴。资产处置方面：对权证齐全可直接处置的资产在评估、核准后进行公开拍卖、招租或注入平台公司。对权证不齐的资产提请市政府办牵头组织自然资源、不动产、规划及资产主体单位办理相关手续，再按程序进行评估、核准后进行公开拍卖、招租或注入平台公司。2018—2020年，全市行政事业单位累计实现资产出租收入4200万元，注入资产合计评估价值17亿元。针对各单位国有资产管理人员兼职多，变换频繁等现象，建立定期政策解读、业务交流指导工作机制，及时解决工作中存在的问题，提高管理人员业务能力；实行信息化管理，规范资产管理线上审批，实时掌握固定资产的动向及使用情况，提升资产管理水平。

【国有平台公司经营管理】 2020年，市国资中心规范国有资本经营体制。出台《宁乡市改革国有资本授权经营体制办法（试行）》《关于支持国有平台公司市场化转型高质量发展的若干意见（试行）》《宁乡市国有及国有控股企业财务管理暂行办法》《宁乡市2020年度市属国有平台公司经营业绩评价工作绩效考核实施细则》。优化资源组合，宁乡市国有资本主要分布在城市基础设施建设、市政道路、供水管网、金融投资、公共服务等民生领域。国资中心按照主业归核、资产归集、产业归位原则，指导平台公司明晰功能定位，优化资源组合，突出主业经营。按市场化原则承接实施重大基础设施建设、片区土地开发和城市资产、资源经营管理等业务。优势资源加速转型升级，按照省委、省政府“注销一批、整合一批、转型一批”的要求，推进政府融资平台公司的注销、整合、转型工作，注销国有平台公司27家，实现股权划转37家，2020年年底完成相关工作。规范内设架构和职数配置，根据市属平台公司的反馈意见和省、市、长沙市内其他区县的做法，对市属两大平台公司《内设架构和岗位设置实施方案》和《员工薪酬管理办法》进行修改和完善，明确平台公司编制内人员全部参与双向选择，2020年5月顺利完成市国资集团第一次编内人员选岗和定岗分流。指导平台公司制定盘活“三资”（资金、资产、资源）工作计划表，促进平台公司有效防控债务风险，实现存量资金、资产、资源效益最大化。

（喻　林）

环境保护

【概况】 2020年，宁乡市围绕“打赢污染防治攻坚战”，践行绿色发展理念，落实污染防治攻坚战“夏季攻势”，推进省级环保督察“回头看”及反馈问题整改，着力解决突出生态环境问题。全年优良天数354天，年均优良率96.7%，同比提高9.6%，PM2.5年均值31微克/立方米，同比下降9微克/立方米，PM10年均值49微克/立方米，同比下降13微克/立方米，臭氧90百分位浓度年均值127微克/立方米，同比2019年下降20微克/立方米，全市集中式饮用水水源地水质全年达标率100%，沩水、靳江及其他支流考核断面水质全年稳定达地表水Ⅲ类标准。

2020年，宁乡被评为第四批“国家生态文明建设示范市”。全国第二次污染普查工作中，长沙市生态环境局宁乡市分局按国家、省、长沙市污普办要求，被评为湖南省第二次全国污染源普查工作表现突出集体。

表8　宁乡市2020年环境质量状况主要指标统计表

质量项目 / 质量情况	2019年	2020年	同比变化	备注
空气质量优良率（%）	87.1	96.7	↑9.6	越高越好
空气质量综合指数	3.95	3.20	↓0.75	越低越好
PM2.5平均浓度（微克/立方米）	40	31	↓22.5%	越低越好
PM10平均浓度（微克/立方米）	62	49	↓21%	越低越好
O_3日最大8小时平均90百分位数浓度（微克/立方米）	147	127	↓13.6%	越低越好
NO_2平均浓度（微克/立方米）	19	18	↓5.3%	越低越好
沩水地表水鳝鱼洲	Ⅱ类	Ⅱ类	持平	100%优
沩水地表水沩丰坝	Ⅱ类	Ⅱ类	持平	100%优
沩水地表水双江口	Ⅲ类	Ⅲ类	持平	100%良好
靳江地表水石灵桥	Ⅱ类	Ⅱ类	持平	100%优
集中式饮用水水源地沩水鳝鱼洲断面	Ⅱ类	Ⅱ类	持平	100%优

【构建环境责任体系】 2020年，宁乡市委、市政府多次召开市委常委会、政府常务会、市长办公会、环委会等会议，研究出台《宁乡市城市规划区声环境功能区划分工作方案》《宁乡市2020年度大气、水、土壤和噪声等污染防治重点工作方案》《宁乡市突发环境事件应急预案》《宁乡市重污染天气应急预案》等文件，进一步理顺污染防治工作的机制和体制，进一步聚焦全市污染防治工作的重点和难点，进一步完善污染防治工作标准和要求，建立工作清单台账，完成年度污染防治攻坚战任务132项。

【蓝天保卫战】 2020年，宁乡市推进汽车尾气、渣土扬尘、油烟气体、燃气、工业废气“五气共治”，城区主次干道100%洒水降尘，工地扬尘污染防治落实“8个100%”，复绿裸露地块463.67公顷，规范渣土运输，增设安康西路消纳场。引进新型环保车，淘汰老旧柴油货车7辆，推进绿色公交建设，新能源公交车占比86%，执行城区柴油货车禁行、限行政策，完成非道路移动机械编码登记。全域实施秸秆（垃圾）禁烧、烟花爆竹禁（限）放，第三批1000户老旧小区居民餐厨油烟改造完成，城区规模餐饮行业油烟治理设施安装率100%，打造宁邦广场商圈绿色餐饮示范街。推广水性油漆等低挥发性原辅材料使用，26台燃气锅炉完成低氮改造，136家企业525个点位的VOCS（挥发性有机物）治污设施用电监测系统完成安装并运行。完成全市加油站油气三级回收治理，油气回收在线监测平台正常运行。

【碧水保卫战】 2020年，宁乡市加快基础设施建设，推进城乡排水PPP项目，城区、园区及乡镇污水处理厂达标运行率100%，5座乡镇污水处理厂提标改造，29座乡镇污水处理厂污水日处理能力达23万吨。推进农村生活污水治理，编制全市农村生活污水治理专项规划，完成28个村（社区）生活污水治理项目。农村改厕16489座，农村中小学改厕工作动态清零，垃圾减量率45%。持续推进水生态建设，全域实施河（湖）长制，建立沩水生态补水联合调度机制，沩水生态基流保障在5.39立方米每秒以上。完成沩水、靳江干流入河排污口排查，形成宁乡市入河排污口名录。开展饮用水水源保护工作，8个集中式饮用水水源保护区完成规范化建设，13个千人以上饮用水水源保护区完成划分，打造美丽河流12条、小微水体示范片15处。

【净土保卫战】 2020年，宁乡市开展新冠肺炎疫情期间医疗废物管理，全市医疗废物委托长沙汇洋环保规范处置。开展重金属断面定期监测，沩水双凫铺、龙田岚光坪村2个重金属断面持续达标。灰汤镇大坝塘石煤矿污染风险管控工程、黄材镇胜溪电解锰厂污染土地修复2个土壤生态治理项目竣工，龙田镇白花萤石矿汾水洞尾矿闭库持续推进。完成重点行业企业用地调查，全市污染地块安全利用率90%以上。规范工业危废管理，234家涉危企业危险废物产生、储存、转移、利用、处置情况实施系统申报登记，湖南奔月轻金属材料有限公司遗留78吨危废处置到位。受污染耕地安全利用面积、种植结构调整面积、开展治理与修复面积均达省市目标要求，受污染耕地安全利用率91%以上。

【环保执法督察】 2020年，宁乡市严格落实“三级执法、两级巡查”制度，市级领导带队巡查200余次，全市相关职能部门立案查处4557起，罚款3624.7万元，刑事拘留25人。优化监测网点设置，新增老年大学空气质量监测站，城区增加3个大气监测微型站，配合长沙市完成沩水、靳江出境断面自动站、朱良桥（边界站）大气组分站设置。加快突出环境问题整改，2020年省级环保督察“回头看”宁乡收到信访转办交办会办件共计30件，全部整改办结，相对往年中央（省级）环保督察，无黑臭水体类、饮用水源类、工业园区类、土壤污染类等区域性、流域性信访投诉件。

【注重宣传服务】 2020年4月，长沙市生态环境局宁乡市分局组织开展“徒步母亲河，志愿我先行”生态文明徒步行活动，通过徒步巡河、开展净滩行动、劝导垂钓群众等方式，投身绿色环保工作，为扮靓沩水沿岸贡献一份力量。6月，围绕“6·5”世界环境日，开展“美丽中国，我是行动者”主题环保宣传活动，邀请宁乡市人大代表、政协委员、企业家、市民代表及环保志愿者代表等社会人士，参加公共污染治理设施公众

2020年6月，宁乡市开展“美丽中国，我是行动者”主题环保宣传活动。图为各界代表视察污水处理厂

开放日活动，倡导全社会牢固树立绿色环保理念。

【宁乡被评为国家生态文明示范县市】2020年11月30日，第四批国家生态文明建设示范市县、“绿水青山就是金山银山”实践创新基地和“2018—2019绿色中国年度人物”授牌活动在北京举行，会议宣读第四批国家生态文明建设示范市县名单，宁乡市被授予第四批国家生态文明建设示范市。宁乡市人民政府副市长李磊参加会议并代表宁乡领取国家生态文明建设示范市（县）奖牌。创建国家生态文明建设示范市，考量指标包括生态制度、生态安全、生态空间、生态经济、生态生活、生态文化六个方面，还涵盖生态文明建设规划、环境空气质量、生态环境风险防范等细则。近年来，宁乡市突出绿色发展，着力提升生态文明新实效。深入践行习近平生态文明思想，构建齐抓共管的生态环境治理格局。推进蓝天保卫战，大力实施秸秆禁烧、烟花鞭炮禁燃限放、裸露黄土植绿覆绿等举措，PM2.5浓度均值由2016年的49微克/立方米降为2020年的31微克/立方米，年度空气优良率稳定在90%左右。推进碧水攻坚战，全域实施河（湖）长制，开展“除臭剿劣”，城区化粪池、黑臭水体、劣Ⅴ类排口整治动态清零，重拳整治挖山洗砂、河道非法采砂，统筹推进禁养区规模养殖退出和畜禽粪污资源化利用，从2018年起，全市主要河流出境断面水质稳定在Ⅲ类以上，饮用水水源地水质达标率100%。开展净土静音持久战，强化重金属污染耕地治理、农业面源污染治理、矿山污染专项整治和城市声环境功能区整治，累计治理重金属污染耕地1.66万公顷，土壤和声环境质量持续改善。

（郑大为）

2020年11月30日，宁乡市被评为第四批“国家生态文明建设示范市”。图为山清水秀的宁乡市

市容环境维护

【概况】2020年，宁乡市市容环境维护中心（以下简称市环卫中心）以环境卫生综合整治为重点，以完善环卫基础设施为前提，全力做好环卫本职工作，城区净化水平明显改善。市环卫中心内设12个科室：办公室、纪检监察室、政工人事科、财务科、安监科、设备设施科、行政审批服务科、城市“牛皮癣”清理科、质量考核办、征收科、市容监察大队、生产业务科。

【垃圾处理】2020年，市环卫中心制定工作方案、明确工作任务、分片分区管理，开展疫情防控各项工作。疫情期间，发放医用口罩近10万个、消毒液400桶、橡胶手套3600余双、大小喷壶124个、洗手液1500瓶，为一线工作人员提供安全保障。以城区乡镇为主战场保民生，以工业园区为重点促复工，全年共计无害化处理垃圾261876.16吨，93790车，平均日清运垃圾892.9吨，对城区133个小区、1474处废弃口罩收集点进行消毒、清洗和收集，实行全程密闭清运，保障群众的正常生产生活秩序。

【环卫管理】2020年，市环卫中心提升环卫精细化管理水平，营造干净、整洁、有序、文明的城市环境。对照国家文明城市创建标准和相关文件要求，制定《宁乡市环卫作业质量标准和要求》及《宁乡市环境卫生作业质量考核细则》，完善各项作业制度，规范各岗位作业标准，优化工作流程，提升保洁工艺，严格督查考核，全面提升环卫保洁水平；投入资金1274.6万元，先后购置压缩车1辆、垃圾转运车5辆、垃圾分类收集箱2100个，完成乡镇垃圾点设备配套20个，升级改造站厕11座，对城区交通护栏、水域清捞船、垃圾收集箱进行全面维护；重点加强主次道路环境整治工作，清理新康路、玉潭路等餐饮、夜市集中区域路面油污500余次，清理春城路、二环路部分积泥积沙2300余处；集中整治影响市容市貌的“五乱”行为，累计劝导市民3000余人次，查处违规行为147起，处罚42起；整治城市“牛皮癣”、小广告，查处违规行为314起，追呼126个电话号码，处罚41起。通过疏堵结合的方法，免费发放信息张贴板近1万块，设置信息张贴栏80处；加强水域卫生整治，打捞各类水生植物2000余吨、水面垃圾3000余吨。依法依规落实工作职责，共受理办结项目审批53件，规划建设垃圾站20座、公厕3座，与69家物业公司签订委托征收协议。积极解决群众建议。接收办理各类投诉建议1000余条次，满意率达95%，及时清理事故现场、雨涝泥沙80余次；无偿处置化粪池90余处。环卫理念更浓厚。关注一线环卫工人，帮助解决生活、工作中遇到的困难。环卫公寓项目抓紧建设，项目建成后，将有效解决环卫工人的住房问题；筹措资金，为40余名临聘人员购买社会保险。

园区经济

宁乡经济技术开发区

【概况】 2020年，宁乡经济技术开发区（以下简称宁乡经开区）实现规模工业总产值697.2亿元、工业增加值168.7亿元，固定资产投资239.1亿元、财政收入60.3亿元、税收28亿元。在工信部赛迪研究院发布的“2020中国先进制造业百强园区”中排名第88位。

2020年，宁乡经开区实施政治引领、素质提升、强基固本、创先争优“四大工程”，开展“战疫党旗红、党员当先锋”等活动。规范支部五化建设，落实“双述双评”制度，开展“机关支部+企业支部”互联共建。实施支部质量提升行动，打造加加食品、格力暖通两家党群共建示范点，评选五星级党支部28个。落实意识形态责任制，建立舆情快速反应机制，全年未引发重大舆情事件。落实从严治党主体责任，切实履行“一岗双责”，新成立区监察工委，新调整纪工委委员到基层一线，选聘10名党风政风监督员；组织两次违反中央八项规定精神突出问题专项治理“回头看”检查，摄制专题警示教育片，开展青年干部预防职务犯罪大讨论。对口帮扶的龙山县红岩溪镇和宁乡市双江口镇檀树湾村、老粮仓镇星石村实现全部脱贫。

【疫情防控】 2020年，宁乡经开区突出工厂、工地、公寓三个重点，选派170余名干部和医务人员，成立20个企业指导组、15个重点企业防疫工作服务站，下沉一线、包企负责，实现企业全覆盖、员工全覆盖、防疫举措全覆盖。组织1.7万名企业员工免费检测核酸，免费为企业发放餐桌隔板、口罩等应急物资，发动企业捐款捐物1800余万元，全区实现零输入、零感染、零传播，新华社、人民日报、央视新闻等先后报道园区防疫举措。食品产业发挥优势，粮油米面乳企业迅速复工满产，全力保障民生物资供应。妇孕婴童企业迅速转型，上马口罩、消毒液等防疫物资生产线。加加食品、格力盛世欣兴被评为长沙市“抗击疫情先进基层党组织”，楚天科技被评为中国食品和包装机械行业“抗击新冠疫情先进单位”。宁乡经开区企业驰援武汉火神山医院建设，1月27日，园区企业建益新材、中财化建向武汉输送10万平方米土工膜，30万平方米土工布和HDPE波纹管等多批建材，驰援火神山医院建设。宁乡经开区建立绿色通道保障复工复产，2月22日，湖南省再次紧急支援湖北保供应，宁乡经开区坚持特事特办、急事快办，建立绿色通道，派专人上门指导康师傅等重点企业进行网上申报，基本实现当日审批当日办结，保障企业复工满产支援湖北疫情防控。

【品质招商】 2020年，宁乡经开区在广州、顺德等智能家电、美妆产业集聚地开展驻点招商，引进格力第二研发中心、百庄新材等优质产业链项目。聚焦三类500强、上市公司、行业龙头精准招商，全年签约中电互联、欣旺达、小佩科技、哈啰出行等产业项目33个，合同引资103亿元，其中三类500强项目5个、上市企业和行业头部企业11个。

【项目建设】 2020年，宁乡经开区成立产业项目服务和营商环境优化联合指挥部，组建8个帮扶小分队，推行项目领衔制、问题交办制、限时办结制、督查考核制、讲评通报制，为58个重点产业项目提供保姆式服务。智能家电产业园、楚天华兴等28个项目竣工投产，湖南建工产业园、欧标化妆品、联塑科技二期等17个项目开工建设，实现安全零事故、服务零缺位。两个长沙市标志性项目加快推进，格力冰洗基地11月全面进场施工，楚天科技四期完成主体建设。

【企业发展】 2020年，宁乡经开区上市阵营持续壮大，园区本土上市企业3家，上市公司投资企业23家。松井股份成为宁乡首家科创板上市企业，市场占有率居全球第四位、国内第二位；投资主体位于园区的中伟新材料登陆创业板，将成为全球最大正极材料生产基地之一。重点企业持续倍增，格力电器、楚天科技、中伟新能源、松井股份等重点企业持续投资，康师傅、小洋人、好益多等11家食品企业启动或完成二期项目。创新驱动持续增强，新增入规企业13家，高新技术企业53家；获批市级智能制造38家，市级以上智能制造示范试点企业达103家；完成技术交易合同成交额6.2亿元，同比增长93.1%。桑铼特获省专利二等奖，楚天科技、百川超硬获省专利三等奖，长沙格力、百川超硬获批省知识产权重点企业；中伟新能源获批省企业技术中心。

【要素保障】 2020年，宁乡经开区创新模式抢抓融资机遇，平台公司主体信用评级提升至AA+，到位资金综合年利率同比下降26%。开展“三资”盘活和“亩均效益”改革，增强造血功能。坚持依法、阳光、精准征拆，全年完成拆迁423户、征地149.73公顷、腾地141.87公顷、报批277.27公顷、办证340.67公顷，储备成熟用地86.67公顷，有力保障渝长厦高铁工程建设。推进“名校进园区”，明德蓝月谷学校开工建设；出台“劳动用工保障战”奖补政策，安排专项资金3000万元，为长沙格力、康师傅、欣音科技等重点企业招聘5000余人次；启动电力配网专项建设，格力1线投入使用；新增租赁住房1200套，开通两条直达长沙市区的免费通勤巴士线路。

【优化环境】 2020年，宁乡经开区提升行政效能，推行“企业承诺+部门容缺”审批，工业项目审批缩短至29个工作日。建设“24小时自动服务区”，完成节能、地震、环评、水保等区域评估，为企业审批提速降费。降低企业成本，推进“无收费园区”建设，实现工业项目建设阶段“零收费”，为企业节约费用8440万元。全面促推复工复产，为企业减免房租710万元、补贴水电气费用580万元、争取上级资金1.74亿元。提质服务环境，在全省园区中设立首家巡回法庭；污染防治攻坚三年行动圆满收官；开展企业专家体检预警检查，聘请第三方机构开展标准化施工、安全生产检测，主动清查整改涉企权证办理、合同兑现等事项，让企业放心发展、安心经营。

国家级宁乡经济技术开发区蓝月谷智能家电产业园

【深化改革】 2020年，宁乡经开区高标准编制园区“十四五”发展规划，参与宁乡市成功创建第六届“全国文明城市”。树立实干实绩导向，坚持凡进必考、凡提必竞，完成第三轮全员竞聘。深化平台公司市场化改革，小镇公司挂牌并纳入长沙市拟上市企业名单，金玉公司迈出改革步伐。

【宁乡第一家科创板公司松井股份上市】 2020年6月9日，湖南松井新材料股份有限公司（股票简称松井股份）正式登陆A股市场科创板，证券代码“688157”。松井股份是中国“科创板UV涂料第一股”，是宁乡第一家科创板上市企业，也是宁乡市第四家上市公司。松井股份首次发行股票1990万股，首次公开发行价格34.48元/股，发行市盈率为30.18倍，公司股票开盘涨139.41%，报82.55元/股。松井股份成立于2009年3月，注册地位于湖南省宁乡经济技术开发区，是一家以3C行业中的高端消费类电子和乘用汽车等高端消费品领域为目标市场，通过“交互式”自主研发、“定制化柔性制造”的模式，为客户提供涂料、特种油墨等多类别系统化解决方案的新型功能涂层材料制造商。其公司拥有自主知识产权的“手机壳用UV涂料系列产品”填补国内空白，是华为、惠普、小米、VIVO、MOTO、谷歌的核心涂料和特种油墨供应商。2020年，实现营业收入4.35亿元。

【蓝月谷智能家电产业园竣工】 2020年7月16日，长沙蓝月谷智能家电产业园顺利竣工。项目开工以来，仅用8个月时间完成全部主体结构封顶。长沙蓝月谷智能家电产业园项目总投资13.4亿元，占地18公顷，总建筑面积29.8万平方米。主要以生产厂房、综合楼及配套用房等为主要布局，形成“办公—生产—配套”的完备生产体系。

【于新凡任宁乡经开区党工委书记、宁乡市委书记】 2020年9月1日上午，宁乡市、宁乡经开区召开负责干部会议，长沙市委常委、组织部部长张宏益出席会议并宣布省委决定：于新凡任宁乡经济技术开发区党工委书记、宁乡市委书记。

【长沙格力被评为国家绿色供应链管理企业】 2020年9月24日，工信部公示第五批绿色制造名单，长沙格力被评为国家绿色供应链管理企业。长沙格力秉承“让天空更蓝、大地更绿”理念，将太阳能光伏发电系统、室外绿化节水喷灌系统、雨水回收利用系统等系列技术进行应用。其中厂区内光伏系统日供电量达6000至8000度电，年发电量100万千瓦时。

【明德蓝月谷学校正式开工建设】 2020年10月23日，宁乡经开区明德蓝月谷学校正式开工建设，学校位于宁乡大道西侧，永佳西路北侧，总建筑面积4.5万平方米，共开设54个班，将新增学位2550个，预计2021年6月全部完工，实现园区营商环境再升级。

【宁乡打造国内首家智能家电产业小镇】 2020年11月30日，宁乡市举行“筑梦三载，与宁同行”2020年重大产业项目集中签约暨蓝月谷智能家电产业小镇招商推介会，48个项目花落宁乡，总投资额177亿元。其中15个产业项目集中签约，总投资额97.5亿元。此次签约的重大项目涵盖智能家电、新材料、机械设备等多个领域。会上，还重点推介宁乡经开区打造的国内首家智能家电产业小镇——蓝月谷智能家电产业小镇。蓝月谷智能家电产业小镇是宁乡市打造优势产业链的平台再集中、产业再集聚，是全省唯一的家电特色产业园区。蓝月谷智能家电产业小镇总体规划区为12.1平方千米，计划总投资68.14亿元，建设智能制造区、功能配套服务区、生态涵养区三大功能片区，旨在引进智能家电产业链上下游企业集聚发展，打造智能家电全产业链生产要素承载平台。其中重点建设的“一心三园”（蓝月谷双创孵化中心、智能制造产业园、智能家电产业园和智能家电配件产业园）2020年建成运营，在格力电器、中电互联、欣旺达等龙头企业的带动下，园区有楚天华兴、泰川钣金等60余家产业链企业入驻，SMT、注塑、钣金、线束等家电核心供应链基本齐全，从智能家电到智能家居、智能硬件的产业生态不断夯实。（羊惊涛　黄　亮）

2020年11月30日，宁乡市“筑梦三载，与宁同行”2020年重大产业项目集中签约暨蓝月谷智能家电产业小镇招商推介会现场

宁乡高新技术产业园区

【概况】 2020年，宁乡高新区实现规模工业总产值568亿元；固定资产投资增长7.1%；工业技改投资增长55.6%；主体园区实现税收18.7亿元，增长6.37%；工业用电、用水、用气量分别同比增长16.8%、14.9%、19%。获批全国首个电池产业集群示范区，是长沙市唯一获得省工信厅园区产业高质量发展一等奖的省级园区，连续两年获得省科技厅创新发展绩效评价综合排名省级高新区第一名，作为长沙唯一省级高新区代表在省科技创新工作推进大会上作典型发言。

【无疫园区】 2020年，宁乡高新区克服新冠肺炎疫情的不利影响，顶住经济下行压力，严防疫情输入扩散，科学组织复工复产，经济发展平稳增长，无一例确诊或疑似病例，实现“无疫园区”目标，在国家、省、市各级媒体上发表抗疫报道182篇，骏越科技提前复工复产被中央电视台《战疫情》现场连线报道，“大干一百天实现双过半”建设成果纳入《长沙晚报》“5+1”专题专版报道，宁乡高新区作为省级园区唯一代表与长沙市五个国家级园区同台展示。

【招商引资】 2020年，宁乡高新区围绕装备制造为主导、储能材料为特色的“一主一特”产业定位，深化产业招商，重点引进符合产业发展方向、投资强度大、有辐射带动作用的大项目、好项目，带动上下游产业形成集聚。全年完成合同签约项目46个，合同引资212.61亿元。其中，亿元以上项目22个，10亿元以上项目6个，50亿元以上项目1个。三一中起、三一“两室”落地，中国五矿矿冶研究院实现世界500强企业零的突破。

【项目建设】 2020年，宁乡高新区建立社会项目领导联点、政投项目经理负责和早餐会日调度工作机制，推动项目快启动、快建设、快投产。全年共调度项目98个，其中产业用地项目39个、产业租赁项目18个、政府投资项目41个，总投资442.27亿元，年计划投资116.17亿元，总规划面积436万平方米；新开工项目34个，竣工42个，投产38个，实现竣工面积77万平方米，完成投资56.58亿元。比亚迪动力电池和三一中起入选长沙市制造业标志性项目，是宁乡唯一入选的两个项目，其中比亚迪动力电池第一条生产线投产；三一中起从启动建设到竣工投产用时仅6个月；三一“两室”作为长沙主会场成功举办长沙市奋力实施“三高四新”战略全面推进高质量发展暨重大项目集中开工仪式。

【创新发展】 2020年，宁乡高新区出台《关于加快推动宁乡高新区高质量发展的政策意见》，从全面鼓励企业提升科技创新能力、推动科技创新人才引进、推进智能制造提质升级等七个方面支持企业创新升级。2020年，园区财政科技投入约1.2亿元，惠及100余家企业。全年专利申请、授权1139件，技术合同交易6.6亿元；高企申报通过46家，超额完成年度目标任务；星邦重工、万鑫精工、中谷科技上市工作加快推进；智能制造试点企业获批25家，位居长沙省级园区第一。万鑫精工获批国家“专精特新”小巨人企业、省级企业技术中心；邦普循环再生产品三元前驱体和星邦智能的臂式高空作业平台入选第一批湖南省制造业单项冠军产品。委属平台公司新城公司完成市场化转型、基金公司获全国性基金管理人牌照，湖南省知识产权（宁乡）综合服务中心挂牌。

【营商环境】 2020年，宁乡高新区组织201名干部联点394家企业、45家项目，精准服务企业，全年解决企业项目问题395个，解决率达98%。湖南一师云起实验小学9月开学，金洲中心消防站投入使用；免费通勤巴士日发车90趟，为园区企业累计节约通勤车运行成本2401.6万元；建设67万平方米标准厂房，引进130家企业拎包入住，配建10.3万平方米人才公寓，为三一公司等60家企业提供住宿用房1585套；出台《宁乡高新区关于开展“夜市经济”助推园区高质量发展的工作方案》，龙虾节、黄桃节、相亲会、寻找高新之声系列活动精彩纷呈，企业反响热烈。

【三一中起项目落户宁乡高新区】 2020年3月18日，“大干一百天实现双过半”2020年宁乡市招商引资项目集中签约暨开工仪式在宁乡高新区三一中起项目现场举行，宁乡高新区三一中起项目、邦普循环10万吨/年废旧动力电池拆解项目、长沙烨海机械总部基地及升级扩产项目等10个项目集中签约，签约总投资56亿元。其中三一中起项目是由三一汽车起重机械有限公司投资33亿元、用地26.67公顷建设的大吨位起重机械生产基地。

【湖南省知识产权（宁乡）综合服务中心成立】 2020年4月24日，湖南省知识产权（宁乡）综合服务中心启动仪式暨中心标准化建设及政策宣讲活动在宁乡高新区举办，湖南省知识产权局促进处副处长王顺其，国家知识产权局专利局长沙代办处处长何丽娟，湖南省知识产权局信息中心主任李锋，市委常委、宁乡高新区党工委书记郑旗，市政府副调研员周明山，宁乡高新区党工委副书记、管委会主任苏继桃等出席活动。中心创建后，将承接国家知识产权局专利局长沙代办处、湖南省知识产权信息服务中心、湖南省知识产权维权援助中心的部分职能，整合专利信息、代办、维权援助等资源，为企业提供一站式服务。

【副省长朱忠明一行调研宁乡高新区科技创新工作】 2020年5月12日，省政府副省长朱忠明一行通过实地调研、座谈等形式，就宁乡高新区科技创新助力高质量发展进行深入调研。

2020年4月24日，湖南省知识产权（宁乡）综合服务中心在宁乡高新区正式启动创建

2020年5月12日，省政府副省长朱忠明（1排右3）一行调研宁乡高新区科技创新工作

省政府副秘书长、办公厅主任陈仲伯，省科技厅党组副书记、副厅长贺修铭，长沙市副市长邱继兴以及宁乡市领导郑旗、苏继桃陪同调研。

【湖南一师云起实验小学落成开学】 2020年9月8日，宁乡高新区举行庆祝第36个教师节暨湖南一师云起实验小学落成开学庆典活动。湖南一师云起实验小学由宁乡高新区、宁乡市教育局和湖南第一师范学院联合创办，以“给孩子一个幸福而有意义的童年”为办学理念，以“好好学习、天天向上”为校训，是宁乡高新区推动教育均衡发展，打造现代化教育的重要项目，也是园区完善教育配套、优化营商环境的又一重大成果。学校于4月8日正式开工，规划面积3.75公顷，总投资约为1.5亿元，规划建设36个教学班级，可容纳1600多名学生，能够有效解决附近小区及周边村（社区）适龄儿童入学的问题。9月正式开学，招生595人，涵盖1—6年级共16个班级。

【高新区被评为全省园区产业高质量发展奖】 2020年9月21日，在全省园区产业高质量发展经验交流现场会（长株潭地区）上，湖南省工业和信息化厅公布“2019年度湖南省园区产业高质量发展奖”获奖园区名单，宁乡高新区被评为“园区产业高质量发展奖”，为长沙4家上榜园区中唯一一家省级园区。

【比亚迪动力电池首条生产线投产】 2020年10月15日，长沙市重大项目集中竣工宁乡主会场活动暨比亚迪动力电池项目首条生产线投产仪式在宁乡高新区举行，长沙市委常委、常务副市长夏建平宣布比亚迪动力电池项目首条生产线投产。比亚迪动力电池项目规划总投资100亿元，用地66.67公顷，设计年产20亿瓦时新能源汽车动力电池，达产年产值200亿元，可带动储能材料产业链上游配套增加年产值60亿元。

2020年10月27日—29日，第8届中国（长沙·宁乡）电池新能源产业国际高峰论坛暨2020湖南（长沙）电池产业博览会在宁乡高新区举行

【第8届中国（长沙·宁乡）电池新能源产业国际高峰论坛暨2020湖南（长沙）电池产业博览会】 2020年10月27—29日，第8届中国（长沙·宁乡）电池新能源产业国际高峰论坛暨2020湖南（长沙）电池产业博览会在宁乡高新区举行。这是湖南省2020年电池新能源行业最大规模活动之一。省委常委、省国资委党委书记姚来英，中国科学院院士、中国科技大学教授钱逸泰，加拿大国家工程院院士、加拿大皇家科学院院士、上海大学可持续能源研究院院长张久俊，工业和信息化部节能与综合利用司副司长尤勇，省工信厅党组书记、厅长曹慧泉，省商务厅副厅长周越，长沙市委常委、常务副市长夏建平出席开幕式，锂电产业头部企业参会，将为宁乡高新区电池新能源产业链发展注入新活力，有效促进湖南省先进储能材料、动力电池和新能源汽车产业企业实现更大突破，助力湖南省新能源汽车产业迈上新台阶。

【万鑫精工入选国家专精特新“小巨人”企业】 2020年11月13日，工业和信息化部中小企业局公示第二批专精特新“小巨人”企业名单，万鑫精工（湖南）有限公司（简称“万鑫精工”）入选为第二批专精特新“小巨人”企业，是宁乡市第二家入选的国家专精特新“小巨人”企业。万鑫精工于2014年进驻宁乡高新区，深耕减速机领域，自主研发有微型减速机、行星减速机、谐波减速机及四大系列减速机等。

湖南宁乡国家农业科技园区

【概况】 2020年，湖南宁乡国家农业科技园区（以下简称“园区”）以园区高质量发展为主题，着力开展“营商环境优化年”和“产业项目建设年”活动，全年园区实现工商税收超8000万元。深入挖潜已落户企业再投资，立成机械二期、汇华科技二期项目实现竣工投产；引导企业技改扩产，优卓乳业与广州朴诚乳业实现合作，产能逐步得到释放。

【园区疫情防控】 2020年春节期间，组建由班子成员带队的3个企业防控指导小组逐企业（项目）开展防疫监督指导。协助企业安排落实口罩、红外测温仪等防疫物资储备，分批次组织企业员工开展核酸检测1086人次，及时隔离监控2名密切接触者、1名重点疫区到宁乡人员。协调解决外地员工返工困难问题，协助美宜佳项目分批次从贵州接回施工人员52人。响应各级疫情防控指挥部要求，制订实施园区疫情防控常态化工作方案，确保园区正常生产生活秩序。园区组织好益多、优氏、火辣辣等企业到全国各地医疗机构、慈善会捐赠产品数百万元。

【精准服务】 2020年，园区强化务实工作作风，成立产业项目服务小分队为推进产业项目建设精准施策。实行全体干部职工与园区企业“一对一”联点包干责任制，与园区企业建立密切动态联系，助力企业发展全要素全流程，妥善处理涉企纠纷问题。强化园区环保设施配备、企业环保工作宣传，营造天朗气清水净的生态环境。下沉企业开展地毯式摸排，与安监部门畅通动态合作机制，建立安全生产工作台账。逐企业查验收集合法证照、食品检验报告等，建立园区食品企业食品安全台账。全年园区无重大环保、安全生产、食品安全事故发生。

【征地拆迁】 2020年，园区推进园区宁乡大道西侧雨水管道腾地清表、城中村改造项目、W2地块、52号地块、明德蓝月谷学校用地、船形山路、沩水湾康美谷项目等拆迁、腾地清表任务及个案处理工作。全年累计完成腾地18.33公顷，拆迁房屋87栋。联系地方警力强化社会地方治理，确保园区在建项目顺利推进。

（廖梦馨）

农业·农村发展

农业·农村经济

【概况】 2020年，宁乡市农业农村局内设办公室、党建办（纪检审计科）、人事科、财务科、乡村产业发展科、农村社会事业促进科、农村经济经营管理科、科技教育科、农产品质量安全管理科、种植业管理科（农药管理科）、畜牧水产管理科、农业资源保护与利用科、农业机械化管理科、农田建设管理科、行政审批服务科、综合执法协调科、农村住房建设监督管理科等17个科室，下设市农业技术推广中心（正科级）、畜牧水产事务中心（正科级）、农村集体经济发展中心（正科级）、烟叶生产指导服务中心（正科级）、扶贫开发事务中心（副科级）、乡村宜居建设服务中心（副科级）、中央农业广播电视学校宁乡分校（副科级）、沙河市场管理处（副科级）、动物疫病预防控制中心（副科级）、动物卫生监督所（副科级）、牧业服务站（副科级）25个事业单位。市委农业农村工作领导小组办公室与市农业农村局合署办公，市委农业农村工作领导小组办公室内设秘书科。

2020年，宁乡市被评为“全国农村人居环境整治成效明显激励县”“乡村振兴百佳示范县”“全国第五批率先基本实现主要农作物生产全程机械化示范市”“2020年度中国全面小康十大示范县市”，湖南省真抓实干督查激励“2020年全省实施六大强农成效明显市”“2020年全省落实粮食安全责任制成效明显市”“湖南省农村人居环境整治三年行动先进县”“湖南省烟叶工作先进单位”，获批国家农村产业融合发展示范园、国家现代农业产业园、国家农产品质量安全追溯体系创建县。

2020年，稳步发展农业生产：农业产值123.24亿元，比2019年增长6.6%；全年粮食种植面积10.52万公顷，比2019年增长1.6%，其中稻谷播种面积9.91万公顷，增长3.0%；蔬菜种植面积4.57万公顷，增长3.7%；烟叶种植面积2473.33公顷，增长0.8%。

全年粮食总产量70.26万吨，比2019年增长0.3%；烟叶0.52万吨，增长0.7%；蔬菜161.76万吨，增长3.5%；出栏肉猪96.66万头，下降14.3%；出笼家禽2237.78万羽，下降27.3%。宁乡花猪被评为中国中部知名农产品品牌、首批湖南省“一县一特”农产品优秀品牌，建成双江口宁乡花猪养殖示范场和流沙河牧业、楚沩香农业、亥土农业等6个标准化养殖场，开设宁乡花猪产品商超专柜50家、专卖店26家、美食体验店9家、合作餐饮门店158个，花猪全产业链产值35亿元。

【脱贫攻坚】 2020年，市农业农村局制订《决战一百天全面打赢打好脱贫攻坚战行动方案》，全市建档立卡贫困人口20087户、53561人如期脱贫，对口帮扶的新化县和龙山县咱果乡均实现脱贫摘帽。解决678户危房户住房保障问题；建档立卡贫困人口全部参加医疗保险，户户享受家庭医生签约服务，医疗综合保障报销1.96亿元；全市义务教育阶段适龄儿童100%入学；饮水安全问题持续动态清零；实施产业扶贫项目174个、带动贫困户15479户、44078人增收；帮助贫困劳动力就业20493人，设置市级公益性岗位就业1293个，建设扶贫车间107家；构建宁乡消费扶贫“三专一平台”，全年共完成消费扶贫金额1.57亿元；发动志愿者通过“智慧宁乡”APP认领，实现“微心愿”20170个，组织开展“屋场夜话”活动共902次，解决自来水入户、道路修护、水塘修缮等问题1224个。顺利通过脱贫攻坚省检考核，市扶贫办被评为长沙市脱贫攻坚专项奖励记功集体，宁乡市12人被评为全省脱贫攻坚先进个人，6个单位被评为全省脱贫攻坚先进集体。

【乡村产业发展】 2020年，全市有农产品加工企业1375家，国家级龙头企业2家，省级龙头企业26家，市级重点龙头企业36家。其中，2020年新增国家级1家、省级8家、市级20家；实现加工总产值512亿元，比2019年增长11.8%。休闲农业：组织开展“春暖花开·乡约长沙”“夏之恋·乡约长沙”等系列营销活动，休闲农业实现营业收入近9.2亿元，乡村旅游接待游客712万人次。农产品质量安全：132家生产经营主体完成在国家农产品质量安全追溯平台上注册和信息采录工作；制定《宁乡市试行食用农产品合格证制度》；完成长沙市农产品例行监测510批次，合格率99%以上；全市拥有“三品一标”认证产品108个，其中绿色食品68个、有机食品18个，地理标志农产品3个（沩山茶叶、宁乡花猪、宁乡栀子）；湖南长沙千壶客酒业有限公司列为首批全国生态环保优质农产品包装标识试点企业。

【乡村振兴】 2020年，宁乡市打造菁华铺—煤炭坝—回龙铺—大成桥乡村振兴示范走廊，创建长沙市级美丽屋场37个，被评为长沙市五星、四星美丽屋场20个；创建湖南省美丽乡村示范村3个，湖南省美丽乡村精品村2个，湖南省环境卫生最清洁村1人，人居环境改善最明显村1个，鹊山村被评为2020年度全国文明村镇。深入实施农村人居环境整治，2020年完成农户改厕市考任务16489座；乡镇公厕建设完工44座，完成年度目标任务；农村垃圾分类减量45%。发展壮大新型村级集体经济，完成村级集体资产清产核资23.04亿元，全市涉农村（社区）集体经济年收入均超过10万元，20—50万元的159个，50万元以上的15个，超额完成年度提质提档任务。培育壮大新型农业经营主体，2020年全市农民专业合作社2817家，年内新增农民专业合作社145家；家庭农场共计1014家，其中新增家庭农场66家。推进新型职业农民培育，开展高素质农民培训13期次，培训新型农业经营主体带头人550人，培训农机操作手100人；加强农技特岗生培养，2020年录取4名应届高中毕业生就读，累计培养10名农技特岗生。

【高标准农田建设】 2020年，市农业农村局推进高标准农田建设。2019年度5600公顷高标准农田25个标段在2020年顺利建成，完成市级验收，并获省财政厅、农业农村厅组织的试点评价小组肯定。2020年度高标准农田建设任务5353.33公顷，2020年开工并完成整体进度75%。

高标准农田项目建设现场

【行政审批服务与农业综合行政执法】 2020年，市农业农村局受理办结政务服务事项1215件，其中网办“不见面审批”事项1131件（占比93.1%）。规范村民建房监督管理，参加联批联审完成2012户，宅基地面积307836平方米；下达督办通知9份，下达整改通知96份，督办拆除违建4户，保护耕地约950平方米。完成29个乡镇（街道）248个村（社区）9万公顷耕地的确权登记颁证工作，发放土地承包经营权证书307157本。全市共排查变型拖拉机1964台，形成问题清单908台，完成整改908台，整改率100%。完成长江流域重点水域禁捕退捕任务，查获背包式电鱼机328套、渔船33条，没收拦江网禁用渔具、地笼1600余套，行政立案10起，结案9起，行政处罚10人，罚款1.7515万元。联合执法16次，公安刑事立案20起，刑拘21人；涉渔“三无”船舶38艘全面清理；支付捕捞渔民渔船网具、内陆渔业船舶证书、回收补助及奖励资金49.867万元。

【农业资源保护利用与修复治理】 2020年，市农业农村局开展重金属污染耕地修复治理，在黄材、横市、回龙铺、双江口四个乡镇45个项目实施主体2160公顷区域开展重金属污染耕地“淹水法”综合农艺措施示范推广和坝塘镇666.67公顷安全利用区引入第三方开展修复治理；推广低镉品种248.16吨，撒施生石灰4430吨，推广面积2826.67公顷；撒施有机肥948吨，推广面积666.67公顷；撒施土壤调理剂640吨，推广面积333.33公顷；全程落实优化水分管理面积2826.67公顷。农药化肥减量增效，保持化肥使用量负增长，推广测土配方施肥14.8万次，秸秆还田155万亩次，有机肥施用50万亩次，水肥一体化技术1.7万亩次，绿肥翻压1.87万公顷，化肥使用量比2019年减少656吨，化肥利用率提高到40%以上；通过落实土壤改良、耕地培肥、化肥减量等措施，耕地质量提升0.2个等级。畜禽粪污资源化利用整市推进项目完成建设307家，粪污处理设施建设面积共计1.5万平方米；加大对养殖业投入品、畜禽水产品抽检力度，抽检违禁药物及产品药物残留480余批次，抽检结果均高于国家标准；完成第二次全国污染源普查工作，获国务院及长沙市先进集体奖。 （银 晓 唐千湘）

烟叶生产

【概况】 宁乡市烟叶生产指导服务中心是以组织生产、综合协调、督办检查、调查研究、服务烟农为重点，以增加农民收入、增加财政收入为目的，以新时期乡村振兴战略为总揽，以工业市场需求为导向，全面推动宁乡烟叶产业绿色健康可持续发展，打造“烟叶强、烟区美、烟农富”的现代农业样板。2020年，宁乡市烟叶生产指导服务中心共有在职干部职工12人，内设综合科、生产科、财务科、烟基科4个科室。宁乡市烟叶生产以“稳规模、提质量、促增收”为重点，坚守烟叶产业政策红线，烟叶质量效益双提升，实现4年来恢复性增长。被评为湖南省两烟协调领导小组颁发的“2020年度湖南省烟叶工作先进单位”。

【烟叶规模】 2020年，宁乡市烟叶生产指导服务中心稳定核心烟区、核心烟农，落实种植计划，全市收购烟叶总量8.95万担，其中烤烟8.34万担，增长2.11万担，增幅33.9%；晒烟0.61万担，增长0.15万担，增幅32.6%，较好地完成收购计划，实现恢复性增长。

【烟叶产值】 2020年，宁乡烟叶质量、产量、效益均明显提升：烤烟收购均价28.42元/千克，同比提高0.14元/千克；烤烟亩均产量2.53担，同比提高13.4%；综合效益亩均产值4088元，烟农亩均增收500元左右。烟叶税收2786.8万元，同比增长34.45%；全市21个种烟村集体经济烟叶收入超10万元。

【现代烟草农业】 2020年，宁乡市烟叶生产指导服务中心发展现代烟草农业。投入项目资金2025万元，完成烟基项目950个，新建烤房70座，改造烤房700座，配套烟夹130套，修建育苗棚3.8万平方米，硬化机耕路3千米。推进“合作社+互助组+家庭农场、种植专业户、普通烟农”的生产组织体系建设，2020年全市培育职业烟农323户，同比增加167户，职业烟农占比42.6%，引导建成烟农互助组74个，实现烟区100%覆盖，评定100亩以上家庭农场7个。加大“两蜂一虫一诱一纸一制剂”为核心的绿色防控技术推广力度，建成横市绿色防控核心示范区333.33公顷，单项技术标靶区2个共513.33公顷，烟蚜茧蜂防治蚜虫技术实现烟区全覆盖，大农业覆盖3133.33公顷。

【烟叶基层基础】 2020年，宁乡市烟叶生产指导服务中心指导各乡镇烟叶合作社规范经营，创新烟叶“集中分级、成包收购”宁乡模式，得到行业认可、烟农拥护，烟叶收购速度居全省第一；首创“金农保”险种，实现全市烤烟100%覆盖，“烟叶种植保险+用工风险保险”的双保险机制初步成型。2020年，宁乡市烟叶生产指导服务中心鼓励扶贫联点村喻家坳乡涌泉山村发展45.33公顷烟叶产业，村集体增收10万余元。全市324名贫困人口参与烟叶生产就业脱贫，87户贫困户种烟脱贫。烟叶产业带动周边闲散劳动力就业创收4000余万元。 （熊尚飞）

养殖业

【概况】 宁乡市畜牧水产事务中心（以下简称市畜牧中心）为市农业农村局所属正科级公益一类事业单位，下设综合部、财务部、畜牧事务部、兽医事务部、渔业事务部、生态监测事务部、产业发展部（宁乡花猪种质资源保护站）、党群工作部等内设部室。全系统有在编人员287人。

2020年，宁乡市获国家现代农业产业园授牌，举办“畜牧业转型发展与乡村振兴”青年科学家论坛，代表湖南省接受国务院生猪生产工作督查。宁乡花猪被评为22届农博会“中国中部知名农产品品牌”、首批湖南省“一县一特”农产品优秀品牌，双江口宁乡花猪养殖示范场建成。畜禽粪污资源化利用整市推进项目整体完成，第二次全国污染源普查工作圆满收官，中心被评为国务院及长沙市先进集体，疫控中心获长沙市农技竞赛优秀团体奖，全市兽医实验室检测能力获省农业农村厅表彰。年内，先后有重庆荣昌区、湘潭市、常德鼎城区、岳阳县、永顺县到宁乡学习畜牧业和现代农业发展经验。

【养殖业生产】 2020年，全市出栏生猪96.6万头，存栏生猪67.36万头；出笼家禽3150万羽，存笼家禽1252万余；出栏牛3.44万头，存栏牛5.95万头；出栏羊5.96万只，存栏羊7.25万只；肉类产量13.93万吨，禽蛋产量11990箱，奶类产量4140吨。

【宁乡花猪产业】 2020年，宁乡与正大集团合作开展生猪全产业链建设项目，覆盖东湖塘、横市、喻家坳、流沙河、老粮仓、大成桥等主要生猪产区，项目辐射饲料生产、屠宰加工、蔬果种植、有机肥加工等领域，双江口宁乡花猪养殖示范场建成投产，产业链投产后预计年产值约50亿元，每年可实现税费合计约3000万元，带动就业人数约2000人。整合长沙市“一县一特”产业发展专项资金4000万元，配套市本级农口资金6000万元，撬动正大集团等社会投资20亿元以上，创造国有资本入局现代养殖业的新模式。利用“直播带货”等营销方式，探索花猪产品销售新模式，吸引超过80万人次

正大集团生猪全产业链建设项目大成桥镇子项目效果图

观看。全年共开设花猪产品商超 50 家、合作餐饮门店 158 个，产业产值 35 亿元。

【生产和质量安全】 2020 年，市畜牧中心开展有限空间专项整治、夏季消防安全专项整治等安全监管行动，上门检查 31 次（家），对不规范经营、安全隐患等问题及时下达整改通知；组织精干力量参与农产品质量安全大检查，对畜禽养殖基地、水产养殖场进行全面抽查，立案 17 起，结案 10 起。全年完成长沙市农产品例行监测 386 批次，水产品药物残留快速抽样检测 1400 批次，畜禽水产品及饲料产品合格率达 100%，完成市本级抽样 480 批次，检测结果全部合格。

【动物疫病防治】 2020 年，市畜牧中心强化动物疫情网格化管理，建成排查网格 2625 个，完成排查 1.7 万户（次），监测样品 3066 份；开展关键区域清洗消毒，消毒面积超过 270 万平方米，累计投入药品 20 吨；建设生猪及产品调运监管和无害化处理设施，备案生猪运输车辆 82 台，完成病死畜禽无害化中心建设，通过省、市专家组验收。加强动物产地检疫和屠宰检疫，全年检疫生猪 56.54 万头，其中屠宰 18.50 万头，检疫牛羊 3.26 万头，禽类 5123.14 万羽，其他动物 666 头。加强基础免疫，确保所有养殖场（户）重点疫苗抗体合格率均超过 80%，免疫密度达到 100%。全面规范文明养犬行为，联合市公安局及相关街道开展文明养犬宣传活动 4 次，现场政策宣讲 100 余人次，完成宠物免疫 2600 余只，确保全年未发生重大动物疫情。

【畜禽粪污治理】 2020 年，市畜牧中心推进畜禽粪污资源化利用，整市推进项目建设，全年完成规模场、有机肥厂、大型沼气工程及社会化服务体系建设 307 家，累计完成粪污处理设施建设面积 1.5 万平方米。通过构建规模化、专业化、市场化的资源化利用体系，全市化肥替代率 30%，粪污综合利用率 90%，规模场粪污设施装配率 100%，有效改善养殖业整体环境，基本形成具有本地特色的生态循环发展模式。

【长江流域退捕】 2020 年，市畜牧中心开展长江流域渔民退捕工作，精准识别渔民身份，规范处置捕捞设施，全年清退专业渔民 2 人，其他持证渔民 10 人，回收网具 1537 千克、渔船 13 艘，船舶证书和渔船牌照 13 本，网具渔船均进行集中销毁。按照政策要求和时间节点，拨付退捕各类资金 105.7 万元，与 12 名退捕渔民签订养老保险补贴参保意向书，其中 9 人实现灵活就业。

【产业扶贫】 2020 年，畜牧产业扶贫推动脱贫攻坚，东湖塘社区鼓励贫困户自主发展产业，肉猪、牛、羊等畜禽产业覆盖 6 户共 11 人；向贫困户发放鱼苗 7 万余尾，补助资金 15200 元；发展“四跟四走”项目 2 个，大雁鹅项目覆盖 12 户，发放鹅苗 1008 羽，贫困户人均增收 2000 元以上。太平桥村开展产业帮扶 49 户，发放大雁鹅苗 912 羽、鸡苗 1240 羽及配套兽药饲料，贫困户年增收共计近 14 万元。

【中国科协青年科学家论坛在宁乡举行】 2020 年 10 月 17—19 日，第 393 次中国科协青年科学家论坛在宁乡举行，100 余名来自全国各地的专家围绕“畜牧业转型发展与乡村振兴”主题进行深入探讨。农业农村部畜牧兽医局饲料饲草处处长黄庆生，中国工程院院士、中国科学院亚热带农业生态研究所首席研究员、湖南农业大学畜牧学学科带头人印遇龙，全国畜牧总站新产品评审处处长杜伟，中国农学会副秘书长莫广刚，宁乡市人民政府副市长、湖南师范大学教授杨焕胜出席。

此次论坛，由中国科协指导，中国农学会主办，中国科学院亚热带农业生态研究所、湖南师范大学、湖南农业大学、宁乡市人民政府、中国农学会微量元素与食物链分会、中国农学会农业农村人才工作分会承办，旨在贯彻落实乡村振兴重大战略部署，搭建增进交流、分享智慧的平台，推动传统畜牧业升级增效，加快构建农业强、农村美、农民富的乡村振兴“宁乡样本”。围绕“畜牧业转型发展与乡村振兴”主题，论坛举行开幕式、决策报告咨询会等活动，分别从“新兴科学技术在畜牧业生产中的转化与应用”“地方品种资源保护与种质资源创新”“功能畜牧业发展与功能食品”“地方猪产业发展与模式创新”4 个主题邀请 10 余位专家作报告，并围绕以宁乡花猪为代表的地方猪在品种保护、开发利用等方面进行深入讨论，取得良好成果。

2020 年 10 月 17—19 日，第 393 次中国科协青年科学家论坛在宁乡举行

林 业

【概况】 2020年，宁乡市林业局系统共有干部职工102人，局机关内设办公室（党建办）、资源林政科、行政审批服务科（法制科）、造林绿化科、野生动植物保护科（自然保护地管理科）、计划财务科、改革发展科7个科室；下辖林业技术推广中心、龙田竹木检查站（行政执法大队）2个二级机构；有高、中级职称专业技术人员15人。2020年11月，宁乡市森林公安局整建制转入宁乡市公安局，金洲湖国家湿地公园管理处委托沩东新城管委会管理。2020年，宁乡市林地保有量128658公顷，森林覆盖率48.79%，林木蓄积量627万立方米，林业年产值93.5亿元，国家一级保护植物5种，国家二级保护植物15种，国家二级保护动物23种。2020年10月28日，国家林业和草原局2018年对宁乡市林地“区域限批”被解除。宁乡市林业技术推广中心高国宏被国家林业和草原局评为“最美林草科技推广员”。

【造林绿化】 2020年，宁乡市开展营造林建设，完成人工造林475公顷、封山育林433公顷、退化林修复883公顷、森林抚育4069公顷。创建43个湖南省绿色村庄（森林乡村）。开展边坡复绿300公顷、矿山复绿333公顷，绿化沩江河防洪墙5千米，绿化靳江和团头湖湿地133公顷。全民义务植树参与人数达到90.8万人，义务植树310余万株，建设各类义务植树基地61个，“政府送树、群众栽树”造绿活动送栽苗木40万株、草种1500余千克；对回煤线绿化提质30余千米，提供高质绿化苗木近30万元支持国家园林城市创建。

【资源保护】 2020年，宁乡市强化天然林、公益林管护，对全市所有林地开展天然林专项补充调查，完善森林资源管理数据库，确定3万公顷林地为天然林，严格落实森林禁伐限伐政策，森林防火加强立体宣传巡护、带班值班值守和分组督导排查，推进森林防火“网格化”管理，开创网格化6级联防新模式，将全市林地划分为307个网格，每个网格明确一名护林员，全年发放防火宣传资料近100万份，发送手机提醒信息500余万条，免费发放祭祀菊花65万朵，森林防火期组织成立临时应急队伍1781人，制止野外用火50余起，排查重点人员310人次，劝返入山人员3000余人次，全年发现并排除森林火灾隐患207处。

【野生动植物资源保护】 2020年，全年苗木产地检疫率100%，野生植物检疫率100%。组织林业有害生物和病虫害监测预报及防治，清除松材线虫病疫木2.8万余株，投放使用松褐天牛诱捕器500套，采购1.8万支“吡虫啉”对7200余株胸径30厘米以上的松木和古松木进行预防性药物注射，对市内8666.67公顷松林实施飞机撒药防治。完成古树名木普查和挂牌工作，对全市1677棵古树名木进行挂牌保护，救护濒危古树26株，护砌修枝保护古树18株。

【林业执法】 2020年，宁乡市加强日常巡查和监管，对盗伐滥伐林木、非法采砂采石采矿等进行巡查，全年共计出动车辆1390余台次，人员3500余人次，对发现的林业违法行为重拳打击处理。2020年共办结林业行政案件96起，处罚违法人员103人，罚款400余万元，现场扣押挖山采砂洗砂挖机8台、铲车4台、运输车辆5台，与乡镇政府联合执法关停非法采砂洗砂场所30余处，办结各类群众举报件40余件；办理涉林刑事案件35起，破案31起，采取强制措施73人，收缴王锦蛇、蟒蛇等蛇类共计467条，蛇皮30张，蛇类死体24.5千克，扣押狩猎工具3批，扣押国家二级重点保护植物香樟5株、松树及其他林木600余棵（筒）、木材5.83吨，依法追缴违法所得230.4万余元。

【林业产业】 2020年，全年完成油茶低产林改造680公顷，新造油茶林400公顷。《亚热带地区映山红种质资源收集及优良变异繁育技术示范》获得中央财政林业科技推广示范资金支持，全年向上争取资金6700万元。

【禁食野生动物工作】 2020年，宁乡市加强《全国人大常委会关于全面禁止非法野生动物交易、革除滥食野生动物陋习、切实保障人民群众生命健康安全的决定》的宣传，加大对繁育场、市场及酒楼饭店等经营利用野生动物场所的监管执法，清查集贸市场135场次、封控野生动物驯养繁殖场所117家、清查餐饮场所185家。开展禁食野生动物人工繁育主体的退养工作，组织补偿资金1723.5万元，全市106户禁食野生动物人工繁育主体按期退养并完成转产转型。

【宁乡市“五场”复绿生态修复理念受到央视主流媒体专题报道】 2020年3月9日，宁乡市领导在煤炭坝镇贺家湾村退出的永恒砖厂开展的义务植树活动以及宁乡“五场”复绿（关停的矿场、清退的砂场、退出的养殖场、拆除的空心屋场、开挖的工场）生态修复理念，在义务植树节期间被央视综合频道、新闻频道、农业频道进行专题报道。 （肖 琳）

水 利

【概况】 2020年，宁乡市水利系统共有干部职工843人，局机关内设办公室、党建办公室（纪检室）、财务科、政策法规科、人事科、水旱灾害防御科、水利工程建设科（总工室）、运行管理与监督科、水利技术服务科、行政审批服务科等10科室。下设市水利技术服务中心（正科级）、市河长制工作事务中心（副科级）、韶山灌区宁乡市花明楼管理所（副科级）、田坪水库管理所（副科级）、洞庭水库管理所（副科级）、河道堤防管理站（水政监察大队）、城市防洪机电排灌水闸管理站、水利水电工程质量监督站、水利水电勘察设计院、沩溪水电站、滩山铺电站、市水旱灾害防御事务中心、湖南省宁乡市水利水电建设总公司等13家二级机构。2020年，宁乡市水利局加强领导班子和干部队伍建设，加强党建、党风廉政和精神文明建设，不断推进水利基础设施建设，强化薄弱短板提升和河湖管理保护，保障全市防洪、供水、用水、河湖生态安全。

【水利建设】 2020年，宁乡水利建设争取中央、省市资金4.36亿元，完成沩水流域综合治理、城市防洪圈建设、大中型水库除险加固等重点项目18个。面上水利投入市级财政资金0.2亿元，完成山塘整修加固232口、新建（扩容）骨干山塘11口、小型水闸除险加固27座、沟渠防渗49.1千米、机井5口、小型泵站5处、大中型灌区干渠维修维护清淤疏浚100千米、建成小农水示范片区1处。全市乡镇（街道）村（社区）农田水利建设深入推进，水利基础设施建设取得积极成效。

【防汛抗旱工作】 2020，市防汛抗旱指挥部坚持“安全第一、常备不懈，以防为主、全力抢险”工作方针，牢牢把握工作主动权，有序开展指挥调度、精准组织应急防御，汛前加强预案修订、隐患排查、防汛演练，汛期加强值班值守、科学研判、会商调度，突出抓牢水利工程防汛保安、山洪地质灾害防御、城区防洪排涝等三项重点防控。全年审核、修订各类应急预案、方案246份，组织防汛检查督查6次，下发交办函22份、整改通知6份、督查通报9期，整改落实防汛安全问题159个；根据气象、水文监测预警预报，科学组织会商，召开防汛会商会28次、调度会25次，启动防汛应急响应7次，科学应对16轮次强降雨，做到“迎雨来、防雨下、送雨走”，全市未垮一库、未溃一垸、未决一堤、未死一人，切实维护人民群众生命财产安全和社会大局和谐稳定。

【河长制工作】 2020年，宁乡市水利局构建责任明确、整体联动的治水、兴水、管水新格局，推进宁乡河湖长制工作，加强宁乡水资源保护、水域岸线管理、水污染防治、水环境治理、水生态修复、执法监管等工作，沩乌楚靳四江沿线截污治污能力提高，河湖水域水质稳步提升，沩水3个省控断面、市管“一湖二河”（团头湖、沩水、靳江）水质全年稳定达到Ⅲ类水质及以上标准。长沙市市管河湖年度综合治理任务全面完成，河湖“清四乱”专项整治、市县级“小微水体示范片区”和“美丽河流示范片区”创建、暗访监督考核、基层河（湖）长制等各项工作全面落实，完成河湖“清四乱”139处、创建美丽河流12条、建成样板河28条、建成市县级小微水体示范片（点）16处。全年召开总河长专题会议5次，“一月一考核、一季一讲评”有效落实，29个乡镇（街道）均成立百姓河长办，实现乡乡有百姓河长办、村村有百姓河长。2020年宁乡河湖长制工作经验在人民日报、湖南日报、湖南卫视等中央、省级主要媒体的宣传报道12次。

【水资源管理工作】 2020年，宁乡市水资源合理开发利用和保护工作全面加强。推动节水型社会达标建设工作，创建节水型机关市级示范单位，开展水资源监督管理，加强全市取水户日常巡查监管，完善取用水户计量装置安装及运行维护，加强取水工程（设施）核查登记整改提升，规范取用水户取水行为，组织开展日常监督检查220余次，完成取用水户计量装置整改6家，处置无证或未办理延续登记取水户10家，处置未安装计量装置或计量装置故障取水户6家，依法拆除取缔5家，完成全市用水总量统计名录库录入及注册工作，完成水资源费征收479.73万元，下达各类法律文书30余份，完善补办取水手续10家，拆除非法取水户设施设备5处。非法采砂整治实现长效管护。依法开展打击河道非法采砂专项行动，全面压实“沩、乌、楚、靳”四水长效管护机制和监管机制，有效扼制盗采砂石行为。全年出动执法巡查人员1618人次，开展综合执法和专项执法行动77次，立案9起，罚款6万元，查获采砂设备18台，联合部门单位拆除洗砂点1处，封堵下河路口69条，拆除违规建筑物构筑物1处，下达宁水责停、责改文书共计60份。

【农村饮水安全工作】 2020年，宁乡市水利局争取中央、省市及社会资金支持，依托全市东南部、西南部、中西部、城区四大水厂，实施管网延伸和改扩建工程，提质改造部分单乡、单村饮水工程，积极推进全市城乡供水一体化建设，提高农村自来水普及率。年度争取上级资金1683万元，争取社会资金3600万元，实现新增农村自来水入户人口3.9万人，超额完成9000人新增农村自来水入户人口任务（省市工作目标任务3万人），全市农村自来水普及人数达到91.24万，农村自来水普及率超87%。

【移民工作】 2020年，库区移民后期扶持为重点，以库区产业发展、移民增收为目标，突出抓好脱贫攻坚、整村推进、移民避险解困、项目扶持等重点工作，加快推进库区移民脱贫致富步伐，确保库区和移民安置区大局稳定。全年发放移民补助资金829万元，涉及移民对象13825人；下达移民避险解困资金240万元，完成移民避险解困120人；投入移民资金420万元，完成黄材镇沩滨村、青山桥镇芙蓉村重点移民村建设。引导库区移民加入专业合作组织，通过技术指导、农资配送、赢利返还等方式，不断优化服务，促进产业发展，增加移民收入。

【水利部副部长田学斌调研宁乡市小水电清理整改工作】 11月26日，水利部党组成员、副部长田学斌一行到宁乡市，调研指导小水电清理整改工作。湖南省水利厅厅长颜学毛、副厅长杨诗君、省农电局局长朱毅、长沙市水利局副局长喻小丽等陪同调研。田学斌一行先后到宁乡沩丰电站、黄材水库电站、沩溪电站等小水电清理整改类电站现场，详细察看宁乡小水电清理整改类电站的生态流量泄放设施和生产安全运行设施，听取宁乡水利局关于宁乡市小水电清理整改工作情况汇报，了解宁乡小水电清理整改具体开展情况。2020年，宁乡按照国家、省、长沙市小水电清理整改文件要求推进26座小水电站清理整改工作，完成整改类电站15座、退出类电站11座。田学斌对宁乡市小水电清理整改工作取得的成绩和做法给予肯定，认为宁乡市小水电清理整改工作高度重视、责任夯实、措施到位，小水电清理整改工作成效明显。

（万阳波）

2020年11月26日，水利部副部长田学斌（中）调研指导宁乡市小水电清理整改工作

水利技术服务

【概况】 2020年，宁乡市水利技术服务中心有在职在岗人员80人，退休人员28人，内设综合部、财务部、水利技术服务部、供水服务部、项目建设部、水土流失防治部、党群工作部7个部室。

【水土保持监管】 2020年，市水利技术服务中心建立监管机制，对全市生产建设项目水土保持情况进行日常监管和依法征收水土保持补偿费。以“未批先建”“未验先投”的项目和非煤矿山、页岩砖厂为重点核查对象，以水土保持方案与设计情况、水土保持管理情况、水土保持措施实施情况、水土保持监测监理情况、水土保持验收情况为检查内容，先后完成水利部、水利厅和长沙市多批次的督查任务，实现生产建设项目监管工作全覆盖，切实做到边核查、边整改、边销号，有效控制人为水土流失。

【农村饮水安全】 2020年，市水利技术服务中心争取中央、省市及社会资金支持，依托全市东南部、西南部、中西部、城区四大水厂，实施管网延伸和改扩建工程，提质改造部分单乡、单村饮水工程，推进全市城乡供水一体化建设，提高农村自来水普及率，全市农村饮水安全工作切实提升。年度争取上级资金1683万元，争取社会资金3600万元，实现新增农村自来水入户人口3.9万人，超额完成9000人新增农村自来水入户人口任务（省市工作目标任务3万人），全市农村自来水普及人数达到91.24万人，农村自来水普及率超87%。

【移民后扶】 2020年，市水利技术服务中心库区移民工作以库区移民后期扶持为重点，以库区产业发展、移民增收为目标，抓好脱贫攻坚、整村推进、移民避险解困、项目扶持等重点工作，推进库区移民脱贫致富步伐，确保库区和移民安置区大局稳定。全年发放移民补助资金829万元，涉及移民对象13825人；下达移民避险解困资金240万元，完成移民避险解困120人；投入移民资金420万元，完成黄材镇沩滨村、青山桥镇芙蓉村重点移民村建设。引导库区移民加入专业合作组织，通过技术指导、农资配送、赢利返还等方式，不断优化服务，促进产业发展，增加移民收入。

（曾红霞）

黄材水库灌区管理

【概况】 长沙市黄材水库灌区管理局（以下简称黄水局）为副县级公益一类事业单位，局机关设办公室、人事科、财务审计科、工程管理建设科四个科室，下设大坝管理所、横双灌区管理所、煤炭坝灌区管理所、沙河灌区管理所、水利经济中心5个二级法人单位。2020年年末，全局系统总人数607人，其中在职干部职工337人，离退休197人，遗属伤残人员73人。

2020年，黄水局以服务灌区三农为第一要务，加强防汛抗旱、水资源保护和水利工程管理。抓实防汛工作。优化工作机制，完善方案预案，加强值班值守、隐患排查处理和物资储备，完善水库预报预测系统建设，组织开展防汛演练，保证防汛工作万无一失。抓紧抗旱工作。早谋划、早安排，提前一个月开展春灌；汛期科学调度，充分利用降雨和区间水灌溉；轮灌期科学制定轮灌方案，保障灌区灌溉用水，全灌区未出现干旱死角。抓好项目建设。重点抓好大坝除险加固项目建设。克服疫情影响，2月10日恢复正常施工。对项目倒排工期、挂图作业，24小时施工，4月底前完成黄材水库大坝除险加固工程建设任务。如质如期完成采煤沉陷区治理项目建设。抓住发展机遇。克服续建配套项目历史遗留问题多、时间紧、任务重等困难，做好每一环节工作任务，《黄材灌区续建配套与现代化改造项目“十四五”实施方案》进入水利部遴选范围，“十四五”期间，有望争取国家水利投入3亿余元。抓牢生态保护。加强水质检测，做实垃圾打捞，生态放流鱼苗800万尾，清除水葫芦26.67公顷；保证沩水的生态流量和城区生态供水。

【黄材水库大坝除险加固项目竣工】 黄材水库大坝除险加固项目纳入国家发展改革委、水利部水生态治理、中小河流治理等其他水利工程专项2019年第一批中央预算内投资计划，总投资7180万元，其中中央预算内投资4308万元，地方预算内投资2872万元。除险加固主要内容为主坝砼防渗墙、坝基帷幕灌浆与坝脚截水墙；副坝帷幕灌浆；溢洪道泄槽加固；输水洞检修闸拆除重建和输水洞钢衬加固以及输水洞检修闸下游的高压弧门更新、重建坝顶防浪墙、坝顶硬化等。项目于2019年9月启动实施，2020年4月完成工程任务，6月28日，项目通过蓄水验收。

【续建配套与现代化建设】 2020年，黄水局对《黄材灌区续建配套与现代化建设规划》进行修订；编制黄材灌区标准化、规范化管理手册一套（手册5本、口袋书5本、宣传画册一本）；组织完成1998—2018年灌区节水续建配套项目的评估；完成《黄材灌区续建配套与现代化改造项目十四五实施方案》评审；按水利部要求对实施方案进行多次修订，《黄材灌区续建配套与现代化改造项目十四五实施方案》纳入水利部、国家发改委遴选范围。

【田学斌调研黄材灌区】 2020年11月25日，水利部副部长田学斌、农水司司长陈明忠、农水处处长党平一行调研黄材水库灌区运行管理及建设情况，调研组一行视察五平交道、总干渠、陶公水闸和养鱼塘渡槽，听取黄材灌区节水续建配套实施情况及现代化灌区前期工作开展情况的汇报，对黄材灌区工作情况、现代化灌区前期工作开展情况给予高度肯定。

【采煤沉陷区渠道及河坝加固改造项目完工】 采煤沉陷区渠道及河坝加固改造项目主要解决喻家坳、煤炭坝、大成桥和回龙铺四个乡镇渠道、河坝因采煤导致区域地质变化、渠段沉降等问题，确保农田灌溉和生产生活用水需要，概算总投资3972万元。黄水局主要负责新枫支渠重建和两条塘支渠除险加固，项目于2019年8月动工，2020年6月完工投入运行。

（姜磊人）

农村集体经济

【概况】 宁乡市农村集体经济发展中心（以下简称市农村集体经济发展中心）为宁乡市农业农村局所属公益一类事业单位，正科级。2020年，有干部职工96人，下设综合部、财务部、党群工作部、村级经济发展事务部、农村体制改革事务部、农村合作经济组织发展部、农业机械事务部（产业扶贫办）7个职能科室。主要职能是贯彻执行国家、省市关于农村集体经济发展和农业机械的方针政策和法律法规，协助市农业农村局草拟全市农村集体经济发展和农业机械政策并配合实施，协助做好涉及农村集体经济和农业机械行政审批服务等工作。负责全市农村集体经济发展和农业机械化管理的事务性工作，负责市扶贫事务中心的产业精准扶贫工作。

2020年，市农村集体经济发展中心强化党建引领，紧扣脱贫攻坚总体要求，突出乡村振兴战略，不断发展壮大新型村级集体经济，实现产业扶贫与产业振兴有效衔接，围绕争创“全国水稻生产全程机械化示范县”，大力推广先进适用农机具和先进农机化技术，不断提升全市农业现代化水平。宁乡被评为“全国主要农作物生产全程机械化示范县”；产业扶贫工作获得长沙市脱贫攻坚专项奖励，记集体三等功。

【集体经济发展】 2020年，市农村集体经济发展中心探索推广土地合作大成桥“鹊山模式”、村企共建“双江口模式”、镇村统筹“老粮仓模式”等集体经济发展成功经验。加强村级集体经济组织建设，推动全市所有涉农村（社区）均成立1个村级集体经济合作组织、1个土地合作社、1个粮食生产合作社，所有村集体经济收入过10万元，建立健全宁乡市村级集体经济项目库，重点铺排村级集体经济重大项目92个，截至2020年年底，宁乡市240个涉农村（社区）集体经济收入7747.2万元，其中10万—20万元的有58个村（社区），20万—50万元的有159个村（社区），50万—100万元的有16个村（社区），100万元以上的有7个村（社区），完成长沙市下达的提标任务87个村，完成率114.47%；铺排集体经济项目92个，完成率108.23%，列长沙市第一。

【农机化作业水平】 2020年，宁乡市农机总动力达183万千瓦，水稻生产耕种收综合机械化水平达80.8%。上级分配宁乡市购机补贴资金1821.6万元（中央资金1680万元，省级资金141.6万元），2019年结转资金963.898万元，总计实有补贴资金2785.498万元。年内受理补贴申请1536份，补贴机具1544台。受益农户754户，农机行业实现销售达8251.8万元。受理各类机具补贴主要包括：耕整地机械如旋耕机（含履带式旋耕机）、起垄机463台，油菜播种机21台，高速插秧机52台，施肥机135套，收割机204台，烘干机38套，碾米加工成套设备69套，植保飞机65架，轮拖、履带式拖拉机363台，打捆机18台，农用北斗终端76台，热风炉21台。通过实施农机购置补贴政策，宁乡市机具数量迅速增加，农机装备水平和作业水平快速增长，农业综合机械化水平提升到80.8%以上。重点指导扶持建设水稻工厂化育秧点6个、综合农事服务中心2个、农业废弃物处理中心1个、秸秆综合处理中心4个，创建现代农机合作社示范社2家，省级综合农事服务中心1家。2020年，宁乡市成功创建“全国主要农作物生产全程机械化示范县”。

【产业精准扶贫】 2020年，扩大扶贫项目规模，宁乡市铺排产业扶贫项目174个，其中省市重点产业扶贫项目5个、“四跟四走”产业扶贫项目101个，产业扶贫资金总额5315.6万元，由87个项目实施主体负责实施，覆盖220个村，贫困户15653户，贫困人口42845人。2020年贫困户直接投入成本单户单项达到3000元，单户多项达到4500元的标准，较2019年均提高1000元，通过产业项目实施，合作社或规模以上企业带动，贫困户户均收益可达6000元以上。2020年产业扶贫获得全市专项奖励，记集体三等功。

【扶贫产品电子地图】 2020年4月15日，宁乡市扶贫产品电子地图制作工作启动。以2020年全市铺排的产业扶贫项目为主，加上龙田扎肉、五里堆香干、朱良桥柑橘等9种特色农产品，市农村集体经济发展中心工作人员从产品种类、规模、产地、联系方式、上市时间等方面着手，逐一收集基础数据，并以图文并茂的方式表现。请专业公司制作出宁乡市扶贫产品电子地图小程序。宁乡市扶贫产品电子地图具备成熟的查询、导航功能，覆盖全市25个乡镇220个村（社区），为17661户建档立卡贫困户推介土鸡、宁乡花猪、红薯粉等农产品35种。 （李龙贵）

气　象

【概况】 2020年，宁乡市气象局设办公室、法规科、气象台三个科室，有宁乡市防雷中心、宁乡市华云气象科技服务部两个对外服务单位。2020年，市气象局对标气象“监测精密、预报精准、服务精细”工作要求，不断提高公共气象服务和气象服务保障能力，进一步完善气象防灾减灾、气象专项服务体系，充分发挥气象防灾减灾第一道防线作用。2020年被评为长沙市气象部门综合考评优秀单位、宁乡市安全生产先进单位。

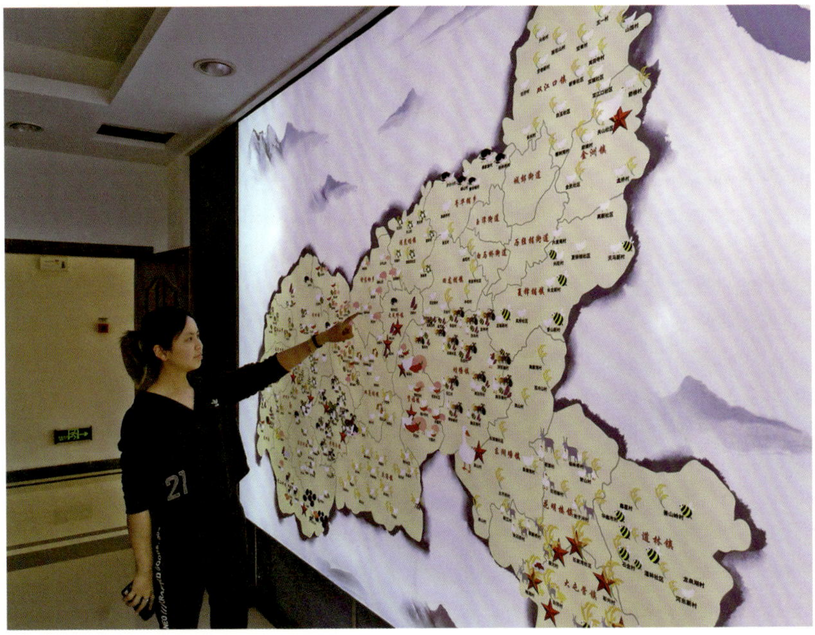

宁乡市农村集体经济发展中心介绍宁乡扶贫产品电子地图

【气候综述】 2020年度：宁乡市年平均气温18.1℃，较历年平均偏高1.0℃；年极端最高气温37.3℃，较历年最高偏低3.9℃；年极端最低气温-2.6℃，较历年最低偏高8.2℃；年总降水量1628.8毫米，较历年偏多178.1毫米；年日照总数1267.2小时，较历年偏少415.4小时；暴雨日数3天，较历年偏少1天。

纵观全年：气温显著偏高，7月31至8月9日、8月15—20日日最高气温≥35℃，达“中度高温热害”。降水正常略偏多，其中秋、冬季降水偏多，1月降水量173.0毫米，为历史第二高值年，9月降水量260.4毫米，为历史最高值。年日照时数异常偏少，创历史最低，特别是秋季（9—12月）日照时数仅232.3小时，创历史新低，9月日照时数54.5个小时，创最阴沉9月。年降水日数172天，较历年同期偏多15天，特别是9月雨日达24天，为历史最高值。3月2—9日、11月20—27日出现降水，且无日照，达到“轻度连阴雨”标准，9月9—18日、20—30日出现降水，且无日照，达到“中度连阴雨”标准。3月27至4月4日出现轻度倒春寒天气，9月20—23日、25—29日日平均气温低于21℃，达“中度寒露风”标准。

2020年主要天气气候事件有暖冬、连阴雨、倒春寒、雷暴大风、冰雹、暴雨、雨水相对集中期、高温热害、寒露风、寒潮、大风、冰冻、强霜冻、大雾、霾等。2020年春季有倒春寒，秋季中度寒露风及罕见连阴雨，给农业生产和人民生活带来诸多不利影响。

【气象保障】 2020年，气象观测全面实现自动化，入汛前，宁乡市气象局对全市47套区域自动站进行全面的巡检和标校，并加密安装4套区域站；在交通要道安装4套6要素交通气象站，有效提高宁乡市气象监测的精密程度。完成台站业务管理、装备保障、网络机房、供电系统、监控系统以及国家站、区域站、土壤水分站、农田小气候站的标准化建设。对喻家坳标准化炮点进行升级改造，新建黄材水库标准炮点。

【气象服务】 2020年，宁乡市气象局加强组织领导，坚持以精细化优质服务为宗旨，努力提高气象预报预警能力。2020年向宁乡市委、市政府及相关部门提供各类服务材料98期，发布预警信息26次，强降水监测警报117条，其他服务短信185条，启动预警信息全网发布1次；针对暴雪、暴雨、雷暴大风等灾害性天气过程坐镇市防指会商、调度38次，充分发挥防灾减灾第一道防线的作用。将全市1568名村级防汛责任人录入突发事件预警信息发布平台，制定以乡镇为单位的重大气象灾害预警信息"村村响"发布制度，实现气象信息传播覆盖的最后一千米；加强农业气象服务，开展农业气象灾害预警服务6次，烟叶生产气象服务32次，累计发送农业气象服务短信15万余条；开展农业保险气象服务60余次；加强部门合作，联合森林公安局开展森林防灭火气象服务，共制作森林火险等级预报专题8期，发布森林火险预警短信8次；联合城乡规划建设局开展城市内涝监测预警服务，就共建监测设备和预警信息发布平台达成一致意见；强化与烟草、农业农村、保险、现代农业示范区等部门协作联动，共建共享信息资源，开展农业保险气象保障"直通式"服务。

【安全生产】 2020年4月，宁乡市气象局举办2020年宁乡市防雷安全生产专题暨培训会议，对乡镇应急管理办公室负责人，以及全市烟花爆竹企业、中石化、中石油、中海油等危爆、园区危化企业负责人进行防雷知识、检查流程和政策法规方面的培训及日常监管要求。巩固压实企业防雷安全主体责任和乡镇（街道）防雷安全属地监管责任。制定《宁乡市2020年雷电防御监督检查计划》报市人民政府批复，按计划加强对油库、气库、弹药库、化学品仓库、烟花爆竹、石化等易燃易爆建设工程和场所以及旅游景区等人员密集场所的监管，开展防雷安全"春雷行动""安全生产专项整治三年行动"检查；实现全市所有乡镇、园区所有危化危暴企业、所有烟花爆竹企业三个全覆盖检查；全年检查90家企业，发现并督促整改隐患61处。加强对企业的违法行为的立案查处力度，全年立案两起，处罚到位6万元，其中中介机构跨省超资质检测案例被省气象局法规处列为典型案例。积极推进法制气象标准化的建设，完成政务、司法、气象三个部门统一的标准化案卷，推进信用、政务、防雷等平台行政许可和行政处罚双公开。

（刘群飞）

水　文

【概况】 宁乡市水文水资源局主要监测全市范围内降水、河流水库水位、流量、水质和土壤墒情等水文要素，对所辖所有水文站点运行维护和养护、汛前准备、汛中测验、汛后资料整理汇编。2020年有在职职工8人，聘用制职工3人，聘请委托观测员16人，管辖2个基本水文站、27个中小河流站、3个防汛专用站、32个山洪预警站、3个地下水监测站、2个土壤墒情监测站。

【宁乡站水文基本信息】 2020年宁乡（三）站实测最大流量7月27日1310立方米每秒，相应水位40.03米，最高水位40.08米。实测最小流量3月19日0.542立方米/秒，相应水位36.31米，最低水位36.28米。年径流量17.08亿立方米。全年降雨天数164天，最大日降雨量65.5毫米（5月29日），年降雨量1780.7毫米。

【平安建设】 2020年，宁乡市水文局落实平安建设一把手责任制，安全员监督制。对办公室、监测站点、休息室的人防、物防、技防进行细致的部署，完善安全设施设备，着力抓紧抓好备汛、度汛等各项工作的安全责任，落实责任到人到岗；在办公楼采设置宣传牌、悬挂横幅、带领单位职工走进社区、走访附近群众等形式，不定期举行主题培训宣讲，宣讲水文设施维护的重要性，营造良好的平安氛围。

（王　敦）

工 业

工业和信息化

【概况】 宁乡市工业和信息化局（以下简称市工信局）为市政府组成部门，内设局办公室、组织人事科、运行监测协调科、产业发展科、中小企业科、节能与信息化科、资产管理办、财务科、改制维稳办9个科室，下设3个直属企业留守处。

2020年，市工信局被评为全市“大干一百天实现双过半”大竞赛活动工业经济发展优胜单位，创建全国文明城市工作先进单位，党风廉政建设责任制考核先进单位，平安建设和综治维稳先进单位，财务预决算先进单位，民兵调整改革工作先进单位。

【工业经济运行】 2020年，宁乡市完成规模工业产值1471亿元，完成规模工业增加值347亿元，同比增长1.1%；完成规模工业税收30.4亿元，同比增长10.7%；工业投资同比增长0.8%，工业技改投资同比增长38.4%；累计工业用电22.74亿度，同比增长21.12%；累计工业用水1523.58万吨，同比增长12.91%；累计新增入规企业36家。2020年，宁乡市被评为省政府真抓实干落实制造强省建设等政策措施成效明显的县市区，被评为全省工业经济运行监测协调工作先进单位，排名中国工业百强县第14位。

【政策驱动】 2020年，市工信局牵头制定并落实《关于支持和组织推动企业复工复产的八条措施》，从疫情防控、交通物流、水电气费、房租减免等八个方面，全力支持和组织推动全市企业复工复产。全年累计租金减免5061万元，社保减缓15867万元，税收减缓59283万元，兑现各级奖补资金39921.6万元，补贴水电气费用1894万元，兑现415家企业1103台（套）先进装备补贴7746.57万元。

【产业工作】 2020年，市工信局牵头制定《宁乡市工业和信息化十四五规划》，研究部署“十四五”期间工业产业规划布局，打造三大优势产业集群。落实“保产业链供应链稳定”任务，搭建“汽车产业链、陆戈、三一供需对接会”等产销对接平台十余个；投放160台自动售货机，推动“好产品·宁乡造”活动；推进创谨、标朗、格力、马克菲尔、南方水泥5家企业产品政府绿色采购工作；组织开展特色产品展览活动，打造“宁乡市网上地产品超市”。

【争资争项】 2020年，市工信局对接国家智能制造项目、制造强省、技改税收增量、长沙市智能制造专项等20余个项目资金，全年累计向上争资超过2.3亿元，惠及300余家企业，为历年来最高值。其中有4个国家项目顺利验收，争取国家资金5000万元；有32家企业获省税收增量奖补资金1857.7万元，位居全省县市区第一；全年省市智能制造试点示范企业79家，超过目标任务9家；新增省级智能制造示范企业（车间）4家，新增省级示范企业占全省一半。

【企业服务】 2020年，市工信局牵头开展“三抓两促”帮扶活动，37个工作组联点帮扶74个重大项目和117家重点工业企业，全年共开展帮扶活动1572天次，共收集排查存在的问题422个，协调解决375个。组织5场“市长企业家接待日”活动，共接待21位企业家，涉及企业扩产用地、电力保障、用工、本地采购等问题39个，企业反映的问题全部得到回应并交办相关部门协调解决。

【改制维稳】 2020年，市工信局对工信系统原32家国有集体企业待处理的历史遗留问题进行全面梳理，完成无线电厂124户集资房主的清退结算及搬迁腾退工作，化解广告公司社会人员借款及应付往来账款处理、退伍义务兵养老保险补缴等历史遗留问题十余个，完成市政府下达的驻宁国企退休人员社会化管理工作任务，移交手续全部办妥。受理各类信访件及市民热线181件，回函率、办结率、回访满意率均达100%。

【新型基建】 2020年，市工信局组织移动、联通、电信3大运营商投资3亿余元开展5G建设，完成49个移动5G汇聚机房和1573个5G基站建设，超额完成目标任务。提供要素保障，优化施工环境，启动新一轮智慧电网项目，5个“投产一批”项目及8个“开工一批”项目顺利推进。

【杆线蜘蛛网整治和电信营业厅提质】 2020年，市工信局制订《杆线蜘蛛网整治和电信营业厅提质的实施方案》，牵头做好通信线路蜘蛛网整治工作，共剪整线路48.9万米，主线捆扎2.37万米，重新接线恢复34515户通信网络，修复破损机箱396个。 （许 岗）

电力工业

【概况】 国网宁乡市供电公司是湖南省电力有限公司下属的县级供电企业，承担宁乡市区域内29个乡镇（街道）以及益阳安化县2个乡镇共50多万电力客户的供用电管理任务。宁乡电网以220千伏变电站为核心、110千伏变电站为依托、35千伏变电站为骨架为网架结构。2020年，国网宁乡市供电公司售电量增长15.75%。营业收入增长8.26%。模拟利润增长38.46%。宁乡电网综合线损低于目标值，最大负荷较2019年同比增长14.37%。

【电力建设】 2020年，国网宁乡市供电公司主网方面完成宁乡500千伏、福宁220千伏输变电工程开工建设，有序推进春节保供电项目道林变等5个35千伏变电站改扩建工程和35千伏新建输电线路工程，完成220千伏关山变、110千伏鹿角窑、110千伏发展变输变电工程及17条10千伏配套出线投产送电，年内新建变电站3座、输电线路5条，有效缓解宁乡经开区、高新区和花明楼、南田坪片区供电受限问题。配网方面共计完成4个农配网项目批次，新建、改造10千伏线路402.22千米，新建改造配变452台，配变容量6.21万千伏安，新建、改造低压线路648.54千米。共计解决重过载台区135个，低电压台区60个，解决重过载线路20条，居民户均容量由2.92千伏安/户提升至3.02千伏安/户，年度单位投资增供电量1.684元/千瓦时。完成全区“十四五”电网规划编制，差异化开展2021年项目需求储备，完成2020年项目储备。

【电力安全】 2020年，国网宁乡市供电公司以省公司安全巡查为导向，严抓安全秩序管控，全年对施工作业现场实现稽查全覆盖，公司查处各类违章现场47起，其中特别严重违章28起、严重违章19起。完成“两会”、高考、国庆等重大保电任务。落实防疫要求，保障市人民医院等防疫重点保障单位可靠供电。完成2020年国家网络安全专项演习任务。全年未发生110千伏线路停运事件。在度夏负荷创新高、防汛救灾、持续低温天气、电网建设任务繁重等多重考验下，公司保持安全稳定局面，实现连续安全运行7518天的长周期安全期。以“向配网开战”专项行动为突破，年内完成56条线路集中检修和260条配电线路的通道治理，完成16条线路防雷改造，90条电缆出线共186座电缆井、50条电缆通道综合治理工作，公司全年未发生一起电缆通道大面积火灾事故，10千伏线路跳闸次数同比下降42%，10千伏配电线路故障率同比下降22%，配变停运率同比下降29%。

【电力服务】 2020年，国网宁乡市供电公司搭建“供电企业—园区—企业”服务模式，为政府重点扶持的12家新基建企业制定“一企一策”的用电方案并建立绿色通道，合理使用业扩包，为168家规模企业提供个性化用电服务，完成国家级园区老旧配电线路改造30余条（其中10条宁乡公司自营），有力支撑宁乡经济发展。将疫情防控与优化营商环境有机结合，主动助力企业复工复产，累计惠及客户5万户，直接降低客户用电成本达5000万元。强化业扩全流程管控，推行阳光业扩，线上办电率达100%，高、低压客户平均接电时长缩短至38.05个工作日和2.74个小时。大力推广微信公众号，“网上国网”注册用户数达7.41万户，超额完成年度推广任务。落实阳光业扩“三零”“三省”服务（零上门、零审批、零投资，省时、省心、省钱），共计为943户提供全免、479户提供优惠，节约用电成本。建立由市发改局、工信局和公司合署办公的有序用电调度机制，应对迎峰度冬挑战。推进高速电力载波通信（HPLC）建设，对宁乡54万余个用户进行采集通信信道改造，加快客户端数据共享，提高用户服务满意度。完成19个贫困村问题台区整改，助力驻点帮扶村贫困户脱贫出列。

【宁乡境内首座500千伏变电站启动建设】 2020年4月15日，宁乡境内首座500千伏变电站启动建设，项目位于宁乡市夏铎铺镇龙福新村，全站总占地8公顷，是2020年省重点工程，也是长沙电网“630攻坚”行动1号工程。该变电站定位湖南湘东500千伏“立体双环网”重要组成部分，是湖南电网的重要枢纽变电站，建成之后将为宁乡市经济社会发展提供强大的电源支撑，为市区重大项目的电力接入提供保障。该工程采用最新一代智能变电站技术，本期建设1000兆伏安主变1台，500千伏出线4回，220千伏出线6回，全站建筑物均采用钢结构形式。工程计划2021年竣工投产。

交通·邮政·通信

交通运输

【概况】 2020年，宁乡市交通运输局机关内设办公室、政工人事科、财务科、监察审计科、总工室、政策法规科、行政审批服务科、规划计划科、安全监管科、招投标办、运综科、党建办、扶贫办、工会和交通运输综合行政执法大队等15个部室；下设公路养护中心（正科级）、公共交通事务中心（副科级）、交通建设质量安全监督站、城乡公交服务中心等4个单位及13个交通管理站。

宁乡市境内石长铁路横贯东西、洛堪铁路连通南北；6条高速（长韶娄高速、京珠高速复线、益娄衡高速、长常高速、宁韶高速、长益复线）形成"三纵三横"高速公路路网；4条国道（G319、G354、G234、G240）形成骨干路网，12条省道构成宁乡公路路网的中坚力量，金洲大道、岳宁大道、G319枫林西路直通省会长沙市，加上建成的金唐公路、金宁大道、华强大道与在建的渝长厦高铁构成宁乡四通八达的交通网络。2020年，共铺排重点交通项目20个。共完成投资68384.25万元，其中向上争项目11个，争资43489.45万元。其中花明楼南塘至大屯营公路、花石线改造、步云桥连接线等16个项目均在年度内完工；G354工程开工；五巷公路和坝塘至资福公路完成路基工程。国检PCI、RQI指数被评为"十三五"干线公路双优。截至2020年年底，全市境内各级公路建设通车里程13338.534千米，其中国道161.63千米，省道403.45千米；境内铁路里程84千米；境内通车高速里程171.934千米。全年客运周转量比2019年下降9.89%（客运量829万人，客运周转量3.85亿人·千米），货物周转量增长1.88%（货运量595万吨，货运周转量3.87亿吨·千米）。新（改）建农村公路893.13千米，危桥改造25座。全市纯电动公交车占公交车总量的72%，新能源和清洁能源公交车占公交车总量的90%。全市行政村通达率100%。

表9　　2020年宁乡市交通运输情况表

指标名称	计量单位	2019年	2020年	2020年比2019年（±%）
辖区内通车千米里程	千米	13338.534	14334.124	7.46
货运量	万吨	584	595	1.88
货运周转量	亿吨千米	3.8	3.87	1.84
客运量	万人次	920	829	-9.89
客运周转量	亿人千米	4.3	3.85	-10.47
国道、省道、干线公路	千米	569.077	633.347	11.29
县道	千米	511.398	522.51	2.17
乡道	千米	462.125	464.713	0.56
桥梁	座	523	534	2.10
高速公路	千米	171.934	171.934	0.00
境内铁路里程	千米	84	84	0.00

【公共交通、公路货运】 2020年，宁乡有7家客运公交企业，3家出租车经营单位，二级以上汽车客运站2个（东城汽车站、白马桥汽车站），公交车辆503台，其中纯电动公交车373台，公交线路41条，出租车467台，道路客运车辆320台，危险货物运输企业1家，车辆5台，普通货物运输车辆4953辆，道路货物运输业3392户。2020年开通宁乡至流沙河的公交线路（308路），投放公交运力25台次，开通经国道G319至长沙的N705路公交线，解决国道G319附近居民出行难的问题。吊销6台一年内超限运输三次以上车辆营运证。城市公交线路总长度891.1千米。

在市民之家站候车的老人通过公交电子站牌查看公交车实时位置信息

【驾培管理】 2020年，全市有驾培机构17所，训练场地25处，2020年新增训练场地2处，注册教练员793人（实操教练753人、理论教练40人）。具有道路货运驾驶员从业资格培训机构1家，道路运输驾驶员继续教育培训机构2家，道路运输从业人员继续教育考试合格1686人。

【春节运输】 2020年春运期间，全市共计投入客运运力6856台次，完成运送旅客17.6615万人次；投入公交运力16677台次，运输旅客149.9985万人次；投入出租运力16012台次，运送旅客51.8836人次。春运期间无运输责任事故和人员伤亡，无乘客滞留和重大服务投诉现象，未发现疫情，运输市场稳定有序。

【交通行政执法】 2020年，出动执法队员2万余人次，执法车辆4000台次，共检测货运车辆26万余台，查获超限车辆1663台，卸载货物1.6万余吨，处罚改拼装车辆28台，罚款510余万元，吊销道路运输证7本，检查危货、危爆货运车辆36台，办理（移交）未覆盖油布、抛撒遗漏案件82件，路域环境治理60次，查处无道路运输证26起、货运驾驶员无从业资格证117起，检查重点源头企业、车辆维修企业323家，对7家维修企业下达责令整改通知书，处罚1家、关停1家；非现场执法立案47台，处罚46台，结案率为97.8%。投入近1300万元在市域主要公路新建6套不停车检测系统；在长沙地区率先启动货车专用车道及电子交警抓拍系统，严格控制进入市内的超限超载车辆；把控源头治理，实现市内46家重点源头企业地磅数据、装载情况实时监管。全天候监测源头企业出场车辆装载配载、生产运输情况。通过实时监控，责令源头企业对不按规定装载配载进行整改50余次，顶格处罚源头企业4家。宁乡市公路治超实现“机器换人”，进入科技化、精确化、高效化治理阶段。有力打击超限超载等交通违法行为。全市超限超载率为0.5%。

【交通运输信息化建设】 2020年，交通信息化建设方面，完成交通综合行政执法指挥中心的软件、硬件建设，部署综合执法、行业监管、公路养护、民声受理4个系统，接入11个交管站、3个治超站、6个卸载场、7处不停车检测系统、30处公交电子站牌、5个公交充公维站场的视频监控和92路公路视频监控，安装432台城际、城乡公交车的交通联合卡系统。2020年受理12345市长热线工单和网络媒体投诉1164件，办结率100%，满意率98.92%。主动公开行政许可、行政处罚类信息4624件、其他对外管理服务事项8523件。健全网信工作领导机制与工作制度，落实每月、重大节假日的网络舆情研判分析与信息上报。

【国省干线公路建设】 2020年，全市干线建成和新开工82.97千米完成投资5.089亿元，其中建成项目两个30.5千米（黄材至龙田公路（五里堆—龙田段）17.5千米、S327宁乡伍家—五里堆公路13千米，在建项目五个52.47千米（岳宁大道凤凰山互通至南田坪千米（金唐二期）进入收尾阶段，S327宁乡澎家湾—沩山一期工程、G354宁乡段（宗师庙—道林—联湖塘）公路、G5517长益复线高速朱良桥互通—赫山区S221公路、G0421许广高速乌山互通—G5513长张高速关山互通公路。

【农村公路建设】 2020年，完成农村公路建设893.13千米，危桥改造25座，共完成投资47368万元（其中向上争项目15个，争资14620.45万元），其中省规自然村通水泥（沥青）路项目149.26千米、窄路加宽项目31.564千米，市规精准扶贫项目132.9千米、连通工程项目86.7千米、提质改造项目172千米，市本级“双投”项目220.70千米、通组道路全覆盖项目100千米。

【交通项目质安监督】 2020年共受理15个项目的质量安全监督。组织召开监督交底会10次，开展节前复工、季度、专项检查5次，组织巡查116次，下发检查通报3份，抽查意见书15份，停工通知6份。全年未发生一起质量事故，未发生一起安全生产责任事故。

【水路运输】 宁乡境内有沩、乌、楚、靳四条河流，有黄材水库、洞庭水库、田坪水库等重点水域和龙泉漂流、天紫漂流两个漂流景点，有渡口3处，老虫湾和东车渡口已停渡，标准化客渡船5艘，在黄材水库，沩江南门桥风光带等封闭水域，有水上游览船舶和工作船艇多艘，辖区水上交通安全共涉及全市5个乡镇。2020年，市交通运输局每月组织1次以上针对渡口渡船的执法检查，联合各职能部门和涉水乡镇，重点对各渡口码头、黄材水库、沿江风光带等重点水域的旅游船舶和公务船舶无证驾驶、农用船非法经营、客渡船超载超员以及船舶乱停乱靠等问题进行整治。共开展执法行动50次，出动执法人员200余人次，全面铺开隐患排查治理，发现一般隐患3处，消除3处，送达渡运工作联系函2份，下达停渡责令整改通知书2份；切实保障辖区水上交通安全。同时加大巡查执法力度，确保辖区禁捕退捕工作顺利推进。

（隆文辉）

公路养护

【概况】 宁乡市公路养护中心为宁乡市交通运输局所属的正科级公益类事业单位，主要负责宁乡境内4条国道、12条省道、65条县道、79条乡道和部分村道及523座桥梁的建设、养护和管理工作。2020年，市公路养护中心管养里程4362.38千米，共有干部职工453人，其中在职人员227人，退休人员226人。年内，市公路养护中心按照有利于产业发展、民生改善、便捷出行的原则，全力提升公路建设、养护和管理水平，全年共完成公路基础设施建设投资约7亿元，完成省、市下达的各项工作任务。

年内，组织2000余人次志愿者进当地村组（社区）报到，宣传疫情防控知识，投身文明创建活动。投入92万元支持资福镇红旗村、窑里社区交通基础设施建设，修建断头路3条、安装钢护栏5000米，联点148户贫困户全部脱贫。2020年市公路养护中心党总支部被评为“全国公路行业先进基层党组织”，持续保持“长沙市文明标兵单位”称号。

【项目建设】 2020年，市公路养护中心以提高公路发展质量和效益为中心开展项目建设。年内共实施项目21个，完成投资约6亿元，提质改造路网129千米，位列长沙市第一。在项目实施中，提升质量、安全和廉政意识，通过优化项目设计、强化制度约束、加强现场管控等措施，推进公路基础设施建设，先后完成黄龙公路、南志公路、边资公路等多个省市重点项目和民本民生工程，启动实施G354宁乡段、五巷公路提质改造，充分发挥公路基础设施建设在稳投资、稳就业、稳预期及保民生、保市场方面的先行和基础作用。

【争资争项】 2020年，市公路养护中心结合宁乡公路实际和群众期盼，做好争资争项规划，推进前期手续办理，年内在实施12个省、市计划项目的基础上（争资2亿元），计划外另争取S326大修、边资公路提质改造等项目9个，争资1.5亿元，全年总计争资3.5亿元，为市下达计划的150%。根据宁乡市交通规划，谋划实施S328龙田至青山桥段等储备项目，形成公路项目“开工一批、储备一批、谋划一批”的良性循环格局，持续保持宁乡公路基础设施发展后劲。

【公路养护】 2020年，市公路养护中心深化养护市场改革，建立“一路一档”信息化养护档案，全力创建全国农村公路管养体制改革示范县。干线公路完成S326、S537、S221路面大修工程37.03千米，完成G319、S539、S537预防性养护23.5千米。提质境内16条国、省干线公路保洁绿化养护标准，沥青路面挖补约4.5万平方米、路面清灌缝约275千米、补栽行道树1400株，保持宁乡市干线公路良好的运营状态。完成“十三五”全国干线公路国评工作，现场反馈PCI（路面状况指数）和RQI（路面行驶质量指数）为双优，在全省公路系统通报表扬，干线公路优良率94.13%，超省定目标5.13%。农村公路全年实施日常养护项目100余个，完成贺家湾至回龙铺路段乡村振兴示范走廊公路项目建设，创建了X001、X094、Y604、C133示范线路，农村公路中等路率88.76%，超省定目标3.76%，实现农村公路养护与乡村振兴、脱贫攻坚、生态保护的和谐共进。

【公路安全】 2020年，市公路养护中心推进公路顽瘴痼疾治理。销号省、市顽瘴痼疾交办件172件及安全隐患督办件2件、宁乡市道安委安全隐患交办件652件，办结率均为100%。配合市交运局排查整改校车线路安全隐患430处，实施危桥改造16座，完成X104线等7处公路边坡小型地质灾害治理。有效排查全市4000余千米国省干线和县乡公路的临水临崖、急弯陡坡等隐患地段，完成119条线路共1399个隐患点的整治，实施生命安全防护工程231.711千米。加强汛期和冰雪天气下公路巡查，处置公路隐患100余起，及时预警和处置G234烂山峡段塌方，受到省公路事务中心全省通报表扬。

（青百宇）

湖南龙骧交通发展集团有限责任公司宁乡分公司

【概况】 湖南龙骧交通发展集团有限责任公司宁乡分公司（以下简称“龙骧集团宁乡分公司”）是隶属湖南龙骧交通发展集团有限责任公司的二级单位，2020年有在职员工340人，其中合同制员工242人，劳务派遣员工98人，退休员工314人。该公司是集旅客运输、站场服务、汽车维修、旅游包车、旅游集散、公营超市、门店（房屋）租赁以及广告业务等多种经营业务为一体的综合性道路客运企业，也是宁乡市规模最大的道路客运骨干企业。龙骧集团宁乡分公司下辖宁乡东城汽车站、宁乡白马桥汽车站2个城区客运站和9个乡镇客运站，城区车站全部实现联网售票和网络售票。龙骧集团宁乡分公司两个城区站日均发送班次310次、日均发送旅客800余人。龙骧集团宁乡分公司拥有班线客运车辆52台，运输网络辐射江西省及省内衡阳、邵阳、湘乡、湘潭、韶山、株洲、岳阳、常德、娄底、新化、益阳11个地州市，建立完善的车辆动态监控系统，实行运营过程全程监控，确保运营班车安全、准点到达。龙骧集团宁乡分公司旅游车队是宁乡本地唯一一家公营车队，旅游车辆为考斯特、宇通、青年、尼奥普兰等高档次高级车辆19台，座位数从17座至55座不等，能满足公务出行、会议、商务接待、旅游、通勤等不同层次的用车需求。营造风清气正的干事创业环境，选出一批“十佳员工”“最美班组长”等先进个人进行表彰。

【安全生产管理】 2020年，龙骧集团宁乡分公司加大安全投入、强化安全教育培训、健全安全生产责任制、全面排查清理各类安全隐患。落实驾驶员出车安全告诫制度，利用WILINK、微信视频等平台，逐车逐人做好驾驶员的“面对面”安全告诫，及时了解驾驶员精神状态；严格落实月例会、月培训教育会，每月定期组织安全生产专题培训和学习，提高安全管理人员和从业人员的安全责任意识；严把驾驶员准入关，加强对新进员工的入职培训、岗前培训，并注重培训效果的考核和评价；利用动态实时监控和主动安防智能监管平台，加大对营运车辆全过程安全监管和前端自动纠违，确保每台营运车辆运行安全；强化旅游包车的安全运输，龙骧集团宁乡分公司对每台旅游车专门配备手持式行包安检仪来加强“三品”查堵工作，确保运输过程中的安全。推进安全生产三年专项整治行动、“隐患清零”专项工作，持续开展安全生产专项治理，采取每月定期开展由主要负责人带队、各分管领导、安全管理人员参与的全覆盖式安全检查和节假日重点专项检查相结合的方式，对照行业要求和公司安全生产制度对安全生产全过程逐一进行检查，发现问题，排出时间表，列出责任清单，严格按照“一单四制”要求整改到位，形成闭环管理，并定期复查，分析隐患形成的特点和规律。2020年，龙骧集团宁乡分公司分级开展安全生产教育培训64场次，组织全员安全培训1场次，应急救援演练、应急疏散演习2场次，召开安全领导小组会议12场次，组织开展安全检查75次，发现各类隐患80起，整改80起，整改率100%。

【疫情防控管理】 2020年，龙骧集团宁乡分公司贯彻落实疫情防控工作指示和要求，闻令而动，坚守岗位，迅速部署、及时调度。全面严防死守，把牢好每一道关口，管控住每一个环节，压紧压实体温监测、扫码进出站、信息检录、参运车辆逐一消毒等常态化疫情防控工作责任，坚决筑牢抗疫防线，保持经营秩序稳定。协助宁乡卫健部门，加强重点环节、重点部位、重点人群的排查管控，有效遏制疫情的输入扩散。龙骧集团宁乡分公司通过开展“大干一百天、夺取双胜利”劳动竞赛促进企业复工复产，为企业夺取疫情防控和经济发展目标双胜利作出贡献。全面发动、主动争取、及时采购，有效保障一线员工的各类防控物资需求。2020年，龙骧集团宁乡分公司做到无一人感染病毒、无一人传播病毒、无一例境外输入。

【站场服务管理】 2020年，宁乡汽车站以塑造“平安客运”为主线，创新工作思路，狠抓内部管理。车站全年没有发生一起重大服务质量和有责的旅客投诉及新闻媒体负面曝光事件，群众满意、客运站暗访检查均达标。弘扬雷锋精神，开展一系列切实有效的志愿服务活动：全天不间断提供开水，为旅客递上一杯热茶，同时配备便民服务用品，参加“宁乡拾人拾物公益平台”的合作；耐心解答旅客咨询，帮助旅客解决难题，受理各类投诉，劝阻旅客在候车室内吸烟、躺睡的不文明行为，帮旅客提行李、看管行包、照顾小孩、代购车票等服务。迎接全国文明城市测评，5月18日起，车站召开文明创建工作调度会、动员会4次，车站开展自查自纠各类存在的问题共14项，对标对表全部整改到位。客运站秉承“顾客至上，爱心无限”的服务理念，为旅客提供“安全、舒适、便捷”的服务，被湖南省交通运输厅授予“湖南省群众满意客运站”。

【通勤业务管理】 2020年，龙骧集团宁乡分公司整合资源，做好各类包车业务的同时，拓展定制通勤运输业务。中标宁乡经开区定制通勤项目，促成集团公司与宁乡经开区战略合作协议的签订。中标长沙卫职院的客车定制通勤服务项目和宁乡市政府公务用车项目。抓住宁乡市深入推进城乡客运一体化的契机，参与宁乡全域公交建设。2020年，龙骧集团宁乡分公司城乡、城际、城内新能源公交车辆共71台，占宁乡公交车辆总台数的14.58%。2020年增加25台出租车指标份额，年末共有城市出租车辆183台，占宁乡市出租车市场份额的39.32%。 （胡玉冰）

邮　政

【概况】 2020年，中国邮政集团有限公司湖南省宁乡市分公司（以下简称“宁乡市邮政分公司”）内设一室五部，即综合办公室、市场部、金融业务部、集邮与文化传媒部、渠道平台部、寄递事业部。2020年，宁乡市邮政分公司全年收入完成1.44亿元，增幅17.62%。

【金融业务】 2020年，宁乡市邮政分公司金融业务发展深化网点转型，推动网点高速发展，优化资产结构，拓展余额规模，促进代理金融总资产规模和经营效益。2020年金融总资产净增11.57亿元，其中理财业务净增1.97亿元，保险新单保费2.1亿元。

【渠道业务】 2020年，宁乡市邮政分公司发挥资源优势，助力扶贫攻坚，公司渠道平台部加大电商扶贫力度，对接巷子口黄鹤村、黄材龙泉村村委，帮助两个贫困村销售农产品，为产业扶贫拓展销售市场。

【寄递业务】 2020年疫情期间，大部分民营快递公司停业，宁乡市邮政分公司主动承担责任，科学合理安排寄递事业部人员，上门收寄各单位捐赠的诸如防护服、消毒剂、口罩等爱心物资等；对接各中小学提供教材教辅邮寄到家服务，合作学校14所；在湖北应急物品库存告急时，宁乡市邮政分公司联系宁乡本地尿不湿厂家，加班加点生产应急物资，紧急寄往湖北。宁乡市邮政分公司拓展服务网络，2020年有服务设施完善的城乡邮政服务网点383个（其中金融网点33个，邮政便民服务站350个），揽投部4个，邮政服务通达城市社区和乡镇村组。

【安保工作】 2020年，宁乡市邮政分公司坚持"安全第一、预防为主、综合治理"的方针，落实安全生产年度责任目标，强化安防设施配备，狠抓安防台账管理，落实各项防范措施及安防经费的使用，做到任务明确，责任到人，措施到位，全年未出现一起重大安全事故，保障宁乡邮政分公司职工生命安全和邮政企业各项生产安全。（周明哲）

中国电信

【概况】 2020年，中国电信股份有限公司宁乡分公司（以下简称"宁乡电信"）下设综合部、销售服务部、网络部3部。全年宁乡电信不断创新机制，组织全体干部员工贯彻落实集团、省、市公司战略目标，全面承接各项工作部署。

【市场经营】 2020年，宁乡电信各项重点工作稳步推进，经营收入完成良好：全年100%完成经营收入时序进度，同比增幅3.7%。强化渠道力量，优化渠道队伍，每个四级单元配置1名渠道经理，加强渠道经理赋能，完成6名渠道经理操盘手认证，提升渠道效能。挖掘异网，筑牢渠道，新建渠道门店15家，其中11家达到标准。2020年年底，有效门店113家门店，其中达标店60家，占比53%，其中农村34家，城区26家。提升各级人员营销能力，强化终端引领，做好政策培训，营销话术过关，人人会系统受理，算清网点利润点，指导门店标准化布置，提升门店合约销售能力；周末营业部小区和支局目标村精准营销，每场营销活动前制订方案，现场会议练兵，人人过关，前期用3天时间准备，收集基础数据，确定精准目标，周末活动"三位一体"有效协同，把装维纳入作战团队，装维协同摸底，活动中及时调优复盘。在岁末年初农村支局聚焦目标村，有9个目标村达标，城区聚焦三千兆小区，连续两个月有2个营业部达标。

【管理机制】 2020年，宁乡电信深化人力资源改革，加大人力资源机制创新力度，完成人力资源综合转型和架构优化调整，为企业跨越发展提供良好环境。坚持业绩导向，坚持德才兼备、业绩优秀的用人机制，实行绩效沟通制度化、内部辅导常态化，加大对员工绩效目标设定、沟通反馈以及绩效改进方面的指导与督促。结合人力资源综合转型，持续推进划小承包改革，全年完成3个地域性营业部、16个农村支局、4个政企类营业部、4个渠道分部的划小承包工作。坚持基层导向和业绩导向，打破干部终身制观念，合理引导干部退出，合理配置人力资源，实行基层岗位资格证制度，作为跨岗位层级晋升、选拔后备人才的必备条件。引导员工制订职业规划引导，开辟员工晋升通道，从派遣员工中招聘合同制员工，调动员工的积极性和创造性。

【网络建设】 2020年，宁乡电信加快网络能力建设和优化。加强装维服务管控及培训，提升装维整体服务水平，组织装维人员业务技能、装维指标培训13期次。装维服务指标压力层层传递，通过实行末位淘汰制度，以鞭策全体装维人员努力提高装维服务技能和服务水平。2020年淘汰辞退1名指标排名落后、劳动纪律差、用户投诉较多的城区装维经理和1名农村末梢装维员，对装维线的工作作风转变起到警示作用。聚焦网络优化，确保通信网络安全优质高效运行，对全县所有OLT上行进行双路由清理及隐患排查整治。根据市公司的统一安排部署，全力推进光网提升工作。完成省TOP PON口光衰整治138个、市单245个、功率异常及IPRAN环优化整治工单35张。加快网络建设、确保通信能力稳步跟上业务发展步伐。有线设备建设方面，完成15个5680T替换成MA5800，3套中兴C300替换成C600，15套OLT更换主控板30块，安装FTTB设备37套，OLT扩容PON板115块，PON口722个，FTTB新装19台，扩容2条10GE，经开区天网机房新装2条华为S9312交换机。无线建设方面，建设LTE补盲项目149个，开通116个，在建18个，方案重新审核15个；岁末年初目标村建设开通28个基站，完成19个点室分建设，自建3个营业厅5G（经开区办公楼、营业厅，北门营业厅、人民南路营业厅），合作建设单位联通宁乡分公司开通150个5G站，提供电信共建共享172个小区，县城、经开区、高新区主要城区5G信号基本覆盖。光网建设方面，建设投资53个有线光缆工程项目，共计投资1015.54万元。新建OBD个958个，新建FTTH端口7942个，新增一分PON口525个。

移动通信

【概况】 中国移动通信集团湖南有限公司长沙市宁乡市分公司（以下简称"宁乡移动"）是中国移动在宁乡的县级分支机构，公司设综合部、营销中心、网络支撑中心、政企客户中心四个部门，截至2020年年底，公司共有在职员工176人。营业网点遍布宁乡各个乡镇和行政村，共有1家自营厅，200余家授权代理点。

【移动市场经营】 2020年，宁乡移动以收入和市场把控为核心，深化5G布局，着力建设家庭市场和平安城市。完成上级公司下达的目标，市场份额保持在70%左右，为72万名用户提供贴心服务。响应国家提速降费，推广新和家庭套餐，为全市家庭用户提供更全面更优惠的宽带、流量及通信套餐服务，全年累计发展5G家庭主卡用户6万余户，家庭成员10万余户；2020年度手机上网户均流量达6.85G，全市宽带用户约20万户。

【移动客户服务】 2020年，宁乡移动做好星级客户服务。在给客户增设网络权益、服务权益、业务权益的同时，针对客户权益方面开展一系列自有渠道监管措施，如严禁违规外呼营销、规范实名制入网和补登记、严禁不知情定制、全面启动无纸化底单以及垃圾短信、骚扰电话、涉诈号码的监控等。全年关停不知情定制自有网点工号9家；关停涉诈骚扰举报网点工号17家；有效拦截1800笔骚扰电话数据，关停涉案号码53笔，并对涉及的渠道网点进行约谈和再次强调规范，确保开户的真实有效，规范操作，做好客户的防诈风险告知，配合公安机关打击电信犯罪。

【移动4G网络及宽带建设】 宁乡移动精准扩容保障厚覆盖容量。截至2020年，公司累计开通LTE-TDD站点超1500个，NB-IOT站点800余个，5G站点约300个。实现从城区到农村的连续覆盖，以及城区、集镇、主要交通干道、景区、工业园的深度覆盖，为应对日益突出的网络负荷问题，对现网2G网络实施GNF改造590个，有效扩充业务高负荷区域的网络容量，保障网络质量，提升客户感知。宽带建设方面，截止2020年年底，共交维家宽站点261个，覆盖住户数41969户，交维端口22554，其中国标小区22个，快速扩建183个，普通小区26个，农村站点30个。专线建设方面，2020年集客交付专线项目357个，共计2300条（含和商务）。

【移动信息化应用】 2020年，宁乡移动协助宁乡市政府开展市域社会治理现代化试点工作，推动社会治理与现代科技深度融合，打造145个智慧互联、惠民利民、共建共享的“智慧社区”。在小区、楼栋出入口等重点部位，通过新建人脸抓拍、车辆抓拍感知设备，自动采集人脸数据，利用互联网接入方式，建立一张物联感知网。推动更高水平的平安高新建设，提升基层社会治理效能，在基层隐患解决，提升物业水平、管理效率和服务范围，为业主提供安全、便捷、舒适的居家环境。2020年，宁乡移动助力宁乡政府打造智慧城市，在经开区打造两个5G智慧园区，服务企业数智化转型。为满足疫情防控工作远程多方沟通的需要，宁乡分公司成立疫情防控云视讯服务小组，为宁乡市政府疫情防控期间现场会议及云视讯会议做好通信服务保障工作，确保政府部门与各乡镇、街道、重点防控区域有效进行远程高清视频会议，有效支撑宁乡市整体疫情防控工作。免费向宁乡73万名移动用户发送4500多万条疫情防控短信，为有效防范和阻断疫情传播起到积极作用。 （张宇丹）

联通通信

【概况】 中国联合网络通信有限公司宁乡市分公司（以下简称“宁乡联通”）成立于2003年，位于宁乡大道西侧东方现代城。2020年共有在职员工190余人，固话宽带用户稳健增长，上缴地方税收625万元。宁乡联通推进“新基因、新治理、新运营、新动能、新生态”的“五新”联通建设，探索为宁乡人民提供更好的信息产品和服务，2020年被评为“宁乡市禁毒先进集体”“长沙联通先进基层党支部”“长沙联通先进基层单元”“长沙联通五四红旗团支部”。

【信息化建设】 2020年，宁乡联通发挥混改优势，整合互联网企业资源，加强与政府、企业合作，着力推进“智慧+”应用。2020年3月，宁乡市人民政府与长沙联通签订“智慧城市”战略合作协议，全力推进5G网络在园区、景区、城区的建设，整合生态链资源，服务智慧宁乡智慧政务、智慧水利、智慧教育、智慧医疗、智慧民政、智慧住建等版块建设。以智能化应用提升资源利用效率，优化城市管理和服务，改善市民生活质量，与多家企业建立战略合作关系，推动宁乡市“互联网+”产业可持续发展，赋能各行业的数字化转型需求，推动城市发展向数字化、智能化转型。

【网络建设】 2020年，宁乡联通基站规模1800余个，光纤宽带覆盖全市95%。2019年11月开始，按照国家5G建设共建共享原则（即中国联通与中国电信共建共享），宁乡全域5G建设由联通全域投资建设和维护。2020年年底已对宁乡城区、经开区、高新区、景区、重镇等区域进行了5G建设规划并实施分批开通，为宁乡的百姓、企业、政府服务带来全新的智慧生活。

【客户服务】 2020年客户服务工作主要围绕触点满意度、五不红线、客户投诉、携号转网四项工作开展。通过对客户工作体系的学习，各版块工作责任到人，加强过程督导和考核，整体客服满意度提升明显。坚决落实提速降费，宽带、电视、手机、靓号各种福利不间断，同时持续推进5G传播，全力加快打造“大带宽、低时延、广连接”的5G匠心网络，让宁乡市民的体验更加畅爽。

商贸服务业

商务工作

【概况】 2020 年，全市实现外贸进出口总额 12.72 亿美元，同比增长 5.45%；新增外贸破零企业 20 家；外贸业绩实现倍增企业 5 家；新增境外投资项目 5 个，实现境外投资总额 4.36 亿元；实现限上社会消费品零售总额 136.8 亿元，同比增长 5.5%，新增限额以上批零住餐企业 44 家；实现网络零售额达 26.2 亿元，同比增长 20%；实现农产品网络零售额 2.98 亿元，增长 45%。全年共受理行政审批服务事项 296 件，同比增长 22.8%。宁乡市商务局（以下简称“市商务局”）被评为 2020 年湖南省“商务工作（外贸）先进单位”、湖南省“电商扶贫优秀县市”，长沙市“外经工作先进单位”，宁乡市“创建全国文明城市先进单位”。2020 年湖南省宁乡市四小碟食品有限公司“雪辉品牌”被评为“湖南省老字号”。

2020 年，市商务局有在册干部职工 37 人，内设办公室、财务科、人事综合科、项目管理服务科、市场体系建设科、市场运行和消费促进科、外经外贸科、行政审批服务科 8 个科室、党建办及事业单位电子商务服务中心和商务综合执法大队。根据《中共宁乡市委机构编制委员会办公室关于明确市场监管综合行政执法改革有关机构编制事项的通知》（宁编办〔2020〕47 号）文件内容，明确将市商务局承担的商务执法职责划入市市场监督管理局（市市场监督管理综合行政执法大队）；将市商务执法大队的编制划转至市市场监督管理综合行政执法大队、人员不划转；撤销市商务执法大队，划转编制 1 名、人员 3 人至市电子商务服务中心。调整后，市电子商务服务中心全额拨款事业编制 5 名。

【商贸物流“十四五”规划编制】 2020 年，市商务局成立商贸物流“十四五”规划编制工作小组，全面做好宁乡“十四五”商贸物流业发展规划。“十四五”将着力建设区域性消费中心，大力发展高品质商贸。优化城市“一中心三商圈多商区”的商贸平台布局。打造一个城市商业中心，以“一江两岸”为主阵地，以中央大街项目建设为主平台，对老城区传统商圈进行提质改造，建设成为彰显城市形象的中央商务区。打造高铁新城、金洲新城、白马桥等三个区域性商圈。推动专业和特色商区发展，提质一批专业市场，打造一批特色商业街。鼓励国内外知名商贸物流企业和新型业态入驻宁乡。发展连锁经营和统一配送，发展社区商业。统筹城乡商贸发展，支持城市商贸企业向农村延伸开设商业网点，引导农产品进城直销。到 2025 年，全市实现社会消费品零售总额 600 亿元以上，年均增长在 7% 以上；实现外贸进出口 36 亿美元，年均增长 20% 以上；实现电子商务交易额超 550 亿元、网络零售额超 65 亿元。

【战疫复市】 2020 年，市商务局全面执行、部署和落实商贸领域抗疫战疫、保供稳供、复商复市工作，对批发零售、住宿餐饮、家政服务等生活性服务业行业全面进行疫情监控、市场数据监测、复商复市销售活动监管和督导，确保疫情期间市场有序、货源充足、渠道畅通、供给充分、价格稳定。针对疫情，在全省率先出台和发布《宁乡市促进旅游商贸业发展若干政策》，推出鼓励开展商贸促销活动、支持住宿餐饮业发展、鼓励拓展网络销售、强化金融政策支持等 14 条促进市场消费政策。争取各级政策支持，减免商贸企业、商户物业租金 3000 余万元，申请奖补扶助资金 2500 余万元。通过有序复市、复业、复商，为市场破局解危、争资纾困、拓市助销，全市商贸企业迅速走出疫情困境，回归正常营业。

【促消费系列活动】 2020 年市商务局分阶段、大力度、高密度开展促消费系列活动，“政府启动+平台引流+商家让利+媒体宣传+消费者互动”五位一体，线上线下相结合，商贸市场整体回暖向好，经济指标逐月回升向上。举办“春天有约·商惠宁乡”2020 宁乡商贸消费季，“心宁之乡·美好时光”宁乡五一黄金周消费活动，“爱尚夏季”消费节活动和“盛夏金秋 夜遇心宁”主题促消费活动。组织各大商贸行业协会、大型商贸市场、大型商超百货和商贸龙头企业为主体，举办 200 余场次专题促销活动，直接参与商家近 5000 家，累计吸引消费人流500余万人次，实现销售总额100亿元。“五一”黄金周6天创造销售额6亿元，引爆宁乡假日消费市场。组织参与长沙“最美夜购示范”系列评选，人人乐被评为“最美夜购示范商圈”，九龙仓时代奥特莱斯、炭河古城景区、长沙方特东方神画等6家单位被评为“最美夜购示范名片”，江天大酒店、金太阳汤泉神韵、湖南省忘不了服饰步行街店3家单位被评为“最美夜购示范门店”。

【“春天有约·商惠宁乡”消费季系列活动】 2020年3月至5月，开展“春天有约·商惠宁乡”消费季系列活动，组织各大商贸行业协会、大型商贸市场、大型商超百货和商贸龙头企业，举办27场专题促销活动。九龙仓时代奥莱活动期间总客流50227人次，同比同期增长16%；销售736万元，同比增长40%。汽车行业协会举办第十九届宁乡人人乐国际名车车展，现场实际成交商品车300余台，线上成交200余台，通过车展活动集客，后续成交1000余台，实现成交金额2.2亿元，售后税费达2000万元。市装饰行业协会举办宁乡第二届装饰建材消费节，参展商家116家，参展观众共计22000人次，装饰企业施工金额超过1600余万元，建材企业总成交金额为300余万元。汉德成超市活动期间累计客流18075人，累计销售金额290余万元。摩托车商会举办“电动车消费节”，现场陈列样车230台，总销量100余台，销售额50余万元，销量比往年同期提高20%左右。

【“心宁之乡·美好时光”宁乡五一黄金周消费活动】 2020年“五一”假期，开展“心宁之乡·美好时光”宁乡“五一”黄金周消费活动，本次“五一”促进消费活动直接参与的商家达到3800余家，共吸引消费人流58.4万人次，实现销售总额6.3亿元。商家市场业绩表现优异，与同期相比，增长均在10%以上，达到20%以上增幅商家超过半数。车展共销售汽车611台，实现销售收入1.2亿元；九龙仓时代奥特莱斯“五一”假期五天时间人流量破9.6万人次，销售额达2262万元，同比增长31.2%；“美家美户”建材家居消费节五天时间签单家装、工装设计客户、建材、家电销售成交7600余户，销售额1.86亿元。

【“爱尚夏季”消费节】 2020年5月18日至2020年6月30日，开展宁乡市“爱尚夏季”消费节活动，包含宁乡市520爱购时光、“湘栀湘爱”栀子花文化节、欢乐童年游玩购、“6·18”装饰建材家电嗨购、“夏日缤纷”直播带货、宁乡美食文化节、“告别贫困·走向振兴”系列活动、沩山康养避暑文化旅游节、援鄂医务人员及一线工作者疗休养活动、爱尚夏季纵情端午节十大系列活动，“5·20”爱购时光活动直接参与活动的商家达1241户，吸引人流34万人次，实现销售总额1.61亿元。六一儿童节期间，536户商家开展欢乐童年商超有礼、“湘栀湘爱”栀子花文化节、童萌生活畅游宁乡、激情夏日泼水狂欢、援鄂医务人员及一线工作者疗休养系列活动，5月30日至6月5日，活动人流量共计达到24.17万人次，总销售额1626万元。

【外经外贸】 2020年，市商务局促政策落地，为企业减压。全年组织企业申报“万企闯国际”、“外贸发展专项资金”、“开放型经济发展专项资金”、外经合作资金、进口贴息资金等项目7个批次，合计申报各级政策支持资金1086万元。下企业调研20余次，在第一时间帮助外贸企业复工复产。开展业务培训，加强指导。组织外贸企业进行单一窗口、中欧班列、海关监管政策、服务外包等业务培训，为企业通关、物流等提供便利化服务；加强业务分类指导，支持企业应对疫情解决原材料供应、物流运输、资金周转、货物滞销等困难，引导外贸企业加强线上营销推广，协助防疫物资生产企业进入国家认可企业白名单。组织企业参展，深化国际交流。组织企业积极参加进博会、中非贸易、东盟博览会等会展活动；深化与韩国居昌的交流合作。宁乡市长付旭明与具仁郡守2次通话通信，为两地经贸文化交流奠定坚实基础。

【电商扶贫】 2020年，市商务局扶助“宁乡味道”等企业开设网络扶贫超市，组织电商企业与贫困村对接收购农特产品，并在汉德成超市设立扶贫特产专区。网间经济活动共组织主办市长代言、网红直播、扶贫产品专场等3项活动，引导企业开展网络直播活动200余场次。发动建材商会、汽车协会组织60家企业深度对接73家贫困户进行消费扶贫、就业扶贫、教育援助、房建援助，作为宁乡市社会扶贫典型案例被长沙晚报、宁视界等媒体进行广泛报道。面对疫情，电商企业快速反应，全年农产品网络零售额2.98亿元，同比增长45%。其中工业品网销龙头企业：爽洁卫生用品有限公司电商销售额近3亿元、洁润公司电商销售额1.2亿元、中谷科技电商销售额2.18亿元；农产品龙头企业俏小楚电商销售额1亿元。

【网间经济活动】 2020年，市商务局主办“四个一”网销活动，即一次市长代言、一次宁乡产品集中网红直播、一次扶贫产品专场、一次电商企业网销PK大赛。引导企业开展网络直播活动100余场次。实施副市长代言地方品牌（圣得西）、宁乡产品拼多多平台集中推介活动，其中圣得西网络直播观众15.1万人次，直播销售161万元；拼多多平台集中推介小时代、贝婴爽、俏小楚等10个商家37件产品参与活动，当日直播在线人数126万人次，网销总额170万元。

【行业安全】 2020年，商务系统安全稳定。组织接待处理30余次各类信访问题，妥善解决66名退役士兵基本养老保险断档补缴事宜，为48名企业下岗志愿兵做好养老保险的退费工作等。商务系统近6000名下岗职工全年无一人进京非访。安全生产平稳进行。2020年出动检查人员800余人次，检查成品油和商贸行业企业145家，指导成品油企业开展灭火应急演练1次，组织相关企业负责人进行消防知识培训1次、“标准化班组建设”培训1次和“商贸物流三年行动专项整治”培训1次，责令整改各类安全隐患142条，发放安全宣传手册660册，确保商贸企业的生产安全。

【市场体系建设】 2020年，宁乡市市场体系建设工作稳步推进。推动整治交通顽瘴痼疾，圆满完成马路市场取缔后市场配建工作任务，新建道林农贸市场，提质改造老粮仓集镇和唐市集镇农贸市场；牵头整治二手车市场，确保在二手车市场无低速货车流通；为企业向上争取近900万元农商互联供应链资金。

（刘光临　康慧萍）

招商引资

【概况】 2020年，宁乡市招商引资服务中心机关内设办公室、招商一部、招商二部、招商三部、招商服务部5个部室，2020年宁乡市（剔除经开区）实际到位外资年度目标任务为20600万美元，全年实际到位外资累计完成21640万美元，完成目标任务的105.05%，被评为“长沙市招商引资工作先进单位”。

【招商引资】 2020年，宁乡市新引进产业项目221个，合同引资604.97亿元。其中工业项目118个（装备制造产业链43个，新材料制造产业链26个，储能材料制造产业链4个，智能家电制造产业链11个，孕婴童及时尚鞋服制造产业链0个，食品及农产品加工制造产业链8个，门业项目10个，其他产业项目16个），合同引资393.15亿元；文化旅游项目18个；商贸地产项目32个；乡村振兴项目53个。

【工业招商】 2020年，宁乡市新引进118个工业项目中，投资规模在亿元及以上（含租赁5000万元以上）项目84个，其中10亿元以上的项目10个。5000万元（含5000万元）至1亿元的项目7个，1000万元至5000万元的项目27个。

【“三类”500强项目】 2020年，宁乡市引进“三类”500强（世界财富500强、中国企业500强和民营企业500强）项目9个。分别是正大集团投资的宁乡生猪产业链项目（一、二期），中交一公局集团投资的曾家河文旅片区一期合作开发项目，湖南中信建设集团投资的曾家河片区一期项目，长沙矿冶研究院有限公司投资的中国五矿长沙新能源材料工业技术研究院项目，欣旺达投资的欣音科技智能声学产品综合生产基地项目，中国电子投资的AI视觉智能终端产业园项目、格力电器投资的大型商用空调及智能装备研发中心项目、欣旺达投资的欣智旺智能助力车自动化整车线项目。

【2020年招商引资项目集中签约暨开工仪式】 2020年3月18日，宁乡市举行“大干一百天实现双过半”2020年招商引资项目集中签约暨开工仪式。三一中起、烨海机械、博讯消防车、工程机械制造基地等25大项目集中签约，总投资122.57亿元；20大项目集中开工，其中工业项目8个、基础设施项目4个、民生项目7个、农业项目1个，总投资达125.68亿元。另外，在本次签约仪式上，宁乡市还对外包装发布30个工业和现代服务业项目，拟投资总额达1527.3亿元。

【2020年宁乡市二季度重大招商项目集中推介签约仪式】 2020年6月22日，宁乡市举行二季度重大招商项目集中推介暨签约仪式，此次签约共签约项目40个，包括中国五矿、中交一公局等500强项目4个，正大集团、康师傅等上市企业6个，总投资额达177.04亿元。此次签约中共有5个项目投资超过10亿元，如投资50亿元曾家河文旅片区开发项目、投资36亿元宁乡市100万头生猪产业链项目、投资20亿元兴能电力产业基地、投资15亿元中国五矿长沙新能源材料工业技术研究院项目、投资10亿元沩水河畔晴溪庭院小镇项目项目。此外，宁乡市现场推出宁乡市文化创意中心、网红直播产业街、正龙古街文创中心、电竞小镇等15个文化产业项目。

【2020年重大产业项目集中签约暨蓝月谷智能家电产业小镇招商推介会】 2020年11月30日，宁乡市举行2020年重大产业项目集中签约暨蓝月谷智能家电产业小镇招商推介会。会上共签约48个项目，总投资额177亿元。其中15个产业项目集中签约，总投资额97.5亿元。此次签约的重大项目涵盖智能家电、新材料、机械设备等多个领域，与宁乡市重点培育6个新兴优势产业高度契合，市场潜力大，发展后劲足，产业带动强。既有格力电器、中国电子、三一重工等500强企业，也有小佩科技、卡马吉他等业内领先公司。会上，还重点推介宁乡经开区打造的国内首家智能家电产业小镇——蓝月谷智能家电产业小镇。

（谭　曦）

供销合作

【概况】 2020年，宁乡市供销合作社联合社（以下简称“市供销社”）认真落实各级关于推进供销社综合改革指示精神，把握新时期供销综合改革的定位和方向，不断提升为农服务能力。单位内设科室6个：办公室、人力资源科、综治维稳科、合作发展科、财计科、新网工程科。2020年，市供销社积极参加全国两会、省市两会维稳工作；对长期反复的上访问题，争取法律保障和法律援助，化解矛盾；面对面走访重点维稳对象，掌握思想动态，加强联合监管，维护系统稳定。结合供销典型工作，在省、市纸媒、网站发表宣传报道10余篇，制作供销工作宣传视频，宣传供销形象。

【综合改革】 2020年，市供销社规范建设乡镇（街道）供销社、惠农服务中心29家，覆盖率100%；村（社区）供销社、惠农综合服务社221家，占全市278个（村）社区总数的80%，回龙铺镇惠农综合服务中心被评为全国供销合作总社“基层社标杆社”。领办和创办各类示范带动效应明显的农民专业合作社共计69家，被评为全国供销“农民专业合作社”12家。先后建成农业社会化服务平台、优质农产品流通服务平台、电子商务服务平台，为优质农产品提供流通服务。

【村社共建】 2020年，市供销社在全市221家村级惠农综合服务社中选取3家进行村社共建。其中资福乡红旗村村级集体经济收入从2019年的17.5万元上升到2020年的22.8万元。

【联合合作】 2020年，市供销社成立宁乡农村合作经济组织联合会，发展惠农服务中心和涉农企业会员35家，指导60%以上的乡镇（街道）成立农合会。

【农资销售】 2020年，市供销社各基层组织共调入化肥9766吨，销售农资8038吨，完成化肥淡储6239吨。

（何　军）

烟草专卖

【概况】 2020年，宁乡市烟草专卖局（分公司）下设8个职能股室和4个烟草站，在职人员123人，平均年龄39岁，本科以上104人，“全国技术能手”称号1人、“全国烟草技术能手”称号3人、“省级烟草技术能手”1人。宁乡烟草落实行业和宁乡市委、市政府决策部署，坚持稳中求进总基调，聚焦高质量发展，有序推进重点工作，圆满完成全年任务。2020年，销售卷烟5.67万箱，同比增长15.4%；收购烟叶8.95万担，同比增长33.78%；实现烟农售烟总收入1.27亿元，同比增长34.33%；实现税收（不含企业所得税）3.76亿元，同比增长22.09%。

2020年，宁乡市烟草专卖局强化理论武装，举办“初心之问·思想大讨论”座谈会，开展“不忘初心、牢记使命”先进人物宣讲。开展主题党日活动80余次、党员志愿服务50余次。横市基层服务站党支部被评为全省系统示范党支部，烟叶安保党支部被评为宁乡市示范“五化”党组织。党支部标准化规范化建设模式在东方烟草报上刊登推广。开展政治生态突出问题全面整改，18项整改任务全部完成，新建制度5项，修订制度1项。落实中央第五轮巡视整改，认领四大方面25个问题，制定60项整改措施，完成整改58项。

【卷烟营销服务】 2020年，宁乡市烟草专卖局建成诚信小组402个，小组之家186个，协同开展小组会议420余场，开展线上线下培训27场次。联合16家工业公司开展宣讲活动56场次，开展“寻找最美陈列”大赛，吸引2000余位客户参与，营销策略竞赛被评为全市一等奖。协同专销内配联合清理虚假户，开展客户全面清理6次，召集重点监管大户集体约谈1场。推动零售终端形象整体提质，加盟“湘汇636”6家，发展智能终端用户742户，终端使用率、真实性、活跃度全部提升至90%以上。推进职业零售户培育，累计培养职业化客户88人，内训师1人。

【烟叶生产】 2020年签订烟叶种植合同面积2333.33公顷，同比提升10.1%；收购烟叶8.95万担（1担为50千克），同比提升33.8%；百亩以上烟农40户，同比增加39户；烤烟亩均单产126.5千克，同比增加225千克/公顷；亩均收入3947元，同比提升23.1%。强化示范引领和技术指导，建成示范基地35个，示范面积478公顷；技术小组累计发布技术简报27期，开展各类培训37场次，培训3500余人次。建成绿色防控核心示范区333.33公顷，单项技术标靶区2个513.33公顷。全面推进“生产网格化+烟农互助小组”的服务管理模式，建成烟农互助小组74个，实现烟区100%覆盖。稳妥推进专分包收一体化试点，开展专分包收试点9个，边分边收试点2个，成包收购烟叶7.9万担。

【专卖管理效能提升】 2020年，宁乡市烟草专卖局开展“春雷九号”和“攻坚2号”等专项整治行动，共查处假私烟案件169起，涉案卷烟991.4万支，查获5万元/20万支以上大要案件54起，破获1起真烟非法经营案件，抓获主犯1人，累计取缔（劝退）违法违规大户41户。开展全域专项检查，共查处假私烟案件49起，涉案卷烟183.2万支，同比增长159.01%。宁乡市局主办破获1起部督国标假烟网络案，抓获犯罪嫌疑人29人，刑拘23人，累计查获涉案假烟669.66万支（33483条），实物标值431.38万元。推进智慧政务建设，共受理新办业务1953户。

【企业管理】 2020年，宁乡市烟草专卖局抓实抓细疫情防控，实行分餐制、人员情况实时监控、关键场地重点消毒等措施，实现员工和家属零感染。推进对标指标分析，发布经济运行和对标管理情况通报5期。开展创新科普活动，承办全市大农业绿色防控现场会，喻家坳烟草站被认定为湖南省科普教育基地，与市局技术中心联合开发课题《降低烟草鳞翅目害虫绿色防控成本》被评为行业QC成果一等奖。深化安全工作“条块管理、属地负责”，组织安全检查25次，整改隐患96处。

旅游业

综　述

2020年，宁乡市围绕旅游市场稳步复苏和“省级全域旅游示范区成功创建”的目标，推动宁乡旅游事业高质量发展。1—12月，宁乡纳入监测范围内的22个景区点共计接待游客1018.65万人次，实现旅游综合收入75.38亿元，基本恢复2019年同期水平。

2020年，宁乡市坚持疫情防控和文旅发展两手抓，推动文旅市场复苏重振。2月28日，宁乡商贸旅游新闻发布会在宁乡通程温泉酒店召开，聚焦“疫情防控”下的宁乡旅游现状，介绍宁乡市旅游奖励政策及相关意见、发布目前开放景区名单及开放防控要求，并介绍宁乡2020年旅游节庆活动相关情况。4月15日，春暖潇湘·乐游宁乡春游总动员（宁乡站）启动仪式暨2020宁乡市全域旅游推介会在长沙方特·东方神画举行。湖南省内旅行社协会、旅行社负责人，宁乡市内相关部门单位、乡镇、旅游企业负责人，媒体人士近300人参会。推出5条“乐游宁乡”经典线路，推动文旅行业复苏。大部分景区实现暑期逆势增长，紫龙湾温泉度假区创下开业11年来最好业绩。与湘江新区就花明楼红色文旅小镇、关山古镇二期进行合作；与阿里飞猪等旅游平台合作，推进宁乡旅游智慧化建设和互联网营销；与湖南中旅等10余家旅行社签订研学旅行战略合作协议。宁乡市投入近8亿元，重点推进灰汤国家旅游度假区等景区提档、旅游基础设施提升、旅游公共服务提质、乡村旅游发展提速。加强营销推广，擦亮“心宁之乡 美好时光”旅游品牌。围绕“春踏花径、夏嬉山水、秋收硕果、冬品丰年”四个篇章，推出20余个贯穿全年的主题品牌活动。举办茶旅文化节、漂流节、方特东方神画华裳盛典、灰汤民谣音乐节等活动，做到“季季有主题，月月有活动”；推出“相约四季生日 免票游宁乡”“最美逆行者 最暖宁乡情”两大免票主题活动，累计接待3万余名医务工作者和6000名生日免票游宁乡游客。组织进行全省200家旅行社的旅游产品和线路推介会、全省150家自驾游协会“湖南人游湖南”宁乡站推介会，赴广州、韶关参加“山水洲城、快乐之都”2020“韵味长沙”文化旅游国内推广活动。全年开展正面宣传报道近500次。拍摄旅游宣传短视频18个，通过新媒体、自媒体平台进行广泛传播。1月3日，湖南省文化和旅游厅、湖南省发展和改革委员会公布第一批湖南省乡村旅游重点村名单，宁乡黄材镇黄材村入选。12月29日，宁乡市金洲镇关山社区入选第二批湖南省乡村旅游重点村。5月18日，长沙方特·东方神画获长沙市文旅产业融合发展示范区称号，奥特莱斯获长沙市文旅消费特色小镇称号，沩山茶业获长沙市十佳旅游购物示范点，金太阳获长沙市夜间经济示范项目，稻花香里农耕文化园乡间经济研学游项目和刘沩休闲农业与乡村旅游业融合发展项目获长沙市乡间经济示范项目称号。9月19日，在杭州召开2020中国新型旅游产业发展大会。在大会上，宁乡市获得“中国最佳全域旅游休闲目的地”。9月25日，然滋湘味·君合农业获“2020中国特色旅游商品大赛”银奖。9月29日，宁乡文旅与阿里飞猪战略合作协议签约仪式在宁乡举行。11月12日，《中国县域旅游竞争力报告2020》发布“2020中国县域旅游综合竞争力百强县市”和“2020中国县域旅游发展潜力百强县市”，宁乡市入选“2020中国旅游百强县”。12月，宁乡成功创建省级全域旅游示范区。

（高　丽）

表 10　　2020 年宁乡市旅游业情况一览表

指标名称	单位	2019 年	2020 年
接待游客	万人次	2300.55	1018.65
接待境外游客（含港澳台）	万人次	—	0.2
旅游总收入	亿元	310.26	75.38
外汇收入	亿元	—	0.05
旅行社	个	4	6
风景名胜区	个	1	1
AAAAA 级景区	个	1	1
AAAA 级景区	个	3	3

沩山风景名胜区

【概况】 沩山风景名胜区位于宁乡西部，包括横市、黄材、沩山、巷子口、沙田、黄材水库等乡镇和单位，是一个集礼佛、度假、休闲、探险于一体的综合性旅游景区。2012 年获批为国家级风景名胜区。沩山风景名胜区有青铜文化、佛教文化、湖湘文化、红色文化和自然生态资源等风景名胜资源，有全国重点文物保护单位 4 处，省级文物保护单位 7 处，市级文物保护单位 3 处，县级文物保护单位 12 处，国家 AAAA 级旅游景区 1 处、国家 AAA 级旅游景区 2 处。

宁乡沩山风景名胜区管理委员会（以下简称“沩山风景名胜区管委会”）为宁乡市人民政府直属管理的副处级事业单位，管委会内设 6 个部室：办公室、财务部、经济发展部、资源环境部、规划建设部、综合执法部，有干部职工 23 人。

2020 年，沩山风景名胜区管理委员会贯彻落实全市全域旅游战略规划，围绕“景区提质、生态保护、产业惠民”积极作为。2020 年沩山风景名胜区接待游客 144.82 万人次、门票收入 4321 万元，旅游总收入 5.8 亿元。被评为湖南省 2020 年度风景名胜区行业先进单位。

【景区资源保护】 2020 年，沩山风景名胜区管委会为致力于景区资源保护工作，成立一支 72 人的专业森林消防队伍，组织进行业务培训，配备相应的设施设备，切实加强林木监管，及时有效保护森林资源安全。处置风景名胜区范围内承包林地到期的历史遗留问题，通过市长办公会专题研究，对 1295.53 公顷承包林地进行分类合理处理。通过明确补偿方案、实地测量核实数据、补偿内容全面公示等流程，对 100 户承包林地分 9 年补偿予以解除协议。加强对景区资源的保护巡查，文物、古树名木保护率 100%。整体生态环境和景观资源无破坏和损坏现象。

【景区规划管理】 2020 年，沩山风景名胜区管委会严格审批村民建房，全年现场查勘村民建房 344 户，依规办理手续 224 户，验收 162 户，其中验收合格 154 户，验收合格率 95%。严格审批申报建设项目，完成 110 千伏芦花变项目审查。配合市自然资源局和林业局等部门完成违建别墅图斑核查、生态红线划定等工作，开展沩山风景名胜区自然保护地整合优化工作。

【景区执法监管与安全生产】 2020 年，沩山风景名胜区管委会关停污染厂矿，坚决制止采砂、挖矿、破坏地形地貌的行为。及时做好环境保护相关信息和资料上报，“绿盾 2018”行动中查出的 5 例违法行为，全部销号。加强巡查确保安全，组织龙泉漂流、千佛洞等景区（点）开业前进行安检，并督促整改，防范景区安全生产事故的发生。

【景区基础配套】 2020 年，沩山风景名胜区管委会与黄材镇、文旅投合力引进黄材民宿、数字王国等项目，为景区再添亮丽风景和游赏目的地。协助文旅投在风景区主入口处建设风景石广场，在沩山密印广场游客服务中心前坪建设 60 平方米大型电子显示屏和亮化工程，为沩山避暑游客提供优质的夜间活动场所。完成勘界立桩标志标徽建设工作。精心打造景点，支持湘茗公司进一步开发龙泉欢乐大峡谷景区，建设高空自行车、高空网红秋千、高空吊桥以及高空滑索等新的游乐项目。支持湖南亮沩公司发展康养产业，申报省级森林康养基地。

【旅游宣传及节会活动】 2020 年，沩山风景名胜区管委会采取电视、报纸、网络、微信、抖音等多途径进行宣传推介，提升沩山景区知名度，全年对外宣传报道 200 余篇次。参加首届“夜星城”消费节——“最美夜购示范”系列评选活动，网上投票位居第三名。参加第二届中国（湖南）夏季避暑胜地的评选活动，擦亮沩山“夏季避暑目的地”招牌。挖掘文化内涵，打造文化产品。沩管会负责编纂的《湖南省志・沩山风景名胜志》于 2020 年 12 月经《湖南省志》总编室审阅，验收合格。精心举办节会，坚持把旅游节会活动作为引爆点，倾力打造旅游示范区。2020年，宁乡沩山风景名胜区管理委员会精心组织举办以下节会活动：湖南·沩山第二届康养年俗文化节、湖南·沩山第二届茶旅文化节、湖南·沩山第二届康养避暑文化旅游节、宁乡市第三届漂流文化节暨龙泉漂流比赛、湖南·沩山第三届康养年俗文化节。

【获评2019年度微博热门旅游目的地】 2020年1月10日，由湖南省委网信办指导，长沙市委网信办、新浪网、微博主办的2019年度湖南政务V影响力峰会在长沙市开福区马栏山举行。活动现场颁发2019年度湖南省十大政务机构微博、2019年度湖南省十大文旅微博、2019年度微博热门旅游目的地等多个奖项。沩山风景名胜区被评为2019年度微博热门旅游目的地。

【湖南·沩山第二届茶旅文化节】 2020年4月15日，湖南·沩山第二届茶旅文化节启动仪式在沩山举行。湖南省茶叶协会、湖南省农业广播电视学校、宁乡市人民政府、市委宣传部、公安局、卫健局、文旅广体局、农业农村局、沩管会、总工会、沩山乡、黄材镇等相关领导出席启动仪式。1000余名自驾游客和主办、承办、支持单位的相关负责人以及省市新闻媒体朋友共1200余人参加启动仪式。活动以“千年茶旅·康养沩山，十万游客大采茶”为主题，从3月21日至5月31日，为期两个月，前期举办“援茶企·采春茶”主题志愿活动，后期举办采茶、制茶、品茶、购茶、尝美食等一系列活动，其间累计接待游客10万人次，产生旅游收入4000万元，推动旅游市场复工复产。

【湖南·沩山第二届康养避暑文化旅游节】 2020年7月9日，以“康养沩山　避暑胜地”为主题的湖南·沩山第二届康养避暑文化旅游节启动仪式暨宁乡市全民广场舞大赛在密印景区游客服务中心广场举行。活动由宁乡市人民政府主办，沩山风景名胜区管委会、市文化旅游广电体育局、沩山乡人民政府、市总工会、市文化旅游投资有限公司承办。游客、运动员、避暑农家代表，及相关工作人员和省市领导共900余人参加启动仪式。节会开展广场舞大赛、漂流节及漂流比赛、黄桃节、象围棋比赛、气排球比赛等一系列活动，还有引“逗吧逗吧街”节目入沩山，每周一场露天电影、花鼓戏，天天太极拳、夜夜教广场舞，每月一场健康大讲堂等丰富的活动。节会期间共接纳避暑游客42万余人次，同比增长187.4%，带来的直接经济收入近5000万元，间接收入近8000万元，其中高峰期避暑游客人数6000人以上。

【2020宁乡市第三届漂流文化节暨龙泉漂流比赛】 2020年7月14日，2020宁乡市第三届漂流文化节暨龙泉漂流比赛在宁乡黄材镇龙泉漂流景区开幕。比赛以“花海山泉，清爽激情漂”为主题，运动员、裁判、新闻媒体、各大旅行社代表、网络销售平台代表、工作人员等，共计600余人参加开幕式。活动与湖南交通频道深度合作，每天黄金时段重复播放龙泉漂流广告，加大龙泉漂流的宣传力度。龙泉漂流在营业期间将对医务人员、护士和老师、在校学生（凭有效证件）实行半价优惠（挂牌价），援鄂抗疫一线医务人员凭有效证件票价全免。2020年龙泉漂流、天紫漂流共接待游客7.1万人次，门票收入781万元，旅游收入约4800万元。其中龙泉漂流接待旅游人数5.8万人次，门票收入650万元；天紫漂流接待旅游人数1.3万人次，门票收入131万元。

【“康养杯”象围棋精英赛】 2020年8月6日，由沩山风景名胜区管委会、市文化旅游广电体育局、沩山乡人民政府主办，市棋类协会承办的湖南·宁乡沩山第二届避暑旅游文化节“康养杯”象围棋精英赛开幕。32名参赛选手经过紧张角逐，象棋名将徐建明保持七轮不败，围棋新秀曹国辉以五轮全胜，分别问鼎冠军。

【被评为湖南省2020年度风景名胜行业先进单位】 2020年12月10日，湖南省自然保护地协会依据2020年全省风景名胜区管理现状评估结果和协会第五届二次常务理事会研究，授予3个风景名胜区行政主管部门及16个管理机构“湖南省2020年度风景名胜行业先进单位”称号。沩山风景名胜区管委会入选。

【《湖南省特色志（丛书）·大沩山志》送审稿验收合格】 2020年12月10日，《湖南省志》总编室函复沩山风景名胜区管委会、宁乡市地方志编纂室，《湖南省特色志（丛书）·大沩山志》稿，观点正确、篇目框架合理、资料比较翔实，文字通顺，基本达到地方志书质量标准，验收合格。

【湖南·沩山第三届康养年俗文化节开幕式】 2020年12月22日，湖南·沩山第三届康养年俗文化节在沩山国家级风景名胜区密印景区拉开帷幕，长沙市总工会党组副书记、副主席匡涛涛宣布开幕。本届康养年俗文化节由沩山风景名胜区管委会、沩山乡人民政府、宁乡市文化旅游投资有限公司主办，湖南湘茗集团、炭河里青铜博物馆、冰雪王国、千佛洞景区、宁乡市旅游协会承办。活动以“十万人游沩山，共品年猪盛宴”为主题，历时两个月（从2020年12月22日至2021年2月22日），由承办单位湘茗集团联合长沙、株洲、湘潭、娄底、益阳、衡阳、邵阳、常德8个地区约200余家旅行社共同宣传推介。启动仪式当天吸引周边1500余名游客及媒体记者，引爆宁乡冬季旅游热潮，风景区旅游产业深度惠民特色凸显。　（邹　静）

炭河里遗址管理处

【概况】 炭河里遗址是西周古城遗址，保存面积2.3万平方米，先后出土“四羊方尊”“人面纹方鼎”等珍贵文物200余件套。炭河里遗址先后被评为2004年全国十大考古发现、2006年全国重点文物保护单位，列入2011年“省部共建”重点文化遗产保护与发展项目、2013年国家考古遗址公园行列、2016年《大遗址保护“十三五”专项规划》。2020年，炭河里遗址管理处有干部职工10名，内设5个科室：办公室、规划建设科、财务科、公园管理科、宣教（文保）科。2020年，四羊方尊出土点保护展示项目作为文旅融合案例成功入选“湖南省文物保护利用创新百佳案例”；炭河里国家考古遗址公园确认为第二批“湖南省华侨文化交流基地”；炭河里遗址管理处被评为长沙市文明单位；炭河里国家考古遗址公园宣传片在第三届长沙市“城市之光·长沙魅力”短视频大赛中被评为优秀奖；3月改版升级湖南炭河里考古遗址公园微信公众号，关注人数达5万人，2020年推出文旅融合发展文章231篇，其中原创140篇；利用新媒体助《每天看一集，走近炭河里》系列微视频，在微信公众号上进行推广；在省内率先开创“云”游博物馆的模式；丰富抖音视频内容，2020年推送视频66条；组织开展国际博物馆日、科普周、文化和自然遗产日等宣传推介专题活动，开展文物进校园等主题活动；承办宁乡市研学旅行推介会；组织第二届“我是小小讲解员”活动，吸引省内近千名中小学生咨询、报名，300多人参与活动，获得社会、学校、家长的一致好评；重新编排特色编钟舞，还原商周宫廷生活，增强游客视觉享受，累计演出100余场，吸引数万名游客；2020年

四羊方尊出土地展示项目标志石碑

炭河里青铜博物馆累计接待游客70余万人次，免费讲解3000余场次，游客满意率100%。

【重要青铜器出土地保护与展示项目】 四羊方尊、象纹大铜铙、龙首流铜盉三个文物出土地展示项目，2019年7月启动建设，2020年5月竣工，6月移交龙泉村运营管理。6月12日，在黄材镇龙泉村（月山铺转耳仑）举办“文物赋彩、全面小康，助力乡村振兴、奔向美好生活——四羊方尊出土地展示项目竣工暨管理移交仪式”，湖南省文物局副局长王志杰、宁乡市委常委、市委宣传部部长彭娟参加活动。2020年12月，越式鼎出土点、铜觚出土点、虎食人卣出土点完成建设并投入使用，炭河里出土重要青铜器出土点保护与展示全面完成。

【考古体验中心正式开放】 2020年10月，炭河里遗址管理处与湖南海外旅游集团合作的炭河里青铜王国考古体验中心正式对外开放，2020年考古体验中心接待研学团队5万余人次。

【考古工作站建设完成】 2020年，炭河里遗址管理处为更好地挖掘并传播炭河里文化，与长沙市文物考古研究所合作共建炭河里工作站，推进炭河里及沩水流域考古调勘。炭河里工作站紧邻沩水上游黄材河畔，位于炭河里国家考古遗址公园内，是一处四合院式的独立院落，占地面积约3780平方米，主体建筑面积577平方米，2020年12月底全面建成。为满足考古调勘发掘、文物保管及修复保护、室内整理和公众考古等日常业务工作需要，站内设有接待室、标本陈列室、临时文物库房、修复室、绘图室、整理间、工具房、员工宿舍、厨房、餐厅等。炭河里工作站的设立，对于探索开启、弘扬推介炭河里文化具有重要的意义。

财税·金融

财　政

【概况】 2020年，宁乡市财政局有内设机构15个，包括办公室（加挂法规科）、预算科、国库科、人力资源科、行政文教科、农业科、经济建设科、企业科、社会保障科、金融与债务科、综合科、会计科、监督与绩效科、资产管理科、行政审批服务科。下属非独立核算的全额拨款二级单位8个，包括宁乡市依法治税事务中心、宁乡市国有资产事务中心、宁乡市财政事务中心、宁乡市乡镇财政资金监管中心、宁乡市财政工资统发中心、宁乡市政府采购监管中心、宁乡市财政投资（评审）中心、宁乡市国库集中支付中心。

【财政收支】 2020年，宁乡市完成一般公共预算收入88.8亿元，为调整预算的102.09%，同比增长0.88%。其中地方一般公共预算收入61.21亿元，同比增长1.02%；地方税收47.41亿元，同比增长1.25%，占地方一般公共预算收入的77.46%。

2020年，全市完成一般公共预算支出111.74亿元，较2019年增加6.52亿元，增长6.20%，为调整预算的104.63%。其中一般公共服务支出12.78亿元，为调整预算的102.21%；国防支出1218万元，为调整预算的104.10%；公共安全支出3.59亿元，为调整预算的102.25%；教育支出18.87亿元，为调整预算的98.53%；科学技术支出2.46亿元，为调整预算的123.80%；文化旅游体育与传媒支出1.23亿元，为调整预算的100.02%；社会保障与就业支出15.05亿元，为调整预算的100.12%；卫生健康支出12.04亿元，为调整预算的101.71%；节能环保支出1.51亿元，为调整预算的106.38%；城乡社区支出6.84亿元，为调整预算的93.53%；农林水支出16.37亿元，为调整预算的112.28%；交通运输支出4.70亿元，为调整预算的105.92%；资源勘探信息等支出4.03亿元，为调整预算的125.39%；商业服务业等支出5729万元，为调整预算的108.26%；金融支出1384万元，为调整预算的99.71%；自然资源海洋气象等支出3.28亿元，为调整预算的106.29%；住房保障支出3.63亿元，为调整预算的137.59%；粮油物资储备支出2595万元，为调整预算的80.59%；灾害防治及应急管理支出8607万元，为调整预算的127.17%；债务付息支出1.73亿元，为调整预算的100%；其他支出1.67亿元，为调整预算的129.56%。

表11　　2020年宁乡市一般公共预算收入和支出表

单位：万元

收入项目	2019年	2020年	支出项目	2019年	2020年
一、税收收入	742576	750015	一、一般公共服务	115341	127805
增值税	320954	336572	二、国防	1075	1218
企业所得税	139300	142998	三、公共安全	35271	35867
个人所得税	47685	32768	四、教育	183933	188679
资源税	852	2129	五、科学技术	23544	24603
城市维护建设税	22304	23849	六、文化旅游体育与传媒	14277	12278
房产税	19250	23225	七、社会保障和就业	145527	150543

续表11

收入项目	2019年	2020年	支出项目	2019年	2020年
印花税	7019	11811	八、卫生健康	107500	120408
城镇土地使用税	16154	24988	九、节能环保	17581	15114
土地增值税	52153	40747	十、城乡社区	103344	68363
车船税	4988	5303	十一、农林水	164829	163715
耕地占用税	13914	14204	十二、交通运输	42167	46971
契税	93509	85040	十三、资源勘探信息等	33711	40331
烟叶税	2073	2787	十四、商业服务业等	4036	5729
消费税	1589	1547	十五、金融	317	1384
环境保护税	706	859	十六、自然资源海洋气象等	13758	32839
其他税收收入	126	1188	十七、住房保障	22607	36329
二、非税收入	137676	137990	十八、粮油物资储备	1562	2595
专项收入	27869	26776	十九、灾害防治及应急管理	4727	8607
行政事业性收费收入	30111	34960	二十、预备费		
罚没收入	13322	15125	二十一、其他	4534	16706
国资有偿使用收入	33446	27485	二十二、债务付息	12506	17298
捐赠收入	0	630			
其他收入	32928	33014			
收入合计	880252	888005	支出合计	1052147	1117382

【财源培植】 2020年，市财政局根据中央“积极的财政政策更加积极有为”的要求，推进减税降费政策，支持复工复产，推动经济高质量发展。落实减税降费和疫情期间税收优惠政策。全年落实减税降费政策为企业减负5亿元，落实疫情优惠政策为企业减负3.5亿元，惠及纳税人近3万户。统筹各级资金支持企业复工复产，为200余家企业贷款贴息5500余万元，引导企业贷款30亿元；补助企业水、电、气开支近1300万元，降低企业生产成本；安排资金近600万元，为复工企业提供免费核酸检测。突出“兴工强市”战略，统筹各级资金3.86亿元，支持企业转型升级发展，其中先进装备补贴5691万元，撬动企业先进装备投入约6亿元；设立现代服务业、商贸旅游发展专项，精准支持第三产业发展。

【支出保障】 2020年，市财政局提升财政保障水平。保障疫情防控，开辟疫情物资政府采购和疫情防控资金支付“绿色通道”，筹措疫情防控资金1.07亿元，落实疫情防控、稳岗就业系列政策。保障“三保”（保基本民生、保工资、保运转）支出，全年“三保”支出55.6亿元，保障工资待遇发放、基本民生保障和部门单位机构运转。保障民生投入，全年民生支出86.82亿元，占总支出的77.71%。

【支持打好三大攻坚战】 2020年，市财政局立足财政职能职责，助力打赢打好防范化解重大风险、精准脱贫、污染防治“三大攻坚战”。坚持全市“一盘棋”统筹调度偿债资金，确保偿债资金不断链；指导推进金洲新城公司市场化转型；科学减少非标债务，全年置换化解非标债务23.68亿元，节约财务费用4000万元。7月，宁乡市债务风险等级下调至二类风险地区。统筹专项扶贫资金3.1亿元，落实各项扶贫政策，其中产业扶贫投入5316万元，实施产业扶贫项目178个，帮助15479户贫困户增收；对口帮扶新化县、龙山县支持资金2590万元；响应政府采购消费扶贫政策，完成订单2157笔，交易总额1023万元，列长沙市首位。统筹安排资金2.23亿元，用于垃圾处理、污水处理、大气污染防治等支出，助力创建“国家生态文明建设示范市”；跨县域推进生态保护补偿机制建设，与望城区签订流域横向生态补偿机制协议。

【财力统筹】 2020年，市财政局清理结转结余资金，按政策收回统筹，全年盘活各类财政结余结转资金1.5亿元。稳固库款底线。建立库款监测预警机制，按照“轻重缓急”进行排序，优先“三保”支出，杜绝“钱等项目”，每月库款保障水平均在0.3以上。压减一般性支出。贯彻落实政府过紧日子要求，严格控制资金用途，大力压减一般性支出和其他非急需、非刚性支出，全市2020年一般性支出压减 10% 以上。用好直达资金。争取新增转移支付、抗疫特别国债等直达资金 13.65 亿元，支持疫情防控、企业纾困等抗疫相关领域，对冲疫情影响。

【财政管理】 2020 年，市财政局坚持问题导向，划定财政管理“十条红线”。牵头制定《关于进一步规范财政管理严肃财经纪律的通知》，划定预算管理、“三保”支出、债务风险管控、国库管理红线、各级预算内投资资金和专项资金管理、资金绩效管理、日常支出管理、国有资产管理、政府采购管理、政府投资项目支付十条红线。上线国库集中支付电子化系统，实现所有支付方式的全程电子化，全年办理各类支付业务 22 万笔，支付金额 106 亿元。优化政府采购管理，组织开展政府采购项目款项支付、履约保证金退付和投标保证金退付三项清理，减轻供应商企业资金压力。

（王　利）

税　务

【概况】 2020 年，宁乡市税务局设有办公室、法制科、税政科、社会保险费和非税收入科、收入核算科、纳税服务科、征收管理科、税源管理科、税收风险管理科、财务管理科、人事教育科、机关党委（党建工作科）、纪检组、信息中心、工会 15 个科室。辖第一、第二、灰汤、黄材、煤炭坝、玉潭、金洲、城郊、历经铺 9 个税务分局。宁乡市税务局被评为 2019 年度长沙市税务系统绩效管理先进单位；被长沙市局、宁乡市委评为党风廉政建设先进单位；第一税务分局获长沙市“芙蓉标兵岗”称号。

2020 年，宁乡市税务局通过强化各项措施，全年总收入规模为 90.27 亿元。其中，市本级收入 47.47 亿元，社保费收入 15.1 亿元。

表 12　　**宁乡市税务局 2020 年分税费种收入入库情况表**

单位：万元

征收项目	一般公共预算收入	地方一般公共预算收入
增值税	337582	177005
消费税	1547	—
企业所得税	143397	57265
个人所得税	32999	13200
城市维护建设税	23849	23849
城镇土地使用税	24988	24988
房产税	23225	23225
耕地占用税	14204	14204
契税	85041	85041
土地增值税	40747	40747
环境保护税	859	859
烟叶税	2787	2787
印花税	11811	11811
营业税	1188	594
资源税	2130	2130
车船税	5303	5303
小计	751656	483007
教育费附加	10479	10479
地方教育附加	6952	6952
企业职工基本养老保险费	8006	8006
失业保险费	1804	1804
基本医疗保险费	29343	29343
工伤保险费	1541	1541

续表12

征收项目	一般公共预算收入	地方一般公共预算收入
生育保险费	17	17
城乡居民基本养老保险费	11757	11757
机关事业单位基本养老保险费	41125	41125
城乡居民基本医疗保险费	26777	26777
机关事业单位职业年金	1878	1878
其他社会保险费	10	10
小计	139689	139689
合计	891345	622695

【减税降费】 2020年，落实疫情防控增值税减免、留抵退税、企业所得税和个人所得税等优惠政策，新增减税降费减收3.29亿元，办理出口退税1.42亿元，办理留抵退税1.65亿元。

【依法治税】 2020年，宁乡市税务局制定分类分级管理和税收风险管理办法，成立内部快反核查组和重大执法决定法制审核委员会，上线税收执法公示平台，及时公示准予行政许可结果和行政处罚结果。

【税收征管】 2020年，宁乡市税务局落实"互联网+发票有奖"活动，全年邮寄送达文书1981份，办理延期缴纳税款申请101户次。完成3806户企业社保费、机关事业单位职业年金和"4+2"非税收入项目征管职责划转。推进发票电子化改革和首次个人所得税综合所得年度汇算。

【纳税服务】 2020年，宁乡市税务局在经开区、高新区等区域打造24小时自助办税区，推进"非接触式"办税。落实"最多跑一次"清单，推出"新办纳税人套餐"服务。开展个人所得税、机关事业单位社会保险费测算系统操作等培训，及时处理"12345"和"12366"咨询及投诉工单，依法依规帮助纳税人运用信用修复机制。

【税务队伍建设】 2020年，宁乡市税务局组织观看作风建设微电影和暗访片，开展"两个专项整治"自查自纠，紧盯春节等重要时点，对中央八项规定要求反复重申、经常提醒。开展廉洁家访，掌握干部"八小时之外"情况、家庭成员关系情况，全年未发生应立案查处的案件。推进职务职级并行，组织参加"两测"考试和"战疫情促发展"专题网上考试，完成学法考法。收集整理文明创建资料6册，300余名干部协助整治社区违规停车等顽疾，组织开展"向劳动者致敬""当好主人翁，建功新时代"等活动，开展第二届趣味运动会。全局所有支部在省局"五化"建设达标创优中均获满分，机关一支部被评为全省税务系统"五化"建设示范党支部。（朱　艳）

金融事务

【概况】 宁乡市金融事务中心（以下简称"市金融事务中心"）为市政府直属公益一类正科级事业单位。2020年，市金融事务中心以深化金融改革创新和服务实体经济为导向，不断提升金融服务水平，提高直接融资比重，全面优化金融生态环境，防范和化解重大金融风险，为市域经济高质量发展奠定基础。

【主要金融指标】 2020年，宁乡市金融机构共71家，其中银行机构21家，保险公司46家，证券营业部4家。截至12月底，宁乡市银行机构存款余额909.6亿元，净增86.3亿元，其中居民储蓄存款552亿元，净增70.6亿元；银行机构贷款余额（表内）1003.4亿元，净增169.2亿元。不良贷款率为0.54%（同比降低0.36%）。金融机构税收4.25亿元。

表13　　2020年宁乡市金融情况表

单位：万元

指标名称	2019年	2020年	2020年比2019年（±%）
金融机构存款余额（本外币）	8314398	9179067	10.4%
住户存款	4814658	5520596	14.66%
金融机构贷款余额（本外币）	8342704	10034242	20.28%
#短期贷款	1719364	2109223	22.67%
中长期贷款余额	6531832	7845149	20.11%

【企业帮扶】 2020年，根据《宁乡市转贷应急周转资金管理办法》，为工业、农业、商贸旅游业累计开展转贷业务52笔，金额5.2246亿元；加强银企对接，3月20日组织开展“大干一百天实现双过半”银企对接会，20家银行机构及融资担保公司、风险补偿基金、转贷应急周转资金与115家有融资需求的企业进行面对面交流，累计达成意向融资153笔、金额11.7亿元；全面推动政银合作，先后组织工商银行湖南省分行、农业银行湖南省分行、邮储银行湖南省分行、招商银行长沙分行等4家银行与市人民政府签订战略合作协议，累计签约金额400亿元，为宁乡市产业发展、民生保障、城乡建设等重点领域建设争取更便捷、更优惠、全方位的金融服务。

【企业上市】 2020年6月9日，湖南松井新材料股份有限公司（股票简称松井股份）登陆A股市场科创板，证券代码“688157”。松井股份是中国“科创板UV涂料第一股”，是宁乡第一家科创板上市企业，也是宁乡市第四家上市公司。松井股份首次发行股票1990万股，首次公开发行价格34.48元/股，发行市盈率为30.18倍，公司股票开盘涨139.41%，报82.55元/股。邦弗特（2020年9月22日）、万鑫精工（2020年11月24日）、族兴新材（2020年11月9日）在湖南证监局辅导备案。31家企业入选长沙市拟上市后备企业资源库，18家企业入选湖南省拟上市后备企业资源库。

【防范风险】 2020年，完善打非攻坚工作机制，召开打非工作联席会议12次。聚拢专办工作人员，加强风险排查，完善各项机制，形成多措并举、协调推进的工作格局；风险排查无死角，建立公司注册联审机制，及时核查重点线索，全年共排查新注册公司659家、开展“楼宇清查”行动50余次，筑牢非法集资防火墙；加强监管无漏洞，全年向相关单位下发《风险提示函》12份，全面清理110家涉“养老”字样的机构；关停新入驻涉非公司12家，协调公安机关对2家涉案公司立案侦查；坚持常态宣传和集中宣传相结合，全年开展集中宣传近100次，发放宣传资料30余万份。制作2条具有宁乡特色（宁乡话）宣传片，播放量5000余次。

2020年3月20日，“大干一百天实现双过半”银企对接会

【金融扶贫】 2020年，宁乡市新增扶贫贷款1685笔、金额7129.01万元，超额完成省定年度目标任务；截至12月底贷款余额1593笔、金额6771.70万元；2020年贴息224.97万元；全年无本息逾期。 （张胜蓝）

中国人民银行宁乡支行

【概况】 2020年，中国人民银行宁乡支行（以下简称“人行宁乡支行”）充分发挥基层央行职能作用，维护金融稳定，提升服务质效，强化内控管理，有力支持宁乡市疫情防控、复工复产和实体经济发展。

【货币信贷工具运用】 2020年，人行宁乡支行组织指导金融机构优化信贷结构、创新信贷产品，支持中小企业复工复产及融资发展。践行金融“暖春行动”助力企业复工复产。制订《宁乡市金融“暖春行动”助力疫情防控和复工复产工作方案》，通过专题部署会议、建立领导机制、下沉一线调研、优化金融服务等举措，帮助企业恢复生产经营，行动期间，辖内金融机构为中小微企业等提供贷款19258笔，共计75.6亿元。开展银企对接会助金融活水润实体。联合举办宁乡市2020年银企对接会，吸引115家有融资需求的工业、商贸旅游类企业参与，编写《宁乡市金融支持民营和小微企业创新产品汇编》。督导“行长千企行”助金融精准施策。组织银行机构深化“行长千企行”活动，落实“一把手”负责制，为辖区中小微企业量身定制融资方案，辖内各银行业金融机构开展活动413次，参与1223人次，访问企业3455家。指导辖内银行业金融机构向生产防疫物资保障企业推出“防疫快贷”产品，向疫情防控期间重点保障企业提供低息贷款，为受到疫情原因导致经营困难的小微民营企业开通“绿色通道”。两项货币政策新工具助信贷投放。运用信用贷款和贷款延期两项政策工具，缓解小微企业融资难的问题，辖内两家地方法人金融机构发放信用贷款3334笔，金额3.63亿元。全年发放普惠小微企业信用贷款支持计划2085.2万元，完成普惠小微企业贷款延期支持工具利率互换1.01亿元，激励金额101万元。扶贫小额信贷助打赢脱贫攻坚战。引导涉农金融机构开展扶贫小额信贷工作，全市小额扶贫信贷余额6792.01万元，贷款户数1601户。发挥信贷政策精准滴灌作用，支行全年向辖内两家法人机构分别发放3.6亿元支小再贷款及0.6万元支农再贷款。疏通利率传导机制助金融结构优化。贯彻上级行利率市场化改革措施，督促指导辖内两家法人机构存量浮动利率贷款定价基准工作，降低贷款利率，两家法人机构定价基准转换率达100%。落实定向降准助流动性释放。督促农村商业银行合理安排信贷计划，严格按规定用好用足降准资金，通过落实定向降准，累计释放信贷资金3.25亿元，向辖内443家企业发放贷款13.73亿元，平均利率5.885%。

【维护金融稳定】2020年，人行宁乡支行调查辖内金融风险点，稳步推进存款保险宣传工作，开展金融生态评估，确保辖内金融业持续、健康、有序发展。指导处理风险事件防舆情风险。中国银行“原油宝”事件发生后，人行宁乡支行第一时间约谈中国银行宁乡支行相关负责人，指出处理该事件的几处风险点，提出合理化建议，避免事件引发的负面舆情和相关个人客户群体性行为。制定应急预案防挤兑事件。制定应对辖区金融机构挤兑事件处置流程，细化职责，防范可能出现的挤兑事件风险，做实、做深、做细金融稳定各项工作。开展宁乡市金融生态评估工作，通过评估50项风险指标，推进宁乡市金融生态建设和金融风险防范化解工作，利用金融生态环境评估结果，引导信贷投放。响应宁乡市“打非办”工作要求，联合宁乡市公安局等部门对辖内一家疑似从事非法集资的企业进行突击检查，约谈负责人，扣留相关证件资料，现场劝退疑似被诈骗人员6名。调查辖内融资性担保公司状况，组织对辖内两家地方法人机构不良贷款发放方向、所持占比、年度核销情况等资产质量进行核查，对辖内融资性担保公司情况进行调查研究。对行政执法流程中的风险点积极探索，形成调研材料。成立存款保险知识宣传领导小组，组织各投保机构深入社区、乡村等开展重点宣传，创新利用交叉授课、集中座谈等方式，加大培训力度，做到用好标识牌匾、讲好存保政策、解释百姓疑惑、警示非法行为。

【规范业务操作】2020年，人行宁乡支行规范有序开展会计网点业务处理。层层签订目标责任书，规范和约束业务操作行为，在ACS营业网点业务知识竞赛中获得团体第一名及个人第二、三名。全年办理现金及发行基金交存业务88笔，金额10.19亿元，取现业务184笔，金额28.67亿元。再贷款发放业务5笔，金额4.2亿元，利率互换协议3笔，金额1.01亿元。办理预算收入37万笔，金额191.81亿元，预算支出10万笔，金额277.98亿元，组织发行国债691.13万元，业务操作规范，核算质量提升，实现全年无差错。强化监测分析保障现金合理供应。全年组织投放现金28.61亿元、回笼10.21亿元、净投放18.4亿元，同比分别下降22.47%、59.26%、13.77%。组织发行基金调入4次、868箱（袋）、5.89亿元，发行基金调出3次、119袋、1.99亿元，确保辖区合理现金供应，坚持按月做好现金统计工作，强化监测分析，提升发行基金调拨使用效率。农村金融机构实现ACS前置系统在线自助转账功能，辖内两家法人机构可通过ACS前置子系统从法定存款准备金账户划回超额存款准备金、办理现金及发行基金取现业务，农村金融环境进一步改善。还原疫情防控期间柜面业务办理场景，开展ACS系统疫情期间应急演练，加强业务培训，提高业务人员应急处置能力，赴望城区支库进行异地业务处理，完成国库业务系统突发事件应急演练。强化国库内控管理，修订多项制度办法，推动国库标准化建设。

【风险监管手段优化】2020年，人行宁乡支行多措并举开展“断卡”行动优化支付环境。通过倒查涉案账户信息、召开系列主题会议、强化宣传教育、上门督导检查、监管约谈、通报批评等方式积极开展并推进“断卡”行动，达到涉案账户逐步减少、受骗人数逐步下降、风险意识逐步增强的良好效果，有关经验做法在《湖南金融简讯》进行推介。夯实反洗钱工作打造安全环境。以“数字央行”建设为契机，构建一体化反洗钱系统网络，组织对辖内43家金融机构开展反洗钱风险评估或评级，5家评为A级，4家评为BBB级，12家评为BB级，6家评为B级，4家评为CCC级，2家评为C级。完善反洗钱数据报送报告机制，将重点可疑交易资料移送公安机关，提供破案线索。丰富反洗钱宣传形式，累计开展反洗钱宣传活动48次，发放宣传资料15000份，受众人数达56000人。推进现金服务区建设打造放心环境。开展创建工作实效评估，完善现金服务标准和内容，形成可复制、可推广的创建模式。做好疫情期间流通现金消毒工作，严格执行“收支两条线”管理，对现金进行消毒并张贴消毒标识。做好舆情监测和应对预案，顺利发行新版人民币5元券、武夷山普通纪念币。凝聚合力打造反假货币清正环境。加强与公安等执法部门联系协调，构建涉农机构反假货币机制，发挥农村反假宣传网点和金融服务联系站点作用，实现农村地区反假全覆盖。支行全年收缴假币5144张，金额46.26万元，同比下降20.6%。开展“人民币知识宣传进社区”活动，营造全民反假工作良好氛围。督促辖区农商银行采取措施，将回收现金进行社会化清分，解决回笼现金假币浓度长期过高的问题。加强专项整治打造现金使用规范环境。向社会公众广泛宣传《中国人民银行整治拒收人民币现金公告》，受理并及时处理市民热线“12345”及金融消费者权益保护投诉4起，及时消除不良影响。加强日常监督，对回笼发行库现金加强抽查，督促商业银行提高清分质量，畅通“反宣币”收兑绿色渠道，公开特殊残缺污损人民币鉴定及兑换网点及公开服务电话，维护持币人利益。优化征信服务打造信用环境。优化征信自助查询机配置，加强线上征信知识宣传，鼓励引导企业、个人线上查询征信报告；完善信息公示，将征信查询所需资料、办理时间、咨询电话等信息通过报纸、网站等形式进行公示，提高公众办事效率。畅通咨询渠道，实行征信咨询电话轮值接听制度，确保工作时间内咨询电话无漏听。至12月末，支行征信窗口共成功查询个人信用信息1756条，企业信用信息1831条，处理征信异议18笔。有效处理消保投诉打造公平环境。严格投诉处理流程，积极协调双方意见诉求，全年及时妥善办结5笔投诉。组织开展“3·15”消费者权益保护线上宣传活动、自制长图“重温金融消费者八大权益”被长沙中支采用。开展多项宣传活动，走进宁乡市玉潭中学讲解假币、征信知识，组建金融知识宣讲小分队走进宁乡彭记食品有限公司开展线下宣讲。拍摄抖音宣传视频《遇到金融纠纷怎么办，请记住下面5个电话号码》，播放次数3000余次。

（曹利民　蔡　敏）

中国农业发展银行宁乡市支行

【概况】 2020年，中国农业发展银行宁乡市支行（以下简称“农发行宁乡市支行”）有正式在职员工20人，退休干部8人，临聘人员4人，内设办公室、信贷业务部、会计结算部3个部门。2020年，农发行宁乡市支行获中国农业发展银行湖南省分行“十佳党支部”、2019年度“金农发行杯”四大工程劳动竞赛服务民营小微企业提升竞赛模式创新奖、存款优化工程竞赛模式创新奖等荣誉。

【业务指标】 截至12月31日，农发行宁乡市支行实现各项贷款余额109.73亿元，较年初增加9.27亿元，贷款日均余额109.09亿元，较年初增加8.62亿元，累计发放贷款26.67亿元，累计收回贷款17.4亿元，其中2020年新审批项目贷款9个，审批金额33.8亿元，发放金额19.8亿元；投放2笔流动资金贷款，合计2.1亿元。各项存款余额33.61亿元，存款日均余额40.04亿元，较年初增加11.9亿元，其中非贷存款客户32个，日均余额26.84亿元。各类基金贷款1个，余额1.25亿元。小微企业贷款2家，贷款余额1400万元。实现FTP净利润1.81亿元。不良贷款持续为零。2020年，支行贷款余额、存款余额、日均存款余额、FTP净利润均为全省系统内县级支行第一。

【支持三农工作】 2020年，农发行宁乡市支行服务粮食安全，顺应粮食价格形成机制和收储制度改革要求，落实粮棉油“去库存”，确保收购资金及时充足供应，截至12月31日，中央储备稻谷贷款余额23931.57万元，中央储备玉米贷款余额5082.45万元，一次性储备贷款余额839.43万元，县级储备粮贷款余额2290万元，地方调控粮油贷款余额877.3万元，粮油购销流动资金贷款2750万元，地方储备粮油贷款250万元，农业小企业贷款400万元。向宁乡康美谷美丽乡村建设一期项目发放农村土地流转和土地规模经营贷款3.74亿元。

【支持花猪产业】 2020年，农发行宁乡市支行支持花猪产业发展。中共湖南省委2020年一号文件明确支持“宁乡花猪”等一批“一县一特”品牌，农发行宁乡市支行向宁乡花猪养殖示范场建设项目投放贷款共计8600余万元，向国资集团宁乡生猪产业链项目（一期）4亿元。上述项目均被纳入宁乡市精准扶贫产业项目库，开辟以支持“宁乡花猪产业链项目”这一地方特色服务全省贫困地区产业发展的新模式新路径。

【绿色发展类项目贷款】 2020年，农发行宁乡市支行营销绿色发展类项目贷款4个，审批金额10.8亿元，为宁乡高新区发放绿色发展二期项目贷款8700余万元，宁乡城区绿色发展一期项目投放贷款2.75亿元，宁乡高新区金洲片区绿色发展项目投放贷款6540万元，助力绿色转型发展。投放1.5亿元支持宁乡市妇幼保健院项目的建设提速。

【全域土地综合整治项目】 2020年，宁乡市夏铎铺镇全域土地综合整治试点项目获批资金8.8亿元，第一笔资金3.96亿元已投放到位，这也是全省全域土地试点项目的首笔投放。

（袁　媛）

工商银行宁乡支行

【概况】 中国工商银行股份有限公司宁乡支行（以下简称“宁乡工行”）坚持稳中求进的发展思路，坚持客户基础，经营目标，团队管理、精细管理四大主线特色经营文化，坚持依法合规经营，2020年宁乡工行实现拨备前利润3.14亿元，较年初增加4254万元，完成年度任务的105.11%，可比同业占比47.66%，连续五年列可比同业第一；账面净利润2.21亿元，较年初增加1320万元，完成年度任务的102%；还原后中间业务收入8235万元，可比同业占比45.28%，连续五年列可比同业第一。2020年缴纳增值税及附加3035万元；缴纳水利建设基金、残保金、土地、房产税、个人所得税及印花税等433万；缴纳企业所得税6136元。三项税收共计1.09亿元。

【中间业务收入】 2020年，宁乡工行执行监管政策规定，准确定位，提高贷款议价能力，通过重点项目的信贷投放为宁乡工行中间业务收入的超额完成奠定坚实基础，2020年通过重点项目合计收取中间业务收入8235万元。以基础性中收为突破，增加国际结算中收贡献；抓好融安e信、融智e信以及等基础投行收入；加强信贷议价能力和定价管理水平，提高中间业务收费水平，做到应收尽收，实现中间业务高速发展。

【普惠金融】 2020年，宁乡工行以“政信业务”为重点，抓住“隐性债务”化解和“旧城改造”的政策机遇，以县域四大平台为切入点，不断提高宁乡工行贷款市场份额，持续做大资产负债规模。2020年宁乡工行对城发投资集团贷款投放23亿元，经开区实现重大突破贷款投放12亿元，高新区份额占比持续提升贷款新增8亿元，国资公司新增3.93亿元，四大平台累计投放贷款规模45.93亿元。2020年支行资产负债规模超过160亿元，为支行经营效益的稳步增长和中间业务收入的创造提供有力保障。

宁乡工行执行国家和工总行的大力发展普惠金融、助力企业复工复产的指导方针，按照普惠金融日趋“小额化”“标准化”“线上化”特点，将普惠金融业务作为强化客户基础的重大工程，普惠业务下沉网点，全行总动员，全年新增小微企业客户81户，净增贷款1.32亿元。

【资产质量】 2020年，宁乡工行以“经济本源、审慎稳健、诚信合规、客户优选、专家治贷、责任落实”的信贷文化为指导，开展加强案防合规教育和提升关键信贷环节履职能力，强化日常操作监督，前移风险防控关口，切实提前防控信贷业务风险，加大不良贷款处置力度。2020年不良贷款额2533.20万元，较年初下降740.21万元，其中公司贷款不良额下降617.85万元，个人贷款不良额下降122.36万元。贷款不良率0.20%，较年初下降0.14%；其中公司贷款不良率0.22%，较年初下降0.21%；个人贷款不良率0.17%，较年初下降0.03%。

【疫情防控】 2020年，宁乡工行在抗击疫情的同时抢抓市场机遇，履行工行社会责任担当，摸排辖内疫情防控相关企业的金融服务需求，总计为12家疫情防控重点企业投放抗疫贷款7430万元，帮助疫情防控企业解决燃眉之急，为3家小微信贷客户实现无还本续贷，全年未发生企业因受疫情影响资金回笼受阻而贷款违约的情况。重点支持楚天科技、邦普循环、雅城新材、星城石墨、星邦重工等优质制造业企业，2020年累计发放各类贷款近6亿元，开立银行承兑汇票近1亿元，另外通过票据贴现、国际贸易融资、法人理财、结售汇、代发工资等为企业提供方便快捷的金融服务。 （唐　瑛）

长沙银行股份有限公司宁乡支行

【概况】 2020年，长沙银行股份有限公司宁乡支行（以下简称“长沙银行宁乡支行”）全面落实总行战略部署，紧扣高质量发展要求，推进高水平转型发展，各项工作有序开展，经营运行总体平稳。长沙银行宁乡支行在职员工144人，下辖4家一级支行、2家二级支行、8家社区支行，101家农金服务站分布于宁乡市区各个重点乡镇，基本实现宁乡市重点领域的全覆盖。截至12月31日，支行基础存款时期数84.07亿元，表内外贷款余额111.08亿元，其中表内70.59亿元，表外5.49亿元，投行业务35亿元。

【助力企业复工复产】 2020年，长沙银行宁乡支行推出优惠政策及专项活动助力防疫企业复工复产。新增税E贷客户104户，合计投放0.99亿元；提供充足信贷资源优先保障民营和中小微企业的贷款投放，全年新增小微企业授信户181户，新增民营企业贷款2.92亿元，新增普惠型小微企业贷款1.92亿元。参与总行举办的“我们在一起”专项活动和宁乡市政府举办的“银企对接会”，成立支持企业复工复产“暖心助企”行动小组，结合“百行进万企”专项行动一并推动，三天内完成15家企业上门对接工作，深入了解企业受疫情影响情况及金融需求，实现精准对接。

【零售业务】 2020年，长沙银行宁乡支行结对16家社区，其中完成党建共联共建授牌14家，金融服务联系牌上墙公示9家。先后组织主管行长送口罩、晒单有礼、晒他行存单、春风植树活动、元宵节、粽子节活动、金融知识进万家活动、接老乡回家等主题活动，带动储蓄存款的稳定增长和客户价值的持续提升。制定《农金站营销管理办法》，每季度举行1次金融知识进万家抽奖活动，全年共营销定期存款6.55亿元，同比增长28.18%。

【风险内控】 2020年，长沙银行宁乡支行着重对零售不良贷款、已核销贷款逐户分析，对重点账户清收工作精细到日，截至2020年12月31日，清收处置风险贷款共计1723万元、以物抵债2笔金额531万元。支行积极应对“未来方舟”按揭客户提出的延期申请，跟进宁乡市政府及经开区处理方案，配合政府部署要求，截至12月31日“未来方舟”按揭业务无延期还款申请客户、无恶意拖欠本息客户。通过权限内授信业务专项排查，投行业务、城发基金业务联合检查，案防、反洗钱监测管理，员工行为管理，合规培训等，将风险防患于未然。

【内部管理】 2020年，长沙银行宁乡支行针对人才断层、流动不足的问题，制定出台“快乐成长”人才培养计划。以提升员工实操能力为主要目标，整合和盘活内外部培训资源，分层级参与“选修+必修”课程，锻造复合型人才队伍，为转岗储备创造积极条件；重视“实施部门+参与人”的双向培训效果考核和评估，将员工学习成长纳入积分制管理，建立起全方位、多层级、可延续的人才培养体系。遵守各项财务管理制度，通过健全支行财务制度建设，对下辖机构严格执行成本费用考核，科学预算、锱铢必较，减少不合理支出，提升支行的费用管控能力。 （陈紫薇）

中国人寿保险股份有限公司宁乡支公司

【概况】 2020年，中国人寿保险股份有限公司宁乡支公司（以下简称“宁乡支公司”），内设经理室、综合管理部、营销发展部、收展发展部、个险培训部、团体业务部、银行保险部、客户服务部七部一室，下设22个城区、收展和农网职场。全公司共有人员1637人，其中机关人员52人（签订劳动合同员工36人、退休9人、劳务派遣人员7人），个人代理人1493人（其中主管148人）、客户经理26人，团体业务部客户经理66人。2020年，支公司蝉联“全国系统百强县”“全省县域30强”，被省公司评为“大短险”三十强，被全国妇联授予“全国巾帼建功先进集体”称号。

【营销员功能型党支部建设】 2020年6月11日，召开宁乡支公司营销员功能型党支部成立大会。党支部的成立激发营销员队伍的党建活力，全体营销员党员通过功能型党支部开展了系列活动。营销员党员们紧跟公司发展思路，承接公司各项工作任务落地，充分发挥功能型党支部的骨干带头作用、战斗堡垒作用和党员先锋模范作用。营销员功能型党支部在有效防范各类风险，确保合规经营方面发挥重要作用。

【公司经营】 2020 年，支公司完成标保 4187 万，同比增长 7.8%；达成期交保费 7842 万元，同比增长 8%；完成十年期保费 4442 万元；完成保障型保费 3342 万元，同比增长 26.9%；完成大短险保费 4036 万元，同比增长 15.9%。2020 年支公司经营考核总分达 110 分，经营考核结果为 2A。

【风险防控】 2020 年，宁乡支公司建立业务、综合、风控三条风控条线，在职场设置风控联络人，确保风险防范“横向到位、纵向到底”，执行国家政策法规及总、省、市公司制定的各项规章制度；逢大会必讲风控，纪检委员、风控联络人定期对不履行职责的员工和营销员及时通报批评；在职场公示栏对营销员诚信等级进行公示，倡导诚信经营；每周五职场早会固化为风控主题大早会；提高营销员风险意识，按照上级公司规定在职场张贴内控宣传海报；加强三条渠道及柜面监管风险的防控，重点整治保单送达不及时、回执核销不及时、柜面信息泄露等风险。2020 年支公司纪检风控条线考核排名位列全市系统第一名。风险专项检查，开展“保险中介市场乱象整治”“反洗钱排查”“风险大排查回头看”“消费者权益保护”等专项治理工作，消除存量问题、遏制增量风险。

方正证券股份有限公司宁乡营业部

【概况】 2020 年，方正证券股份有限公司宁乡营业部设营销部、客户服务部、交易部、合规管理部等部门，有从业人员 19 人。营业部经营范围为：证券经纪、证券投资咨询、证券投资咨询代销、代销金融产品、融资融券、为期货公司提供中间介绍业务。2020 年，营业部主动承担金融单位社会责任，参与“扫黑打非”攻坚战及“反洗钱”宣传活动，克服疫情带来的冲击和挑战，实现客户规模、经营收入双增长的经营目标。

【业务创新】 2020 年，方正证券宁乡营业部做好传统经纪业务，落实开户、引资工作，盘活存量客户，维持经纪业务重要地位，根据公司大力发展金融创新业务的经营方针，营业部积极推进金融产品业务、融资融券业务、投资顾问业务、期货中间介绍业务、期权衍生品业务等创新业务，发挥全牌照券商优势，拓宽业务渠道。

【内控合规管理】 2020 年，方正证券宁乡营业部设立专职合规管理岗位。营业部合规培训覆盖合规工作布置及总结、执业行为规范、合规及反洗钱知识学习等内容，合规提醒贯穿所有业务条线。营业部负责人与合规专员学习内控制度及经营规范细则。推行合规考核制度及合规考核细则，覆盖营业部所有岗位，包括执业行为、合规展业、业务差错、反洗钱、合规培训、投诉管理及其他方面，合规评分纳入综合考评。坚持对标自查，

2020 年 9 月，方正证券宁乡营业部作为券商代表，参加宁乡市公安局主办的“守住钱袋子，护好幸福家”的防范非法集资宣传活动

实时自纠，避免合规风险。组织风险较高业务融资融券、新三板、科创板适当性自查，以及员工执业行为规范自查，及时排查合规风险，未出现合规扣分事项、未发生重大合规风险事件；该单位及其员工（含经纪人）未被采取行政处罚、监管措施和自律措施。

【投资者教育】 2020年，方正证券宁乡营业部开展投资者风险教育工作。营业部成立风险教育领导小组，加强员工和客户培训。通过多种方式参与投资者教育工作：成立投教课堂"花明点金学院"，旨在打造宁乡投资者专业的交流平台，通过投资报告会、线上课堂等形式，向投资者传播正确的投资理念和主流投资方法，开展打击非法证券活动、打击场外配资、打击电信诈骗的宣传。制作"投资者教育园地"，在大厅显要位置张贴颜色醒目的风险提示标语，宣传栏张贴有关投资者风险警示的投资知识。发挥宁乡营业部本土券商及金融证券专业优势，开展投教打非活动，多次组织员工到各乡镇、单位开展防范非法集资及非法证券活动等宣传教育活动，利用"方正证券投教基地"平台，每周向客户推送投教信息。2020年9月，方正证券宁乡营业部作为券商代表，参加宁乡市公安局主办的"守住钱袋子，护好幸福家"的防范非法集资宣传活动，负责"严厉打击非法证券活动"宣传板块，普及非法证券投资、非法证券咨询等案例，帮助群众树立正确投资理念，选择合法证券投资机构。

【反洗钱工作】 2020年，方正证券宁乡营业部反洗钱重点工作主要涵盖客户身份识别、非自然人受益所有人识别、反洗钱培训及反洗钱宣传等内容。组织反洗钱专岗员工学习专业技能，营业部反洗钱专员获国际认证反洗钱师认证。中国人民银行宁乡支行对方正证券宁乡营业部进行分类评级，连续三年评级结果为A。2020年开展四次反洗钱宣传活动，主题包括反洗钱法规学习活动、客户尽职调查及配合客户尽职调查、湖南省禁毒知识竞赛等，除现场接待、宣传资料发放、跑马灯、微信公众号、报刊等传统的宣传手段外，组织客户参加公司微信公众号反洗钱有奖竞答。

【安全保卫工作】 2020年，方正证券宁乡营业部完善各项规章制度，精细流程，落实到人，做好安全保卫工作。更新《方正证券宁乡营业部突发事件应急预案》，使突发案件工作处置规范化、制度化。全年无各种案件发生，安全保卫工作中的安防、消防、保卫、人防等工作一切正常，维护了营业部稳定运营。

科技·教育

科技管理

【概况】 2020年，宁乡市科学技术局（以下简称“市科技局”）内设办公室（财务人事科）、计划与监督管理科、工业与高新技术科、农业与社会发展科4个科室。大力实施创新驱动发展战略，狠抓科技创新核心指标、持续优化创新环境、助力乡村振兴及精准扶贫、加强科技宣传和普及，2020年，全市有效高新技术企业264家；全市规模工业企业研发经费投入完成40.56亿元；完成技术合同登记金额15.62亿元，同比增长53.13%；全市新增省级企业技术中心2家，新增企业技术中心5家、技术创新中心3家。全市各类科技创新平台132家。科技局在2020年全国科技活动周及重大示范活动中表现优异，获全国科技活动周组委会、科技部引进国外智力管理司荣誉证书单位。

表14　　2020年宁乡市科技发展情况表

指标名称	计量单位	2019年	2020年
高新技术企业数	个	246	264
高新技术企业总产值	亿元	1061.1	1116.79
高新技术企业增加值	亿元	252.1	265.03
登记技术合同金额	亿元	10.2	15.62

【科技计划与成果工作】 2020年，市科技局依据国家、湖南省、长沙市科技计划支持重点，设计选题，将更多项目纳入长沙市级以上科技计划项目支持范围。成功申报国家、省、市各级科技项目329项，转化科技成果425项，全市企业9个项目通过湖南省高新技术产业科技创新引领计划立项，5个项目进入2020年度湖南省重点研发计划立项项目，2个项目获长沙市重大专项支持；向国家、省、市争取科技项目资金10757.04万元。

【科技统计工作】 2020年，市科技局联合工信、统计等相关部门下达企业科技计划。围绕创新创业大赛业务辅导、企业研发经费报统、高企申报、技术合同交易登记难点、农业种植新技术等业务推进，举办各类培训讲座60余期。全年全市规模以上工业高新技术企业实现产值1116.79亿元；高新技术企业增加值265.03亿元；全市规模工业企业研发经费投入完成40.56亿元。

【科技扶贫】 2020年，市科技局向31个省定贫困村派驻31名科技特派员进行科技扶贫。4名企业科技人才获得2020年度湖南省科技创新人才计划科技创新创业领军人才项目支持，湖南航天三丰特种防护材料创新创业团队获得湖南省企业科技创新创业团队支持计划支持。宁乡市科技专家服务团获湖南省科技厅优秀专家服务团称号。宁乡市科学技术局获得湖南省科技厅下发的《2020年引导支持市县创新驱动发展和真抓实干表扬激励兑现财政奖补》200万元补助；被评为长沙市科技局颁发的第七届湖南省创新创业大赛长沙市赛优秀组织奖，博信新能源、华翔增量、碳谷新材料、幻影360、万钛工程机械、标朗住工、普林特医疗器械、优氏乳业等8家单位获得第七届湖南省创新创业大赛长沙市赛湖南省优秀奖、长沙市3等奖。紧扣乡村振兴战略，创造性推出田间课堂培训，助力乡村产业发展。举办两期“村播带货”培训活动获得学习强国、掌上长沙、星辰在线等新闻媒介的宣传报道，提升全市农产品品牌知名度。

【科技活动周】 2020年，全国科技活动周时间为8月23—29日，宁乡市科技活动周围绕“科技战疫，创新强国”主题，组织开展六大产业链企业科技创新主题报告会、青少年科技创新活动、工业企业智能化改造及转型升级经验交流、科技入家庭等活动。8月25日，宁乡市科技活动周启动仪式暨“六大产业链”企业科技创新主题报告会在宁乡高新区举办。此次活动由宁乡市科技活动周组委会主办，市科技局、宁乡高新区联合承办，省科技厅政策法规与创新体系建设处处长王先民，长沙市科技局副局长陶红，宁乡经开区党工委副书记黄瑶，市人民政府副市长杨焕胜，宁乡高新区党工委副书记、管委会主任苏继桃，市科技局党组书记张永胜、局长戴碧锋等领导及200余位企业界人士出席启动仪式及报告会。科技局在2020年全国科技活动周及重大示范活动中，积极参与，热情服务，表现优异，获全国科技活动周组委会、科技部引进国外智力管理司荣誉证书单位，科技局戴碧锋获个人荣誉称号。（胡建辉）

2020年8月25日，宁乡市科技活动周启动仪式现场

教　育

【概况】 2020年，宁乡有各级各类学校935所，其中小学213所，初中72所，高中14所，职业学校8所，幼儿园317所，民办培训学校311所，在校学生和在园幼儿约20万人，在职在编教师8717人。2020年，宁乡聚焦高质量教育、高效能治理，不断深化学前、义务、普高、职业、民办、社区教育“六优”改革，推进好学校、好校长、好老师、好课堂、好学生“五好”工程建设。宁乡“三本破教案”案例在全国教育督导工作大会上宣传推介。学校建设工作经验、“抓党建、促扶贫”、民办学校党建等工作被《中国教育报》等各级媒体报道。“助孤爱心活动”被评为省优秀项目。“党建+德育”融合创新案例获湖南省教育厅十大优秀案例。被评为湖南省2017—2019年度内部审计工作先进集体，被长沙市教育局评为“长沙市教育系统文明创建先进单位”、2020年度一类教育阳光服务中心等；在全省第五届中学生班级合唱比赛，长沙市科技创新赛、现场创意编程竞赛、“奇思妙想”纸质模型竞赛等活动中获优秀组织奖。被宁乡市委评为“宁乡市文明创建先进单位”。2020年，宁乡市加大学校建设力度，城区学位紧张状况大为缓解，但仍存在结构性不平衡现象。

办学条件　2020年，宁乡市城区和农村集镇新（扩）建14所学校，投入资金13亿元，建设规模444个班，新增学位20520个；铺排公办幼儿园建设、标准化学校建设等111个项目，投入资金1.3757亿元。其中，横市芙蓉学校投资8700万元，比省教育厅倒排工期计划提前一年完成。全面加强中小学厕所提质改造，市直学校排污改造，中小学校、幼儿园污水治理等工作。建成网络联校分校78所，农村100人下小规模学校实现网络联校全覆盖。

队伍建设　2020年宁乡市新进教师449人，招录149名学生定向培养，全年培训教师8000余人次；加强人事管理改革，出台《宁乡市中小学校长负责制十二条》《教师调动规则》等；推进和谐校园建设，创建省、市模范职工之家、职工书屋5个；全面落实《乡村教师支持计划》，持续推进教师幸福工程“十件实事”。实现教师待遇不低于当地公务员。

校园安全　严格落实疫情防控工作相关要求，常态化开展防疫工作，22万名师生员工天天打卡报平安；校园安防“四个百分之百”建设全部落实到位，“三特”学生管理经验被推荐参评“湖南省基层改革探索100例”。全年未发生一起校园伤亡责任事故。

义务教育和普通高中教育　明确“成长+成绩”综合质量提升的定位，出台《宁乡市中小学教育教学质量提升行动计划》，2020年，宁乡市全部消除义务教育阶段大班额；承担7类11次国家教育考试，高考组考连续10年被评为长沙市“优秀考区”；网络教学落实工作受长沙市教育局通报表扬。未成年人思想道德建设深入推进，体育中考成绩居长沙市之首，师生在艺体、科技、阅读等各级各类竞赛中获省市奖励1200余人次。

学前教育　完成宁乡市人大关于促进学前教育健康发展的议案的办理；全市新增民办普惠园9所，民办普惠园达到135所；完成178所民办幼儿园分类登记；“小学化”问题有效治理，无证办园动态清零。推进小区配套幼儿园整治，签订20所配套园移交协议，新增学位5910个；建成的5所小区配套幼儿园全部办成公办幼儿园。全市公办在园幼儿占比50.19%。

职业教育 新建市职业中专产教融合实训大楼，增加公办中职学位500个；争取出台《关于深化产教融合推进校企合作的实施意见》；实施阳光招生；举办中职学校学生专业技能竞赛、演讲比赛、文明风采展演等活动；师生在各级各类竞赛中获国家一等奖1个，省级奖励62个。在2020年湖南省中职学校学生公共基础课普测中合格率93%，居全省前列。

民办教育 举办第二届民办培训学校校长论坛；培训机构整治常抓不懈，全年立案查处无证办学案件4起、有证机构违法违规办学案件4起，校外培训市场经营环境进一步好转；民办学校分类登记工作有序推进。

特殊教育 在全省率先成立“宁乡市残疾人教育专家委员会”，全市634名残疾儿童通过特殊学校就读、随班就读、送教上门方式全部接受教育。宁乡市送教上门工作获长沙市送教上门工作第一名。

社区教育 全市社区教育市域全覆盖。湖南省优秀社区学校1所、长沙市示范性社区学习中心2个、长沙市老年教育基地1个；成立家庭教育协会，家庭教育和社区教育深度融合。

2020年4月，返回校园学习的孩子们

教育扶贫 系统精准扶贫工作100%落实，市幼儿园和12名同志被记功、嘉奖；支教工作在长沙市作典型推介；全年资助学生38047人次，资助金额2300.3万元；义务教育阶段零辍学；教育基金会开展奖助学公益活动，帮助困难学子及重病特困教师904人，“助孤爱心活动”被评为省优秀项目。

疫情防控 落实长沙市教育局和宁乡市疫情防控指挥部要求，做好开学前、中、后三个时段的疫情防控工作。1月27日开始，全市22万名师生员工天天打卡，落实日报告、零报告制度；2月5日开始，全市学生参加网络教学，宁乡落实情况受长沙市教育局通报表扬；多渠道储备防疫物资；全面开展培训学校疫情期间线下停课督查；实施一个政府干部、一个医务人员、一个教育行政干部负责一所学校的“三包一”蹲点指导，开展联防联控。错峰开学后，录制宁乡防疫思政第一课，常态化做好校园防疫工作。

教育集团化 湖南一师附小和高新区合办高新区云起学校，明德中学和城郊九年制学校合办明德蓝月谷学校。

表15　　2020年宁乡市教育事业情况表

指标名称	计量单位	2019年	2020年
一、中等职业学校	所	9	9
1. 中等职业学校招生数	人	5321	5685
2. 中等职业学校毕业生数	人	2229	3512
3. 中等职业学校在校学生数	人	14125	16199
4. 中等职业学校教职工数	人	972	1076
二、普通中学学校	所	86	86
1. 普通中学招生数	人	21460	21351
2. 普通中学毕业生数	人	20759	21651
3. 普通中学在校学生数	人	63358	64506
4. 普通中学教职工数	人	4467	4421

续表15

指标名称	计量单位	2019 年	2020 年
三、小学学校	所	213	205
1. 小学在校学生数	人	82326	83238
2. 小学教职工数	人	3686	3818
四、特殊学校	所	1	1
1. 特殊学校在校学生数	人	154	194
2. 特殊学校教职工数	人	38	44
五、幼儿园	所	308	318
1. 幼儿园在园幼儿数	人	39855	41400
2. 幼儿园教职工数	人	4010	4190
六、学龄儿童入学率	%	100	100
其中：女童入学率	%	100	100
农村学龄儿童入学率	%	100	100
七、初中入学率	%	100	100
初中巩固率	%	94.76	94.77
初中升学率	%	97.65	97.66
八、高中入学率	%	97.02	97.04
高中阶段辍学率	%	2.91	2.9
大学升学率	%	86.17	84.86
高考参考人数	人	10622	10808
九、农村中小学危房改造面积	平方米	9158	5650
十、农村现代远程教育普及率	%	88	100

【智慧教育推进】 2020 年，宁乡市教育局出台《宁乡市智慧教育行动计划》和《宁乡市智慧教育实施方案》，建成新高考综合服务平台，宁乡市被认定为长沙市“智慧教育示范区”培育区，宁乡一中创建为长沙市未来学校创建校。通过银教合作模式，计划投资 1.2 亿元全面推进智慧教育示范区建设。

【2020 年教育系统工作会议】 2020 年 4 月 1 日，宁乡市教育系统工作会议在玉潭街道召开。宁乡市人民政府副市长陈德奇，宁乡市人民政府办公室副主任曾曙光出席。市教育局党委副书记、副局长文玉华主持。市教育局党委书记、局长欧正坤作大会工作报告，回顾总结 2019 年宁乡市教育工作成绩，明确 2020 年全市教育工作高质量教育、高效能治理两个重点，强化党建引领、平安建设等六大保障，就复学复课和疫情防控工作重点部署。市纪委监委驻教育局纪检监察组组长何欣宣读 2019 年度工作绩效考核先进单位和先进个人评选等结果通报。陈德奇要求，教育改革要敦本务实，队伍建设要秉要执本，立德树人要固本培元，复学复课要落实落细，确保平稳有序。

【名校长工作室启动】 2020 年 5 月 22 日，宁乡市名校长工作室启动暨“乡村好校长”颁奖仪式在宁乡十三中举行。湖南省教育基金会秘书长黄泽湘，弘慧教育发展基金会理事长张帆，宁乡市人民政府副调研员孔秋生，市教育基金会理事长王斌，市教育局党委书记、局长欧正坤出席。会上，五里堆中学校长钟凯被授予“乡村好校长”证书和“乡村好校长”成长基金。五里堆中学被授予“乡村好校长学校”奖牌。宁乡市教育局和弘慧教育发展基金会签订助力好校长成长承诺书。高中、初中、小学三个学段名校长工作室首席名校长邱田民、潘道正、喻建国分别发言。欧正坤、王斌、黄泽湘、孔秋生分别讲话。至 2020 年年底，宁乡市共有名师工作室 45 个、长沙市名师工作站 9 个、名师工作坊 15 个。

【未成年人思想道德建设工作部署会】 5 月 22 日，2020 年宁乡市教育系统文明创建工作推进暨未成年人思想道德建设工作部署会在宁乡市进修学校举行。宁乡市人民政府办公室副主任曾曙光主持。教育局副局长侯志宏解读《宁乡市2020年中小学校未成年人思想道德建设工作实施方案》，欧正坤讲话。市委宣传部副部长、市委文明办主任刘飞作业务指导。市委常委、市委宣传部部长彭娟强调要不断夯实未成年思想道德建设工作的主阵地、主渠道、主课堂，切实推动未成年思想道德建设工作沉下去、落下去、严下去。

【宁乡市残疾人教育专家委员会成立】 2020年4月16日，宁乡市召开残疾人教育专家委员会联席会议，宁乡市人民政府副市长陈德奇出席会议。由市教育局、市民政局、市卫健局、市残联共同组成的宁乡市残疾人教育专家委员会成立。该委员会负责宁乡市残疾人教育的重大决策，对残疾人教育与康复工作进行咨询与指导。

【校外培训机构专项整治工作推进会】 2020年8月13日，宁乡市校外培训机构专项整治工作推进会在市会议中心召开。教育工会主席刘国强作工作报告，总结工作成绩，解读2020年考核要求。2020年专项整治工作重点是有证培训机构规范办学行为监管和无证办学机构的查处，要求各乡镇（街道）再次排查摸底，各部门配合工作开展，各学校加强学生拒绝无证办学的教育。

【第36个教师节大会】 2020年9月9日，宁乡市庆祝第36个教师节大会在市会议中心召开。会议以“立德树人奋进担当，教育脱贫托举希望”为主题。市领导于新凡、付旭明、沈光、陈德奇出席。于新凡指出，要坚持教育优先发展战略毫不动摇，打造高素质现代化教师队伍，营造尊师重教氛围，努力办好人民满意的教育。付旭明要求教育系统和全市各级各部门要围绕促均衡、提质量、强队伍、谋长远、浓氛围抓好落实。沈光宣读《中共宁乡市委办公室、宁乡市人民政府办公室关于2019—2020学年度“优秀校长”等先进个人评选结果的通报》，表彰奖励“新时代党和人民满意的好老师”等先进个人400名。陈德奇作教育工作报告。

2020年9月21—23日，2020年湖南省青少年中国式摔跤比赛在宁乡市文体活动中心举行。图为颁奖现场

【2020年省青少年摔跤锦标赛】 9月21—23日，2020年湖南省青少年中国式摔跤比赛在宁乡市文体活动中心举行。此次活动由湖南省摔跤柔道跆拳道运动管理中心、长沙市体育局、宁乡市人民政府、湖南省摔跤柔道协会承办，宁乡市教育局、宁乡市文化旅游广电体育局协办。来自全省各市（州）11支代表队、250名青少年摔跤运动员，分男女甲组、乙组，共24个级别，经过两天半的角逐，产生24枚金牌、24枚银牌和48枚铜牌。本次比赛中，宁乡玉潭中学和宁乡四中两支队伍40名运动员参赛，其中玉潭中学夺3金4银13铜，获团体总分第一名、体育道德风尚奖。

【第七届中职学生专业技能竞赛】 2020年10月11日，宁乡市第七届中职学生专业技能竞赛在宁乡市职业中专学校举行开幕式。本次技能竞赛由宁乡市教育局、宁乡市职教中心主办，宁乡市职业中专学校、宁乡市潇湘职业中专学校、湖南护理学校承办，宁乡市民办教育协会协办。共设宁乡职业中专、湖南护理学校、潇湘职业中专三个赛点，全市9所中等职业学校近2500名选手参加13个专业类别55个赛项的比赛。最终宁乡市职业中专学校获团体一等奖，宁乡市潇湘职业学校和宁乡经开科技工业学校获团体二等奖，长沙环球职业中专学校、湖南护理学校和湖南省中南艺术学校获团体三等奖，长沙市蓝天科技中等职业学校、湖南健康学校和长沙湘都中等职业学校获道德风尚奖；宁乡市职业中专学校、湖南护理学校和宁乡市潇湘职业中专获优秀组织奖。

【第十五届“奇思妙想”纸质模型大赛】 2020年10月17日，宁乡市第十五届“奇思妙想”纸质模型大赛在金砺小学举行。大赛主题为“创意、实践、展示、成长”，由市教育局、市科学技术协会共同主办，全市各中小学校700余名学生参加。

【宁乡市中小学生田径运动会】 2020年10月21日，2020年宁乡市中小学生田径运动会在宁乡一中举行开幕仪式。本次运动会为期3天，参赛单位53个，参赛运动员1346人，分别参加高中、初甲、初乙、小甲、小乙5个级别26大项的比赛，决出196个市级冠军。

【沅江市考察团到宁乡考察教育工作】 2020年10月28日，沅江市人民政府副市长钟清华，沅江市教育局党委书记、局长段学文一行到宁乡考察。座谈会在宁乡市教育局机关召开。陈德奇出席座谈会。会议由欧正坤主持。陈德奇致欢迎词。宁乡市教育局汇报宁乡教师队伍建设和管理工作情况。长郡沩东中学校长李望雄汇报学校教师考核评价奖惩工作情况。段学文、钟清华讲话。会后，钟清华一行到长郡沩东中学实地考察。

【宁乡市教育系统读书分享比赛活动】 2020年11月18日，宁乡市教育系统读书分享比赛活动在教师进修学校举行。潘帆阅读推广名师工作室、廖鹏飞高中语文名师工作室、成茂林初中语文名师工作室、熊瑛小学语文名师工作室全体成员共200余名教师参与活动。经过初赛、复赛，48位选手进入决赛。

【宁乡市家庭教育协会举办首批会员单位授牌仪式】 2020年11月25日，宁乡市家庭教育协会举办的首批会员单位授牌仪式在宁乡市会议中心举行。宁乡市家庭教育协会常务班子成员、理事、会员及33家首批荣誉会长单位、荣誉副会长单位、副会长单位、理事单位主要负责人，学生家长代表等近300人参加会议。会议宣读《宁乡市家庭教育协会首批会员单位名单》，对授牌单位颁发协会牌匾，回顾总结协会成立两个月以来的工作，并对后段工作进行安排部署。

【中国少年先锋队宁乡市第一次代表大会】 2020年12月1日，中国少年先锋队宁乡市第一次代表大会在市会议中心召开。共青团长沙市委党组成员、副书记周坤，宁乡市委领导沈光、陈德奇出席开幕式。全市少先队员代表、少先队工作者代表、社会各界人士共368人参加。欧正坤致辞，共青团宁乡市委副书记郭婷作少先队工作报告，共青团宁乡市委书记黎宇宣读表彰文件。全体代表一起学习习近平在湖南考察讲话精神、第八次全国少代会精神和长沙市少工委第七届全委（扩大）会议精神，审议通过选举相关事宜，选举产生市第一届少工委主任、副主任、委员。

【职业中专团队获全国职业院校技能大赛教学能力比赛一等奖】 在12月9—12日举行的2020年全国职业院校技能大赛教学能力比赛中，宁乡市职业中专学校成静、谢杏、朱俊英、张红娟四位教师组成的教学团队获比赛一等奖。

【第二届幼儿园园长论坛】 2020年12月11日，宁乡市教育局、宁乡市学前教育学会在市幼儿园举办以“共话改革 共谋发展”为主题的宁乡市第二届幼儿园园长论坛。全市乡镇（街道）基地学校分管业务工作副校长以及各级各类幼儿园园长共350余人参加。会议要求全市幼儿园以公益普惠为导向，规范管理、优化服务、提升质量。

【第三届中职学生“文明风采”展演】 2020年12月25日，以“‘疫’路成长 花开少年”为主题的宁乡市第三届中职学生“文明风采”展演活动在宁乡市职业中专学校举行。湖南省教育厅副厅长王仁祥，湖南省教育厅职成处副处长周韶峰，长沙市教育局副局长杨庆江等领导出席。整场演出以讲好抗疫故事、学习抗疫英雄、传承抗疫精神、歌唱伟大祖国为主线，分为“抗疫情”“职教心”“中国梦”三个篇章共12个节目，以情景剧、舞蹈、歌曲、朗诵、话剧等形式表演。经评审，宁乡市职业中专学校《卓玛》、湖南省中南艺术学校《共筑中国梦》、长沙市蓝天科技中等职业学校《翱翔》、宁乡经开区科技工业学校《十天》4个节目被评为特等奖，其余8个节目分别获一、二等奖。宁乡职业中专学校和宁乡经开区科技工业学校获优秀组织奖。宁乡市中职学生“文明风采”展演活动连续举办三届，成为展示中等职业教育成果的重要舞台。（黄晓佳）

宁乡一中

【概况】 宁乡一中是湖南省示范性普通高级中学，学校占地26.67公顷，总建筑面积13万平方米。学校环境优雅，布局科学，设备先进，功能齐全。2020年，有教学班83个，在校学生4422人，教职工398人。有正高级教师2人，特级教师6人，中学高级教师156人，国家级骨干教师5人，省、市级骨干教师50人，研究生学历教师39人。

2020年，宁乡一中接受国家级文明校园创建验收，举办湖南省首届高中高校协同育人高峰论坛，接待株洲市南方中学等兄弟学校。学校集团化加速发展，在托管宁乡一中白马桥中学的基础上，2020年又托管宁乡一中滨江中学。

发挥工会作为党联系教职员工的桥梁和纽带作用。召开宁乡一中第十届教职工代表大会第八次会议，审议并通过学校工作报告《迈进新时代 奋起正当时》《宁乡市第一高级中学教职工工作量计算和超课时工资发放办法》和《宁乡市第一高级中学高考业绩奖励办法》。办好“职工之家”“母婴室”，继续做好“送温暖”工作。

教育基金会工作认真务实，校友捐资253万元，社会爱心人士“一对一”定向捐助20万元，深圳校友会、长沙校友会意向捐资50万元。基金会“三奖三扶”总金额近100万元。刘敏、魏子杰校友及爱心人士向学校捐赠口罩等防疫物资近30万元。

落实国家资助，发放2020年秋季国家助学金552人次，共计126.35万元；发放中央财政建档立卡户、农村低保户、保残疾学生、城市低保户、残疾家庭、一般贫困家庭免补学费、书籍课本费457人次，共计70万余元。省市及爱心人士资助建档立卡大学生、“圆梦助学”“扶困助学”等149人次，共计71万元。

招生工作严谨规范。落实省教育厅、长沙市教育局和宁乡市教育局有关文件精神，认真执行招生工作计划，确保招生政策落实到位，新生质量到位。高校联络工作扎实有效，加强与高校的联系。

财务工作规范，严格执行国家的财务制度，坚持执行上级规定的收费标准，不乱收费，严格实行收支两条线，精打细算，被评为宁乡市部门预决算管理工作先进单位。全年无食品安全事故，在市教育局春季、秋季食品安全专项检查中均被评为优秀。办学条件进一步改善，包装项目10余个，对接上级部门，争取政策性资金，年内落实资金近700万元。完成智能广播系统改造、包装2020年基础设施改造项目、包装校园教室灯光改造、完成校园自来水管网和厕所改造、包装新型城镇化示范项目建设。完成疫情防控物资采购、分发，校园全覆盖消毒等工作，让师生在一个健康、安全、温馨的环境下生活、学习。

【教师队伍建设】 2020年，宁乡一中人事工作扎实有序。完成21位新教师的转正和初级职称认定工作，推荐教师周海英参与湖南省特级教师评审，教师罗定庚被评为正高级职称教师，刘菊兰等15位教师获得高级职称资格；为解决部分年轻教师职称评审缺乏农村或薄弱学校任教经历，安排34名教师赴滨江中学、桃林桥中学等学校支教；名师队伍进一步扩大，5名教师成功申报宁乡市名师工作室首席名师，长沙市卓越教师11名，宁乡市卓越教师13名；为庆祝第36个教师节，经学校党委研究决定，推荐欧铁强参加“长沙市优秀教育工作者”的评选，推荐成正强参加“长沙市优秀教师”的评选，推荐易爱华、罗定庚和黄燕3位教师参加2020年优秀教师和先进集体（长沙市企业奖）的评选。大力科学引进优秀人才，做好教师补充配置工作。11月23—25日进行教师招聘，引进华中师范大学、西南大学等高校公费师范生及中南大学等高校毕业生13名，其中博士1名，教师结构进一步优化。

实效培训提升教职工综合素养。8月22—24日，在学校党委领导下，由人事科、各年级支部组织教职工暑期全员培训；组织国培、省培、市培及县培的送培工作；抓好“青蓝工程”管理考核，发扬老中青传帮带的优良传统。

教研课改进一步突破。在教育部“一师一优课、一课一名师”网上晒课中宁乡一中教师共晒课90余堂，部分教师的课被评为部级优秀课、省级优秀课。教学竞赛方面，化学组教师朱嘉在宁乡市化学教学创新比赛中被评为特等奖第一名，物理组教师肖艳湘在宁乡市生物教师教学比武大赛中被评为第一名，“五市十校”教学比武中，代表宁乡一中参赛的高二政治组教师尹森、高二历史组教师张敏均等被评为一等奖。课题研究、论文评选成绩突出。2020年宁乡一中3个省级课题（体育组课题：刘斌《田径类教材创新研究》外语组课题：谭聪《普高英语教学中培养学生语言观察能力的策略研究》数学组课题：黎国之《关于组建高中数学实验室开展实践型教学的研究》）均取得很好的进展。杨昌志、罗巧丽等教师的多个市级课题有进一步推进。论文发表方面，2020年宁乡一中有28名教师52篇论文发表在各类刊物上，并获得国家级、省市级奖励。2020年第3期、第4期《教研通讯》编辑成册。组织欧铁强物理名师工作室、谢芳英语名师工作室、侯志宏化学名师工作室、周海英生物名师工作室等教研活动。组织全校教师学习新高考考纲并进行教学研讨，先后有20余批次共计100余人次教师参加县级以上高考、学考考纲研讨会和学科会。召开新教师业务成长座谈会，在对32名青年教师的课堂评级督查中，23堂汇报课被评为“优秀”等级。

【德育教育】 2020年，宁乡一中开展文明校园创建，全面培育和践行社会主义核心价值观。加强对学生进行爱国主义教育、思想道德教育、法制安全教育和心理健康教育等综合素质的熏陶和培养。学校全年未出现欺凌、暴力等事件，无消防、安全责任事故，圆满完成市田径运动会、市篮球赛、校运会、艺术节等各项安保活动，教职工学法、考法工作全部达标，高一、二年级学生禁毒学习网上注册率、完成率达100%，校内外秩序良好，师生员工无一犯罪现象。783班张蓉代表宁乡市高中学生参加长沙市禁毒知识比赛。学校保安中队获市“先进集体”。学校顺利通过省禁毒办、长沙市、宁乡市政府、安委、教育局、公安、消防大队的各项检查验收。

【教学质量】 2020年，宁乡一中高考成绩斐然。黄泽中考取北京大学，600分以上261人，纯文化一本上线1063人，加艺体一本上线超1100人，二本以上上线1347人；理科最高分679分，文科最高分660分，其中文科有两人进入全省前100名；单科优秀四人，进入全省前十名。抽考成绩居宁乡市第一名。

【特色教育】 2020年，宁乡一中在奥林匹克竞赛中，数学：2人获省二等奖，3人获省三等奖；物理：1人获省一等奖，10人获省二等奖，3人获省三等奖；化学：1人获省一等奖，5人获省二等奖，2人获省三等奖；生物：4人获省二等奖，6人获省三等奖。艺体教育成绩斐然。2020年湖南省中学生田径运动会获得5金4银4铜，获团体第五名；参加长沙市中学生田径运动会获得14金6银3铜，获团体第三名；参加县中学生田径运动会夺得团体总分第一；举重比赛参加湖南省青少年锦标赛获得团体第一名；女足代表长沙市参赛分别获得第五、第八名。11月合唱团参加“宁乡市中小学生合唱节”获得优秀表演奖；艺体生高考上线率达到98%以上。承办宁乡市中小学田径比赛，承办宁乡市级多项篮球赛事等艺体活动。学校获2020年度市体育、艺术先进单位。

宁乡职业中专学校

【概况】 2020年，宁乡市职业中专学校拓宽合作平台，扩大办学影响，各项工作迈上新台阶。学校全日制在籍学生4078人，教职工273人，开设机械加工技术、电子电器应用与维修、焊接技术应用、制冷和空调设备运行与维护、旅游服务与管理、高星级饭店运营与管理、社会文化艺术、汽车制造与检测、汽车服务与营销、会计事务、电子商务12个专业。根据宁乡市产业链发展需求进行专业动态调整，在12个专业基础上申报家政服务与管理专业（2021年开始招生）。学校积极参加长沙职业技术学院牵头举办的职教集团活动；牵头成立的宁乡职业教育教研联合会，与宁乡市8所民办职校会员在管理、教学、培训、资源建设等多层面展开学习交流，以名师工作室为平台，定期开展主题研修、教学开放日、送课诊课等活动。通过“顶岗实习”“工学交替”“到厂见习”“校企联谊”“百名职教人服务企业”“送教入企”“挂职锻炼”等活动，全面培养技术技能人才，为本地企业输送大批合格员工，2020年发放企业问卷调查100份，满意率98.50%。

2020年，省教育厅厅长蒋昌忠、副厅长王仁祥、省财政厅副厅长陈博彰、省科技厅副厅长朱皖、宁乡市人大常委会主任喻亚军、宁乡市政协主席刘永红等领导到校调研指导；学校承办湖南省中职学校校企合作年会、省技能竞赛赛点、宁乡市“十行百优”职工技能大赛、首届校园创业培训、第七届学生技能竞赛、第三届中职文明风采展演等大型活动；“长沙市文明单位”动态管理获好评；创新宣传管理，新增抖音平台，发布短视频99条，评估进入省职业院校官方抖音号前30名，微信平台发布推文近200条，《湖南日报》、《长沙晚报》、《三湘都市报》、《今日宁乡》、人民网、网易、红网、中国农村远程教育网、湘微中职等市级以上媒体64篇次推介学校办学动态和成果。学校获“湖南省青春健康工作先进单位”“湖南省学校心理健康教育先进单位”“湖南省第二届中等职业学校啦啦操比赛体育道德风尚奖”“湖南一家一助学就业·同心温暖工程实施学校”“长沙市五四红旗团委”“长沙市文明风采优秀组织奖”“宁乡教育系统先进基层党组织”“宁乡市2019—2020学年度高考质量一等奖”“宁乡市第七届中职学生专业技能竞赛优秀组织奖”“宁乡市教育系统‘三八’红旗集体”“2019年度工作绩效考核优秀单位”“2019年度党风廉政建设先进单位”“2019年度教育招生考试工作先进单位”“2019年度综治安全工作先进单位”“2019年度宣传思想和意识形态工作先进单位”及经开区2020年度“产业项目建设年”争先创优活动产业服务三等奖等荣誉。

2020年湖南省职业教育与成人教育中职校企合作年会

【教师队伍】2020年，市职业中专学校成立电子技术、会计、旅游服务与管理3个名师工作室，教师参加各类培训共计378人次，其中，国家级培训110人次、省级培训16人次，市级培训136人次，县级培训58人次，组织教师到楚天科技、格力空调、通程大酒店、途虎养车等7家企业进行挂职锻炼62人。结合《湖南省中职学校管理规程》，抓好教学常规管理和教学过程管理。完善《教学常规》《课堂教学评价制度》《学生专业技能考核办法》等教学管理制度，严控教学过程，学校每天分校级值日、教务科巡查、专业部督查三个层面对课堂教学和实训实习情况进行监控督导，做到每日一公布，每周一总结，每月一诊改。通过开展全员教学能力比武，以赛促教提升教师专业能力，2020年获得省赛奖项20人次，市赛奖项52人次，思政比赛4人次获市赛奖，其中成静、谢杏、朱俊英、张红娟团队获得全国教师职业能力竞赛一等奖。

【教育教学】根据国家和省专业教学指导方案及调研结果，2020年，市职业中专学校修订和完善12个专业的人才培养方案，推进三教改革，改革人才培养模式，与55家实训基地合作实施三段式产教融合育人机制。学校有机电装备制造、现代商贸旅游和汽车制造与服务三大专业群，以专业群建设带动专业结构优化调整，机电装备制造专业群对制冷和空调设备运行与维修专业中融入智能家居模块；现代商贸旅游专业群对电子商务专业实行“1+X证书”制度人才培养试点；汽车制造与服务专业群根据产业发展新要求，拟申报新能源汽车专业。学校66间教室全部配备触控一体机，校园无线网络全覆盖，实现教学信息化。结合疫情要求推进“线上+线下”混合式教学改革，疫情期间共组织157位教师进行线上教学10176课时，在线课程资源建设数量达5312个。2020年，湖南省中职文化课普测技能考查合格率99.6%，其中长沙市旅游服务类专业技能考查合格率100%，优秀率29.2%。学校组织的其他专业技能考核合格率99.2%。举行教学开放日活动，优秀课堂被推介观摩。组织开展师徒结对、教学交流、骨干教师示范和新教师汇报活动，开展教学能力校赛（教学设计作品和片段课赛课），教师教学整体水平得到提升。加强技能选手培育，在2020年中职学生专业技能竞赛中，获得湖南省一等奖4个、二等奖5个、三等奖6个，长沙市一等奖19个、二等奖60个、三等奖29个。

【科研能力】2020年，市职业中专学校修订《教育教学科研成果奖励方案》和教科研在教师绩效考核、职称评定等方面的权重与要求。2020年7个湖南省教学改革研究项目和1个长沙市“十三五”规划课题顺利结题，立项4个省级教学改革研究项目，1个长沙市教育科学“十三五”规划课题，入选2门省级精品课程（《汽车构造》《餐饮服务与管理》），2个省级专业教学团队，老师肖义军主编的2本教材入选国家“十三五”规划教材，1本教材被评为湖南省职业教育优秀教材，4个德育案例、15个校企合作案例、24篇论文获得省级奖励。

【德育工作】 2020年，市职业中专学校开设“文明素养、理想信念、孝道、感恩、礼仪、励志、传统美德、工匠精神”九类德育精品课程，形成每日感恩手语操，每周主题升旗仪式、每月主题德育活动。从职业认知、素养和情怀三个维度实施“定位德育”，一年级“学习定位”，二年级“职业定位”，三年级“社会定位”，引导学生“怀匠心”“践匠行”“做匠人”。确立“一心双环”团学组织建设机制，成立学生自主管理委员会，设学生会主席1名，委员4名。2020年新增汽车工匠和新媒体2个社团，取缔围棋社和吉他社，共有学生社团15个，重点打造“巧艺工作室”“新媒体社团”“职专读时光”等特色社团，新媒体社团作品被教育部抖音公众号“职教小微”推介。在2020年“文明风采”竞赛系列活动中获省级奖项7个，市级奖项26个，其中长沙市一等奖7个。

【职业培训】 2020年，市职业中专学校发挥职教中心服务职能，面向农村转移劳动力、返乡农民工、下岗职工、退役军人、大中院校毕业生等社会待业群体开展电工、焊工、计算机、育婴员、客房服务员等职业技能培训，为园区企业提高员工业务水平，改善人才结构。开设3期水稻产业研修班，培训高素质农民150人，壮大宁乡新型职业农民队伍，推动现代农业发展。为企业员工提供职业技能鉴定，实现持证上岗。教师暑假入企业挂职锻炼深化产教融合，协助企业进行岗位管理和技术改进。组织焊工等培训班为宁乡市复工复产做出贡献。

【就业质量】 2020年，市职业中专学校召开大型招聘会2次，中小型专场招聘会25次，对口就业率比2019年提升0.9%，初始月薪比2019年提高50元。2020年学生就业、升学和自主创业人数比为1∶1.55∶0.01，毕业生出路趋于多元化；升学人数逐年递增，2020年首次超过就业人数。在黄炎培职业教育规划大赛中，四个项目参加长沙市赛，一个项目获湖南省优胜奖。毕业半年内，能独立或在师父引领下完成工作的毕业生占92.6%；在工作过程中能针对生产中的问题提出改进举措和建议的毕业生41%，建议采纳率75%；工作得到晋升或表彰的毕业生占30.17%。校企合作企业数量增加至59家，与13家知名企业冠名办班15个。2020年下学期安排工学交替学生742名。全年741位就业学生中，601人在宁乡就业，占81.1%，140人在长沙就业，占18.9%。采用“2+1”模式组织学生实习，前两年在校学习，第三年到企业顶岗实习。2020年，将实习生安排到本地59家企业顶岗实习。完善顶岗实习制度，重视跟踪管理，实习稳定率稳步提升，半年实习稳定率89%。

文化事业

文化旅游广电体育

【概况】 2020年，宁乡市文化旅游广电体育局机关内设10个科室：办公室（旅发委办公室）、党建办、财务科、文化科、体育科、产业广电科、旅游发展科、行政审批服务科、文物科、综合执法协调科。下辖10个二级单位：文化市场综合行政执法大队、文旅产业服务中心、图书馆、文化馆、文体活动中心、电影放映管理服务中心、剧院、文体事业发展服务中心、沩滨旅游服务中心、炭河里遗址管理处。全系统在编干部职工205名。

2020年，宁乡市文化旅游广电体育局围绕“战疫情 促发展”工作主线，实现文化旅游市场的稳步复苏和“省级全域旅游示范区成功创建”的目标，推动宁乡文化、旅游、体育、广电事业高质量发展。1—12月，宁乡纳入监测范围内的22个景区点共计接待游客1018.65万人次，实现旅游综合收入75.38亿元，基本恢复2019年同期水平。文化馆、花鼓戏剧团创排的小戏《存款风波》入选全国“百年百项”小型作品创作计划。罗家冲遗址被誉为“十三五”湖南省十大考古新发现。3月20日，谢觉哉故居被评为“湖南省爱国主义教育基地”。4月，宁乡市炭河里遗址管理处、宁乡市文体活动中心被评为2019年度长沙市文明单位。5月18日，长沙方特·东方神画获长沙市文旅产业融合发展示范区称号，奥特莱斯获长沙市文旅消费特色小镇称号，沩山茶业获长沙市十佳旅游购物示范点，金太阳获长沙市夜间经济示范项目，稻花香里农耕文化园乡间经济研学游项目和刘沩休闲农业与乡村旅游业融合发展项目获长沙市乡间经济示范项目称号。9月19日，在杭州召开2020中国新型旅游产业发展大会。在大会上，宁乡市获得“中国最佳全域旅游休闲目的地”。9月25日，然滋湘味·君合农业获“2020中国特色旅游商品大赛”银奖。9月29日，宁乡文旅与阿里飞猪战略合作协议签约仪式在宁乡举行。11月12日，《中国县域旅游竞争力报告2020》发布“2020中国县域旅游综合竞争力百强县市”和“2020中国县域旅游发展潜力百强县市”，宁乡市入选“2020中国旅游百强县”。12月，宁乡成功创建省级全域旅游示范区。12月22日，何叔衡故居管理处揭牌成立。

表16　　2020年宁乡市文化体育事业发展情况表

指标名称	计量单位	2019年	2020年	2020年比2019年增长（±%）
公共图书馆（总馆）	个	1	1	0
公共图书馆（分馆）	个	—	11	—
藏书量	万册	26.5437	28.1302	5.98%
群众文艺团队	个	420	420	0
全年公益演出	场	77	65	-15.58%
全年公益电影放映	场	4500	3625	-19.44%
文化馆（总馆）	个	1	1	0
文化馆（分馆）	个	—	14	—
文化广场个数	个	250	285	14%

续表16

指标名称	计量单位	2019 年	2020 年	2020 年比 2019 年增长（±%）
文化广场面积	平方米	359780	381620	6.07%
体育场馆个数	个	15	20	33.33%
体育场馆面积	平方米	2445115	2704589	10.61%
体育协会	个	21	24	14.29%
年内举办运动文体活动场次	场	55	30	-45.46%

【公共文化体育服务体系建设】 2020年，宁乡市文化旅游广电体育局加强公共文化体育服务体系建设，让“城区15分钟—重点乡镇20分钟—一般乡镇30分钟”公共文体服务圈更加高效便捷。投入30万元提质升级宁乡市行政中心图书分馆。策划组织全市舞龙大赛、广场舞大赛、气排球大赛、干部职工篮球赛等体育活动10余场。开展“送戏下乡”65场、广场舞培训40余场、阅读推广活动60余场、流动图书服务100余场、公益电影放映3625场。2020年，体彩销售5000万元，为全市体育事业发展作出贡献。

2020年6月，“龙腾盛世 欢乐楚沩”宁乡首届“兴宁优选”杯舞龙大赛开幕式 摄制者：刘立

【文体赛事】 2020年5月30日，“以青春的名义——绽放青春活力 展示宁乡魅力”宁乡市首届曳步舞公益展示活动在文体中心举行，15支队伍、400名舞者交流展示。6月20—22日，宁乡市首届“兴宁优选”杯舞龙大赛在文体中心体育馆举办，共有75支队伍、1500余名舞龙爱好者参赛。7月1—3日，宁乡市第一届“组工杯”气排球赛在文体中心体育馆举行，共有来自全市的18支队伍300余名运动员参加。7月9—11日，宁乡市“康养健身杯”全民广场舞大赛在沩山国家级风景名胜区密印景区游客服务中心广场举行。7月28日，长沙市第九届全民健身节系列活动2020长沙市社区广场舞大赛在麓山滨江实验学校举行，宁乡市鬼步舞1队获得金奖，宁乡市广场舞2队获得银奖。10月16—18日，2020年宁乡市“农发杯”职工气排球赛在文体中心体育馆举行。本次比赛共有来自全市各单位47支队伍、500余名运动员参加，分为男子中年、青年组，女子中年、青年组，男女混合甲乙组共6个组别，创造宁乡历史上职工气排球赛参赛队伍、人员、组别的最高纪录。11月13日-12月11日，“长房”杯2020年宁乡市男子篮球赛在文体中心体育馆举办。11月16日，宁乡建设的20个标准化村（社区）综合文化服务中心、1个智慧健身驿站、1个乡镇（街道）全民健身中心、1条健身步道、2个全民健身工程点等重点民生实事工程，全部验收合格。

【文化遗产保护】 2020年，宁乡市文化旅游广电体育局加强文化遗产传承保护、发展利用。大力弘扬红色文化，传承红色基因，发展红色旅游。实施何叔衡故居、谢觉哉故居展示利用工程，打造沙田红色文化中心，开设“宁乡四髯”陈列馆，完成文九如墓修缮、罗仲孺墓地修缮；出土宋代文物200余件。“非遗”保护传承抓实推进。打造“剪纸博物馆”。遴选“木偶戏”“龙田扎肉”“皮影戏”“麻山锣鼓”等13个“非遗”项目参展宁乡首届文创博览会，《人民日报》以“美食宁乡”“非遗宁乡”进行重点宣传和推介。“龙田扎肉”传承平台公司被评为第一届湖南省文旅网红大赛“最美文旅网红”。

【文艺创作】 2020年，创作《勇往直前》《宁乡等你》等文艺作品10余个。花鼓戏小品《万众一心抗疫情》被评为“艺抗疫情·云游湖南”主题活动优秀作品奖。《勇往直前》在《人民论坛》《湖南日报》等媒体平台点击量达到100万次。《牙痕记》获长沙市杜鹃花艺术节优秀剧目二等奖，《琴房送灯》获优秀演员提名奖。大型现代花鼓戏《永远的叔衡》启动创排。10月30日，文化馆、花鼓戏剧团创排的小戏《存款风波》进入全国“百年百项”小型作品创作计划。11月，广场舞作品《宁乡剁辣椒红》入选“我和我的祖国”——文化新生活全国广场舞展演活动100部推荐作品。

【考古工作】 2020年，为配合宁韶高速工程建设，联合湖南省考古研究所开展文物考古工作，发掘汉代至宋代墓葬30余座，出土陶器、铁器、玉器等珍贵文物200余件。8月26日，廖楚璜墓等七处文物点被公布为第十批县级文物保护单位。9月30日，罗家冲遗址获得“十三五”湖南省十大考古新发现。10月，“宁乡市炭河里四羊方尊出土点保护展示”入选湖南文物保护利用创新百佳案例重点推介项目。

罗家冲遗址遗迹分布图

【文旅行业复苏】 2020年，宁乡市文化旅游广电体育局坚持疫情防控和文旅发展两手抓，推动文旅市场复苏重振。局系统114名党员干部投身“疫情防控”工作一线，第一时间关停全市1200余家文旅经营（公共）场所，停止一切文化旅游聚集性活动，全力打响抗疫阻击战。2月28日，宁乡商贸旅游新闻发布会在宁乡通程温泉酒店召开，此次网络新闻发布会聚焦“疫情防控”下的宁乡旅游现状，介绍宁乡市旅游奖励政策及相关意见、发布目前开放景区名单及开放防控要求，并介绍宁乡2020年旅游节庆活动相关情况。4月15日，春暖潇湘·乐游宁乡春游总动员（宁乡站）启动仪式暨2020宁乡市全域旅游推介会在长沙方特·东方神画举行。湖南省内旅行社协会、旅行社负责人，宁乡市内相关部门单位、乡镇、旅游企业负责人，媒体人士近300人参会。5月，《万众一心抗疫情》《勇往直前》被评为全省“艺抗疫情·云游湖南”主题活动优秀作品奖。推出5条“乐游宁乡”经典线路，推动文旅行业复苏。大部分景区实现暑期逆势增长，紫龙湾温泉度假区创下开业11年来最好业绩。实施“暖企行动”。发布“引客入宁”奖励等14条硬核措施，奖励资金227.49万元，积极争取上级惠企纾困、专项补助资金2410.76万元，为企业助力、为发展赋能。在逆势中抢抓机遇，主动寻求支持与合作。与湘江新区就花明楼红色文旅小镇、关山古镇二期进行合作；与阿里飞猪等旅游平台合作，推进宁乡旅游智慧化建设和互联网营销；与湖南中旅等10余家旅行社签订研学旅行战略合作协议。

【文旅市场治理】 2020年，宁乡市文化旅游广电体育局推进文旅市场治理体系治理能力现代化，推进文化市场综合行政执法改革和行政审批改革。11月1日，宁乡市文化市场综合执法局改名为宁乡市文化市场综合行政执法大队，揭牌换印。全年办理行政审批业务事项312项，咨询事项89项。全年共出动执法人员1300余人（次），检查场所600余家，立案查处违规经营单位24家；开展全市旅游景区（点）服务质量和安全生产专项稽查，发现和整改问题（隐患）728条；收缴各类非法出版物近3000册、盗版音像制品（光盘）800余张，全年文旅市场平安稳定、健康有序。10月3日，宁乡市文化市场综合执法局办理的“湖南长沙李某侵犯音乐作品著作权案”被国家版权局评为查处重大侵权盗版案件有功单位和有功个人。12月11日，宁乡市文化市场综合行政执法大队办理的“炭河里遗址建设控制地带内违规进行建设工程案”被国家文物局评为2020年度全国文物行政处罚“十佳案卷”。该案同时被长沙市列为行政执法指导案例。12月14日，宁乡市文化市场综合执法局被湖南省文旅厅评为“2020年度县级综合行政执法工作考评先进单位”。

【“春暖潇湘·乐游宁乡”春游总动员启动仪式暨2020宁乡市全域旅游推介会】 4月15日，“春暖潇湘·乐游宁乡”春游总动员启动仪式暨2020宁乡市全域旅游推介会在长沙方特·东方神画举行，是宁乡率先响应省文旅厅主办的“春暖潇湘”文旅消费季活动的重要活动，也是长沙市“春暖潇湘”文旅消费季宣传活动的重要内容。宁乡是一座历史悠久、文化厚重的文明古邑，红色文化、青铜文化、养生文化交相辉映，形成了沩山炭河旅游区、灰汤温泉旅游区、香山方特旅游区和刘少奇故里旅游区四大旅游片区。此次活动根据宁乡特色推出五条乐游宁乡旅游线路：千古文化游，包含炭河古城—炭河里青铜博物馆—密印景区—千佛洞；欢乐休闲游，包含方特·东方神画—关山景区—时代·奥特莱斯—灰汤温泉度假区；红色经典游，包含刘少奇故里花明楼景区—沙田何叔衡故居—谢觉哉故居；乡村生态游，包含道林古镇—稻花香里—沩山茶园—香山森林公园—湘都生态园—石仑关梦想小镇；户外体验游，包含九折仑航空基地—博兵寨—天紫漂流—龙泉漂流—神仙岭。这些线路各具特色，不同年龄不同需求的游客均能找到适合自己的旅游方式。

【宁乡发现设有“过仙桥”的北宋夫妻合葬墓】 2020年5月，为配合宁韶高速公路建设，湖南省文物考古研究所与宁乡市文旅广体局对坝塘镇南芬塘村杨家湾地段墓群进行抢救性考古发掘，发现一座北宋夫妻合葬墓葬和一座汉代平民墓葬，北宋夫妻合葬墓设有特殊的“过仙桥”。在2007年全国第三次文物普查时，宁乡市文物部门就在该地段发现疑似古墓群。

北宋合葬墓有两个墓室，墓室既相连又独立，考古专家认定为并排的“夫妻墓”。其中一个墓室墓盖缺失，另外一个保存完整，考古人员在被盗的墓室内发现少许瓦片和陶片。根据墓葬的结构和特点及出土的器物等方面综合推断，此墓为宋代平民墓葬。相连的两个墓室之间有一扇小窗，民间俗称“过仙桥”。古时候，“过仙桥”寄托着夫妻死后再续姻缘的祝福，但在合葬墓中并不多见。杨家湾地段古墓群的发掘为研究汉代和宋代时期的历史、民俗、葬俗等提供重要的参考资料。5月19日，《宁韶高速二标段南芬塘地段发现古墓群》新闻刊发、播出后，受到广大读者、观众的关注，先后被新华社、中新社、湖南卫视、湖南都市、长沙电视台、《长沙晚报》等多家媒体转载、转播。5月25日，新浪微博转发这一条新闻，阅读量达4.7亿人次，“北宋古墓发现过仙桥”的话题快速登上微博热搜榜第一位。（贺　竹）

融媒体

【概况】 2020年，宁乡市融媒体中心内设综合部、新闻部、发展部3个部门，下辖宁乡市电视台、宁乡市广播电台、宁乡市望北峰广播电视转播台、宁乡市电视节目传输中心、宁乡市新媒体中心5个二级单位，下辖宁乡广电文化传媒有限公司、长沙宁视界传媒有限公司2家企业。全中心共有干部职工253人，其中在职干部职工190人，离退休干部职工63人。

2020年，宁乡市融媒体中心整体搬迁至位于滨江大道20号的新址，全年安全播出上级台和本台节目117164小时，实现安全播出“三零”目标。望北峰转播台配合开展中央节目无线覆盖数字化改造工程，完成全市沩山、龙田、沙田、祖塔、崔坪5个补点基站的巡查、维护、维修工作。宁乡市融媒体中心被评为长沙市宣传创优先进单位。宁乡市融媒体中心被提名为中国城市融媒创新发展最具创新影响力区域融媒体中心TOP10；宁视界客户端被提名为中国城市融媒创新发展最佳客户端TOP5；宁视界微信公众号在2020年第二届全国百强融媒创新发展调研结果发布中被评为全国城市融媒创新发展最佳微信公众号；“智慧宁乡”APP被评为中国2020智慧城市APP融合创新奖。

沩山乡密印寺

【张严调研宁乡市县级融媒体推进情况】 2020年9月4日，湖南省委宣传部副部长、省广电局党组书记、局长张严，长沙市委常委、宣传部部长陈刚一行到融媒体中心调研县级融媒体推进情况、融媒体中心建设等工作。长沙市委常委、市委宣传部部长陈刚，宁乡经开区党工委书记、市委书记于新凡，宁乡市委常委、市委宣传部部长彭娟参加调研。

张严先后调研市融媒体中心（梅花路旧址）、市融媒体中心新址建设工地，详细了解融媒体中心建设等工作开展情况，随后召开座谈会，听取相关工作情况汇报。张严对宁乡市相关工作给予肯定。他指出宁乡工作措施有力，媒体融合做到与学习强国、文明实践、政务服务相结合，措施精准有力，成效明显；融媒体中心建设工作真正按照党中央、国务院相关要求扎实推进，初步形成“一平台三中心”大融合的格局，成绩值得肯定。张严此次还调研了新时代文明实践中心建设工作。

【融媒体中心整体搬迁】 2020年10月20日，宁乡市融媒体中心整体搬迁至位于滨江大道20号的新址，新中心占地面积近6.7公顷、总建筑面积1.2万平方米，总投资5亿元，其中房屋装修基建和工艺设备总投资近亿元。12月18日，融媒体中心接受省委宣传部验收并获好评。

【归口运营平台】 2020年，市长办公会议明确“全市纳入财政监管单位的广告宣传、文化创意、节会活动等业务统一归口市传媒集团公司运营”。“智慧宁乡”APP全新改版升级，集新闻资讯、政务服务、公共服务于一体，交由市融媒体中心运营管理。城区8块户外阅报栏升级改造；由城发集团投资2000万元建设的城区11块户外LED广告屏交由市融媒体中心运营。

【解决文化体制改革遗留问题】 2020年10月10日，市委召开专题办公会议，研究解决文化体制改革遗留问题，出台政策妥善安置网络公司编内人员。成立由市委、市政府主要领导牵头的领导小组，成立由纪委、组织部、宣传部、编办、财政、人社、融媒体中心等相关责任部门牵头的系列专项工作组，明确29个乡镇（街道）接收安置人员。领导小组先后7次召开调度会，研究安置推进具体工作，制定公平、科学、高效的安置办法，妥善分流安置网络公司111名编内人员。

【发展架构重组】 2020年，注册成立宁乡市传媒集团有限公司，与宁乡市融媒体中心实行“两块牌子，一个机构”运作，集团公司下辖长沙宁视界传媒有限公司、宁乡广电文化传媒有限公司、宁乡文化创意有限公司、宁乡网络技术服务有限公司4家公司。

【融媒体宣传】 2020年，市融媒体中心围绕“岁末年初系列、疫情防控阻击战、复工复产、大干一百天实现双过半、四城同创、脱贫攻坚”等中心工作，抓好新闻宣传工作。宁乡电视台和纸媒《今日宁乡》开办“抗击疫情、宁乡在行动”“决胜全面小康·脱贫攻坚”“四城同创”“创建全国文明城市”等10余个新闻专栏，播出电视新闻稿件3442余条，出版报纸260期，宁乡手机报和“今日宁乡”数字报同步发布134期，微信公众号共计发稿1962条，H5图解130条，视频280条。电视专题《沩水春秋》相继推出《宁乡花鼓戏（上）（下）》《无产阶级革命家欧阳钦》《古桥之乡巷子口》《横市龙灯》等26期节目；《心声》推出《路通百业兴》《战“疫”战役》等12期节目，其中讲述宁乡抗疫复工复产的专题《春之交响曲》，被学习强国国家平台采用。10月开办《红色宁乡英烈谱》栏目。加强公益广告播出，实时播出疫情防控、精准扶贫、食品安全、安全生产、防毒禁毒、国家安全、文明创建等有关公益广告，累计播出次数达到1.5万余条次，其中广播公益广告《珍惜粮食，从“小”做起》被评为湖南省广播电视公益广告大赛二类扶持奖项。向中央媒体推送新闻作品，全年累计在上级媒体发稿2006条，其中央媒91条，中央电视台各频道发稿10条，央视新闻联播发稿2条；省媒868条，湖南卫视发稿近70条，湖南日报发稿10篇；市媒577条；学习强国420篇。节目创优连获佳绩：全年在省市新闻奖、广电奖、中国县市区域报新闻奖评选中连获30个奖项，其中融媒创新作品《沩江行》和电视消息《刷脸进工地农民工权益有保障》2件作品同时获得湖南新闻奖三等奖；公益广告《共和国成立70周年宣传片》获得湖南电视广告信息节目奖二等奖。

2020年9月5日，“智慧宁乡”App上线

【新媒体发展】 2020年，市融媒体中心注重发展壮大“智慧宁乡”APP、“宁视界”微信公众号、“这里是宁乡”抖音号等新媒体主力平台。将原政务类APP“智慧宁乡”与新闻类APP“宁视界”全面整合，全新改版升级为城市综合服务APP平台，9月5日改版升级上线，实名注册用户30余万人、日活跃用户2万余人，并被评为中国2020智慧城市APP融合创新奖，省委宣传部《县级融媒体中心建设简报》第五期对“智慧宁乡”APP建设经验进行推介。“宁视界”微信公众号粉丝20余万人，成为宁乡最具权威和影响力的官微。“这里是宁乡”抖音号2020年发布短视频210余个，累计阅读量2045余万人次，单个视频最高阅读量达430余万人次。微信短视频《刚刚！宁乡经开区党工委书记、市委书记于新凡在京捧回“全国文明城市”奖牌，现场接受宁乡市融媒体中心记者采访》阅读量达110余万人次。《待“宁”打卡》系列短视频，由网红主播出镜推介宁乡美景美食，首期推出的道林古镇抖音短视频阅读量达50余万人次。成立视频直播室，打造网红直播孵化基地，通过直播带货，发展网红经济。

【融媒体产业经营】 2020年，市融媒体中心归集所有媒体平台资源，建立“融合经营”模式，确定全员式、阶梯式、奖励式的创收经营激励机制，激发干事创业的激情与活力。争取各乡镇和市直单位的支持与合作，以“全市纳入财政监管单位的广告宣传、文化创意、节会活动等业务统一归口市传媒集团公司运营”为契机，整合内外资源。2020年承办宁乡市春节联欢晚会、“龙腾盛世欢乐楚沩”宁乡市群众文化系列活动开幕式等15个大型活动，摄制宁乡市人居环境系列视频、宁乡市先进制造业项目巡礼等近30个宣传视频；深入开发“智慧宁乡”APP商务功能，“宁抢购”平台服务本地餐饮和旅游业，拥有用户近15000户，入驻商户近400家；“本地产品超市”平台进驻商家700余家，日均订单超10万元；“宁乡快贷”平台加快建设，启动“统一支付应用场景”建设，完成物业缴费平台开发，首批有近3000万元物业费通过“智慧宁乡”APP平台缴纳。（何猜清）

新华书店

【概况】 2020年，湖南省新华书店有限责任公司宁乡市分公司（以下简称“新华书店宁乡分公司”）有正式在册在岗员工46人。下设经理室、综合管理部、财务管理部、市场一部、市场二部、市场三部。公司共开设15家门店，其中在玉潭街道设有中心门店、乐之书店翡翠湖店、市民书吧3家门店。中心门店营业面积700平方米，经营图书、音像制品、文化用品3万余种；新建乐之书店翡翠湖店；市民书吧营业面积100平方米，经营品种4000余种。在黄材镇、双凫铺镇、流沙河镇各设1家集镇门店，每家门店经营品种4000余种。在宁乡一中、二中、四中、五中、九中、十中、十一中、职业中专、城北中学梅花校区9所学校内各设有1家校园阅读基地，每个校园书店经营图书、报纸、杂志5000余种。

【新建乐之书店翡翠湖店】 2020年，新华书店宁乡分公司向上争资600万元，在翡翠湖商业广场建设多业态、复合型乐之书店。乐之书店翡翠湖店营业面积1400平方米，经营图书、文创、咖啡饮品、幼教体验等文化产品共计20000余种，旨在打造一座有温度有情怀的城市文化地标，进一步满足人民群众文化消费需求。

【教材教辅及图书业务】 2020年，新华书店宁乡分公司扎实做好教材及“一科一辅”发行工作。春节后是2020年春季教材教辅发行关键时期，2020年年初暴发的新冠疫情严重影响教材发行工作。新华书店宁乡分公司与经开区疫情防控部门积极沟通，力争提前复工，如质如量完成“课前到书”任务。以优质的服务做好职业中专等大中专学校教材发行工作。做好《习近平谈治国理政（第三卷）》《理论热点面对面》等重点党政读物的发行，及时、高效做好送书上门服务，确保全市广大干部群众及各机关单位干部职工政治学习所需。积极参与招投标业务，做好文化用品销售工作。

【“红书签 爱满星城”全民阅读公益活动】 2020年5月28日，在宁邦广场举行“红书签”全民阅读公益活动举行启动仪式，活动现场，新华书店宁乡分公司为18所学校及农家书屋捐赠图书10217万册，码洋近30万元。“红书签 爱满星城”全民阅读公益活动的开展，进一步充实农家书屋的图书及乡镇学校阅览室建设、优化农村阅读的环境，进一步推动全民阅读深入基层、深入群众。

（陈思思）

卫生·健康

卫 健

【概况】 2020 年，宁乡市有医疗卫生机构 932 家，其中市直医疗卫生单位 6 家、中心卫生院 7 家、乡镇卫生院 22 家、街道社区卫生服务中心 4 家，民营医院 19 家、村卫生室 409 家、其他医疗卫生机构 465 家。全系统干部职工 7415 人，全市医疗机构门急诊 254.64 万人次，住院 26.73 万人次，病床 8286 张，县域内就诊率 92.98%。2020 年全市出生人口 11593 人，人口自然增长率 0.59‰。2020 年全市卫生健康工作坚持以人民健康为中心，围绕全市经济社会发展大局，坚决抗击新冠肺炎疫情，加快健康宁乡建设，全方位全周期维护人民生命安全和身体健康，年度卫生健康各项目标任务完成。宁乡市通过全国基层中医药先进单位复评审；被授予“长沙市医改工作优秀市”“长沙市医改创新突出单位”。新冠肺炎疫情防控工作获国家、省、市肯定。无偿献血工作在长沙市排名第一。

表 17　　2020 年宁乡市卫生事业发展情况表

指标名称	计量单位	2019 年	2020 年	2020 年比 2019 年增长（±%）
卫生机构	家	919	932	1.41
其中：县直医卫单位	家	8	6	-25
街道社区卫生服务中心	家	4	4	—
乡镇（中心）卫生院	家	29	29	—
民营医院	家	18	19	5.56
村卫生室	家	412	409	-0.73
其他医疗卫生机构	家	448	465	3.79
床位数	张	7130	8286	16.21
卫生人员	人	8165	8454	3.54
其中：执业医师	人	2333	2350	0.73
执业助理医师	人	1042	1065	2.21
注册护士	人	3221	3421	6.21
药师	人	809	830	2.59
技师	人	712	725	1.83
其他	人	48	63	31.25
疾病预防控制中心	个	1	1	—

续表17

指标名称	计量单位	2019 年	2020 年	2020 年比 2019 年增长（±%）
疾病预防控制中心卫生预防人员	人	60	60	—
乡村医生	人	419	415	-0.95
5 岁以下儿童死亡率	‰	5.42	3.57	-34.13
婴儿死亡率	‰	4.02	1.56	-61.19
孕产妇死亡率	10 万分之	15.49	0	—
产妇住院分娩比率	%	100	100	—
全年门急诊人次	万人次	267.68	254.64	-4.87
全年住院人次	万人次	29.72	26.73	-10.06
出生人口数量	人	14750	11593	-21.40
人口自然增长率	‰	2.48	0.59	-76.21

【医药卫生体制改革】 2020 年，宁乡市持续深化医药卫生体制改革。1 月，成立宁乡市紧密型县域医共体管理委员会，组建健康医疗集团，负责形成责任、管理、服务、利益共同体，从管理机制、配套综合改革、分级诊疗制度建设等方面入手建设紧密型县域医共体。设立 47 个紧密型县域医共体，以共建学科、领办学科、定期坐诊、查房、基层锻炼等多种模式，引导优质医疗资源下沉，双向转诊模式基本形成，获“长沙市医改工作优秀市”。智慧医疗基本实现各医院的医疗健康线上应用服务与健康长沙门户网的对接，实现微信平台与省电子健康卡卡管平台的互联互通。规范临床用药管理，着力加强辅助药品、抗菌药物、质子泵抑制剂、麻醉药品、第一类精神药品管理，保证临床用药安全。全面落实国家基本药物制度，公立医院优先配备基本药物比例，各项指标均达要求。制定《关于基层医疗卫生机构补充议价采购品种的通知》，增加补充药品 50 种，缓解基层“用药难”的问题。加大整治医疗乱象力度，重点打击和整治非法行医、超范围执业、诱导消费、医疗欺诈、乱收费和骗保套保等医疗乱象，采取常规检查、重点检查、部门联合检查等方式开展专项督查，净化行业环境，促进医疗行业规范有序发展。

【医疗卫生机构建设】 2020 年，医疗服务环境提质增效。市健康管理中心投入使用，夏铎铺、历经铺、青山桥、喻家坳等 5 家卫生院完成提质改造。改造升级村卫生室 25 家。市中医医院和市妇幼保健院优化办院、市人民医院流沙河分院、中医医院灰汤分院、龙田镇卫生院等项目加快推进。推进宁乡市基层医疗卫生机构规范化建设三年行动，加强卫生基础设施建设。专科建设水平不断提高，市人民医院卒中中心被评为“国家高级卒中中心建设单位”称号，心血管内科、神经内科、普通外科、骨科、妇产科、感染科、护理学科 7 个专科通过湖南省（县级医院）重点专科评审。市中医医院眼科、肛肠科、脑病科接受省级重点中医专科终期验收。湖南省第四批基层老中医药专家学术经验继承工作立项并顺利开展。巩固全国基层中医药先进县建设成效，全市中医馆全部规范达标。推进中医经验传承工作，乡镇卫生院 6 大类中医适宜技术全面推广，100% 社区卫生服务站、社区卫生服务站应用中医药适宜技术 5 类以上。宁乡市获“2019 年全国基层中医药工作先进单位”。加大安全生产监管力度，黄材、煤炭坝、历经铺等 14 家医院完成平安医院创建。

【健康扶贫工作】 2020 年，宁乡市精准实施健康扶贫工程。卫健系统在健康扶贫迎省检过程中做到“四下沉”，全体局领导班子成员、机关干部职工、县级医院工作组、卫生院相关负责人全部下沉到一线，走村入户。全面落实健康扶贫先诊疗后付费政策和一站式结算政策。2020 年，全市建档立卡贫困人员 53403 人，“一站式”结算 44427 人次，医疗总费用 2.16 亿元，实际报销 1.96 亿元，财政兜底报销 645.5 万元，实际报销比例 90.7%。减轻贫困患者住院费用负担。以管理网格化、制度规范化、内容多样化、方式信息化为主要措施，开展家庭医生签约服务，免费健康体检服务，签约覆盖率 100%。加强基层医疗卫生机构建设，实现行政村空白村卫生室消除目标。

【公共卫生服务工作】 2020 年，制订《基本公共卫生服务项目量化绩效考核实施方案》，健全公卫考核机制，项目质量、数量与公卫经费挂钩，有效调动积极性。开展优质服务基层行创建活动，2020 年有 10 家单位达到基本标准，1 家达推荐标准。推进紧密型乡村卫生一体化管理工作，在岗乡村医生实现应保尽保。常态化开展饮用水监测；学校卫生、精神卫生有序开展；严重精神障碍患者管理率 99.9%，肺结核患者管理率 91%。血防工作通过省卫健委的评估考核。市卫计综合监督执法局推进“湖南省卫生计生监督机构规范化建设”试点工作，重点打击非法医疗，取缔无证诊所 14 家，移送 1 起至公安机关，为人民群众营造安全的就医环境。组织开展无偿献血活动，累计献血 7783 人次，完成目标任务的 159%，在长沙市各区县中排名第一。市卫健局被评为“长沙市无偿献血工作先进单位”。推进“一件事一次办”和“放管服”改革，优化审批流程，市卫健局被评为“政务服务工作先进单位”。

【妇幼健康】 2020 年各级财政配套健康民生实事项目经费 2320.5 万元。全年完成两癌检查 3 万人，免费产前筛查 8500 名；0—6 岁儿童视力筛查及电子档案建立 9.7 万个；免费无创 DNA 筛查、免费新生儿疾病筛查和免费新生儿耳聋基因筛查做到应做尽做，筛查率在 98.5% 以上，各项指标均超额完成，并在长沙市作典型发言。健全救治工作网，完善孕产妇和新生儿急救中心，妇幼保健院与乡镇卫生院共建医共体，选派医生、护士驻点，解决西部地区实际困难，提升危重孕产妇和新生儿的救治能力。全市孕产妇零死亡，5 岁以下儿童死亡率 3.57‰，婴儿死亡率 1.56‰，出生缺陷发生率 114.5/万。

【计划生育工作】 2020 年，计生协发挥群团组织优势，与农业农村部门对接，明确计生协在农村工作中的地位和作用，参与实施乡村振兴战略，启动服务乡村振兴促进家庭健康行动，加快乡村振兴建设进度。全市在花明楼镇和菁华铺乡计生协参与乡村振兴建设促进家庭健康服务工作中打造特色亮点。开展丰富多彩的以“世界人口日”等为主题的宣传与慰问活动。计生协工作在湖南省作典型发言。乡镇（街道）明确一名保险志愿者进行保险购买和理赔服务，至 2020 年计生系列保险购买总额 198.88 万元，理赔案件 248 例，理赔金额 44.39 万元。全年计生奖励惠及 3.25 万人，扶助金额 4500 万元，其中农村奖扶 21821 人，金额 2094.8 万元；特别扶助 1836 人，金额 2004.9 万元。独生子女保健费发放 7619 户，金额 83.6 万元；特殊家庭老年护理补贴 855 人，金额 212.4 万元。经各级鉴定，有三级以上计划生育手术并发症对象 48 人，扶助金额 27.79 万元。

【卫健人才队伍建设】 2020 年，全市卫健系统公开招聘专业技术人员 93 人、援鄂医务人员定向择优入编考试 5 人，指导二级单位组织招聘编外聘用人员 235 人。坚持德才兼备、以德为先，严把选人用人政治关，完善规范卫健系统人事编制管理、公职人员日常考核管理、编外聘用人员管理，对重要岗位人员实施竞岗轮岗。首次开设进城考试，面向基层医疗机构公开选调 18 名在职在编专业技术人员，充实到市直医院和街道社区卫生服务中心。落实全科医生培养与激励政策，全科医生转岗培训 35 名，市人民医院培训助理全科医生 40 名。对基层医疗机构班子成员进行调整、优化，调整涉及 73 人，其中改任 15 人，提拔重用 35 人，乡镇之间交流调整 7 人，到龄转岗 8 人，从援鄂医疗队员中提拔 1 名硕士研究生、副主任医师担任卫生院院长。完成“英雄凯旋，全城致敬”迎接宁乡支援武汉医疗队回家、“致敬护士队伍，携手战胜疫情”“5·12”国际护士节庆祝等活动，表彰奖励 200 余名优秀医护工作者，火线入党 8 名，激发医务人员干事创业的热情，弘扬卫生健康正能量。

【疫情防控】 2020 年 1 月，宁乡确诊新冠肺炎病例两例，1 月 22 日，宁乡市成立疫情防控工作领导小组和指挥部。1 月 24 日，启动重大突发公共卫生事件一级响应。2 月 1 日起，宁乡无新增病例，被省疫情防控指挥部列为首批低风险地区之一。2 月 7 日，国务院督查组到宁乡督导新冠肺炎防控工作，对宁乡面对疫情科学防控、有序应对的做法给予高度肯定。2 月 12 日，省委书记杜家毫批示“宁乡经验可以推广”。2 月 14 日，《人民日报》以“宁乡：8000 多湖北返乡人员 无一例二代感染者”为题，报道宁乡抗疫工作。2 月 21 日，宁乡市派出 11 人组成医疗队支援武汉，分别是：匡世勇、欧文波、李佳、何奇、李艳、杨炯、喻玲、姜江、蓢奕兵、黄宗、蒋浩。4 月 22 日，省政协党组副书记、副主席戴道晋到宁乡调研时指出“宁乡市抗疫工作是湖南省抗疫的样板。”5 月 14 日，湖南省委常委、长沙市委书记胡衡华在视察宁乡经济社会发展情况时指出：“宁乡在疫情防控方面探索了很好的经验，要好好总结。”

市卫健局作为防控工作指挥部办公室，先后组织召开各类会议 100 次，专题研究疫情防控工作，累计下发调度令 119 个、文件 177 个，大年初一连下 21 道调度令。及时传达习近平总书记重要指示和上级会议、文件精神，统一指挥、统一调度，全面动员、全面部署，确保思想上、行动上高度统一。卫健系统干部职工充分发挥主力军作用，以战时思维进入战斗状态，创新调度令的形式部署第一

2020 年 2 月 7 日，国务院督查组到宁乡督导新冠肺炎防控工作

时间摸排、第一时间阻断、第一时间宣传、第一时间救治，快速高效织牢疫情防控网络。创新开展网格化管理、地毯式排查、有奖征集返（来）宁人员线索、“十个一”健康监测服务机制、“六包一”责任落实机制、疫情紧急心理危机干预援助热线等系列措施，抓紧抓细疫情防控工作，实现确保不发生死亡病例、不出现交叉感染、不出现二代聚集疫情蔓延、不出现防控负面舆情的“四个确保”。同时，针对企业复工返（来）宁人员，推出微信小程序登记、开展免费集中隔离、免费核酸筛查、免费发放中药制剂等举措，为夺取疫情防控和复工复产提供有力保障。宁乡被列为首批低风险地区，疫情防控经验受到国家、省、市高度肯定。卫健系统4人被评为省级先进个人，其中两人被评为湖南省优秀共产党员。

注：“六包一”即在其自离开湖北之日起居家健康监测管理的14天内，明确1名乡镇（街道）领导、1名乡镇网格干部、1名村（社区）网格干部、1名公卫医生或村医、1名派出所干警、1名专职管理员共同管理，全面掌握共同居住成员、居家情况、返（到）宁乡后接触人员情况，每天监测体温2次，并登记造册，一人一册；“十个一”即对居家医学观察人员实施一个告知函、一张承诺书、一个明白卡、一张监测登记表、每天一个口罩、一支体温计、一瓶84消毒液、建立一个微信联络群、组建帮扶小分队、发放一封感谢信的服务保障，开通心理咨询热线，及时开展心理辅导；“三免费”即免费开展核酸检测，免费集中隔离，免费发放中药预防汤剂。

【宁乡市庆祝“5・12”护士节】 2020年是南丁格尔（护理事业创始人和现代护理教育奠基人）诞辰200周年，也是世界卫生组织指定的“国际护士和助产士年”。2020年5月12日，宁乡市文体中心举行宁乡市庆祝“5・12”护士节活动，主题为“致敬护士队伍，携手战胜疫情”。市相关领导及卫健系统800余人参加庆祝活动。庆典仪式上，对湖南省优秀护理工作者、湖南省新冠肺炎疫情防控救治护理工作先进个人、湖南好人、长沙市特殊贡献护理工作者以及宁乡市优秀护理工作者等共129名优秀护士进行表彰。现场表演了契合行业特色、反映职工工作生活的文艺节目。

宁乡市庆祝“5・12”护士节活动

【中宣部“走向我们的小康生活”采访活动走进宁乡】 2020年6月15日，中宣部“走向我们的小康生活”大型主题采访活动走进宁乡，由人民日报社、新华通讯社、中央广播电视总台、中国日报社、科技日报社、湖南日报社、湖南广播电视台等20余家中央、省市级媒体组成的采访团到宁乡市，就公立医院改革进展及成效进行集中采访。采访团走进宁乡市人民医院先后参观急诊大楼、120急救中心、检验中心、神经外科等区域实地了解宁乡在深化公立医院改革方面取得的成效。各媒体记者分别就如何减轻百姓就医负担、提高百姓就医感受、如何提高医务人员积极性等问题与市卫健局、市人民医院相关负责人进行现场采访，并深入市人民医院120急救中心、医学检验中心及病房，与一线医务人员、患者及患者家属进行交流。近年来，宁乡通过构建急救网络体系，以市120急救中心为核心，乡镇建设5个急救分站，全市配备救护车32台，统一装备GPS定位系统，按照就近、就急和病人自愿原则统一调度，急救车城区10分钟内到达、乡村30分钟内到达，打造城乡“1+5+N”急救网络圈，抓住抢救“黄金一秒”，提高急救患者的抢救成功率。同时，宁乡实行“农村居民医保基本医保、大病保险、扶贫特惠保、民政医疗救助、医院减免、财政兜底”的结算模式，为人民群众带来真正的实惠和便捷。

【国家卫健委调研县域分级诊疗与医共体工作】 2020年11月3日，国家卫健委紧密型县域医共体专家组成员王湘生、省卫健委基卫处副处长龙飞一行调研宁乡市县域分级诊疗与医共体工作。长沙市卫健委党组副书记、副主任王新良，体改处处长胡勇，宁乡市人民政府副市长陈德奇等参加调研。专家组一行先后到东湖塘镇卫生院、历经铺街道和城郊街道社区卫生服务中心、市中医医院、市妇幼保健院新址，实地了解宁乡市医共体建设情况。宁乡市通过“医共体建设和家庭医生签约服务”两轮驱动，构建布局合理、上下联动的医疗卫生服务新体系。其中，市人民医院和市中医医院充分发挥县域医疗中心的龙头引领作用，打造五大中心，初步实现“大病不出县，小病不出乡”的医改工作目标。通过市级医院领办分院、与乡镇卫生院共建病房和对口帮扶等方式，引导优质医疗资源下沉到基层，让老百姓真切感受到了医改带来的实惠。专家组充分肯定宁乡市县域医共体建设，基层医疗卫生服务能力，推动医共体建设多样化发展成效。

（杨　慧）

疾病预防控制

【概况】 宁乡市疾病预防控制中心（以下简称“市疾控中心”）是由政府举办的实施疾病预防控制和公共卫生技术管理与服务的社会公益性事业单位，代表政府承担着疾病预防与控制、突发公共卫生事件应急处置、疫情报告及健康相关因素信息管理、健康危害因素监测与干预、健康教育与健康促进、实验室检测分析与评价等职能，单位内设办公室、党务人事科、财务科、质量管理科、总务科、急性传染病防治科、慢病健教科、性病艾滋病防治科、检验科、职业危害因素控制科、免疫规划科、卫生监测科、学校卫生科、结核病防治科、疫苗储运科、新冠防控隔离点管理科16个科室，2020年有在职职工117人，临时聘用人员4人，离休1人，退休81人。2020年，市疾控中心在“外防输入，内防反弹”常态化疫情防控形势下，各项日常工作加速推进，被评为“全省突发公共卫生事件和传染病信息报告管理工作先进集体”“2020年健康科普大赛年度一等奖”“2020年健康科普大赛传染病防控主题视频类一等奖”“2020年全省万步有约拓展赛先进集体”“2020年度艾滋病抗体检测实验室质量考评优秀”“2020年度全省梅毒检测实验室室间质量考评优秀”“2020年全省疾控机构新型冠状病毒核酸检测质量控制考核优秀”“长沙市巾帼建功先进集体”“中国死因登记报告工作先进集体奖”“2020年度部门预决算管理工作先进单位”；艾滋病、梅毒及新冠病毒核酸检测等项目在全省质量考评中获优秀；三支部被评为新冠肺炎疫情防控工作中表现突出的基层党组织，彭智勇被评为湖南省抗击新冠肺炎疫情先进个人，龚赛花被评为中国死因登记报告工作突出贡献先进个人，李玉枝论文被评为2020年首届手足口病防控征文一等奖，周茂林被评为新冠肺炎疫情防控工作中表现突出的共产党员，黄芬、李玉枝被评为宁乡市最美“守护人”。

【新冠肺炎疫情防控】 2020年，新冠肺炎疫情发生，市疾控中心组成疫情流调、消毒处置、信息收集、检验检测、后勤保障、健康宣教等专项工作小组，第一时间制订方案，第一时间紧急调度，第一时间开展督查，全面阻击疫情。2月26日，宁乡市疾控中心成为长沙地区第一家具备核酸检验检测能力的县级疾控中心。成功处置确诊新型冠状病毒肺炎2例，无症状感染者3人，排除报告疑似病例43例；对境外回宁人员1073人、湖北到宁乡人员共9342人按要求管控到位，接待3批共405名曼谷—长沙定期航班乘客，未发生交叉感染，未出现二代病例。累计出动100余人次到招聘、考试现场，严把疫情防控关和现场处置关。

【重点传染病防控】 2020年，市疾控中心完成霍乱、H7N9禽流感、狂犬病、登革热、出血热、钩体、手足口病、疟疾、布病、不明原因肺炎等重点传染病的监测任务。全市共报告本地法定传染病例12542例（2019年同期甲乙丙类17250例，同比下降27.29%），其中甲类0种0例；乙类18种3345例，死亡15例（艾滋病12例，肺结核3例）；丙类传染病6种9197例，无死亡病例。2020年对330起预警信号进行核实调查处理，判定为疑似事件的预警5条，均及时进行调查处置。

【计划免疫】 2020年，市疾控中心对全市开展的国家免疫规划疫苗接种率调查，各疫苗分苗分剂次接种率均在95%以上，适龄儿童麻风疫苗补种率95.85%，麻腮风疫苗补种率96.21%。全市29个乡镇，4家产科医院，共38个单位，儿童接种信息系统运转正常，以月为单位，预防接种门诊扫码入库率100%。对外地户口儿童在该市居住满3个月的0—7岁儿童，实施与当地儿童同等对待的管理模式，实行流动儿童转卡、转证制度，流动的免疫规划疫苗免费接种与本地儿童享受同等待遇。全市29个乡镇31个接种单位均在统一规定的时间内认真开展新生入学、入托查验预防接种证工作，托幼机构查验率100%、学校查验率为100%、入托入学儿童查验率为100%、补证率为100%、补种率为94.52%。全市累计报告麻疹疑似病例3例，累计报告风疹疑似病例27例，全部为排除病例；报告AFP临床病例3例，均排除；无乙脑病例、流脑病例报告。2020年共向各医疗机构、乡镇卫生院共计配送一类疫苗194596支、二类疫苗461527支。

【地慢病防控】 截至11月30日（因系统原因，只能统计出截至11月30日数据），全市2020年新建居民健康档案25949份，累计管档1128049份，总建档率86.44%。全市管理65岁以上老年人150087人，已体检124747人，老年人健康体检率83.11%。2020年新增管理高血压患者15618例，累计管理高血压患者88256例，新增管理糖尿病患者4872例，累计管理糖尿病患者33883例，管理率分别为33.55%和31.20%。2020—2021年心血管高危人群早期筛查与综合干预项目初筛2257人，初筛调查完成率64%，高危检出555人，高危检出率24.59%。

【结核病防治】 2020年，发现活动性肺结核患者794例（含单纯结核性胸膜炎27例），完成市级下达的活动性肺结核任务的140.48%，其中病原学阳性患者400例，病原学阳性率为52.15%（400/767），病原学阳性患者耐药筛查率95.38%，高危人群耐药筛查率98%。

【艾滋病防治】 2020年，新增艾滋病病例134例，死亡10例，累计管理1039例。对新增的134例艾滋病病毒感染者均进行完整管理。艾滋病病毒感染者/病人随访干预比例100%，CD4检测比率96.52%；配偶检测比率98.29%，结核病检查比率98.44%，抗病毒治疗比率91.4%，HIV/AIDS报告质量比率100%；首次流调比率100%。规范淋病、梅毒、丙肝的疫情报告，对市人民医院、市中医医院、市妇幼保健计划生育服务中心、长沙南雅医院的性病和梅毒丙肝报告进行质量核查。性病无漏报、核查梅毒准确率100%、一二期梅毒年增长率与2019年比较小于5%。

【健康教育】 2020年，市疾控中心编印和发放《防控新冠肺炎——学校篇》《防控新冠肺炎——公众篇》《新冠肺炎预防指南——养老院篇》《新冠肺炎工业企业防控指南》《预防新冠肺炎个人应该做好哪些防护》等宣传折页、海报共计10余万份。协助制作新冠肺炎疫情防控综合宣传30余期，利用微信等新媒体及时发布，为各单位、各部门提供疫情防控工作指导和疫情知识普及。开展重点卫生日公众健康宣传示范引领工程工作，2020年在城郊街道、双江口镇、菁华铺镇、老粮仓镇分别组织开展4场大型宣传活动，结合各类卫生宣传日开展6次线上宣传活动，联合市教育局、宁乡爱尔眼科开展“宁乡市2020年全国爱眼日”大型现场宣传活动等。世界艾滋病日宣传活动期间在全市开展多形式、多渠道的防艾知识宣传，在市民之家和老粮仓镇分别举办大型现场宣传活动。在《今日宁乡》、宁乡电视台、宁视界分别设立“疾病控制”专栏，巩固全国健康促进县的成果。

【监测工作】 2020年，市疾控中心采集出厂水、末梢水、二次供水、分散式供水点、城区管网末梢水水样共计178余件，对检测结果进行及时汇报与公示；完成食品安全风险监测任务338份；在市人民医院和双凫铺中心卫生院首次开展医疗用水监测、医用B超探头及医用隔帘微生物污染情况专项调查，以及医疗污水的消毒监测，共计检测样品40份；完成全市222所中小学校托幼机构的现场检测采样督导工作，共计采集水样224个，完成32480名中学生的健康体检和5万余名学生肺结核筛查工作；启动省级“学生常见病监测以及健康影响因素调查和干预”项目工作，完成7所监测点学校2237名学生的常见病体检和问卷调查工作，完成30间教室的教学环境检测工作；完成职业健康检查7965人次，其中上岗前检查3209人次，100%完成职业病危害现状调查，摸清粉尘危害企业154家，纳入专项治理范围的用人单位59家，均按要求进行职业病危害项目申报。

【安全生产】 2020年，市疾控中心成立安全生产领导小组，落实安全生产主体责任，与干部职工签订安全生产目标责任书、消防安全管理责任书；成立生物安全委员会、制订生物安全工作督查计划和重大生物安全事故处置预案，并按计划对相关科室组织开展了生物安全工作督查，对潜在的生物安全隐患及时消除，及时纠正不规范的实验操作。与长沙瀚洋环保技术股份有限公司签订医疗废物集中处置委托合同，每天按时按标准做好医疗垃圾的收集处理工作，未发生生物安全事故。 （周灿飞）

宁乡市人民医院

【概况】 2020年，宁乡市人民医院干部职工2055人（编内1040人、编外1015人），离退休人员406人。高中级职称912人，其中正副高247人；博士及硕士219人。全年完成门急诊77万人次，出院7万人次，手术2万台次，健康体检3.4万人次，病床使用率达92.2%，CD型病例占比65.02%；三四类手术占比53.06%，平均住院日7.8天，综合满意度达96.34%。2020年，宁乡市人民医院门急诊支部和行政一支部分别被评为长沙市、宁乡市示范化“五化”党支部。举行“宁来讲”中共十九届五中全会精神宣讲活动。全年院报办刊4期，微信推送330余期，省市级以上媒体报道200余篇。宁乡市“两会”特刊专版刊登《吹响公立医院高质量发展号角》，抗疫专稿《众志成城斗疫魔》在《湖南日报》上发表，抗疫歌曲《华年》推送至“学习强国”平台，拍摄党建专题片《抗疫逆行、党旗高扬》、行业专题片《我是谁》，为建党99周年献礼。

【疫情防控】 2020年，市人民医院是宁乡市医疗机构新冠肺炎唯一救治单位，全面贯彻落实疫情防控措施，成立院级新冠肺炎防控指挥部，做好预检分诊，腾空感染楼、急诊综合病房，建设好隔离病房、发热留观室，利用集装箱改造预检分诊、发热门诊等。压实各部门、科室、人员责任，投入近2000万元保障物资供应。先后派出四批共13人驰援武汉、长沙。共计收治确诊患者2例，无症状感染者3例，全部治愈出院，实现“零死亡、零院感”。在疫情防控常态化阶段，全院严格落实“一人一陪、一陪一卡”，做好住院门禁和探视管理。开展核酸筛查和核酸普查工作，累计排查发热门诊病例10000余人次，收治发热留观病例300余人次，核酸检测8万余人次。

【脱贫帮扶】 2020年，市人民医院落实“一月一走访”帮扶举措，全年派车1300余次，累计近6000人次。消费扶贫投入60余万元，微心愿认领18万元。为6200余名建档立卡贫困群众支付医疗总费用6100余万元。对口帮扶黄材镇14个村的773户贫困户全部实现脱贫。开展18次“健康宁乡行、专家服务进乡村”、16次健康促进日、12期公众急救技能培训等活动。开展“腹膜透析液配送到家”服务，免费配送上门近1000人次，为尿毒症患者减免购药运输费用29万余元。

【宁医科技发展】 2020年，市人民医院设立医院十大名医激励制度，实施骨干队伍竞聘上岗，培养和选拔优秀青年干部，引进高层次人才2人。完善教研室功能结构，重新编设十二大教研室，增设思政教研室，临床医学专业认证工作获教育部肯定，成功申报实用新型专利13项，发行专著4部，发表论文170篇，其中SCI论文11篇。按照三级甲等医院设置要求，做全做精做优学科战略发展规划，创建7个湖南省县域临床重点专科。卒中中心成为国家高级卒中中心。成立宁乡市心衰中心，心血管内科成为国家标准化心脏康复中心建设单位，介入血管外科服务能力领跑全省县市医院，急诊DSA、全市首个儿童重症监护室全面启航。年创新新技术、新项目 20 余项。以宁乡市 120 急救中心为平台，建立覆盖全市的“1+5+N”急诊急救网络，实现“急救网格化、指挥可视化、调度智能化、运行信息化、对接一体化”的区域一体化急诊急救体系。打造国家标准版胸痛中心，国家级示范防治卒中中心、国家高级卒中中心建设单位，创立手足外科、血管介入科。

2020 年 6 月 4 日，宁乡市人民医院到老粮仓镇开展“健康宁乡行、专家服务进乡村”活动

【健康管理中心建设项目竣工】 市人民医院健康管理中心建设项目于 2019 年纳入长沙市“一圈两场三道”项目计划，列为宁乡市重点民生工程建设内容。2020 年 7 月 4 日，宁乡市健康管理中心竣工开业，建筑面积 4800 平方米，共分为 7 层，日体检接待容量是原健康管理中心的 4 倍，满足日接待体检量 500 人次。中心有实力雄厚的专家队伍，购置包括 CT、DR、法国鹰演等先进医疗仪器设备，有效对体检人群进行健康干预和就医指导，做到“未病防病、有病及时治疗”。开展“智慧+”健康管理，建立好市民健康档案，与医疗病历互联互通，逐步开展慢病管理服务、健康评估服务、健康干预服务、运动干预服务、营养干预服务、云健康信息服务六大“检后服务项目”，为人民群众提供检前、检中、检后“全方位健康服务”。

2020 年 7 月 4 日，宁乡市健康管理中心竣工开业

【医改工作】 2020 年，市人民医院完成医疗服务价格调整，取消药品和耗材的二次议价和加成，让利 1920 余万元。落实国家、省集中带量采购药品政策，让利 2190 余万元。创新乡镇医院帮扶举措，指导、参与危重疑难病人抢救。与双凫铺中心卫生院签订紧密型医共体协议，与三家卫生院签订教学实习基地协议，规范化培训基层卫生人员近 1000 人，提升基层健康“守门人”力量。基层医院上转患者 3000 余人次，夯实“大病不出县、小病不出村”的成果。医院被长沙市卫健委评为 2019 年度长沙市医改工作优秀公立医院和医改创新突出单位。

【医院影响力提升】 2020 年，市人民医院连续第十年入榜全国百强县市医院，被评为 2019 年度中国县级医院竞争力榜单 30 强，蝉联湖南省第 1 位。承办“2020 全国医院擂台赛（县域类）推广多学科诊疗服务主题决赛暨颁奖盛典”“赋能县域，‘县’在出发助力县医院高质量发展活动助推医院学科高质量发展——宁乡站”活动。6 月，中宣部“走向我们的小康生活”主题活动的媒体采访团走进宁医，以公立医院改革为主题，开展大型主题媒体采访，新华网以《国务院点赞湖南经验 苦练改革内功 打通发展“任督二脉”》为题，重点推介宁乡市在打造立体医疗急诊急救服务体系、建设紧密型县域医共体上的经验做法；7 月，中央电视台、湖南卫视到宁乡调研公立医院改革，光明日报以《湖南宁乡：有健康才有小康》为题，报道宁乡市公立医院综合改革取得的阶段性成效。12 月，由国家卫生健康委体改司主办的全国 11 个综合医改试点省“医改典型经验展示”在央广网健康平台展示，“湖南宁乡：建设县域立体化急诊急救体系”是湖南省三个典型经验展示之一。

【群团工作】 2020 年，市人民医院通过以广场舞、方言版“救在身边”急救操等群众喜闻乐见的方式，广泛传播急救知识。通过“健康宁乡行”“健康扶贫”系列活动，大力普及基层公共卫生知识技能，覆盖各大街道社区及20余个乡镇，受益人群100余万人。发放健康教育单3万余张。组建1400余人的志愿服务队，无偿献血总量达5万余毫升，服务总时长5000余天。“大病救助服务站”募捐款项490余万元，193户家庭救助服务。医院被评为长沙市文明窗口示范单位。放射科被评为长沙市青年文明号。肿瘤血液科被评为宁乡市青年文明号。工会被评为宁乡市“优秀基层工会”。

（曾维 黄莉 谢雁飞）

宁乡市中医医院

【概况】 2020年，宁乡市中医医院有在职干部职工953人，其中在编人员572人、临聘381人；高级职称人员150人，中级职称人员325人；研究生123人；在册退休人员159人。设有办公室、党建办、三甲办、医务科、护理部、人事科、质控科、财务科、审计科、项目办、医保科、公卫科、预防保健科、科教科、纪检监察室、法制办、设备科、信息科、招标采购办、总务科、动管科、保卫科、工会办、女工办、中医药学会办公室、医联（共）体办公室等职能科室；有内一科、脑病科、内三科、内四科、内五科、外一科、外二科、骨伤一科、骨伤二科、骨伤三科、骨伤四科（手足外科）、妇产科、眼科、耳鼻咽喉科、儿科、针灸康复科、推拿科、针灸科、肛肠科、急诊科、急救站、门诊部、手术室麻醉科、健康管理科24个临床科室；有功能科、检验科、放射科、病理科4个医技科室；有药剂科、制剂科、临床药学室，设司法鉴定所1个。2020年，门急诊26万人次，住院3.39万人次。编制病床800张，实际开放763张。医院获长沙市文明标兵单位、长沙市脱贫攻坚专项“记功”奖励；杨曙光获农工党湖南省委“新冠肺炎疫情防控工作先进个人”、长沙市优秀人大代表，匡世勇获湖南省优秀共产党员、王凤获湖南好人；姜江获湖南省新冠肺炎疫情防控救治护理工作先进个人；蒋浩被评为“2020年度长沙市青年岗位能手”；姜江、蒋浩、蒯奕兵、黄宗、王意军获长沙市特殊贡献护理工作者；于跃武、廖胜光获长沙市优秀医师。

【疫情防控】 2020年，新冠肺炎疫情发生后，在宁乡市新冠肺炎防控指挥部统一安排和部署下，宁乡市中医医院贯彻落实国家、省、市各部门以及卫健部门有关疫情防控会议和相关文件精神，取消春节休假，由院长牵头实行疫情防控工作一日一调度；成立以院长为组长、班子成员为副组长的防控、救治工作领导小组；规范发热门诊设置，严格实行预检分诊制度，在医院门诊楼后栋一楼设发热门诊、留观隔离室24小时开放，建立PCR实验室，做好储备必需药品、检验试剂、消毒剂、防护设备、救治设施，确保救治能力和水平。医院设立自动体温监测仪及志愿者岗，对来院人员实施体温监测、流行病学史问卷调查、健康码查询，对发热人员进行登记、排查。发热病人检查申请单上注明“发热门诊优先检查”，明确专人护送做检查，相关检查项目设定专用检查处。组织中医药专家对确诊病例、发热疑难病例进行会诊、辨证论治，实行“一人一案”精准救治方案，通过使用中医药及早介入、进行治疗，提高临床疗效。在湖南省中医药管理局的指导下，发挥中医药特色优势，为院内值班、就诊人员提供免费中药茶，熬制40余万份中药预防方发放给宁乡市及望城区一线防疫工作人员、基层工作人员以及复工企业人员。

市中医医院900余名干部职工积极投身抗疫志愿者行列，于跃武、王建文、王意军作为宁乡第一批救治工作队队员赴长沙市公共救治中心，匡世勇、姜江、蒋浩、蒯奕兵、黄宗赴湖北武汉，王凤参与湖北汉川支援新冠肺炎救治；吴赞元等坚守发热门诊，汤亮、陈涛等医护人员驻点广圣等地助力全市开展疫情防控工作。在疫情期间，干部职工捐款2万余元，70人参与无偿献血，捐献血液近30000毫升；112家集体及个人向市中医医院捐赠物资。

【医院内涵建设】 2020年，宁乡市中医医院加强“三甲”中医医院内涵建设。加强对危重症患者的重点监控，严格医疗质量安全考核标准，严格人员和技术准入制度；建立健全三级医疗质量控制体系，加大对《中医病历书写规范与质量评价标准》、查对制度等十八项医疗质量安全核心制度的执行督导检查，每周定期开展行政大查房、业务大查房，业务工作完成情况、质控情况、感控监管、用药分析、医保管理、制度落实情况等内容按月分别从不同角度编入《医疗信息》《“三甲”督查通讯》《护理简讯》，及时发现问题，实现质量安全持续改进。加强三基三严（“三基”即基本理论、基本知识、基本技能；“三严”即严格要求、严密组织、严谨态度）考试考核和急诊急救能力建设，200余名医师“四项急诊急救技能”培训及考核合格率100%；50岁以下临床、医、技科室医师中医操作、三基、急诊、急救知识及相关技能操作的培训考核合格率95%以上，对全院医师进行火罐、穴位注射、穴位贴敷、刮痧、艾灸5项中医操作技能培训，覆盖率90%，西学中培训合格率100%。添置飞利浦256层超高端螺旋CT，助力疫情防控，为开展心脏冠状动脉狭窄、评价冠脉支架置入及心脏冠脉搭桥术打下基础。针灸科被确定为“十四五”长沙市重点专科，眼科、肛肠科、脑病科接受湖南省“十三五”重点中医专科终期验收。儿科签约挂牌“湖湘五经配伍针推学术流派传承工作室刘氏小儿推拿宁乡市中医医院二级工作站”，内一科牵头启动申报建设国家心衰中心（基层版），外一科完成首例“三叉神经痛微血管减压术”；妇产科门诊增加隔物灸、艾灸、耳穴压豆等中医特色治疗，开展盆底康复治疗；耳鼻咽喉科新引进听力诊断平台、嗓音分析仪、动态喉镜等新设备应用于听力伤残鉴定、新生儿听力诊断等，新开展冷消融等离子扁桃体切除术等术式。

【医院人才培养】 2020年，宁乡市中医医院做好人才培养。全年引进硕士研究生16人、本科26人，27人晋升高级职称。湖南省第四批基层老中医药专家学术经验继承工作立项并顺利开展，2 项课题获湖南省教育厅立项，3 项科研课题获湖南省中医药管理局立项，王应军教授被评为第二批湖南省基层名中医。承办宁乡市基本公卫中医药健康管理服务能力提升培训班、宁乡市基层中医药适宜技术培训班，接收湖南中医药大学、吉首大学、长沙医学院等学校 311 名医护药技学生到院学习，同时接收 28 名专业技术人员到院进修；妇产科教研室获长沙医学院优秀教研室；参与、开展学术分享会 70 余次，选送外出学习培训 200 余人次，到上级医院进修 20 余人次，骨伤系统与湘雅医院联手推出髋关节置换与膝关节置换骨伤科手术直播，牵头组织长沙地区“保膝面对面”保膝截骨学术沙龙，学术氛围进一步浓厚。

【“平安医院”创建】 2020 年，宁乡市中医医院多次召开专题会议、开展督查，制定安全生产、消防安全、电信诈骗等专项治理的工作方案；举行“安全生产月”系列活动，接受省总工会及上级有关部门安全生产、扫黑除恶调研、督查。开展《中华人民共和国民法典》《中医药法》等法律法规培训，增强医务人员法律意识。加强对重点科室、重点环节、重点人群的监督、监控，不定期开展院感知识培训，提高院感意识，减少院内感染发生。开展打击欺诈骗取医疗保障基金专项行动和医疗保障基金监管工作专项行动，防止基金损失；采取文件、授课、会议、微信平台等多种宣传形式宣传医保政策，形成长效的宣传机制；将医保政策送进医联体单位，指导基层医院同步落实好医保政策；联合医保局举行打击欺诈骗保集中宣传活动和开展“健康新宁乡 医保微服务”医保政策宣传义诊活动等。

【中医药文化建设】 2020 年，宁乡市中医医院在《人民日报》、学习强国、今日头条、《湖南日报》、《湖南工人报》、《长沙晚报》等新闻媒体上推出医院抗疫期间相关报道 100 余篇；在医院规范分区，明确标识，制作图文并茂的宣传海报并利用电子屏、展板、宣传栏等方式宣传新型冠状病毒应知应会、疫情防控等知识；推出慢病管理专栏，持续推送慢病管理、中医养生等健康知识。举办中医药健康知识竞赛、骨伤系统科普大赛，参加湖南省中医药科普大赛，经选拔 4 个节目进入省赛复赛；“八段锦”“健脊操”“养生操”等中医养生操作为工间操走进机关；医院健身气功团队参加全省健身气功站点联赛系列比赛获三项奖励。举办“传承中医药文化 弘扬中华国粹‘健康宁乡·魅力中医’中医药文化展示暨第四届膏方节”，专家团队义诊，分享膏滋展示、体质辨识、名贵中医药材辨识、中药腊叶标本展、中医药文化展示等特色文化。

【便民惠民服务】 2020 年，宁乡市中医医院开展三伏三九贴、中医药法宣传日、“爱眼日”、“糖尿病日”等主题健教日义诊活动；落实省市民生工程项目，对 85 例白内障及部分翼状胬肉、90 例低弱视力患者实施免费手术或治疗；对全市 120 余所中小学近 8 万名青少年儿童进行免费视力检查，为孕产妇实现艾梅乙免费检测 1000 余人次，1.3 万人的健康证免费邮寄到家；500 余名新生儿出生医学证明“一件事一次办”。开通线上查询住院日清单，实现关键区域无线网络全覆盖；实现线上微信、支付宝退费原路返回，健康管理科安装叫号系统和落实线上缴费。糖尿病俱乐部、妇产科孕妇学校、儿科小儿推拿、针灸科拔罐兴趣小组、中医护理互刮会活动常态开展。

【“慢病学校进基层”活动】 2020 年 4 月起，由宁乡市中医医院牵头组织实施“慢病学校进基层”活动，先后到达大屯营、东湖塘、老粮仓、沩山、灰汤、巷子口、横市、朱良桥、夏托铺、南田坪等 13 个乡镇、100 余个村展开活动，覆盖人群 50 余万人，服务群众 2 万余人，普及健康知识、建立健康档案、加强健康管理。在市中医院公众号推出“慢病管理”健康科普专题，让广大群众进一步认识更多慢病、学会管理慢病。

（邹凌燕）

妇幼保健

【概况】 宁乡市妇幼保健计划生育服务中心（宁乡市妇幼保健院）是宁乡市唯一一家妇女儿童专科医院，集医疗、保健、科研、教学、培训于一体，承担妇女儿童保健、医疗、计划生育技术、妇幼健康服务、妇幼卫生项目及全市妇幼卫生管理等工作任务，服务于全市 80 余万名妇女、儿童。是全国县级百强妇幼机构、国家二级妇幼保健院，湖南省“文明卫生单位”。

2020 年有在职职工 381 人，其中：硕士 7 人、本科 222 人、大专 133 人、中专 18 人；正高（教授）4 人、副高（副教授）34 人、中级 146 人（非卫生类 7 人）、初级 143 人（非卫生类 10 人）。离退休 52 人。办公地点包括白马社区白马北路 324 号和花明社区春城南路 111 号。医院年度总收入 1.51 亿元，其中医疗业务收入 1.22 亿元，较 2019 年增长 3.24%，年末资产 5.85 亿元（含新址资产）。门诊人次 151075 人，出院人次 9297 人；手术 2656 例，住院分娩 3221 例。

2020 年，以市妇幼保健院为中心、乡镇卫生院为枢纽、村为网底的三级妇幼保健服务网、妇幼信息监测网、安全救治工作网建立健全。全市 120 急救体系健全，设市人民医院、市妇幼保健院孕产妇急救中心和新生儿急救中心，危重救治能力提升。制定《2020 年度宁乡市妇幼健康服务工作主要指标及工作要点》，将工作指标分解到乡镇（街道）。所有民生项目配套经费纳入市级财政预算。2020 年孕产妇死亡 0 例，5 岁以下儿童死亡率 3.75‰，婴儿死亡率 1.64‰。

医院被评为“2020 年省市重点民生实事项目工作”成绩突出单位；“2020 年长沙市母婴安全保障工作”成绩突出单位；“湖南省儿科医联体优秀成员单位”。新生儿科主任谢小飞被评为“全国优秀基层新生儿科医师”和“首届湖南省优秀儿科主任”；产科主任吴亮群被评为“长沙市优秀医师”；新生儿科护士长邓朝辉被评为“长沙市优秀护理工作者”；新生儿科护士刘宁波、伍燕科普作品《肺炎预防科普宣教》被评为湖南省妇幼保健与优生优育协会举办的FCC健康教育体系临床应用培训班暨新生儿护理健康科普三等奖。4月16日，新生儿科、产房、产科团队参加2020年全国新生儿复苏技能大赛进入华中赛区湖南组。医院获市卫健系统妇幼工作、药品管理、计划生育工作、工会工作、工会基层工作组织、无偿献血组织工作先进单位。

2020年，医院有党员114人，在职党员95人，退休党员19人。下设行政、临床、医技、保健、离退休5个党支部，各支部均配备支部委员3人。面对新型冠状病毒肺炎疫情，中心党总支第一时间成立共产党员先锋突击队、共青团员青春志愿队、工会会员火线支援队三个抗疫梯队，另有41名党员志愿者在完成医院疫情防控工作任务的同时，利用休息时间参与社区疫情防控工作，117名党员向党组织、武汉及本市医疗机构捐献抗疫物资39200元，捐款13566元。

【疫情防控】 2020年，市妇幼保健院预检分诊共359676人次，发热门诊接诊1574人次，未出现院内聚集性疫情暴发和交叉感染现象。印发《宁乡市妇幼保健院新型冠状病毒肺炎应急预案和工作流程》，成立以院长组长，书记为顾问的疫情防控领导小组，并成立10个疫情防控与医疗救治专家组，50余名医务人员组建3个抗疫梯队，明确职责和分工，实行统一领导、统一指挥、统一调度。年初，全院干部职工取消春节休假，2天时间改造好发热门诊和留观病房，多方筹措、多渠道购置储备防疫物资，熬制中药汤剂1630袋，解决一线人员的后顾之忧。编制《新冠肺炎防控手册》，对医务人员、物业、保安、食堂工作人员进行新冠防控诊疗方案、防护用品选择与使用、消毒隔离等内容的培训，利用“感控工作间”软件、纸质版试卷进行答题测试。组织培训35场次，培训人员12670人次，参与答题人数12670人，及格率100%。严格预检分诊，抽调多名临床、行后科室人员担任预检分诊任务，在住院楼和院门口设置红外线体温筛查系统，实行住院一人一陪一探视证制度，做好职工及病人、陪人核酸检测，强化督导，确保院内零感染。

【医疗护理工作】 2020年，市妇幼保健院注重医疗质量和医疗安全管理，落实责任制和核心制度，严格执行和规范医疗操作，规范就诊流程，积极推进公立医院改革，改善医疗保健服务，提升医疗保健服务能力。定期召开医疗质量安全分析会，每周二下科室督查，加强病例讨论，加强危重患者管理，开展急救演练，预防和杜绝医疗差错事故的发生。加强药事管理，扩大对临床合理用药监测范围。实行院、科两级管理，强化护士长职责，将科室护理质量与护士长绩效挂钩。推进“优质护理”活动，在全院实施责任制整体护理模式，开展特色护理，乳腺科建立“粉红丝带”乳腺癌病人交流群，新生儿科建立“宝妈微信群”，妇科实施门诊手术患者预约制度，产科门诊设立“孕妇二级分诊绿色通道”，妇科、乳腺科、产科、手术室落实手术患者室温管理，提高患者术前、术中、术后舒适度。严格落实护理规章制度，强调重点环节安全管理，落实“非惩罚性护理不良事件上报制度”，严格科室药品管理，加强护士长对科室质量的环节管控，加强护理管理信息化建设，不断拓展护理服务领域，开设PICC置管新项目。重视业务技能培训，全年完成护理三基考试6次，全年评选优质护理服务明星96人次，促进服务提升，患者满意度98%。

【医院学科建设】 2020年，宁乡市妇幼保健院产科不断加强危重孕产妇救治能力，实施首例胎囊共娩剖宫产手术救治早产儿；妇科引进锐扶刀技术，减轻病人痛苦，并成功开展阴道封闭手术。乳腺科开展麦默通乳腺微创旋切术，加大乳腺肿物微创旋切的宣传，提高乳腺癌早诊早治率，乳腺疾病诊断水平进一步提升。新生儿科新开展微创MIST气管内PS用药技术；影像科坚持阳性病人追踪回访和疑难病例讨论，妇科病人诊断符合率在90%以上，检出异位妊娠244例、子宫畸形54例、宫颈癌9例；乳腺癌普查及门诊中共检出乳腺癌52例；共诊断出胎儿畸形196例。检验科参加了国家卫健委临检中心产筛项目的室间质评，同时新参加2020年度的血糖POCT室间质评。参加湖南省疾病预防控制中心的血清梅毒抗体、血清丙型肝炎抗体项目的室间质评，均成绩优秀。

【继续医学教育】 2020年，市妇幼保健院选派11名专业技术人员到上级医院（湖南省儿童医院、上海交通大学附属同仁医院、长沙市第一医院、四川成都华西第二医院）外出进修学习；派出3月内短期培训9人，其他各类短期学习培训班90次，563人次，包括进修及短期学习培训费用共137588万元，对进修结束回院的医务人员组织授课并上交学习心得体会24份。规培住院医师4人，其中3人于8月26日回院上班。协助、配合职业学院做好高职教育的重要环节，完成好专业见习、实习工作并签订合作协议书，接收进修1人，实习8人，见习2人。协助宁乡市人民医院做好2019年级助理全科医生学员培训学习，培训学员30名，为期4个月的学习。2020年医院继续学历教育156人，在职研究生8人，论文发表省级以上期刊3篇。

【孕产妇保健工作】 2020年，市妇幼保健院孕产妇系统管理率97.18%、孕妇产前检查率98.63%、早孕建册率98.04%，产后访视率98.95%、孕产妇住院分娩率100%。做好高危孕产妇分级管理，强化高危孕产妇管理。加强产科质量管理，畅通急救绿色通道，针对冰冻和春节特殊时期，制订和启动应急预案，保障孕产妇安全。完成市产科急救中心、产科机构、爱婴医院复核和再复核。推广使用母子健康手册APP，落实生育全程医疗保健服务。开展两次“危重孕产妇评审”，落实妊娠分级制度。

妇女保健工作。以农村适龄妇女免费“两癌”筛查项目为主线，积极开展女性健康服务，妇女常见病定期筛查覆盖率94.63%。免费无创DNA筛查项目完成9106人，高风险及染色体数目异常105人，进一步产前诊断25人经治疗性引产。医院在房屋，人员特别紧张的情况下，设“两癌筛查中心”独立工作区，形成初筛、复查、B超、宫颈病变治疗等“一站式”服务平台，极大地方便广大妇女检查和就诊。开设残疾人就诊绿色通道，安排专门导诊人员引导，优先挂号、检查。

【儿童保健工作】 2020年，市妇幼保健院新生儿访视率99.81%、0—6岁儿童健康管理率96.07%、3岁以下儿童系统管理率92.15%、新生儿疾病筛查率98.82%、新生儿听力筛查率98.30%、0—6个月婴儿母乳喂养率94.77%、5岁以下儿童贫血患病率6.31%、低出生体重发生率0.36%、活产出生缺陷发生率113.77/万、先天性甲状腺功能减退症筛查率、新生儿苯丙酮尿症遗传代谢疾病筛查率98.29%，开展高危儿童及营养性疾病儿童的转诊与管理，对高危早产儿、甲低、苯丙酮尿症实行市级专案管理，重度营养不良、重度贫血等营养性疾病市级随访专案管理。完成0—6岁儿童眼保健和视力检查98459人，筛查出异常儿童2044人；完成免费新生儿疾病筛查10626人，筛查出可疑人数307人。完成免费耳聋基因筛查10251人。完成托幼工作人员和入园儿童体检工作，对新申办托幼机构进行卫生保健评价。早教保健中心承接精准康复服务行动项目，免费治疗残疾儿童170名，其中脑瘫儿童62名，智力残疾儿童108名。

【健康教育工作】 2020年，市妇幼保健院加强妇幼信息管理，设立妇幼卫生信息管理科，配备专职信息管理人员，实行专人专项管理。市、乡两级网络逐渐完善，信息人员相对固定，业务素质明显提高，各医疗保健机构均配备妇幼卫生信息员。进一步健全例会制度，每季度定期召开会议，交流经验、解决问题。加强三级妇幼信息质量控制，完善基层原始登记，定期进行抽样质控。全年开展4次妇幼卫生信息、出生缺陷、母婴保健技术服务机构数据监测抽查，对全市29个乡镇（乡镇全覆盖）的109个村和9家产科机构（机构全覆盖），查出活产漏报0人次，5岁以下儿童死亡0人次，无孕产妇死亡漏报。与相关单位核对出生及死亡情况，共反馈乡镇活产明细6000余条和5岁以下儿童死亡信息20余条，确保基础数据的准确性。

【妇幼卫生项目】 2020年，市妇幼保健院免费增补叶酸预防神经管缺陷项目。新增补叶酸率96.88%、依从率90.49%。免费婚前医学检查项目。免费婚前医学检查13488人，婚检率94.95%，检出各类疾病952例，疾病筛查率9.08%。预防艾滋病、梅毒、乙肝母婴传播项目。产妇孕期筛查率100%，孕早期检测率99.73%；梅毒感染孕妇所生儿童用药干预率98.6%，艾滋病和梅毒感染孕妇所生儿童随访率100%，乙肝感染孕产妇所生新生儿乙肝免疫球蛋白注射率100%。免费产前筛查项目：免费产前筛查8500人，超额完成任务数，筛查率完成率100%，其中高风险、临界风险2360人；产前诊断2295人，诊断率97.24%，染色体异常治疗性引产9人，高危孕妇妊娠结局随访率100%。免费无创DNA筛查9106人，高风险及染色体数目异常105人，进一步产前诊断治疗性引产25人。

【妇幼民生实事】 2020年，市妇幼保健院完成两癌检查31356人，完成省年度重点民生项目任务（25200人）比为124.42%，其中宫颈癌筛查中确诊宫颈CIN（宫颈上皮内瘤变）304例，其中CIN1 146例，CIN Ⅱ-Ⅲ 158例，发现宫颈早期浸润癌20例，浸润癌9例，VAIN（阴道内上皮瘤变）16例，其中VAIN1 14人，VAIN Ⅱ-Ⅲ 2人，宫颈癌的早诊早治率为95.18%。乳腺癌筛查中确诊乳腺浸润癌43例，乳腺癌的早诊早治率为75.26%。免费新生儿疾病筛查10626人，筛查率97.27%；免费新生儿耳聋基因筛查10924人，筛查率97.27%。

【计划生育服务】 2020年，市妇幼保健院计划生育技术服务咨询服务12450人次，目标人群覆盖率100%；计划生育有关临床医疗服务人群覆盖率100%，计划生育手术12450例，围绝经期取环1622例，农村中老年妇女健康促进围绝经期免费取环完成协会任务500人次，术后随访率100%，无一例手术并发症发生。通过视频拍摄的方式进行青春期生殖健康大型宣教活动一次，点击率140万人次。完成全市计划生育手术并发症鉴定和全市病残儿鉴定工作，全年进行病残儿鉴定3次。推进“爱心助孕”活动，发放爱心卡105张，其中65人妊娠，18人次接受输卵管吻合手术，6例成功受孕。免费孕前优生健康检查是国家项目，为计划怀孕夫妇提供咨询和健康指导服务。凡符合生育政策，夫妇双方或一方为宁乡户籍、非本地户籍但在宁乡居住半年以上的计划怀孕者，每孩可享受一次免费孕前优生健康检查。共检查10019人次，筛查出高风险1590例，随访到早孕1929例，早孕随访率100%，完成妊娠结局随访1872人次，妊娠结局随访率100%。

【中国计划生育协会农村中老年妇女生殖健康促进项目】 2020年，市妇幼保健院是中国计划生育协会农村中老年妇女健康促进项目——围绝经期免费取出宫内节育器的全国三家定点服务机构之一。医院投入10万余元改建围绝经取环的检查、检验场地，改善就诊环境及就诊流程；2020年完成围绝经期协会任务780例，完成生殖健康调查问卷780份；该院宫腔镜取环90例，其中一例“环异位于盆腔”在腹腔镜下成功取出。通过项目发现各种疾病50例，梅毒螺旋体感染阳性确诊5例，子宫肌瘤手术治疗5例，卵巢癌2例，生殖道感染性疾病28例，合并严重高血压、糖尿病10例及时转诊治疗，通过问卷调查了解780例更年期妇女生殖健康现况，创新当前新形势下的计划生育技术服务模式。

【残疾儿童康复项目】 2020年，市妇幼保健院根据长沙市残疾人联合会

《关于做好新冠肺炎疫情期间残疾儿童线上康复服务工作的通知》文件精神，医院承接长沙市康复救助服务行动——0—17岁残疾儿童免费康复项目，3—5月参加线上康复服务的儿童129名，其中有35名脑瘫儿童和94名智力障碍儿童参加康复救助工作。根据长沙市残疾人联合会《关于做好2020年长沙市残疾儿童线下康复训练工作的通知》文件精神，自2020年6月1日起开展线下服务，共有161名残疾儿童参与，其中60名脑瘫儿童和101名智力障碍儿童参加康复救助工作。全年训练残疾儿童共计170名（脑瘫儿童62名，智力障碍儿童108名）。

2020年1月19日，“解密青春，为爱护航”宁乡市“青春期性与生殖健康”直播访谈节目在“直播宁乡”开奖

【健康宣教活动】 2020年5月22日，市妇幼保健院健康教育科为城郊中小学五六年级204名男生进行“阳光向上，健康成长”的专题讲座；6月12日，在实验二小为168名六年级学生进行“迈好青春第一步”的主题讲座；6月23日，在宁乡一中为616名高三女生进行“高考前生理保健与心理减压”的专题讲座；10月30日，在长郡沩东中学为738名初一学生进行“解密青春”的主题讲座；11月4日，在湖南曙光电子职业技术学校为396名高中生进行“生殖健康进校园”的专题讲座；11月19日，由宁乡市卫生健康局、市教育局、市计生协和宁乡市妇幼保健院共同开展“解密青春，为爱护航—青春期性与生殖健康”科普知识访谈节目在“直播宁乡”开讲，点击量突破142万人次。12月15日，在万婴职教为966名高中生进行“长沙市生殖健康进校园”知识讲座2场，全年开展大型讲座7场，服务人数3088名，讲座的具体内容涉及青春期生理、心理、早恋、校园欺凌、预防艾滋病、高考前心理减压、生殖健康与避孕指导等。

以孕妇学校为阵地，以活动为平台，以普及知识为手段，以节日为依托，开展爱耳日、为了姐妹们的健康与幸福、世界唐氏综合征日、肿瘤防治宣传周、世界母乳喂养周、预防出生缺陷、艾滋病宣传日、出生缺陷防治宣传周等活动21次，服务6501人次，医院全年转发邀约课程295次，后台统计邀约3047人次进行线上课程的学习；全年院内开课41次，包括大课堂、互动式小课堂、运动课等形式参加听课830人次；该院活产产妇数3229人，12320线上接受健康教育的达9069人次，孕妇学校培训覆盖率53%，母婴保健核心知识知晓率92.33%，健康行为形成率88.33%。

【遗传性妇女肿瘤综合防治项目】 2020年，市妇幼保健院遗传性妇女肿瘤综合防治项目为罹患卵巢癌或者是乳腺癌的妇女和近亲家属提供遗传咨询、基因检测等免费检查，截至12月31日，全市完成640人的遗传咨询和基因检测，完成比例82%。

【“乳此美丽 一路通行”公益项目】 2020年，市妇幼保健院“乳此美丽一路通行”公益项目，为适龄妇女予以乳腺癌项目投保，完善贫困“两癌”妇女救助体系，做好贫困家庭患病妇女救助工作。截至12月10日，项目为全市承保乳腺癌筛查人数29337人，确诊的乳腺癌上报能报销人数15人，其中HER2阳性人数14人，给予1万元/人的大病救助0人，免疫组化理赔4人，FISH基因检测2人，赫赛汀用药4人，合计理赔人数14人，理赔金额9750元。

【出生“一件事一次办”】 2020年，市妇幼保健院落实出生“一件事一次办”项目，出生“一件事一次办”窗口将办理出生医学证明、申领《儿童保健手册》、领取户口登记、新生儿参保、家庭医生签约5个事情一次办理，2020年签发出生证明3341张，完成办件事项2369件，办件率70.9%，未出现一例投诉。

【项目建设】 2020年10月，宁乡市人民政府对市妇幼保健院项目建设方案进行调整，更改为与宁乡市中医医院共同整体搬迁方案，重新对内部流程设计进行规划，并调整房屋布局。11月27日，主体竣工验收。项目办完成中央投资项目的保健楼主体验收和结算工作，并完成新院整体搬迁设备清单编制整理。

长沙市宁乡精神病医院

【概况】 2020年，宁乡精神病市精神病医院有在岗干职员工225人，其中正式在编176人，内聘49人；正高1人，副高13人，中级70人，专业技术人员占85%。退休人员87人。全年共接诊门诊病人18702人次，入院患者794人次，出院患者776人次，日平均住院数1032.53，入出院诊断符合率95.25%，治愈率6.06%，好转率87.37%，无变化4.51%，出院病人率2.06%，运行病历通过质量控制全部合格，甲级病案率96%。全年无重大纠纷发生。业务收支情况：全年业务收入6248万元，其中药品收入834万元，占比13.35%，业务支出6102万元，收支结余145万元。全面推进公立市精神病医院改革，2020年市精神病医院改革绩效评价重点指标符合上级要求。

按照中央、省市疫情防控工作总体要求，市精神病医院周密部署，联防联控，使疫情防控工作常态化，精准化。制定和下发《应对秋冬季新冠肺炎疫情医疗救治工作方案》，对所有人员（含病人和工作人员）进行流感疫苗的接种工作。重点人员定期进行核酸检测，加强院感院控，严防传染病的发生。

2020年7月，完成电子健康卡应用、微信公众号和移动支付建设，做好伙食费管理系统的建设，更好地便民利民。

建立健全医护管理制度，强化环节质控，完善激励约束机制，强化三基训练，加强人才培养，依法依规按程序招聘和选调专业技术人员。发挥医联体优势，落实双向转诊。开展和省级市精神病医院学术交流。6S精细化管理常态化，达到提高素养和安全的目的。

进行全院安全隐患大排查并全面整改，争创平安市精神病医院。开展扫黑除恶、治乱、反电信网络诈骗等宣传教育活动，与保安及护理公司签订合同，实行责任追究制。定期组织安全隐患大排查，针对发现的问题如防护窗过道存在安全隐患、放射科辐射防护未达标等，立行立改落实到位。下发《市精神病医院安全生产专项整治三年行动实施方案》，请第三方根据专科市精神病医院的具体实际情况，编制安全生产事故应急预案等。

【规范医保行为】 2020年，市精神病医院多次召开医保工作专题会议，打击骗取医疗保障基金。2020年出台《2020年医保工作制度》《关于进一步强化市精神病医院医保管理工作的通知》《健康扶贫对象“先诊疗后付费”管理制度》，“一站式”人员结算和《特殊病种门诊评审管理制度》等重要医保工作制度，进行自查自纠和整改。市精神病医院组织不定期督查，量表、病历文书不及时者纳入月考核，确保严格执行医保政策不走样。严格落实“一站式结算”和健康扶贫等政策。与每位健康扶贫对象签订“先诊疗后付费”协议书，截至2020年年底，重性精神病人住院救助904人次，救助金额192万元；健康扶贫医保报销2385人次，金额493万元，做到零差错。3月，宁乡市医疗保障局将在市精神病医院住院的老年性痴呆和血管性痴呆、酒精所致精神障碍、器质性精神障碍、抑郁障碍4类患者纳入常住病人管理，解决以上4类病人长期住院困难的问题。

【公共卫生惠民工作】 2020年，市精神病医院开展对社会精神病人下乡免费送医送药工作，落实药物救助。疫情期间，市精神病医院采取“电话问诊、上门送药、错时领药、延长药量周期”等分散发药措施，全年对全市20923人精神病患者进行免费药物救助，发放救助药品415万余元，有效降低重性精神病的复发率。配合宁乡市残联对全市所有建档立卡贫困户的精神病人或疑似精神病人进行上门残疾等级鉴定。在国家严重精神障碍管理系统中，宁乡市严重精神障碍患者检出率4.83‰，超过省市指标的4.5‰；年管理率99.97%；规范管理率99.11%；服药率97.95%；面访率98.52%；体检率98.63%；在家病人病情稳定率99.61%，宁乡市严重精神障碍管理工作在长沙市位居前列。对全市公卫人员、社区医生进行严重精神障碍患者规范管理与医疗治疗的业务培训，并定期督查。对全市公卫人员、社区医生进行业务学习培训，参加培训人员87名，6次下乡组织培训精神障碍患者家属2942人，宣传和学习精神卫生知识及精神病人家庭护理。编集和复印精神卫生知识宣传资料5套20000份，结合下乡送医送药发放到各乡镇精神疾病患者及家属手中。10月10日第29届世界精神卫生日，组织医务人员开展宣传活动，接诊咨询42人，发放精神卫生宣传资料200份。“以奖代补”排查复核严重精神障碍患者61人，确定三级以上患者61人。加强社会心理咨询室的建设和验收检查。

【接受巡察工作】 2020年，市精神病医院按照市委巡察工作统一部署，市委第一巡察组于2020年9月22日起，对市精神病医院开展为期2个月的巡察。巡察组通过在市精神病医院的所见、所闻、所感，以《以院为家》为题形成巡察工作内部简报，对市精神病医院和医务人员工作给予充分肯定。

社会生活

民　政

【概况】 2020年宁乡市民政局内设8个机关科室：办公室、党建人事科、规划财务科、社会救助科、基层政权建设和社区治理科、社会事务科、养老服务科、慈善事业促进和社会工作科；事业单位7个：社会组织事务中心、生活无着人员救助站、社会福利院、婚姻登记中心、福利彩票事务中心、慈善会事务中心、殡仪馆。

2020年，市民政局申报的宁乡市《构建群众工作新格局，全面提升乡镇政府服务能力》入选民政部公布第二批全国乡镇政府服务能力建设典型经验，为湖南省唯一入选的典型经验。2020年，宁乡市慈善会被评为湖南省“十百千”示范性社会组织，连续七年被评为省级慈善工作先进单位。

【城乡救助】 2020年，全市城乡低保对象10607户、19781人实现应保尽保；最低生活保障标准为650元/月，农村低保月人均补差380元，农村低保标准达到7800元/年，均高于省级考核标准，发放农村低保金8884.13万元，城市低保金633.93万元。全市特困人员保障对象10268户、10485人实现应保尽保；提高保障标准至845元/月，全年支出特困供养金1.15亿元；落实散居全自理特困人员住院期间护理保险，财政支出290.4万元；落实特困人员照料护理补助政策，全年支出护理补助798.12万元；对散居对象实行“一对一”帮扶；落实丧葬补助政策，全年支出丧葬补助资金380.9万元。联合扶贫办认定兜底保障对象6691户、11600人，全年发放兜底保障资金6349万元。发挥临时救助“救急难”作用，简化临时救助程序，全年发放临时救助资金约900万元。

【养老服务】 2020年，市民政局完成民办养老机构和敬老院寄养老人的等级评定，民办养老机构的运营补贴根据评定等级调整至每月160元、350元、500元，敬老院寄养的失能半失能老人每人每月补贴200元。推进养老服务基础建设，社会福利中心启动内部装修和设备安装；白马桥龙江、凤形、白龙、城郊创业4个社区养老服务中心试运营；城郊群星、石头坑村和历经铺大湾岭3个社区养老服务中心完成建设。

【儿童福利保障】 2020年，10家儿童之家完成提质改造，其中6家纳入省市重点民生实事均验收合格。全年发放孤儿基本生活费156.39万元，惠及1113人次；发放事实无人抚养儿童生活补贴288.59万元，惠及3688人次；发放孤儿助学金31.8万元，惠及37人。采取政府购买服务方式，由2家专业机构承接6家儿童之家的运营服务；由心理咨询专业机构承接留守儿童与困境儿童心理健康服务。

表18　　2020年宁乡市民政工作和社会救助情况表

指标名称	计量单位	2019年	2020年	2020年比2019年增长（±%）
结婚登记数	对	6501	7150	0.099831
离婚登记数	对	3272	3680	0.124694
发放低保资金	万元	6438	9522	0.479031
居民最低生活保障人数	人	16647	19781	0.188262
其中：城镇居民最低生活保障人数	人	1072	1017	-0.05131
农村居民最低生活保障人数	人	15575	18764	0.204751

续表18

指标名称	计量单位	2019 年	2020 年	2020 年比 2019 年增长（±%）
特困人员人数	人	10754	10485	-0.02501
特困人员供养金	万元	11401	11500	0.008683
募集慈善资金	万元	1735.85	1330.92	-0.23327
销售社会福利彩票	万元	13452	11190	-0.16815
高龄津贴人数	人	4500	5100	0.133333
高龄津贴资金	万元	36012	38656	0.07342

【残疾人“两项补贴”】 2020 年，市民政局对全市符合补贴条件的困难残疾人和重度残疾人发放生活补贴和护理补贴，全年发放残疾人两项补贴资金 3615.724 万元，惠及 355451 人次。

【慈善救助】 2020 年，市慈善会被评为湖南省“十百千”示范社会组织。疫情期间慈善募捐和接收上级慈善部门拨付物资共 98.19 万元。设立初心圆梦爱心助学基金，发动 10 家企业捐赠共计 200 万元；设立深度贫困户爱心帮扶基金，接受全市 249 家单位捐赠，参与捐赠人数 24398 人，总金额 391.53 万元。开展慈善项目，向长沙慈善总会争取长沙市特困家庭子女高等教育助学项目救助资金 456.2 万元；开展深度贫困户慰问帮扶活动、千手爱心精准救助项目等，发放款物 1493.41 万元，惠及困难群众 3897 人；完成慈善志愿服务项目结项评估工作，对 16 个慈善志愿服务项目拨付资金 45.2 万元；在市人民医院、市中医院专设大病救助服务站，并设立大病专项救助基金。

【生活无着人员救助】 2020 年，市民政局出动救助车辆 504 车次，出动由救助站工作人员和外展社工、志愿者组成的联合劝导组 832 人次，劝导街头流浪乞讨人员 253 人次，其中劝导入站 77 人，护送 67 人返乡；发放救助棉被、衣物、食品、药品、鞋等物资 4431 件；发放宣传资料 2.1 万份。全年接待求助人员 1673 人次。启用市救助站业务用房接待湖北返宁高风险人员 16 人，助力全市疫情防控。

【基层社区治理】 2020 年，市民政局与市委组织部开展规范村（社区）服务中心挂牌指导，明确基层公共服务（一门式）全覆盖工作部门单位职责任务。制定出台《宁乡市社区专职工作人员员额管理实施办法》。成功创建 3 个和谐社区、14 个农村幸福社区示范村、58 个农村社区试点村；玉潭街道南苑社区服务类项目成功立项长沙市三社联动社区类服务项目；5 个村（社区）的工作经验被评为长沙市第二批优秀社区工作法。推进村（居）民委员会换届选举工作，试点乡镇横市镇圆满完成村（居）民委员会换届选举。

【政务服务优化】 2020 年，市民政局主动办理 1743 名老人高龄津贴发放，全年发放高龄津贴 5100 万元，惠及高龄老人 38656 名。发放基本养老服务补贴 35 万元，惠及对象 391 人。联合多部门开展身后“一件事一次办”改革，在全省率先落地实施。实现婚姻登记拍照、证件资料复印费用全免，全年办理结婚登记 7150 对，离婚登记 3680 对。

【殡葬服务管理】 2020 年，市民政局推进农村公益性墓地建设，7 个乡镇启动建设并进入项目立项阶段；组织开展“硬化大墓、活人墓”专项整治活动，对全市 16 个硬化大墓进行专项治理；基本殡葬服务补贴对象 9040 名，支付补贴资金 1054 万元，实现了全区域遗体火化率 100%，惠民补助发放到位率 100%。

【区划地名管理】 2020 年，市民政局制定岳麓-宁乡行政区域界线联检方案，完成界线和 4 个界桩的联检；完成国家地名词典宁乡部分的修改工作；对城区道路名称进行标准化处理。

【福彩管理】 2020 年，市民政局完成全市第二批标准店（23 家）的建设，并通过验收；全年完成福彩销售超 1 亿元；完成中福在线游戏厅的关停和收尾工作，平稳解除原聘用人员合同、场地租赁合同等，未发生法律、劳务等方面问题。

【社会组织管理】 2020 年，全市依法成立登记并正常活动的社会组织 577 家，2020 年新成立登记社会组织 29 家，办理变更登记 62 家，办理注销登记 45 家。517 家社会组织完成党建进章程；聘请第三方专业机构进行年检现场督导，下达整改通知书 41 份，作出行政处罚撤销 16 家。

【社工站运行】 2020 年，全市设立 29 个社工站、1 个总平台，全年走访入户调查 25845 余人次，电话访问 18478 余人次，个案服务 210 例，小组工作 210 节，开展和参与活动 166 次，招募志愿者 1064 人，志愿服务时长 2301 小时，链接物资 53.14 万元。

（邓　凡）

退役军人事务

【概况】 2020 年 12 月 2 日，宁乡市退役军人服务中心新办公场所建成，局机关及服务中心整体搬迁至宁乡市玉潭街道八一西路钟馗巷37号，内设综合科、优抚褒扬科、就业安置科、双拥权益维护科，下属二级单位有军休所（副科级）、光荣院、退役军人服务中心及烈士陵园事务中心。2020年，宁乡市被评为湖南省“双拥”模范城（县），实现省级“双拥”模范城“五连冠”。2020年2月，广大退役军人和退役军人工作人员积极参与疫情防控，累计捐款50万元，捐赠物品总价值约30余万元。

【保障体系建设】 2020年，宁乡市退役军人服务中心新设服务大厅、荣誉室、阅览室、活动室、法律援助值班室、老连长老班长值班室，并设综合服务、创业扶持、优抚帮扶、权益保障和信访接待5个窗口。全市29个乡镇（街道）、278个村（社区）落实人员配备、场地建设、制度完善等，重点打造金洲镇、大成桥镇、城郊街道为全国、省级示范型退役军人服务站。举办覆盖所有乡镇（街道）退役军人服务站工作人员及部门单位政工人事人员参加的业务培训班，组织局系统领导干部和各乡镇（街道）、部门业务骨干参加长沙市退役军人事务工作业务培训。选取12位退役老连长、老班长在工作日值班值守，发挥他们的独特优势，搭建与退役军人沟通的桥梁，传递关怀温暖，做好思想疏导工作。

【移交安置】 2020年，完成国家下达宁乡市的军转干部安置任务，通过推行“阳光安置”，接收并安置转业干部、转业士官、随调家属，100%安置在党政机关、事业单位，安置工作走在长沙市前列。

【就业创业】 2020年，市退役军人事务局组织3次退役军人及家属专场招聘会。开展2020年退役士兵“返乡第一课”适应性培训，与楚天科技达成退役军人职业技能培训和就业创业服务合作协议，与加加食品集团开展共建暨自主就业退役士兵选聘活动。推荐宁乡市3家企业和创新团队参加长沙市退役军人创新创业大赛，1家入围复赛。完成退役士兵社保补缴。在长沙市“双带双促”评选活动中，推选抗美援朝老兵彭菊泉为“长沙市优秀退役军人”，宁乡市四小碟食品有限公司杨硕、长沙市瑞丰农业发展有限公司欧永兴被评为“长沙市退役军人自主创业先进个人”，长沙金剑保安服务有限公司被评为“长沙市退役军人就业安置先进企业”。

【优抚褒扬】 2020年，宁乡市退役军人服务中心落实各项日常走访慰问和优抚帮扶措施，春节送慰问年画、“八一”送慰问信实现全覆盖，慰问各类优抚对象，发放慰问金。召开“八一”座谈会暨2020年安置士官“返乡第一课”。组织40名抗美援朝老兵及150位重点优抚对象开展综合短期疗养，提供定制化、个性化服务。对生活困难的退役军人及其他优抚对象给予救助，完成优抚对象核查认证，及“两参”人员基础信息核查。开展“关爱功臣 送医送药下乡”活动2次，惠及130余人。组织清明祭扫和“9·30”烈士纪念日公祭活动，完成22座零散烈士墓的修缮，烈士陵园获批长沙市级烈士纪念设施管理保护单位。推选1人为湖南省最美退役军人候选人。

【宁乡连续五次被评为湖南省“双拥”模范城（县）】 2020年11月25日，湖南省第十届“双拥”模范城（县）命名暨双拥模范单位和个人表彰大会在长沙召开，会议宣读湖南受全国“双拥”模范命名表彰名单，宣布湖南省第十届“双拥”模范命名表彰决定。宁乡市被授予湖南省第十届“双拥”模范城（县），这也是宁乡市连续五届被评为湖南省“双拥”模范城（县）。宁乡经开区党工委书记、市委书记于新凡，市委常委、市人武部部长参加会议并代表宁乡领取湖南省“双拥”模范城（县）奖牌。

宁乡市有革命烈士2032人。宁乡市在深化改革中强化双拥领导，建立“1个县级退役军人服务中心、29个乡镇（街道）服务站、278个村（社区）服务站”的退役军人服务保障体系，形成党政机关有负责人、乡镇（街道）村（社区）有工作站、学校和企事业单位有联络员的双拥工作格局。

5年来，宁乡市按照中央、省市关于“双拥”优抚政策要求，做好就业安置、优待褒扬、权益维护、服务管理等工作，维护军人军属合法权益，累计完成优抚对象廉租房申请和危房改造68户，发放住院医疗补助金1.6万余名500多万元，发放门诊补助280万元，代缴城乡居民医疗保险220万元。接待来访和来电2000余人次，为93名立功现役军人送去立功喜报及慰问金20余万元，给4位武汉市一线抗疫军人送去双拥包，挖掘退役军人的先进事迹，评选省级模范退役军人1名、长沙市最美退役军人1名、县本级最美退役军人10人。完善“双拥一条街”“双拥天桥”“双拥公园”“双拥社区”“双拥广场”等配套建设，在广场、公园、街道和高速出口等人员密集场所悬挂标语、设置灯箱，在汽车站、停车场、商场、医院、旅游景点等单位设立“军车免费”“军人依法优先”等服务窗口，新冠肺炎疫情防控期间，走访慰问驻宁部队2次，送去口罩、消毒液、蔬菜等急需物资，激发拥军热情，浓厚拥军氛围。

【军休服务管理】 2020年，宁乡市军休所落实军休干部两个待遇，为符合条件的军休干部发放“中国人民志愿军抗美援朝出国作战70周年”纪念章。运用规范院落安全防护设施、组织安全巡查、建立健全服务管理档案、回访机制等方式，加强规范化、标准化、信息化建设。开辟就医绿色通道，军休人员遇大病急症，可通过绿色就医通道快速就诊，使用准备金先期垫付医疗费用，确保军休人员第一时间得到有效救治，解决看病就诊军休人员后顾之忧。看望重病住院的休养人员，全年慰问住院休养人员162人次，走访休养干部237人次，举办健康知识讲座2次、健康检查1次。组织钓鱼、门球、射击、书画等活动和比赛10余次，开展“功臣宣讲进校区、志愿服务进小区、缅怀先烈进老区、关爱慰问进营区”等系列志愿服务活动3次。作为湖南省五星军休示范点，在全省军休机构负责人培训班上作典型发言，经验在全国军休机构负责人会议上通过视频推介。

【烈士公祭仪式】 2020年9月30日，宁乡经开区党工委书记、市委书记于新凡，宁乡经开区党工委副书记、管委会主任张毅，市委副书记、市长付旭明，市委副书记沈光，市人大常委会主任喻亚军，市政协主席刘永红等市领导和部分烈属及老战士代表、驻宁乡部队代表、干部群众、学生代表、宁乡市退役军人事务局全体干部职工等200余人参加。 （胡小艳）

医疗保障

【概况】 宁乡市医疗保障局（以下简称“市医保局”）是市人民政府工作部门，为正科级，内设4个科室（办公室、政策法规科、监督管理科、医药价格管理和招标采购科），下设一个副科级事业单位宁乡市医疗保障事务中心。市医保局机关行政编制8名，医保事务中心事业编制33名。2020年，医保工作深化医疗保障制度改革，抓医保精细化管理。落实系列惠民医保政策，群众医保获得感持续提升；推进医药集中带量采购及配套改革，群众医疗费用和基金负担有效降低；确保医保基金运行平稳，基金收支平衡保障有力；农村贫困人口就医负担大幅减轻；加大打击力度，从严监管守护人民群众救命钱；做到重点人群应检尽检，确保打赢新冠肺炎疫情阻击战；提高医保经办服务能力，不断优化医疗保障公共服务。

【医保政策】 2020年，城乡居民基本医疗保险人均财政补助标准在2019年的基础上增加30元，每人每年550元，个人缴费提高到每人每年250元。落实困难群众参保资助政策，将建档立卡贫困人口、特困人员、低保对象、贫困残疾人等困难人群全部纳入城乡居民基本医疗和大病保险制度覆盖范围，实现贫困人口参保率100%。普通门诊限额内报销比例提高到70%，降低43个特殊门诊准入门槛，解决小病不住院，门诊有报销的诉求。大病保险筹资标准按长沙市局要求进行上调，起付线予以下调，提高支付比例5个百分点。将高血压糖尿病等慢性病门诊用药纳入医保保障范围，明确“两病”门诊用药保障不设起付线，对“两病”患者在协议定点基层医疗卫生机构门诊发生的政策范围内药品费用，统筹基金支付70%，个人自付30%；高血压最高支付限额为每年360元/人，糖尿病最高支付限额为每年600元/人。

【医保基金】 2020年，城乡居民医疗保险参保缴费106.2万人，个人缴费征缴26610万元，各级财政配套征缴58576万元，利息575万元，合计收入85761万元。2020年全市城乡居民医保基金支出87751.3万元，报销享受待遇54.8万人次。其中住院24.93万人次，报销74469.7万元；门诊29.88万人次，报销6435.2万元，大病保险1.3万人次，报销6846.4万元。

城镇职工医疗保险基金。全年城镇职工参保161209人，在职111066人，退休50143人。至12月底，全市城镇职工医保基金收入64514.2万元，其中基本医疗收入57096.9万元，大病收入2261.6万元，公务员医疗收入5155.7万元。离休收入151万元。2020年全市城镇职工医保基金支出50722万元，其中基本医疗统筹支出25283万元，生育支出2874万元，大病支出1899万元，公务员医疗支出1068万元，体检支出2080万元，个人账户支出17518万元。离休支出94万元。

【“一站式”结算】 2020年，农村贫困人口办理“一站式”转诊646人次。“一站式”系统内结算4.9万人次，医疗总费用24678.6万元，医疗综合保障报销22376.9万元，报销比例90.7%；系统外手工追补493人次，追补54.8万元。

【打击欺诈骗保】 2020年，市医保局引入第三方医保监管专业团队参与监督检查，通过招投标程序，委托湖南泰阳网络科技有限公司对全市57家定点医疗机构进行全面监督检查，发现疑似违规问题1226个。现场检查特殊门诊定点药店50家次、定点医院116家次，检查覆盖面100%，下达医保违规处理通书知92份、行政处罚决定书2份，查处冒名顶替住院骗保并移送公安3例，移送卫健部门处理2例，约谈5家医药机构相关责任人12人，暂停1家定点医院协议，全年累计拒付或追回医保基金1650余万元。

【药品集中采购】 2019年12月开始，宁乡市开展抗菌药物带量采购，同时全面落实第一批至第三批国家带量集中采购，开展高值医用耗材治理。所有公立医疗机构药品、医用耗材实行“零差率”销售，药品、耗材按采购价销售，不再加成。减轻老百姓看病就医费用负担约5200余万元。

【抗击新冠疫情】 2020年，对新型冠状病毒感染的肺炎患者（包括确诊和疑似）发生的医疗费用，在基本医疗、大病保险、医疗救助等按规定支付后，个人负担部分由财政给予补助，实施综合保障。对新型冠状病毒感染的肺炎患者医疗费用单列预算并及时结算，对收治患者较多的医疗机构，及时预付部分医保资金，保障医院运转资金需求。落实疫情期间阶段性减征和缓缴职工基本医疗保险费工作，减轻企业负担。宁乡市对八类重点人群进行新型冠状病毒核酸检测，检测费用全部由医保基金支付，由市医保事务中心拨付给检测机构。

（陈伟大）

道林镇

【概况】 道林镇地处宁乡东南，紧临长沙、湘潭，许广、长娄高速贯通21千米，沪昆高铁贯通5千米，三个互通环绕，距梅溪湖仅25千米，交通区位优越。2020年，镇域面积135平方千米，人口5.5万，9个村、社区。

2020年，道林镇道林社区创建市级“五星村”，善山岭支部成功申报长沙市示范化“五化”党支部。投入25万余元完善基层阵地建设和村（社区）活动场所挂牌。新发展党员18名，加入人才库101名，选优配强18名专职党务工作者，组织党员轮训六期800余人次。完成村（社区）支村“两委”换届选举。对党员和干部违纪违法问题严查快办，全年共立案8起，办结8起。筑牢新闻舆论、宣传思想和国防教育文化阵地，全年被省市级以上媒体采用稿件48篇。

2020年，道林镇召开34次党委会专题研究脱贫攻坚工作。投入近400万元，解决全镇建档立卡530户1235人存在的住房、饮水、收入等问题近700个。产业扶贫带动贫困户328户、859人增收，占贫困人口的69%，组织驻村工作队队员、帮扶责任人帮助197户贫困户销售农副产品共计90万元；447名贫困劳动力通过务工增收，相比2019年增加22人。全镇530户、1235名建档立卡贫困人口全部脱贫。

2020年，道林镇完成财政税收1005万元，为年度目标任务的104%；全社会固定资产投资3.89亿元，社会消费品零售总额9014万元，规模以上工业经济总产值5327万元。引进鼎阅建材项目落户道林，预计年税收500万元，吸收就近就业近200人；协助宁乡市文旅投引进山西司徒小镇，共同开发运营道林古镇景区。种植烟叶166.67公顷，销售收入832万元，烟叶税收返成95万元。

【疫情防控】 2020年，道林镇按照“三级分包”和“六包一”工作责任机制，不断强化防控措施，落实属地责任，加强人员管理，对从中高风险地区返宁人员进行信息登记和健康跟踪管理。以村民小组为单位配备2至3名信息员，形成一张由1215人组成覆盖全镇的信息网，可以在半天内完成不漏一户一人的摸排。为全镇所有居家隔离人员送上温度计，做好关心生活、解决困难和保护隐私等工作，主动为城市医院社区送去蔬菜大米等生活物资。

【人居环境整治】 2020年，道林镇投入约400万元用于人居环境整治，其中集镇、古镇投入约80万元，7条主要道路60千米投入120万元，59个网格保洁员114人进行常态化保洁，对村一月一考核一通报，列出红黑榜，引导群众自发参与。投入440万元完成古镇景区及周边弱电杆线下地20千米。全年拆除空心房322座，完成改厕705座，建成道林镇石金村压缩式垃圾站，各村（社区）垃圾减量50%以上，成功创建湖南省卫生镇。推进植绿复绿，完成复绿面积2万平方米，卫片图斑整改92处。全年没有违规新上项目，无新增违法项目用地。严格建房审批管理，严控新建违建行为。实现全天候巡查机制，打击非法开采行为。

【民生保障】 2020年，道林镇完成农村道路建设35千米，其中自然村公路20.1千米。投入200万元完成近40千米的乡村道路安防设施。兴修水利58处，解决一批农业生产难题。集居安置点规划1.53公顷，安置拆迁户、地灾避险户等28户。完成龙塘小学提质改造、善山岭中学高坡除险加固，道林中小扩建项目加快推进。启动低保扩面工作，全年新批低保119户，总数近600户。邀请市残联现场鉴定，为130名残疾人办理残疾证。

【社会治理】 2020年，道林镇开展大排查大调解活动，全年镇村共受理并成功调解矛盾纠纷240起。化解持续20余年的道林“1·8”事件信访积案。落实安全生产责任，开展各类安全整治专项检查180余次，全年无较大以上事故，成功创建长沙市平安建设先进乡镇、长沙市政法综治工作全年优秀乡镇、宁乡市平安建设先进乡镇。

【胡衡华调研道林镇疫情防控工作】 2020年1月31日，湖南省委常委、长沙市委书记胡衡华调研道林镇靳水村疫情防控工作，并与宁乡市、道林镇负责人座谈，听取上阶段疫情防控工作情况汇报，商量下阶段工作部署。胡衡华指出，面对当前疫情防控严峻形势，要坚决贯彻落实习近平总书记重要指示精神和中央、省委有关会议文件精神，紧扣“内防扩散”工作重心，再聚焦、再聚力，坚决落实属地责任、加强属地管理，严查严控，充实医疗救治、街道社区、交通站场等关键部位、重点场所的力量，采取更周密措施遏制疫情扩散，守护好人民群众的生命安全和身体健康。

【荸荠基地建设】 2020年，道林镇在善山岭村、石金村开展荸荠基地建设，种植荸荠266.67公顷，荸荠每公顷产量约30吨，回收价6元/千克，每公顷可增收6万元。

（李鹏程）

道林镇荸荠种植示范基地图

大屯营镇

【概况】 大屯营镇位于宁乡市东南部，北与花明楼镇接壤，南与韶山市毗邻，是宁乡融入长株潭经济辐射圈的最南前沿，也是宁乡经济发展的南大门，镇域面积106.47平方千米，湘江一级支流靳江贯穿全境。大屯营镇下辖6个村，1个社区，总人口4.6万人。2020年，大屯营镇完成税收任务530万元，完成固定资产投资总额7.20亿元，社会消费品零售总额增速28.06%，规模以上工业总产值2.73亿元，增加值率10.8%。全镇经济社会发展保持良好态势。

2020年，大屯营镇夯实基层社会治理，镇村两级网格党员干部深入联点村（社区）开展屋场宣讲活动共计200余场次。举办农村党员培训班7期，培训党员800余人次，成立由年轻党员组成的“老花镜”送学团，让党员轮训“活起来”，被共产党员网、新湖南、长沙党建等报道推荐。开展“云”会议，针对流动党员多、服务管理难、活动参与难的问题，创新载体，把微信、长沙党建、红星网、学习强国平台作为党内开门搞活动的重要平台，在全镇推进“互联网+”组织生活模式，通过“微支部”构建微家园，“微平台”传递好声音，“微互动”架起连心桥，“微管理”强化凝聚力，“四微举措”破解流动党员大难题，有158名流动党员参加云会议，做法被红星网推荐。在疫情发生后，大屯营镇坚守抗疫阵地，组织人员对集镇、车站、银行、超市、农贸市场等人员密集地全面消毒，劝止和取消婚丧喜庆聚餐91例。

2020年，全镇718户贫困户1787人均达到脱贫标准，通过湖南省检。推进两业扶贫，投入资金110万元，发展花明粮油水稻种植、高露山中蜂养殖、灰山羊养殖、灰汤鸭养殖四大产业扶贫项目，建立稳固的利益联结机制。新增1家就业扶贫车间，达到3家就业扶贫车间，转移就业28人，累计发放工资18万元。举办“爱心集市”5期，累计销售超28万元。组织“扶贫济困 情暖贫困户”捐款活动，发动社会贤达、龙头企业等捐款25.1万元，用于修缮贫困户住房。发动后盾单位、帮扶干部开展消费扶贫活动，累计销售超80万元。开展金融扶贫，发放小额信贷207.2万元，贴息1.96万元。

【基础设施建设】 2020年，大屯营镇卫生院改建完工，累计投资550万元，拆除老旧用房900平方米，新建2500平方米综合楼1栋，院内停车坪、下水道等基础设施配套齐全。推进“四好农村路”建设，加大农村公路和“双投”（农村公路“政府投料、群众投工”建设模式）自然村水泥（沥青）路硬化力度，全年提质改造农村公路50千米，加固危桥2座，实现通村主要道路硬化率100%，农村公路硬化50千米。持续推进农村电网改造升级，宁乡35千伏白水变基站工程完成建设。落实人大会议相关议案，加强学校基础设施建设，投入14万元改造同荣小学厕所，投入80万元修缮石家湾中心小学围墙。贫困户危房实现“动态清零”，改建、修缮加固危房137户。新增1处取水点，3处增压泵，自来水管网基本实现全覆盖。

【重点项目建设】 2020年，1121项目连接线二、三标完工，宗兴线、双树线竣工，修文泵站完成建设。5712厂完成土地征拆、坟墓迁移等相关工作。安置区第一、二、三期安置房全面绿化，第四期安置地68户按时交地。

【农业生产】 2020年，大屯营镇农业打造1+5产业品牌，以烟叶为主导产业，水稻、蔬菜、小水果、养殖业、茶叶5个产业持续巩固，按照“稳规模、提质效、增效益”的整体要求，全镇烟叶种植400.53公顷，获宁乡市烟叶规模发展奖、烟叶质量效益综合奖、烟叶收购奖、优秀烟叶合作社奖。全镇早、中、晚稻种植面积1866.67公顷，发展规模化水稻种植大户208户，引进市粮食龙头企业卫红米业在湿地修复区域内种植一季稻66.67公顷。

【乡村振兴】 2020年，大屯营镇村级集体经济明显改善，全镇7个村（社区）集体经济收入均达到10万元以上，6个村（社区）达到20万元以上，无“空壳村、薄弱村”。对8个点位涉及2个村的79.37公顷土地，通过种植烟叶、西瓜、油菜、红心柚、蔬菜等来予以结构调整，确保农户的收益，经济效益和生态效益有效改善。增加绿色优质粮油产品供给，以花明粮油有限公司为代表的粮油加工企业与农户签订优质粮油优价收购订单，推广高档优质稻200余公顷。对全镇16个农产品经营主体、2个农产品生产企业每季度开展一次巡查监管和专项整治，并与之签订安全生产合同，确保农产品质量过关。引进三仙坳村特色水果种植项目、景色秋天草业种植项目2个乡村振兴项目。

【污染防治】 2020年，大屯营镇以改善环境质量为核心，开展镇域内企业环保监察20次，复绿面积14公顷，洒水降尘350车次。处理环保投诉50余起、畜牧养殖行业和企业环保信访问题21起，发现并处理垃圾和秸秆焚烧30余次。打击非法采砂洗砂行为，开展执法行动14次，扣押运砂车辆3辆，挖机4台，下达责令整改通知书9份。

【人居环境】 2020年，大屯营镇推进农村“五治”工作，推行垃圾分类减量，全镇7个村（社区）全部建成垃圾分拣点并完成验收，全年采购分类垃圾桶4600个，垃圾运输处理量同比2019年度减少40%。全面铺开“厕所革命”，2019年改厕的3168座厕所通过市改厕办验收。开展“逢十大清扫，千人大行动”活动，推出“党建+引领”模式，充分发挥党员先锋模范作用，每月3次常态化大清扫。

【社会治安】 2020年，大屯营镇推进“扫黑除恶”专项斗争，打击各类人员78人，刑拘27人，其中涉毒刑拘6人、涉恶刑拘11人、侵财刑拘9人、涉黄刑拘1人；治安处罚54人，其中涉毒处罚15人，强戒6人，破获侵财案件11起，维护社会秩序和宜居环境。坚持领导公开接访制度，健全镇村调解室，实行以奖代补，调处各类矛盾纠纷324起，调解

2020年，大屯营镇林福林牧红心柚基地柚子大丰收，建立标准化水果生产示范基地80公顷

成功311起，矛盾纠纷调处率100%，调解成功率96%。

【政务服务】 2020年，大屯营镇坚持依法行政，全镇6个村（社区）和镇机关设立政务服务大厅，并配备2名以上的政务服务人员，专职专岗处理群众问题，韶光村村部加紧建设。年内全镇政务服务系统共办理民生实事业务1031件，开具电子证明403张，加盖电子签章600余个，办结率和群众满意率100%。坚持政务公开，政府信息公开发布平台主动公开信息60余条，其中工作动态类信息50余条、通知公告类信息10余条、政策文件类信息5条、规划计划类信息2条。

【民生工作】 2020年，大屯营镇以社保、医疗、救助、就业为主体的社会保障体系不断完善，发放各类救助金、低保金、优抚金694万余元，城乡居民养老保险缴费达到192万元。卫生服务不断优化，完成国家免费优检82对，产筛182例，妇女病“两癌”普查506人，171人参与无偿献血。就业保障不断完善，职业技能培训150人，推荐就业岗位40余个。新增农村劳动力转移就业190人，城镇累计新增就业35人。失业人员再就业15人。

【安全生产】 2020年，大屯营镇坚守安全发展底线，压实企业主体责任，推行干部联系企业安全生产派驻制度，开展安全生产检查102家次，责令限期整改76处，立案查处企业3家，罚款金额2.7万元，全镇安全生产形势平稳，保持安全生产“零事故”。（刘晓玲）

花明楼镇

【概况】 花明楼镇镇域面积113.56平方千米，2020年总人口5.05万人，水田面积3242.6公顷，下辖9个行政村（社区）。2020年，花明楼镇实现固定资产投资入库25.86亿元，累计完成投资19.8亿元；规模工业总产值4.1亿元；向上增资2500万元；市重大项目投资完成5.11亿元，市本级财税入库1652万元。镇统计站被评为2020年长沙市优秀乡镇统计站。

2020年，花明楼镇在册建档立卡贫困户616户1333人全面脱贫。择优选派扶贫干部，明确工作职责。坚持重点工作每日调度、每月点评总结，协商解决重点难点问题。采取专项督查、随机抽查、群众满意度调查等方式进行督导，深入开展摸排，入户调查饮水安全问题，修缮问题住房110余户，宣传和落实一站式结算、大病救助、扶贫特惠保等政策。“四跟四走”及自主发展产业项目覆盖401户975人，带动创收300万元以上；建成就业扶贫车间6家，吸纳贫困劳动力就业50人，创收20万余元。督促帮扶责任人“一月一走

访”，全镇在册贫困户微心愿被认领实现。加强系统数据信息的管理，解决贫困户实际困难200余件；设立公益性岗位35个，落实雨露计划40人，光伏受益户35人，镇级医疗救助基金援助74人次15万余元。

12月，花明楼镇启动9个村（社区）第十一届村（居）民委员会换届选举工作，选举产生村委（社区）主任9名（其中女性2名），村委委员32名（其中女性17名）。登记选民41385名，参加投票选民40156人，选民参与投票率97.03%，正式候选人当选人员平均得票率95.72%。其中：支委委员交叉任职24人，较上届减少3人；本科学历5人、大专学历20人、高中（含中专、职高）15人、初中学历1人，较上届学历明显提升，本科增加1人、大专增加4人；年龄最大的58岁，最小的24岁，平均年龄39.31岁，较上届平均年龄44.58岁相对年轻5.58岁。

2020年，花明楼镇常态化开展疫情防控，排查返（到）花人员302人，监测国外境外返（到）花人员57人，排查在境外人员数据90余条，大数据及电话排查2000余条，监测异地返花人员2000余人，监测发热对象262人。走访低保、五保、特困人员660户，发放补助、补贴、临时救助和慰问金约900万元，申报慈善助学金约13万元，完成信息录入2000余条；完成危房改造、加固10户，住房入户鉴定780户，无障碍建设18户；开展无证办学联合检查12次，查处关停无证办学机构4家；开办国家免费技能培训7场次，累计参训300余人次。免费“两癌”筛查完成率115%，免费优生检测送检完成率101.8%，老年人体检完成率106.3%，发放计生奖扶、特扶等资金225.26万元，开展卫监例行巡查200余处，爱心助孕8例，组织无偿献血309人。2020年家庭医师签约重点人群签约服务达到65%以上，建档立卡贫困人口、计划生育特殊家庭实现100%签约。开展民兵整组和征兵宣传工作，完成青年兵役登记。完善镇人武部五星级达标建设，举办全市“星级达标”建设观摩会，被评为先进基层武装部、民兵调整改革工作先进单位、征兵工作先进单位。

【经济工作】 2020年，花明楼镇在“大干一百天实现双过半”竞赛活动中被评为乡镇组优胜单位。“奋战下半年勇夺双胜利”竞赛活动期间，新引进三一风电二期等招商引资项目4个；申报高新企业1家，认定1家；规上企业研发经费累计完成630.3万元。营商环境优化。建设刘少奇故里商圈服务点，发挥商圈商户中党员先锋模范作用，为商圈商户提供优质教育服务、基本公共卫生服务。开展政策宣传，建立商户问题台账，处理商户问题28个，持续优化商圈监督保障机制。被评为优化营商环境宁乡市2020年第三季度先进单位，年度优秀单位，产生“金牌店小二”1名、先进个人1名。项目建设推进。制定《花明楼镇2020年政府投资项目计划》，出台《宁乡市花明楼镇政府投资项目管理实施办法》，编制《宁乡市花明楼镇“十四五”规划重大项目申报表》，完成《花明楼文旅重镇发展研究报告》课题研究及花明楼镇国民经济和社会发展第十四个五年规划纲要系列材料。2020年全镇铺排政投项目18个，总投资5423.6万元；铺排花明楼公共配套建设等项目15个；全年向上争资2500万元。规范项目工程管理制度和报批报建手续流程，完成征地流转土地1.4公顷，迁坟77座；完成1121安置区第三批建设，噪声区启动搬迁；开工建设宁乡市花明楼镇中心卫生院住院大楼建设工程等13个项目。

【城乡治理】 2020年，花明楼镇推进污染防治。开展控尘覆绿工作，全镇裸露黄土复绿全域清零。开展禁燃限放工作，保证禁燃限放的宣传到位，布置到位。开展环境污染治理排查，处理环境污染投诉件54起，对全镇所有企业环保设备设施进行例行监管；组织环保志愿者公益活动20次。进行二次病媒防治，疫情防御期间进行全面防治。推进环境整治，形成常态化、制度化的管理，组织36次大型清扫活动；每月进行1次专项整治；抓重点整治，进行常态化重点整治；每月对村进行环境督查，并及时整改到位，被评为长沙市人居环境整治评比“优秀乡镇。改厕543座。利用“村村响”宣传垃圾分类减量，下发垃圾分类减量倡议书3500份，组织镇村干部下网格召开垃圾分类减量屋场会、户主会300余场次。启动6个村的村庄规划编制，办理建房审批122户，项目用地报批6宗，农业设施用地报批1宗；卫片整改12处，拆除空心房67户，整改拆除违规违建房屋13处共计1474平方米。开展集镇秩序整治行动90余次，开展马路市场联合行动54次。开展顽瘴痼疾宣传和戴帽工程”宣传，发放摩托车安全头盔1000个、宣传资料10000余份；整治临水、临崖隐患点297处。联合市治超办开展“夏季攻势”治超行动，处罚车辆346台次；开展夜宵店巡查整治61次；开展工地巡查27次，处罚在建工地占道施工4次。

【乡村振兴】 2020年，花明楼镇推进粮食生产，落实早稻种植面积1840公顷。建设基地村“双投”公路32千米，通自然村公路7.9千米。申报建设山塘11口、沟渠2千米、水闸3门。截至10月，出栏生猪15789头，存栏8926头，规模养殖场防疫率100%，创建白源河长沙市美丽河流示范点。深化农村产权制度改革，加大土地流转力度，共流转土地1394.93公顷，用于水稻、油菜、蔬果等种植；流转林地553.13公顷，用于油茶林、茶叶、苗木种植；8个村以村党支部为主导成立土地专业合作社，村级集体经济收入均超过20万元。引导农民合理规划建设新房，形成集聚效应，提升房产价值。通过招商引资重新打造有居住价值的闲置用房和土地，实现变废为宝。花明楼村打造非标螺丝生产制造集中基地，引进社会资本参与投资建设，开展非标螺丝基地特色产业小镇申报工作。抓好一、二、三产业融合，确定优质稻、瘦肉猪、有机保健茶等为主导产业。把握红色资源优势，走“红色经典”与“绿色乡村”融合发展之路，依托刘少奇故居景区优势，推进农业与旅游、教育、文化等产业深度融合，着力打造旅游新业态。

【社会治理】 2020年，花明楼镇通过逐一梳理、分类处置等方式对辖区内矛盾纠纷进行摸底，在重要时段开展拉网式大排查，及时掌握不稳定苗头。排查矛盾纠纷32起，协调化解纠纷352起，调解成功352起。检查生产经营单位169家，下达文书137份，责令限期整改192项，责令停产停业6家，立案16起，罚款4.2万元。查处非法经营烟花鞭炮5处，收缴鞭炮185封、烟花39件。开展矿山安全检查21次，下达执法文书22份，责令限期整改隐患76条，完成整改71条。申报农村集体聚餐720例，检查经营单位120余家，排查、整改食品安全隐患160余条。深入群众开展普法宣传活动，发放宣传页2万余份，悬挂法治宣传横幅60余条，设立公共法律服务志愿点90个，接纳法律咨询群众350余人次，学法达标率100%，营造全民学法、用法、守法氛围。 （朱海棠）

东湖塘镇

【概况】 东湖塘镇位于宁乡市东南部，全镇面积131.7平方千米，下辖8个行政村。全镇总户数15625户，总人口4.8万人，山林面积6679公顷，森林覆盖率42%，耕地面积4082公顷，其中水田面积3392公顷。

全年实现工业总产值8640万元，农业总产值7.88亿元，完成地方一般公共预算收入704万元，超年初计划530万元的32.83%，农民人均收入29858元。固定资产投入完成4.07亿元，其中工业固投3.7亿元，规模工业总产值完成1.33亿元。全年招商引资3000万元。全年推进项目9个，麻山变电站、平高中学等项目建成并投入使用，宁韶高速全线快速交地，宁韶高速安置区和集镇安置区进入建设程序。

全年投入160余万元在全镇实施4个人饮工程建设。4座水库通过2020年长沙市“百座放心满意”小型水库验收。对全镇临水、临崖危险路段安装钢化防护栏。义务教育学龄

长沙市平高中学 东湖塘镇供图

段内适龄儿童入学率100%，投入资金1300余万元对东湖塘中学、东湖塘中心小学办学条件进行改善。完成“双投”公路硬化29千米、市规提质改造里程14千米。

2020年，东湖塘镇被评为宁乡市党风廉政建设责任制工作先进单位，陶家湾村被列为国家森林乡村。

【脱贫攻坚】 2020年，东湖塘镇实施产业扶贫项目5个，共覆盖8个村（社区）贫困户382户911人。纳入社会兜底保障人员共计433户、779人，特困供养人员465户、467人，共计发放保障金820余万。做好残疾人保障工作，新增办理残疾证150本，投入13.8万元对23户残疾人家庭进行无障碍设施改造，对重病、受灾的困难群众发放临时救助25万元，对45户新考取的家庭困难大学生发放慈善助学金14万余元。硬化贫困村道路3千米，完成危房改造17户，设置33个市级、14个镇级公益性岗位。全年40个贫困户共61名贫困人口如期实现脱贫。

【宁韶高速建设】 宁韶高速公路于2020年2月启动建设，该项目起于益阳市赫山区，终于东湖塘镇，主线全长42.6千米，途径东湖塘镇近9千米。东湖塘镇安排专门队伍推进项目建设，成为第一个全线交地的乡镇。

【平高中学建成招生】 长沙市平高中学位于东湖塘镇陶家湾村，由北京市平高教育集团投资兴建，办学总投入资金2.5亿元，占地面积约13公顷，2020年8月正式招生。至年底，学校有在校学生1000余名，教师172人，其中特级教师2人，高级教师36人，学科骨干教师49人，中青年教师占比70%。

【陶家湾村入选国家森林乡村】 2020年1月17日，国家林业和草原局公布全国第一批共3947个国家森林乡村。宁乡市8个村（社区）入选国家森林乡村，其中包含东湖塘镇陶家湾村。近年来，陶家湾村因地制宜，结合种养殖业和历史人物故居旧址，实施道路提质改造、亮化、绿化工程，建设老屋、江家、茶园坨等美丽宜居村庄，扮靓家园、传承文化、促进乡风文明，带动特色产业、旅游产业的发展，让村民在乡村振兴中拥有更多的获得感、幸福感。 （赵明东）

夏铎铺镇

【概况】 夏铎铺镇位于宁乡市最东部，与岳麓、望城两区接壤，素有“宁乡东大门”之称。2020年，镇域面积103.25平方千米，辖6个村、3个社区，年末总人口4.53人。东距省会长沙市中心35千米，西距宁乡城区8千米，西北距石长铁路宁乡站12千米，金洲大道、国道319线、省道208线、岳宁大道、金唐公路贯穿全镇。

2020年，完成规模以上工业总

产值17.07亿元，完成社会消费品零售总额4.69亿元；固定投资金额14.53亿元，完成工商税收1.24亿元，其中地方一般公共预算收入7680万元，实现连续五年增长目标。

夏铎铺镇境内大部分为低山丘陵，地势呈西高东低，最高点海拔320米，最低点海拔48米。全镇属湘江支流沩水水系，主要河流是企石港河、官桥河，由南向北汇于沩水。全镇森林覆盖率57%。域内人文底蕴深厚，留有毛主席到香山、刘少奇求学香山、关云长兵驻石仑关、嵇真人香山炼丹等人文故事以及宁花桥、香山庵、仙人塔树、万亩竹海等历史遗迹和生态景观。

【基层党建】 2020年，夏铎铺镇开展“五星村”（社区）党组织创建，夏铎铺社区、凤桥社区、长龙新村、龙福新村4个党总支被评为宁乡市“五星村”（社区）党组织；9个村（社区）所辖支部全部通过“五化”验收，香山新村离退休支部被评为长沙市示范化“五化”党支部，5个网格党支部被评为宁乡市示范化“五化”党支部；夏铎铺社区被评为长沙市党员干部示范培训实践基地，龙福新村党总支被评为宁乡市新冠肺炎疫情防控表现突出基层党组织。夏铎铺镇被确定为宁乡市片区党员轮训基地，承担夏铎铺、金洲、双江口党务骨干轮训三期共600人；组织农村党员冬春培训班16期，培训6000余人次；开展农村党员教育活动；结合疫情防控工作开展七期党员志愿服务“火把行动”。

完成村（社区）支村“两委”换届选举，新一届村（社区）两委班子，实现年龄与学历的“两降一升一优化”，支部书记平均年龄46.7岁，比上届下降4.3岁；支委平均年龄38.1岁，比上届下降6.8岁；支委大专及以上学历的46人，比上届提高23%，女性占比26%，优化性别结构，搭建年富力强、文化程度高、老中青混搭合理的“梯队型”村干部队伍。优化村级后备干部培养，培养村级后备干部24名，培养并使用总支书记后备人选3名。

【经济建设】 2020年，夏铎铺镇完成风情小镇建设和官桥河提质改造，征地腾地60公顷，拆迁房屋357栋，迁坟125座；推动垃圾焚烧发电项目，组织群众到江苏常州参观垃圾焚烧发电实况，打消群众对该项目的抵触心理；推动电力630项目复工，完成送电线路塔基交付22期，处理矛盾纠纷15起次，做好各类零星补偿20余万元；对接国资集团，完成幼儿师专项目43.87公顷清表交地工作；完成时代阳光农业项目迁坟138座并完成腾地；对接宁乡高新区，完成高新区标准化厂房建设项目征地23.17公顷，范围内106户拆迁户完成入户调查及一榜联合认定工作，完成35户特殊户的现场踏勘。全镇9个村（社区）的村级集体经济总收入947.5万元，较2019年增长70%。

【精准扶贫】 2020年，夏铎铺镇推进产业扶贫、就业扶贫、社会化扶贫、社保兜底等扶贫政策。发展“四跟四走”产业项目2个237户，实现户均增收5000元；发动自主发展79户，户均增收1400元。组织9个村（社区）对所有帮扶对象进行产业技术培训。开展“春风行动”就业活动，通过协调企业举办招聘会，着力扩大社会就业，解决全镇贫困劳动力就业300人，单位就业158人，稳定就业247人，有就业意愿劳动力应就尽就。

【民生保障】 2020年，夏铎铺镇投入近4000万元用于学校基础设施建设，改善办学条件，优化教育环境，教学质量显著提升，综合排名从全市倒数第三名提升到第六名。镇卫生院与长沙市第四医院建成“医联体”，与宁乡市人民医院、中医院、联勤保障部队922医院建立“医共体”，新建公卫楼，推进消化病专科病室建设。打造省级现代公共文化服务体系示范区，文化站获长沙市十大全民阅读体验基地、长沙市示范化农家书屋、长沙市级扫黄打非优秀基层示范点；举办农民运动会、农民文娱活动30余次。获省级计生群众自治示范乡镇、省基层药具服务示范窗口，香山新村获省计生协会基层群众自治示范村。落实住房保障工作。对9个村（社区）存量土坯房进行摸底核查，针对人员不同类别及房屋危险程度精准施策，全年改建土坯房81户，协议拆除14户，拆除违章建筑12户，确保危房不住人。开展幸福家庭创建评比活动，评选出18户夫妻和睦、勤俭持家、邻里团结，关心卫生健康事业，热心公共事业，家教家风好的幸福家庭进行表彰。

【平安创建】 2020年，夏铎铺镇制定扫黑除恶方案，打击非法集资，召开平安创建屋场夜话，组织村警述职，建立社区戒毒中心；协调相关部门处理颐和寿康非法集资问题；打击地下“六合彩”，打击镇域内“黑庄”。2020年，信访国家交办件积案化解率100%；全年无进京上访人员，被评为省级信访工作“三无”乡镇。开展“四联五到位”民情大走访工作，使用智信APP考核系统，173名镇村网格干部履职全面到位。建立“网格民声”微信群，重点解决群众反映的热点难点问题，综治民调满意率从69.5%到90.8%，历年信访积案全面清零。

【人居环境整治】 2020年，夏铎铺镇成立环保站，加强对镇域内企业的环保监管，对企业下达整改要求70余次，全部整改到位；接到群众环保诉求100余次，全部整改到位，接到中央环保督察组交办件11次，中央环保督察组“回头看”交办件1次，省环保督察交办件4次，全部整改到位。加强对各村（社区）人居环境整治的巡查、监督和评比，发现和督办问题200余个；开展农村公路环境“百日攻坚”专项整治行动，将公路两侧可视范围纳入人居环境整治重点范围，实现主公路标志规范、路面及两厢清洁、可视范围清爽的目标；完善人居环境整治长效机制，建立人居环境整治“红黑榜”，促进群众共同参与人居环境建设，提高人居环境建设整体水平。

【全域土地综合整治】 2020年，夏铎铺镇争取自然资源部全域土地综合整治试点，成立夏铎铺镇全域土地综合整治指挥部，选取凤桥社区作为夏铎铺镇试点，制订《夏铎铺镇全域土地综合整治工作方案》，完成前期723户入户测量工作，制定《夏铎铺全域土地综合整治搬迁实施方案》，制定凤桥社区全域土地综合整治规划和安置区规划，制定高标准农田建设规划。

【疫情防控】 2020年，夏铎铺镇通过各村（社区）摸排走访、出租屋排查、大数据核查等方式，对外地返宁人员，境外返宁人员进行大数据核查，对有风险人员全部采取或居家或集中隔离14天，落实“六包一”“十个一”管控措施；关闭棋牌室、酒店、宾馆、网吧、KTV、餐饮门店等公共场所500余家，对2家养老机构实行封闭式管理；发放3.8万个口罩、1吨酒精、84消毒液、体温枪、手套、防护服等防控物资，确保疫情防控效果，全镇无一例新冠肺炎感染病例。

【社会保障】 2020年，夏铎铺镇城乡低保救助2202户4192人159万余元，特困救助3234户274万余元。完成困境儿童救助、大病医疗救助等工作。全镇低保特困、扶贫对象实行医疗一站式救助，发放大病医疗救助资金52000元，受理、审核事后大病医疗救助申请29份，精神病住院救助64人次，医疗总费用22万余元。临时救助163人次，总计发放救助金额16万余元。完成31559人养老保险缴费，办理丧葬补助金手续134例，缴费人员退费手续12例，养老补缴手续165例，养老认证4572人次，续发待遇手续59人次，完善养老保险扩面1171人的信息核查、信息输入工作，完成市下达的养老保险稽核任务。举办技能培训5期共250人次。开展就业援助招聘会两场次，组织500余人参加招聘会，达成就业意向122人次，发布各类招聘信息4500余条次。新增就业扶贫车间1家。

【卫健工作】 2020年，夏铎铺镇做好人口监测工作，全年出生人口525人，其中男孩252人，女孩273人，出生人口性别比92.3%，政策外出生24人，符合政策生育率95.42%。孕产妇产前筛查任务294人，完成336人；无创DNA检查完成159人、新生儿筛查完成158人、耳聋基因检察完成158人。组织全镇适龄妇女进行“两癌”集中检查，全年“两癌”检查任务770人，完成782人，其中查出阳性可疑患者101人，做手术4人；免费孕前优生健康检查任务203对，完成232对，完成比例114.3%，居全市第一；药具使用人数1400余人，发放药具6000余人次；接受爱心助孕的夫妇2对。建立健全公共卫生类档案。夏铎铺镇中小学校幼儿园共18所，建档18所，建档率100%；医疗机构13家其中村卫生室11家，建档13家，建档率100%，做到一户一档。 （罗　敏）

金洲镇

【概况】 金洲镇位于宁乡市东北部，西北与双江口镇隔沩河相望，南面与历经铺街道、夏铎铺镇相邻，东南和望城区接壤。2020年，镇域总面积61.31平方千米，共辖2个社区，4个行政村，人口3.45万人。

2020年金洲镇以“建设都市田园综合体、打造全域旅游示范区”为发展定位，镇机关被评为“湖南省园林式单位”，在全市“大干一百天实现双过半”大竞赛活动中及2020年绩效考核位居乡镇组第一。切实用制度管人管事，开展“金洲夜话——八点有约”活动。村级“两委”换届实现年龄、学历“一降一升”，平均年龄由上届的52岁下降至42岁，大专及以上学历超过80%。

2020年，金洲镇推进渝长厦高铁、长益复线、电力630等重大项目，拆迁房屋115栋；完成9条“自然村公路”和6条“市规公路”共20.86千米建设；投资2000万元引进“梦乡关山”民宿项目。关山景区连续两年创建“宁乡市平安景区”。同兴、全民、龙桥则结合自身实际，打造物业经营型典型示范，6个村（社区）村级集体经营性收入均超过20万元。

【城镇品质提升】 2020年，金洲镇着力改善环境质量，实施河长制；实施垃圾、秸秆禁烧，烟花鞭炮禁燃限放；打击非法收集、运输、处置餐厨垃圾行为；开展“三清两改一提升”行动，推进垃圾分类减量；制定除臭剿劣“十条举措”；拆除广告牌130块、小广告1500余张；整顿镇域内违章建筑；2020年金洲镇人居环境综合成绩排名全市第三。

【社会治理】 2020年，金洲镇做好疫情防控工作，落实“六包一”“十个一”责任机制。打赢脱贫攻坚战，瞄准住房、饮水、收入等难点，全面查漏补缺，持续巩固脱贫成果。开展住房安全保障工作。对全镇所有房屋开展拉网式、地毯式的全面摸排，在市危改8户的基础上，镇政府再投入41.5万元，对全镇35户房屋进行修缮加固，确保“人不住危房、危房不住人”。加强社会保障，全年发放低保金154.6万元、特困供养金197.7万元、高龄补贴120.4万元、重残补助52.3万元、临时救助金22.6万元。稳定社会大局，成功处理37个信访件，化解信访积案2件，调处各类矛盾纠纷142起，调处成功率100%。将全镇划分为93个网格，推行干部网格化大走访。 （姜古希）

双江口镇

【概况】 双江口镇位于宁乡市东北部，沩江下游西岸，因沩水在此一分为二而得名。东与望城区接壤，南与国家级宁乡经开区、金洲镇相连，西南与城郊街道相接，是湘江新区近郊乡镇。距宁乡市区17千米，距省会长沙40千米。石长铁路、长常高速、宁朱公路、金朱公路穿境而过，是连接三市（长沙市、岳阳市、益阳市）四区县（长沙望城区、益阳赫山区、岳阳湘阴县、宁乡城区）的重要门户，也是宁乡优质稻生产第一镇，水田总面积5940公顷，闸坝湖、团头湖、六岔湖水域面积800公顷，小二型水库6个，传统特色产业苗木种植、左家山柑橘、水产养殖等优势明显。2020年，镇域面积155.04平方千米，下辖 17 个村（社区），人口 9 万人。

2020 年，双江口镇坚持“生态主镇，旅游活镇，文化兴镇，产业富镇”的理念，建设乡村振兴示范镇。全年完成税收 2865 万元，为全年任务的 110.22%，完成规模工业总产值 7.08 亿元，全镇社会消费品零售总额 1.81 亿元，固定资产投资 8.05 亿元。

2020 年，双江口镇在疫情防控期间，发挥基层党支部和基层党员力量，党员带头参与宣传、防控、募捐等，筑牢保卫群众生命安全的战斗堡垒。推行网格化管理模式，选派机关党员联系下属支部担任指导员，开展“乡村振兴进农家”活动、创建基层民主协商村，让支部“活起来”，让党员“动起来”，在推动基层党建、精准扶贫、乡村振兴、人居环境整治等工作中形成合力。发挥资源优势，盘活闲置资产，促进以商招商，开展亲缘招商。2020 年共捕捉招商信息 40 条，正大养殖场选址，东鑫科技洽谈，鑫湘环保落地。引进湖南信可木业入驻原鑫鑫纸业，投入 600 万元改造生产车间，年内投入生产。

【重点项目建设】 2020 年，双江口镇“三抓两促”工作小组定期深入建设工地和生产车间走访调研，及时了解企业所需，排查项目建设和企业发展中存在的困难和问题，逐类研究措施，逐项协调解决，为企业排忧解难，保证各重点项目的顺利施工和正常生产经营。服务长益复线项目，对接长益复线路基标、路面标、房建标，确保长益复线按时通车。办好宏发加油站、朱良桥村部易址新建，稻花香游客接待中心等相关手续，完成沃尔德变压增容。宁乡花猪养殖示范场新增 14.53 公顷种养平衡土地全部流转到位。2020 年硬化公路 71.5 千米，黑化公路 2.5 千米，完成宁朱公路、朱双公路部分弱电入地，投资 300 余万元，完善波形护栏和减速带的安装，进一步消除交通安全隐患。

【乡村振兴】 2020 年，双江口镇按照“一村一品”“一片一特”的经济发展模式，巩固以优质稻种植、奶牛养殖、花猪养殖、虾稻养殖、苗木水果种植为基础的第一产业；发展以粮食加工、奶制品加工为核心的第二产业；推动以农耕休闲、商贸物流为重点的第三产业；现代农业、现代农旅、商贸物流同步驱动。壮大集体经济发展，探索村级增收模式。全镇 17 个村（社区）全部成立土地合作社，通过流转土地 2000 余公顷发展农业，全部消除空壳村和薄弱村，各村（社区）集体经济收益达 20 万元以上。

花猪养殖示范场

【农业生产】 2020 年，双江口镇粮食作物以水稻为主，水田以种植双季优质稻为主落实双季稻种植面积 3866.67 公顷，其中集体育秧面积 413.47 公顷。实施白玉、双江口、双福、新香等 672.67 公顷重金属污染耕地修复治理“淹水法”综合农艺措施示范推广，在全面优化水稻水分管理的基础上，因地制宜配套、推广低镉品种、生石灰等技术措施，达到降低土壤镉的活性、提高稻米卫生品质、改善耕地土壤质量的目的。完成水稻农业保险参保工作。组织开展农机年度安全检验工作，共检验农机近 200 台，其中上道路行驶的拖拉机 120 台。做好防汛工作。对防汛预案进行修订，制定水库预案，调整责任人员。开展汛前检查，对堤垸、水库、涉水在建工程进行隐患排查。组织开展 2020 年防汛演练。对多轮强降雨进行应对，及时发布预警信息，确保无人员伤亡，无财产损失。

【社会事业】 2020 年，双江口镇完成农村及城镇低保适龄妇女“两癌”免费检查 2094 人，五保保障对象 567 人，高龄生活补助 2118 人，做到补助资金及时足额发放到户。完成 51.8 千米的双投公路和 19.7 千米的省、市规公路建设。完成朱双公路 2.4 千米弱电线路入地管道工程建设，完成宁朱公路 7.4 千米弱电线路入地管道工程部分建设。在全镇 18 个美丽屋场基础上，在朱良桥打造月明塘屋场，实现美丽乡村建设以点带面，稳步推进。投入近 5000 万元，对白玉河全线进行清淤疏浚，对 30 千米长冲河双江口段进行加固，完成朱良桥污水处理厂设备采购，疏通罗巷集镇污水 2 号主管网，完成长兴凤九学校污水管网设计，实现水源源头治理。

【安全稳定】 2020 年，双江口镇成立综治中心，形成“1+4+N”格局，即“一个中心+群众服务厅、信访接待室、矛盾纠纷调处室、治安形势研判室+N 个成员单位”，建立集信访诉求受理，调度研判，归口管理，签批领办，办理销号于一体的来信来访、民生受理工作体系。2020 年来信来访办结率 98%。构建“一张网”格局，树立“一家人”理念，下好乡村社会治理“一盘棋”。248 名镇村干部下沉村组的 108 个网格，走访入户，为群众解决实际困难。召开“屋场夜话”会 1000 余场次，围绕乡村治理、集体经济发展等方面进行讨论，倾听村民们的心声和诉求，回应群众提出的问题。

【精准脱贫】 2020年，双江口镇村两级构建精准识别、精准施策、精准帮扶体系。双江口镇有建档立卡贫困户1093户、2463人。全镇2019年年底仍未脱贫的60户安排11名党政领导、39名中层骨干加强结对帮扶，开展预脱贫户大走访活动。对每户贫困户逐一筛查，通过村自查、村互查、结对帮扶核查、查找贫困户“两不愁、三保障”、收入达标、政策落实等方面的问题99个，全部整改到位。微心愿兑现率100%，贫困户反响良好。加大对深度贫困户的重点帮扶，加强对结对帮扶干部培训力度，提升贫困户满意度，2020年全部实现脱贫。

【人居环境】 2020年，双江口镇抓好农村五治。治厕：市下达改厕任务1000座，全年完成1560座，完成数据、质量居全市之首。治垃圾：全镇2.2万户，户户配送分类垃圾桶，村村建成垃圾分拣中心，各村垃圾基本做到分类减量。治房：全镇2018—2020年共拆除空心房587栋，既消除房屋安全隐患，又提升村庄形象品位。治水：全镇共投入近5000万元，对白玉河全线进行清淤疏浚，对长冲河双江口段进行加固。对全镇骨干山塘进行清淤整修。全面推进乡风文明：倡导婚事新办，丧事简办，其他不办。倡导文明祭祀，淳化地方民风。

菁华铺乡

【概况】 菁华铺乡位于宁乡市西北部，东靠玉潭街道，南接金玉工业园，西邻益阳市赫山区，北连宁乡经开区，距市区6.8千米。2020年，菁华铺乡总面积65.8平方千米，其中耕地面积2.50千公顷，山林面积5386.67公顷，人口3.68万人，10652户，常住人口3.35万人，人口出生率9.12‰，死亡率6.95‰，自然增长率2.17%，下辖桃林桥、傅家塘、菁华铺、嶂山、陈家桥、洪仑山6个行政村，全乡有党总支8个，党支部41个，党员1380人。

2020年，完成固定资产投入3.8亿元，社会消费品零售总额1.2亿元，国地两税1150万元，为任务数的130%，农民人均可支配收入3万元。完成工业总产值数3.7832亿元，规模工业总产值4.44亿元，社会投资项目备案14个，启动项目11个，续建项目2个。接待周边游客8万余人，旅游收入41万余元。

农业发展。新建农村公路18千米，绿化、黑化10千米。投入水利建设资金142万元，整治山塘4口，维修水坝3处，清理渠道21千米，涉及灌溉面积568公顷，早稻、蔬菜种植均超额完成市下达任务。依托12个村合作社和8家能人专业合作社，发展多种形式适度规模经营，培育中草药和珍稀苗木基地134公顷、水果基地100公顷、无公害蔬菜和瓜果基地20公顷、水稻种植基地180公顷，培育种粮大户35户、专业规模种养户4家，提高生产效率、农业效益。对村集体林地、土地、水塘和房屋进行流转，全乡6个村流转村集体林地、土地266.67公顷，出租房屋4栋，村集体增加年收入60万元；通过村合作社流转土地，搞好基础设施、土地管理等服务，赚取管理服务费，村级年收入增加30万元；2020年，全乡村级集体收入近300万元。培育花卉苗木和农业产业龙头企业4家、珍禽养殖和精品水产基地2家。协调省农科院、市农机中心等单位对新办农业企业、合作社进行技术支持，乡域内新创企业、合作社24个。

区域环境建设。为宁韶高速项目征地21公顷，拆迁房屋53户46栋，迁坟613座；为公安局监管中心补征地5848平方米；为500千伏、110千伏两个电力项目建设征地1公顷，拆迁房屋28栋。乡卫生院提质改造、中心幼儿园新建教学楼、桃林桥中学田径场标准化建设、公墓山二期C区工程按期完工，污水处理厂于6月2日开始运营。

社会事业。全年发放低保金近200万元；发放高龄津贴100余万元；发放残疾人两项补贴85万余元；发放特困金近300万元；发放临时救助金15万元，对农村计生奖扶对象发放农村奖扶资金40余万元，特扶资金24万余元。建设扶贫车间2个，帮扶贫困劳动力14人；投入77万元产业帮扶235户692人。帮助165名外出务工人员申请交通补助7.8万元。“雨露计划”发放助学款4.2万元，发放教育助学金4.7万元。开展育婴师和电脑培训，培训学员100名。办理就业失业登记235人，就业困难人员认定195人，申报社保补贴80人；举办大型现场招聘会1场，达成意向岗位80人。

平安创建。开展“平安村”“平安家庭”等平安创建活动和“六合彩”“盗抢骗”（电信诈骗）“棋牌室经营场所”三大专项整治行动，侦破地下“六合彩”群体1批，行政拘留7人，罚款1人，乡域内93家棋牌室全部按要求暂停营业。

国家森林乡村——菁华铺乡陈家桥村

推进法治政府建设，接受乡人大工作监督和政协民主监督，落实“三重一大”议事制度和政府法律顾问制度，全年完成人大、政协建议提案3件。推进廉洁政府建设，2020年，共提醒谈话15人，立案4件，党内警告1人，开除党籍2人。

疫情期间，菁华铺乡对乡域内26家超市、药店、加油站等进行物资供应监督，组织专门队伍为群众集中代购物资，保障疫情期间群众的物资供给。关心爱护隔离对象，让群众感受到政府温暖，洪仑山村武汉回宁乡隔离群众的感谢信获湖南日报专题报道。

投入自有资金300余万元开展脱贫攻坚。组织全体班子成员分村对全乡所有贫困户、四类人员进行逐户走访，对走访中发现的121余个住房漏水、门窗损坏等问题，投入50余万元逐一销号全部进行修缮；对全乡有就业意愿但就业困难的贫困户，在公益岗位指标用尽的情况下，投入22.6万元，创造公益岗位43个；投入5.9万元为产业扶贫失败贫困户进行补助；投入35万元为48户贫困户修建厕所。

2020年，菁华铺乡被评为湖南省计生协会群众自治先进乡。陈家桥村被评为国家森林乡村、湖南省计生协会群众自治先进村、湖南省精品示范村。党员孟德良被评为全国劳动模范；陈家桥村党总支书记黄立平被评为湖南省劳动模范。

【人居环境整治】 2020年，菁华铺乡发动群众共建共治共享美丽乡村。新建美丽屋场7个，所有屋场建设中群众均做到无偿腾地让土，积极筹资筹劳，不参与工程项目，不无理阻工闹事。仅陈家桥村，就实现群众捐款近350万元、放弃腾地拆墙赔偿金额约280万元、筹工筹物折合190万元。其中南环线升级中群众无偿提供近6公顷用地支持。在原有的厨余垃圾综合处理设施和人工湿地的基础上进一步开拓创新，打造农村厨余垃圾综合处理设施和人工湿地2.0版，两项设施均申请国家实用型专利。

【群众工作】 2020年，菁华铺乡组织各村分片召开屋场会、户主会6次，累计收集意见建议180余条，处理群众反映问题123个，调解矛盾纠纷70个。将全乡分为68个网格，定期逐户上门走访宣传政策，及时发现、解决热点难点问题。全年网格干部发现问题221个并全部予以解决。工作日每天安排1名班子成员在信访接待室坐班，及时接待来访群众，共接待83人次，受理和办结信访件53件，办结率100%。受理12345市民热线221个，办结206个，满意率96.2%。2020年，群众工作经验做法被《人民日报》、《光明日报》、《农民日报》、《湖南日报》、湖南卫视新闻联播等多家媒体平台推介，多个地区前来调研考察学习，陈家桥村被长沙市委党校定为党员教育基地，签约国务院资环所习近平生态文明思想实践固定调研点。

【信访积案化解】 2020年，菁华铺乡处理历史遗留问题6个，化解多年信访积案4个。投入67万元解决积压6年的菁华铺村贺家湾组、石坝组、黄泥塘组、邓坡冲组失地农民社保问题（由菁华铺乡人民政府退还代扣10%的资金并按年利率8%计息）；投入75万元处置积压7年的菁华铺村桃林坝组留地安置未兑现的历史遗留问题，处理积压3年的南岳坝组征拆款分配难题。

【换届选举】 2020年，菁华铺乡6个村全部实现“一肩挑”［指村（社区）党组织书记通过法定程序担任村（居）民委员会主任］，其中菁华铺村“一肩挑”人选是女性，每个村均配备一名35岁以下大专学历的干部。全乡支村“两委”班子平均年龄由上届的49.3岁下降为41岁。陈家桥村当选支委委员及村委委员人选年龄均在35岁左右。

【陈家桥村被评为国家森林乡村】 2020年1月17日，国家林业和草原局公布全国第一批共3947个国家森林乡村。宁乡市菁华铺乡陈家桥村入选。陈家桥村是湖南省美丽乡村建设示范村、省级秀美村庄，村庄建设完善，生态环境优美。2020年，陈家桥村完成8个美丽屋场、4个生态公园和3个景观人工湿地建设，打造美丽庭院100余户，对全村四旁四地及菜园进行统一整理，实现全村域景观化，总计完成植树35万株，绿化造林总面积332公顷。全村道路绿化22千米，绿化率100%；集中公共绿地绿化面积11.07公顷，绿化覆盖率100%，村内休闲公园面积2万平方米，休闲绿地面积1.2万平方米，农户庭院及单位庭院绿化率100%。

（曹晓余）

煤炭坝镇

【概况】 煤炭坝镇位于宁乡市中北部，与益阳市赫山区、桃江县接壤，总面积72.60平方千米，耕地面积2460公顷。辖6个行政村、2个社区，122个村民小组。2020年末户籍人口4.89万人，常住人口6.4万人。

全年镇域生产总值40.62亿元，新入规企业1家，规模工业企业产值35亿元；固定资产投资总额达16.89亿元；社会消费品零售总额1.86亿元；地方财政公共预算收入17652.53万元，全年完成一般公共预算收入14909.7万元，财税收入2340万元。农村人均可支配收入3.16万元，同比增长7.6%。

招商引资与项目建设。包装策划国家重点采煤沉陷区治理项目，累计向上争资约1.4亿元。其中，损毁公路项目3766万元，自来水入户项目4100万元，门业园基础设施（一期）项目2036万元，特色小镇项目2500万元，产业转型项目2274万元，39.8公顷土地的用地手续报批。签约项目15个，其中工业项目13个，农业项目2个，超额完成招商引资目标任务。全年共启动政投、社投项目36个，政投项目完成8个，其中九年制学校投资1.13亿元，3月动工8月底投入使用。

脱贫攻坚。煤炭坝镇272户、823人如期脱贫，“四跟四走”水稻种植项目吸纳118户贫困户参加，水稻种植面积23.6公顷，组织2次集中培训并发放水稻种植物资。“四跟四走”土鸡栀子花混养共吸纳235户贫困户和8户边缘户参加，土鸡养殖6500余只，栀子花种植18500余株。自主发展产业项目共有42户贫困户参与。引导349人外出就业。新建4家扶贫车间，6家扶贫车间共吸纳30名弱劳动力贫困户就业，人均年收入超2万元。设立30个公益性岗位，其中宁乡市公益性岗位8个，镇财政公益性岗位22个，下拨资金12.1万元。污染防治取得进展，门业园多家企业建立、完善污染处理设施，并进行污染源治理；湖南省环保督察"回头看"问题全部整改到位；污水处理二厂相关资料整理上报；全面实行秸秆禁烧、烟花鞭炮禁燃限放；对沙子坡集镇地下排污管网进行疏通清淤；开展"除臭剿劣"攻坚行动；推动贺石桥、东山、贺家湾等村（社区）开展小污水体连片治理项目，小水体得到有效治理。防范化解重大风险，排查高危企业，严打非法金融活动；铺排的征地拆迁和项目正常推进；政府债务风险化解工作有序进行；多次与城发集团沟通协商，理顺新煤城公司的体制机制，明确"镇司共管、以司为主"的运行模式，债务风险得到有效防控。

城镇建管。煤炭坝镇门业园纳入经开区地灾报告、区域环评和能评等方案编制范围，为园区各项行政审批提供合法依据；对门业园进行扩区规划调整，控制范围从4.5平方千米拓宽到6.1平方千米，煤城大道两侧所有企业全部纳入规划范围；分三批次启动规划编制工作，贺家湾村、富家村、东山村、煤炭坝社区、贺石桥村完成招标和摸底调查工作；严格执行村民建房相关规定，审批农村建房56户，拆除违章、超标房屋10户，发放停工整改通知9户。

民生实事。开展困难群众帮扶，累计发放各类救助资金790余万元，惠及群众3000余人；做好危房动态清零工作，37户危房全部改造完成，其中争取市级支持10户，党委政府兜底27户；做好城乡居民医疗保险参保工作，共33553人参保，参保率96.78%。增进民生福祉。投入2亿元实施民生项目建设，九年制义务教育学校正式开学，砖塘幼儿园完成建设；投入3500万元，黑化公路82千米，硬化、拓宽、维修公路160余千米；新架设自来水管网54千米，自来水开户达9802户，入户率85%；新枫渠道建成通水，群英河5张闸门投入使用，煤枫支渠全线清淤，全镇实现水网通户、路网通组、渠道通村的基本格局。

疫情防控。发放宣传单1.3万份，出动宣传车200余次，协助录入健康码5万余条。对全镇11400余户居民、195户租住户进行两次地毯式排查，排查人员累计11万人次。核查省市下发数据3000余条，核实境外返宁人员117人次。劝导婚庆喜丧43起，关闭歌厅等娱乐场所13家，依法强制取缔棋牌经营场所81家，收缴棋牌设备40余台。坚持对公共场所进行消毒，累计面积502.4万平方米。设立健康监测点，检查车辆3862台、人员8322人，劝返5人。

【平安煤城创建】 2020年，煤炭坝镇深入开展扫黑除恶专项斗争，在各村（社区）设立举报信箱和电话，畅通举报渠道，加强对重点人群的动态管控，刑事拘留34人，治安拘留50人，警告1人；处理各类矛盾纠纷58起，成功调解57起，签订调解协议书57份；镇、村、家庭三级联网的"雪亮工程"监控平台建设全部完成，累计接入探头1700余个，全镇治安案件发案率下降17%，民转型案件下降38%。落实安全生产带队检查制度，累计检查企业286次，排查安全隐患1135处，立案处罚32起，罚款8.3万元；开展联合执法行动，依法取缔非法生产企业2家、烟花鞭炮零售店3家、非法液化气经营门店6家。强化道路交通安全管理。开展交通问题顽瘴痼疾专项整治行动30余次，暂扣非机动车辆360余台，教育未戴头盔驾驶员160人次；开展车辆乱停乱放专项治理，增划机动车停车位30余个、非机动车停车位100余个；整改道路安全隐患141处，安装护栏19千米。历史难题有效破解。房屋赔偿资金分4年落实到位，完成第一年支付，基本解决老百姓房屋受损问题。

【政务服务】 2020年，煤炭坝镇在湖南省"互联网+政务服务"一体化平台完成116项权责清单录入，便于业务网上办理。服务群众4万余次，办结12345市民服务热线移交件212件，受理群众行政审批和公共服务事项2000余件，按时办结率100%；通过信息公开平台发布信息，主动公开事项40余项，依申请公开事件18件。累计处理市长信箱事项10余件。承接市纪委移交案件15件，结案10件，初步核实4件，暂存1件。

【营商环境优化】 复工复产期间，协调银信部门增加贷款1亿元，协调争取宁乡市金融证券服务中心支持企业信贷过桥资金1.5亿元。主动对接相关职能部门，为企业解决手续办理等问题，累计为企业提供服务50余次，办理手续10余项，实现企业零跑腿。为11家新购地企业代发规划设计要点，并为需破土动工建设的企业提供业务指导，其中沩江新材料金威三期、安迪尔、湘箬机械、欣美完成规划设计和备案；一鸣机械、梦之园二期启动编制设计；亚朵建材、德益机械、金元素实业、金威二期办理成功施工许可证、规划竣工验收报告、不动产登记权证等手续。对接自然资源局和林业局，协助烟花鞭炮和建材行业完善资料并补办国土和林业手续。2020年5月15—17日，第12届中部（长沙）建材新产品招商暨全屋定制博览会在长沙国际会展中心举行，煤炭坝镇15家门业企业参展，现场总成交额超2亿元。

【乡村振兴】 2020年，煤炭坝镇开展镇容村貌提质工程，S206沿线累计拆除空心房41栋、违法搭建的雨棚35个，清理房前屋后乱象75处、交通指示牌遮挡物85处，清沟5千米，修整绿化26千米；通过市改厕办验收，系统录入改厕数4678户，新增无害化卫生厕所233座、新建公厕4座。壮大集体经济。煤炭坝镇所有村（社区）都成立村级土地合作社和村级经济合作社，集体经济收入全部突破20万元，完成市级提标任务。早稻种植411.23公顷，旱粮种植535公顷，蔬菜种植233.34公顷。建好美丽屋场。建成荷叶塘、贺家湾、欧家坪、沙子坡、杨家湾、保安塘6个美丽屋场，煤炭坝社区打造“春天里”党建文化园。发展特色产业。双龙村皇氏乳业投产；贺家湾村晟林农业已成规模；东山村华栀中药材基地加紧建设；社区老菜农生态农业种植基地收益良好；富家村服务门业园发展，保洁工作优质高效。

【煤炭坝镇九年制义务学校建成投入使用】 2020年8月26日，煤炭坝镇九年制义务学校交付使用。学校规划净用地面积4.44万平方米，总建筑面积2.6万平方米，建有中学、小学部教学楼各1栋、功能室各1栋、办公楼1栋、食堂1栋，带热水的学生宿舍、带厨房的教师宿舍、300米田径场、足球场、篮球场配套齐全。初中部设有12个班，小学部设有24个班，可容纳1680人，至年底有煤炭坝镇及周边1501名孩子就读。

【煤炭坝遗址博物馆对外开放】 2020年7月18日，由中悦文旅集团、湖南宁乡周影文化传媒有限公司、煤炭坝镇政府主办，长沙创意煤城文化产业发展有限公司、湘悦研学承办的“创意煤城·煤炭坝遗址博物馆揭牌仪式暨湖南省红色文化教育研讨会”在宁乡市煤炭坝镇竹山塘工业遗址园举行。湖南省人大常委办公厅巡视员符乔荫、长沙市文广新局党委委员郭学稳共同为煤炭坝遗址博物馆揭牌，湖南省教科院副院长赵雄辉、长沙市旅游协会会长杨志清等领导出席本次活动并讲话。煤炭坝遗址博物馆是创意煤城工业文化的核心表现部分，博物馆内收藏数百件反映煤炭坝镇采煤历史的老物件和大型采煤机器，可以说是百年煤炭坝“黑金历史”的缩影。

（王倩倩）

回龙铺镇

【概况】 回龙铺镇位于沩江中游北岸，扼宁乡市城区西大门，镇域面积71.89平方千米，辖6个行政村和1个社区，村民小组230个，人口4.28万人。2020年，回龙铺镇实现镇域生产总值19.56亿元，完成财政税收1632万元，实现工业总产值38.7亿元，规模工业总产值33.23亿元，实现社会固定资产投资4.60亿元。

脱贫攻坚方面。安排镇财政12.8万元解决公益岗位32个，安排50万元解决69户贫困群众房屋漏风漏雨问题，为贫困户安装自来水58户，改造旱厕85个。帮助有就业能力和意愿的贫困劳动力247人全部就业。发展优质稻种植、瑶鸡养殖两个“四跟四走”扶贫产业，带动7个村贫困户196户343人增收，养鸡增收5000元/户，优质稻增收600元/亩。全镇贫困户377户953人均稳定脱贫。

基层社会治理方面。健全疫情防控应急响应机制，保证全镇“零失控”“零发病”。认真落实信访包案化解责任，探索“信访代理”制度，2020年信访量相比2019年下降20%，重点历史积案基本清零。多举措多渠道开展矛盾调解、防电信诈骗、食品安全、禁毒、反邪教和消防安全等工作宣传，综治民调全市第12名。投入200万元按期完成临水临崖114千米隐患道路、349个隐患点的安防工程建设，交通安全设施进一步完善。安排专项经费30万元，配备2台专车，联合多部门成立交通管理服务站，开展综合执法整治行动，转变交通形势。组织安全生产执法检查56次，下达执法文书67份，发现安全隐患38处，立案15起，全部整改督促到位，2020年实现安全生产零事故。养保征缴完成全市排名第2，养保稽核排名全市第3。“互联网+政务服务”全年窗口办结业务3978件，位居全市前5。

强化党建对村考核，严肃考核奖惩，全年创建“五星村”1个，“四星”村5个，支部“五化”全面达标。严格党员教育管理，全年开展党建业务培训6次，开展农村党员教育集中培训2次，创建长沙市老年教育基层教学点1个。采取一个流动党员微信群、一封党委公开信等措施，帮助流动党员转出20人。推进7个村社区换届，35名新任支村“两委”成员中，大专及以上学历的30名；35岁以下的10名，36至45岁的6名。实现年龄、学历“一降一升”、老中青合理搭配。集中开展党员干部警示教育120余人次。全年按实绩定优劣、按成绩选干部，组织机关全体干部，召开公开竞岗、双向选择大会，把优秀干部选拔到中层岗位上。

【服务项目建设】 2020年，回龙铺镇为建工集团、鼎盛钢构等重大项目征地59.33公顷，拆迁房屋97栋，10户历史拆迁遗留户实现清零。妥善处理好24个村民小组1280人的社保名额分配问题，配备10名辅警与镇综治办、派出所一起协调处理各类纠纷10余次，打击周边盗抢等违法犯罪2起，为园区发展建设发展营造优良环境。省重点项目宁韶高速回龙铺段征地50.53公顷，拆迁89户，全部实现首日签约清零，确保高速建设如期全线铺开。投资5.2亿元的新能源汽车运营中心项目完成征地拆迁，土地报批，开始动工建设。拆迁房屋23户的500千伏电力线路工程项目快速推进。投资1.24亿元的景泰家园一期基本竣工。计划投资2亿元的龙城佳苑项目启动建设，提升回龙铺作为县城西大门的整体形象。

【乡村振兴】 2020年，回龙铺镇培育农业农村部认定的家庭农场27家、农民专业合作社79家、2公顷以上种粮大户98家，确保双季稻播种1733.33公顷。探索“粮食生产全程托管服务模式”，为当地农民节约成本180万元以上；每亩单产增加100斤以上，实现增收140万元，保证藏粮于技、藏粮于民。建好512座三格化粪池，疏浚河道3千米，建好回龙铺中学等6处污水处理工程，丰收渠等4个排口水质持续达标。开展覆绿控尘、文明祭祀、垃圾和秸秆禁烧等活动，空气质量得到提升。拆除违章建筑2000平方米，拆除砂场2处，处理户外广告、店外经营、车辆运输造成路面污染等各类问题76起，完成国土卫片图斑整改95处。2020年被评为长沙市人居环境整治先进单位、宁乡市文明城市创建先进镇。

【五个美丽屋场示范点建成】 2020年，回龙铺镇落实“一廊一带一片”规划，按照“就地取材、变废为宝、挖掘文化、记住乡愁”的原则，以归真生物科技公司为支撑，在回龙铺村发展葵花、蓝莓种植，6个月建成葵花屋场、天鹅湖屋场、沙皮塘屋场、东风屋场、谢家大屋屋场五个美丽屋场示范点。美丽屋场示范点成为市内外近郊旅游的“网红景点”，被新湖南、长沙晚报专题报道，赢得群众点赞，为全市乡村振兴示范增添亮点。

【秸秆回收综合利用中心建成】 2020年，回龙铺镇引进扶植社会资本投资260余万元建成秸秆循环综合利用中心，发动各村社成立秸秆收运合作社，负责秸秆打捆、回收、运输等一条龙服务工作，按每亩稻田生产800千克计算，预计每亩可增收近140元，全镇可增加集体经济收入180万元左右。既实现“秸秆变黄金”，又有效解决秸秆焚烧的环保难题。

坝塘镇

【概况】 坝塘镇地处宁乡中部，距宁乡城区仅8千米，镇域面积163.71平方千米，2020年有人口7.15万人，辖14个村（社区）。镇党委下辖16个党总支，76个党支部，党员2736名。境内宁灰、宁韶公路纵贯南北，南坝、边珊、石大公路横跨东西，沩江、乌江两河穿境而过，有小（1）型、小（2）型水库13座，骨干山塘3200余口，森林覆盖率67.5%，是一个交通便捷、环境优美、风光秀丽的山水之镇。

全年实现地方一般公共预算收入835万元，超目标任务31.5个百分点；社会消费品零售总额2.1亿元，同比增长12%；固定资产投资10.07亿元；工业增加值1.7亿元，主要经济指标均超序时进度完成。

宁韶高速10天征地63.2公顷，率先实现红线内房屋倒地；金唐公路坝塘段稳步推进；提质黑化改造宁灰公路10千米、边珊公路11.2千米，方便近10万名群众的出行。

通过盘活存量资产、严格预算管理、策划包装项目等措施，稳妥化解政府债务550万元；坚持厉行节约，一般公共服务支出同比减少423.73万元，同比下降18.12%，其中“三公”经费同比减少10.51万元，同比下降24.84%；建立早识别、早预警、早发现、早处置的风险防控机制，非法集资风险排查工作取得实效，全镇金融环境更加健康。908户2364名贫困户全部实现“一超过、两不愁、三保障”，解决31户住房安全问题，新增扶贫车间1家，实施产业扶贫“四跟四走”项目6个，开展贫困群众技能培训6期，新设置公益性岗位38个，全方位构建“政府+企业+金融+合作社+贫困户+销售平台”的利益联结新机制，全年累计帮助贫困户增收1000余万元。落实“河长制”，实行“一河一策”，确保域内沩江、乌江河流断面水质Ⅲ类以上、饮用水源及水库水质Ⅱ类以上，中央环保督察组回头看交办的5个问题全部销号；深化黑臭水体治理，保障日处理污水量2000立方米；落实十年禁渔工作，开展河湖“清五乱”行动，扣押船只24艘、收缴地笼等非法捕鱼工具105套、拆除违章建筑18栋，打造金洲村小微示范水体和乌江磨子潭段样板河道；坚持一日一巡查，全年打击非法采砂25次，打击非法采石21处，扣压挖机19台、铲车3台、运输车辆6台次，损毁采砂船只和其他设备20余艘，关停洗砂场地5处，关停采石场25处；完成国土卫片违法图斑整改16个；坝塘的山更绿、水更清、天更蓝。

2020年，坝塘镇落实安全生产责任制，开展“强执法、防事故”和“打非治违”专项行动，开展安全生产执法检查532次，整改安全隐患497处。整治危险化学品、道路交通运输等十三个重点领域的顽瘴痼疾，新安装农村公路安全防护设施693处，消除隐患里程61.6千米；通过长沙市安全生产示范乡镇验收；开展禁食野生蘑菇宣传，收缴野生蘑菇40千克。

全年专题研究党风廉政建设工作12次；开展谈心谈话408次，覆盖4033人次；开展重大节假日集中廉政谈话7次，专项监督检查12次；干部作风情况实行周通报制，累计通报152人次，通报批评12人次、诫勉谈话3人次、约谈26人次。开展社会兜底保障、产业扶贫、就业扶贫、住房和饮水安全“五大专项治理”，发现并整改问题12个；全年查办案件12件次，给予党纪处分11人、政务处分1人，政治生态更加风清气正。

【产业发展】 2020年，新冠肺炎疫情发生后，坝塘镇改变招商模式，由“敲门招”到“网上联”，变“见面签”为“视频签”，加强与客商的沟通联络，发布招商信息18条，重点推介闲置资产15处，接待客商47批次，引进满华园艺等项目落户。加快发展以顾家婆、农家流香为代表的农产品加工业，以蓝莓、葡萄、黄桃为主导的特色蔬果产业，初步形成特色蔬菜水果种植、特色牲畜养殖、特色苗木种植、坛子菜加工制作、休闲观光等立体现代农业主导产业体系。

【集体经济】 2020年，坝塘镇村级党组织领办集体经济合作社，以“一村一品”为依托，以专业合作社为纽带，依托“公司+合作社+基地+农户”发展模式，发展集体经济。其中，坝塘社区流转土地180公顷建设蓝莓基地，金河村探索村级经济合作社承包散户土地发展特色种植，洋西塘村、南芬塘村、沩乌村、乐安村为宁韶高速、金唐公路等重点项目建设提供劳务服务。全年14个村（社区）集体经济收入均超10万元，其中11个村（社区）收入超20万元。

【民本民生】 2020年，坝塘镇基础设施提档升级，硬化村组公路37.6千米，启动渠畅路通工作，清淤护砌和砍杂除青40余千米，护砌山塘14座，护砌水渠6.5千米，修建便桥3座、河坝1座；完成农村改厕6700座，超任务2700座，合格率100%，接通率80%以上。金河村被评为湖南省卫生村，沩乌村被评为长沙市卫生村，14个村（社区）全部创建长沙市垃圾分类示范村。坚持教育优先，投入500余万元，完成南田坪中学、烟田小学、沩乌小学、清河小学四所学校提质改造。标准化村卫生室、村综合服务平台、农家书屋、学校保安、“一村一辅警”、“村村响”

等基层公共服务建设得到提升。保安村被评为长沙市示范妇女儿童之家。全年累计发放惠农补贴78项共计6329.67万元，解决146人次临时救助30.5万元，为29人申请解决大病医疗救助金12.3万元，多方筹资86万元解决46户“四类重点对象”住房保障问题；全年新增农村劳动力转移就业523人，新增城镇就业242人，失业再就业56人，困难人员再就业19人，新增创业主体188户；高质量完成第七次人口普查的各项工作任务。以创建全国文明城市为契机，践行创建为民、创建惠民、创建靠民理念，提质镇新时代文明实践站，新建标准化村级综合服务中心1个，群众自发筹建文化广场42个，打造文明停车示范街1条，招募志愿者6000余人开展400余场志愿服务，金河村被评为省级文明村。

【群众工作】 2020年，坝塘镇创新群众工作机制，开展“领导接访下访推动矛盾化解”攻坚年活动，建立党政领导班子成员“逢十”下村接访日制度，变群众上访为领导下访，打通解决群众问题的“最后一公里”，化解信访积案8件，调处矛盾纠纷328例。坚持“因需定岗、因岗定人”，进一步优化便民大厅服务，接待办事群众14000余人次，受理事项7845件，办结率100%。办理12345市民服务热线工单559件，满意率98.4%；全程网办“不见面”事项896项，“一件事一次办”事项受理办结823件。进一步优化营商环境，化解“新官不理旧事”问题4个，创新开展帮扶制度并推行负面清单制，推动和化解项目难题37个，获群众和企业好评。

【第三届“呷在坝塘”精准扶贫户农产品展销节】 2020年1月17日，坝塘镇“守初心、得民心”第三届“呷在坝塘”精准扶贫户农产品展销节暨“欢欢喜喜过大年”群众联欢会举行。后盾单位与各村（社区）、企业、驻村（社区）第一书记党支部现场签订《宁乡市坝塘镇产业与消费帮扶利益联结协议》，活动当天销售和先期预售的农副产品共计120余万元，全年为贫困户销售农副产品550余万元。

【志愿者认领“微心愿”暨党代表联精准扶贫户结对活动】 2020年5月9日，坝塘镇举办“党建引领脱贫攻坚，志愿服务大美同行”新时代文明实践志愿者认领“微心愿”暨党代表联精准扶贫户结对活动。活动现场共认领微心愿238个，其中现场兑现100个，折合人民币共计19780元。此外，长沙市、宁乡市、坝塘镇及各村（社区）92名党代表与贫困户实现“一对一”帮扶，为其解决实际困难。

【坝塘镇驻广东省广州市流动党员党支部成立】 2020年12月11日，坝塘镇驻广东省广州市流动党员党支部成立大会暨授牌仪式举行，同时召开全体党员大会，选举产生流动党员党支部委员会委员、书记。 （刘露莎）

资福镇

【概况】 资福镇位于宁乡市中部区域，2020年下辖7个行政村和1个社区，镇域总面积88.54平方千米，耕地面积3230.47公顷。年底总人口数3.93万人，常住人口数3.36万人。

2020年完成地方财政收入345万元，较2019年增长17.74%。社会固定资产投资总额6.86亿元，社会消费品零售总额1.2亿元。

农业情况：耕地面积2.53千公顷；山林面积4000公顷；粮食作物面积3.2000公顷，主要农产品产量1.9万吨。改造高标准农田200公顷；推进水利建设，全镇12座小二型水库和乌江、沩水流域和各类干渠能够为农业生产提供灌溉水源；完善农业生产机械化建设，采取“镇村+农村合作社+农户”模式进行粮食生产和经济作物生产。社会消费品零售总额1.2亿元。

新增城镇就业人口380人，农村劳动力转移就业460人，收缴城乡居民养老保险费316.37万元、医保参保费用1255.73万元，发放低保保障金465万元。建立家庭健康档案31422份，完成儿童体检3200人次，开展健康知识讲座84次。

2020年，资福镇全体镇村干部和卫生系统干部职工正月初二返岗投入疫情防控一线。镇村迅速组建疫情防控工作指挥部，落实“六包一”模式及“十包一”服务制度，明确责任范围，对各村进行网格化、地毯式摸排。建立实行“零报告、日报告”制度，镇疫情防控指挥部每天调度汇总工作进展，重要情况及时上报，确保信息掌握全面准确，协调调度有序。全年累计排查湖北返乡人员407人，外地来资人员1432人，核查各类人员信息5000余条。全镇无一例确诊或疑似新冠肺炎病情。

2020年，资福镇被评为长沙市文明镇、无偿献血组织工作先进单位，宁乡市绩效考核一类乡镇、脱贫攻坚先进乡镇、信访工作先进单位、创建全国文明城市先进单位、落实党风廉政建设责任制先进单位、安全生产工作考核先进单位、人居环境工作考核先进单位、烟叶规模发展奖、珊瑚村被评为湖南省同心村庄，清泉河村被评为长沙市文明村，清泉河村、窑里社区创长沙市美丽屋场，清泉河村被评为长沙市计生基层群众自治示范村，华宝村创宁乡市“五星村”党总支。

【乡村振兴】 2020年，资福镇项目建设有序推进。拉通资福大道，提质改造老宁灰公路，拓宽提质边资公路，新修大河口桥，镇域交通得到全面提升。完成珊瑚中学、珊瑚幼儿园、资福中学维修改造及资福中心小学危改、柳枫小学、红旗小学宿舍楼新建项目。新发建材绿色矿山项目建成，“资福窑”文旅基地、众诚农业现代化蛋鸡养殖项目、湘韵食材产业园项目等一批社会投资项目加快建设。村级集体经济不断壮大。全镇8个村（社区）均成立村级主导的土地专业合作社，充分发挥合作社组织农户、整合资源、合作经营的优势，共流转土地933.33公顷，2020年资福镇8个村（社区）集体经济收入均超过20万元。乡村旅游稳步发展。启动“资福窑”文旅项目建设，前期征地近4公顷，完成项目前期的规划设计。结合“窑文化”在窑里社区黄金组、清泉河村宋家湾组建设2个高标准美丽屋场，通过长沙市级验收。窑醴谣民宿、环天农庄、带皮牛肉、荷叶烧鸡等乡村旅游景点和特色美食声名远播。农业基础不断夯实。扎实推进粮食生产，完成早稻集中育秧1333公顷，春耕生产被中央电视台《新闻联播》《人民日报》专题报道。稳定烟叶种植规模，全年完成晒烟总产量近3000担，产业总产值达400余万元。大力发展油茶产业，新增油茶种植10万株以上。全年新硬化、黑化农村公路近30千米，入资电力线路完成升级改造，生猪产业逐步恢复，完成生猪出栏任务。

窑里“五星”美丽屋场　　资福镇供图

【脱贫攻坚】 2020年，资福镇开展脱贫攻坚领域“回头看”专项行动，剩余20户28人贫困人口家庭如期脱贫。676户贫困户“两不愁三保障”及饮水安全全面保障到位，脱贫户无一返贫或致贫。落实各项帮扶政策，户均享受政策23条，人均月收入1800元。深化“企业、合作社+贫困户”样板。开展产业扶贫，全镇8个村（社区）447户、1242名贫困户参与实施“四跟四走”产业扶贫，每户贫困户年均增收4000元以上。就业扶贫方面，创立3个扶贫车间，解决30余名贫困劳动力的就业问题，人均增收达1万元以上。全年举办资福镇贫困户专项招聘会4次，704个贫困劳动力稳定就业。做好脱贫攻坚领域各类反馈问题的整改落实，全面梳理各类问题共计908个，其中上级反馈问题91个，所有问题均按时按质实现清零。珊瑚村代表宁乡接受湖南省脱贫攻坚实地考核，得到考核组高度评价。

【人居环境整治】 2020年，资福镇镇域3个集镇进行常态化管理，发挥城管执法中队职能，重点对镇区内违规摆摊设点、门面占道经营、车辆乱停乱靠、生活垃圾乱丢等突出问题进行整治和规范，镇区交通秩序得到改善，环境卫生大幅提升。开展创文志愿集中服务活动，被评为宁乡市创建全国文明城市工作先进单位。实施垃圾分类减量法，拆除宁灰公路、边资公路、朱将公路等沿线主要道路垃圾桶100余个。完成上级下达改厕工作任务，高质量改厕473座，落实整改任务600余座，整治黑臭水体8处，完成清泉河孙家湾段样板河建设，清泉河村小微水体市级示范片区创建成功。整治非法采砂洗砂案件70余起，责令恢复破坏面积5000余平方米，立案5起，行政处罚4人。复绿面积4200余平方米。开展专项沩乌两江治理行动20余次，开展“洞庭清波”专项整治行动4次，组织打击非法电鱼捕鱼专项整治行动8次。加强国土巡查监管，整治国土卫片违法图斑，整改存量卫片2处。规范村民建房秩序，全年共收到村民建房申请资料151份，审批上报109户，退回资料10户，违章建筑执法出动20余次，拆除违章建筑3处。

【社会治理】 2020年，资福镇开展扫黑除恶专项斗争，开展打击打非治违安全行动共计32次，严把安全生产关卡，全年未发生一起安全生产事故，安全生产工作列全市第2名。落实防汛、地灾防御、森林防火工作责任，确保人民群众生命财产安全。调解矛盾纠纷205起，调解重大复杂纠纷15起，死亡纠纷12起，防民转刑2起，通过调解达成协议金额1000余万元，连续两年被评为市“三无”创建单位，全年到市赴省进京实现“零上访”。自觉接受人大法律监督，主动接受政协民主监督，时刻接受社会各界监督。加强公共资源交易管理，强化财政资金监管。加强政府门户网站建设，发布各类政务信息172条，通过“12345”市长热线受理群众咨询、投诉、信访等各类事项147件。实现“一门式”服务全覆盖，村（社区）可代办服务事项178项，让信息多跑路、群众少跑腿，提高政府办事效率和群众满意度。

（刘维佳）

灰汤镇

【概况】 灰汤镇位于湖南省宁乡市西南部，地处宁乡、韶山、湘乡的交界地带，与伟人毛泽东故里韶山、共和国主席刘少奇故居花明楼呈“品”字形排列。2020年辖16个行政村、2个社区，人口11.3万人，镇域总面积210.9平方千米，其中耕地面积5086.67公顷，山林9666.67公顷，森林覆盖率43%。全镇以旅游业和农业经济为主。2020年完成地方一般公共预算收入3900万元，财政总收入1.55亿元，社会消费品零售总额3.78亿元，固定资产投资21.9亿元。

2020年，灰汤镇村（社区）换届选举，选拔党组织副书记9人，平均年龄35.5周岁，全部大专以上学历，其中非公企业负责人、群团组织负责人4名，退伍军人、创业致富能手5名。坚持“一高一低”原则，产生新一届支委成员88名，平均年龄较上届下降4.8岁，大专及以上学历增加41%，基层党组织队伍进一步夯实。成立灰汤镇驻广东大湾区流动党支部。党员教育实行精准滴灌，按固本强基、提升巩固、示范引领三类送学“红色套餐”120份。开展“党费承诺亮身份”活动，党费收缴额度大幅提升，党费总额从18987元增长到26460元，增幅39.4%。

2020年，灰汤镇利用“村村响”广播、宣传车、微信转发、QQ信息、发放宣传资料等多种方式进行疫情防控宣传，出动宣传车1877车次，悬挂宣传横幅301条，“村村响”广播每天持续播放，微信、QQ等持续宣传，发放防控宣传资料1万余份。按要求关停相关营业场所，关停酒店6家、旅馆79家、夜宵店（烧烤摊）75家、棋牌室184家、网吧5家、KTV16所、其他营业性场所981家。共摸排村（社区）18个，摸排31125户103612人（其中住宅小区3个，摸排106户，384人）。摸排湖北返（到）宁人员596人，全部实行“六包一”“十个一”责任机制。卫生院、农办、派出所、交警中队等部门联合设立卡点9个，排查车辆2498车次，人员5445人次，劝返车辆48车次，劝返人员133人次。

【基层治理】 2020年，灰汤镇对照“民声网格反映，事情网格调度，成效网格体现”目标，将328名镇村干部下沉到18个村（社区）、134个网格，推动2028名党员干部和社会贤达联系全镇3.2万余户、11.3万余人，实现联村联组联户全覆盖，全年累计走访22687户，收集各类问题1241个，解决1188个。开展“屋场夜话”宣讲和推行“单车干部”群众工作法，全年累计开展宣讲893场次，参与群众57000余人次，收集各类问题771个，解决766个。坚持领导公开接访，严格落实“首问责任制”。对12345市民服务热线办理情况实行一日一调度，一月一考核，一季一讲评。成立三个常态化工作督查组，坚持交办一件督办一件，按照“能在村（社区）解决的一个星期，局镇能解决的两个星期，协调上级解决的一个月”的时效要求，狠抓问题解决。通过一系列举措，全镇共排查并调解各类矛盾纠纷434件，年内成功调解420件。

【城乡建设】 2020年，灰汤镇成立镇村供销惠民合作社11家，完成农村公共资源交易项目60个。村级集体经济收入大幅提高，灰汤、宁南、双建、牛角湾、枫木桥、杏村、洞庭、双盆、偕乐9个村（社区）集体经济收入突破20万元，其他村（社区）均达到10万元以上。九沐农业、乐享果玩、金太阳、湘一灰汤鸭、四丰茶业等企业有序开工、复工。完成无害化厕所建设1279座。打击非法电鱼行为31起，没收非法电鱼设备25套，有效保障水生态环境安全。处理整治畜禽养殖污染投诉9例，验收和争取养殖业粪污资源化利用项目共18个。加强对洞庭水库饮用水源保护地的巡查力度，处理各类环境保护投诉20余起。完成谈家冲小微水体示范建设和枫木水河流杏村段样板河建设。完成国家卫生镇复核。花果山村被评定为国家森林乡村、湖南省文明村镇。杏村村被评为湖南省卫生村。牛角湾村成功创建长沙美丽乡村。对刘家水闸、乌江穿堤涵管和杏村水库等进行除险修复，对68千米洞庭灌区支渠进行全面清淤。整合执法队、城管中队力量，每天4支队伍、16位队员上街巡查，张贴温馨提示1400余份，锁扣车辆86台次，处理处罚违停车辆11台次。联合交警、交管等部门，开展打击超限超载整治行动6次，处理处罚超限超载车辆7台次。

【社会保障】 2020年，灰汤镇完成在册建档立卡贫困户1160户3145人的脱贫任务。发放低保、五保、残疾人等各类补贴、救助资金1199万余元。完成退役军人登记2470人。城乡居民养老保险全年新增参保612人，完成缴费9232人。医疗保险83290人参保，完成缴费62841人。失地农民社保参保5356人，名额全部分配到位。政务服务高效便捷，受理各类事项23788件，接待群众26815人次，接受业务咨询3027人次，群众满意率97.5%。灰汤中小建成并投入使用。宁乡市中医医院灰汤分院启动建设。硬化和提质改造农村公路74.74千米，进一步方便群众出行。

【旅游产业】 2020年，灰汤镇接待龙熙二期、湖大学术交流中心、巴塞罗度假村等客商18批次。对东鹜山运动康养项目、紫龙湖水上项目、温泉公园大剧院、酒吧风情街进行整体包装。全年铺排政府投资项目18个，完成16个，总投资约8.92亿元。其中，灰汤大道至华天路延伸线、紫龙湖清淤、高速连接线拓宽提质、紫龙湖东岸线拓宽提质等一批旅游景点打造和基础设施提质改造项目，景区面貌焕然一新。新建、续建大夫第楚园、足迹岛星空民宿、相里、辣木科技等社投项目32个，年内完成27个。减免相关企业温泉水费600余万元。巩固“一件事一次办”改革成果，推行一站式服务，累计解决水、电、路灯、商贷等各类问题208个，新增市场主体66家。举办“网红带你游灰汤暨第十届灰汤桃花节”“花好月圆·相约灰汤民族音乐节”“厨神大赛”和“金太阳旗袍节”等活动。全年接待游客200万人次，旅游总收入7亿元。（谷　祥）

双凫铺镇

【概况】 双凫铺镇地处宁乡腹地，镇域东连大成桥镇，南接坝塘、偕乐桥镇，西与横市镇接壤，北与喻家坳乡交界。省道209线、新宁横高等级公路、县道煤双线、双偕线纵横贯穿全镇。2020年，下辖7个行政村、1个社区，镇域面积87.98平方千米，总人口4.09万人，常住人口3.69万人，出生率6.5‰，死亡率7.1‰。镇域土地确权面积2258公顷，林地3806公顷。

2020年，双凫铺镇坚持疫情防控常态化，以192个网格为单位无死角摸排、防控知识宣讲3轮，核查大数据近万余条，全部日清日结，全镇无一例疑似病例，无任何失控问题发生。克服疫情对重点税源企业海外销售业务的冲击，成立服务企业复工复产专班，解决各项困难问题，规上企业有序恢复生产，各项经济指标稳中向好。2020年共实现固定资产投资6.3亿元，规模工业总产值11.63亿元，限上社会零售总额2.42亿元；完成地方一般公共收入1744万元，实现全年任务的113%，同比增长17%。

【招商引资与项目建设】 2020年，双凫铺镇签约并落地工业项目3个、乡村振兴项目1个，投资总额达1亿余元；引进湖南乐众安全科技有限公司、盈利食品厂及多德草业，年内投入生产运营；解决陆戈鞋业11类困难，引进鞋服配套生产企业凯祥鞋材，完善鞋业园基础、配套设施建设；解决双凫铺石矿车辆运输秩序问题，协调推动九如塘碎石场完成并购；推进南方水泥绿色产业园整体搬迁、落地建设；完成1公顷土地腾退，解决三泓建材堆料场扩征地问题；协调调度819万元支持洁美鞋业2.56公顷集体土地转征为国有建设用地；双明村光伏发电项目竣工投产；盛达康骨医院主体工程建设完工；49户、119空迴龙山景区安置区主体建设全部竣工，配套设施建设推进。

【乡村振兴】 2020年，双凫铺镇村级党组织领办经济合作社，盘活闲置集体资产。在余新、社区、合轩三个村（社区）实施草皮种植项目66.67公顷；成立麦田村百盛水果合作社，连片种植水果20公顷，与迴龙山旅游结合，打造观光旅游、水果采摘休闲娱乐综合体；双明村娃龙立体生态农业园总体规划133.33公顷，主要种植和销售有机蔬菜；麦田村蘑菇种植基地，生产厂房3000余平方米；粟江村田园旅游综合体水云间休闲农庄项目，完成林地流转27.2公顷。6个村（社区）集体经济收入超过20万元，1个村（社区）超过50万元。

【社会治理】 2020年，双凫铺镇召开安全生产、依法治访、平安金融、打击电信诈骗等专题会议14次，标本兼治推进整治。建立平安双凫三级微信塔群192个，召开户主会380场次，就地解决群众问题410余个，窗口业务办结率100%、12345市民热线办结率97.9%，全年化解矛盾纠纷200余起，重大信访积案1起，群众满意度明显提升。安全生产执法检查424次，排查整改问题238条；取缔非法生产经营单位2家，停业整顿3家，立案处罚10起。做好集镇管理工作，坚持值班领导带队夜巡机制；开展棋牌室专项整治行动，全镇168家棋牌室全部取缔关闭，收缴棋牌桌210张。全年未发生影响重大的刑事案件、重特大安全事故和治安灾害事故。

【社会保障】 2020年，双凫铺镇投入100余万元，建设双凫中小教学楼及配套设施；表彰优秀教育工作者50余名；慈善助学，扶残助学81人次；奖励慰问优秀教师、优秀学子、贫苦学子10余万元。发放最低生活保障536人，共计213574元/月；特困供养326人，共计317850元/月；高龄津贴1723人，共计401600元；医保财政代缴1736人，总参保数31986人；解决421人次临时救助10余万元；解决30余人大病医疗救助10余万元；筹资100余万元解决25户“四类重点对象”住房保障问题。为52580人次办理惠农补贴；办理就业失业证63件、老年优待证153件。投入100余万元开展敬老院消防和特护区建设项目。启动并基本完成龙山安置区建设。全镇优生检测、“两癌”筛查完成全年任务的120%。家庭医生服务稳步推进，卫生院抽调骨干力量提供村部就诊和上门服务体检。

【人居环境】 2020年10月，双凫铺镇被评为长沙市卫生镇。坚持每月“千人大清扫”，全年发动党员、志愿者、群众9000余人次参与。严明“门前五包”责任、公布红黑榜，建设美丽屋场14处，美丽庭院120家。黑化、硬化农村公路41千米。完成裸露黄土地块覆绿33.33公顷。开展烟花鞭炮禁燃工作，集镇范围内签订承诺书600余份。完成改厕目标任务，卫生厕所普及率100%。拆除空心房120余座。发放分类垃圾桶42080个，新建垃圾分拣中心2个，拆除简易垃圾池64个。每天沩水夜巡，打击处理非法电鱼、捕鱼31起。打击非法采砂行为62次，取缔非法洗砂采砂场17家，关闭非法洗沙场13处，拘留11人、扣押船只9艘、拖拉机26台。

【脱贫攻坚】 2020年，双凫铺镇抓实驻村帮扶和结对帮扶，常驻队员全脱产履职。建立镇村两级“党员志愿服务队”为贫困户实现“微心愿”，志愿服务120余场次，志愿物资20余万元。排查清零8个方面143个问题，开展“治脏、治懒、治愚、治赌”行动，制定免租进驻农贸市场政策，成立3个扶贫车间解决就业49人，有产业能力和产业意愿的全部317户贫困户参与产业扶贫。服务泉井、双明自来水管网延伸工程；完成25户贫困户及四类人员危改。全镇412户970人建档立卡贫困户全部脱贫，贫困户满意度100%。

【基层党建】 2020年，双凫铺镇开展“三微”系列活动，开讲“双凫微讲堂·我来讲党课”180余场次；为贫困户实现“微心愿”306个；推选“双凫干事创业之星”季度20人次，年度3人次。推进村（社区）“创星争星”，合轩村蝉联“五星村”，泉井村从软弱涣散村变“五星村”。全年轮训农村党员4期，新发展党员15名，处置违纪党员3名。对“微党课”“民生实事竞赛”等10个党建特色项目挂图作战，13项党建亮点工作被中央、省市媒体报道。党委专题研究部署党风廉政建设和反腐败工作5次，开展“知、存、守”纪律教育活动。44个基层党支部全部实现“五化”，新增2个市级“五化”示范支部，成功创建长沙市老年教育示范点。开展流动党员管理试点，成立“双凫流动党员之家”。全年进行党建工作专题调研16场，研究调度12次，选派“党建指导员”24名，重点解决基层党建问题21个。整改述职评议考核反馈问题18个，33项巡察整改问题全部销号。

将党管武装纳入党委重点工作任务，实施民兵建设三年规划，投入20万元，打造国防教育室、器材室、民兵活动室、兵役登记站等工作阵地，被评为四星标准。组建民兵应急排。村组织换届调整优化总支书记3名，“两委”成员17名，换届得票率均90%以上，多名人选实现100%当选，大专以上文化程度从原来的27人上升到37人，平均年龄从49岁下降到42岁，“一升一降”优化新村级班子结构。

大成桥镇

【概况】 大成桥镇位于湖南宁乡中部，沩江中游北岸，与回龙铺、坝塘、资福、双凫铺、煤炭坝、喻家坳六乡镇接壤，新老宁横公路贯穿全镇。2020年，镇域面积58.79平方千米，辖7个行政村、1个社区，153个村民小组，总人口3.5万人。全年财政税收3200万元，其中地方一般公共预算收入1589万元，完成任务的104%；社会零售品销售总额4.19亿元，固定资产投资3.91亿元，工业总产值6.8亿元。

基层党建。落实“三会一课”和组织生活会，加强党员教育管理，鹊山村被评为“五星村”党组织。通过现场教学+网络直播等形式，实现党员教育全覆盖。通过组织比选等形式，培养村级后备干部52名。推行“头雁引领”计划，选优配强支部带头人，择优选拔20余名年轻干部在村级换届中进入“支村”两委班子。推动干部联组入户、贴心服务群众，提高干部联系服务群众能力，帮助群众解决大小问题400余个。全年对党员领导干部进行提醒谈话171人，日常廉政谈话97人，提醒谈话63人，警示谈话5人，诫勉谈话6人。深入各村、线办开展贯彻落实情况督查11次，一些苗头性、倾向性问题抓早抓小，转变干部作风。全年党纪立案11件，办结11件，给予党内警告处分7人，严重警告处分1人，留党察看1人，开除党籍2人。

优化营商环境。开展“新官不理旧事”问题线索自查自纠，协助奔地圣、泰成钢构等6宗企业用地遗留问题解决。协调湘瑞重工与华融湘江银行长沙分行达成2200万元的贷款意向，传达落实高端人才、招工、用电补贴等惠企措施，加强银企对接、智能制造申报、技改补贴等工作对接，帮助镇域范围内企业申报技改补助等资金500余万元。

项目建设。申报全域土地综合整治项目并通过省自然资源厅公示，推动村庄整治和高标准产业示范带建设。启动17个美丽屋场建设，其中鹊山村黄河组、梅鸣村何家组成功申报长沙市美丽屋场。镇机关改造维修、青泉烤烟房、污水管道沉陷临时修复等一批项目竣工。争取资金近1000万元启动青泉花容公路、鹊山产业环线、梅喻公路、金成公路、长煤公路、居民避险搬迁集中安置区基础设施建设等项目，完成多条村级道路提质黑化。宁乡百万头生猪产业链项目在镇域内布点，推进青泉母猪场、梅鸣育肥场、永盛育肥场项目建设。

建立镇、村、企业三级责任体系，开展安全生产专项整治三年行动，取缔非法生产经营单位39家，责令停产停业整顿5家。深入推进“强执法防事故”工作，全年立案18起。加强宣传教育培训，组织安全生产培训4次，开展应急救援演练2次，发放消防安全温馨提示4000份。对沉陷区制订预警巡查方案，建立分片负责工作责任制，巡查重点户20余次。开展道路交通专项整治，赠送头盔200顶。

平安创建。持续推进扫黑除恶，开展打击“黄赌毒”“盗抢骗”等专项行动。2020年，调处矛盾纠纷272起，其中重大纠纷35起。破获刑事案件16起，刑事拘留18人，电信诈骗案2起。开展“依法治访”主题宣传活动，“六个一”禁毒管理机制成效显著，全镇在册吸毒人员160名戒除毒瘾，树立12名成功创业典型，大成桥镇社区戒毒（康复）中心被评为长沙市社区禁毒示范点。开展维稳安保6次，集中销毁群众自愿上缴的经营性麻将桌396台，关停营业性棋牌室92家，社会风气明显好转。

疫情防控。2020年，大成桥镇成立疫情防控工作领导小组，以镇村部门党员干部、基层医护人员、协会志愿人士共同构筑疫情防控的坚实防线。实施“十个一”管理措施，有效甄别、救治呼吸道感染病患，做到镇域内零感染，疫情防控经验被宁乡市委采纳推介。通过微信群、村村响、宣传车等广泛宣传防疫政策，对8个村（社区）、工业企业及民间信仰场所、棋牌室、网吧、KTV等场所进行督查巡查，做实野生动物饲养退出工作，发放口罩、一次性手套、消毒液、酒精等防疫物资数万件，组织志愿者开展消毒液生产工作，劝导嫁娶喜宴等聚餐活动取消或延期39起。采取企业申报、上门指导、现场验收与日常巡查相结合的方式指导企业复工复产，规模以上企业复工率和产能均达100%，协助特步招聘员工100余人。

【农业产业发展】 2020年，大成桥镇推进农村综合改革。累计完工项目32个，投入综改资金7665万元，吸引湘都生态农业、贪吃侠、丰裕科技等社会资本优质企业18家，撬动社会资本投入14958万元，年均股本收益近300万元。推广双季稻种植，发展早稻生产966.67公顷，推广机械育秧70公顷。推进湘都等6家农业企业冷链物流项目建设，衔接农业局贷款贴息工作，为湘都、灿光等农业生产企业节省利息资金20余万元。高标准建设40座烤烟房，发展种植烤烟234.87公顷，送售烟叶7748担，超额完成目标任务，青泉社区烟田面积实现从0到46.67公顷的突破。

【人居环境】 2020年，大成桥镇全域推进美丽屋场建设，全镇17个美丽屋场开工建设。坚持干群每月大清扫活动，发动干群近1.5万人次参与。召开屋场户主会宣传垃圾分类工作300余场，设立人居环境整治评比月度“红黑榜”，调动群众参与积极性。落实门前三包责任，建立大成桥镇商住户微信群，加大城管执法力度，对超载、未盖油布等车辆进行处罚，共办理案件30余起，罚款近万元。巡查砂场、采砂点、河道项目70余次，张贴禁止洗砂、采砂公告80余份，拆除死灰复燃的非法洗砂场2处，筛砂场4处。全面推进河长制工作，加强小微水体管护，全力打造梅鸣村何家组小微水体管护示范片。2020年，大成桥镇被评为长沙市人居环境“优秀乡镇”，长沙市文明单位。

【脱贫攻坚】 2020年，大成桥镇动员270户贫困户发展产业扶贫，帮助贫困户消费扶贫达100余万元，平均每户增收3000元以上。创建培育楚兴农业、银意烟花、青泉阳光残疾人托养服务中心特色扶贫车间3家，开展创业及职业技能培训180人，落实公益性岗位70个，金融扶贫完成率128%。改善医疗、教育、住房保障，广泛对接爱心组织及爱心人士，社会扶贫捐款捐物价值近100万元。

【社会保障】 2020年，大成桥镇落实城乡低保政策，提高低保标准，人均427元，落实城乡低保212户391人低保资金189万元，特困人员216户、220人低保资金254万元，精准认定141户250人实施兜底脱贫保障；为55名寒门学子落实助学金19.9万元；临时救助105人次，发放资金27.6万元；为558名优抚对象、精减退职人员发放优抚固定经费近350万元；大病救助108人次救助资金56.5万元；为事实无人抚养儿童和孤儿发放儿童福利待遇15.6万元；为57户一户多残的家庭落实生活补助13.6万元；为488名残疾人落实88.96万元生活补助和护理补助；及时准确报灾勘灾救灾，发放冬令春荒救灾资金21.5万元。组织65周岁以上老年人进行健康体检，完成“两癌”筛查764人、孕前优生健康检查158对、产前筛查221人；推进“互联网+政务”改革，政务服务中心服务群众达12000余人次，镇村两级通过网上政务服务系统办结事项达5100余件。

【乡村治理工作经验入选第二批全国乡村治理典型案例】 2020年11月18日，中央农村工作领导小组办公室秘书局、农业农村部办公厅等部门发布《关于推介第二批全国乡村治理典型案例的通知》，面向全国征集遴选第二批34个典型案例，湖南省宁乡市大成桥镇《“六化”社团织密善治网络》乡村治理工作经验入选第二批全国乡村治理典型案例，系长沙市唯一入选乡镇。2020年，大成桥镇坚持“支部扎桩 社团织网 三员共治”工作机制，构建“专业化+网格化”的社团治理体系，推行“清单化+订单化”社团治理模式，夯实“常态化+长效化”社团治理保障。开展移风易俗、文明创建、志愿服务、党务政务公开电子化、义务禁毒等一系列创新做法，营造镇域范围无经营性麻将馆、婚丧嫁娶以外无酒席、邻里之间无礼金往来、功德银行积分无空白的“四无”乡村文明新风尚，打造干群关系不紧张、矛盾纠纷不上交、项目建设不受阻、公众参与不缺位的“四不”乡村治理新格局，社会发展实现“四有”：产业发展有建树、集体经济有发展、群众增收有后劲、乡村治理有成效。

2020年10月24日，大成桥镇第二届大成清风之星颁奖现场

【鹊山村被评为第六届全国文明村】 2020年11月，中央文明办公布第六届全国文明村镇名单，大成桥镇鹊山村入选。鹊山村以党建带群建，建立和完善精神文明建设管理及运行机制，以产业为基础，实施乡村振兴战略，以乡村治理为中心，完善农村公共服务，提升群众幸福感、安全感、获得感。

【“大成清风之星”颁奖典礼】 2020年10月24日，大成桥镇举行以“乡村治理党旗飘，党建引领促振兴”为主题的第二届“大成清风之星”表彰活动。市政协副主席胡宇出席。表彰48名为民服务之星、干事创业之星、文明新风之星、志愿服务之星。

【刘源考察大成桥乡村振兴和乡村治理工作】 2020年11月24日是刘少奇诞辰122周年，当日下午，刘少奇之子、全国人大财政经济委员会副主任委员、中国人民解放军原总后勤部政委刘源到大成桥镇考察指导乡村振兴和乡村治理工作。刘源一行先后深入大成桥镇鹊山村鹊山农村改革展厅（党群服务中心）及贪吃侠稻虾生态养殖基地进行实地参观，并听取镇党委政府主要负责人关于乡村振兴（乡村治理）、农村集体经济发展、土地改革、美丽乡村建设情况等工作的汇报。刘源对大成桥镇乡村振兴（乡村治理）等工作取得的成绩表示祝贺，希望大成桥的发展更上一层楼。

【郑建新调研大成桥乡村振兴和乡村治理工作】 2020年12月16日，长沙市委副书记、市长、湖南湘江新区党工委书记郑建新，副市长李蔚，宁乡经开区党工委书记、市委书记于新凡，市委副书记、市长付旭明，市委常委、市委办主任蒋君一行到大成桥镇调研指导乡村振兴和乡村治理工作。郑建新表示，发展民宿经济是促进一、二、三产业融合、助推乡村振兴战略的重要途径，要清理农村“三资”，充分盘活闲置房屋资产，将农村现代产业发展、农民增收与新型村级集体经济发展有机结合起来，通过村容村貌改善、公共服务提升和现代农业产业发展，吸引更多年轻人回乡创业，加快推进农业农村现代化。要深入贯彻落实习近平总书记重要讲话精神，科学谋划推动乡村振兴，助推长沙经济高质量发展。

【长沙市乡村治理工作现场观摩推进会】 2020年12月2日，长沙市乡村治理工作现场观摩推进会在宁乡市大成桥镇召开，长沙市农业农村局党组成员、副局长黄志强带领局业务处室负责人，各区、县（市）农业农村局（社会事业局）分管负责人和科室长以及全国乡村治理试点镇、村负责人共20余人参加现场观摩推进会。座谈会上，大成桥镇党委书记贺伟详细介绍大成桥镇的乡村治理现代化试点工作经验。观摩团一行考察大成桥镇青泉社区、鹊山村，了解青泉社区儒安组“功德银行”的小积分推动大治理的积分制运行模式；了解鹊山村“土地三权分置改革”模式。

喻家坳乡

【概况】 喻家坳乡位于宁乡市中北部，2020年，全乡面积96.64平方千米，下辖8个行政村，总人口4.02万人，出生率8.39‰，死亡率11.43‰。

2020年，喻家坳打造栀子小镇，“宁乡栀子”成功申报国家农产品地理标志，栀子花被评定为宁乡市花。2020年，喻家坳完成乡域生产总值23亿元，规模工业生产总值3.92亿元，固定投资11.02亿元，社会消费品零售总额3.8亿元，完成地方一般公共收入1650万元。不断优化营商环境，长宁炭素创新技扩改世界第一，湘宁矿业、高仑坡采石矿、长益石料厂等企业走入正轨。开展平安建设七大专项行动整治，压实安全生产主体责任，全年未发生安全生产责任事故。召开户主会300场次，赢得广大群众的支持和拥护。管控辖区信访重点人员220余人，信访办结率100%。政务服务实现“一门式”全覆盖，乡、村两级窗口办事效率较往年高出3倍以上，群众满意率97.5%。

2020年，喻家坳因村因户因人施策，因贫困原因施策，因贫困类型施策，深入开展产业扶贫、教育扶贫、绿色扶贫、消费扶贫等举措，全乡547户、1335名贫困人口全部实现脱贫。坚持“党建引领”，举办集中轮训班70余班次。创建“五星村党组织”3个。选优配强村级班子，南岭村、湖溪塘村实现满票当选。两委班子平均年龄42岁，大专学历占比75%，女性占比30%。建立村干部后备人才库，吸引入库人才55名，进一步夯实村级人才基础。坚持正风肃纪，严肃处理7名违纪违规党员干部。被评为长沙市文明单位，连续6年被评为宁乡市绩效考核一类乡镇、五好领导班子。

【农业发展】 2020年，喻家坳乡新增栀子种植面积200公顷，形成“村村有基地、处处有示范、户户有花香”的产业布局。喻家坳乡栀子小镇成为民生实事项目乡村振兴典型。举办首届栀子花文化旅游节，栀子小镇成为宁乡新晋网红地。新引进湖南仙野苑农业有限公司、长沙栀子花农业有限公司、正大养殖基地、乡村振兴4个项目落户。实现烟叶种植面积333.33公顷，收购烟叶13000担的目标任务。实现烟农总收入2000余万元。烟叶分包收购单线日均量（500担）创新宁乡收购历史。中南烟草试验站、湖南烟草天敌昆虫繁育中心、湖南宁乡高田村烟叶产业综合体试点、湖南省烟草系统党性教育基地落户。推广湖溪塘村“党建+能人+合作社+农户”发展模式，形成高田烟叶、南岭辣椒、喻家坳蔬菜、湖溪塘稻虾、神武吊瓜、太平山栀子、涌泉山牧业、泉龙稻谷一村一品新格局。8个村村级集体经济收入均超过20万元，其中高田村达100余万元，泉龙村达50余万元。喻家坳乡湖溪塘村“三三制”发展模式［村级集体经济、能人、农户（贫困户）从入股比例、分红占比、管理三个方面实行“三三制”］得到人民日报等省市主流媒体报道。

【区域环境建设】 2020年，喻家坳乡完成公路建设11.7千米。开展公路安防设施建设，完成隐患里程24.093千米，隐患数210个。推进河长制工作，打造大益坝小微示范水体，大成桥水喻家坳段成功创建长沙市美丽河流，高标准建成喻家坳栀子花美丽屋场、湖溪塘福庆美丽屋场。新建乡卫生院公共服务大楼，维修中心幼儿园二园、中小校舍，改造7所学校排污系统。建成栀子大道、提质改造湖溪大道等农村公路60千米，清淤扩容山塘20口，新建骨干山塘3口，砍青护砌渠道19千米。

【宁乡栀子成功申报国家地理标志农产品】 2020年，经中国绿色食品发展中心审查和组织专家评审，宁乡栀子符合《农产品地理标志管理办法》规定的登记保护条件，农业农村部拟准予登记，依法实施保护。截至2020年年底，喻家坳乡建成鹞子山、腾辉、旭达三个栀子种植基地，乡域居民房前屋后种植的栀子100万余株，“村村有基地、处处有示范、户户有花香”的栀子小镇格局初具雏形。下一步，将重点开发建设栀子飘香文化产业、栀子药业、栀子保健品产业、栀子食品产业等，力求全方位、多层次地开发利用宁乡栀子，将其打造成一个富民强市的百亿产业。

【首届栀子花文化旅游节】 2020年5月27日，“‘湘栀’相爱，浪漫喻家坳”中国·宁乡（喻家坳）首届栀子花文化旅游节启动，中共宁乡市委副书记、宁乡市人民政府市长付旭明致辞，长沙市政协副主席文丽霞宣布启动。旅游节共设旭达中药材基地、腾辉中药材基地2个活动会场，下设8个分活动，包括栀子小镇宣传片、IP形象征集大赛、栀子花节启动仪式、栀子产业发展论坛、宁乡青年交友趴、人文历史书画展、栀子花摄影大赛、湖溪龙虾欢乐节等，吸引游客3万余人，栀子花等各类农副产品销售金额达500万元。“栀子花”“喻家坳”“栀子小镇”成为湖南文化旅游圈中的热词，喻家坳的知名度和美誉度进一步提升。（任宇辉）

中国·宁乡（喻家坳）首届栀子花文化旅游启动仪式现场表演

老粮仓镇

【概况】 老粮仓镇位于宁乡市西部，镇域面积121.99平方千米。2020年，全镇有总人口63835人，辖3个集镇、8个行政村，2个社区，216个村民小组，总户数19634户。有市办高中1所，镇办中学3所，公办小学8所，公办幼儿园4所，民办幼儿园4所。2020年，老粮仓镇实现镇域生产总值14.61亿元，同比增长8.9%；固定资产投资10.54亿元，完成年度任务113%；限上社会消费品零售总额3.2亿元，同比增长4.6%。地方一般公共预算收入计划任务350万元，完成429万元，完成比率122.67%。

2020年，老粮仓镇专题研究部署党建工作12次，组织理论中心组学习12次。完成村（社区）“两委”换届，通过公开招聘、笔试面试新增储备人才45人，新一届班子平均年龄下降8.5岁，大专以上学历占比增加20.1%。全镇“五化”党支部建设达标率100%，其中，老粮社区离退休支部被评为长沙市示范化“五化”党支部，长田村第一支部、江花村杨华支部被评为宁乡市示范化“五化”党支部。成立驻广州流动党员支部，打造“党员在线”微信小程序，实现流动党员五个在线（党员在线、管理在线、服务在线、活动在线、粮仓在线），破解流动党员管理难题。严格管党治党工作，全年发展党员20名，入党积极分子26名，组织学习培训活动97次，党员参与1.26万人次；全年组织开展党风廉政建设专题部署会6次，廉洁知识考试2次，党政班子开展日常廉政谈话100人次，提醒谈话3人，诫勉谈话3人，党纪政务处分10人。筑牢疫情防控“红色防线”，组织全体党员干部投身疫情防控第一线，累计捐款38万余元，保障人民生命安全。

社会保障。2020年，全年发放低保、五保、临时救助、自然灾害救助、特困人员救助等救助金2100万余元。养老保险参保信息全覆盖，全年发放城乡居民养老保险金3400万余元。卫健服务。发放奖励扶助资金1272人189万余元，新型农村合作医疗、城乡职工、居民医保参保率92%，全镇重点人群家庭医生签约服务率100%。全年“两癌”筛查695人，免费产筛230人，无创248人，儿童体检1600人次。人居环境。2020年，老粮仓镇开展专项治理，整治公共区域乱种菜、乱堆建筑垃圾等现象，清整楚江、阳华江沿线16千米，铲除河边菜土120余丘块，处理建筑垃圾200余堆。集中整治店外经营15余次，拆除集镇破损招牌14处，更换破旧垃圾桶1200余个，整修更换下水井盖共27处，维修路缘石300米、改建集镇排水沟470米。新建验收公厕4座，完成2019年5845座改厕回访工作，2020年全年完成改厕757座。道路安全。规范集镇停车行为，新增停车位500个，完善主干线、边线、禁停线1.2千米。对老粮仓老大桥（三类危桥）设置限高杆2.8米，禁止20吨以上重车通行。开展“砍青”“打草”“清牌”“清沟”等专项治理行动6次，清整道路15千米，维护交通安全标志设施30余块，没收非法标牌20余块。蓝天保卫。完成17.33公顷黄土复绿工作，对未覆盖渣土车进行处罚共9次；严打非法采砂采石，联合执法5次，扣留重卡5辆、拖拉机4台。

2020年，老粮仓镇星石、双藕、望江3个省定贫困村实现全部摘帽，建档立卡贫困户1212户、3365人全部脱贫，贫困发生率由5.3%降至0.1%，平均收入从2013年的1513元涨到12406元，翻了8倍，边缘户9户22人，脱贫监测户25户61人致贫返贫风险全部消除。紧盯收入不达标、住房安全保障、饮水安全保障、“两业”扶贫问题等，安排公益性岗位119人次，纳入低保贫困户评定6户、提标7户，完成不安全住房整改58户，四类人员55户，非四类人员3户，拆除土坯房68间，解决11户饮水不安全问题，每月3次以上就业招聘短信推送。实施省重点产业扶贫项目3个，“四跟四走”产业扶贫项目5个，省定贫困村产业帮扶项目4个，自主发展产业扶贫项目1个，帮扶贫困户2600余户次，实现贫困户有产业发展意愿和能力全覆盖。开展“我是宁乡人，我为宁乡好”屋场夜话，深入群组群众，召开屋场夜话247场。开展教育、金融、就业、消费等各类专项扶贫，其中实施产业扶贫项目14个，累计帮扶贫困户2086户次。

【经济发展】 2020年，老粮仓镇申

报项目14个，签约引进产业项目4个。完成宁乡华采乡村足球场项目主体建设、第一期基地建设；完成舟渔农业全部工程建设；完成湖南正大集团生猪养殖场项目所有报批手续、养殖区域主体建设；楚沩香种猪场及培育场全部竣工。2020年，完成万亩优质稻示范基地创收，引进正大集团、大龙畜牧，打造花猪全产业链项目，形成“一村一品”特色农业产业格局。发展优质稻2100公顷，高档优质稻1200公顷，优质稻标准化示范片300公顷。发展2公顷以上种粮大户193户1600公顷，完成种植结构调整40公顷，送售烟叶4825担，总收入约758万元，税收约75万元。抓非洲猪瘟防控，支持大龙畜牧力保花猪母种约3000头。引进休闲农业旅游项目，结合望北峰森林公园、章子客文化馆、瓦泥塘与吊井湾美丽屋场、集体经济发展中心等风景文化旅游资源，基本形成乡村旅游“一带一廊”格局。

【社会治理】 2020年，老粮仓镇推进安全生产三年专项整治行动，组织各类安全生产培训6次，出动宣传车30台次，悬挂横幅60余条，发放宣传手册1万余份，排查安全隐患326处，立案15家次，取缔非法生产经营单位7家，责令暂时停产停业整顿1家。常态化开展建筑、交通、消防、校车、旅游、环保、水务、林业等领域的安全生产检查工作。扎实推进“一盔一带”工作。常态化开展食品安全检查工作。2020年，开展“党建+网格化”治理工作，建立四级网格76个，微信群120余个，受理调解矛盾纠纷161起，同比2019年下降40.5%，调解成功率97.5%；受理“市长热线”279起，办结276起，受理比2019年同期下降10%；受理各级信访件20起，办结17起，受理比2019同期下降41.2%。发放有关扫黑除恶信息公开信和禁毒资料等各类宣传资料2万余份，在各村（社区）、集镇商铺滚动式播放宣传标语共计1500余条，通过短信发送信息20余万条，设置固定的大型宣传标语，加强镇村两地的退伍军人事务服务站阵地建设。治理局面日趋向好，综治民调位列全市第7名，连续三年均为全市一类乡镇。

【老粮仓镇新型村级集体经济发展中心成立】 2020年，老粮仓整合资源，召开全镇党政干部会议、村民代表大会，组织基层民主对话，打造“党建引领、商会主营、村级入股、社会参与”的宁乡市老粮仓镇新型村级集体经济发展中心。产业发展基地，依托1400余家工商企业以及“章子客”全国7000余家珠宝门店为销售端，实施农村集体土地经营制度改革，整合利用土地流转，逐步形成老粮社区蔬菜种植、金洪老品种生态大米、长田宁乡花猪、唐市“三绝”（腊八豆、腐乳、剁辣椒）、双藕水果、江花生态茶油、回春土鸡、望江塘鲤鱼、望百峰野菜、毛公桥蜂蜜、星石红薯粉农业特色产业，培育万亩优质水稻，打造花猪全产业链项目，整合望百峰森林公园、花草坪巨石阵、“章子客”文化馆、瓦泥塘美丽屋场等旅游资源，推进政策集成、要素集聚、企业集中、功能集合，打造“一村一品一基地”特色农业产业格局。运营创收平台，将镇信用社旧址进行修缮维护，成立长沙粮仓在线农业发展有限公司，注册资金500万元，实行村（社区）、商会、运营商三方股份制合作，其中10个村（社区）共股80%，镇商会占股12%，运营商占股8%。开发“粮仓在线”线上销售小程序，策划“粮仓购”线上直播销售活动，拍摄制作的“他乡路、原乡味”视频登录学习强国，被湖南日报、中国日报、学习强国等各级媒体报道，总浏览量达23万人次。2020年9月，发展中心作为典型案例被纳入《长沙市新型村级集体经济发展典型案例集》，不仅填补宁乡市村级集体实体经济和长沙地区商会实体经济的空白，还填补湖南省镇域没有村级集体经济发展中心的空白。2020年，老粮仓镇10个村（社区）全部实现村级集体经济年收入20万元以上，其中金洪村、江花村、双藕村村级集体经济收入达50万元。

（王　洁）

流沙河镇

【概况】 流沙河镇位于宁乡西南部，距长沙市区80千米，距宁乡城区62千米，距娄底市区40千米。2020年，流沙河镇辖11个行政村，2个社区，316个村民小组，总面积140.60平方千米，耕地面积4988公顷，总人口6.99万人，其中城镇人口1.2万人。有市办高中1所，镇办中学3所，民办小学14所，镇办中心幼儿园1所，有中心医院一座，是标准一级甲等医院。2020年，流沙河镇实现地区生产总值12.8亿元，规模工业总产值17591.62万元，同比增长16.38%；社会消费品零售总额5.22亿元，同比增长16.9%；地方一般预算税收收入741万元，占全年目标任务的130%。

2020年，流沙河镇“五化”党支部建设达标率100%，按标准建立87个农村党小组，缩短党员管理半径。全年开展廉政谈话1500人次，给予党纪政务处分9人，系统内信访办结20件。选配10名村（社区）党组织书记助理到村任职。在疫情防控、复工复产等急难险重工作任务中，坚持党员带头、靠前指挥、全程参与。党员开展新时代文明实践志愿活动200余次。组织党员干部投身疫情防控第一线，累计交纳“特殊党费”18.98万元。

【项目建设】 2020年，流沙河镇投资5000万元完成花林旅游公路建设；投资近4000万元的兴石产业公路完成路基建设；正大集团宁乡100万头生猪产业链项目签约落地；流沙河牧业资源场第三分区扩大规模建成投产，赤塅村花猪保护中心投入运行。

【农业产业】 2020年，流沙河镇大力培育种植大户等新型经营主体近200个，双季稻规模种植面积1333.33公顷，全镇800公顷农田流转成功。2020年收购烟叶8100担，为村集体性收入增加100万余元。村级集体经济达20万元以上的村10个，全面实现去薄脱壳。

【脱贫攻坚】 2020年，流沙河镇4114名贫困户在“两不愁三保障”方面全部达标；重视住房保障工作，累计新建、维修加固房屋160余户；组织举办“扶贫集市”等消费扶贫活动，助力贫困户销售农副产品400余万元；开展教育、金融、就业等各类专项扶贫，3个省定贫困村全部摘帽，代表宁乡顺利完成脱贫攻坚迎省检任务。

【民生保障】 2020年，宁乡市人民医院流沙河分院建设加速推进，力促与湘雅三医院结成紧密医共体；新型农村合作医疗、城乡职工、居民医保参保率90%以上，全镇重点人群家庭医生签约服务率100%。推进流沙河小学等20余所薄弱学校提质改造，设立帮医助困促教基金300余万元，受益80余户；做好道路隐患治理，122个安全隐患点全部整改到位，整改里程达48.6千米。

【生态环境】 2020年，流沙河镇开展集镇日常巡查管理；抓实“路长制”工作，实现路域常态化管护；完成改厕900座；河长制全覆盖，严格监管挖山采砂、电鱼等非法行为，加大楚江河道沿线整治，拆除清理违规养殖点44处，提升镇域环境质量。

【基层治理】 2020年，流沙河镇组建“红袖章”和“一村一辅警”队伍常态化巡逻，整合多个部门单位的资源力量，提供反应灵敏、协调有序、运转高效的“一站式”服务，提高农村治安防控能力；矛盾调解中心成功化解矛盾纠纷138件。全年动员组织召开“屋场夜话”500余场次，发放工作资料4万余份，现场解决群众诉求160余个；领导带队常态化检查，开展“安全生产主体责任年”活动，防范遏制安全生产事故发生。落实工作日信访接待制，解决群众反映实际问题，受理处置群众来访25件；解决12345市长热线诉求400余个，年度满意率达到96.5%。2020年度民意调查位列全市综合第4名。 （郭 韵）

2020年12月25日，中南大学湘雅三医院党委书记何庆南率队赴流沙河镇洽谈与宁乡市人民医院流沙河分院结成医共体工作 摄制者：欧阳广

青山桥镇

【概况】 青山桥镇地处长沙市最西南部，与湘潭、娄底地区交界。因楚江之上有古桥而得名，历史悠久、人杰地灵。镇总面积132.32平方千米，2020年下辖8村1社区，人口5.15万人。国道234和省道326在此交汇，长韶娄高速距集镇13千米，益娄衡高速在青山桥镇心田村设有出口，洛湛铁路在青山桥镇设有三级客运站。

2020年，财政预算总收入7135.06万元，其中税收收入340万元、非税收入300万元、财政拨款收入4946.59万元、其他收入1548.47万元。固定投资产投入5.6亿元，规模以上工业总产值2.18亿元，社会消费品零售总额1亿元，向上争资等经济指标全面完成。1个村（田坪村）集体经济收入达30万元，5个村集体经济收入达20万元，3个村集体经济收入达10万元。债务可控运转好，2020年还款债务400余万元。建立健全制度做好债务风险防范，通过本级自筹、向上争资等方式做好债务化解工作。先后引进青山桥镇上流村种猪场、田心加油站项目。启动卫生院公共卫生服务楼装修改造工程，田心、石狮桥2个村综合服务中心建设项目，中心小学、青山桥中学、田坪中学3个学校改造工程项目等政府投资项目。

早稻生产面积506.67公顷，中稻1405.67公顷，晚稻560公顷。石狮桥村打造石桥河美丽河流、安家湾小微水体示范片。田坪村红薯粉产业稳步发展，打造云芝及羊肚菌种植基地，上流村青山木本粮油稳步推进，上流村、心田村环保养殖场筹划建设，竹峰村引进稻鱼共生项目，芙蓉村发展黑山羊养殖业，逐步实现脱贫攻坚与产业振兴的有效衔接。

2020年，青山桥镇开展基层宣讲4次，开设各类党员培训班4次，培训党员680人次。芙蓉村党总支书记张国强，遇到山体滑坡事件，及时排除险情、组织抢救、成功避免人员伤亡，“七一”期间，被宁乡市委通报表扬并号召全市各级党组织和广大党员干部向其学习。通过发放一本流动党员证、邮寄一批“红色包裹”、举办一次线上大会、返乡参加一次主题党日、倡树一批先进典型等“五个一”举措抓实流动党员教育管理，让流动党员离乡不离党，被湖南红网、《潇湘晨报》、《人民日报》推荐报道。针对重点时间、重要节点、重点领域、重点环节开展警示教育和谈心谈话，及时完成村级巡察整改，对9个村（社区）全面进行离任审计，年度内镇村未发生廉政问题，无一人因廉政问题受到党纪政务处分。

2020年，青山桥镇被评为“省级卫生乡镇”“长沙市平安乡镇”“长沙市文明单位”，被宁乡市评为“创建国家文明城市先进单位”。田心村被评为“省级卫生村”，心田村被评为“长沙市文明村镇”、花门楼屋场打造“长沙市级美丽屋场”，石狮桥村被评为“市级卫生村”。竹峰村坚持群众参与，打造以“党员示范路”“代表样板路”等内容为主的养路护路“竹峰模式”在湖南省级座谈会专题推介。

【精准扶贫】 青山桥镇有3个省定贫困村，建档立卡贫困户1551户4162人，2020年全部实现脱贫。青山桥镇贫困户易地搬迁后的服务管理的做法被《农民日报》报道；消费扶贫工作被中国食品报、湖南经视及学习强国平台报道；农村土坯危房拆除的做法被市政研室专题推介。实施四跟四走项目11个，贫困村项目3个，省重点项目1个，自主发展项目1个。新增就业扶贫车间2个，先后组织2场春风行动暨就业援助招聘会，增加贫困户生产经营性收入。抓土砖危房拆除。通过采取“党员带头拆除一批、群众自发拆除一批、拆旧建新改造一批、化解矛盾消除一批、发动贤达助拆一批”的“五个一批”措施，在35天内拆除空心房620处，被市委督查室通报表扬。2019—2020年拆除土砖危房1300余处，实现土地增减挂钩91.33公顷，实现各类收入2000余万元。

【环境治理】 2020年，青山桥镇不断提升群众认识，建设宜居新农村。全年发放4000余份爱卫防疫宣传单，消毒300余次，各村组召开环境卫生整治、垃圾分类屋场会60场次，回收可回收垃圾20吨。完成改厕247座。完成9处黑臭水体的治理。8处河湖清五乱工作全部完成销号。对国省县道水沟清淤3次110千米、打草除杂3次110千米、清理遮挡标识标牌枯枝树叶4次50处。各村（社区）聘请一名专门从事人居环境整治工作的专项督查员，利用“村村响”、摩托车“移动小喇叭”等形式，宣传1600余次，清除牛皮癣600余处，批评教育80余人。

【基层治理】 2020年，青山桥镇突出矛盾纠纷排查，化解各类信访问题。在长沙市社会综合治理民意调查中，青山桥镇在长沙180个乡镇街道中排名第19名，在宁乡市排名第2名。年内有效化解矛盾纠纷330余起，为群众维权18次，及时稳妥的处置各类突发事件11起。集中处理省市各类信访问题40余件，妥善解决长沙市委巡察组提出的4个重大信访问题。全年没有发生安全生产责任事故，没有发生重大交通事故，没有发生重大舆情事故，巩固“长沙市平安乡镇”的成果，并被评为“长沙市综治工作优秀乡镇”。

【民生实事】 2020年，青山桥镇民生建设全面推进。完成省道311的提质改造、景德大桥重建任务。完成村级公路建设42千米。景德大桥完成重建。消除S209景德观转弯处安全隐患，确保全年无交通安全事故。完成农村道路安全隐患排查治理的摸底和隐患点的整治，安装防护桩8566根，安装防护栏30余千米，消除隐患点491个，共计72千米。持续推进基本农田重金属污染修复治理，完成360公顷高标准基本农田建设。

【社会事务】 2020年，青山桥镇推进办事程序优化，简化办理流程，方便群众办理各项业务，真正实现“最多跑一次”的目标；受理“12345”市民热线工单242个，均及时签收并办结。健全最低生活保障制度，落实应保尽保。完成48户群众危房改造。对全镇404户低保户、819人足额发放最低生活保障金429万余元。对508户、517人农村“三无”人员发放五保金524万余元。社会救助准确及时，全年救济130户，共发放救济资金20万余元。城乡养保、医保稳步推进，缴费比例超额完成任务。举办6个职业技能培训班，共计培训300人，组织2个批次就业招聘，现场完成报名180余人。

（喻泽峰）

横市镇

【概况】 横市镇位于宁乡市中北部，东连宁乡市黄材镇，北邻宁乡市老粮仓镇。2020年辖11个村和1个社区，总人口5.58万人。总面积124.12平方千米，耕地面积2500公顷，其中水田面积2360公顷，山地面积12345公顷。

2020年，横市镇围绕“建设现代农业强镇、打造湘中物流重镇”定位，推进常态化疫情防控、脱贫攻坚、项目建设、人居环境治理、社会事业和平安建设等重点工作。全年完成地方一般公共预算收入850万元，为年度任务的121%；固定资产投资完成7.78亿元，社会消费品零售总额完成1.88亿元；全镇共有规模工业企业5家，规模工业总产值完成8.59亿元。全镇启动项目建设6个，完成横市初级中学建设等民生项目建设。

2020年，横市镇对泉柳村、仁桥村的村级卫生室进行改建，开办3期免费职业技能培训班，组织职业培训651人次，组织举办大型企业现场招聘会2次。基层公共服务“一门式”全覆盖共办件8211件，开具证明686份。组织妇女“两癌”筛查1283人、优生检测202人。开展“书香浸润、童心向阳”、控辍保学等活动，关爱未成年人成长。组织残疾人现场集中办证125人次，完成23户残疾家庭无障碍改造工作，继续推行殡葬改革。组织防汛演练、地质灾害演练共10余场次，做好铁冲水库保水抗旱工作。

2020年，横市镇落实“三会一课”和党员积分制管理，14个总支、下属48个支部全部创评“五化”党支部，横市社区创评“五星村”党组织，完成村社区换届选举试点工作。开展谈心谈话312人次，通报6期13人次，立案8件，结案7件，处分党员干部7人。加强机关队伍建设，以竞争上岗双向选择的机制激励干部，

35岁以下年轻干部在中层干部中占比60%。强化党员教育，开展主题党日活动、党员过“政治生日”“学习强国”学分大比拼等活动。

2020年年初新冠肺炎疫情期间，横市镇设置党员示范岗13个，成立党员突击队20支，开展疫情防控工作。宣传倡导群众勤洗手、戴口罩、公筷制等卫生习惯，降低疫情传播风险。发起向武汉募捐行动，3292名党员群众筹集49.09万元支援雷神山医院建设。疫情形势缓和后，落实疫情防控常态化管理。

【农业生产】 2020年，横市镇完成早稻种植1000公顷，晚稻种植1466.67公顷。烟叶和蔬菜种植按照“一带一圈”（高效农业烟稻轮作产业带、特色蔬果种养和文旅休闲产业圈）产业布局，依托龙头企业和农业合作社，扩大种植面积，形成规模效益。全年共种植烟叶556.33公顷，收购23951担，实现烟叶总收入3746万元，产业规模和产量保持全市第一。蔬菜种植433.33公顷，云山村萼林农业连片种植面积超80公顷，产品远销新加坡、中国香港；望北峰村林烨合作社蔬菜大棚面积53.33公顷，产品定点供销长沙市星级酒店食堂。各村（社区）按照“一镇一特、一村一品”发展思路，因村制宜探索村级集体经济和乡村振兴新路子，持续培育“望北印象”无公害绿色农产品、关圣“郭公寨”纯手工红薯粉等品牌，初步确立“蔬果小镇”的特色产业布局。正大集团百万头生猪产业链项目落户金丰村、界头村。12个村（社区）集体经济收入均达到10万元以上，最高的村达37万余元。

【脱贫攻坚】 2020年，横市镇建档立卡贫困户1190户3223人实现全部脱贫。落实产业扶贫，全年共计发放仔猪347头，鸡苗26945羽。新增申报6家扶贫车间全部审核通过，全镇共有扶贫车间10家，解决85名贫困劳动力就业。完成扶贫小额贷款399万元。打造横市镇扶贫超市并于8月开张，以线上线下、直播带货等多种方式销售扶贫产品。开展“一月一走访”，组织“我是宁乡人 我为宁乡好”结对帮扶话脱贫屋场夜话活动47场。宣传报道贫困农民画家肖明励志事迹，在长沙市后湖艺术园为其举办“圆梦”扶贫公益画展。做好前期自查、“回头看”互查、常态化督查发现问题的整改，对精准扶贫预警监测平台交办的84个问题及时核查整改到位，并建立长效机制。对扶贫领域顽固性、历史性问题开展“起底式”全面排查整改，整改问题81个，拆除应拆未拆房屋51栋。

横市初级中学　横市镇供图

【环境整治】 2020年，横市镇通过党员带头形成“逢十必扫”机制、交叉检查强化观摩评比、奖惩兑现提升保洁水平等方式，提升农村环境卫生水平。镇级压缩式垃圾中转站建成，全年完成改厕907座。进行土地违法违规整改36处；查处违法建设14处，拆除6处；联合市治沙办进行4次打击非法挖沙行动，打击各类违规挖沙、采砂、非法采石行为38次，杜绝沩、楚江河段非法采砂行为。提升农村基础设施，硬化、黑化公路约15千米，新建山塘1口，安装安全警示桩2.8万个，消除道路安全隐患54千米。完成沩江河流域治理、集镇配套基础设施提质改造等项目，启动3.7千米污水管网建设，新建设美丽屋场6个，创建样板河1条。开展集镇规范摆摊、停车秩序整治行动200余次。2020年，横市镇被评为长沙市人居环境整治“优秀乡镇”。

【社会治理】 2020年，横市镇联合交警三中队开展交通顽瘴痼疾问题专项整治行动18次，集中整治交通乱象。开展棋牌室专项整治行动，关停退出场所102家。开展整治“盗抢骗”、地下“六合彩”、禁毒宣传等工作。开展危险化学品、烟花爆竹行业顽瘴痼疾等8个安全生产专项整治集中行动15次，出动执法人员80人次，督查检查生产经营单位116家，排查整改隐患148处。创新基层治理方法，建立健全网格化管理工作模式，共划分157个网格，全体镇村干部开展网格大走访，累计走访1.2万户，开展户主会294场，参与群众2.8万人，就地解决一批群众关心关注的焦点问题。处理历史遗留问题，梳理形成遗留问题清单18项，解决原铁冲水泥厂集资款问题、新阳路房屋办证等9项。通过“12345”市民服务热线签收工单373件，按时办结率100%，群众回访满意率100%。

【横市镇初级中学建成开学】 2020年9月1日，横市镇初级中学（横市芙蓉学校）建成并举办开学仪式。横市镇初级中学项目位于横市镇合金村，总投资8780.51万元，规划占地面积3.3万平方米，建设主体包括科技综合楼、初中教学楼、教师公租房、学生宿舍、食堂、风雨操场及相关附属工程，规划建设24个班，可容纳1200名学生就学，是湖南省芙蓉学校重点民生建设项目。项目于2020年3月5日开始施工，建设过程中，横市镇召开专题调度会12次，完成征地3.33公顷，房屋拆迁5户3栋，处理各类项目建设问题50余次。项目于9月完成建设并顺利开学，2020年下半年有14个班700余名学生就读。

【村级组织换届选举试点工作】 2020年9—11月，横市镇作为村级组织换届选举宁乡市唯一试点单位，圆满完成换届试点工作。实现换届过程风清气正，组织意图人选100%当选，村（社区）党总支书记、主任“一肩挑”达100%，支部书记平均年龄下降10岁，班子成员平均年龄下降8岁，大专以上学历56人，班子素质能力整体提升，换届选举零信访。并加强培养村级后备力量，从优秀党员中“挑”、从退伍军人中“选”、从外出务工经商能人中“请”、从大中专毕业生中“寻”，建立134人规模的后备人才库。在此次村（社区）组织换届中，横市镇有1名后备党组织书记人选成为新任党组织书记，有31名35岁以下、高中以上学历后备力量进入村（社区）“两委”班子。

（张莹灿）

黄材镇

【概况】 黄材镇镇域面积229平方千米，2020年，辖17个村（社区），人口6.64万人。2020年，黄材镇落实“青铜文化小镇、农旅胜地黄材”总目标，用好用活炭河古城旅游资源，加快“一镇一特”农业产业培育，突出高质量发展导向，完成各项目标任务。全镇实现一般公共预算收入1.34亿元，其中，税收收入1457万元，完成目标任务的110.38%；完成固定资产投资11.46亿元，实现社会消费品零售总额3.4亿元，均超过目标进度。

2020年，黄材镇落实低保、优抚、特困供养、医疗救助、临时救助等政策；四类人员危房改造全部竣工；沩滨中学等4所学校完成提质改造；完成S327黄材段建设，农村公路“窄改宽”38.2千米，建成“双投”公路79千米。开展基本公共卫生服务，免费优生检测237对，免费产前筛查359例，“两癌”筛查1453例，无创检测456对。投入500万元用于安全生产建设；完成执法检查200余家，排查整改问题400余条；开展“严执法、防事故”专项行动，组织集中执法行动25次，整改校车车况安全隐患53条；全年指导农村聚餐1256起，实现食品安全零事故；调处矛盾纠纷170起，调解成功率100%，新增200名平安志愿者巡防力量，营造共建共享平安创建格局。政务中心接待群众办事10000余件，群众满意度100%，“一件事一次办”办件及时无错漏。

2020年，黄材镇实行领导包村、支部包片、党员包户、群防群控，全方位落实调度令要求，地毯式开展动态摸排，核查中高风险区到黄材镇大数据200余条，境外返宁数据30余条，严格按要求落实申报登记、隔离观察等制度，全镇未出现确诊病例和疑似病例。帮扶镇域5家企业争取防疫物资10余万元，精准摸排返乡回流人员，全力保障劳动力转移就业和就地就近就业。推进冬、春季常态化疫情防控，应对不断出现的阶段性疫情风险，严密排查中高风险地区来黄人员，筑牢人民群众生命健康安全防护墙。

2020年，黄材镇“千手”爱心大屋被评为全国“十三五美丽搬迁安置区”；黄材镇被评为“湖南省产业工人定向培养基地”“2020年长沙市农村人居环境整治工作优秀乡镇”“长沙市二零一九届文明单位”“长沙市安全生产示范乡镇”“长沙市公共基础设施建设和环境综合治理示范乡镇”等称号；黄材村被评为“第一批湖南省乡村旅游重点村”；黄材村、塅溪村、龙泉村、松溪村、石山村、宁峰村、石狮庵村被评为“2020年度长沙市农村幸福社区”；黄材镇“五老”禁毒帮扶志愿服务队获长沙市“最佳五老红志愿服务组织”称号；黄材镇老科协获“长沙市老科协工作先进集体单位”称号；黄材镇在全市“大干一百天实现双过半”大竞赛活动中获乡镇组第2名。

【产业发展】 2020年，黄材镇围绕“一镇一特”“一特一片”，大力发展辣椒产业，2020年种植辣椒453.33公顷，产量4000余吨，产值3000万元，带动本地农户用工20万人（次），提供就业岗位3000余个，实现劳务创收300余万元。重点培育油茶、有机稻、红薯粉、华塘鱼等特色产业，各村产业格局基本形成，村集体经济持续壮大，17个村（社区）集体经济收入均达10万元以上，其中16个村（社区）达20万元以上。立足黄材优质水源条件，引入鲟鱼养殖项目，收益可观；对接引进高密度水产养殖等优质农业项目，推动现代农业发展，多元富民的产业发展格局日趋完善。旅游产业持续火爆。2020年炭河古城景区，接待游客80万人次，收入3500万元。千佛洞景区、天紫漂流、龙泉漂流、冰雪王国等旅游项目全面开花，带动农副产品、家庭农场、农家乐等全面发展。

【项目工程】 2020年，胜溪电解锰厂污染土地修复项目、栗山采石场改扩建项目接近完工，长沙市宁乡市黄材镇仓储保鲜项目、湖南省森林航空消防直升机场项目、湖南省青羊湖国有林场林区道路建设工程等新建项目稳步推进，宁乡市人民医院西部急救中心项目、黄材镇青少年教育基地完成前期筹备。举办“魅力宁乡 火辣炭河”辣椒节，签约炭河滑翔伞、西周源辣椒部落文旅项目，推进炭河里生态农庄、湖南汇升现代农业科技有限公司乡村振兴项目，助推全域旅游和农文旅融合发展再上新台阶。

【脱贫攻坚】 2020年，黄材镇1535

户4524人贫困人口全部如期实现脱贫。11个产业扶贫项目吸纳1307户4063人贫困人口参与，户均增收超3000元；精准摸底、精准帮扶返乡回流人员；开发设置111个市镇两级公益性岗位，全力保障贫困户收入达标；召开3场专场招聘会，达成就业意向200余人；举办5期职业技能培训班，230余人参与结业；为全镇535名贫困劳动力申请交通补助19.52万元；加大教育扶贫帮扶力度，落实教育补助及雨露计划补助；通过小额贷款惠及贫困户，带动贫困户创业，开展小额信贷风险评估，保障每一笔贷款无欠息无逾期。组织脱贫质量“回头看”，逐村逐户进行排查，主动发现问题600余条并实现动态清零。镇村及后盾单位合力筹集资金200余万元，完成180余户贫困户和四类人员房屋修缮改造工作。成立消费扶贫志愿队伍，组织镇人大、政协、镇村干部及社会力量筹集资金13万余元精准帮扶农副产品滞销贫困户，助推各村与后盾单位及各平台市场建立长效合作机制，完成社会消费扶贫100万元以上。

【人居环境治理】 2020年，黄材镇投入人居环境治理经费800余万元，打造干净整洁、宜居宜游的美丽幸福新黄材。完成改厕802座，位居市级考核第一，卫生厕所基本得到全面普及。开展环境卫生“百日攻坚”行动，以主题党日、“逢十”志愿者大清扫、党支部书记给全镇中小学生讲专题课等活动为载体，对镇村环境卫生进行整治评比。17个村（社区）创建长沙市标准化垃圾分拣中心全部验收达标。坚持从“规、建、管、用”四个环节发力，稳步推进房地一体，新批农村村民建房62户；摸底拆除空心房534户6.43万平方米，空心房应拆能拆尽拆，对拆除空心房全部纳入增减挂钩项目，确保收入分成到位。依托新时代文明实践所（站）组织开展志愿活动90余次；实施“鲜花换鞭炮”活动，免费发放鲜花2万余束；倡导“婚事新办、丧事简办、余事不办”，开展日常巡查450余次；在全镇范围内评选出100名“美家美妇”之星。做好省级环保督察“回头看”，纵深推进污染源头防控，开展秸秆、垃圾禁烧等各类环保巡查200余次，全年未发生火灾；做好“河长制”“蓝天保卫战”等工作，对镇域内12座水库、饮用水源保护区巡查常态化；开展河道巡查，实现排污系统提质改造，做到黑臭水体零排放，清理河湖问题；加强生态系统保护修复，投入治理资金120余万元推进控绿覆绿，镇域范围内1.4万公顷山林封山育林。

【省政协委员到黄材镇开展专题调研】 2020年12月8日下午，省政协文教卫体和文史委员会组织部分委员在黄材镇开展“弘扬农耕文化、助力乡村振兴”专题调研，省政协主席李微微、副主席戴道晋出席。政协委员们实地调研黄材镇农耕文化传承、保护、利用情况，同时了解基层将协商民主融入乡村治理、助力乡村振兴等相关情况。

【黄材镇“千手”爱心大屋被评为全国“十三五美丽搬迁安置区”】 2020年11月3日，国家发展改革委办公厅发布《关于全国“十三五”时期易地扶贫搬迁典型案例的通报》，黄材镇“千手”爱心大屋被评为全国“十三五美丽搬迁安置区”。黄材镇“千手爱心大屋”位于黄材镇炭河里遗址公园西北部，项目占地2.27公顷，建筑总面积9694.9平方米，建筑物20栋，户型6种（40平方米、60平方米、80平方米、100平方米、120平方米、140平方米），共计110套（含管理用房）。项目从2016年1月6日动工，2016年11月10日竣工，来自黄材镇、沩山乡、巷子口镇三个乡镇109户336人搬迁入住。黄材镇“千手爱心大屋”搬迁户的对象筛选，结合脱贫攻坚、地灾防治、避险搬迁、土地增减挂钩等工作，筛选条件首先是建档立卡的贫困户，同时优先考虑房屋所处的环境差、交通不便、受地灾威胁、不具备基本发展条件，且房屋存在危险的危房户和土坯房户。搬迁实施“123456”模式，即：“1”为一块地，保证搬迁户“有菜吃”。“2”为两班人管理，一组为镇管理小组负责牵头，二组为千手大屋管理委员会自我管理，确保“有人管”。“3”为三结合，结合全域旅游景区建设，结合两型城镇建设，结合历史文化资源利用，优先提供给搬迁户自主创业、择业、就业的机会。“4”为四精准，入住对象精准，搬迁户坚持“贫困户、地灾户、危房户、主观意愿户”

2020年12月8日，湖南省政协领导在黄材镇开展专题调研　黄材镇供图

四大标准；建设选址精准，选址上充分考虑交通、就业等综合因素；房屋设计精准，通过前期摸底、精心设计、确定户型，充分考虑房屋的利用率；配套发展精准，完善公共设施配套，让搬迁对象好出行，好生活。“5”为“五个三”：三交，交房、交钥匙、交不动产权证；三不变，山水田土权属不变，政策补贴权益不变、原村身份权利不变；三免费，家具家电免费、网络费和收视费五年免费、水费电费五年免费；三解决，流转田土解决吃饭问题，流转部分耕地解决吃菜问题，组织技能培训、参与就业解决赚钱问题；三提供，提供免费信用贷款、提供就业岗位、提供发展平台。“6”为“六到户”，实现水、电、气、路、网、家具家电到户。按照“宜工则工、宜农则农、宜商则商、宜游则游”的工作思路，制定促进本地就业，协调推荐就业，培训实现就业一系列的帮扶措施，确保搬迁后“搬得进、稳得住、能发展”。

【群众文化活动暨新春首届年货节】2020年1月21—22日，黄材镇在炭河里青铜博物馆广场举办群众文化活动暨新春首届年货节，上演由村民群众自导自演数十个文化节目，30余个展柜摆满农特产品。通过为期两天的年货节活动，黄材镇总共为贫困户销售大米、干菜、鸡鸭、鲜鱼、牛羊肉等各类农特产品总计27吨，创收86.9万元。

【炭河古城辣椒节】2020年8月29日，黄材镇在炭河里青铜博物馆广场举办炭河古城辣椒节，当地群众用红黄两色辣椒，红辣椒打底，黄辣椒拼出四羊方尊拼图和“魅力宁乡·火辣炭河”字样，拼出一幅长15米、宽10米的“四羊方尊辣椒拼图”，创下黄材辣椒“大世界基尼斯之最”。

【罗健在全国政协社会治理创新协商座谈会湖南分会场作远程发言】2021年11月19日，全国政协在北京召开社会治理创新协商座谈会，会议议题为推进市域社会治理创新。协商座谈会由全国政协社会和法制委员会和中国法学会共同举办，采取现场会议和视频会议相结合的方式举行，在湖南、甘肃设立分会场。黄材镇党委书记罗健在湖南分会场作远程视频连线发言，介绍基层民主协商的经验和做法。近年来，宁乡市政协、市委政法委主导推动黄材镇搭建起“镇+村+组”三级协商对话平台，由群众推荐对话代表反映群众心声，坚持群众想什么，协商就议什么，3年多来共召开协商对话会412次，达成30项共识，实现“景区安全事故零发生、诚信经营零投诉”的目标。

（米玛次仁　高佩婷）

2020年8月29日，黄材镇在炭河里青铜博物馆广场举办炭河古城辣椒节　黄材镇供图

沩山乡

【概况】沩山乡地处宁乡西部山区，距宁乡市区75千米、省会长沙110千米，与益阳安化县、桃江县毗邻，平均海拔780米，被誉为“长沙小西藏”。乡域面积71.17平方千米，辖4村1社区，即沩山社区、沩峰村、沩水源村、祖塔村、同庆村。2020年，沩山总人口1.78万人，人口出生率0.74‰、死亡率0.84‰、自然增长率-0.1‰。

全年完成一般公共预算收入340.52万元，其中税收收入完成143万元，完成年度任务的102.1%，比2019年同期增长0.9%；补助收入完成3175.05万元；完成固定投资1.41亿元，规模工业完成3.31亿元。

农、林、牧、渔业总产值较2019年增长7%，耕地面积为1.07千公顷，山林面积5675.4公顷，粮食作物面积266.67公顷，主要农产品为茶叶，全乡共有茶厂11家，产量400吨，茶企收入1.6亿元。

社会消费品零售总额1.7亿元。以“千年茶旅、康养沩山”为发展定位，规范和引导避暑产业发展，2020年有167家避暑门店，避暑季期间接纳游客28.7万人次。

妫女广场建设工程完工，绿植、文化墙投入使用，项目总投资48万元；祖塔村移民整村推进项目中祖塔村先生组公路黑化和提质改造16千米，新建茶叶加工厂房，茶园提质改造5.33公顷，祖塔村饮水管网改造和水表更换完成，茶叶厂投入生产，项目总投资230万元；沩水源组级公路项目完成，项目总投资47万元；太阳庙安置区生态停车场建设工程，完成一期平场路基挡土墙建设，项目完成投资47万元；同庆村饮水安全工程新建拦水坝及相关工程，项目总投资39万元；祖塔村党群服务中心完工，项目总投资180万元；高氏祠堂项目完工，包括屋面检修、墙面维修等，项目总投资6万元；沩山大道路灯整修工程，项目总投资10万元。投入210万元进行沩山茶文化体验中心建设；标识标牌的制作安装、芦花瀑布景点打造项目完成，包括新建桥梁一座、河道清理、步道建设，项目总投资38万元。

沩山乡污水处理厂改建工程（PPP项目）启动建设，实施主体为中国水务集团，投资300万元，建成后将使沩山污水处理能力由1000吨/日提升到3000吨/日；S324公路沩山段改扩建工程启动施工，主体为国资公司，投资1500万元，对S324沩山段原6米路面进行路面黑化，总里程4千米。

全年共发放低保金约230万元、特困供养金240万元，春节慰问21万元，临时救助30万元，保障和改善困难群众基本生活。80岁以上老人高龄生活补助80万元。医保缴费人数13046人，参保缴费比率86.9%。养保缴费人数8114人，认证养老金全部到位。养保稽核完成任务的30%，丧补补助按标准全部补发到位。技能培训任务数100人全部培训到位，贫困劳动力就业人数472人，完成单位就业人数达标比率51%。危房改造申报3户，完成建设3户，全部验收并付款。

2020年，沩山乡推进法治政府建设。成立法治政府建设领导小组，每月在党政班子会议上对法治政府建设工作进行部署研究，结合实际制定《沩山乡法治政府建设工作要点》，明确全年法治工作任务和责任人，细化工作标准，有序推进法治工作。聘请湖南唯楚律师事务所律师为法律顾问，重大事项决策坚持集体讨论决定，充分与法律顾问沟通交流，听取法律顾问法律建议，确保重大事项决策合法合理。对合同进行登记存档、备案、送审，年内送审合同1份，备案合同6份。2020年度宁乡市城管局沩山中队与沩山乡执法大队、渔政管理进行联合执法，在开展执法活动时，均使用执法记录仪对执法过程进行全程记录，规范执法程序。开展“4·15”国家安全教育日宣传活动，结合茶旅文化节活动，设置横幅10条，各类宣传教育展板共计6块，发放知识手册100份，扫黑除恶专项斗争资料500余份，消防安全、食品安全资料共计400余份。

2020年，沩山乡5户、14人顺利脱贫，460户、1489人稳定脱贫，实现现行标准下贫困人口“清零”。实施扶贫产业项目9个，投入资金88.42万元；贫困人口家庭医生履约率100%；建档立卡贫困家庭学生教育资助政策应享尽享，227名幼儿园至高中阶段贫困学生共计补助12万余元，雨露计划56人，补助8.4万元，针对3户因病、因残无法完成义务教学的，实施送教上门，明确专人送教上门，建立送教台账；475名贫困劳动人口实现稳定就业。

2020年湖南省“美丽河湖”——沩山乡沩水北源河

成立防范化解重大风险工作小组，下设工作专班负责各个重点领域风险防范化解工作。开展宣传活动2次，发放扫黑除恶、禁毒、反邪教、防范非法集资等各类宣传资料2000余份。召开防范化解重大风险重点工作分析会2次，组织开展应急演练3次，排查整改安全隐患43处，化解矛盾纠纷107件。

2020年，沩山乡继续推进生态立乡战略，不断提升生态品质，乡、村两级8名河长，开展巡河348次、净滩8次，加强河道和小微水体管护，沩山社区创建长沙市级乡村振兴示范村，沩水源村创建宁乡市级乡村振兴示范村，祖塔村创建长沙市级卫生村。国土、农业、城管中队、执法大队等联动协调，全年累计开展联合执法20余次，劝导整治施工车辆和过境货车沿途撒漏的扬尘污染行为为28起，行政立案处罚16起，共罚款16800元；制止扑灭秸秆、垃圾焚烧35起，行政立案处罚5起，罚款2800元；拆除违章建筑34处，制止违法建设7起，查处违法采砂案件14起，依法对非法采砂行为进行多次处理，暂扣挖机8台、运砂车14台；开展全域环境卫生“大清扫、大清洗、大清运”行动，整治劝导店外经营200余次，清除乱堆乱放50余处，查处教育流动摊贩60余人次；清理黄沩公路及公路两侧标志标牌遮挡共77处，村组公路隐患点安装13512根警示桩（里程合计20.14千米）。

2020年，沩山乡通过“国家卫生乡”复审；境内沩水北源河被评为2020年湖南省“美丽河湖”。

【基层党建】 2020年，沩山乡党委下设党总支6个，党支部23个，共有党员730人，其中流动党员130人、65岁以下党员493人、大专以上学历党员170人。针对党员情况，实施基层党建“整乡推进、整体提升”行动，建立党员定期分类培训制度，2019—2020年共计轮训11批1420人次；引进5名高校毕业生、致富能手等优秀人才到村任职，提升支村“两委”服务能力，调整村党总支书记1名、村干部3名、站所负责人2名；因地制宜、一村一策，壮大村级集体经济，2020年各村（社区）集体经济收入均突破20万元；加快推进基层服务（一门式）办理，整合服务功能，提升服务水平和服务效能，2020年累计办件2521件，开出无证明城市655件。沩水源村、祖塔村被评为宁乡市基层服务（一门式）办理示范村。

【避暑产业】 2020年，沩山乡盘活沩山民居，打造金牌门店，规范和引导避暑产业发展。拍摄宣传视频，在长沙、株洲、益阳等地78个楼盘共907个电梯口、黄材炭河里广告牌、公交车投放广告。举办茶旅文化节、避暑文化节、年俗文化节等系列特色节会，开展“每日大健身、每周大舞台”活动，邀请专业武术老师定时定点教学气功八段锦、太极拳等14个项目，举办“送戏下乡”惠民演出、康养健身杯广场舞大赛、相约沩山——庆祝建军节93周年文艺演出、“浪漫七夕、相约沩山”文艺晚会等系列活动，打造对外宣传“新名片”。2020年有167家避暑门店，其中星级评定81家，避暑床位5100张，避暑游客入住率95%。2020年新增办理避暑民宿门店营业执照19家店，食品经营许可40家店，卫生许可46家店。2020年避暑季期间沩山共接纳游客28.7万人次，较2019年增长71.8%，带来的直接经济收入约3000万元，间接收入约5500万元，高峰期每日过夜人数达5000人。

【茶叶产业】 2020年年初，沩山乡相继举办“援茶企、采春茶”大型志愿活动及第二届沩山茶旅文化节，累计参与游客超过10万人，带动春茶的生产和销售。2020年，沩山乡共计生产毛尖、黄茶、红茶、白茶等各类茶叶160吨，产值8500万元。鲜叶收购价格比2019年同期增长25%，茶农增收560万元以上。投入200余万元打造沩山乡茶文化展示中心，是集沩山茶叶历史文化展示、精品茶叶展示、传统制茶工艺展示、茶叶品饮及销售为一体的综合体验馆，结合本地特色开展综合实践活动，其中沩山九年制学校开设的茶艺班相继被新华社、人民日报、中国日报报道。鼓励茶叶企业积极参与全乡脱贫攻坚，全乡有3家茶叶企业被认定为扶贫车间，实现建档立卡贫困户稳定就业45人。

【基层治理】 2020年，沩山乡开展打击“盗抢骗”（电信诈骗）、地下“六合彩”、棋牌经营场所、非法集资（含网络传销）等专项整治行动，共刑拘5人、治安拘留12人、治安处罚7人，关停无证经营棋牌经营场所28家，收缴地下“六合彩”记账本7本和电子证据多起，为沩山群众追回被骗资金21.5万元。落实“互联网+群防群治”机制，驻村辅警、民辅警带领平安巡防队员每日在乡域内进行巡逻；执法巡逻车每日出车3次，出车期间播放平安建设音频宣传资料，加大对辖区内的管控力度。开展社区戒毒（康复）工作示范点创建工作和禁毒宣传工作，在乡域内新设康复室1间、禁毒教育室1间、室外宣传阵地1处；组织机关干部职工进行尿检，结果均为阴性，无一人涉毒；在长沙市污水抽检中，前三季度污水涉毒成分均为0；沩山乡禁毒民调成绩逐年提升，2020年排名宁乡市第1名，长沙市第5名。组织开展大型应急疏散演练3次，对乡域内加油站进行安全隐患排查8次，排查出隐患11条；对工贸行业进行安全隐患排查15次，共计排查出隐患32条，对于排查出的安全隐患，均下达整改通知书，并限期督促整改完毕；开展毒蘑菇中毒科普宣传教育，各村（社区）每日2次播放宣传音频，在乡域内醒目位置增设警示牌60块，张贴宣传资料500余份；对学校、经营门店进行食品安全检查专项行动9次，组织办理健康证200余人次。加大矛盾纠纷排查化解力度，2020年接待来访群众160余人次，为群众解答法律和政策咨询50余人次；接到调解申请109起，调解成功107起，矛盾纠纷调解成功率98%；化解祖塔村龚某意外死亡纠纷、沩山社区刘某在安化县大福镇雇员受害纠纷，维护群众合法权益。

【“援茶企·采春茶”主题志愿活动】 2020年，因疫情影响，沩山乡茶叶采摘出现困境，宁乡市新时代文明实践中心通过“智慧宁乡”APP的云平台公开招募志愿者，帮助茶企采摘春茶，传递政企同心、共渡难关的正能量，助力茶企复工复产。同时，共青团宁乡市委、宁乡市妇联还广泛动员号召青年志愿者和巾帼志愿者报名，参与此次“援茶企·采春茶”主题志愿活动。3月28日，沩山乡茶叶基地迎来500余名“红马甲”志愿者，帮助沩山茶企采摘500余千克明前茶。

【张宏益调研沩山乡精准扶贫和基层党建工作】 2020年6月28日，长沙市委常委、市委组织部部长张宏益一行到宁乡市沩山乡的3个省定贫困村调研精准扶贫和基层党建工作，并走访慰问有关党员代表。在沩山乡沩水源村和祖塔村党群服务中心，张宏益实地调研基层公共服务（一门式）全覆盖和党员管理等工作推进情况，详细了解“一门式”服务事项办理流程和群众反响。还实地察看沩水源

2020年12月8日，“弘扬农耕文化 助力乡村振兴”——2021年沩山茶叶产业发展基层民主协商对话会现场

村黄桃产业基地、祖塔村和同庆村茶叶加工厂等产业扶贫项目，详细了解产业发展情况以及村集体经济增收情况。张宏益指出，要突出党建引领，凝聚脱贫攻坚强大合力，完善产业链条、畅通销售渠道，抓好村党组织建设、加强后备干部培养，为决战决胜脱贫攻坚提供坚强的组织保障；要推动资源下沉，为基层组织赋能增效，通过“一门式”办理“一站式”服务全覆盖，推动党建引领基层治理的系统工程不断完善，让基层群众拥有更多获得感和幸福感。

【“弘扬农耕文化，助力乡村振兴”专题调研】 2020年12月8日，由湖南省政协主席李微微、副主席戴道晋率队，省政协文教卫体和文史委员会组织部分委员，到沩山开展“弘扬农耕文化 助力乡村振兴”专题调研活动，举行“弘扬农耕文化 助力乡村振兴”——2021年沩山茶叶产业发展基层民主协商对话会，人大代表、政协委员、社会贤达、茶企负责人、农户代表、部门负责人等纷纷参与，建言献策，提出加大对沩山特色农产品文化的挖掘、保护和宣传力度；进一步提高产品质量，大力培育新型职业农民；讲好沩山特色农产品的产业历史文化故事，拓展特色品牌文化附加值；坚持科学规划、技术引领，打造龙头企业集群等意见建议，真正实现“众人的事情众人商量”。

会议指出，广大委员要深入贯彻落实中共十九届五中全会精神，习近平总书记关于“三农”工作的重要论述和考察湖南重要讲话精神，助力落实“三高四新”战略，围绕“产业兴旺、生态宜居、乡风文明、治理有效、生活富裕”等乡村振兴总要求积极建言献策。要充分利用好基层民主协商对话会这一特色协商模式，助推解决人民群众的实际困难和后顾之忧，打通民主协商“最后一公里”，实现协商于民、协商为民。 （徐 璐）

巷子口镇

【概况】 巷子口镇镇域面积105.73平方千米，辖9个村、1个社区，人口4.61万人。2020年，巷子口镇实现地区生产总值10.96亿元，完成地方一般公共预算收入280万元。

2020年，新冠肺炎疫情发生后，巷子口镇贯彻上级各项决策部署，第一时间响应，镇村干部全员上岗、连续奋战，疫情防控的“零感染、零输入、零传播”。适时恢复正常经济社会秩序，促进复工复产，维护经济发展、社会稳定的大局。

2020年，巷子口社区和黄鹤村被评为“五星村”（社区）党组织，金枫园村枫坪党支部新创建为“五化”党支部。开展党员干部“五带头”“联五户”活动，引导党员干部主动联系困难户、信访户、种植户、社会贤达户和商户共1768户，帮助解决实际困难691个。通过线上线下相结合的方式，实现党员培训全覆盖，发展预备党员18名，14名预备党员按期转正，储备入党积极分子67名，完成支村“两委”换届选举。开展中心组学习12次，开展各类宣讲280余场次。以实际效果检视工作成果，村级巡察整改任务全面完成。开展谈心谈话349人次、专项督查25次，严肃处理9名违纪违规党员干部。

【项目建设】 2020年，巷子口镇有集镇提质改造、巷子口中学食堂拆除新建，枫坪小学扩建、中心卫生院建设、五巷公路建设五个民生工程项目。其中集镇提质改造项目、巷子口镇枫坪小学扩建项目年内竣工。巷子口中学食堂拆除新建项目完成主体建设，预计2021年上半年投入使用。中心卫生院建设项目完成前期征地迁坟工作，进行基础建设。

【产业发展】 2020年，巷子口镇持续推进乡村振兴，落实粮食生产责任，全年种植粮食1966.67公顷，耕地抛荒得到有效遏制。完成土地休耕434.4公顷，调整产业结构131.47公顷。引进湖南良典科技有限公司，建成日烘干能力100吨、日大米加工40吨、仓储500吨钢板仓4栋、300吨恒温仓1栋，实现粮食烘干、仓储、加工、销售一条龙服务。特色产业势头良好。出台支持小水果产业发展十条举措，全年新发展小水果近千亩，成功创建为长沙市特色水果小镇。创新“巷子花开”品牌，引导10个村（社区）集体经济组织共同成立巷子花开农业发展有限公司，参展2020年首届湖南黄桃品鉴会，举办黄桃展销节等系列节会活动，加大产品推介，促进产业发展。全镇所有村（社区）集体经济年收入均超过10万元，其中黄鹤村、官山村、巷子口社区、直田村、扶峰村5个村（社区）集体经济超过20万元。

【“三大攻坚战”】 2020年，巷子口镇加大结对帮扶、政策兜底、危房改造力度，完善防止返贫动态监测预警、跟进帮扶机制，落实问题排查、整改销号制度，全镇建档立卡贫困户1090户3248人均稳定脱贫。以产业扶贫和就业扶贫为主抓手，实施产业扶贫项目6个，新增就业扶贫车间2家，安排公益性岗位58个，972户贫困户得到产业帮扶，1089名贫困人口实现稳定就业，贫困户户均增收4000元以上。“巷子花开”公益项目服务易地搬迁群众，作为湖南省两个案例之一入选国家发改委社会领域公共服务助力脱贫攻坚典型案例。完成农村改厕422座。全镇养殖场、企业实现排污许可证全覆盖。督促各级河长定期开展巡河工作，推进巡河净河行动，发现处置各类环境污染问题，解决黑臭水体问题。执行大气污染防控措施，实施垃圾、秸秆禁烧，烟花鞭炮禁燃限放，整治露天烧烤摊，严厉打击非法采砂洗砂。开展“逢十”卫生大清扫活动，垃圾分类有序推进。狮冲村被评为省级卫生村。科学管控政府债务风险，全年化解镇村两级债务690万元。全力化解安全风险，开展地质灾害转移群众演习2次，科学组织防汛抗旱，成功应对17轮强降雨。完成农机年检17台，注销报废拖拉机37台。压实安全生产责任，抓好危化品、道路交通、食品安全等重点领域安全生产，检查生产经营单位42家次，发现整改问题隐患52处，全年未发生较大及以上安全生产责任事故。

【民生事业】 2020年，巷子口镇发放城乡低保369万元，特困供养资金412万元。落实孕前优生检测156对、“两癌”筛查952人、免费产前筛查232人、老年人健康体检3839人次。优抚、重残补助、高龄补贴、失能补贴等惠民补贴有序发放，保障贫困群体的基本生活。建设教育强镇，发动社会各界积极捐资助教助学，全年发放奖教奖学资金15万元，发放各类助学资金113万元；离退休老党员整合资源，发挥自身优势，在全市率先开展隔代家长教育，并顺利通过市级验收。大力推进民生项目，枫坪小学建成投入使用，巷子口中学食堂改扩建项目稳步推进，集镇提质改造高质量完成，卫生院、五巷公路等项目全面启动建设。升级改造镇自来水厂，新（改）建单村饮水工程6个。申报移民避险解困68户、移民项目5个。楼湾冲水库、宋家仑水库成功申报长沙市“百座满意放心水库”。优化政务服务，全年登记办件1647件，办结率100%，接受群众电话咨询和现场咨询1285件，群众满意率100%。实施网格化管理，推进平安建设，开展“屋场夜话”255场，排查和预防各类矛盾纠纷30余起，成功调解矛盾纠纷32起，处理答复信访案件7件，及时回复办理“12345”工单129件，社区矫正、安置帮教、法律援助扎实有效，民调工作排名提升到全市第9位，创建宁乡市平安建设优秀单位，巷子口社区创建成为宁乡市平安社区。

【“巷子花开”同心项目】 2020年，巷子口镇推进“巷子花开”同心项目，被评为省级同心项目。开展护老爱幼、防灾减灾、心理咨询、环境保护等爱心志愿服务活动300余次，累计服务3万人次。不断培养和发展本地志愿者，累计注册4129名志愿者。开办巷子花开乡村振兴大讲堂，培育新型职业农民，加强乡村人才队伍建设。5月7日，湖南省委常委、统战部长黄兰香到巷子口

2020年5月7日，省委常委、统战部部长黄兰香到巷子口镇调研“巷子花开”同心项目建设　摄影：钟好

巷子花开“同心教育”课堂　摄影：钟好

2020年12月12日，同心村庄举行新的社会阶层人士助力乡村振兴行动启动仪式　摄影：钟好

镇调研“巷子花开”同心项目建设并给予充分认可。

【湖南省新的社会阶层人士助力乡村振兴行动启动仪式暨“巷子花开”同心项目推进活动】 2020年12月12日，湖南省新的社会阶层人士助力乡村振兴行动启动仪式暨“巷子花开”同心项目推进活动在巷子口镇同心村庄同心广场举行。省委统战部新阶处处长刘邦文，省新阶联主席陈志强，宁乡市委常委、市委统战部部长钟利仁，长沙市委统战部新阶处处长蒋耀明以及民主党派代表人士、非公企业负责人、新阶层代表人士等参加。

活动为11家非公企业、9家社会组织、慈善会及公益人颁发“巷子花开同心聚力奖”奖杯。现场观看“巷子花开”同心项目成果展示宣传片，煤城养老服务中心现场免费开展健康义诊服务，湖南省人人公益发展中心为村民进行了消防演习，来自长沙群英会红领巾的小记者为大家口述党员历史展。（周望林）

龙田镇

【概况】 龙田镇地处宁乡西部边陲，为长沙、益阳、娄底三市交界之地，2020年总面积71.88平方千米，辖5个村、1个社区，人口2.31万人，距宁乡市区85千米，距娄底市38千米。属于丘陵地形，耕地面积1633.93公顷，林地面积4505.13公顷，水域面积187.64公顷。主要经济作物为中药材，主要粮食作物为水稻。境内有S326、S328、X104等交通干线经过，境内有沩水南源（七里水）、东石山河等河流流经，有6座水库。共有公共服务中心7处，学校6所，综合性医疗机构1家，集镇广场4处，大型超市2家。污水处理厂1家，压缩式垃圾处理站1座。镇机关共有干部职工87人，编制75个，其中行政编制38个，事业编制37个。

全年税收收入501万元，完成任务数的125.5%，化解政府性债务357万元，完成任务数的776%。实现固定资产投资3.87亿元，实现社会消费品零售额1.9亿元，规模工业总产值1.20亿元，规模工业增加值0.36亿元，新增重点服务业1家，招商引资签约数2个。

龙田镇6个村（社区）通过收取项目服务费、门面租金、建设用地增减挂钩工作经费、光伏发电项目收入、合作社分红等多种途径，实现村级集体20万元以上的目标，其中龙田社区、月塘村、七里山村超过30万元。培育新型经营主体，新增种植大户12户、科技示范户5户，全年种植粮食作物866.67公顷、种植一季稻766.67公顷、种植蔬菜266.67公顷、生猪出栏8000余头，调整农业种植结构98.53公顷。

做好疫情防控，成立疫情防控领导小组，全员无休，全面落实重点地区返乡人员及其他重点人员的排摸、居家观察等工作。累计排摸核查重点地区返乡人员200余人，设置村级卡点2个，悬挂防控宣传横幅100余条，发放口罩3万余个，严格落实“健康码+测温”制度，守好疫情防控的工作底线。

2020年，通过政策支持和镇村帮扶解决28户住危房农户的房屋安全问题，完成城乡低保年审292户546人，特困供养年审257户260人，新增办理残疾证68人，落实重残补助对象251人，受理各类民政临时性救助150余人次。全年共计发放各项惠民惠农补贴1367.88万元。通过“回头看”检查小组对“六类对象”进行上户核查、精准扶贫问题研判会等方式，检查发现“六类对象”中存在的问题有125户，发现问题14类144个，全部整改到位。694名结对帮扶责任人均按时间节点和任务要求，完成“一月一走访”结对帮扶走访任务。开展“我是宁乡人，我为宁乡好”屋场夜话。投入211余万元发展产业扶贫项目4个，带动建档立卡贫困户565户1732人发展种养殖业，贫困户科学掌握种养殖技术，实现户均增收5000余元。全镇建档立卡贫困户710户2142人，2020年全部实现脱贫。

2020年，龙田镇被评为宁乡市信访“三无”乡镇；创建长沙市社区戒毒社区康复工作示范点；龙田镇横岭村青年突击队在长沙市青年突击队建功竞赛活动中被评为“长沙市优秀青年突击队”，是宁乡市唯一获奖的乡镇村级代表队伍；七里山离退休干部党支部被评为“全省示范离退休干部党支部”称号，是宁乡唯一入选单位；获得湖南省“五星”基层武装部。

【基层党建】 2020年，龙田镇主持召开专题会议20次研究党建工作，组织专题党课4次，开展集中谈话10次。完成党组织换届选举工作，所有村（社区）当选人中，得票率90%以上的29人，高票当选人占总当选人的97%。2019年市委第二巡察组巡察反馈的39个问题全部整改到位。开展普通党员集中轮训班，60余人赴刘少奇纪念馆、雷锋纪念馆接受党性教育。全年共吸收入党积极分子50人，发展党员10名，转正党员12名。择优选配5名后备干部，94名流动党员主动回乡参与党组织换届工作。被评为市级“五化”党支部2个、市级“五星”党总支3个。龙田社区连续三年被评为“五星”社区党组织。七里山离退休干部党支部被评为“全省示范离退休干部党支部”称号。将党建工作贯穿精准扶贫、乡村振兴全过程，干群合力打造乡村振兴示范点2个。投入211余万元发展产业扶贫项目4个，全镇建档立卡贫困户710户2142人全部实现脱贫。6个村（社区）集体经济收入均达到20万元以上。

【人居环境】 2020年，龙田镇运行6个垃圾示范村（社区）分类减量体系，开展“逢十”大清扫活动，镇容村貌大为改观。完成新建三级化粪池建设332座，接通率100%。推行“河长制”，对小微水体进行有效管护，创建2座长沙市群众放心满意小型水库，回水湾创建为长沙市小微水体示范片区。开展联合治砂集中整治行动11次，处置案件4起。志愿者服务队伍围绕移风易俗、扶贫帮困等内容，开展新时代文明实践志愿服务活动70余次。加大“学习强国”平台宣传力度，调动干群参与学习积极性。组织举办群众文艺汇演，倡导移风易俗。优化国土空间布局，2020年拆除土砖房124户，按照村庄规划实施的标准，合理审批房屋32户，杜绝违章建筑和未批新建。抓好卫片图斑整治，推进增减挂钩26.67公顷项目实施，高质量完成各项国土工作。

【项目建设】 2020年，龙田镇开展“三抓两促”经济服务活动。边城大道提质改造项目有序推进。黄龙公路七里山段8月完成硬化并投入使用。龙七公路建设项目，恒胜建材以上1.6千米完成混凝土浇筑，恒胜建材以下的2.5千米路段实现通车。三一风电龙田风电场项目完成19座风机的安装和调试，实现并网发电，17.8千米进山道路的复绿、护砌和地质灾害治理等扫尾工程有序推进。计划投资1.5亿元的恒胜建材项目完成投资6000万元。瓦子寨郊野公园项目，宁乡第一高峰标准地标建筑、瓦子寨郊野公园门楼建成，登山游步道、6.5千米进山道路的硬化和提质完成部分施工。与宁乡市瓦子寨旅游开发有限公司签订项目工程建设协议，2020年完成第一期工程，3.5千米旅游公路的拓宽硬化。2020年组织企业和项目单位召开项目协商会议12次，协调处理各类问题153起，接待群众600余人次，及时解决企业和项目问题60余个，在项目实施上达到保质量、保安全、保进度的“三保”效果。完成农村公路市规项目11条共计10.6千米，双投公路3条共计2千米。对所有农村公路，特别是临水、临崖、陡坡急弯地段安全隐患开展全面清理排查，安装安全防护设施，消除隐患点170个，消除隐患里程103.551千米，提高农村公路安全防护能力。加大集镇基础设施建设力度，农贸市场完成管网改造、场地平整、沥青混凝土浇筑工作。投资300余万元对集镇污水管网进行提质改造，投资800余万元完成边城佳苑配套设施项目。投资686万元的镇卫生院门诊综合楼拆旧建新项目加快建设。

【社会治理】 2020年，龙田镇耗资近100万元改建综治中心大楼．全面

2020年5月28日，网格干部在龙田社区八组召开户主会

开展矛盾纠纷大排查、大调解，2020年调解矛盾纠纷52件，调解成功率100%。共接待来访群众21批54人次，成功办理网上信访12件，切实做好重点人员的信访代理工作，无群体性事件。成功化解一件十余年的信访积案。建立健全网格化管理和社会管控机制，召开户主会70余次，通过点对点破解难题、面对面宣讲政策，更广泛地调动群众参与，更全面地提高群众满意度，成功架起民心桥。落实安全生产“党政同责、一岗双责”制度，扎实开展安全宣传、安全培训和应急演练等活动，抓好道路交通、校车安全、食品安全、烟花爆竹等重点领域安全监管和隐患整治，开展安全生产联合专项整治行动15次，出动执法人员160人次，检查企业和经营门店200家次，立案3起，发现安全隐患161条，全部整改完成。对货运车辆超载和交通问题顽瘴痼疾开展整治行动，共检查货运车辆3000余台次，查获超载车辆6台。通过横幅、宣传栏、“村村响”等形式广泛动员，形成全民参与氛围，到学校、社区等场所进行宣讲、宣教9次，上课人数3500余人。6个村（社区）禁毒工作站点全部建设完成，建设镇禁毒示范教育基地，8月该中心投入使用，引进VR技术创新禁毒宣教模式，成功创建长沙市社区禁毒教育示范基地，服务涉毒人员32人次，累计接待本镇学生、禁毒志愿者及邻近乡镇参观人员1000余人次。

【行政服务】 2020年，龙田镇办理人大建议和政协提案4件，其中关于建设宁乡市龙田镇瓦子寨公园旅游公路的建议，瓦子寨郊野公园旅游公路项目工程分两期进行，建设旅游公路6.5千米。回应群众关切，办结市长热线“12345”工单104件，办结率100%，满意率100%；政府门户网站和微信公众号发布各类政务信息132条，长沙市级以上媒体宣传报道83篇次，政务公开及时高效，政府形象明显提升。

【龙田镇获湖南省“五星”基层武装部称号】 2020年，龙田镇加强阵地建设，确保武装队伍开展工作得到保障，投入48万元建成镇民兵活动中心，按要求规范建设“三室一库”（办公室、资料室、执勤室和战备器材库）和退伍军人事务所，为民兵建成一个“家”。组建优秀民兵为主的基干民兵排队伍，严格落实基干民兵编制制度、档案制度等工作机制，提升民兵规范化管理水平。2020年，获湖南省“五星”基层武装部称号。

（龙友良）

沙田乡

【概况】 沙田乡地处宁乡市西部边陲，属沩山风景名胜区范围，1995年撤区并乡，由原沙田与五里堆合并为沙田乡，黄龙公路、五七公路、流沙巷公路贯穿乡境，沩江的重要支流涓水河、栀水河蜿蜒流过。2020年，乡域面积74.29平方千米，辖6个行政村（下设185个村民小组），总人口3.47万人。

2020年，沙田乡加强疫情防控，建立以联村领导牵头的“六包一”联防责任机制，全体乡村干部、千余名志愿者自觉参与，实现下组入户摸排、宣传全覆盖，在全乡拉开联防责任网，确保乡域内无一例确诊以及疑似病例。指导3家企业复工复产。

对900户贫困户实行网格化管理；重点抓好产业扶贫，利用“四跟四走”、委托帮扶等形式带动贫困户发展产业，对符合产业发展条件的贫困户做到产业全覆盖；通过“扶贫车间”、公益性岗位等方式让易地搬迁贫困户在家门口就业，宝云村廖起初被评为“全国易地搬迁典型”；以问题为导向，坚持户户“过筛”的方式，开展5轮脱贫攻坚“回头看”工作，对138个问题进行全面整改，全乡900户2449人全部实现脱贫。

全年完成地方一般公共预算收入502万元，完成全年任务的167%。社会零售品销售额、固定资产投资等经济指标稳步提升，完成五里堆污水处理厂前期手续，完成五七公路提质拓宽、四所学校提质改造、集镇棚改提质等项目建设。

【乡村振兴】 2020年，沙田乡调整农业种植结构200公顷，种植粮食作物1320公顷，种植烟叶近20公顷。落实“防重于抢，抢重于救，常抓不懈”的防汛抗旱方针，确保全乡安全度汛。人居环境以农村“五治”工作为重点，全面推行“河长制”、“路长制”、美丽乡村“片长制”工作，充分发动干群参与，持续开展“逢十”大清扫活动，整治流沙巷公路和五巷公路沿线交通警示牌，沿线清沟、除草、打枝共计12千米；严控违法违规用地，规范村民建房61户；完成涓水河集镇段整治；完成改厕3000余座；联合开展治砂集中整治行动4次，坚持24小时巡逻制，保持治砂常态化；充分发动群众，依托法治文化，打造西部唯一的长沙市级美丽屋场；沙田商会成立，为沙田发展凝聚新力量。

【社会事业】 2020年，沙田乡农村基本养老保险参保率98.5%，基本医疗保险参保率90%，完成41户危房改造及900户建档立卡贫困户住房核验系统录入，对全乡1821户“四类人员”房屋进行全覆盖鉴定。为低保、五保户发放保障金574.93万元；发放医疗救助资金8.78万元；发放残疾人生活补助和护理补贴84万元；发放高龄补贴109.19万元；发放孤儿、事实孤儿生活津贴20.16万元；发放临时救助资金21.87万元；发放助学金13.4万元。

【社会维稳】 2020年，沙田乡调处各类矛盾纠纷187起；乡域内治安巡逻防控常态化，处理群众反映诉求98起；严控涉毒行为，社区戒毒人员无一脱管漏管；落实道路交通、食品、校车等安全监管责任，加大交通顽瘴痼疾、禁食野生蘑菇、国家食品安全示范城市创建等宣传力度；坚持每周校车安全检查，与相关责任单位、人员签订责任状，杜绝非法营运和违规驾驶行为；落实领导带队检查安全生产制度，开展企业安全检查80余次，督促隐患整改39处，投入200余万元，对交通警示牌、标识牌及安防设施进行完善。

【红色旅游】 2020年，沙田乡红色旅游基础设施不断完善，推进五七公路提质与沙田集镇道路拓宽；“宁乡四髯”生平陈列馆建成开馆，完成谢觉哉故居产权置换，还原故居陈列，升级红色文化教育基地。完善《乡情恰似春风暖》等4堂微党课；修订再版《红色沙田》书刊，制作《做事不辞牛荷重——学习何叔衡的孺子牛精神》等专题党课。何叔衡故居管理处正科级机构挂牌成立，专业讲解员队伍初步成形；谢觉哉故居成功申报省级法治宣传教育基地，中组部红色美丽村庄试点落户长冲村。

【何叔衡故居管理处挂牌成立】 2020年12月22日，何叔衡故居管理处揭牌，市委常委、市委宣传部部长彭娟参加揭牌仪式。彭娟一行到何叔衡烈士纪念碑广场向烈士致敬，并敬献花篮。揭牌仪式上，彭娟对何叔衡故居管理处的正式揭牌成立表示祝贺，同时希望能有计划地组织党员干部、青少年和人民群众来红色教育基地参观学习，接受革命传统教育，学习“宁乡四髯”的革命精神。

2020年12月22日，何叔衡故居管理处揭牌

何叔衡是中共一大代表、无产阶级革命家，为湖南早期共产党组织、中国共产党的成立和苏维埃政权建设作出卓越贡献。何叔衡故居位于沙田乡勺子冲，何叔衡故居管理处是市委宣传部所属公益类事业单位，为正科级机构。成立何叔衡故居管理处，旨在对何叔衡同志生平事迹和革命精神进行深入挖掘和宣传，进一步发挥何叔衡故居作为爱国主义教育基地、廉政文化教育基地和精神文明建设窗口的重要作用。下一步，管理处将继续利用沙田红色资源，打响红色品牌，形成红色效应，进一步提高党课质量和接待水平，打造菜单式党建活动，营造更为浓厚的红色氛围，以全新面貌迎接建党100周年。（谢　靓）

白马桥街道

【概况】 白马桥街道位于宁乡城区南端，东与历经铺街道相连，南与回龙铺镇毗邻，西靠菁华铺乡，北接玉潭街道，总面积20.44平方千米，辖凤形、凤祥、正农、龙江、仁福、白马、白龙7个社区，2020年年底户籍人口数2.75万人，常住人口数8万余人，党员1250人。人口出生率9.69‰，死亡率4.399‰，人口自然增长率5.29‰。

全年地区生产总值51.53亿元；财政税收完成1.482亿元，同比增长4.1%；城镇居民人均可支配收入3.4万元。完成规模工业总产值4.83亿元，比2019年增长0.82亿元（可比价），同比增长20.1%。社会消费品零售总额19.18亿元。

农业情况：耕地面积669公顷、山林面积453.33公顷、粮食作物面积333.33公顷，全年双季稻共产3000吨、蔬菜种植6000吨；7个社区均成立股份经济合作社或经济合作社。其中农业技术服务机构1个、农业企业1个、家庭农场4个；大力推广使用农业新机具、新技术、新品种。护砌山塘5口，维修渠道4处，白龙支渠清淤砍杂5千米，农业生产条件明显改善。

全年固定资产投资40亿元。筹措资金1533万元对辖区10个老旧小区进行提质改造，28栋老旧住宅旧貌换新颜，惠及群众6000余户。新修龙江社区、五福广场、白龙路3处社区公园（城市驿站）。拆除违规搭建112处。重点工程投资建设方面。打造白龙社区淞溪庵美丽屋场，被评为长沙市示范美丽屋场。利用共1.21万平方米闲置地块建设公用生态停车场，涉及停车位289个，年内建成4个（凤祥和龙江社区各1个，凤形社区2个）；交通、邮电事业以及公用事业建设方面。推进老金龙路、龙江路北线、瑞良路的提质建设。持续打造二环南路和白马大道两条文明停车示范路。全年引进吾悦广场、珺钰府、凤凰新城3个市重大项目；新增香山文景苑房产项目；9个在建续建房产项目。

三大攻坚战实施情况：脱贫攻坚方面。对全街道140户贫困户实施精准施策、精准帮扶。鼓励引导40户建档立卡贫困户自主发展种养业，帮助8名贫困劳动力实现就近就业，安排30个公益性岗位竭力增加贫困户的收入，引导10家企业联点10户深度贫困户，街道140户353人实现稳定脱贫；污染防治方面。全面压实河（湖）长制、路长制责任，重点做好饮用水源保护、垃圾分类处理、扬尘治理、小微水体整治和河湖清理专项行动等工作。制止非法采砂行为两起，处理违规焚烧垃圾4起，焚烧秸秆5起；防范化解重大风险方面。严控资金预算，规范资金使用，压缩一般性支出，遏制不合理、不规范开支，不断提高防范化解风险能力，维护街道金融秩序。

【社会事业发展】 2020年，白马桥街道完善滨江中学、龙江小学、金龙小学配套设施建设。建设白马社区、龙江社综合文化服务中心，成功通过长沙市验收。投资16万元新建白龙垃圾分拣站。全年办理被征地农民社保27个居民小组523人。发放大病医疗救助、社会临时救助资金27.35万元；城镇农村低保及新型农村合作医疗方面。按政策落实128户236人低保资金发放，完成精准扶贫户、“四类人员”近600余户的房屋鉴定。新建凤形、龙江、白龙三家4A居家养老服务中心，推动“医养护”一体化发展。职业技能培训271人，新增就业人数377人，扶持残疾人创业8人。全年开展安全检查56次，共排除一般隐患247起，现场整改140余起。共印发扫黑除恶专项斗争宣传资料5万余份、出动宣传车170多台次、辖区内挂横幅400余条。关停退出棋牌室298家，砸毁12台拒不停业的麻将机，收缴麻将桌198台。全年立案处罚10起，处罚金额累计4万余元，共行政拘留4人、刑拘1人。

【白马桥街道被评为湖南省新冠疫情防控先进集体】 2020年，新冠疫情发生后，白马桥街道迅速启动公共卫生突发事件应急响应，成立领导专班，缜密制定防控工作方案，组建7个工作小组，快速有序地组织开展疫情防控。大年初三，全员取消休假，返岗投入疫情防控一线，迅速展开湖北返（到）宁人员网格化排查、防疫防控知识宣传、“六包一”责任管理、干部“一对一”联系等系列工作落实，两天内便完成全域网格化排查任务，累计排查25992户（含33个小区），80020人；在资源紧张的情况下，白马桥街道多方协调，多渠道紧急采购一次性医用口罩50950个，84消毒液6915千克，医用酒精1240斤，中药剂4120副等防疫物资并迅速投入防控工作中，牢牢编织起严密防线；2月3日，辖区黑金时代小区通报确诊病例后，按照街道干部联组、联小区工作机制，迅速组织对小区进行网格化、地毯式上门排查湖北返（到）本区域人员、与湖北返（到）宁乡有密切接触的人员，建立信息台账，实施居家隔离14天，安排派出所、城管中队全天候在小区联合执勤，强化小区的人员管理和舆情管控，团结带领广大党员干部群众连续奋战57个昼夜，控制疫情，稳住人心。2020年11月，白马桥街道被省委、省政府评为“湖南省新冠疫情防控先进集体”。

【文明创建】 2020年，白马桥街道成立文明创建工作领导小组，制定《文明创建项目清单》，开展素质、配套、环境、管理综合提升行动。各社区均组建5-8支志愿者服务队伍，开展“文明创建我参与·每周服务两小时”志愿服务活动。并将全街道划分为80个网格，明确网格联系干部，组织网格干部逐户走访、宣传政策、排查处理群众诉求。推进文明停车示范街创建，巡查志愿者队伍着志愿服进行值守和文明劝导。启动“大干40天”活动，对33条背街小巷开展地毯式综合整治行动，拆除破损广告牌62处、小型违规电子显示屏43处。清理店外堆物245处、规范废品收购站33家、下达限期责令整改通知书82份。劝导店外经营1506起、流动摊贩93起。发放垃圾分类桶1.1万余个，投资16万元新建白龙垃圾分拣站，组织垃圾分类知识讲座10次，出动宣传车30余台次。

【征迁征收】 2020年，白马桥街道辖区浅水片区征拆遗留问题，历时11年，情况复杂。白马桥街道先后3次组织召开负责人会议就浅水征拆遗留问题进行研讨，修订征拆方案，调度拆迁力量，连续30多天征迁攻坚，因户施策，有效减少拆迁阻力，圆满完成仁福大道白马段、龙江社区公园建设和浅水片区32户征拆任务清零，全年完成拆迁115户，释放优质土地46.67公顷，土地市场价值近26亿元。

【淞溪庵美丽屋场建设】 2020年，白马桥街道打造白龙四组淞溪庵美丽屋场。白龙社区支居“两委”积极协调，对村级主干道6处汇车点进行修缮和拓宽。61户居民将自家的田、山、土无偿让，腾出3.33公顷土地全部进行重新平整和规划，并自发筹资4.2万元用于美丽屋场建设，对淞溪庵屋场的20多个项目进行建设。耗时近6个月，村级道路全部进行绿化和黑化，整个屋场种植草皮1.4万平方米，菜园美化面积80%，建设1200多平方米的文化广场，包括球场、停车场、安全指示牌以及公厕等，村落面貌焕然一新，居民的幸福感、获得感不断增强。下阶段将以产业来支撑美丽屋场建设，壮大村级集

白龙社区淞溪庵屋场　白马桥街道供图

体经济，增加居民收入，打造“产业兴旺、生态宜居、乡风文明、治理有效、生活富裕”的幸福白马。

【乡贤新风助推基层治理】 2020年，白马桥街道以“邓果明社会贤达工作室”为平台，搭建社会贤达投身乡村振兴、引领乡风民俗、参与基层治理的三大平台。开展“幸福家园”“四就近服务”“屋场讲德”等活动，先后组织各类宣讲达300场，培训人员超过2万人次。通过微信、微博、QQ博客等多种形式讲故事、诵经典。在探索基层民主协商对话规范化、程序化、制度化运行机制中，凝聚乡贤力量参与民主自治，走访688户业主，选举产生对话会成员37名，通过多次协商沟通形成3个主要议题，并针对突出问题形成具体解决方案，三个议题全票通过，有效推动基层民主决策、民主协商、民主管理、民主监督进程。及时有效地化解邻里纠纷、家庭矛盾，成功调解的邻里纠纷150余例，维护社会和谐稳定。

【基层党建】 2020年，白马桥街道37个支部全部完成“五化”提质建设，新建2个小区联合支部；规范落实“三会一课”、主题党日制度，按月召开党建工作例会，举办党建业务培训，整顿提升仁福社区软弱涣散党组织，利用“学习强国”等网络平台，破解党员教育管理难题；严肃作风督查，通报作风建设情况15期，全年查办违纪党员9人。社区支居“两委”换届选举工作，通过“十二部门”联审、“两推一选”新选拔社区党组织书记2名，支委6名，充实到社区党组织班子。华港小区联合支部被评为长沙市示范化“五化”支部，龙江社区被评为市“五星”社区党组织。

历经铺街道

【概况】 历经铺街道位于宁乡市城区东部，沩江下游东岸，东北与金洲镇相邻，南接夏铎铺镇，西与白马桥街道、玉潭街道相连，北与城郊街道、双江口镇隔江相望。西北有城区三个街道、宁乡经开区，东北有宁乡高新区、金洲新区。2020年，东西方向10.89千米，南北方向9.63千米，总面积36.88平方千米，人口3.35万人，2015年9月撤乡设立历经铺街道，下辖9个社区，境内有319国道、金洲大道、S208连接线和岳宁大道、沩江大道、滨江大道、华强大道等交通干线经过，是宁乡市“一江两岸、东进融城”的主阵地。

2020年，历经铺街道新建小区党支部4个，创建“五星社区党组织”2个，打造“五化”示范化党支部2个，党建示范点1个，基层党建年度考核为一等。处置日常监督线索66件，实行组织措施人数65人，党风廉政建设水平提升，被表彰为

“宁乡市党风廉政建设先进单位”。

2020年，历经铺街道按照属地管理的原则，将机关干部职工和社区干部全部下沉到疫情防控网格中，对95个村民小组、9个小区共9140户和门店、项目工地、企业2168家进行地毯式摸排，对湖北、武汉返宁乡人员落实“六包一”管控措施，在疫情期间做到无漏管、无措施不到位情况发生，有效保证人民群众生命和健康安全。

2020年，历经铺街道被长沙市生态环境保护委员会评为“长沙市第二届全国污染源普查先进单位”，历经铺团委被共青团长沙团委评为“长沙市五四红旗团委”。

【经济发展】 2020年，历经铺街道完成高新区三一中起、五矿二十三冶、全城加油站、曾家河防洪大堤等项目征地113.33公顷，完成房屋拆迁187栋，为项目建设腾足更大发展空间。对2020年辖区内启动建设的房产和政投在建的24个项目，均明确1名党政领导和1名经济发展办干部跟踪服务，推动项目加快建设。万婴教育集团香山校区项目和湖南省中南艺术学校整体搬迁项目投入使用，东城小学新建教学楼竣工投入使用，楼台山公园项目开工建设，历经铺卫生院大楼建成。服务企业复工复产，安排43名网格干部联系重点企业，帮助做好复工复产前各项准备工作，协助解决企业复工复产过程中遇到困难问题50余个。在上半年“大干一百天实现双过半”大竞赛活动中，排名“街道+夏铎铺”竞赛组第一。全年地方一般公共预算收入实现1.55亿元，完成进度在四条街道中排名第一；规模工业产值实现15亿元；固定资产投资实现37.2亿元，社会零售品销售总额实现23.5亿元，均超额完成全年目标任务。

【平安建设】 2020年，历经铺街道发挥各社区和部门单位主体作用，整合网格党建、精准扶贫、环境保护等多项服务职能，不断强化小组、小区、市场的监督管理能力，全面推广网格化服务管理，逐步构建“多元参与、协商共治”的社会治理模式，平安联创呈现良好局面。在安全生产月举办“消除安全隐患、筑牢安全防线”主题活动，集中开展“强执法、防事故”和“打非治违”专项行动，全面整治危险化学品、道路交通运输等13个重点领域的顽瘴痼疾，交通事故比2019年减少30%，全年无安全生产责任事故发生。对市信访局交办的信访积案实行领导包案，所有交办案件全部依法依规按时办结。发挥人民调解员协会作用，及时回应群众诉求，耐心调解各类矛盾，调解成功率98%以上，群众满意率96%，全年无因调解不及时而引起的民转刑案件和群众性集体上访案件的发生。在长沙市综治公众测评中排名宁乡市第一，被宁乡市委、市政府评定为2020年度全市平安建设（综治工作）优秀街道等。

【政务服务】 2020年，历经铺街道推进政务服务中心标准化建设。结合推进快速服务要求，将登记类办事项目所涉部门分区域相对集中，实行“一个窗口”受理、“一个窗口”办结的“一条龙”服务，有效杜绝办事群众“多头跑”“来回跑”的现象。通过政务服务系统办件总量4786件，社保参保缴费率排名全市第三。12345工单办件签收241件，满意率96%。

【文明创建】 2020年，历经铺街道组织发动4600余人次党员群众积极参与志愿服务，开展文明劝导，推进文明城市建设。投入500余万元对城区基础设施提质改造，解决群众关切关注的问题16个；规范新建停车场7个、增设300余个停车位，有效缓解停车难问题；推广以沙河市场党群服务中心为平台的新的商圈党支部管理模式，重点强化对沙河市场和农贸市场的监督管理，整治门店店外经营户和流动摊贩300余家，被宁乡市委、市政府评为“创建全国文明城市工作先进单位”。

【环境整治】 2020年，历经铺街道组织各社区党员干部和志愿者集中开展背街小巷清整30余次，清理堆物600余处，拆除各类广告招牌200余块，清理“牛皮癣”3000余处，共拆除违建20处6000余平方米；各社区和环卫公司共动用各类装备2300余台次、清除各类垃圾4000余吨；改厕工作按要求全部整改落实到位，顺利通过市级验收。定期对街道内各类厂家、门店和大湾岭工业园内企业进行检查，限期对不符合环保要求的工厂、企业、门店进行整改，环境污染得到有效治理。被评为“长沙市第二届全国污染源普查先进单位”。

【脱贫攻坚】 2020年，历经铺街道对建档立卡贫困户、边缘户及“四类对象”开展“回头看”自查和“回头看”互查，对全街道153户建档立卡贫困户及特殊困难群体在家庭收入、“两不愁、三保障”、饮水安全等方面多次开展拉网式排查。通过结对帮扶走访、电话调查发现的51个问题，全部核实整改到位；对868户“四类对象”、贫困残疾人房屋重新进行鉴定，按照农村危房改造脱贫攻坚三年行动农户档案信息录入要求，对153户精准扶贫户现场房屋鉴定并录入核验系统。支持流沙河镇码联村40余万元解决垃圾分类基础设施建设、通村公路硬化、水利设施修缮等实际困难10余件。

【民生保障】 2020年，历经铺街道开展民政救助和社会扶助，妥善解决困难群众的生活需要。临时救助金、高龄补贴、基本养老服务补贴、特困人员丧葬补贴等发放工作严格按程序按要求按步骤发放到位。加大对医疗卫生和教育工作的支持力度。投入500余万元新建社区卫生院综合楼一栋；支持东城小学新建综合楼、食堂风雨球场建设，学校扩容至48个班的规模；协调推动恒大御景半岛配套学校——沩东实验小学移交历经铺街道，投入300余万元进行配套设施建设，新增学位2160个。

城郊街道

【概况】 城郊街道位于宁乡市城区东北部，沩江下游西北岸，东与历经铺街道相连，南与玉潭街道毗邻，西靠菁华铺乡，北接双江口镇。2020年，辖东沩、梅家田、怡宁、创业、罗宦、沩丰、石泉7个社区和关心、茶亭寺、石头坑3个村，总面积37.42平方千米，总人口3.42万人，常住人口数31170人。耕地面积133公顷，山林面积480公顷。主要粮食作物为水稻。

2020年实现域内税收28.8亿元，其中经开区23.5亿元，街道3.1亿元，中小企业园（含楚天）2.2亿元，地方一般公共预算收入完成1.43亿元。引荐引进深圳宜诚新能源等8家企业，招商引资近4亿元，累计投资3.655亿元，完成零售额11.63亿元，固定投资累计完成33.69亿元。城镇居民人均可支配收入比2019年增长11%；农民人均可支配收入比2019年增长10%。规模工业总产值数14.14亿元。限上社会消费品零售总额9.96亿元。

全力落实河长制、路长制，完成小微水体整治工作，组织人员打捞河道垃圾、水葫芦面积1.73公顷，拆除白玉河违建棚屋1处。出动民工120人次、挖机4台，手扶拖拉机4台，对沩水河道内围挡种菜全面清理，对违章搭建棚屋全面拆除，清整、覆绿面积5.33公顷。对石头坑、茶亭寺建档立卡贫困户、低保户、分散供养五保户、残疾户等四类人员严格落实无害化厕所改造，2020年改建三极化粪池150座，全部验收完毕。组织指导各村社区开展“逢十”大清整行动，指导居民进行垃圾分类，发放垃圾分类宣传标语2万份，宣传手册5000份，村（社区）和小区垃圾分类稳步推进，群众参与率和投放准确率有效提高，人居环境进一步提升。

党建工作。全年理论学习中心组集中学习9次。召开意识形态专题会议4次，发现和处理舆情6起。成立流入党员联合支部，打造流动党员红色驿站。开展明察暗访和交叉检查15次，工作督查通报8次，作风通报2次，实名通报人员55人次，提醒谈话116人次，诫勉谈话6人次，立案审查案件7件。协助市委第二十六巡察组完成街道村级党组织巡察，及时整改立行立改问题66个、信访问题16个。完成10个村（社区）换届选举工作。

疫情防控。印制3万份宣传单发放张贴，现场答复、电话答复疫情问题4000余次，全员出动、全面覆盖，全面加强宣传引导、物资发放、入户排查、防控执勤，组织动员各级党组织和广大党员干部坚决打赢疫情防控阻击战，做到疫情防控工作一线指挥、问题一线协调、难题一线化解，做到疫情防控形势人人知晓，防控行动人人参与。全年共核查人员信息4.3万余条，实现疫情安全事故零报告。

文明创建。调动党员干部2000余人，发动社区、小区、联组居民志愿者8000余人参与全国文明城市创建，投入资金500余万元，组织开展背街小巷治理、墙面广告治理、“七大不文明行为”治理、蓝天碧水治理，增加停车位400余个，增加消防通道入口网格线1000余平方米，19条背街小巷、34个无物业小区改造到位，街道被评为宁乡市文明创建先进单位。

脱贫攻坚。开展联点帮扶、驻村帮扶、结对帮扶。开展突出问题集中整改，实现125户建档贫困户规范管理。推进“四跟四走”精准措施，实现产业扶贫2户，所有建档立卡户均签约家庭医生。组织“我是宁乡人，我为宁乡好”、屋场夜话13次，解决问题12个，雨露计划、扶贫车间、公益岗位全面落实。2020年完成扶贫贷款62万元，完成下达任务的177%。对口扶持道林镇善山岭村48户贫困户，投入扶贫资金近50万元。

2020年，城郊街道被评为湖南省充分就业先进街道、街道财政所获得湖南省星级财政所。

【区域环境建设】 2020年，城郊街道在政务大厅按标准设置母婴室；对综合文化站的书画室、图书阅览室、室内外健身场所等文体场所进行设施更新；完善学雷锋志愿服务站建设。投入6万元对优米星街市顶棚等基础设施进行升级改造，农贸市场一改过去“脏乱差”的面貌，变得规范有序、干净卫生。投入30余万元对罗宦安置区、和泰家园、东方现代城等11个小区的卫生、绿化、秩序的“五乱”行为进行集中清理和整治。

【社会事业发展】 2020年，城郊街道完成城乡居民养老保险4882人，民政低保救助101.34万元，特困救助34.5万元，临时救助20万元，大病救助7.7万元。把教育放在优先位置，如期完成向前小学建设，引进明德中学品牌。改善医疗服务质量，提高社区卫生服务中心与市人民医院“医联体”的合作水平。打造政务服务无界限、标准无差异、线上线下无距离服务模式，怡宁社区“一门式”办公得到长沙市委和宁乡市委组织部门高度认可。

【重大招商引资或对外交流合作】 2020年，城郊街道计划内项目投资完成目标值为13亿元，实际完成投资13亿元。计划外新增重大社会投资项目个数指标9个，实际完成个数9个，计划外新增重大社会投资项目入库完成投资额16.6亿元，实际完成17.1亿元。招商成效显著，对接客商6次37人次，全年累计投资36550万元。引进长沙家鑫金属材料有限公司进驻华夏中小企业园，总投资1100万元；促成总投资1100万元的湖南家润多超市有限公司、总投资1000万元的肯德基连锁餐厅、总投资1200万元的乐田MC影城入驻时代天街。引进喆啡酒店，总投资4500万元，熹和文化传媒，总投资500万元，润城里房地产9000万元。

【基层治理】 2020年，城郊街道推进社会治理共建共治共享。组织嘉诚花园小区召开全市第一个小区民主协商对话会，通过党建“搭台”、群众“发声”、部门“发力”，有效破解小区设施不齐、环境脏乱等治理难等现象。开展棋牌专项整治行动51次，关停退出216家。摸排出租屋580余户，流动人口8214人。调处物业矛盾纠纷15起，调处成功率100%。化解园区周某某、邓某某、周某某等信访积案，对涉园区的重点对象在重大特护期内做到零非访、零进京。协助园区处理未来方舟、香樟美地、城市东家、金科美苑、敏捷紫云府、美的国宾府等项目工程群体突发事件。

【征地拆迁】 2020年，城郊街道在园区土地征拆中不断刷新拆迁“清零”速度。沩水湾片区向某户，通过3天3晚合力攻坚，成功签约。李某某三兄弟房屋成功拆迁，确保康美谷项目350米玉屏大道的全线拉通。2020年完成康美谷片区、沩水湾片区、发展北路片区共计55.52公顷征地和282户房屋拆迁，实现1998年以来经开区征拆历史遗留问题全部清零。

【园区发展环境优化】 2020年，城郊街道维护和优化园区发展环境，对园区内发生的一切突发意外事件和群体性事件24小时全天候到位处置。2020年组织联合执法16次，安全生产一般程序立案9起，简易程序立案4起，全年未发生重大安全生产事故。打击非法集资企业4家并注销营业执照，检查食品企业300余家，整改4家，联合经开区市监分局、玉潭市监所立案19起。开展对强买强卖、敲诈勒索、强揽工程、强占市场等行为的集中整治行动，查处、打击滋扰园区发展的各种犯罪行为，2020年共刑拘10人，治安拘留6人，处理非正常死亡事件10起，处理群体性事件2起，做到无负面舆情，无遗留问题。 （杨柏松）

玉潭街道

【概况】 2020年，玉潭街道辖八一、楚沩、合安、花明、金星、茆田、南苑、塘湾、通益、文中、香山、新城、新山、新康、学庵15个社区，面积22.84平方千米，人口7.48万人。玉潭距省会长沙35千米，长石铁路、长常高速、319国道、金洲大道对接长沙，两小时经济圈辐射8个地级城市。

2020年，玉潭街道有15个党总支、87个党支部，3146名党员。巩固拓展“不忘初心、牢记使命”主题教育，举办专题辅导班2期，专题党课4次。组织街道党工委理论学习中心组专题学习11次，组织党员学习培训17000人次。通益社区、茆田社区、金星社区、塘湾社区被评为“五星社区党组织”，完成八一社区软弱涣散整建1个。全年发展党员20名，培养入党积极分子75名，摸底流入党员109名，社区干部考录公务员1人、全额事业编1人。全年处理违纪党员15人次，警告、严重警告、留党察看处分共13人。创新干部联小区制度，着力完善党政领导联社区、社区干部联片区、街道干部联小区、小区党员联住户模式，顺利完成水晶郦城等小区换届工作，有53个小区成立党支部，35个小区成立业委会，其中26个党支部与业委会实行交叉任职，66个小区建立小区党员干部群、74个小区建立业主群，组织各类活动206次，处理问题395个，接待学习考察127人次，走访小区住户25327户、电话联系走访8853户，破解小区停车难、秩序乱、环境差等物业管理难题近100个。

2020年，玉潭街道88户、沩山68户精准扶贫户全部脱贫，“微心愿”100%达成。引导各界爱心人士帮助贫困户销售农产品100余万元。畅通政务服务，全年共计接待办理各项政务业务20803件。全年累计发放低保、特困、高龄津贴、医疗救助、临时救助等资金6542户次，共计607万余元。办理失业证登记896本，残疾人证88本。申请残疾人补贴慰问126.35万元。城乡居民医疗保险集中参保34614人，完成目标参保人数95.36%，财政补贴五类人员参保率100%。完成居民养保征缴4276人，城乡居民养老保险全覆盖摸底21257人。就业培训、高龄津贴发放、居民认证、城乡居民养老保险等高标准到位。“两癌”筛查、优生检测、老年人免费体检全面落实，各种奖扶资金按实发放，为1766户家庭购买计生家庭意外伤害保险，豪德市场创建市级流动人口计生协会。玉潭街道被评为2020年长沙市计划生育幸福家庭以评促创工作先进集体。

2020年，玉潭街道面对新冠疫情，以“零感染”为目标，大年初三全员复岗，率先全市实施干部下沉到社区、街区、商区、小区开展疫情防控和叩门排查。全体机关和社区工作人员连续3个月不休假，全域没有发生一例感染。构建132个网格堡垒、16支志愿服务队、3000余名党员群众志愿者按照“一查二采三宣传四实名”模式，共核实新冠肺炎疫情重点地区人员信息21600余人次，登记重点返（到）宁乡人员1960人，其中涉外人员329人，隔离监测1521人次，摸底监测酒店、旅馆45个，排查车辆984台，劝停辖区内门店2300余家，切实做到辖区居住区域100%宣传到位，所有应急信息100%处理到位，所有意思对象100%监测到位。年初街道53个物业小区实行临时封闭式管理，51个非物业封闭式小区和公共区域多次组织全面消毒。克服防疫物资紧缺困难，向一线工作人员发放口罩108000余只，消毒水3000千克，酒精700千克，医用手套等物资若干。复工复产企业督查累计249次、公共场所累计65次、培训学校和幼儿园共182家，卫生健康督查学校及托幼机构84家、医疗机构87家、五小门店126家，做到社区不漏街、街不漏小区、小区不漏户的防控工作要求。

【文明创建】 2020年，玉潭街道、社区320名干部、5300余名在职党员干部和2万余名志愿者，积极参与文明创建。组织社区活动40余场、参与人数1万余人，发动志愿者全覆盖入户宣传文明城市创建6.5万余人次。新增及更换各类公益宣传800余处，点对点发送文明创建短信宣传30余万条，在中央、省、市各类媒体推介宣传50余次。推进文明停车示范街工作，安装运行文明停车示范街LED显示屏40块，7000余人次在14条街纠违劝导，劝导违规停放行为64000余台次，发放《温馨提示单》超100万张，倡导规范停车新风尚。拓增停车位800余个、摩托车位1000余个，路障订桩700余个，解决停车难问题。投入70余万元对25个小区进行立面清洗刷白，对74个无物业小区进行更换和补充灭火器材7900余次。对背街小巷牛皮癣、杂乱堆物、白色垃圾进行重点整治。对东区市场、祥熙市场进行改造，规范市场秩序。在全国文明城市国检中，街道共有4个社区迎检，10个小区迎检，均取得好成绩，群众满意度均在95%以上。街道作为先进单位代表在全市表彰大会上作典型发言，25名先进个人受到表彰。

【经济发展】 2020年，玉潭街道完成地方一般预算收入6.34亿元，完成总税收超20亿元，固定资产投资67.58亿元、社会消费品零售总额22.35亿元、规模工业总产值35.7亿元。强化税源摸底、历史陈欠清理、以征收促税收等措施，掌握个体户和小微企业税务登记信息7600余家，摸底排查企业120家，及时划拨流失在外的税收近2000万元。举办“首届房产企业服务月”活动，7月销售房产451套、3.6亿元。重点协调解决楚天四期问题，协调解决长宁铸钢、光跃铸钢的用电问题，金鹰印务、合兴用品、黑猫日化的招工难问题，燕达机械的融资难问题。协助征拆办组织康达瓶业、赛兰女校、金盛拉丝厂三家企业启动拆迁。重点协调解决投资16亿元的楚天四期建设问题。与大河西汽车城奔驰、长安等品牌4S店签订意向投资合同，新康路雅贝康口腔连锁医院建成营业，翡翠湖项目预计于2021年开业。为碧桂园、中建亮月湖、和润春天商场等开展“一对一”上门服务。服务电力630攻坚、福宁变电站、环卫公寓、玉兴小学等项目建设。推进“大干一百天实现双过半”竞赛活动，连续三次实现征拆项目全面清零。环卫公寓项目涉及范围较广、情况复杂的6户对象，5天内实现清零。仁福大道项目2天实现42户全面清零。东沩溪一期二批62户国有房屋和13户D级危房户，3天实现75户全面清零。

【城市建管】 2020年，玉潭街道新山小学改扩建工程、9个老旧小区改造全面完成。香山片区有机更新项目前期工作全面铺开，幼儿园一园、二园项目进入验收阶段。春城校区、玉潭中小等学校维修项目全部按要求完成到位。金星社区美丽屋场、小微水体通过省市验收。重点开展违章建筑整治、路面保洁等，劝导店外经营、

2020年7月，玉潭街道志愿者开展文明劝导　玉潭街道供图

流动摊贩等，有效提升人居环境质量。全年共拆除违法建设174户，面积6517平方米。开展环境清剿系列志愿行动及市场周边整治行动，劝导店外经营3000余家，劝导车辆乱停放10000余台、店外经营5000余次、流动摊贩25000余人次，清理堆物4000余处。

【环境整治】 2020年，玉潭街道完成7000余平方米裸露地块覆绿，治理10万余平方米。投入近13万元，完成改厕319座，6月满分通过改厕工作考核。举办垃圾分类宣传活动60余场，出动宣传车180余台次、发放资料5万余册，清理各类垃圾千余车次。完成5处黑臭水体整治，开展5次河道整治、清洁行动，清运垃圾50余车，小微水体示范区建设、茆田社区朝阳溪段样板河的创建工作全部完成。开展联合执法4次、收缴烟花爆竹10余饼，草皮覆绿2590余平方米，清理乱堆乱放700余次，冲洗路面1万平方米，每月洒水降尘8次、路肩整理6千米、清理水沟3次。上门对74家单位进行2020年固定污染源排污许可证的网上登记申报工作，并进行管理登记匹配。

【安全生产】 2020年，玉潭街道完成“厂中厂”“特种设备”等专项整治任务，无一例安全生产事故。开展安全生产执法检查271次，责令整改文书162份，责令整改安全隐患645处；开展联合执法16次，行政立案处罚一般程序11起；简易程序16起，共罚没金额3700元。完成19所中小学及其周边餐饮业、39家餐饮及门店的食品安全检查，责令整改安全隐患61条。组织技术力量对30家企业进行风险评估。全年安全生产检查企业405次，开展各项专项治理工作412次，发现安全全隐患1896处，下达责令整改文书221份，处罚金额10.6万元。开展消防安全宣讲100余次、安全生产教育培训30场，组织集中培训和警示教育3次，发放资料5万余份，参训人员5365人次。

【基层治理】 2020年，玉潭街道四级网格划分完毕，有1个一级网格，15个二级网格，149个三级网格，1061个四级网格，全部实体化运行。街道信访大厅接访150余人次，处理各级交办的信访件30余件，“12345”市民服务热线受理工单635件次，同比增加115%，全年满意率98.3%。设置扫黑除恶固定宣传栏25块，标语42处，张贴海报1500余张，发放资料5000余份，滚动播放相关标语200余处。清查流动人口6440人次、出租房屋5627间，排查棋牌经营场所422家、关停退出场所285家，查处十一类涉恶案件和八类恶性案件14件。75个物业小区、400余名保

安参与群防群治，小区治安案件发案率下降25%。

【换届选举】 2020年，玉潭街道开展社区换届工作，合理配备社区职数，此次换届设“两委”职数为99人，新增职数12人，设支委委员75人、设居委委员75人、交叉任职51人。按照全面实现“一肩挑”工作要求，15位社区书记中11位为街道下派干部，全部予以调整。99位委员当中44位为新入选人员，年龄、性别、比例、职数设置均没有突破政策底线。街道严格按照市委、市政府文件精神及相关法律法规要求开展换届选举工作，把每一个工作环节都做到公平、公正、公开，真正做到“换出活力、换出正气、换出和谐”，换届选举平稳有序、顺利过渡。

【楚天科技四期工程开工】 2020年4月，玉潭街道重点协调解决楚天科技四期建设问题，7天收购华良18.53公顷土地，督促完成3.33公顷土地的腾退、清表、地勘。楚天科技四期项目地块与原有楚天产业园区紧密连接，规划用地面积9.47公顷、总投资12亿至16亿元，2020年投资4亿元，包括楚天科技创新中心大楼、中央车间、智能中药车间、智能后包车间等研发、制造和管理单位及配套设施，全部建成后，将成为辐射影响全球的医药装备研发和制造基地。4月28日，楚天四期项目全面启动建设、成功实现扩能，为楚天科技打造100亿企业打下基础。

【新城社区被评为湖南省计划生育基层群众自治先进村居】 玉潭街道新城社区重点围绕生育、家庭、健康、维权着力开展工作，常态化开展计生基层群众自治工作。2020年1月27日，新城社区被评为全省计划生育基层群众自治先进村居。

人物

【郑能量】 1993年6月出生，本科学历，中共党员。2020年1月25日（正月初一），郑能量辞别亲友，驾驶私家车奔赴已封城的武汉成为一名志愿者。临行前，他在微信朋友圈立下誓言："我不怕死，就怕今生有憾！"65天的武汉坚守，郑能量每天驾车穿梭在武汉的大街小巷，义务帮助有需要的市民出行，接送医护人员上下班，运送医疗物资，关爱社区病残老人、空巢老人。甚至，他还到殡仪馆帮忙，开殡仪车，搬运尸体。2020年2月，他登上"湖南好人"榜。2月，获湖南省省属企业'最美青年'称号。4月，入选"中国网事·感动2020"一季度网络感动人物，并担任长沙文化旅游形象大使。5月，获得第六届"新时代湖南向上向善好青年"抗"疫"好青年荣誉称号，湖南省新冠肺炎疫情防控学雷锋志愿服务先进典型。9月8日，被表彰为"全国抗击新冠肺炎疫情先进个人"。11月，入选"2020感动中国之感动湖南"候选人。

【刘　亮】 中共党员，宁乡市人民医院党委书记、院长，医学博士，神经外科主任医师，硕士研究生导师、高级医院管理师。2020年新冠肺炎疫情发生后，宁乡市人民医院作为市内唯一定点救治医院，迅速响应，主动担当。刘亮在全市系统医疗单位中第一个发出召集令，带领全体干部职工积极投身疫情防控第一线。8月28—29日，2020中国医院竞争力大会在广州举行，推出全国首批15家"白求恩模范医院"以及22名"白求恩式好医生"。宁乡市人民医院获"白求恩模范医院"称号；刘亮获"白求恩式好医生"称号。

【孟德良】 1980年生，中共党员，高中文化，湖南海通建设有限公司泥工班组长。他技术过硬、精益求精，善于创新、敢于挑战，带领班组严格按照施工规范出色完成工作任务，参与施工的宁乡县中医院住院楼、宁乡县蓝城文化城、人民路九号等项目均因过硬的质量获得湖南省及长沙市多个工程类奖项。2018年，代表湖南省参加中国技能大赛第六届全国职工职业技能大赛，被评为砌筑工决赛第三名；担任长沙市2018年"十行状元、百优工匠"砌筑工竞赛活动宁乡代表队技术指导，宁乡9名选手分别获得第一至第九名的好成绩。孟德良先后获湖南省技术能手、湖南省五一劳动奖章、住房和城乡建设部全国劳动模范、全国技术能手等称号。2020年，获"全国劳动模范"称号。

【宁　化】 女，玉潭街道人民调解委员会副主任，扎根基层司法调解工作15年，她主持和参与调解矛盾纠纷800余起，成功率达98%以上，多次受命奔赴外省，其中疑难复杂案件48件，息访息诉8起。2020年，获司法部颁发奖项——全国模范人民调解员。

【匡世勇】 东湖塘卫生院党支部书记、院长，副主任医师，2020年2月19日，匡世勇接到宁乡市中医医院支援武汉抗疫工作的通知后，第一时间主动要求以志愿者的身份加武汉抗疫工作。2月21日，匡世勇代表市中医医院率队出征湖北武汉，支援武汉金银潭医院。他所在的湖南省第五批支援武汉医疗队先后接管了四个重症病区，包括一个ICU病房。诊治新冠肺炎确诊患者463人次，其中重型181人次，危重型109人次，治愈出院305人，40人由重症转为轻症。他加入中国中医科学院院长、中国工程院院士黄璐琦的国家中医药研究团队，参与国家重点研发计划项目"中医药防治2019-nCoV研究"，"化湿败毒颗粒"获临床试验批件并上市，发放中药至每个治疗病区、分析整理病人服用中药情况，服药后治疗效果情况，统计相关数据。证明通过中西医结合，中医中药对促进新冠肺炎患者的康复取得明显的效果。同时，担任湖南支援湖北第五批医疗队临时党委第二支部组织委员，负责该支部的党员活动及发展党员的主要事项，火线发展一批优秀的入党积极分子成为预备党员。经过47天的连续奋战，他所在的医疗志愿服务队圆满完成武汉抗疫工作。2020年11月30日，被授予"湖南省抗击新冠肺炎疫情先进个人"称号和"湖南省优秀共产党员"称号。

【姜小鹏】 1972年9月出生，中共党员，本科文化，湖南宁乡人，宁乡市工商行政管理局、宁乡市市场监督管理局党组书记、局长。1992年参加工作，在工商行政管理、市场监督管理部门工作至今，他团结带领全体干部职工，开创宁乡市场监管工作新局面。宁乡“一件事一次办”、农村集体聚餐监管新模式、野生蘑菇中毒防控、景区消费争议先行赔付、市场监管执法“五统一”模式等特色工作得到上级充分肯定和推介，该局先后获得“全国食品药品案件查办工作成绩突出集体”“全国工商和市场监督管理部门广告工作表现突出单位”等荣誉。他先后获得湖南省食品药品监管工作先进个人、长沙市食品安全工作先进个人、长沙市抗洪救灾先进个人，被评为长沙市人民政府二等功1次，宁乡市人民政府三等功3次，连续4年获宁乡市人民政府嘉奖等多项表彰奖励。2019年被国家市场监管总局表彰为“全国市场监管系统优秀基层工作者”。2020年被湖南省委、省政府表彰为“先进工作者”。

【周科明】 1967出生，中共党员，大专文化，现任湖南华程建设集团有限公司项目技术总工。他坚定奉行“百年大计，质量第一”的原则，把工程质量视为企业的生命，时刻树立“精品工程”意识，坚持规范化和人性化管理相结合，严查安全隐患，确保项目安全施工。他所负责的项目多次获得省、市标准化示范工地、长沙市优良工程、绿色工地和标准化示范观摩工地。周科明先后被评为“长沙市技术能手”、长沙“建筑业优秀工匠”、“长沙市五一劳动奖章”、湖南省百优工匠（砌筑工）、“湖南省技术能手”、“湖南省五一劳动奖章”。2020年，获“湖南省劳动模范”称号。

【戴立忠】 1968年7月1日生，湖南宁乡人，全国人大代表、湖南圣湘生物科技有限公司董事长、分子生物学家。1986年考入北京大学，1990年获北京大学学士后继续攻读硕士学位。1993年年初赴美留学，获普林斯顿大学硕士、博士学位，麻省理工学院博士后，高级研究员。曾任美国最大的核酸试剂公司（Gen-Probe）核心研发小组首席科学家。2008年回国创业，因其在生物高科技创新及其产业化转换取得的突出业绩，成为湖南省委省政府“百人人才计划”首批特聘专家。2013年当选为湖南省人大代表，长沙市首批科技创新创业领军人才。2016年获中国侨界贡献（创新企业）奖。2017年获中国专利优秀奖、湖南省“十大同心人物”。2018年1月29日，在湖南省第十三届人民代表大会第一次会议上，当选为湖南省出席第十三届全国人民代表大会代表。戴立忠博士在分子生物学特别是在基因工程酶学方面造诣很深，致力于人体病原微生物的基因诊断及基因诊断试剂的研究和开发，获得多项自主创新专利，其研究成果和开发的试剂达到国际先进水平。戴立忠创办的圣湘生物科技股份有限公司是以自主创新基因技术为核心，集诊断试剂、仪器、第三方医学检验服务为一体的体外诊断整体解决方案提供商。是国家基因检测技术应用示范中心、感染性疾病及肿瘤基因诊断技术国家地方联合工程研究中心、国家级博士后科研工作站单位、国家知识产权示范企业。在2020年新冠肺炎疫情防控工作中，公司研发出精准、快速、简便、高通量的新型冠状病毒核酸检测试剂盒，获得国家药监局注册证书（国内获批上市的前6家企业之一）、欧盟CE认证、美国FDA紧急使用授权、巴西ANVISA注册证书等一系列权威认证。公司新冠核酸检测产品供往全球120多个国家。曾向湖北捐赠100万人份新冠病毒核酸检测试剂，2020年6月12日，圣湘生物又向首届全球大使联动抗疫直播大会活动捐赠10万人份新冠病毒核酸检测试剂。

【喻悌奇】 湖南宁乡人，中共党员。1981年生于流沙河镇瓦子坪村。2000年高中毕业考入解放军防化学院，参军入伍。2002参加北京市数学竞赛获一等奖，2003年参加全国数学建模竞赛获一等奖。2007年硕士毕业后任解放军某军级研究院副团职参谋。服役期间在《解放军报》《科技日报》等媒体发表文章数十篇。因表现突出，2002年被解放军防化学院授予二等功一次。后多次被评为嘉奖。2016年退役。后转战资本市场，以“流沙河”笔名在新浪微博、淘股吧等发表分析文章数十篇，现为全国有一定影响力的游资投资人。

【李　艳】 女，宁乡市人民医院骨一科护士。从事护理工作12年，先后在神经外科、重症医学科、护理部、骨科工作。2017年，宁乡市遭遇百年难遇的洪涝灾害，她带领科室成员，全身心投入灾后消毒防疫工作中。2020年新冠肺炎疫情发生后，她作为市人民医院首批援助护士出征武汉市，进驻金银潭医院重症病房开展救治工作47天。2020年，被评为湖南省优秀护理工作者、湖南好人、长沙市特殊贡献护理工作者。

【姜　江】 女，宁乡市中医医院内一科护士。2011年毕业于吉首大学医学院，多年来一直从事一线护理工作。2020年2月主动请战驰援武汉，抵达武汉金银潭医院后她再次主动请缨进入ICU。在武汉市金银潭医院综合三楼、北六楼重症病区和南五ICU危重症病区工作47天。2020年，被评为湖南省新冠肺炎疫情防控救治护理工作先进个人、湖南好人、长沙市特殊贡献护理工作者。

【杨　炯】 宁乡市人民医院ICU护士。在2011年医院综合ICU刚成立时，他主动请缨进入ICU。面对新科室刚成立时各项制度流程的不完善，护理人员素质参差不齐及思想不稳定等情况，他加班加点协助护士长不断完善ICU各项工作制度流程，带头克服一切困难努力安心工作，为科室的成立与健康发展作出重要贡献。多次被评为市人民医院“十佳最美天使”、县级“优秀护士”“市优秀护士”等称号。2020年2月，他主动请战支援武汉市金银潭医院。2020年，被评为湖南省新冠肺炎疫情防控救治护理工作先进个人、湖南好人、长沙市特殊贡献护理工作者。

【蒋　浩】 女，宁乡市中医医院针推科护师，2011年从护理学校毕业后，一直从事一线护理工作。她熟练掌握各项临床操作技能，出色完成各项护理工作，正确执行医嘱及各项护理技术操作规程。新冠肺炎疫情发生后，她第一时间请缨奔赴武汉市参加一线抗疫工作，并在武汉市金银潭医院参加重症新冠肺炎救治工作 47 天。2020 年，蒋浩被评为湖南好人、长沙市特殊贡献护理工作者。

【黄　宗】 宁乡市中医医院内二科护士。新冠肺炎疫情发生后，他积极主动报名，支援武汉市金银潭医院，在医院 ICU、重症室等科室参与抗击疫情 47 天。2020 年，黄宗被评为湖南好人、长沙市特殊贡献护理工作者。

【喻　玲】 女，宁乡市人民医院神经外科 ICU 护士。工作兢兢业业，多次获得“长沙市优秀志愿者”“院优秀护士”“十佳天使”等称号。“90 后”的她，是医院的“金牌讲解员”，是“健康与急救知识的传播者”，也是医院支援武汉市医疗队中年纪最小的队员。2020 年，喻玲被评为湖南好人、长沙市特殊贡献护理工作者。

【蒯奕兵】 宁乡市中医医院针灸康复科护士。在 2020 年支援湖北抗疫工作中，他积极报名，服从安排前往一线参与救治工作。充分利用护理工作经验全心全意努力照顾武汉市金银潭医院的新冠肺炎患者。2020 年，蒯奕兵被评为湖南好人、长沙市特殊贡献护理工作者。

【王　凤】 宁乡市中医医院护士，1998 年生。2019 年大学毕业参加工作，2020 年 1 月 23 日，她到湖北汉川市探亲，原计划 1 月 25 日返回宁乡，由于新冠肺炎疫情防控，其所在的汉川市紧急封城。得知回不了宁乡的她，第一时间联系汉川市人民医院，于 1 月 31 日成为汉川市人民医院发热门诊志愿者，到发热门诊采血处上岗，一直坚守到 3 月 17 日离湖北通道开放才回到宁乡。2020 年，王凤被评为湖南好人。

【娄卫华】 1977 年 7 月出生，1999 年 6 月入党，2013 年部队转业至宁乡市文化旅游广电体育局，从事文化市场综合执法工作 8 年。多年来在工作岗位上严谨求实，兢兢业业，认真学习贯彻执行党和国家的方针、政策以及各项法律、法规，公正执法，纪律严明，工作成绩优异，多次受到省、市上级主管部门的表彰和肯定。2020 年 1 月，他办理的“全国重点文物保护单位炭河里遗址建设控制地带内擅自进行建设工程案”被国家文物局评为 2020 年度全国文物行政处罚“十佳案卷”，并被长沙市列为行政执法指导案例。2020 年 10 月，他办理“湖南长沙李某侵犯音乐作品著作权案”，被国家版权局评为查处重大侵权盗版案件有功个人。

【2020 年立二等功现役军人名单】

唐湘峰，资福镇七星村人，1999 年 9 月入伍，2002 年 9 月军校毕业后分配至空军 95320 部队，历任雷达师、质量控制师、质量控制与安全监察室主任，连续保障飞行安全 18 年，曾参加庆祝建军 90 周年阅兵、军委战备拉动等重大任务。于 2020 年 9 月立二等功。

伍志斌，龙田镇隔山村人，2008 年 12 月入伍，现担任武警新疆总队塔城支队政治工作处新闻报道员，入伍以来，累计在中央电视台、中国之声广播电台、《解放军报》、《人民武警报》以及各类中央级媒体刊稿 700 余篇，立二等功。

李闪亮，横市镇界头村人，2002 年入伍，现为武警湖南总队机动支队作战支援大队大队长。2019 年作为武警教练组组长带领团队赴外执教，获颁科威特国民卫队荣誉勋章，出色完成中外军事交流任务，立二等功。

杨兴科，资福镇华宝村人，2013 年 9 月入伍，2018 年任武警儋州支队执勤六中队政治指导员。2019 年，所带中队被武警部队表彰为基层建设标兵中队，有力展现海南武警官兵的良好风貌和抓建基层的实际成效，立集体一等功一次、二等功一次。

【谭斌家庭】 谭斌是第 72 集团军某旅四级军士长。2019 年 11 月，谭斌因海中冒死勇救战车立一等功，2020 年 1 月 10 日，获陆军第二届“四有”新时代革命军人标兵称号。谭斌妻子文双双是一名坚强、善解人意的军嫂，对谭斌的工作非常支持。新冠疫情暴发后，他和妻子一起决定把立一等功得到的 10000 元奖金，全部捐给抗击疫情一线。12 月 31 日，中华全国妇女联合会在北京召开电视电话会，表彰 999 户全国五好家庭、200 个全国家庭工作先进集体、200 名全国家庭工作先进个人，揭晓 999 户全国最美家庭。谭斌家庭被评为全国五好家庭。

【王定国】（1913—2020 年），原名王乙香，谢觉哉夫人，1913 年生于四川营山。1933 年加入共产党。1934 年随红四方面军参加长征。曾任中共营山县委妇女部部长、县苏维埃政府内务委员会主席。后参加西路军前进剧团，随剧团三过雪山草地。1936 年底，在甘肃永昌地区遭马步芳部队逮捕，在狱中展开对敌斗争和营救红军战俘工作。1937 年秋逃离虎口，到达兰州八路军办事处，任八路军驻兰州办事处管理科科长。同年 9 月，与时任兰州八路军办事处党代表谢觉哉结婚。1946 年后，任延安市妇联主任、中央法制委员会党支部书记。中华人民共和国成立后，任谢觉哉秘书、最高人民法院党委办公室副主任等职。她是第 5 至 7 届全国政协委员。1971 年 6 月 15 日，谢觉哉与世长辞后，王定国在悲痛之余，着手整理谢觉哉留下的手稿、日记。她先后组织整理出版了《谢觉哉传》《谢觉哉书信集》《谢觉哉日记》《谢觉哉评传》《谢觉哉文集》等多部历史文献，为研究和探索谢觉哉的革命一生作出积极贡献。王定国关心宁乡发展，先后于 1960 年、1961 年、1988 年、1998 年、2006 年、2010 年六次到宁乡，为宁乡的党史宣传、文化推介作出了重大贡献。2020 年 6 月 9 日上午 11 点 06 分，王定国因病在北京去世，享年 107 岁。

【刘爱琴】（1927—2020 年），刘少奇与何宝珍的长女。1927 年生于湖北汉口，出生后即交给汉口一工人家庭抚养。1938 年由党组织找回延安，与父亲团聚。1939 年和哥哥刘允斌一起赴苏联，进入莫斯科莫尼诺国际儿童院学习。1940 年，进入苏联 10

年制学校读书。1941 年苏联卫国战争爆发后，参加红军后备军。1944 年加入苏联共产主义青年团。1946 年考入莫斯科通讯技术学校，学习经济计划专业。1949 年与秘密出访苏联的父亲刘少奇一起回国，在北京师范大学附属女子中学工作。后考入中国人民大学计划系。1953 年分配到国家计委综合局工作。1958 年到内蒙古边疆工作。1966 年加入中国共产党。1979 年后在河北师范大学、北京中国人民警官大学担任俄语教师、副教授。1995 年获得俄罗斯总统叶利钦签发的“参加伟大的苏联卫国战争钢铁战士”纪念证书和纪念章。她还是全国妇联授予的“三八红旗手”，被公安部授予人民警察一级金盾荣誉奖章。刘爱琴十分关心关注宁乡发展，1985 年，对刘少奇纪念馆筹建工作给予大力支持。此后多次在刘少奇诞辰日、清明节等到宁乡。2020 年 6 月 7 日晚，刘爱琴因病逝世，享年 92 岁。

市委常委会向市委一届七次全体（扩大）会议的工作报告

中共宁乡市委书记　于新凡

（2020 年 12 月 15 日）

同志们：

现在，我受市委常委会委托，向全会报告工作。

今年是极不平凡的一年。面对持续加大的经济下行压力、突如其来的新冠肺炎疫情冲击，全市上下以习近平新时代中国特色社会主义思想为指导，深入贯彻党的十九大和十九届二中、三中、四中、五中全会精神，深入落实习近平总书记对湖南工作系列重要讲话指示精神，全面落实党中央决策部署和省委、长沙市委工作要求，扎实做好“六稳”工作，全面落实“六保”任务，砥砺前行、开拓创新，奋发有为推动生产生活秩序逐步好转、经济运行持续稳步恢复、主要经济指标增速由负转正，成功被评为全国文明城市、国家生态文明建设示范市、全国营商环境百强县第 26 位，连续四年被评为中国全面小康十大示范县市，为“十三五”圆满收官交上一份优异答卷。

一、统筹推进疫情防控和经济社会发展取得战略成果

面对来势汹汹的新冠肺炎疫情，我们始终坚持人民至上、生命至上，认真落实“坚定信心、同舟共济、科学防治、精准施策”总要求，科学有序推动疫情防控和复工复产两手抓、两手硬、两不误，奋力夺取疫情防控和经济社会发展双胜利。**精准有力抓好疫情防控。**创造性采取“调度令”方式，全面构建起研判、调度、交办、落实、反馈“五位一体”的疫情防控工作闭环体系。对摸排出的重点地区返（来）宁人员严格实行“六包一”管理和“十个一”“三免费”服务，快速切断疫情传播链，被列为全省首批疫情低风险区县。全市仅 2 例输入性确诊病例，且自 2 月 1 日后再无新增确诊病例，得到时任省委书记杜家毫批示“宁乡经验可以推广”。**快速有效抓实复工复产。**率先按下经济社会发展“重启键”，发布《关于全力支持和组织推动企业复工复产的八条措施》等惠企政策，选派 485 名优秀干部驻企帮扶，累计减免税收、社保、水电气等各项资金超过 10 亿元。紧急调度物资，赠送企业口罩 47.6 万个、中药汤剂 16.2 万份，免费核酸检测 3.1 万人次。帮助企业用工，通过“春风行动”等公共就业服务活动达成就业意向 1.2 万余人。全力纾企解困，兑现工业企业奖补资金 6032 万元，惠及企业 413 家。**慎终如始抓细常态化疫情防控。**坚持联防联控、群防群控，落实“两防三不两化”举措，加强对学校、医院、大型商场、养老机构、农贸市场、车站、冷链食品企业等重点场所的疫情防控，提升新冠肺炎等重点传染病检测监测能力，做好防护物资和药品储备，一以贯之抓好常态化疫情防控，为全市广大人民群众创造了安全的生产生活环境。

二、积极稳妥推动经济运行逐步企稳回升

紧紧扭住发展第一要务，切实把握扩大内需这一战略基点，深化供给侧结构性改革，以“大干一百天实现双过半”和“奋战下半年、夺取双胜利”竞赛活动为抓手，以战时状态、战时思维抓项目建设、工业经济、消费回补和改革发展，预计全年国内生产总值同比增长 5%，规模工业增加值增长 4.5%，固定资产投资增长 5%，全社会研发投入增长 5%，社会消费品零售总额增长1%。**激活企业发展动力。**充分发挥园区在经济社会发展中的主阵地、主力军作用，强化企业创新主体地位，打造更具支撑力的优势产业链，厚植工业经济发展新动能。今年以来，园区规工增加值增长贡献率超86%，松井新材成为宁乡首家科创板上市企业。楚天科技、加加食品被评为国家智能制造应用新模式，万鑫精工被评为国家小巨人企业，顺利通过全国知识产权强县工程示范县、湖南省首批知识产权建设强县复核验收。全市新认定高新技术企业123家，新增市场主体1.9万户，总量突破12万户。**提振市场消费活力。**出台《宁乡市促进旅游商贸业发展若干政策》，在省内率先开放旅游景区景点，预计全年实现旅游综合收入65.4亿元，被评为中国最佳全域旅游休闲目的地。推动现代服务业加快发展，组织开展促消费系列活动，积极推动夜间经济和线上经济发展，鼓励全市广大干部职工带头消费，加速激活商贸消费市场。预计全年完成“四上”新增116家，完成网络零售额26.2亿元，同比增长11.5%。**加强现代农业建设。**牢牢守住粮食安全底线，大力推进高标准农田建设和水利基础设施建设，不断升级农产品加工业，培育壮大新型农业经营主体，加快推动百亿花猪产业发展，顺利通过“全国主要农作物生产全程机械化示范县”评审。今年以来，粮食总产量同比增长7%，农产品加工总产值增长11.8%。**重点推进转型发展。**针对园区发展、乡村振兴等重点难点问题，推动“亩均论英雄”、全域土地综合整治等35项改革落地见效，发展动力和改革活力持续增强。不断优化财税结构和财税质量，预计全年完成地方一般公共预算收入60.6亿元，税收占比达到77.6%。

三、加快推动项目建设全面提速增效

把项目建设作为推动经济发展的第一抓手，加快推动预备项目早落地、前期项目早开工、在建项目早投产，加快推进制造业标志性项目取得新成效。**打好招商引资组合拳。**预计全年新引进产业项目202个，同比增长60.31%，合同引资560亿元，其中投资过亿元的工业项目73个、10亿元以上的项目10个，“三类500强”项目9个。**跑出项目建设加速度。**全年铺排建设项目669个，已竣工195个，其中竣工产业发展项目73个。智能家电配件产业园、楚天科技四期、康师傅、比亚迪动力电池、邦弗特等产业项目竣工投产，湖南建工六建产业园、联塑二期、三一中起、云轮科技等项目加速建设，长益高速扩容工程竣工通车，渝长厦高铁、宁韶高速、市妇幼保健院等民生和基础设施建设项目加快推进。三一中起、比亚迪动力电池、格力冰洗和楚天科技四期入选长沙市先进制造业标志性项目。**提升营商环境吸引力。**实施“效能提速、实体经济降成本、企业家权益保护、政策落地”等四大专项行动，345项“一件事一次办”事项全部落地，“1+2+N”24小时全天候办理的“15分钟政务服务圈”基本建成，新型智慧城市项目荣获2019—2020中国新型智慧城市建设百强区县第8名，“三无城市”创建、“三超两免”改革、“商圈商户服务点”建设等经验在全省推广。**抓牢要素保障关键点。**今年以来，推荐和兑现企业贷款贴息5529.7万元，撬动发放制造业贷款超30亿元。完成征拆2616户腾地11764亩，批回建设用地近12000亩，用地报批一次性通过率名列全省第一，水电气“欠费不断供”活动惠及企业1700多家，工业用电、用水分别同比增长20.9%、12.4%，工业发展基础不断夯实。

四、全力以赴打赢打好三大攻坚战

坚决贯彻新发展理念，把打赢打好三大攻坚战作为迈向高质量发展的重要关口。**持续加大化解政府债务力度。**重点推进高息和非标债务降息置换，严禁违规融资，全面降低债务利息成本。多措并举盘活“三资”，积极争取专项债券，统筹推进国有平台公司市场化转型，确保债务风险稳定可控。今年7月，省财政厅下文明确我市债务风险等级下调至二类风险地区。**全面决战决胜脱贫攻坚。**今年以来，解决农村四类重点对象住房安全保障问题678户，实现义务教育阶段适龄儿童100%入学，持续动态清零农村饮水安全问题，实施产业扶贫项目178个，完成消费扶贫金额1.6亿元，实现贫困劳动力就业1.6万余人，顺利迎接省检考核，全市建档立卡贫困户20087户53561人全部实现脱贫。**重点发力污染防治。**全面完成省政府“2020年夏季攻势”整治任务，省级环保督察“回头看”信访转办件数量为四区县（市）最少。严格落实“六控十严禁”要求，全市空气优良率为99.1%，同比上升11.8%，“宁乡蓝”更加亮丽。加强饮用水水源保护，持续推进农村生活污水治理和水生态建设，启动城乡排水一体化PPP项目，城区、园区及乡镇污水处理厂达标运行率100%，沩水、靳江考核断面水质均稳定达到地表水Ⅲ类标准。推进4.2万亩重金属污染耕地修复治理，全市土壤环境质量逐步改善。

五、决胜全面小康社会取得决定性成就

始终坚持以人民为中心的发展思想，认真落实“全面小康决胜年”决策部署，落细“一脱贫三促进六覆盖”举措，确保高水平全面建成小康社会。**不断优化生产生活环境。**完成农村公路建设893.1千米，持续完善农村公路安防设施。农村自来水普及人数达到90.6万人，普及率超86%。集中连片打造一批农村“五治”示范“美丽屋场”、人居环境整治示范带和现代农业产业示范项目，完成农村改厕16489座，创建长沙市级“美丽屋场”20个，农村更加美丽。**持续加大民生改善力度。**聚焦义务教育、基本医疗和社会保障，持续加大民生投入，认真办好各项民生实事。今年以来，新（扩）建城区和农村集镇学校13所，新增普惠性民办幼儿园9所，全部化解大班额，“党建+德育”融合创新案例获湖南省十大优秀案例。深入推进健康宁乡建设，完善医疗卫生服务体系，“一站式”结算报销比例达91.1%，切实解决群众“就医难、就医贵”的问题。“构建全域立体急救网、抢护生命健康‘黄金期’”医改案例作为全省5个可复制可推广典型案例入选“湖南基层改革探索100例”。织密社会保障网，提高农村低保救助水平，加大城市困难群体帮扶力度，构建多层次

社会保障体系，推进民生保障精准化精细化。**着力提升群众获得感。**不断满足人民群众对美好生活的向往，900余项服务事项接入“智慧宁乡”APP，308项政务服务事项全部下沉至乡镇（街道），159项公共服务事项下延至村（社区），基层公共服务“一门式”实现全覆盖。组织市直单位、乡镇（街道）和企业开展应急救援演练，不断提高群众应急意识和应对灾害能力。预计全年城镇新增就业10650人，城乡居民人均收入达40458元，同比增长6%。171个村集体经济收入达20万元以上，完成提标任务113%。宁乡提前三年完成全面小康任务。

六、切实维护社会大局和谐稳定

全力做好社会治理和安全生产工作，着力提高平安宁乡建设水平，不断提升人民群众安全感。**用心用情化解信访矛盾纠纷。**严格落实“一把手”抓信访工作机制，开展“领导接访下访推动矛盾化解”攻坚年活动，全力化解信访积案，切实解决群众身边的矛盾纠纷问题。今年以来，长沙市交办的“四重攻坚”信访案件化解率达90%；市领导接待来访群众116批343人次，批示72件，全部办结到位。**持续推进基层社会治理创新。**积极推进全省社会治理创新试点，统筹推动智能感知、智慧调解、智慧城市三大治理模块建设，开发全省首家县级社会矛盾纠纷多元化解（ODR）平台“宁慧调”，在线受理工单、调解矛盾纠纷和申请司法确认，共计调解各类矛盾纠纷7624件，调解成功率达98%。坚持自治、德治法治相结合，充分发挥社会贤达作用，召开屋场夜话7700余场，全面激活乡村治理内生动力。持续推进智慧安防、智慧网格建设，成立7大片区依法治理调度中心，着力解决群众“急难愁盼”问题。**深入推进平安宁乡建设。**坚持全面依法治市，深入开展法治政府建设示范创建，营造遵法、学法、守法、用法的社会氛围。部署开展打击“盗抢骗”（含电信诈骗）、非法集资（含网络传销）、道路交通安全等7个专项行动。纵深推进扫黑除恶专项斗争，累计打掉黑社会性质组织1个、恶势力犯罪集团5个、恶势力犯罪团伙13个。持续开展“安全生产主体责任年”活动，未发生较大及以上生产安全事故。全面落实“四个最严”，食品安全形势持续稳定向好。

七、坚定不移将思想文化建设推向新高度

宁乡具有深厚文化底蕴和红色文化基因，具有良好人文环境和物质基础。今年以来，我们坚定不移推进新时代文化建设，围绕“创建全国文明城市”，不断提升文化软实力。**加强意识形态工作。**高扬思想旗帜，坚持把学习宣传贯彻习近平新时代中国特色社会主义思想和习近平总书记对湖南工作系列重要讲话指示精神作为首要任务。大力培育和践行社会主义核心价值观，严格落实意识形态工作责任制，强化阵地管理，抓好意识形态风险防控网格化管理，确保意识形态领域整体安全。**深化红色文化建设。**围绕发扬革命传统传承红色基因，成立何叔衡故居管理处，打造沙田红色文化中心，开设“宁乡四髯”陈列馆。积极探索文旅融合发展新路径，建立十大片区党员教育培训基地，促进红色教育与乡村振兴、研学基地、生态康养等融合发展，推动红色文化向红色产业转变。**提升城市建管水平。**坚持“一江两岸、东进融城”的城市发展主轴，践行城市精细化管理理念，进一步提升城市建管水平。完善汽车站、火车站和污水管网等基础设施建设，实现城区新建建筑管道直饮水全覆盖。统筹推进老旧小区改造、棚户区改造、城区老旧公厕改造、农贸市场提质和园林绿化建设等各项工作，打造文明停车示范街30条，建成“城市驿站”12座，获批国家县城新型城镇化建设示范市。深入开展“三大不文明行为”整治，抓好36项创建全国文明城市重点工作任务清单落实，组织20万名志愿者开展400多场主题志愿服务活动，城市环境更舒适，群众精神生活更富足。

八、积极推动社会主义民主政治建设

坚持把党的领导、人民当家做主、依法治国有机统一，充分发挥党总揽全局、协调各方作用，充分调动各方面积极因素。今年以来，市委常委会听取市人大常委会、市政府、市政协、市法院和市检察院党组工作汇报，全力支持和保证同级国家机关和其他组织依法依章程履行职能。市人大常委会坚持依法行使职权，围绕市委重大部署决策，开展优化营商环境专题询问，推进乡镇民生实事项目人大代表票决制全覆盖，在产业链建设、房地产遗留问题处理、沩江流域治理等工作中积极作为、担当表率。市政府坚持稳中求进，积极化解政府债务，守牢风险防范底线，坚持依法治市，提升治理效能，扎实做好“六稳”工作，全面落实“六保”任务，确保经济平稳健康发展。市政协全力服务大局，聚焦经济民生积极开展议政协商，打造“基层民主协商对话会4.0版”，组织开展第二届社会贤达评选，助力基层社会治理。

坚持党管武装，支持市人武部全力抓好国防后备力量建设，为全市经济社会发展保驾护航。积极开展新时代统战工作，支持市委统战部多措并举团结凝聚党外力量，强化民族、宗教、侨务等工作，深入推进“同心创建”，充分发挥统一战线的重要法宝作用。深入学习贯彻中央全面依法治国工作会议精神，支持市法院依法独立公正行使职权，统筹推进诉源治理，着力优化法治化营商环境，近五年收结案数首次迎来下降拐点。支持市检察院围绕长效常治目标深化扫黑除恶专项斗争，全面加强法律监督，扎实服务好三大攻坚战，为市域经济社会发展提供司法保障。支持工会、共青团、妇联、科协、残联等群团组织充分发挥桥梁纽带作用，不断增强政治性、先进性、群众性。

九、全面加强新时代党的建设

全面坚持和完善党的领导，坚决贯彻落实党中央决策部署，始终保持政治定力和正确前进方向，增强“四个意识”、坚定“四个自信”，做到“两个维护”。**全面贯彻落实党的十九届五中全会精神和习近平总书记考察湖南系列重要讲话指示精神。**市委发挥领学促学作用，先后组织召开全市领导干部会议、市委一届六次全会进

行集中传达学习。各级各部门分别开展宣讲工作，迅速掀起传达学习贯彻落实的澎湃热潮。全年召开常委会会议30次，组织市委理论学习中心组集中学习8次，不断强化党的创新理论武装，推动全市各项工作全面落实。**高质量推进基层党的建设。**坚持党的一切工作到支部的鲜明导向，成立116个小区党支部，1.1万余名在职党员进社区报到，积极参与文明创建、小区治理等活动，形成“一核三元”小区治理模式。全面铺开村级换届工作，选优配强村级党组织班子。制定出台《宁乡市科级干部初始提名推荐规则》，严格规范干部提名制度，形成能者上、优者奖、庸者下、劣者汰的用人新格局。抓实理想信念教育，办好年轻干部理想信念培训班和全市党员全覆盖轮训，培养忠诚干净担当的高素质专业化干部队伍。**持续优化政治生态。**制定《市委落实全面从严治党主体责任清单》，深化整治形式主义、官僚主义，纵深推进全面从严治党。今年以来，共开展3轮巡察，目前市管党组织巡察覆盖率达90%，乡镇（街道）和村级党组织实现巡察全覆盖。出台《关于严禁领导干部及亲属违规经商办企业、参与政府投资项目建设和采购等行为的有关要求》《宁乡市作风建设“八个严禁”》等规定，举办第十一届廉政文化周，召开党风廉政建设推进会，深化重点领域专项整治，一体推进不敢腐、不能腐、不想腐，进一步净化政治生态。

十、科学谋划“十四五”规划和二〇三五年远景目标

贯彻落实党中央决策部署和省委、长沙市委工作要求，准确把握习近平总书记赋予湖南的新时代使命任务，圆满完成《中共宁乡市委关于制定宁乡市国民经济和社会发展第十四个五年规划和二〇三五年远景目标的建议》的起草。市委常委会全面领导文件起草工作，成立文件起草组，召开13个重点专项规划调研座谈会，广泛征求各方面意见，反复进行讨论修改，吸收了乡镇（街道）和相关部门单位提供的意见建议，充分体现了发扬民主、开门问策、集思广益的文件起草要求。

回顾今年以来的工作，我们深感成绩来之不易，经验弥足珍贵。这得益于中央和省委、长沙市委的坚强领导，得益于全市人民的团结奋斗，得益于四大家班子同心同向，得益于全体干部的实干进取。在此，我谨代表市委常委会，向所有关心、支持和参与宁乡发展建设的同志们、朋友们表示衷心的感谢，并致以崇高的敬意！

政府工作报告

2020年12月26日在宁乡市第一届人民代表大会第五次会议上
宁乡市人民政府市长　付旭明

各位代表：

现在，我代表市人民政府向大会报告工作，请予审议，并请各位政协委员和其他列席人员提出意见。

一、2020年及“十三五”工作回顾

2020年是宁乡发展历史上极不平凡的一年。面对严峻复杂的宏观经济形势和突如其来的新冠肺炎疫情，我们在长沙市委、市政府和宁乡市委的坚强领导下，在市人大、市政协的监督支持下，高举习近平新时代中国特色社会主义思想伟大旗帜，全面贯彻党的十九大和十九届二中、三中、四中、五中全会精神，坚持稳中求进工作总基调和高质量发展总要求，紧盯全面建成小康社会目标任务，科学统筹疫情防控和经济社会发展，扎实做好“六稳”工作，全面落实“六保”任务，努力完成市一届人大四次会议确定的各项任务，确保了决战决胜脱贫攻坚、全面建成小康社会和“十三五”规划圆满收官，全市经济发展企稳回升态势不断巩固，主要经济指标实现正增长。地区生产总值增长4.5%（预计数，下同），地方一般公共预算收入增长1%，规模工业增加值增长4.8%，固定资产投资增长5%，全社会研发经费投入占地区生产总值比重达3.12%，城乡居民人均可支配收入增长6.5%。县域经济基本竞争力提升至全国百强县第21位，成功被评为全国文明城市、国家生态文明建设示范市。

一年来，我们主要做了以下工作：

（一）强化指挥调度，科学应对疫情挑战。坚持把人民群众生命安全和身体健康摆在首位，严格落实中央和省市决策部署，突出科学防控、依法防控、群防群控，创新实施“两免费”服务、“四报告”制度、“五区”联防联控、“六包一”责任机制、“十个一”管理措施，构建起牢不可破、坚不可摧的防控屏障，实现了“四个确保”，疫情防控经验被省委向全省推介，宁乡成为全省首批疫情低风险地区。统筹抓好疫情防控和经济社会发展，出台支持复工复产“宁八条”、商贸旅游“十四条”，全面落实减税降费、减租降息、驻企帮扶等举措，力促重点企业率先复工复产，有效稳住了全市经济增长基本盘。在疫情防控中，全市医护人员白衣执甲，11名优秀医务工作者逆行出征湖北抗疫前线，以实际行动生动阐释了医者仁心和无疆大爱。广大党员干部奋勇争先、倾情奉献，全市人民同心同向、风雨同舟，全面展现了疫情面前共产党人的初心使命和人民群众的磅礴伟力。在此，我谨代表市人民政府，向英勇的宁乡人民致以崇高的敬意！

（二）紧盯六个全覆盖，决战决胜全面小康。实现城乡安全饮水全覆盖。提质改造乡镇自来水厂2个、村级饮水工程15处，城乡饮水安全保障率达100%，新增农村通自来水3.41万人，农村自来水普及率达89.7%。**实现基层公共服务全覆盖。**新建村部11个、村级标准化卫生室25个。打造基层公共服务“一门式”示范点12个，新增下放46项公共政务服务事项到村（社区）。**实现社会保障全覆盖。**城乡低保、特困人员基本生活保障标准分别提升至650元/月、845元/月，发放高龄津贴5100万元，城乡医保参保率达95%，城乡居民养老保险参保率达100%。建成市社会福利中心，新增养老床位498张。新增城镇就业1.06万人，城镇登记失业率控制在4%以内，零就业家庭实现动态清零。荣获中国社会保障百佳县。**实现农村危房改造全覆盖。**实行一户一档、因户施策，“四类重点对象”危房实现动态清零，住房安全保障率达100%。**实现通村通组公路全覆盖。**新（改）建农村公路893千米，提质改造干线公路129千米，通村主要道路硬化率达100%，所有建制村均实现通客运班车。**实现义务教育全覆盖。**全力控辍保学，适龄儿童入学率100%，全面消除义务教育阶段大班额。

（三）坚持精准施策，持续打好三大攻坚战。债务风险防范取得阶段性成果。强化精准调度，厘清债务责任，盘活存量资源，优化债务结构，强力推进非标产品置换和降息，加快国有平台公司市场化转型，没有发生债务逾期现象，牢牢守住债务风险防范工作底线。通过不懈努力，今年上半年，我市债务风险等级已下调至二类。严厉打击非法金融活动，省级金融安全区成果持续巩固。**污染防治攻坚取得关键性进展。**空气质量明显改善，全年空气优良率95%以上。实施城乡排水一体化工程，新（改）建乡镇污水处理厂8座、管网30千米；沩水、靳江等主要河流出境断面水质稳定在Ⅲ类以上，饮用水水源地水质达标率100%。完成大坝塘石煤矿、胜溪电解锰厂污染土地修复；治理重金属污染耕地4.24万亩、巩固调整种植结构9.81万亩，土壤环境质量有效改善。**脱贫攻坚取得决定性胜利。**实施“责任三包一”、调度“四个一”、走访“五到位十必看”等举措，重点推进两业扶贫、消费扶贫，实施产业扶贫项目174个，新增扶贫车间42家，实现贫困劳动力就业2万人，消费扶贫额突破1.6亿元，顺利通过脱贫攻坚省检

考核，全市建档立卡贫困户20087户53561人全部实现脱贫。对口帮扶的新化县和龙山县咱果乡均实现脱贫摘帽。

（四）保持战略定力，深入实施制造业立市。项目建设卓有成效。全年新引进产业项目202个，投资10亿元以上项目10个；铺排产业项目669个，累计完成投资403亿元，新开工格力冰洗、三一中起、欧标化妆品等项目58个，新投产比亚迪动力电池、中电互联等项目54个，金时科技、云轮科技等72个项目加速建设。成功举办第8届电池"达沃斯"论坛。荣获2020中国工业百强县第14名。**惠企暖企成效明显。**全年为市场主体减税降费8.5亿元，新增贷款贴息5529.7万元，疫情期间水电气"欠费不断供"活动惠及市场主体1700多户。全年新增规模工业企业38家、税收过千万元企业7家。**创新成果不断涌现。**新增高新技术企业122家、智能工厂（车间）79家。顺利通过国家知识产权强县工程示范县和湖南省知识产权强县复核验收。新增有效发明专利177件，技术合同交易额增长52.4%。万鑫精工被评为国家"小巨人"企业。松井股份成功登陆科创板上市。

（五）聚焦三农发展，释放农业农村活力。粮食生猪保障有力。落实粮食主产区责任，全年生产粮食72.5万吨。出栏生猪95万头，生猪产能有效恢复。宁乡花猪荣获中国中部知名农产品品牌、首批湖南省"一县一特"农产品优秀品牌，花猪全产业链产值达35亿元。**农业基础不断夯实。**建成高标准农田8.4万亩。除险加固黄材水库、洞庭水库和小型水闸27座，整修山塘152口、疏浚灌溉干渠141千米。科学组织防汛抗旱，成功抗击17轮强降雨。动植物疫病防控扎实有效，禁捕退捕工作有序推进。农机综合作业水平提升至80.8%，荣获全国率先基本实现主要农作物生产全程机械化示范县。**特色产业效益彰显。**生产优质烟叶9万担，产量实现恢复性增长。蔬菜、水果、茶叶喜获丰收，栀子、蓝莓、辣椒等特色产业快速发展。新增国家级农业产业化龙头企业1家、"一县一特"生产基地5家、新型职业农民650人、种粮大户200户、农民合作社145家、家庭农场66家，全市农产品加工业总产值突破500亿元。被评为中国乡村振兴百佳示范县第六名。**涉农改革稳步推进。**启动夏铎铺全域土地综合整治试点建设。有序推进农村宅基地和集体建设用地确权登记。强力整治农村乱占耕地建房行为，全面规范村民建房审批管理。新型村级集体经济组织实现全覆盖，完成村级集体资产清产核资23.04亿元，全市涉农村（社区）集体经济年收入均超过10万元，50万元以上的达15个。**人居环境持续改善。**乡村振兴示范走廊建设基本完成。新增改厕16489座，农村中小学改厕动态清零。深化农村垃圾治理，全年垃圾减量45%。创建长沙市"美丽屋场"37个，打造美丽河流12条、小微水体示范片16处。加固危桥25座，建成农村公路安防工程200千米。鹊山村荣获全国文明村。

（六）激发消费活力，加快培育新型消费。全域旅游加快复苏。新建游客咨询服务中心7处、旅游厕所等配套设施51处，启动智慧旅游系统建设。方特·东方神画、炭河古城等重点文旅项目在全省行业内率先恢复营业。推出"乐游宁乡"经典线路5条，举办"相约四季·生日免票游宁乡""最美逆行者最暖宁乡情"和茶旅文化节、漂流文化节、民谣音乐节等主题活动，全年接待游客980万人次，实现旅游综合收入65.4亿元。春踏花径、夏嬉山水、秋收硕果、冬品丰年的"心宁之乡·美好时光"旅游品牌绽放新魅力。四羊方尊出土点遗址被评为省文物保护百佳项目。宁乡被评为中国旅游百强县、中国最佳全域旅游休闲目的地。**现代商贸焕发新机。**推行"交房即交证"试点，稳定房地产市场预期，新建商品房销售160万平方米。出台系列暖企政策，减免国有物业租金2339万元，发放消费券1100万元。组织开展市长代言、直播带货等活动，举办"春天有约·商惠宁乡""盛夏金秋·夜遇心宁"等消费节会，人人乐、奥特莱斯等商贸综合体被评为长沙市最美夜购示范区。全年实现电子商务交易额26.2亿元、外贸进出口总额12.6亿美元。

（七）聚力建管升级，着力提升城市品质。成功创建全国文明城市。面对重塑政治生态的艰巨任务、稳住预期的巨大压力和人民群众的热切期盼，我们矢志不渝创建全国文明城市，深入践行创建为民、创建惠民、创建靠民理念，扎实开展基础设施提质、不文明行为整治和文明劝导志愿服务等系列活动，深入推进新时代文明实践中心建设试点，全市上下众志成城、勠力同心，于困局中开新局，九年逐梦今朝梦圆。在此，我要向勤劳的全市人民表示衷心的感谢！回首创建历程，我们深刻地体会到：只有锲而不舍、永不放弃才能赢得主动，只有真抓实干、精益求精才能梦想成真，只有迎难而上、坚韧前行才能不负重托，只有同心同德、同行同向才能无往不胜。**城市规划更加精准。**完成第三次国土调查和空间总体规划大纲编制，"三区三线"划定取得阶段性成果，启动高铁新城、金洲新城和"一江两岸"等片区规划和镇村规划编制，城市规划的管控力进一步增强。**城市建设更加精致。**长益高速复线竣工通车，宁韶高速、渝长厦高铁加快推进。启动香山片区城市有机更新和楼台山公园建设，改造老旧小区24个、完成棚改1260户、新建公租房2110套，筹集租赁房源6213套，建成城市生活圈配套项目20个、"城市驿站"12座。入选全国县城新型城镇化建设示范县。国家园林城市创建有序推进。**城市管理更加精细。**实现城区餐厨垃圾收运处置全覆盖。创建文明停车示范街30条，改造老旧公厕8座、易涝点6处；整治违规户外广告3892处，拆除违建8.4万平方米，维修人行道2.3万平方米，栽植花卉苗木186万株。更新纯电动公交车51台。城市节水经验获全省推介。

（八）贯彻共享理念，全力增进民生福祉。重点民生保障有力。全面完成29项省市重点民生实事，建成示范性综合文化服务中心20家，新建停车位7652个，新增被征地农民社保9119人，适龄妇女"两癌"免费检查2.6万人次。**社会事业蓬勃发展。**新（改）建学校13所，新增学位20670个。新（改）建乡镇卫生院5家，市人民医院健康管理中心投入使用。医疗机构全面开设发热门诊（诊室），设置定点救治医院和后备应急医院各1家、隔离病床112张，防疫物资四级储备体系基本健全。完成市文联换届选举，设立“市长文艺奖”。孟德良同志被评为全国劳动模范。第七次人口普查全面开展。全省“双拥模范城”创建实现五连冠。**社会治理开创新局面。**聚焦道路交通等13个行业领域顽瘴痼疾整治，强化“打非治违”，全年未发生较大及以上安全生产责任事故。纵深推进扫黑除恶专项斗争，累计打掉涉黑涉恶组织团伙19个，破获案件521起，查扣涉案资金3618万元。深入推进新时代禁毒人民战争，强制戒毒执行率、病残涉毒人员收治率均达100%，污水涉毒成分监测结果连续两年位于长沙各区县最低。着力构建“大信访”机制，扎实推进“领导接访下访推动矛盾化解”攻坚年活动，矛盾纠纷调解成功率达98%，被评为全省社会治理创新试点县、全省综治工作先进县。强化食品安全治理，食品安全评价性抽检合格率达99.27%，确保了人民群众“舌尖上的安全”。

（九）加强自身建设，政府公信力执行力有效提升。致力建设法治政府。坚持依法行政，切实履行法定职责，全面推行市领导领办民生建议和重点提案机制，高质量办理市人大1号议案，高效办理各级人大代表建议、批评、意见157件，政协委员提案126件，办理答复率100%，形成了办理建议提案与推动各领域工作全面发展、相互促进的生动局面。坚持科学、民主、依法决策，全面落实行政负责人出庭应诉机制，全年依法审查文件537份，审查备案政府性合同1180份，办结行政复议42件，市政府本级无行政败诉案件。**致力建设服务政府。**抓实营商环境“四大专项”和“三超两免”改革，强化“新官不理旧账”专项治理，派出干部驻点企业帮扶，开展市长企业家接待日活动，为21家重点企业化解难题38个。深化“放管服”改革，推进“一件事一次办”，政务服务改革经验获全省推介。宁乡被评为营商环境全国百强县第26位。智慧城市云平台归集数据1.3亿条，打造便民应用场景26个，荣获中国新型智慧城市建设百强县。强化要素保障，全年征拆房屋2620户、腾地11764亩，新增建设用地11931亩；违规用林用地如期完成整治；新建供水管网40千米、燃气管道34.5千米、电力项目11个；举办人才招聘30场次、引进人才3614人。全年新增市场主体1.9万户。**致力建设效能政府。**坚决反对形式主义和官僚主义，政府系统精减全市性大会30%、督查检查考核事项50%。通过基层民主协商对话、12345市长热线和电视问政等方式，充分听取民意、切实化解民忧，及时办理群众来电来访来信94223件，回访满意率达98.7%。**致力建设廉洁政府。**全面落实党风廉政建设和意识形态工作“一岗双责”。加大审计监督力度，市本级完成审计项目23个。严格落实《政府投资项目管理办法》，进一步规范政府投资项目管理。坚持厉行节约反对浪费，压减一般性支出10%以上。

各位代表，过去的五年，是我市发展进程中面临风险挑战最多的五年，也是改革发展成效最为突出的五年，更是广大干部群众获得感最强烈的五年。面对2017年特大洪灾、2018年低温雨雪冰冻、2019年非洲猪瘟、2020年新冠肺炎疫情等突发灾害，我们风雨同舟、万众一心，攻坚克难、砥砺奋进，成功实现撤县设市，连续三年荣获国务院真抓实干激励表扬，较好地完成了“十三五”规划确定的主要目标任务。全市地区生产总值、规模工业增加值、固定资产投资、社会消费品零售总额、城乡居民人均可支配收入分别增长8.5%、10.3%、12%、10.5%、8.4%。“十三五”期间，宁乡在全国百强县经济基本竞争力排名中前进了18位。

五年来，我们突出创新发展，着力培育产业经济新体系。实施六大强农行动，连续五年被评为全国粮食生产先进县，成功获批国家级现代农业产业园、国家级农业科技园和国家农村产业融合发展示范园。加大招大引强力度，新引进产业项目820个，完成投资756亿元；新增规模工业企业336家、高新技术企业267家，高新技术产业增加值占比达22%。宁乡经开区获批国家知识产权试点园区，宁乡高新区获批全国首个电池产业集群示范区。实施“14830”旅游发展规划，先后建成炭河古城、方特·东方神画等重大旅游项目。全市三次产业占比由2015年的11.4：48.4：40.2升级优化为2020年的10.4：43.1：46.5。

五年来，我们突出协调发展，着力构建城乡宜居新格局。实施交通路网畅通行动，打通站前路、学府路、文体路、康宁路、人民北路等城市骨干道，拉通金唐公路（一期）、华强大道、岳宁大道、黄龙公路等城乡主干线，全市交通畅达指数大幅提升。实施基础配套强基行动，建成南太湖水厂和八家湾水库，城区自来水厂主取水口上移至珍洲坝，城市日供水能力提升至28万吨，供水水质大幅提升。统筹城乡污水治理，提质城区污水处理厂4座，建成乡镇污水处理厂31座，全市污水日处理能力提升至27万吨。实施电力“630攻坚”行动，新（扩）建35千伏以上变电站21座，净增主变容量146.2万千伏安；新（改）建输电线路16条，全市供电能力从55万千瓦提升至110万千瓦。实施“气化湖南”工程，全市城镇居民燃气气化率达到95%。推进新型城镇化，全市城镇化率提升至65%。全域推行路长制，新（改）建桥梁142座，硬化提质农村公路2655.5千米，荣获省“四好农村路”示范县。大力实施农村“五治”，累计完成改厕12万座，打造美丽屋场204个，被评为全国农村人居环境整治成效明显激励县。

五年来，我们突出绿色发展，着力提升生态文明新实效。深入践行习近平生态文明思想，着力构建齐抓共管的生态环境治理格局。深入推进蓝天保卫战，大力实施秸秆禁烧、烟花鞭炮禁燃限放、裸露黄土植绿覆绿等举措，PM2.5浓度均值由2016年的49微克/立方米降为2020年的28微克/立方米，年度空气优良率稳定在90%左右。深入推进碧水攻坚战，全域实施河（湖）长制，深入开展“除臭剿劣”，城区化粪池、黑臭水体、劣Ⅴ类排口整治动态清零，重拳整治挖山洗砂、河道非法采砂，统筹推进禁养区规模养殖退出和畜禽粪污资源化利用，2018年以来，全市主要河流出境断面水质稳定在Ⅲ类以上，饮用水水源地水质达标率100%。深入开展净土静音持久战，强化重金属污染耕地治理、农业面源污染治理、矿山污染专项整治和城市声环境功能区整治，累计治理重金属污染耕地24.94万亩，土壤和声环境质量持续改善。

五年来，我们突出开放发展，着力形成区域竞争新优势。加速构建对外交通大格局，益娄高速、长益高速复线等区域交通干线建成通车，石长铁路开通动车，宁韶高速、渝长厦高铁、1121工程等重点项目加速建设，融入长株潭、辐射湘中西的立体式交通网络初步形成。深入推进放管服改革，市民之家投入使用，“三集中三到位”“三无城市”“三即改革”“三超两免”等改革经验获全省推广，“互联网+政务服务”融合发展获国务院通报表彰。“三抓两促”“金牌店小二”等服务活动卓有成效，营商环境不断优化，投资洼地效应日益彰显，五年来新增市场主体6.65万户。智慧城市加快建设，智慧政务、智慧城管、智慧交通等项目协同推进，荣获全球智慧城市大会提名奖、全国政务信息优秀奖。

五年来，我们突出共享发展，着力建设幸福安宁新家园。全力保障居民就业，新增城镇就业近6万人、失业人员再就业近2万人，零就业家庭实现动态清零。致力改善基本民生，累计完成棚户区改造18928户，连续三年被评为省棚户区改造工作先进单位；养老基础金、城乡低保和特困群体补助标准稳步提高；教师和公务员工资福利保障水平稳步提升。累计投入教育项目建设资金37亿元，新（改）扩建学校33所、新增学位5万多个，建设乡村教师公租房2980套。累计投入卫健项目建设资金15.97亿元，新（改）建乡镇卫生院19家、标准化村卫生室389个、乡村医生公租房1580套，公立医院综合改革获国务院表彰。完成水利项目建设投资26.97亿元，沩水主河道防洪堤和城市防洪圈基本闭合，城区防洪标准达50年一遇。深入推进平安宁乡建设，全市未发生较大及以上安全生产责任事故，被评为全省安全生产工作优秀单位；扫黑除恶专项斗争获中央督导组肯定，新时代禁毒人民战争取得新成效，全市人民的获得感幸福感安全感明显提升。

五年来，围绕经济社会发展大局，人民武装、武警消防、退役军人事务、医疗保障、民族宗教、史志档案、人防、供销、科协、残联等事业取得新进步；工会、共青团、妇联、老干、老龄和关工委等群团社团组织为全市高质量发展作出新贡献。在此，我代表市人民政府向全市人民，向给予我们支持和监督的人大代表、政协委员、各民主党派、工商联和无党派人士、各人民团体、社会各界人士及离退休老同志，向参与和支持宁乡建设的驻宁单位、武警驻宁部队，向所有关心、支持和参与宁乡建设发展的朋友们、同志们，表示衷心的感谢和崇高的敬意！

在总结成绩的同时，我们也清醒地认识到政府工作还存在一些问题和不足：产业集群优势不突出，企业自主创新能力整体不强；政府存量债务化解和财政收支矛盾风险依然较大；基础设施还有短板，城乡融合发展体制机制有待创新；民生保障仍需进一步加强，教育、医疗等公共服务供给还不充分，社会治理效能有待提升；政府自身建设和全市作风建设仍需加强，政治生态建设任务依然艰巨，等等。对于这些发展中的问题和前进中的困难，我们将继续努力，切实加以改进。

二、“十四五”时期的愿景和任务

根据《中共宁乡市委关于制定宁乡市国民经济和社会发展第十四个五年规划和二〇三五年远景目标的建议》，市人民政府编制了《宁乡市国民经济和社会发展第十四个五年规划纲要（草案）》，提请大会审查。

“十四五”时期，我们将**高举中国特色社会主义伟大旗帜，深入贯彻党的十九大和十九届二中、三中、四中、五中全会精神，坚持以马克思列宁主义、毛泽东思想、邓小平理论、“三个代表”重要思想、科学发展观、习近平新时代中国特色社会主义思想为指导，全面贯彻党的基本理论、基本路线、基本方略，深入落实习近平总书记对湖南工作系列重要讲话指示精神，全面落实党中央决策部署和省委、长沙市委、宁乡市委工作要求，坚定不移贯彻新发展理念，坚持稳中求进工作总基调，以推动高质量发展为主题，以深化供给侧结构性改革为主线，以改革创新为根本动力，以满足人民日益增长的美好生活需要为根本目的，统筹发展和安全，全面推进乡村振兴，创新基层社会治理，服务构建新发展格局，在深入实施“三高四新”战略中，坚持兴工强市的发展定位，坚持“一江两岸、东进融城”的发展主轴，坚持以人民为中心的发展思想，全面建设工业强市、幸福宁乡，奋力谱写新时代坚持和发展中国特色社会主义的宁乡新篇章。**

未来五年高质量发展主要预期目标：**地区生产总值年均增长7%；社会消费品零售总额年均增长7%；居民人均可支配收入年均增长7%；产业投资占固定资产投资比重达60%；全社会研发经费投入占国内生产总值比例达3.5%；高新技术产业增加值占国内生产总值比重达28%；每万人口有效发明专利拥有量达22件；常住人口城镇化率达68%；空气质量优良天数比例90%以上；地表水稳定达到或优于Ⅲ类。**

为实现以上目标和愿景，我们将突出抓好五个重点：

（一）突出兴工强市，培育现代产业新体系。落实湖南打造国家重要先进制造业高地“八大工程”，推动制造业向高端化、智能化、绿色化、融合化、数字化方向发展，聚力打造三个千亿产业集群和十家百亿产值企业，努力建设制造强市、质量强市、网络强市。统筹发展现代服务业，打造区域性现代服务业新高地。全力打好产业基础高级化、产业链现代化攻坚战，加快构建新兴产业壮大与传统产业提质互动发展、服务业与制造业协同发展、一二三产业深度融合发展的现代产业新体系。

（二）突出东进融城，构建城市开放新格局。落实湖南打造内陆开放高地“五大开放行动”，实施快速连通工程、路网优化工程、干线提质工程，加快打造以高铁轻轨和田字形高速为骨架、国省干线为动脉的市域综合交通体系，实现宁乡城区半小时融入长沙、各乡镇15分钟上高速。高标准编制国土空间总体规划，强化国土用途管控，按照“三线一单”要求，巩固城镇空间、农业空间、生态空间划定成果，加快构建以“一江两岸”为城市发展轴，以金桥路为融城发展带，以金洲新城组团、宁乡经开区工业组团、老城区城市发展组团为主体的“一轴一带三组团”城市空间格局，让“一江两岸”成为宜居宁乡新坐标。

（三）突出创新引领，打造创新创业新高地。落实湖南打造内陆开放高地“四大改革行动”，以改革促发展、以创新促改革，推动改革创新与发展深度融合、高效联动。充分发挥市场在资源配置中的决定性作用，大力推进“放管服”改革，持续优化营商环境。落实湖南打造科技创新高地“七大计划”，围绕创新链布局产业链，依托创新驱动实现内涵型增长。强化企业创新主体地位，培育一批科技小巨人和瞪羚企业，引进一批灯塔工厂和头部企业，打造一批行业领军和独角兽企业，创建国家级创新型县（市），让创新成为宁乡走向未来的不竭动力。

（四）突出乡村建设，开创乡村振兴新局面。坚持农业农村优先发展，实施乡村建设行动，推动脱贫攻坚成果与乡村振兴有机衔接，积极探索乡村振兴新路径。压实粮食安全责任，发展精细农业，打造一批特色优势产业和区域公用品牌。坚持“一镇一特、一特一片”产业定位，推广适度规模经营，多措并举壮大新型村级集体经济，着力构建现代农业产业体系、生产体系和经营体系。强化以工补农、以城带乡，让农村成为大有可为的广阔天地。

（五）突出社会治理，建设平安幸福新宁乡。深入践行以人民为中心的发展思想，加强和创新社会治理。牢固树立底线思维和风险意识，切实提高防灾减灾抗灾救灾能力。坚持系统治理、源头治理、依法治理，持续开展污染防治攻坚，坚决落实长江十年禁渔。推动各项事业繁荣发展，建设文化强市、教育强市、人才强市、健康宁乡、法治宁乡、平安宁乡。积极发挥河（湖）长、路长、山长、网格长、社会贤达、行业协会、志愿者协会在基层治理中的重要作用，提升基层民主协商和社会自治工作水平，营造共建共享、和谐稳定、安定团结的社会大局。

三、2021 年工作重点

2021年是建党100周年，也是开启全面建设社会主义现代化宁乡新征程和“十四五”规划开局之年。我们必须清醒地认识到，疫情变化和外部环境存在诸多不确定性，经济恢复基础尚不牢固，经济形势仍然复杂严峻，疫情冲击导致的各类衍生风险不容忽视。我们必须增强忧患意识，强化底线思维，提高风险预见预判能力，科学应对各种风险挑战。我们必须坚定发展信心，埋头苦干，持续推动经济稳步恢复和高质量发展。做好明年的工作，**我们要以习近平新时代中国特色社会主义思想为指导，深入贯彻中央、省市经济工作会议精神，在宁乡市委的坚强领导下，坚持稳中求进工作总基调，立足新发展阶段，贯彻新发展理念，构建新发展格局，坚持系统观念，巩固拓展疫情防控和经济社会发展成果，更好地统筹发展和安全，大力实施“三高四新”战略，全面实施市委“十二个专项行动”，扎实做好“六稳”工作、全面落实“六保”任务，确保“十四五”开好局、起好步，以优异成绩庆祝建党100周年。**

2021年，全市经济社会发展主要预期目标是：**地区生产总值增长6%以上；地方一般公共预算收入增长6%以上；规模工业增加值增长8%以上；固定资产投资增长6%以上；社会消费品零售总额增长6%以上；城乡居民人均可支配收入增长7%以上；单位地区生产总值能耗下降2%；城镇登记失业率控制在4%以内；县域经济综合实力持续增强。**

为实现上述目标，我们将着重抓好以下工作：

（一）聚焦智能制造，着力推动制造业提质倍增。实施优势产业链提质行动。在优势产业领域保持定力、精准发力，重点打造“3+N”产业集群，加快培育以三一、格力、楚天为龙头的先进装备制造，以比亚迪、中伟、邦普、松井为龙头的新材料，以正大、加加、华润为龙头的食品及农产品加工等三个千亿产业集群。实施企业产能倍增计划，鼓励企业并购重组、扩产扩能，新增百亿产值企业2家。实施供应链内循环畅通计划，围绕主导产业强链补链延链，构建“核心+配套”的产业链条，加快建设湖南工程机械配套产业园和蓝月谷智能家电小镇，提升主导产业本地配套率，提高供应链自主可控能力。大力发展数字经济，鼓励企业技改扩能，拓展工业互联网融合创新应用，推动企业“上云用数赋智”。强化标准引领、品牌打造，推进质量强市，有效提升产品质量和企业质效。**实施重大项目引领行动。**坚定“两个唯一”，狠抓招商引资和项目建设。坚持引进来走出去并重，强化产业链招商、乡友招商、以商招商，全年新引进产业项目100个以上，其中宁乡经开区、高新区各引进投资过50亿元项目1个以上。突出省“五个100”和长沙市制造业标志性重点项目建设，加快推进格力冰洗、楚天四期、三一“两室”、比亚迪二期、雅士林等重点项目建设。突出企业培优扶强，推进企业降本增效，发挥好产业基金、转贷应急周转资金等金融工具作用。全年力争新增规模工业企业20家、税收过千万元企业10家、上市企业2家。**推动园区发展提质升级。**启动调规扩园，编制宁乡经开区、高新区国土空间规划，推进园区发展向北拓展。健全“以区带园”机制，完善基础配套，切实加快产城融合步伐。强化要素保障，加快闲置低效用地出清，切实提高亩均效益。加快布局医疗健康、美妆产业等新兴产业，培育发展新动能，形成竞争新优势。深化赋权强园，根据《湖南省园区赋权指导目录》，进一步优化赋权方式，完善改革举措，确保在明年3月底全面赋权到位。**加快发展现代服务业。**完善促进现代服务业发展政策，培育检验检测、仓储物流等现代服务业态，促进生产性服务业向专业化和价值链高端延伸，生活性服务业向标准化、品牌化和多样化升级，实现先进制造业和现代服务业深度融合。积极融入湖南自贸区，实现外贸进出口总额13亿美元以上。全年新增服务业限上企业70家。

（二）聚焦创新引领，着力推动动能接续转换。坚持科教兴市、人才强市战略，全面塑造创新发展新优势。**助力关键核心技术攻关。**发挥企业在科技创新中的主体作用，支持领军企业组建创新联合体，带动中小企业创新活动。积极争取国家、省市重大科技专项和重点研发计划，重点支持族兴新材、邦普循环、格力暖通、华耀科技等企业的12个省级科创研发项目取得新突破。**加快创新平台机制建设。**支持“一园一中心”争创国家级双创平台，加快恩吉创业园、关山创业园等创新创业基地和孵化基地建设；与长沙共建好中国五矿新能源中央研究院。采取企业自建、行业共建、“企业+高校合作”等多种模式，新增市级以上科技创新平台10家。建立高新技术企业和科技型中小企业后备库，全年新增高新技术企业50家。新增有效发明专利240件，万人有效发明专利拥有量达到10件，全社会研发经费投入占比达3.2%。强化知识产权服务，提高知识产权开发、保护和利用能力。完善金融支撑创新体系，鼓励金融机构加大对科技创新型企业信贷支持力度。创新人才服务模式，强化人才引进服务保障，建立具有宁乡特色的创新人才体系。完善创新激励机制和科技评价机制。**实施科技创新成果转化行动。**精准对接高校和科研院所创新资源，开展“科技成果转化年”活动，探索定向研发、定向转化、定向服务新机制，充分发挥湖南省知识产权（宁乡）综合服务中心等平台作用，积极推进科技成果就地转化。推动中小企业“专精特新”发展，培育“小巨人”企业30家。全年力争转化科研成果200项，实现技术合同交易额18亿元以上，争创省级创新型县（市）。

（三）聚焦改革开放，着力打造内陆开放高地。实施融城格局拓展行动。紧扣“一江两岸、东进融城”发展主轴，启动金洲新城云起小镇、曾家河片区一期、高铁新城站场建设和沩水湾片区综合整治。积极争取支持，力促长宁轨道交通、长吉高速宁乡段、欧洲北路延伸线、普瑞西路西延线早日启动建设。统筹专业物流和综合物流协调发展，启动邮政物流园建设，支持大河西农产品物流园和绿叶水果物流园做专做强，规划一批乡镇物流平台，加快构建市乡村三级物流体系。**实施改革活力激发行动。**推进要素市场化配置改革，探索弹性出让工业用地机制，强化投入产出效益，力争盘活存量用地3000亩。推进国资国企市场化改革，聚焦“三资”盘活、运营、监管和效益评价，健全城发和国资集团现代化企业制度，提升市场化运营能力，力争实现利税5亿元以上。深化财政管理改革，实施“零基预算”，强化预算约束和绩效管理，树牢“过紧日子”的思想；抓实政府隐性债务风险化解，着力推进非标融资置换，有效降低融资成本，继续巩固省级金融安全区创建成果。进一步明晰政府与园区的事权财权边界。推进农村集体产权制度改革，探索农村集体建设用地入市交易制度。深化医药卫生体制改革，加快药品与耗材集中采购、医疗价格、医保支付方式改革。**持续优化营商环境。**抓实“双对标”和“指标长”制度，持续推进“四大专项”行动，完善评价体系，组织开展第三方评价。巩固“一件事一次办”和“三超两免”改革成果，大力推行“极简审批”，着力打造24小时“不打烊”的数字政府，让企业多用时间跑市场，少费功夫跑审批。落实落细减税降费、稳岗援企等政策，实施市长企业家接待日和驻企帮扶等活动，积极营造亲清政商关系，全面激发市场主体活力，新增市场主体1万户以上。

（四）聚焦品质提升，着力建设精致精美城市。加速打造精美宁乡。强化精准规划，突出抓好城市历史风貌保护、城乡绿道、城市照明、户外广告等专项规划编制，深化城市总体设计和高铁新城、曾家河一期等重点片区城市设计。强化精美建设，对照国家示范试点要求，实施县城新型城镇化建设补短板强弱项三年行动计划，拉通滨江路、沿江路和玉菁路，加固沙河桥、汽车桥，加快三环线建设；推进智慧电网建设；推动市政排水管网地理信息系统建设，新（改）建一批供水管网和燃气管道，增强高层住宅二次供水能力和园区供水供热能力；推进香山片区等城市有机更新，实施一批“微改造”项目，以“绣花功夫”提升城市品质。加快楼台山公园等项目建设，争创国家园林城市。强化精致管理，常态推进文明创建，以提升人的文明素质为着力点，重点打造文明交通、文明经营、文明秩序、文明小区，建设更高水准全国文明城市；初步建成新型智慧城市基础平台，创建国家新型智慧城市示范市；推进城管精细化、科学化、智能化，加强市容秩序管理，强力推进控建拆违，抓实增绿提质、景观照明、新门前三包等常态化管理措施，提升城市绿化亮化美化序化水平。**实施城乡消费促进行动。**扭住供给侧结构性改革主线，注重需求侧管理，助推双循环更加畅通、更有活力。吸引优质服务业企业在宁设立总部，有序推进商业中心建设，加快吾悦广场、翡翠湖广场等商业综合体和正龙古街等特色街区建成运营，促进重点消费和大宗消费。挖掘一批本地网红和网红打卡地，推动直播带货等线上经济快速发展，力争电子商务交易额30亿元以上。激活农村消费潜力，推动工业品下乡和农产品进城。丰富夜间消费场景，打造夜经济街区。坚持“房住不炒”，提高楼盘品质，规范租赁市场，促进房地产市场持续健康发展。加强市场监管执法和信用体系建设，切实保护消费者权益。**实施文旅融合提效行动。**坚持“一点一策”，提高文旅项目运营能力，盘活道林古镇等现有文旅资源，支持重点景区提质增效，加快形成红色游、乡村游、研学游、康养游、生态游融合发展的格局。进一步理顺旅游管理体制机制，整合全域旅游资源，开发精品线路，强化宣传推介，举办系列节会，实施“引客入宁”，创建国家全域旅游示范区，不断擦亮“心宁之乡·美好时光”旅游品牌。

（五）聚焦乡村振兴，着力打造省级示范样板。实施乡村振兴攻坚行动，争创全省乡村振兴示范。**大力发展精细农业。**藏粮于地、藏粮于技，落实最严格耕地保护制度，规范耕地占补平衡，坚决遏制耕地“非农化”、防止“非粮化”，力争产粮73万吨。加快推进正大生猪产业链项目建设，力争出栏花猪40万头，实现全产业链产值40亿元。支持设施农业、都市农业、观光农业发展，推动农旅融合，加快形成乡村振兴“一环、两带、多点支撑”布局。按照“一镇一特、一特一片”思路，支持流沙河花猪、双江口水稻、沩山茶叶、黄材辣椒、巷子口小水果、喻家坳栀子、坝塘蓝莓、横市蔬菜等特色产业发展。建设烟叶生产示范区，生产烟叶10万担。围绕农产品深加工和一、二、三产业深度融合，深化国家级农业园区建设，支持农科园创建国家农业高新技术产业示范区。**全面加强乡村建设。**推进黄材灌区续建配套与现代化改造项目建设，力争大坝塘水库启动建设，除险加固小型水库11座；新建一批农田基础设施项目，完成高标准农田建设8.03万亩。提质改造农村公路630千米，加固危桥15座。加快农村仓储保鲜、冷链物流等基础设施建设，提升重要农产品收储调控能力。深化农村“五治”，推进垃圾分类，打造一批小微水体管护示范片，巩固人居环境综合整治成果。加快村庄规划编制，严格规范农村建房，打造一批美丽屋场。持续推进农村电网改造升级。扎实推进路长制、山长制和治超工作。**促进农民增收致富。**推进脱贫攻坚与乡村振兴有效衔接，健全防止返贫监测和帮扶机制，持续发展扶贫产业，扎实做好易地扶贫搬迁后续管理。加快壮大新型村级集体经济，有效盘活农村集体资产资源，鼓励农户入股集体经济合作组织，形成联农带农利益联结机制。加大新型职业农民培训力度，健全人才下乡返乡留乡激励机制，新增一批家庭农场、种粮大户和农业专业合作社，实现全市所有村级集体经济年收入20万元以上。

（六）聚焦绿色发展，着力提升生态环境质量。实施绿色发展深化行动，提升国家生态文明建设示范市建设成效。**巩固蓝天保卫战。**突出裸露地块覆绿、秸秆禁烧、矿山修复、建筑工地“8个100%”和挥发性有机物综合治理，继续实施“政府送树、群众栽树”造绿活动；加强细颗粒物和臭氧等大气污染物协同控制，强化大气传输通道城市联防联控，确保全年空气优良率90%以上。**深化碧水保卫战。**夯实各级河（湖）长责任，强化流域系统治理，扎实抓好禁捕退捕工作。提升城市污水处理能力，保持黑臭水体和劣Ⅴ类排口整治动态清零。深化河道采砂整治和畜禽禁养区管控，确保饮用水水源地水质100%达标，沩水、靳江水质全年稳定在Ⅲ类以上。沩水争创全国最美河流。**推进净土静音保卫战。**巩固重金属污染耕地修复和种植结构调整成效，实现受污染耕地安全利用率91%以上。落实天然林保护修复制度，严禁非法扑杀、交易、食用野生动物。加强噪声污染防治，巩固城市噪声控制示范区建设成果。**提升资源利用效益。**推进垃圾分类减量和资源化利用，启动垃圾焚烧发电项目建设，抓好“散乱污”企业退出，加快推动绿色低碳发展，让宁乡蓝、沩水清、楚沩绿成为宁乡高质量发展的鲜明底色。

（七）聚焦民生福祉，着力提升群众幸福指数。实施民生福祉增进行动，努力办好重点民生事业。**提高社会保障水平。**落实就业优先政策，统筹推进高校毕业生、退役军人、农民工、残疾人等重点群体就业创业，加大政府补贴性职业技能培训力度，全年新增城镇就业1万人，农村劳动力转移就业7000人。健全多层次社会保障体系，稳步提高兜底保障水平。加快养老服务中心建设，推动乡镇敬老院向综合性养老服务中心转型。完成乡镇公益性墓地建设。做好残疾人、孤儿、留守儿童等特殊群体关爱工作。**办好人民满意教育。**推进教育质量提升“五好”工程，让教育成为最普惠的民生。新移交楼盘配套幼儿园5所，提质改造一批乡村小规模学校和乡镇寄宿制学校，确保公办在园幼儿人数稳步上升。深化产教融合，支持职业教育、民办教育和社区教育发展。积极发挥“五老”作用，强化青少年思想道德建设。**加快健康宁乡建设。**毫不放松抓牢常态化疫情防控，切实做好“外防输入、内防反弹”工作，健全公共卫生防疫体系，增强应对突发公共卫生事件能力。加快推进人民医院流沙河分院正式运营、市中医院和妇幼保健院优化办院，易址搬迁市中医院灰汤分院、巷子口卫生院。继续实施农村适龄妇女“两癌”免费检查和孕产妇免费产前筛查。**繁荣文化体育事业。**广泛开展庆祝建党100周年系列活动，深入挖掘红色资源，传承红色基因，创作一批高质量红色文艺作品。加快发展体育事业，新建一批全民健身设施，打造群众赛事品牌，鼓励机关、学校和企事业单位文体设施向社会免费开放。**积极回应群众“急难愁盼”问题。一是**着力解决城区停车难题，新建一批停车场，建设智慧停车系统，有效盘活停车资源。**二是**着力改善人民群众居住条件，改造老旧小区52个，完成棚改249户，新建公租房360套，筹集租赁奖补房源4000套。**三是**着力化解国有煤矿采煤沉陷区房屋损坏补偿问题，分四年逐步补偿到位。**四是**着力化解拆迁“两安”用地遗留问题，新增失地农民社保实现应保尽保。**五是**着力化解问题楼盘的历史遗留问题，按照“群众无过错”原则据实办理不动产权证。**六是**着力化解原城市规划区控规过大导致村民建房困难问题。**七是**着力提升小区管理水平，强化物业企业监管力度，开展物业管理提质行动，突出整治消防隐患、乱搭乱建、住改商等行为。对于这些历史遗留问题中的“硬骨头”，我们将直面矛盾不回避，不因事难而推诿，不因旧账而不理，一年接着一年干，努力用政府的辛苦指数换取群众的满意指数。

（八）聚焦平安宁乡，着力保持社会和谐稳定。实施社会治理创新行动，有效防范和化解各类风险。**提升安全发展水平。**扎实推进安全生产专项整治三年行动，加强企业本质安全体系建设，强化安全生产监管执法，重拳整治道路交通等领域顽瘴痼疾，牢牢守住不发生较大及以上安全生产责任事故红线。加大防汛抗旱、森林防火、生物安全、地质灾害等领域风险管控力度。全面落实食品安全“4812”工程，争创省食品安全示范市。**提升基层治理水平。**抓好村（社区）“两委”班子换届。强化网格化管理服务，提升基层民主协商对话成效，扎实开展“四联五到位”民情大走访，深化领导干部接访下访，不断探索新时代“枫桥经验”的宁乡路径。**提升社会治安水平。**深入推进扫黑除恶专项斗争、新时代禁毒人民战争，严厉打击黄赌毒、新型网络犯罪、非法集资等违法犯罪行为。做好国防动员、退役军人和双拥等工作。

（九）聚焦自身建设，着力提升政府治理体系和治理能力现代化。深化法治政府建设。始终坚持党的全面领导，自觉接受人大法律监督、工作监督和政协民主监督，认真执行人大及其常委会的各项决定、决议，高质量办好人大代表建议和政协提案，认真听取人大代表、政协委员、民主党派、工商联、无党派人士和人民团体的意见建议。**深化服务政府建设。**牢记全心全意为人民服务宗旨，用心用情解决群众“急难愁盼”问题，办好各项民生实事。健全基本公共服务体系，畅通政民互动渠道，推进基层政务公开标准化规范化，及时回应群众关切。**深化效能政府建设。**坚持干字当头、实字打底，围绕善作为、敢担当、抓落实，切实提高理解力、执行力和创造力。严肃查处庸政懒政行为，确保政令畅通、令行禁止。**深化廉洁政府建设。**落实全面从严治党主体责任，履行党风廉政建设和意识形态工作“一岗双责”，严守作风建设“八个严禁”，加强重点领域廉政风险防控，切实强化政府投资项目监管，严控一般性支出，永葆为民务实清廉的政府形象。

各位代表！路虽远，行则将至；事虽难，做则可成。蓝图已经绘就，实干成就未来。让我们更加紧密地团结在以习近平同志为核心的党中央周围，在中共宁乡市委的坚强领导下，团结带领全市人民，不忘初心、牢记使命，锐意进取、奋发图强，举全市之力、建工业强市，聚万众之心、建幸福宁乡，为奋力谱写新时代坚持和发展中国特色社会主义的宁乡新篇章而努力奋斗！

【名词解释】

1. “两免费”：即免费核酸检测、免费集中隔离。P2

2. “四报告”：即聚集秒报告、落地速报告、发热早报告、属地零报告。P2

3. “五区”：即社区、厂区、园区、校区、商区。P2

4. “六包一”：即对每名居家隔离人员，分别明确1名乡镇（街道）领导、1名乡镇网格干部、1名村（社区）网格干部、1名公卫医生或村医、1名派出所干警、1名专职管理员共同管理，全面掌握共同居住成员、居家情况、返（来）宁后接触人员情况，每天监测体温2次，并登记造册，一人一册。P2

5. “十个一”：即对每名居家隔离人员，每人明确一支服务小分队、组建一个微信群，发放一份《告知书》、一张《健康监测登记表》、一张《健康明白卡》、一封《感谢信》，签订一份《居家健康监测承诺书》，每人发放一支体温计、一瓶84消毒液，每天发放一个口罩。P2

6. “四个确保”：即确保不发生死亡病例，确保不发生二代聚集疫情，确保不发生院内交叉感染，确保不发生重大负面舆情。P2

7. “宁八条”：即2020年2月6日，宁乡市人民政府发布《关于全力支持和组织推动企业复工复产的八条措施的通知》，从疫情防控、交通物流、水电气费、房租减免等八个方面，全力支持和组织推动全市企业复工复产。P2

8. “十四条”：即2020年2月28日，宁乡市人民政府发布《促进旅游商贸业发展若干政策》，从实施“引客入宁”奖励、支持旅游企业发展等七大方面，细分14条政策举措，支持疫情期间全市文旅企业加速复苏，提振消费市场。P2

9. “责任三包一”：即市领导包乡镇、市直部门包村、结对帮扶干部包户。P4

10、调度“四个一”：即书记市长一月一调度，联乡市领导十天一调度，乡镇街道、专项牵头单位每周一调度，脱贫攻坚指挥部一日一调度。P4

11. “三区三线”：三区，即生态、农业、城镇三类空间；三线，即生态保护红线、永久基本农田和城镇开发边界三条控制线。P7

12. “四大专项”：即优化营商环境要突出效能提速、实体经济降成本、企业家权益保护、政策落地等四大专项行动。P8

13. “三超两免”：三超，即中介超市、金融线上超市、地产品超市；两免，即在政务事项办理过程中，市本级部门核发的材料原则上一律免于提交，能够提供电子证照的、一律免交纸质证照。P8

14. “三无城市”：即无证明城市、无收费园区、无跑腿审批。P11

15. “三即改革”：即领照即开业、交房即交证、交地即开工改革。P11

16. “三高四新”：三高，即国家重要先进制造业高地、具有核心竞争力的科技创新高地和内陆地区改革开放高地；四新，即在推动高质量发展上闯出新路子，在构建新发展格局中展现新作为，在推动中部地区崛起和长江经济带发展中彰显新担当，奋力谱写新时代坚持和发展中国特色社会主义的湖南新篇章。P14

17. “八大工程”：即省委十一届十二次全会确定的先进装备制造业倍增、战略性新兴产业培育、智能制造赋能、食品医药创优、品牌提升、产业链供应链提升

和产业基础再造等工程。P14

18. “四大改革行动”：即省委十一届十二次全会确定的深化国资国企、投融资体制、要素市场化配置、“放管服”等“四大改革行动”。P15

19. “七大计划”：即省委十一届十二次全会确定的关键核心技术攻关、基础研究发展、创新主体增量提质、芙蓉人才行动、创新平台建设、创新生态优化、科技成果转化等“七大计划”。P15

20. 瞪羚企业：即以科技创新或商业模式创新为支撑进入高成长期的中小企业。P15

21. “上云用数赋智”：上云，即探索推行普惠型的云服务支持政策；用数，即在更深层次推进大数据的融合运用；赋智，即加大企业智能化改造支持力度，特别是要推进人工智能和实体经济的深度融合。P17

22. “两个唯一”：即项目工程是县域经济发展的唯一载体，招商引资是县域经济发展的唯一选择。P17

23. “极简审批”：即最大限度压缩审批项目，推动保留的审批事项进一步减环节、减材料、减时限、减成本和减跑动，大力提升行政审批服务效能。P20

24. “一环、两带、多点支撑”：一环，即环城区乡村振兴示范带；两带，即沩水乡村振兴示范带和靳江乡村振兴示范带；多点支撑，即建设多个乡村振兴示范点。P22

25. “8 个 100%”：即建筑施工工地围挡 100%、路面硬化 100%、100% 洒水压尘、裸土 100% 覆盖、进出车辆 100% 冲洗、渣土实施 100% 封闭运输、建筑垃圾 100% 规范管理、工程机械尾气排放 100% 达标。P23

26、质量提升“五好”工程：即好学校、好校长、好老师、好课堂、好学生工程。P24

27. “两安”用地：即核批给农村集体经济组织或有关单位，用于安置被征地农民的生产生活用地。P25

28、食品安全“4812”工程：4，即“四个最严”，建立最严谨的标准、实施最严格的监管、实行最严厉的处罚、坚持最严肃的问责；8，即完善安全责任体系等“八大体系”；12，即开展风险评估和标准制定专项行动等“十二大攻坚行动”。P25

29. “四联五到位”：四联，即市领导联乡镇（街道），相关市领导和部门单位负责人联村（社区），乡镇（街道）干部联组（网格），党员干部和社会贤达联户；五到位，即政策法规宣传到位，社情民意了解到位，群众诉求收集到位，矛盾纠纷化解到位，镇村履职监督到位。P25

统计资料

表 19　2020 年宁乡市国民经济和社会发展主要指标统计表

单位：万元

指标＼时间	2019 年	2020 年	2020 年比 2019 年增长（±%）
地区生产总值（现行价）	10691033	11059229	2.7
一产业	1115427	1315956	4.1
二产业	4557331	4664846	3.8
其中：工业	4147730	4198279	2.5
三产业	5018275	5078427	1.1
规模以上工业总产值	16375701	14694379	-10.3
农业总产值（现行价）	1884090	2244543	19.1
财政总收入	880252	888005	0.9
其中：地方一般公共预算收入	538088	612118	13.8
财政总支出	1052147	1113650	5.8
社会消费品零售总额	4409652	4244007	-3.8
全社会固定资产投资总额	9408032	9784772	4.0
金融部门存款余额	8232909	9095932	10.5
其中：城乡居民储蓄余额	4814520	5520478	14.7
金融部门贷款余额	8342707	10034222	20.3
农村居民人均可支配收入（元）	29338	31568	7.6
城镇居民人均可支配收入（元）	46900	49151	4.8

说明：1. 地区生产总值（国内生产总值）、各产业增加值绝对数按现价计算，增长速度按可比价计算。
2. 2019 年社会消费品零售总额因第四次经济普查结果有修订。

表 20　2020 年宁乡市各乡镇面积、区划和人口情况统计表

乡镇（街道）	面积（平方千米）	社区（个）	村（个）	年末总户数（户）	年末总人口（人）	男性（人）	女性（人）	城镇人口（人）	乡村人口（人）
合　计	2905.92	69	209	449957	1420353	717648	702705	723426	696927
玉　潭	22.84	15		29594	74774	36646	38128	74774	
白马桥	20.44	7		10597	27548	13588	13960	27548	
历经铺	36.88	9		10553	33451	16032	17419	33451	
城　郊	37.42	7	3	12997	34237	16791	17446	34237	
道　林	135.11	1	8	18580	55544	28495	27049	31247	24297
花明楼	113.56	1	8	17188	50536	25417	25119	23710	26826
东湖塘	131.68	1	7	15265	48777	24934	23843	27532	21245

续表20

乡镇（街道）	面积（平方千米）	社区（个）	村（个）	年末总户数（户）	年末总人口（人）	男性（人）	女性（人）	城镇人口（人）	乡村人口（人）
夏铎铺	103.25	3	6	12648	45241	22198	23043	45241	
双江口	155.04	4	13	26398	87120	44582	42538	40209	46911
煤炭坝	72.60	1	6	16210	48944	25007	23937	13336	35608
坝 塘	163.71	1	13	21900	71516	36304	35212	23885	47631
灰 汤	210.90	2	16	30325	99051	49856	49195	28358	70693
双凫铺	87.98	1	7	13032	40916	20809	20107	19251	21665
老粮仓	121.99	2	8	19634	63835	32759	31076	28247	35588
流沙河	140.60	2	11	21820	69899	36066	33833	32255	37644
巷子口	105.73	1	9	13714	46110	23489	22621	16087	30023
龙 田	71.88	1	5	7496	23053	11843	11210	10201	12852
横 市	124.12	1	11	16698	55848	28470	27378	21393	34455
回龙铺	71.89	1	6	12980	42780	21257	21523	32809	9971
黄 材	219.01	1	16	19507	66356	33842	32514	28672	37684
大成桥	58.79	1	7	10575	34637	17346	17291	26693	7944
青山桥	132.32	1	8	16507	51495	26339	25156	19295	32200
金 洲	61.31	2	4	10953	34487	16930	17557	34487	
大屯营	106.47	1	6	13741	45410	22841	22569	25559	19851
资 福	88.54	1	7	12238	39348	20147	19201	4521	34827
菁华铺	65.76		6	10652	36764	18280	18484	20428	16336
喻家坳	96.64		8	12571	40168	20540	19628		40168
沙 田	74.29		6	10185	34725	17778	16947		34725
沩 山	75.17	1	4	5399	17783	9062	8721		17783

表 21　　2020 年各乡镇耕地面积、粮食、生猪统计表

乡 镇	耕地面积（万亩）	水田面积（万亩）	稻谷播种面积（万亩）	稻谷产量（万吨）	生猪出栏（万头）	生猪年末存栏（万头）
合 计	134.63	109.97	148.71	66.70	96.66	67.36
玉 潭	0.18	0.11	0.08	0.04		
白马桥	0.69	0.60	0.71	0.33	0.19	0.14
历经铺	1.41	1.04	1.13	0.48	0.28	0.20
城 郊	0.47	0.28	0.31	0.13	0.36	0.25
道 林	6.57	5.66	8.04	3.58	2.75	1.90
花明楼	5.90	5.06	6.95	3.13	2.70	1.89
东湖塘	5.90	5.06	6.84	3.11	4.88	3.60
夏铎铺	4.34	3.22	5.62	2.38	1.39	0.97

续表21

乡　镇	耕地面积（万亩）	水田面积（万亩）	稻谷播种面积（万亩）	稻谷产量（万吨）	生猪出栏（万头）	生猪年末存栏（万头）
双江口	11.74	8.91	14.71	6.23	3.96	2.80
煤炭坝	3.54	2.85	2.60	1.22	2.46	1.72
坝　塘	8.27	7.34	10.35	4.59	7.77	5.50
灰　汤	10.21	8.61	13.76	5.91	6.98	4.80
双凫铺	4.25	3.39	1.74	0.90	5.35	3.72
老粮仓	6.15	5.25	8.45	3.63	5.70	3.92
流沙河	7.34	5.81	8.81	3.94	9.66	6.81
巷子口	4.16	3.39	2.83	1.51	2.33	1.61
龙　田	2.13	1.93	1.66	0.90	0.81	0.56
横　市	5.38	4.33	6.37	2.81	3.60	2.80
回龙铺	4.41	4.08	5.85	2.60	5.96	3.98
黄　材	5.08	3.88	3.51	1.72	2.97	2.26
大成桥	3.66	3.10	3.95	1.80	2.43	1.62
青山桥	5.22	4.20	5.63	2.55	4.60	3.10
金　洲	2.93	2.53	3.51	1.54	1.26	0.86
大屯营	5.88	4.88	7.59	3.36	5.10	3.32
资　福	4.85	3.84	5.69	2.52	5.27	3.50
菁华铺	3.76	2.97	3.19	1.61	1.58	1.10
喻家坳	5.22	3.81	5.84	2.52	3.83	2.75
沙　田	3.41	2.87	2.27	1.23	1.57	1.02
沩　山	1.57	0.99	0.75	0.41	0.92	0.67

表22　　2020年各乡镇综合经济指标统计表

单位：万元

乡　镇	生产总值（国内生产总值）	农业总产值	规模以上工业总产值	限上社会消费品零售总额	全社会固定资产投资
合　计	7931352	2244543	2429681	1106704	4004844
玉　潭	1115025	3349	367881	217598	675761
白马桥	515259	36204	48385	180328	443414
历经铺	551823	39889	149474	190986	357143
城　郊	474962	36355	141390	99557	336946
道　林	187240	82083	5327	6258	38891
花明楼	290096	78383	40948	33054	130711
东湖塘	143442	78800	13265	9457	40703
夏铎铺	755369	62765	170735	42251	145294
双江口	268521	167608	70790	13331	80504

续表22

乡 镇	生产总值（国内生产总值）	农业总产值	规模以上工业总产值	限上社会消费品零售总额	全社会固定资产投资
煤炭坝	406249	71621	377580	7601	168932
坝 塘	217515	153249	18955	10769	100673
灰 汤	369083	191729	5977	18960	219026
双凫铺	360139	76453	116290	24241	63112
老粮仓	146109	86259	3109	31953	105371
流沙河	128040	114811	17592	49961	79514
巷子口	109630	57736	77752	14267	45795
龙 田	68049	40012	12048	17272	38717
横 市	199284	82685	85855	13609	73768
回龙铺	195632	85279	332302	9095	45962
黄 材	179078	112502		14169	114576
大成桥	189452	74347	64069	18617	39057
青山桥	121032	82036	21797	9712	56034
金 洲	182116	59371	137116	14872	221126
大屯营	172435	80878	27294	1146	71965
资 福	80646	70017		8559	68645
菁华铺	174843	58635	44418	4975	37783
喻家坳	194225	85131	39182	23568	110234
沙 田	59816	42815	7096	5866	81095
沩 山	76242	33541	33054	14672	14092

说明：国内生产总值、规模以上工业总产值、全社会固定资产投资不包含经开区、高新区、其他相关部门数据。

表23　　2020年工商登记企业（含农民专业合作社）情况

指标名称	计量单位	2019年（包含经开区数据）	2020年（包含经开区数据）	2020年比2019年（±%）
工商登记年末数合计	户	18710	23404	25.09%
1. 农林牧渔业	户	3738	4185	11.96%
2. 采矿业	户	85	87	2.35%
3. 制造业	户	2338	2680	14.63%
4. 电力、热力、燃气及水生产和供应	户	80	85	6.25%
5. 建筑业	户	2088	2957	41.62%
6. 交通运输、仓储和邮政业	户	349	471	34.96%
7. 信息传输、软件和信息技术服务业	户	500	588	17.60%
8. 批发和零售业	户	3192	4707	47.46%
9. 住宿和餐饮业	户	149	327	119.46%
10. 金融业	户	348	338	-2.87%

续表23

指标名称	计量单位	2019 年（包含经开区数据）	2020 年（包含经开区数据）	2020 年比 2019 年（±%）
11. 房地产业	户	580	656	13.10%
12. 租赁和商务服务业	户	2050	2454	19.71%
13. 科学研究和技术服务业	户	2079	2291	10.20%
14. 水利、环境和公共设施管理业	户	125	155	24.00%
15. 居民服务、修理和其他服务业	户	363	592	63.09%
16. 教育	户	264	340	28.79%
17. 卫生、社会保障和社会福利业	户	72	96	33.33%
18. 文化、体育和娱乐业	户	309	394	27.51%
19. 公共管理、社会保障和社会组织	户	1	1	0.00%

表 24　　2020 年工商登记个体情况

指标名称	计量单位	2019 年（包含经开区数据）	2020 年（包含经开区数据）	2020 年比 2019 年（±%）
工商登记年末数合计	户	92417	98338	6.41%
1. 农林牧渔业	户	7351	6980	-5.05%
2. 采矿业	户	49	43	-12.24%
3. 制造业	户	2901	2901	0.00%
4. 电力、热力、燃气及水生产和供应	户	12	11	-8.33%
5. 建筑业	户	321	340	5.92%
6. 交通运输、仓储和邮政业	户	7505	8425	12.26%
7. 信息传输、软件和信息技术服务业	户	486	677	39.30%
8. 批发和零售业	户	53479	57445	7.42%
9. 住宿和餐饮业	户	8135	9010	10.76%
10. 金融业	户	6	4	-33.33%
11. 房地产业	户	128	140	9.38%
12. 租赁和商务服务业	户	3036	3411	12.35%
13. 科学研究和技术服务业	户	191	144	-24.61%
14. 水利、环境和公共设施管理业	户	9	13	44.44%
15. 居民服务、修理和其他服务业	户	7801	7758	-0.55%
16. 教育	户	15	28	86.67%
17. 卫生、社会保障和社会福利业	户	220	239	8.64%
18. 文化、体育和娱乐业	户	772	769	-0.39%

表 25　2020 年气象情况

指标名称	计量单位	2019 年	2020 年
年平均气温	℃	18.1	18.1
年内极端最高温	℃	39.1（8 月 18 日）	37.3（8 月 4 日）
极端最低温	℃	-1.5（1 月 1 日）	-2.6（12 月 31 日）
年降水量	毫米	1329.0	1628.8
最大日降水量	毫米	55.4（4 月 29 日）	93.3（7 月 27 日）
降水量≥1.0mm 日数	天	123	172
平均相对湿度	%rh	78	81
年日照时数	小时	1401.5	1267.2
平均海平面气压	百帕	1015.5	1015.9

组织机构及其负责人

中国共产党宁乡市委员会

书　记　　周　辉（8月止）
　　　　　于新凡（8月任）
副书记　　付旭明
　　　　　沈　光（7月任）
常　委　　周　辉（8月止）
　　　　　于新凡（8月任）
　　　　　付旭明
　　　　　沈　光（7月任）
　　　　　王湘云
　　　　　彭　娟（女）
　　　　　刘　强
　　　　　刘俊武
　　　　　钟利仁（女）
　　　　　李佑明
　　　　　郑　旗（挂职）
　　　　　刘继帅
　　　　　蒋　君

市委工作机构

市委办公室
主　任　　蒋　君
副主任　　熊佑新（1月任，常务）
　　　　　潘志武
　　　　　彭铸陶（2月任）
　　　　　黄　煌
　　　　　杨平辉（女，挂职）
市委政策研究室
主　任　　谭永华
副主任　　欧明星（女）
市委保密办（保密局）
主　任（局长）
　　　　　杨平辉（女）
市委接待办
副主任　　李　双（女）
市委深改办
主　任　　蒋　君
副主任　　杨　云
市委直属机关工作委员会
书　记　　蒋　君
副书记　　龚文生
纪工委书记　范献军
委　员　　周妹香
　　　　　钟炳权（兼）
市委外事办
主　任　　刘胜光
市委财经办
主　任　　谭永华（兼）

市档案馆
馆　长　　彭智勇
副馆长　　姜小平
　　　　　姜治国

市委组织部
部　长　　李佑明
副部长　　王　辉（女，常务）
　　　　　谢　政（4月止）
　　　　　邹素武
　　　　　周泽秋
　　　　　唐朝晖（11月转专职）
　　　　　陈杰文（兼，11月止）
　　　　　陈伟平（兼，11月任）
市纪委监委驻市委组织部纪检监察组
组　长　　姜　玲（女）
市委基层办
主　任　　邹素武
常务副主任　刘　蜜
市委非公有制经济组织和社会组织工作委员会
书　记　　邹素武
副书记　　宋汝明
　　　　　赖　屿（女）
市人才服务中心
主　任　　彭　丹（女）
副主任　　娄湘蜀
市委党员教育中心
主　任　　王　毅
市委老干局
专职副局长　金章国
市绩效办
专职副主任　高开程

市委宣传部
市委常委、宣传部长
　　　　　彭　娟（女）
常务副部长　彭海华（4月止）
　　　　　李　纯（11月任）
副部长　　黄志刚（11月止）
　　　　　刘　飞
　　　　　周宇燕（女）
　　　　　叶　超
市文明办
主　任　　刘　飞

市委统战部
部　长　　钟利仁（女）
副部长　　黄志刚（常务）
　　　　　李　杰
　　　　　刘志强
　　　　　姜跃兵
市归侨侨眷联合会
主　席　　周常青（女）
市民族宗教事务局
局　长　　姜跃兵
副局长　　谢志强
新的社会阶层人士服务中心
主　任　　王丹丹（女）

市委政法委员会
书　记　　刘俊武
副书记　　邹志平（常务）
　　　　　梁正文（6月止）
　　　　　刘文军
　　　　　陈甘泉
　　　　　沈新宇
纪检监察组长　周杰文
委　员　　杨建兵
　　　　　王义飞
　　　　　丁旭文
　　　　　李春香
宁乡市网格化综合服务中心
主　任　　俞　刚

市委网络安全和信息化委员会办公室
主　任　　邓利良
副主任　　王　珺（女）

市委机构编制委员会办公室
主　任　　陈伟平（12月止）
　　　　　肖玉华（12月任）
副主任　　梁继荣
　　　　　严和平
事业单位登记管理局局长
　　　　　廖凯平
监督检查科科长
　　　　　喻国栋
机构编制电子政务中心主任
　　　　　廖杜娃（女）

市委巡察工作领导小组办公室

主　任　　符灿阳
副主任　　奉旨亨（3月止）
　　　　　谭　果（12月任）

市委巡察组

组　长　　刘洪涛（12月止）
　　　　　伍学军（12月止）
　　　　　蒋平波（12月任）
　　　　　张建元（12月任）
　　　　　陈小文
　　　　　周国宁（女）
副组长　　刘亚飞
　　　　　谢志国
　　　　　刘争科
　　　　　毛文彪

直属事业单位

市委党校

校　长　　沈　光（8月任）
副校长　　贺俊军
　　　　　朱锡宁（女）

市融媒体中心

党组书记、主任
　　　　　杨新貌
党组成员、总编
　　　　　张益华
党组成员、副主任
　　　　　袁　文
　　　　　喻　波（12月任）
　　　　　叶　超（12月止）
副主任　　贺小平

宁乡市人民代表大会常务委员会

主　任　　喻亚军
副主任　　周泽祥
　　　　　熊志扬
　　　　　闵志平
　　　　　刘骥扬
　　　　　张　莹（女）
委　员（按姓氏笔画排序）
　　　　　王　辉（女）
　　　　　邓　英（女）
　　　　　朱爱英（女）
　　　　　朱跃辉（12月补）
　　　　　伍学军（12月补）
　　　　　刘　陵（女）
　　　　　刘　敏（女）
　　　　　刘义军
　　　　　刘洪涛（12月补）
　　　　　汤命强
　　　　　李　纯（12月补）
　　　　　李拥华（女）
　　　　　杨　斌
　　　　　杨正文
　　　　　何赞兵
　　　　　沈迪斌（1月补）
　　　　　张立金
　　　　　易光辉（1月补，12月辞）
　　　　　罗建宇
　　　　　罗桂华
　　　　　周旭文
　　　　　周顺全
　　　　　赵聪明（女）
　　　　　钟建军
　　　　　洪敏强（女）
　　　　　陶文英（女）
　　　　　彭泽华
　　　　　喻宏建（12月辞）
　　　　　喻林义（女）
　　　　　释贤心
　　　　　黎　宇（1月补）
　　　　　黎正明（10月辞）
　　　　　潘继斌

市人大工作机构

办公室

主　任　　杨正文
副主任　　郑小玲

选举任免联络工作委员会

主　任　　杨　斌
副主任　　何　平

民族华侨外事委员会

主任委员　　汤命强
副主任委员　朱　灵

监察和司法委员会（法制委员会）

主任委员　　罗桂华
副主任委员　刘　涌

财政经济委员会（预算工作委员会）

主任委员　　黎正明（10月止）
　　　　　　刘洪涛（12月任）
副主任委员　王　旭

教育科学文化卫生委员会

主任委员　　易光辉（12月止）
　　　　　　伍学军（12月任）
副主任委员　邬明华（12月止）
　　　　　　易爱媛（12月任）

环境与资源保护委员会

主任委员　　沈迪斌
副主任委员　刘利兵

农业与农村委员会

主任委员　　周旭文
副主任委员　蔡运辉

社会建设委员会

主任委员　　喻宏建（12月止）
　　　　　　朱跃辉（12月任）
副主任委员　荆红叶

宁乡市人民政府

市　长　　付旭明
常务副市长　王湘云
副市长　　冯智君
　　　　　陈德奇
　　　　　文　平
　　　　　贺立权
　　　　　黄　勇
　　　　　李　磊
　　　　　杨焕胜（挂职，6月任）
副调研员　周明山
　　　　　吴国强
　　　　　孔秋生
　　　　　胡　长
副县级干部　李志敏（4月任）
　　　　　袁德强
　　　　　刘志勇
　　　　　张向荣
　　　　　王寿龙
　　　　　刘润乾

市政府工作部门

市人民政府办公室

主　任　　陈永胜
副主任（常务）
　　　　　徐志平（1月止）
副主任　　李　纯（2月任）
　　　　　王万军
　　　　　彭晓静（女，4月止）
　　　　　曾曙光（3月任）

范建强
刘　霞（女）
吴麒麟（12月止）
谭　瑛（女）
邹铁军（兼）
周兵山（挂）
市纪委监委驻市政府办纪检组长
刘建威
市人民政府督查室
主　任　邓伟雄
市人民政府研究室
主　任　刘孟雄
市政府发展研究中心
主　任　孙姣姣

市发展和改革局

党组书记、局长
刘寄华
党组成员、副局长
叶刚毅
王　凯
文　强
张湘华（9月止）
文建华
党组成员　周　苗
市政府投资建设项目管理办公室
主　任　刘寄华（兼）
副主任　叶刚毅（兼）
市价调办
主　任　刘寄华（兼）
副主任　王　凯（兼）
市招投标办
主　任　刘寄华（兼）

市教育局

党委书记、局长
欧正坤（2月任）
党委副书记、副局长
文玉华（女，6月止）
党委委员、市纪委监委驻教育局纪检监察组组长　何　欣
党委委员、副局长
侯志宏（2月任）
喻汉科
党委委员　曹金花（女）
宁乡教育工会主席
刘国强

市科学技术局

党组书记　黎国希（2月止）
张永胜（2月任）
局　长　戴碧锋
党组成员、副局长
黄胜男（女）
党组成员　桂建科
办公室主任　胡锦军

市工业和信息化局

局　长、党组书记
胡君安（5月止）
彭海华（5月任）
副局长、副书记
邓志强
主任科员　肖　敏
副局长　曾卉敏（女）
党组成员、工会主席
曹正旺

市公安局

副市长、党委书记、局长
黄　勇
副书记、政委
陈魁昱
副书记、副局长
刘志良
市纪委、监察委驻公安局纪检监察组组长、党委委员
刘兴华
党委委员　林山清
党委委员、副局长
曾宁汉
张浩平
傅　涛
党委委员、副政委、政工室主任
贺　任

市民政局

党组书记、局长
潘志国
党组副书记、副局长
胡跃波
主任科员　喻湘波
党组成员、副局长
姜得意

市司法局

党组书记、局长
刘海波
主任科员　许利军
党组成员、政工室主任
黄海泉（7月止）
党组成员、副局长
钟海军（7月止）
吴泽平

市财政局

党组书记、局长
王春林
党组成员、市纪委派驻纪检组长
成素芬（女）
党组成员、副局长
陈拥军
赵文波
殷文肆
党组成员、总会计师
李　珍（女）
国有资产事务中心
主　任　左立平
副主任　彭　波（11月止）
陶茂强
财政事务中心
主　任　陈映霞（女）
乡镇财政资金监管中心
主　任　贺　洲
国库集中支付中心
主　任　刘　颖
政府采购事务中心
主　任　张启文
财政预决算（投资）评审中心
主　任　周喜良（女）
财政统发工资中心
主　任　彭　晖（女）

市人力资源和社会保障局

市委组织部副部长，党组书记、局长
陈杰文（12月止）
陈伟平（12月任）
党组副书记、副局长
丁　健
党组成员、副局长
刘甲初（7月止）
姜安民
孙　树（女）
就业服务中心
主　任　王遏飞
人力资源公共服务中心
主　任　吴瑞华（女，7月止）
劳动保障监察大队
大队长　王献忠（7月止）
社会保险服务中心
主　任　廖蓉燕（女，12月止）
工伤保险服务中心
主　任　喻铁强

市自然资源局

党组副书记、局长
罗亿清（11月止）
文 斌（11月任）
党组书记 李命文
党组副书记、副局长
汤照武
党组成员、副局长
朱洪波
彭宏献
黄志雄
潘 冠
党组成员、驻局纪检监察组组长
罗文斌

市住房和城乡建设局（人民防空办公室）

党组书记、局长
陈科军
党组副书记、人防办主任
黄立志（5月止）
谢 政（5月任）
党组副书记、副局长
杨文辉
何昊强
党组成员、市纪委市监委驻市住建局纪检监察组组长
盛治国
党组成员、副局长
孟友良
班子成员、人防办副主任
隆志申
夏晓红
党组成员、总工程师
殷习军

市交通运输局

党组副书记、局长
杨瑞祥
党组书记 何春章（12月止）
党组副书记、副局长
邹海洋
市纪委、监委派驻市交通运输局纪检监察组组长 杨旺斌
党组成员、副局长
黎正文
何永胜
党组成员 欧阳涌滨
聂新桥
市公共交通事务中心
主 任 张 鹏
市交通运输综合行政执法大队班子成员
吴 娟（女，原市交通建设质量监督站支部书记）
李庆超（原市路政执法局支部副书记）
周小妮（女，原市路政执法局副局长）
朱志为（原市路政执法局副局长）

市水利局

党组书记、局长
陶文良（2月止）
胡君安（3月任）
党组成员、副局长
熊佑武
王智勇
主任科员 罗君辉
蒋建国
副主任科员 邹建新

市农业农村局（扶贫开发办公室）

党组书记、局长、市委农业农村工作领导小组办公室主任（兼）
叶 辉
党组副书记、副局长
陈新德（5月止）
张 炜（5月任）
四级调研员 陈新德（5月任）
党组成员、市纪委监委驻市农业农村局纪检监察组组长
袁 欣
党组成员、副局长
肖海燕
党组成员、副局长、农技推广中心主任
罗德辉
党组成员、总农艺师
唐志尧
党组成员、副局长
黎 毅
市委农村工作领导小组办公室专职副主任 陈有余（女）

市商务局

党组书记、局长
徐志平
党组成员、副局长
李文斌
李赛超（女）
党组成员、四级调研员
徐建军

市文化旅游广电体育局

党组书记、局长
喻宏建（12月任）
党组副书记、局长
文 斌（12月止）
党组书记 朱跃辉（12月止）
正科职主任科员
黄蓉晖（女）
党组成员、副局长，兼文化市场综合执法大队大队长
谭光荣
党组成员、副局长
赵胜强
杨瑞兰（女）
谷超俊（女）
党组成员、副局长，兼局机关支部书记
吴 婧（女）
党组成员 周向波
李乔生（6月止）

市卫生健康局

党委书记、局长
蒋 宇
党委副书记、副局长
刘亮平（7月止）
党委委员、市纪委市监委派驻卫健局纪检监察组长
彭立平
党委委员、副局长
陈再强
姜 萍（女，7月止）
马志强（7月止）
徐红斌（12月止）
袁新华
党委委员 李 建（女）
张胜全
王力支
计生协会专职副会长
张湘明（女）

市审计局

党组书记、局长
张四明（女）
党组成员、副局长
尹 胜
周景云
总审计师 邹群英（女）
党组成员 谭元清（女）
政府投资审计中心主任
杨轶彬（女）

市退役军人事务局
党组书记、局长
彭荣杰
党组成员、副局长
金　华
张　燕

市应急管理局
党组书记、局长
徐鹏飞
党组副书记、副局长
杨皎锋
党组成员、副局长
颜　剑
欧阳练兵
陈　勇
党组成员　戴　文

市市场监管局
党组书记、局长
姜小鹏
党组副书记、副局长
郑　强
党组成员、副局长
邓启洪
容胜强
王建新
刘万祥
张家泽（7 月止）
党组成员、市纪委派驻纪检组长
姜赛男（女）

市统计局
党组书记　熊海军（7 月止）
刘旺球（12 月任）
局　长　段志斌
党组成员、副局长
闵爱辉（女）
刘志扬
统计普查中心主任
刘志红

市城市管理和综合执法局
党组书记、局长
成　亮
党组副书记、副局长
杨向东
党组成员、副局长
黎艳阳
刘爱军（女）
党组成员　肖村安
副局长　黄献文（挂职）

市行政审批服务局
党组副书记、局长
刘宇雄
党组书记　匡乐红
副局长　陈竞芳（女）
党组成员、副局长
陈　康
李大志

市信访局
党组书记、局长
邹铁军
党组成员、副局长
唐　华
李立红（12 月任）
党组成员　杨青兰（女，12 月止）

市林业局
党组书记、局长
张永胜（1 月止）
刘晴明（1 月任）
党组副书记（挂职）、森林公安局局长
秦岳坤
党组成员、副局长
易建芳（女）
青小华
党组成员　杨志国
金洲湖国家湿地公园管理处主任
张建元（12 月止）

市医疗保障局
党组书记　黎国希（2 月任）
局　长　张超明
副局长　夏美善
党组成员、副局长
杨　洋
杨青兰（12 月任）
市医疗保障事务中心
主　任　谢宴朋

直属事业单位

市金融事务中心
党组书记、主任
卢志平
党组成员、副主任
周　海
王彬晖（2 月止）
钟　伟（3 月任）

市征地服务中心
党组书记、主任
张慧明
党组成员　陶择富
党组成员、副主任
喻应军
副主任　黄　焜

市数据资源中心
主　任　姜佳宏
副主任　成志强
杨小龙
廖杜娃（女）

市投资促进服务中心
党组书记、主任
邓新华（12 月任）
主　任　邓新华（12 月止）
党组书记　刘旺球（12 月止）
党组副书记、副主任
严万军（7 月止）
党组成员，副主任
程再文
宋光玉
刘寿华（7 月任）
童铁军
孙建国
孙刚强（7 月止）
吴建龙（3 月止）
易鹏志
副主任　朱爱英（女，11 月止）

市供销合作社联合社
党组书记、主任
王　坚
党组成员、副主任
唐文兵
副主任　曾志超
党组成员、监事会主任
熊灿辉

部门管理事业单位

市机关后勤服务中心
主　任　谢建华
副主任　文　珍（女）
姜伟兵

市招商引资服务中心
党组书记、主任
李贺钊

党组成员、副主任
张淑文
副主任 王引明

部门所属事业单位

市能源事务中心
主 任 陈 浩（3月任）
副主任 陈放军
潘 虎

市住房保障服务中心
主 任 胡铁强
副主任 何建武
刘志成
邓向前

市公路养护中心
党总支部书记、主任
易国强
副主任 胡建云
陶湘军
邓勇强
易 志
党总支部委员
吴志凡
刘 毅

市水利技术服务中心
总支书记、主任
杨一帆
副主任 周湘赣
谢建新

市烟叶生产指导管理办公室
主 任 丁新军（7月止）
周兵才（12月任）
副主任 洪国华
谢志远
喻起宏

市畜牧水产事务中心
主 任 周海滨（12月止）
副主任 李志坚
张英杰
李夕英（女，4月止）
宁乡市动物疫病预防控制中心
主 任 曾勇波
宁乡市动物卫生监督所
副所长 唐曼科（主持工作）
宁乡市牧业服务站
副站长 潘建军（主持工作）

市农村集体经济发展中心
主 任 贺 虎
副主任 袁庆阳
周永清（7月止）
刘轶苏
周立军

市市容环境卫生维护中心
党委书记、主任
肖村安

市园林绿化维护中心
主 任 贺随超
书 记 黄献文

市市场服务中心
主 任 赵雪军
书 记 赵石坚

市市政设施维护中心
书记、主任 李厚阳

其他事业单位

长沙市黄材水库灌区管理局
党委书记 肖水平
局 长 陶文良
党委副书记 朱拥政
副局长 易福乔
黎 明
徐海华

宁乡沩山风景名胜区管理委员会
党组书记 蒋政平
主 任 饶世坤
党工委副书记兼纪工委书记
陶春雷
副主任 喻立新（1月止）
刘 洪
王命珍（12月任）

湖南宁乡国家农业科技园区管理委员会
党组书记 陈小平（女）
党组副书记、主任
陶向荣
党组成员、副主任
卢浩明
杨 鹏
戴 奇

市城发投资控股集团有限公司
董事长 姚福平
总经理 谢继韩
监事长 邹庆林（2月任）
纪检组长 黄勇华（2月止）
纪委书记 奉旨亨（2月任）
副总经理 吴建龙（4月任）
胡携春（4月任）
黄放军（4月任）
周 波（4月任）
陶 泉（4月止）
庞建新（4月止）
工会主席 谢建明（4月止）

宁乡市国资投资控股集团有限公司
党组书记、董事长
曾 辉（2月止）
党委书记、董事长
曾 辉（2月任）
党组副书记、总经理
陈小文（2月止）
党委副书记、总经理
朱文祥（2月任）
党委委员、监事长
黄勇华（2月任）
党组成员、纪检组长
邱国华（2月止）
党委委员、纪委书记
刘文斌（2月任）
党组成员、副总经理
罗杰人（2月止）
钟 伟（2月止）
党委委员、副总经理
张亚光（2月任）
娄 强（2月任）
副总经理 郭郁姿（女，4月任）
谢建明（4月任）

宁乡市沩东新城管理委员会
党组书记 刘庆丰
党组副书记、管委会主任
何 冰（女）
党组成员、管委会副主任
刘寿华（6月止）
唐超群（6月止）
隆命洪（6月任）
胡华武（12月任）
黎运泉（12月任）
党组成员、纪工委书记
谭 果（12月止）

炭河里遗址管理处

主　任　　张赞辉
副主任　　熊　胜
　　　　　黄　奎

中国人民政治协商会议宁乡市委员会

主　席　　刘永红
副主席　　彭曦明（女）
　　　　　李　纯（女）
　　　　　杨志武（驻会）
　　　　　曾含玲（女）
　　　　　胡　宇（女）
　　　　　秘书长
　　　　　苏剑波
常　委（按姓氏笔画排名）
　　　　　丁国强（1月增补）
　　　　　于子长
　　　　　马　莹
　　　　　王应军
　　　　　王建存
　　　　　王　茜
　　　　　王晓彬
　　　　　王智勇
　　　　　文玉华
　　　　　左志华
　　　　　龙国安
　　　　　付　丹
　　　　　皮　涛
　　　　　成五一
　　　　　向胜利
　　　　　刘雨菲（1月增补）
　　　　　刘望平
　　　　　刘清波
　　　　　许东山（6月辞职）
　　　　　李志强
　　　　　李　杰
　　　　　杨建新
　　　　　杨柏松
　　　　　杨　柳
　　　　　杨智光（1月增补）
　　　　　何红兵
　　　　　何　鑫
　　　　　邹庆林
　　　　　沈新宇
　　　　　宋美纯
　　　　　陈有余
　　　　　欧阳立
　　　　　罗新文
　　　　　周国勇（6月辞职）
　　　　　周常青
　　　　　胡令强
　　　　　胡均平
　　　　　段志斌
　　　　　姜佳宏
　　　　　姜配良
　　　　　贺小平
　　　　　贺永中
　　　　　袁雪梅
　　　　　唐亚星
　　　　　唐春艳
　　　　　陶海英
　　　　　黄忠于
　　　　　黄海文
　　　　　喻文定
　　　　　喻昭强（6月辞职）
　　　　　释如焰
　　　　　谢　红
　　　　　谢建华
　　　　　谢科军
　　　　　黎清华
　　　　　颜丽华
　　　　　戴事雄
　　　　　戴　瑶

市政协工作机构

办公室

主　任　　苏剑波
副主任　　李雨璇（女）

委员学习联络委员会

主　任　　肖立云
副主任　　陈季青（女）
主任科员　张文兵

提案委员会

主　任　　周名生
副主任　　张建良
主任科员　向灿芳

经济科技和外事委员会

主　任　　欧阳立
副主任　　罗新华

农业农村和人口资源环境委员会

主　任　　戴合清（6月止）
　　　　　何春章（12月任）
副主任　　曾勇备（6月止）
　　　　　肖　华（12月任）

文教卫体和文史委员会

主　任　　孙意谋
副主任　　喻　波

社会法制和民族宗教委员会

主　任　　潘顺秋
副主任　　凌金玉（女）

中国共产党宁乡市纪律检查委员会

书　记　　刘　强
副书记　　陈志武
　　　　　张　毅
　　　　　冯　毅
纪委常委　刘　强
　　　　　陈志武
　　　　　肖水平
　　　　　张　毅
　　　　　冯　毅
　　　　　廖国珍
　　　　　郑香平
　　　　　罗建宇
　　　　　夏新华
　　　　　胡齐华

宁乡市监察委员会

主　任　　刘　强
副主任　　陈志武
　　　　　张　毅
　　　　　冯　毅
委　员　　廖国珍
　　　　　郑香平
　　　　　夏新华
　　　　　戴文平
　　　　　蒋泽云

纪委监委内设机构、派驻机构

办公室主任　胡齐华
组织部部长　陈红兵
宣传部部长　王天花
党风政风监督室主任
　　　　　　陶虚谷
信访室主任　熊坤朋
案件监督管理室主任
　　　　　　吴素婵
第一纪检监察室主任
　　　　　　刘　可
第二纪检监察室主任
　　　　　　李　俊
第三纪检监察室主任
　　　　　　黄旭江

第四纪检监察室主任
丁友根
第五纪检监察室主任
刘　舵
第六纪检监察室主任
丁尚军
案件审理室主任
曾志坚
干部监督室主任
张丽维
驻市委办纪检监察组组长
王赛楠
驻市政府办纪检监察组组长
刘建威
驻市委组织部纪检监察组组长
姜　玲
驻市委政法委机关纪检监察组组长
周杰文
驻市市监局纪检监察组组长
姜赛男
驻市教育局纪检监察组组长
何　欣
驻市住房和城乡建设局纪检监察组组长
盛治国
驻市财政局纪检监察组组长
成素芬
驻市交运局纪检监察组组长
杨旺斌
驻市卫生健康局纪检监察组组长
彭立平
驻市农业农村局纪检监察组组长
袁　欣
原驻市城管局纪检监察组组长
罗文斌
驻市自然资源局纪检监察组组长
罗文斌
驻市公安局纪检监察组组长
刘兴华

宁乡市人民法院

党组书记、院长
吴　欣
党组副书记、副院长
张罗文
党组成员、副院长
刘舟舟（女）
副院长　贺永中（4月止）
党组成员　胡敬阳
党组成员、政治部主任
曾海滢（女，4月任）

宁乡市人民检察院

党组书记、检察长
钟孝明
党组副书记、副检察长
刘文广（4月任）
党组成员、副检察长
易为志（4月止）
陈卓平
李　闽（4月止）
副检察长　喻昭强（11月止）
贺永中（4月任）
党组成员、机关党委书记
周文武
党组成员、工会主席
谢旭辉
党组成员、政治部主任
曹海波（4月任）
检察委员会专职委员
钟晓利（女）
周　勇

开发区

宁乡经济技术开发区

党工委书记、宁乡市委书记
于新凡（8月任）
党工委副书记、管委会主任
张　毅
党工委副书记
黄　瑶
党工委委员、管委会副主任
刘　辉
党工委委员、纪工委书记
洪　健
党工委委员、纪工委书记
黄　梁
管委会副主任（挂职）
周　岩
总工会主席　王子进

宁乡高新技术产业园区

宁乡市委常委、党工委书记
郑　旗
党工委副书记、管委会主任
苏继桃
党工委委员、管委会副主任
喻　晓
刘　颖
党工委委员、纪工委书记
姜　伟
管委会副主任
潘剑灵

民主党派·社会团体

民进宁乡市工委

民进宁乡市工委主委
张超明
民进宁乡市工委副主委
朱爱英
张　帅
杨柏松
民进宁乡市工委委员
戴　毅
彭湘艳
彭泽华
刘　敏
文小红

中国农工民主党宁乡基层工作委员会

主任委员　谢文军
副主任委员　贺小平
曾含玲
隆习军
李拥华
李伟力
刘　陵

市总工会

主　席　周泽祥（兼）
党组书记、副主席
张立金
党组成员、副主席
刘为良（6月止）
刘南科（1月任）
文玉华（7月任）
主任科员　邹利红（女）
王京湘（女）
党组成员　张怡汉
挂职副主席　曾中镛
兼职副主席　胡逖飞
唐少锋
彭　卓
经费审查委员会主任
王智茹（女）
女职工委员会主任
张宏伟（女）

共青团宁乡市委员会

书　记　黎　宇

副书记　　郭　婷
　　　　　张　玮（11月止）

市妇女联合会

党组书记、主席
　　　　　喻林义（女，2月止）
　　　　　谢　文（女，2月任）
党组成员、副主席
　　　　　资贝贝（女）
副主席　　周建新（女）

市工商业联合会

市政协副主席、工商联主席
　　　　　曾含玲（女）
市委统战部副部长、工商联党组书记
　　　　　李　杰
党组成员、副主席
　　　　　杨　艳（女）
　　　　　莫华军
党组成员　宋海波
党组成员、秘书长
　　　　　阳凤斌

市科学技术协会

主　席　　王泽良
党组书记　何友良
党组成员、副主席
　　　　　张爱群（女，6月止）
　　　　　谭菊初

市残疾人联合会

党组书记、理事长
　　　　　李　庆（女）
党组成员、副理事长
　　　　　唐超群
　　　　　陈建舟

市红十字会

会　长　　陈德奇
常务副会长　陈敏芳（女）

市文学艺术界联合会

市政协副主席、市文联主席
　　　　　胡　宇
市文联副主席、美术家协会主席
　　　　　张　奇

垂直管理单位

长沙市生态环境局宁乡分局

党组书记、局长
　　　　　李联明
党组成员、副局长
　　　　　陈絮飞（女）
　　　　　张　华
　　　　　杨　华
　　　　　邓国良（4月任）

国家税务总局宁乡市税务局

党委书记、局长
　　　　　李宇奇（12月止）
党委副书记、副局长
　　　　　姜　楠
党委委员、副局长
　　　　　严　明（5月止）
　　　　　曹卫平
　　　　　陈红辉
　　　　　曾向明
　　　　　杨万玄
　　　　　赖　红（女）
党委委员、纪检组长
　　　　　刘以人

市烟草专卖局

党组书记、局长、经理
　　　　　李　帆
党组成员、副局长
　　　　　柳灿辉
党组成员、纪检组长
　　　　　黄国强（10月止）
　　　　　荣方勇
党组成员、副经理
　　　　　张庆富（10月任）

气象局

局长、党组书记
　　　　　张森文
副局长　　崔剑峰
　　　　　陈向晖

国网宁乡市供电公司

总经理　　马恒智
党委书记　刘国荣
副总经理　蔡　荣
　　　　　李　娟
纪委书记兼工会主席
　　　　　曹　予

中国邮政集团公司湖南省宁乡市分公司

总经理、党委书记
　　　　　张　丽（女）
副总经理、工会主席
副总经理　李峰彪
　　　　　薛　冰
　　　　　李　丹（女）

湖南省新华书店有限责任公司宁乡市分公司

支部书记、经理
　　　　　郑劲松
副经理　　黄艳红
副经理、纪检组长
　　　　　杨长海
副经理、工会主席
　　　　　彭正洪

水文局

局　长　　彭　平
党支部书记、副局长
　　　　　胡海玉（女）
工会主席、副局长
　　　　　蔡定桥

长沙住房公积金管理中心宁乡市管理部

主任、党支部书记
　　　　　何海军
副主任、党支部副书记
　　　　　郭红叶

湖南龙骧交通发展集团有限责任公司宁乡分公司

党委书记、经理
　　　　　匡凌峰
党委副书记、工会主席、副经理
　　　　　周俊波（女）
党委委员、副经理
　　　　　成志兵
　　　　　谭博海（1月任）
　　　　　罗　旭（1月任）

电信通信

党委书记、总经理
　　　　　杨　颖（7月止）
　　　　　张铭驿（7月任）
党委委员、副总经理
　　　　　王　艳（女）
纪委书记、副总经理
　　　　　尹　勇
副总经理　蒋　波

移动通信

经　理　　王雄辉

副经理 付卉娜（8月止）
刘国华
彭 勇（8月任）
胡雪峰

联通通信

总经理 汤周宁
副总经理 方 坚
李 丹

人民银行

党组书记、行长
李 旻
主任科员 周平武
党组成员、副行长
杨新兵
党组成员、纪检组长
焦 萍（女）

农业发展银行宁乡支行

党支部书记、行长
姜 彪
党支部委员、副行长
李湘琦
李 筱（女）

工商银行

行 长 汤之方
副行长 周德强
周继红
张石良
彭忠阳
黄启易

长沙银行

行 长 郭子熙
副行长 冯 杰
金 灿
行长助理 刘希路

人寿保险

经理、党总支书记
谢 屹
副经理、工会主席
肖 凌（女）
经理助理 王 军
尹 驰

方正证券

总经理 黄谷丰

教育·卫健系统重点单位

宁乡市职业中专学校

校 长 戴晓成
党委书记 洪瑞强

宁乡一中

党委书记 蒋鹏海
党委副书记校长
欧阳才
党委副书记 彭惠才
党委委员、副校长
彭建伦（7月止）
彭建伦（7月止）
侯志宏（2月止）
卢 炜
易富饶（11月任）
卢文敏（11月任）
党委委员、工会主席
欧铁强

宁乡四中

党委副书记、校长
刘建中
党委书记 黎卫华

宁乡市疾病预防控制中心

党总支书记、主任
徐红斌
党总支成员、副主任
彭智勇
周茂林
党总支成员、工会主席
曾 孜（女）
党总支成员 张 鹏

宁乡市人民医院

党委书记、院长
刘 亮
党委副书记 邱国华
常务副院长 刘清波
纪委书记 喻亮辉（女）
副院长 赵竞飞（女）
聂 赞
邓 英（女）
黎清华
郭 璇（挂职）
工会主席 龚含军
院长助理 袁高明

宁乡市中医医院

院 长 杨曙光
党委书记 曾昶明
党委委员、纪委书记
潘湘华
党委委员、工会主席
喻先群（女）
党委委员、副院长
贺林战
喻爱珍（女）
李 曦（女）
张 亮
文志宁
副院长 王应军
党委委员 岳志平（女）

宁乡市妇幼保健计划生育服务中心

主任（院长）胡雪良
总支书记、副主任（副院长）
罗湘超
总支副书记、副主任（副院长）
陈雪莲（女）
总支委员、纪检组长
蔡 永（女）
副主任（副院长）、总支委员
张彬彬（女）
钟瑞香（女）
李 军（女）
刘红梅（女）
副主任（副院长）
文 慧（女）
总支委员、工会主席
郑欣然
总支委员、工会副主席
李群林
总支委员 杨桂芳（女）

宁乡市精神病医院

党总支副书记、院长
文红军
党总支书记、副院长
喻德明
党总支委员、纪检组长
刘 明
党总支委员、副院长
刘正春
谭 建
陈国强
党总支委员、工会主席
陈海燕（女）

副院长　　　杨兴文

乡镇（街道）

道林镇

党委书记　　李　纯（1 月止）
　　　　　　彭　舜（1 月任）
党委副书记、镇长
　　　　　　姜　晓
党委副书记　陈伟军
党委委员、人大主席
　　　　　　谢勇军
党委委员、政协联络处主任、副镇长
　　　　　　刘　军
党委委员、纪委书记
　　　　　　周　竟
党委委员、组织委员
　　　　　　邹　培
党委委员、副镇长
　　　　　　张文宏
　　　　　　张亚光（2 月止）
　　　　　　周新湘（3 月任）
副镇长　　　孟曙光
人大副主席　胡超群

大屯营镇

党委书记　　曹一航（7 月止）
　　　　　　欧旭东（7 月任）
党委副书记、镇长
　　　　　　周术林
党委副书记　卢文敏（11 月止）
党委委员、人大主席
　　　　　　文　献（11 月止）
　　　　　　郝德芳（11 月任）
党委委员、副镇长、政协联络工作负责人　　　袁　琳
党委委员、纪委书记
　　　　　　袁胜泉
党委委员、组织部长
　　　　　　胡智勇
党委委员、副镇长
　　　　　　戴彬文（11 月止）
　　　　　　李玉梅（女，11 月任）
副镇长　　　郭郁资（女，3 月止）
　　　　　　张　倩（女，11 月任）
人大副主席　喻闲军

花明楼镇

党委书记　　文　昊
党委副书记、镇长
　　　　　　张新灿
党委副书记　文　勇
党委委员、人大主席
　　　　　　黄颖娟（女）
党委委员、政协联络工作负责人、副镇长　　　贺实余
党委委员、纪委书记
　　　　　　刘　智
党委委员、组织委员
　　　　　　宋轩宏
党委委员、副镇长、武装部长
　　　　　　李记为
党委委员、副镇长
　　　　　　易　海
　　　　　　文邦彦（11 月止）
　　　　　　李立红（12 月止）
副镇长　　　王　玲（女，12 月任）
人大副主席　李志强

东湖塘镇

党委书记　　肖冠雄
党委副书记、镇长
　　　　　　贺粤湘
党委副书记　彭海波
党委委员、人大主席
　　　　　　李　明
党委委员、政协联络处主任
　　　　　　唐　华
党委委员、纪委书记
　　　　　　李　伟
党委委员、组织委员
　　　　　　龚江波
党委委员、副镇长
　　　　　　刘伟强
　　　　　　郭顺才（5 月止）
　　　　　　李术光（12 月任）
副镇长　　　杨　黛（女）
人大副主席　何　杰

夏铎铺镇

党委书记　　李锷华
党委副书记、副镇长
　　　　　　赵曦芝
党委副书记　谭　姣（8 月止）
党委委员、人大主席
　　　　　　杨望伟
党委委员、副镇长、政协联络人
　　　　　　姚雨秋
党委委员、纪委书记
　　　　　　高谷良
党委委员、组织委员、机关党总支书记
　　　　　　肖　凯
党委委员、副镇长
　　　　　　贺爱中
党委委员、武装部长、副镇长
　　　　　　戴碧江
副镇长　　　谢　红
人大副主席　刘定江

金洲镇

党委书记　　童志国
党委副书记、镇长
　　　　　　张凤超
党委副书记　唐　鹏
党委委员、人大主席
　　　　　　张　征
党委委员、政协联络处负责人、副镇长
　　　　　　欧朝波
党委委员、纪委书记
　　　　　　谈　超
党委委员、组织委员
　　　　　　黄巧珍（女）
主任科员、党委委员、副镇长
　　　　　　任　晖
党委委员、副镇长
　　　　　　刘朝晖
副镇长　　　李文杰
　　　　　　许明城（9 月止）
　　　　　　何　柱（9 月止）
人大副主席　陶　干

双江口镇

党委书记　　孙　勇
党委副书记、镇长
　　　　　　刘肯登
党委副书记　贺星宇
党委委员、人大主席
　　　　　　黄荣国
党委委员、政协工作负责人、副镇长
　　　　　　罗灿军
党委委员、纪委书记
　　　　　　胡　冠
党委委员、组织委员
　　　　　　王湘哲（女，12 月任）
党委委员、副镇长
　　　　　　李湘辉
　　　　　　谢智芳
副镇长　　　王　林（女）
人大副主席　夏　笑（12 月任）

菁华铺乡
党委书记 黎国君
党委副书记、乡长
杨靓雯（女）
党委副书记 马海潮（11月止）
党委委员、人大主席
易 维
党委委员、政协联络工作负责人、副乡长 黄 尚
党委委员、纪委书记
刘德民
党委委员、组织委员
罗 杰
党委委员、副乡长
喻 斌
张仕明
副乡长 陈 樱（女，6月止）
张 飞（10月止）
李海燕（女，12月任）
人大副主席 张寿平

煤炭坝镇
党委书记 宋 强
党委副书记、镇长
胡 浪
党委副书记 傅大成
党委委员、人大主席
周泽文
党委委员、副镇长、政协联络工作负责人 黄 剑
党委委员、纪委书记
李 智（女，12月止）
熊平原（女，12月任）
党委委员、组织委员
周 敏
党委委员、副镇长
贺达勋
潘吉斌（4月任）
副镇长 杨大林
人大副主席 贺利江（4月任）

回龙铺镇
党委书记 张湘桥
党委副书记、镇长
潘 杰
党委副书记 冯 亮
党委委员、人大主席
刘俐华（女）
党委委员、政协联络处主任
喻建华
主任科员 刘永强

党委委员、纪委书记
刘湘兵
党委委员、组织委员
代会平
党委委员、副镇长
姜小平
副镇长 李茂桥
人大副主席 袁学文

坝塘镇
党委书记 田奇晖（女）
党委副书记、镇长
蒋建华
党委副书记 张子亿（11月任）
党委委员、人大主席
隆友鹏（8月止）
刘志江（11月任）
党委委员、政联工作负责人、副镇长
李新剑
党委委员、纪委书记
彭 敏
党委委员、组织委员
陈森林
党委委员、副镇长
周国强
周志华
王啸岚
人大副主席 付炎兵

资福镇
党委书记 罗集华
党委副书记、镇长
周全国
党委副书记 谭新华（12月任?）
戴彬文（12月任）
党委委员、人大主席
钟建军
党委委员、政协联络工作负责人、副镇长候选人 陈湘楹（12月任）
党委委员、纪委书记
陈 健
党委委员、组织委员
任 纯（女）
党委委员、副镇长
喻拥军
黄志明
副镇长 邹建伟
人大副主席 张 华

灰汤镇
党委书记 黄 果

党委副书记、镇长
徐 文
党委副书记 吴东跃
党委委员、人大主席
周 勇
党委委员、政联工作负责人、副镇长
喻尽忠
党委委员、纪委书记
张永强
党委委员、组织委员
潘海军
党委委员、副镇长
江 波
熊平原（11月止）
喻振军（12月任）
副镇长 唐 强
刘甲波
肖再平（12月止）
姚星明（12月止）
黄 霄（12月任）
夏剑桥（12月任）
人大副主席 郑 志

双凫铺镇
党委书记 李志勇
党委副书记、镇长
欧旭东（6月止）
左志华（12月任）
党委副书记 王玉元（女）
党委委员、人大主席
钟云华
党委委员、政协联络处主任、副镇长
肖福仓
党委委员、纪委委员
胡 赞
党委委员、组织委员
贺军辉
党委委员、副镇长
王有为
党委委员、武装部长、副镇长
周典范
副镇长 李友明（女）
人大副主席 刘映登

大成桥镇
党委书记 贺 伟
党委副书记、镇长
杨伟军
党委副书记 邓 毅
党委委员、人大主席
贺湘锋

党委委员、政协联络处主任、副镇长
商利军（女）
党委委员、纪委书记
卢利平
党委委员、组织委员
唐可夫
党委委员、副镇长
吴海兵
何德明
副镇长　李志光
人大副主席　邹钢国

喻家坳乡

党委书记　王　军
党委副书记、乡长
龙凤明
党委副书记　刘伟强
党委委员、人大主席
彭灿军
党委委员、政协联络处主任
姜念东（9 月止）
贺胜军（10 月任）
党委委员、纪委书记
李　勇
党委委员、组织委员
姜　顺
党委委员、副乡长
张智勇
张跃明
副乡长、工会主席
李国武
人大副主席　廖　娜（女）

老粮仓镇

党委书记　颜志强
党委副书记、镇长
熊建兵
党委副书记　张子亿（12 月止）
曾海鑫（12 月任）
党委委员、人大主席
邓铭心
党委委员、政协联络处主任、副镇长
马子文
党委委员、纪委书记
刘勋鑫
党委委员、组织部长
胡胜兰（女）
党委委员、副镇长、武装部长
钟朝辉
党委委员、副镇长
王和平

副镇长　龚　峻
张馨艺（12 月任）
人大副主席　熊季兵

流沙河镇

党委书记　陈　鑫
党委副书记、镇长
余树强
党委副书记　陈　敏（12 月止）
张　俊（12 月任）
党委委员、人大主席
周宏斌（12 月止）
陈　敏（12 月任）
党委委员、政协联络处主任、副镇长
陈　勇
党委委员、纪委书记
谢　鹏
党委委员、组织委员
张宁博（12 月止）
刘　瑛（女，12 月任）
党委委员、副镇长
尹拥军
彭春明
副镇长　彭占平
杨　雯（女，12 月任）
人大副主席　姚美全

青山桥镇

党委书记　李洪波（4 月任）
党委副书记、镇长
李洪波（4 月止）
党委副书记　周　曙
欧子强（4 月任）
党委委员、人大主席
胡志辉
党委委员、副镇长、政联办主任
张　俊（11 月止）
彭　华（11 月任）
党委委员、纪委书记
陶虚谷（2 月任）
刘　鑫（11 月任）
党委委员、组织委员
蔡　敏（女）
党委委员、副镇长
邓　博
钟广兵
副镇长　吴利民
人大副主席　熊少华

横市镇

党委书记　贺向阳
党委副书记、镇长
王宁波
党委副书记　左志华（11 月止）
张宁博（11 月任）
党委委员、人大主席
沈迪斌（1 月止）
党委委员、人大主席候选人
李　智（女，11 月任）
党委委员、政协联络工作负责人、副镇长　尹红波
党委委员、纪委书记
谢　宇
党委委员、组织委员
李　佳（女）
党委委员、副镇长
蔡志伏
胡志敏
副镇长　喻亚雄（11 月止）
副镇长候选人
秦　顺（11 月任）
人大副主席　王治国

黄材镇

党委书记　罗　健
党委副书记、镇长
戴永星（1 月止）
周宏斌（12 月任）
党委副书记　张　炜（5 月止）
张　玮（12 月任）
党委委员、人大主席
贾命春
党委委员、政联处主任
卢跃文
党委委员、纪委书记
刘海林（12 月任）
党委委员、组织委员
颜顶元
党委委员、副镇长
唐业华
谭　饶
副镇长　邹　彦
张　安（12 月任）
人大副主席　廖振兴

沩山乡

党委书记　邓旺华
党委副书记、乡长
文　献（11 月任）
党委副书记　王艳杰
党委委员、人大主席
方国胜

党委委员、政协联络处主任、副乡长
戴奔奇
党委委员、纪委书记
邓 坤
党委委员、组织委员
颜晓明
党委委员、副乡长
王 科
易开明
副乡长 陈建舟（11月止）
龙 聃（11月任）
罗云丰（11月任）
人大副主席 刘建良（11月任）
夏 笑（11月止）

巷子口镇

党委书记 唐 正
党委副书记、镇长
吴山川
党委副书记 严 玲（女，3月止）
刘赛兰（女，12月任）
党委委员、人大主席
胡铁文
党委委员、政协联络工作负责人、副镇长 陈天亮（6月止）
谢晓南（12月任）
主任科员 戴凯军
党委委员、纪委书记
何银志
党委委员、组织委员
李建华
党委委员、副镇长
陈义军
陈伏文
副镇长 邓 真
人大副主席 胡德华

龙田镇

党委书记 戴永星（1月任）
党委副书记、镇长
陶 浊
党委副书记 刘金文
党委委员、人大主席
肖永忠
党委委员、副镇长、政协工作联络负责人 荣 毅（12月任）
党委委员、纪委书记
荣 毅（12月止）
成小平（12月任）
党委委员、组织委员
刘赛兰（女，12月止）
彭 威（女，12月任）
党委委员、副镇长
易大扬
成小平（12月止）
朱学清（12月任）
副镇长 李干群
人大副主席 周铁军

沙田乡

党委书记 贺志亮
党委副书记、乡长
胡志卓
党委副书记、何叔衡故居管理处主任
邵宝胜（12月任）
党委委员、人大主席
谈江波
党委委员、政协联络工作负责人、副乡长 曾亮明
党委委员、纪委书记
何 丹（12月止）
党委委员、组织委员
谢 明
党委委员、副乡长
黄 勇
谢腾云
副乡长 卢学科（4月止）
廖 俊（女，12月任）
人大副主席 廖文武
何叔衡故居管理处副主任
王诗勤（女，12月任）
罗思斯（女，12月任）

白马桥街道

党工委书记 喻林义（女）
党工委副书记、办事处主任
文再明（11月止）
吴宝林（11月任）
党工委副书记
陈立波
党工委委员、人大工委主任
张红斌
党工委委员、政协联络处主任、办事处副主任 谢意鹏
党工委委员、纪工委书记
汤红英（女）
党工委委员、组织委员
胡艳红（女）
党工委委员 胡 鹏
党工委委员、办事处副主任
戴克难
夏宏春
人大工委副主任
何 丹（11月任）

历经铺街道

党工委书记 石启明
党工委副书记、办事处主任
蔡友良
党工委副书记、主任科员
张建军
党工委委员、人大工委主任
何卫斌
党工委委员、政协联络工作负责人、办事处副主任
姜念东（11月任）
主任科员 钟正元
党工委委员、纪工委书记
龚学军
党工委委员、组织委员
杨述红（女）
党工委委员、办事处副主任
刘志江（11月止）
党工委委员、办事处副主任
周清洋
办事处副主任
杨 柳（女）
人大工委副主任
邓智勇
副主任科员 李新征

城郊街道

党工委书记 高建阳
党工委副书记、办事处主任
彭海龙
党工委副书记
袁 义
党工委委员、人大工委主任
袁国命（12月止）
党工委委员、人大工委主任
谭新华（12月任）
党工委委员、政协联络负责人、办事处副主任 秦 军
主任科员 黄腾飞
党工委委员、纪工委书记
喻小平
党工委委员、组织委员
张云开
党工委委员、办事处副主任
贺再春
党工委委员、办事处副主任
李加强（7月止）
办事处副主任
王晓东

人大工委副主任
刘俐锋（女，12月任）

玉潭街道

党工委书记　喻　尚

党工委副书记、办事处主任
文再明（12月任）

党工委副书记
周良兴（11月止）

党工委委员、人大工委主任
李　庆（女，11月止）
袁国命（12月任）

党工委委员、政协联络处主任、办事处副主任　袁署山

党工委委员、纪工委书记
肖正乾

党工委委员、组织委员
邹　鑫

党工委委员、办事处副主任
刘巡湘
李逢钦

办事处副主任
王　书（女）

党工委委员、人大工委副主任
冯伏坚

副主任科员　刘志坚

索 引

说明：

一、本索引把年鉴的条目（统计资料、表格、概况、综述、彩页除外）用主题分析方法，按汉语拼音字母顺序排列。

二、类目、分目、专稿标题用黑体字表明。

三、索引名称后的阿拉伯数字表示内容所在的页码，拉丁字母（a、b、c）表示栏别（从左至右分1、2、3栏）。

A

B

C

H

J

K

L

M

N

T

W

X

Y

Z